Graphische Datenverarbeitung 2

Modellierung komplexer Objekte und
photorealistische Bilderzeugung

von
Prof. Dr.-Ing. José Encarnação
Technische Hochschule Darmstadt
Prof. Dr.-Ing. Wolfgang Straßer
Dr. rer. nat. Reinhard Klein
Universität Tübingen

4., aktualisierte und wesentlich erweiterte Auflage

R. Oldenbourg Verlag München Wien 1997

Die ersten drei Auflagen dieses Werkes erschienen in einem Band und unter dem Titel "Computer Graphics"

Die Deutsche Bibliothek - CIP-Einheitsaufnahme

Encarnação, José:
Graphische Datenverarbeitung / von José Encarnação ; Wolfgang
Straßer ; Reinhard Klein. - München ; Wien : Oldenbourg
  Bis 3. Aufl. u.d.T.: Encarnação, José: Computer Graphics

2. Modellierung komplexer Objekte und photorealistische
Bilderzeugung. - 4., aktualisierte und wesentlich erw. Aufl. - 1997
  ISBN 3-486-23469-2

© 1997 R. Oldenbourg Verlag
Rosenheimer Straße 145, D-81671 München
Telefon: (089) 45051-0, Internet: http://www.oldenbourg.de

Lektorat: Margarete Metzger
Herstellung: Rainer Hartl
Umschlagkonzeption: Mendell & Oberer, München
Gedruckt auf säure- und chlorfreiem Papier
Gesamtherstellung: R. Oldenbourg Graphische Betriebe GmbH, München

Inhaltsverzeichnis

Vorwort

Die Graphische Datenverarbeitung (GDV) hat sich durch die immer noch anhaltenden Leistungssteigerungen in der Mikroelektronik zu einem der dynamischten Gebiete der Informatik entwickelt. Schlagworte wie Multi-Media, Scientific Visualization, Virtual Reality, Interaktives Fernsehen belegen diese Entwicklung. Theoretische Ergebnisse, die noch vor wenigen Jahren wegen ihres großen Rechen- und Speicherbedarfs für praktische Anwendungen irrelevant waren, bestimmen heute den Stand der Technik bei den führenden Herstellern von Graphiksystemen. Wettbewerbsvorteile auf der Produktebene sind nur noch durch Einsatz naturwissenschaftlicher Forschungsmethoden, wie z.B. Computersimulation und -animation möglich. Diese „virtuelle Werkbank" lebt von den Fortschritten der GDV, die damit zu einem unverzichtbaren Werkzeug in Forschung und Entwicklung sowie in Industrie, Wirtschaft und Verwaltung geworden ist. Die Kenntnis ihrer Methoden und Algorithmen, der zugrundeliegenden Theorien und Systeme, der zugehörigen Systemtechnik und ihrer Anwendungen ist deshalb für Informatiker, Naturwissenschaftler und Ingenieure eine wichtige Voraussetzung für den beruflichen Erfolg.

Die GDV kann heute in einem Buch nicht mehr vollständig behandelt werden. Wir haben uns deshalb zu einer Aufteilung des Stoffes entsprechend unserer Vorlesungszyklen an der TH Darmstadt und der Universität Tübingen entschlossen und entsprechen damit auch einem dringenden Wunsch unserer Studenten nach einem vorlesungsbegleitenden Buch. Die umfangreichen Übungsaufgaben mit Lösungen unterstreichen den Lehrbuchcharakter und machen auch ein Selbststudium möglich.

Der vorliegende Band GDVII baut auf den im Band GDVI gelegten Grundlagen auf und führt an den Stand der Technik heran. Wir haben versucht, bei aller aktueller Vielfalt des Gebietes die wesentlichen und zeitlosen Erkenntnisse herauszuarbeiten und in eine einheitliche Darstellung zu bringen.

Das erste Kapitel erweitert die in der GDVI besprochene Hierarchie von Objekten aus Punkt, Linie und Fläche um Körper. Dabei werden zunächst die unterschiedlichsten Beschreibungsmöglichkeiten (Repräsentationsschemata) für Körper mit ihren Vor- und Nachteilen diskutiert. Danach werden die bekannten Standardrepräsentationen "Boundary Representation (BREP)", Constructive Solid Geometry (CSG)", Zellmodelle und Hybridmodelle ausführlich erläutert und durch Beispiele erklärt.

Das zweite Kapitel erweitert den bis dahin gebrauchten Begriff der Geometrie um die Fraktale Geometrie. Das ist notwendig, um auch natürliche Objekte vernünftig modellieren und visualisieren zu können. Nach einer ausführlichen Einführung der notwendigen

Definitionen und Begriffe werden nacheinander dynamische Systeme, stochastische Fraktale, Iterierte Funktionensysteme und Lindenmayersysteme behandelt. Den Abschluß bilden Beispielcodes in C++ für die beschriebenen Methoden zur Erzeugung von Fraktalen und deren Visualisierung. Damit ist das ganze Spektrum an notwendigen Methoden zur Objektbeschreibung verfügbar.

Das dritte Kapitel ist den Beleuchtungsverfahren Raytracing und Radiosity gewidmet. Beide Verfahren sind in der Lage, photorealistische Bilder zu erzeugen, allerdings mit großem Rechenaufwand. Deshalb gilt das Hauptaugenmerk den möglichen Beschleunigungstechniken.

Zur Erzeugung photorealistischer Bilder ist das Konzept der Texturen unverzichtbar. Das vierte Kapitel beschreibt deshalb alle Standardverfahren zur Texturerzeugung und Texturabbildung. Es widmet sich dann eingehend dem Problem der Texturfilterung und gibt praktikable Lösungen an.

Die Kapitel fünf und sechs geben einen Einblick in Bereiche der Bildverarbeitung und Mustererkennung, die heute unverzichtbare Bestandteile der GDV sind.

Beide Kapitel dienen auch der Vorbereitung auf das siebte Kapitel, das die verschiedenen Methoden der Volumenvisualisierung beschreibt. Interessant ist hier auch der Abschnitt über die Hardwarerealisierung eines Raycasting-Verfahrens, der beweist, daß Volumenvisualisierung heute in Echtzeit zu Preisen normaler Graphiksysteme möglich ist.

Das achte Kapitel enthält die Lösungen zu den Übungsaufgaben. Den Abschluß bildet das Literatur und Stichwortverzeichnis.

Wie bei den früheren Auflagen waren wir sehr auf die Beiträge und konstruktive Kritik unserer Mitarbeiter und Studenten angewiesen. Es ist unmöglich, alle Studenten und Mitarbeiter zu nennen, die direkt oder indirekt zum Inhalt des Buches beigetragen haben. Stellvertretend seien genannt: A. Gröne, Th. Grunert, G. Knittel, R. Rau und A. Schilling. Sie haben trotz starker Belastung entscheidend zur Fertigstellung des Buches beigetragen, wofür wir uns an dieser Stelle herzlich bedanken.

Darmstadt   Dezember 1996   Tübingen
J. Encarnação   W. Straßer
                                                                     R. Klein

Kapitel 1

Körper

Solid Modelling, oder zu deutsch die Festkörpermodellierung, geht von realen Objekten und Körpern aus, die auch rechnerintern als Körpermodell dargestellt werden. Körpermodelle werden immer dann benötigt, wenn man Durchdringungen, Schnitte, Gewichts- und Volumenberechnungen oder Simulationstechniken beherrschen muß. Dabei wird für jedes reale Objekt ein Körpermodell erzeugt, das geschlossene dreidimensionale Körper eindeutig und vollständig beschreibt. Dieses Modell beinhaltet Informationen über die Gestalt und die Geschlossenheit des dreidimensionalen Körpers sowie über seine geometrische Verbundenheit, d.h. die Anzahl seiner zusammenhängenden Komponenten. Darüber hinaus garantiert das Modell die Integrität und Konsistenz der repräsentierten Daten und bildet die Basis für alle nachfolgenden geometrischen und anderen Operationen der Anwendung.

1.1 Repräsentationsschemata

Das wichtigste Ziel in der Festkörpermodellierung ist die Erzeugung von symbolischen Strukturen oder Repräsentationen, die physikalische Körper definieren. Diese Strukturen sind die Grundlage jedes Modelliersystems und daher von entscheidender Bedeutung bei der Entwicklung solcher Systeme. Im folgenden sollen die Bildung solcher Repräsentationsschemata sowie die wichtigsten Modelle zur Beschreibung von Körpergeometrien, wie sie in heutigen Festkörper-Modelliersystemen verwendet werden, beschrieben und ihre Vor- und Nachteile diskutiert werden.

1.1.1 Modellbildung

Die Bildung eines Modells für ein reales Objekt kann als zweistufiger Prozeß betrachtet werden (vgl. Bild 1.1).

Auf der Basis eines Modells soll es möglich sein, Informationen über die physikalischen Eigenschaften eines realen Objektes zu gewinnen. Wegen der Komplexität eines solchen

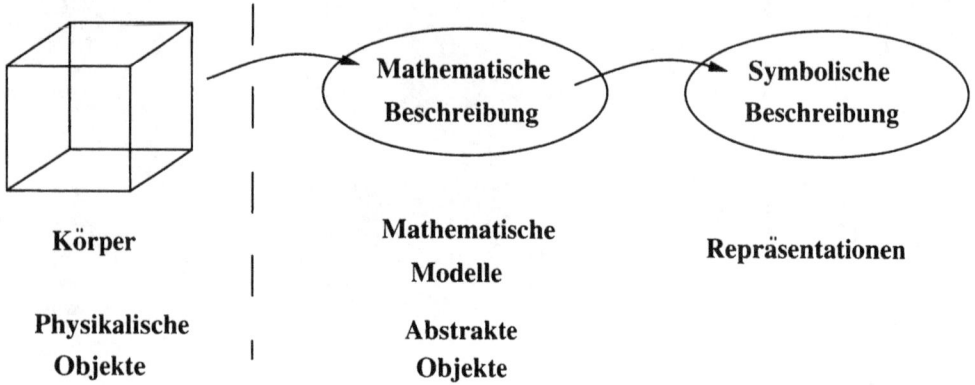

Bild 1.1: Die Modellbildung als zweistufiger Prozeß.

Objektes ist eine vollständige Beschreibung als mathematisches Modell in der Regel jedoch nicht möglich. Das *mathematische Modell* ist deshalb eine Idealisierung des realen Objektes und beinhaltet in der Regel nur einen Teil der Eigenschaften, die das reale Objekt auszeichnen. Zum Beispiel kann ein mathematisches Modell darauf beschränkt sein, die Geometrie des realen Objektes zu beschreiben, indem als Modell eine Punktmenge im $\mathbb{R}^3$ gewählt wird. In der zweiten Stufe wird das idealisierte mathematische Modell in ein *symbolisches Modell* im sogenannten *Repräsentationsraum* überführt. Der *Repräsentationsraum* ist abhängig vom *Modellierer* und umfaßt die Menge derjenigen Objekte, die mit dem Modellierer konstruiert werden können. Im Rahmen des Solid Modelling interessiert in erster Linie der Zusammenhang zwischen den symbolischen Beschreibungen und den zugehörigen mathematischen Modellen.

Den mathematischen Modellraum bezeichnen wir mit M, den Repräsentationsraum mit R. Der Zusammenhang zwischen diesen Räumen wird durch eine Relation $s : M \longmapsto R$ beschrieben. Mit $D \subset M$ bezeichnen wir den Definitionsbereich von s. Dies ist die Menge aller Modelle, die mittels s im Repräsentationsraum dargestellt werden können. Mit $W \subset R$ wird der Wertebereich von s bezeichnet (vgl. Bild 1.2). Die Elemente w von W heißen *gültige Repräsentationen*. Insbesondere ist jedes $w \in W$ Bild von mindestens einem mathematischen Modell unter der Relation s.

Um eine Repräsentation s zwischen dem Modellraum und dem Repräsentationsraum zu charakterisieren, verwendet man die folgenden Begriffe:

1. Wird durch jede gültige Repräsentation $w \in W$ genau ein mathematisches Modell $m \in D$ dargestellt, so heißt die Relation s *vollständig*.

2. Besitzt jedes Modell $m \in D$ genau eine Darstellung $w \in W$, so heißt s *eindeutig*.

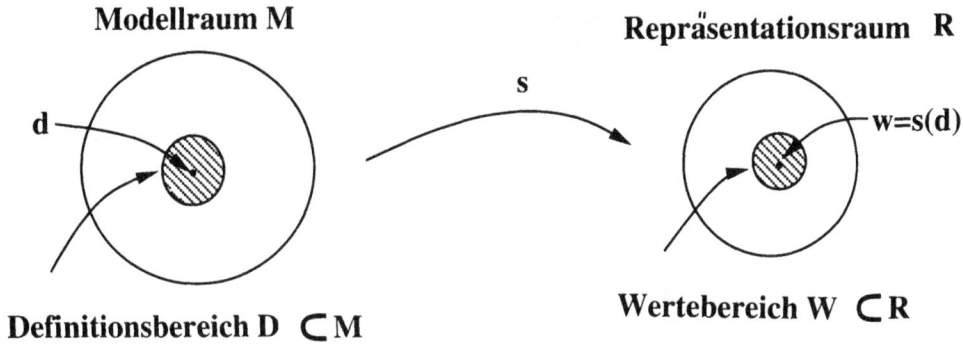

Bild 1.2: Der Zusammenhang zwischen einem mathematischen Modell und seiner Repräsentation läßt sich durch eine Relation s darstellen.

Beispiel 1.1: (nicht vollst"andige Repr"asentation)

Um ein einfaches Beispiel zu haben, definieren wir zunächst den Begriff *einfaches Polygon*. Die Vereinigungsmenge von endlich vielen abgeschlossenen Strecken im $\mathbb{R}^d$ $(P_0 P_1 P_2 \ldots P_n) = (P_0 P_1) \cup (P_1 P_2) \cup \ldots \cup (P_{n-1} P_n)$ heißt *Polygon*. Es heißt *eben*, wenn die Strecken in einer Ebene liegen, *geschlossen*, falls $P_0 = P_n$. Ein Polygon heißt *einfach*, wenn jeder innere Punkt einer Strecke genau zu einer, jeder Eckpunkt einer Strecke zu höchstens zwei Strecken des Systems gehört. Sei nun M die Menge aller einfachen Polygone im euklidischen Raum $\mathbb{R}^2$ und sei R die Menge aller endlichen Punktmengen mit paarweise verschiedenen Punkten . Jedem Polygon wird durch die Relation $s : M \to R$ eine Repräsentation in Form einer Punktmenge aus R zugeordnet. Diese Relation ist nicht vollständig. Zwei verschiedene Polygone können dieselbe Repräsentation besitzen (vgl. Bild 1.3).

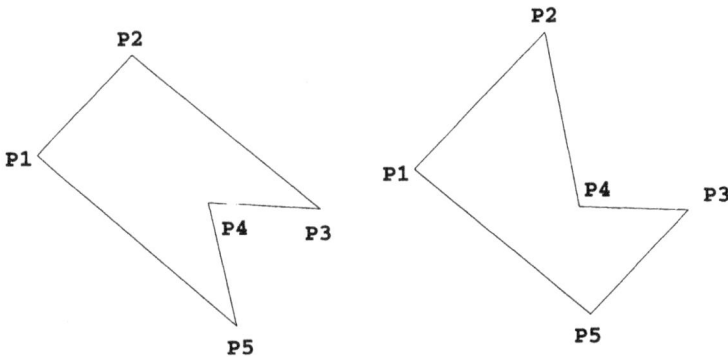

Bild 1.3: Zwei Polygone mit derselben Repräsentation P_1, P_2, P_3, P_4, P_5.

Beispiel 1.2: (nicht eindeutige Repr"asentation)

Sei M die Menge aller einfachen Polygone im $\mathbb{R}^2$ und R die Menge aller endlichen Vereinigungen von Dreiecken im $\mathbb{R}^2$. Jedes Polygon läßt sich in Dreiecke zerlegen und somit als endliche Vereinigung von Dreiecken repräsentieren. Wie Abbildung 1.4 zeigt, ist diese Darstellung nicht eindeutig.

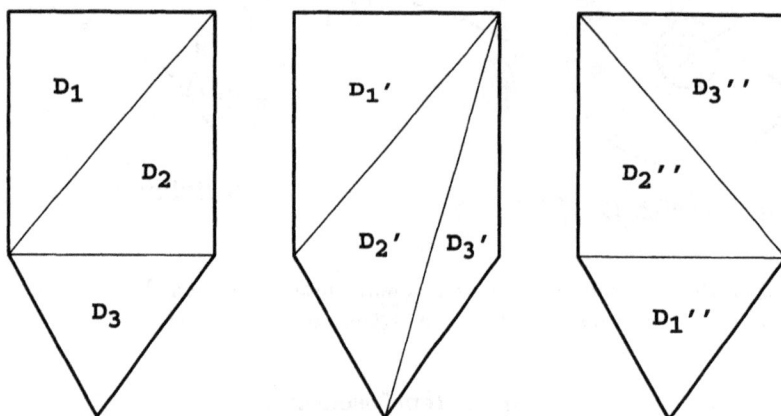

Bild 1.4: Das Polygon besitzt drei zulässige Darstellungen $D_1 \cup D_2 \cup D_3$, $D_1' \cup D_2' \cup D_3'$ und $D_1'' \cup D_2'' \cup D_3''$.

1.1.2   Kriterien zur Beurteilung von Repräsentationsschemata

Im folgenden geben wir Kriterien zur Beurteilung von Repräsentationsschemata an (vgl. [M88]):

1. Wieviele Modelle sind im Definitionsbereich D von s enthalten? Wie genau können komplizierte Objekte modelliert werden?

2. Stimmt der Repräsentationsraum R mit dem Wertebereich W überein, d.h. können gemäß den Erzeugungsregeln des Modellierers ausschließlich Repräsentationen von mathematischen Modellen des Definitionsbereiches von s generiert werden?

3. Hat jedes Modell nur eine Repräsentation oder gibt es mehrere Darstellungen für ein Modell?

4. Wieviel Speicherbereich wird zur Repräsentation von praktisch interessanten Modellen benötigt?

5. Wie allgemein sind Operationen, die zur Manipulation von Repräsentationen verwendet werden können?

6. Wie kompliziert werden Algorithmen zur Manipulation und Erzeugung von Objekten?

1.1.3 Punktmengen-Modelle

Im Solid Modelling werden in erster Linie geometrische Objekte modelliert, worauf wir uns auch im folgenden beschränken werden. Als mathematischen Modellraum verwenden wir Punktmengen im euklidischen dreidimensionalen Raum $\mathbb{R}^3$. Während dieser Modellraum groß genug ist, um die in Anwendungen vorkommenden geometrischen Modelle mathematisch zu beschreiben, ist er, gemessen an den tatsächlich zu modellierenden Objekten, sicherlich viel zu groß. Zum Beispiel sind in diesem Modellraum auch 0D-, 1D- und 2D-Mengen, wie Punkte, Geraden und Flächen, enthalten. Bei reinen Körpermodellierern werden solche Mengen ausgeschlossen, da diese Mengen keine echten Volumina beschreiben, d.h. diese Mengen besitzen bzgl. der gewöhnlichen Topologie des $\mathbb{R}^3$ keine inneren Punkte. Andererseits sind im $\mathbb{R}^3$ als Modellraum auch Mengen enthalten, deren Oberflächen in einem beschränkten Bereich unendlich oft oszillieren. Ein Beispiel einer solchen Menge im zweidimensionalen Fall ist der Graph der Funktion $x \mapsto \sin(\frac{1}{x})$ über dem Intervall $(0, 1]$. Um solche Mengen auszuschließen, wurden von Requicha [Req80] die sogenannten r-Mengen als passende mathematische Modelle für die geometrischen Objekte von Körpermodellierern vorgeschlagen: Eine r-Menge ist eine beschränkte, abgeschlossene, reguläre, semianalytische Punktmenge. Dabei heißt eine Menge $A \subset \mathbb{R}^3$

- *beschränkt*, wenn es eine Kugel K um den Ursprung gibt, so daß $A \subset K$.

- *abgeschlossen*, wenn sie ihren Rand enthält.

- *regulär*, wenn sie mit ihrer *Regularisierung* $r(A) = c(i(A))$ übereinstimmt. Dabei ist $c(A)$ der topologische Abschluß und $i(A)$ das Innere von A bezüglich der gewöhnlichen Topologie im $\mathbb{R}^3$. Ein Punkt p heißt *innerer Punkt* der Menge A bezüglich der gewöhnlichen Topologie des $\mathbb{R}^3$, falls ein $\epsilon > 0$ existiert, so daß die offene ϵ-Kugel $K_\epsilon = \{q \in \mathbb{R}^3 | d(p,q) < \epsilon\}$ um p in A liegt. Ein Punkt p heißt *Häufungspunkt* von A, wenn für alle $\epsilon > 0$ in der ϵ-Kugel K_ϵ um p ein weiterer Punkt $p \neq q \in A$ enthalten ist. Die Menge aller inneren Punkte von A heißt das *Innere* $i(A)$. Die Menge aller Häufungspunkte von A bilden den *Abschluß* $c(A)$, und die Menge $c(A) - i(A)$ heißt *Rand* von A.

- *semianalytisch*, falls sie als endliche Boolesche Kombination (Vereinigung, Durchschnitt und Differenz) von analytischen Mengen dargestellt werden kann.

- *analytisch*, wenn sie von der Form $\{x \in \mathbb{R}^3 | f(x) \leq 0\}$ ist und mit einer analytischen (in jedem Punkt in eine Potenzreihe entwickelbaren) Funktion f als Halbraum dargestellt werden kann. Die Semianalytizität einer Menge A verhindert unerwünschte Eigenschaften, wie ein unendliches Oszillieren der Oberfläche eines Körpers in einem beschränkten Bereich.

Trotz dieser Einschränkung des mathematischen Modellraums ist je nach Repräsentationsschema der tatsächliche Definitionsbereich $D \subset M$ kleiner. Eine exakte Beschreibung des zum jeweiligen Repräsentationsschema gehörenden Modellraums und Definitionsbereichs ist in der Regel sehr aufwendig und wird im folgenden nicht weiter verfolgt.

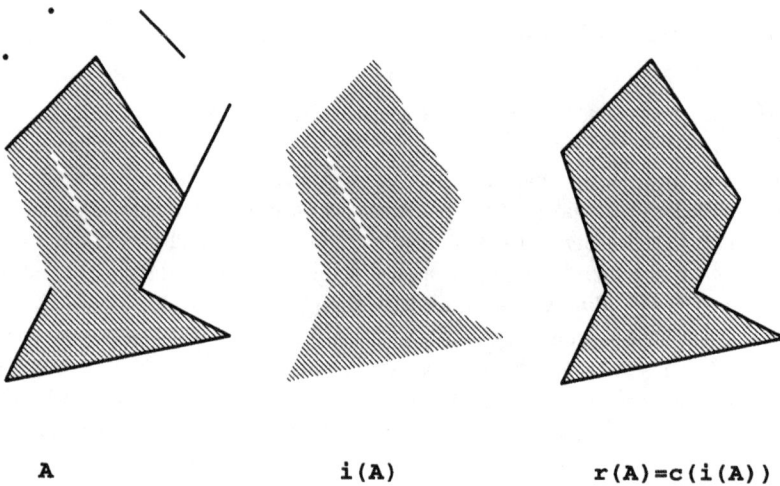

A   i(A)   r(A)=c(i(A))

Bild 1.5: Regularisierung einer Menge $A \subset \mathbb{R}^2$. Links die Menge selbst. In der Mitte das Innere $i(A)$: Die 0D- und die 1D-Anteile fallen weg. Rechts der Abschluß $c(i(A))$ des Inneren von A: Die Ränder werden hinzugenommen.

1.1.4 Übersicht bekannter Repräsentationsschemata

Die bekannten Repräsentationsschemata für Körpermodelle lassen sich in drei Hauptgruppen einteilen (vgl. Bild 1.7), die hier kurz vorgestellt werden:

Drahtmodelle

Unter allen 3D-Modellen beinhaltet das Drahtmodell die wenigsten Informationen zur Darstellung von Festkörpern. Seine Strukturelemente beschränken sich im allgemeinen auf die Konturelemente 'gerade Kante', 'Kreisbogen' oder auch 'Spline'. Zwischen diesen Elementen bestehen innerhalb eines Drahtmodells keine Beziehungen; eine Zuordung zu Flächen ist nicht definiert. Die Drahtmodelle sind einfach und traditionell. Zur Repräsentation von Körpermodellen sind sie jedoch nicht geeignet, da die Darstellung als Drahtmodell unvollständig und mehrdeutig ist (vgl. Bild 1.6). Algorithmen auf Drahtmodellen verlangen daher in vielen Fällen einen Dialog mit dem Anwender, der z.B. die zur Oberfläche gehörenden Flächen eines Drahtmodells interaktiv spezifizieren muß.

Flächenmodelle

Flächenmodelle dienen dem Erzeugen von Objekten, bei denen die Oberflächen und deren Eigenschaften wie Krümmung, Torsion und Glattheit im Vordergrund stehen. Typische Beispiele sind Außenhaut von Kraftfahrzeugen, Schiffen und Flugzeugen. Der Hauptinformationsgehalt der Flächenmodellierer liegt in den einzelnen Flächenbeschreibungen

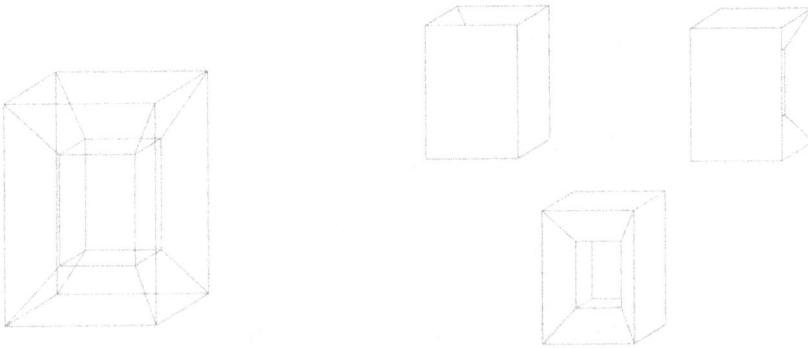

Bild 1.6: Mehrdeutigkeit bei Drahtmodellen.

(vgl. GDV I, Kurseinheit 4 und 5). Die Flächen stehen bei einem reinen Flächenmodellierer in keinem gegenseitigen Zusammenhang; insbesondere sind keine Nachbarschaftsbeziehungen zwischen ihnen abgespeichert. Ein solcher Flächenmodellierer ist nicht geeignet, Körpermodelle darzustellen. Eine Klassifizierung eines Raumpunktes bezüglich eines Objektes kann nicht vorgenommen werden, d.h. im Flächenmodell läßt sich nicht entscheiden, ob ein Punkt innerhalb oder außerhalb des dargestellten Objektes liegt. Um diese Entscheidung treffen zu können, müssen die Flächen orientiert sein, z.B. durch Angabe eines Normalenvektors der Fläche, der nach außen zeigt. Zum anderen sind Flächenmodellierer mit nicht orientierten Flächen weder eindeutig noch vollständig.

Körpermodelle

Hinter dem Begriff der Körpermodelle verbergen sich zahlreiche Repräsentationsschemata, wie sie in Bild 1.7 dargestellt sind. Die Körpermodelle bilden eine vollständige Beschreibung eines dreidimensionalen Objektes und können im Gegensatz zu den Draht- und Flächenmodellen nicht nur visuell im Dialog mit dem Benutzer, sondern auch automatisch von Programmen interpretiert werden. Durch die vollständige Speicherung der Körpergeometrie können geometrische Fragen algorithmisch beantwortet werden. Eine weitere positive Eigenschaft der Körpermodellierer besteht darin, daß durch die verwendeten Algorithmen zur Manipulation von Objekten deren Konsistenz gesichert werden kann. Das heißt, daß das Resultat einer Operation, wie z.B. die Repräsentation der Vereinigung zweier Objekte, wieder eine gültige Darstellung bildet. Im folgenden werden wir uns ganz auf Körpermodelle beschränken.

1.2 Allgemeine Erzeugungstechniken und Manipulationen von Körpermodellen

Unabhängig davon, welches spezielle Körpermodell betrachtet wird, müssen Konzepte zur Erzeugung, Manipulation und zur Speicherung von Objekten vorhanden sein. Im folgenden wird ein zur Erzeugung und Manipulation von Körpermodellen häufig verwendetes Konzept diskutiert.

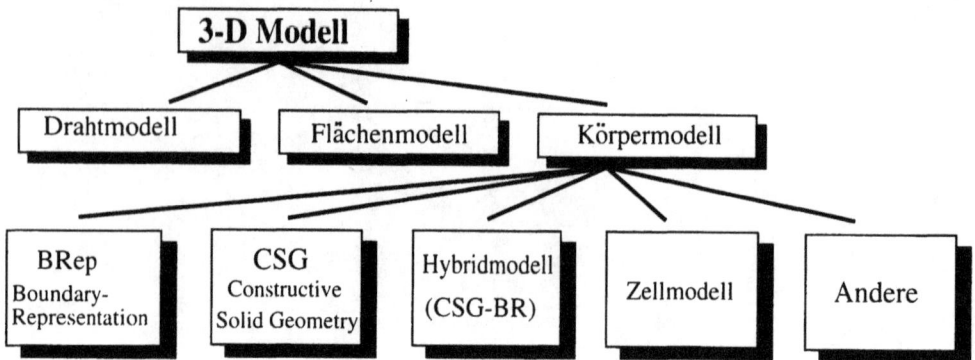

Bild 1.7: Die wichtigsten Repräsentationsschemata für 3D-Modelle.

1.2.1 Generierung von Körpermodellen aus Grundkörpern

Im allgemeinen werden bei Körpermodellierern, ausgehend von einfachen Objekten (den Grundkörpern oder *Primitiva*), schrittweise kompliziertere Objekte durch Anwendung Boolescher Mengenoperationen konstruiert. In den nächsten Abschnitten werden einige mögliche Definitionen von Grundkörpern kurz erläutert.

Grundkörper fester Form - Solid Shapes

Jedes Primitivum wird aus einer vom System vorgegebenen Menge von einfachen geometrischen Körpern fester Form ausgewählt (vgl. Bild 1.8). Durch das Festlegen gewisser Dimensionsparameter wird der gewünschte Grundkörper dann eindeutig beschrieben. Ein Körpermodellierer kann als Grundkörper fester Form z.B. Quader, Zylinder, Kegel, Kugeln und Tori zur Verfügung stellen. Die Parameter sind dann beispielsweise beim Quader die drei Seitenlängen, beim Zylinder die Länge und der Durchmesser usw. (vgl. Bild 1.8).

Für jedes Objekt wird ein Bezugspunkt festgelegt, der als Ursprung eines lokalen Koordinatensystems dient. Dieses lokale Koordinatensystem kann vom Anwender nicht verändert werden, da es a priori für jeden Grundkörper festgelegt ist.

Sweeping ebener Konturzüge und ganzer Körper

Beim Sweeping wird entweder eine Kontur oder ein ganzer Körper entlang einer Raumkurve bewegt. Die Kontur oder der Körper und die Raumkurve werden durch Parameter definiert.

Beim translatorischen Sweeping wird die durch die Kontur in der x, y-Ebene definierte Grundfläche in z-Richtung bewegt. Das von der Grundfläche überstrichene Volumen definiert einen Körper konstanter Dicke.

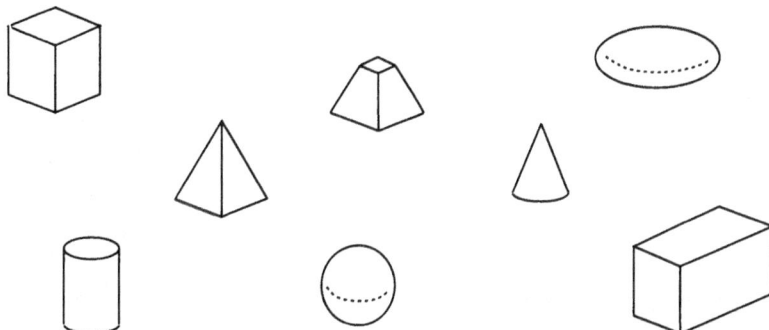

Bild 1.8: Grundkörper fester Form.

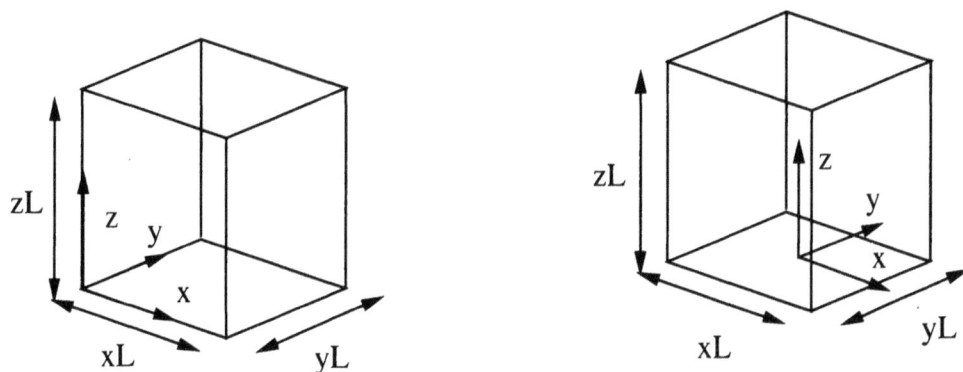

Bild 1.9: Grundkörper fester Form: Dimensionsparameter und die Lage des Bezugspunktes bestimmen ein Primitivum eindeutig.

Mittels des rotatorischen Sweepings werden Drehkörper erzeugt. Je nach Lage der Drehachse erzeugt ein rotatorisches Sweeping Zylinder-, Kegel-, Kugel-, Torus-, Kreis- oder Kreisringflächen höherer Ordnung (vgl. Bild 1.10).

Beim Sweeping vollständiger Körper wird das gewünschte Objekt durch das überstrichene Hüllvolumen eines entlang einer Raumkurve bewegten Körpers definiert. Die Geometrie des Hüllvolumens ist eine Funktion der Körpergeometrie und seiner kinematischen Bahn. In einfachen Fällen ist die Bahnkurve eine Gerade oder ein Kreis. Bei beliebigen Raumkurven ist das definierte Objekt mathematisch schwierig zu behandeln. Im allgemeinsten Fall werden entlang der Raumkurve auch die Parameter des bewegten Körpers verändert. Das Sweeping ist insbesondere auch für Kollisionsanalysen zwischen Objekten, z.B. bei der Bestimmung einer Fräserbahn, notwendig.

Halbräume

Ist eine reellwertige analytische Funktion $f : \mathbb{R}^3 \to \mathbb{R}$ gegeben, so bezeichnet man die Mengen $F_1 = \{x \in \mathbb{R}^3 : f(x) \geq 0\}$ und $F_2 = \{x \in \mathbb{R}^3 : f(x) \leq 0\}$ als die durch

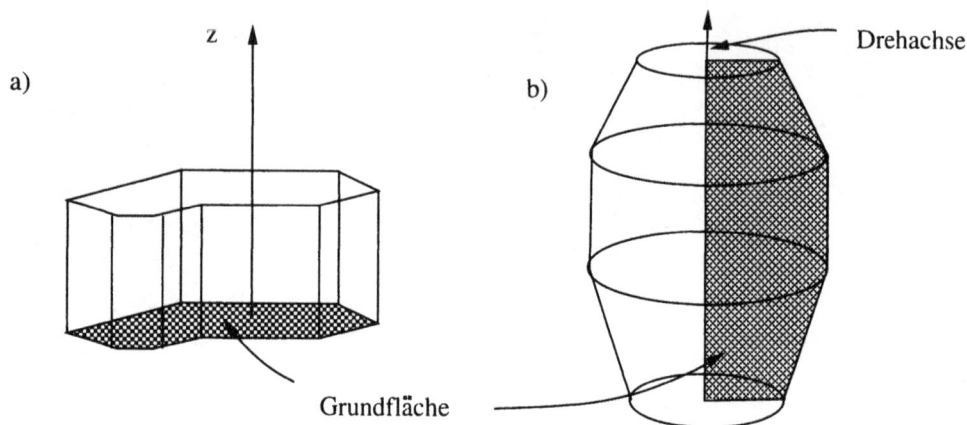

Bild 1.10: Sweeping eines ebenen Konturzuges: a) Translation, b) Rotation.

f definierten *Halbräume*. Die Menge $\{x : f(x) = 0\}$ trennt diese beiden Halbräume. Die Vereinigung der beiden Halbräume ergibt wieder den $\mathbb{R}^3$. Die Einschränkung auf analytische Funktionen schließt unerwünschte Objekte aus. Werden als Funktionen nur Polynome zugelassen, so nennt man die Halbräume *algebraisch*.

Beispiele für Halbräume sind

$$
\begin{aligned}
H_1(x,y,z) &= ax + by + cz + d \geq 0 \\
H_2(x,y,z) &= x^2 + y^2 - r^2 \leq 0 \\
H_3(x,y,z) &= x^2 + y^2 + z^2 - r^2 \leq 0.
\end{aligned}
$$

Der erste Halbraum enthält alle Punkte auf der Ebene $H_1 = 0$ und alle Punkte, die auf der einen Seite davon liegen. Der zweite Halbraum besteht aus dem Inneren und dem Rand eines unendlich langen Zylinders mit Radius r um die z-Achse, und der dritte Halbraum besteht aus dem Inneren und der Oberfläche einer Kugel mit Radius r um den Ursprung. Weitere in diesem Kontext interessante Halbräume werden durch andere quadratische Oberflächen, wie Ellipsoide, Paraboloide, Hyperboloide und Kegel, definiert.

Verwendet man zur Beschreibung eines Primitivums mehrere Funktionen, so lassen sich weitere Objekte definieren (vgl. dazu auch den folgenden Abschnitt über regularisierte Boolesche Mengenoperationen): Um z.B. einen Würfel W mit Kantenlänge a und dem Ursprung als linken unteren Knoten zu definieren, werden folgende sechs Halbräume miteinander geschnitten:

$$
\begin{array}{llllll}
H_1 &: x \geq 0 \quad & H_2 &: y \geq 0 \quad & H_3 &: z \geq 0 \\
H_4 &: x \leq a \quad & H_5 &: y \leq a \quad & H_6 &: z \leq a
\end{array}
$$

Der Schnitt der Halbräume

$$
\begin{aligned}
H_1 &: \quad x^2 + y^2 - r^2 \leq 0 \\
H_2 &: \quad z - h \leq 0 \\
H_3 &: \quad z \geq 0
\end{aligned}
$$

definiert einen einfachen Zylinder. Seine Konstruktion ist in Bild 1.11 dargestellt.

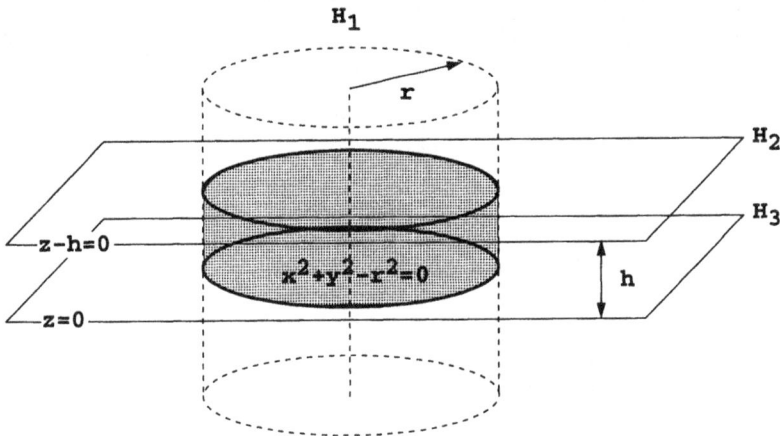

Bild 1.11: Konstruktion eines Zylinders aus Halbräumen.

1.2.2 Regularisierte Boole'sche Mengenoperationen

Bevor zwei Objekte durch eine regularisierte Boole'sche Mengenoperation manipuliert werden können, müssen sie richtig positioniert werden. Dazu werden Translationen und Rotationen verwendet. Hierbei muß für beide Objekte ein gemeinsames Koordinatensystem festgelegt werden. Dies geschieht durch Umrechnung der lokalen Koordinaten der beiden Objekte in ein solches gemeinsames Koordinatensystem.

Nach der Festlegung von Primitiva werden mit Hilfe von *regularisierten Boole'schen Mengenoperationen*, der regularisierten Vereinigung $\cup^*$, des regularisierten Durchschnittes $\cap^*$ und der regularisierten Differenz $-^*$, neue Körper erzeugt. Im mathematischen Modellraum sind diese Operationen folgendermaßen definiert:

$$
\begin{aligned}
A \cup^* B &= r(A \cup B) &&= c(i(A \cup B)) \\
A \cap^* B &= r(A \cap B) &&= c(i(A \cap B)) \\
A -^* B &= r(A - B) &&= c(i(A - B)).
\end{aligned}
$$

Sie unterscheiden sich also von den bekannten Boole'schen Mengenoperationen dadurch, daß das Ergebnis regularisiert wird. Beim Regularisieren werden die entstandenen 0D-, 1D- und 2D-Anteile eliminiert (vgl. Bild 1.12).

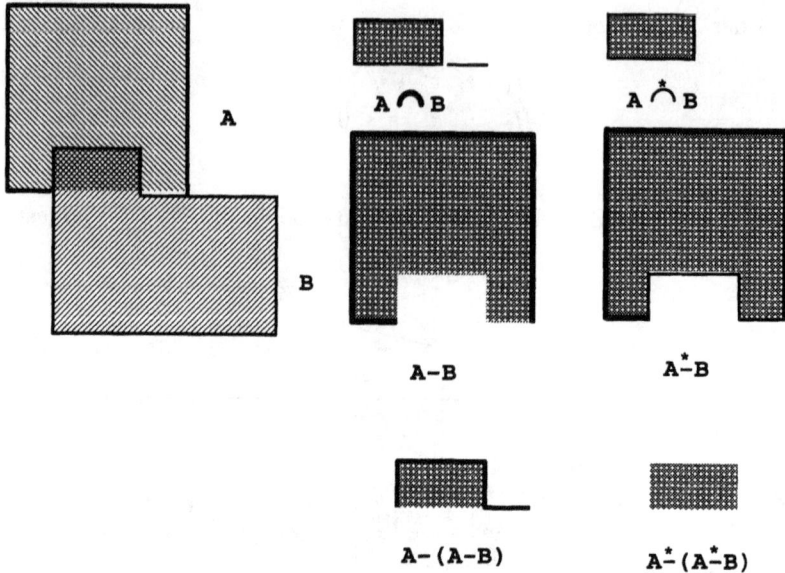

Bild 1.12: Eine regularisierte Mengenoperation im $\mathbb{R}^2$. Die entstehenden 1D-Anteile werden entfernt.

In der Praxis geschieht die Implementierung regularisierter Mengenoperationen mittels der *Klassifikation* von Punkten, Geraden und Flächen bezüglich des Ergebnisobjektes.

Bei der Klassifikation eines Punktes bezüglich eines Objektes wird bestimmt, ob der Punkt in dem Objekt, auf dem Rand oder außerhalb des Objektes liegt. In derselben Weise können auch Geradensegmente und Oberflächensegmente bezüglich eines Körpers klassifiziert werden. Läßt sich dabei ein Segment nicht klassifizieren, da es den Körper teilweise durchdringt, werden die Schnittpunkte bzw. -kurven des Segmentes mit der Oberfläche des Körpers berechnet. Das Segment wird dann an den Schnittpunkten oder -kurven in kleinere Segmente zerlegt, die vollständig bezüglich des Körpers klassifiziert werden können. Um in Bild 1.12 z.B. $A \cap^* B$ zu berechnen, werden die Oberflächen von A und B bezüglich des Körpers $A \cap B$ klassifiziert und die Flächenteile, die vollständig außerhalb von $A \cap B$ liegen, entfernt. In einem weiteren Schritt werden dann die wenigerdimensionalen Strukturen eliminiert.

1.3 Randrepräsentationen (Boundary Representation)

Ein Körpermodell kann eindeutig durch seine Oberfläche und eine zugehörige topologische Orientierung beschrieben werden. Wegen der topologischen Orientierung ist für jeden Punkt der Oberfläche eindeutig festgelegt, auf welcher Seite das Innere des Objektes liegt. Boundary Representations (BReps) benutzen diese Tatsache und beschreiben 3D-Objekte durch ihre Oberfläche.

Da sich alle wichtigen Konzepte der Randrepräsentation anhand von Polyedermodellen erklären lassen und viele der gängigen Volumenmodellierer nur solche Modelle unterstützen, beschränken wir uns zunächst darauf. Eine Verallgemeinerung der Konzepte auf nicht ebenflächig begrenzte Volumina ist möglich und wurde sowohl in der Theorie als auch in der Praxis durchgeführt, verlangt aber zum vollständigen theoretischen Verständnis weitergehende Kenntnisse aus der algebraischen Topologie und übersteigt in voller Ausführlichkeit den Rahmen dieser Darstellung. Der interessierte Leser findet weiterführende Literatur in [Wei85], [Man88], [Hof89]. Eine schöne Darstellung der zur Verallgemeinerung notwendigen Konzepte aus der algebraischen Topologie findet sich auch in [ES94].

1.3.1 Begriffe aus der Graphentheorie und Topologie

In diesem Abschnitt wird die Theorie der Polyeder zusammengestellt. Die folgenden Definitionen und Eigenschaften folgen weitgehend [For92], [Ede87] und [PS85].

Graph

Da Polyeder als spezielle geometrische Graphen aufgefaßt werden können, wollen wir uns zunächst die wichtigsten Begriffe aus der Graphentheorie ins Gedächnis rufen.

Ein *Graph* ist ein Paar (P, E), wobei P eine nichtleere Menge von n verschiedenen Knoten $p_0, \ldots, p_{n-1}$ und E eine Menge ungeordneter Mengen $\{p_i, p_j\}, 0 \leq i, j \leq n, i \neq j$ ist. Die Elemente von P heißen *Knoten*, die Elemente von E *Kanten*. Der Einfachheit halber wird eine Kante $\{p_i, p_j\}$ mit $p_i p_j$ bezeichnet. Kanten sind nicht orientiert, d.h. die Kanten $p_i p_j$ und $p_j p_i$ sind identisch. *Halbkanten* sind Kanten mit Richtungsangabe; eine Kante $p_i p_j$ besteht aus den zwei Halbkanten $\overline{p_i p_j}$ und $\overline{p_j p_i}$. Ist $p_i p_j \in E$, so heißen die Knoten p_i und p_j *benachbart*. Zwei Kanten heißen benachbart oder inzident, falls sie einen gemeinsamen Knoten besitzen.

Ein *geometrischer Graph* G ist ein Paar (P,E), wobei P eine nichtleere endliche Menge von Punkten $p_0, \ldots, p_{n-1}$ aus $\mathbb{R}^d, d \geq 2$, und E eine Menge von Kanten $p_i p_j, i \neq j$ ist.

Polygon und Polyeder

Ein geometrischer Graph $Q = (P, E)$ mit $P = \{p_0, p_1, \ldots, p_{n-1}\} \subset \mathbb{R}^d, d \geq 2$ und $E = \{(p_0 p_1), (p_1 p_2), \ldots, (p_{n-2} p_{n-1})\}$ heißt *Polygon*.

Ein Polygon $Q = (P, E)$ heißt

- *eben*, falls alle Kanten aus E in einer Ebene liegen,

- *geschlossen*, falls $p_0 = p_{n-1}$ gilt,

- *einfach*, falls gilt:

    - Der Schnitt jeweils zweier Kanten aus E ist entweder leer oder ein Punkt aus P.

– Jeder Eckpunkt einer Kante gehört zu höchstens zwei Kanten aus E.

Satz 1.1 (Jordanscher Kurvensatz für Polygone) Jedes geschlossene, ebene, einfache Polygon $Q = (P, E)$ in der Ebene unterteilt die Ebene in zwei *Polygongebiete*, ein inneres und ein äußeres Polygongebiet von Q.

Bemerkung 1.2 Innere Punkte von Q können folgendermaßen charakterisiert werden:

- Die Anzahl der Schnittpunkte zwischen den Kanten von Q und einem Strahl, der von einem Punkt im Innern von Q ausgeht, ist ungerade.

Definition 1.3 (Polygonnetz)
Die Menge M von endlich vielen geschlossenen, ebenen und einfachen Polygonen Q_i heißt ein Polygonnetz, wenn sie die folgende Eigenschaften hat:

- Die inneren Polygongebiete von je zwei Polygonen aus M haben keinen Punkt gemeinsam.

- Je zwei Polygone aus M haben entweder keinen Punkt oder eine Ecke oder eine ganze Kante gemeinsam. Der Schnitt zwischen zwei verschiedenen Polygonen aus M ist entweder leer, ein Punkt $p \in P$ oder eine Kante $e \in E$.

- Jede Kante eines Polygons aus M gehört zu einem oder zwei Polygonen.

- Die Menge aller Kanten, die nur zu einem Polygon aus M gehören, ist entweder leer oder sie bildet ein einziges, geschlossenes, einfaches Polygon.

Bemerkung 1.4 Ist die Menge aller Kanten, die nur zu einem Polygon aus M gehören, leer, so heißt das Polygonnetz *geschlossen* (vgl. Bild 1.13).

Bild 1.13: Offenes und geschlossenes Polygon.

Bemerkung 1.5 Die Menge aller Punkte P und die Menge aller Kanten E eines Polygonnetzes $M = (P, E)$ bilden einen geometrischen Graphen.

Beispiele für Polygonnetze sind Kontrollpunktnetze von Bézier- und B-Splineflächen und stückweise lineare oder bilineare Approximationen dieser Flächen, wie sie z.B. zur Steorolithographie oder zur Visualisierung verwendet werden.

Definition 1.6 (Polyeder)
Ein geometrischer Graph $Q = (P, E)$ mit den Punkten $P \subset \mathbb{R}^d, d \geq 3$ und den Kanten eines Polygonnetzes M heißt *Polyeder*, falls

- jede Kante $e \in E$ zu genau zwei Polygongebieten gehört;

- jeder Punkt $p \in P$ zu einer endlichen, zyklisch geordneten Menge von Polygonbereichen gehört, d.h. die zu einer Ecke gehörenden Polygone lassen sich so anordnen, daß immer Q_i und Q_{i+1} ($Q_{k+1} = Q_1$) eine zur Ecke gehörende Kante gemeinsam haben (vgl. Bild 1.14). Dabei ist k die Anzahl der zu einem Punkt inzidenten Polygonbereiche;

- die Vereinigungsmenge Q zusammenhängend ist.

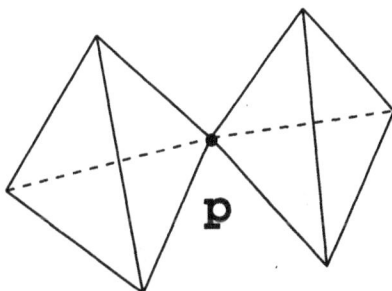

Bild 1.14: Die Polygonbereiche um p lassen sich nicht zyklisch anordnen. Die Polygonbereiche auf der Oberfläche des linken Tetraeders haben mit den Polygonbereichen auf der Oberfläche des rechten Tetraeders keine Kante gemeinsam.

Die Menge aller abgeschlossenen inneren Polygongebiete von M heißt die *Oberfläche* des Polyeders Q.

Die Polygongebiete von M heißen auch *Facetten*.

Satz 1.7 Jedes Polyeder Q im Raum teilt den Raum in zwei Bereiche, in das Innere des Polyeders und in das Äußere.

Lemma 1.8 Das Innere eines Polyeders Q kann folgendermaßen charakterisiert werden:

- Die Anzahl der Schnitte zwischen der Oberfläche von Q und einem Strahl, der von einem Punkt im Innern von Q ausgeht, ist ungerade.

Das Innere eines Polyeders ist also vollständig durch seine Oberfläche definiert.

Der geometrische Graph eines Polyeders beschreibt die Nachbarschaftsbeziehungen zwischen den Facetten, Kanten und Knoten eines Polyeders (vgl. Bild 1.15). Diese sind unabhängig von der Geometrie der Knoten als Punkte im Raum. Sie beschreiben die *Topologie* des Polyeders. Die Koordinaten der Punkte beschreiben die geometrische Lage des Polyeders, d.h. dessen Geometrie. Topologie und Geometrie können daher unabhängig voneinander gespeichert werden.

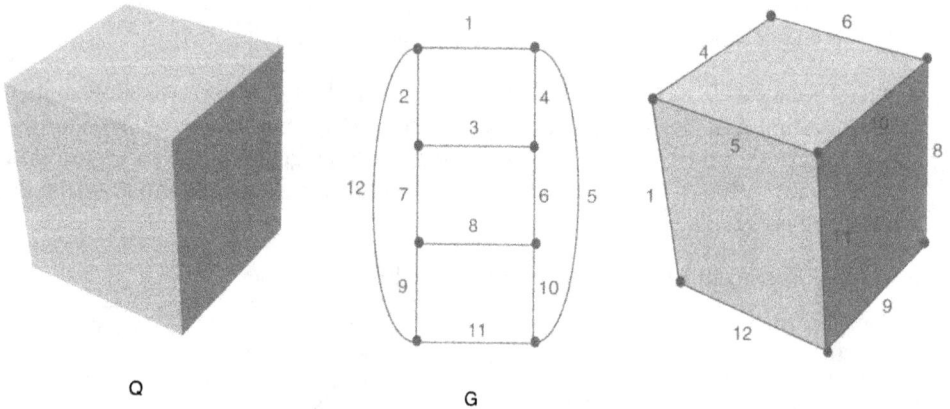

Bild 1.15: Die Knoten und Kanten eines Quaders bilden einen geometrischen Graphen.

Simplex, k-Facette und Triangulierungen

Eine Zellzerlegung ist eine Darstellung von Mengen wie Flächen oder Körper als Vereinigung disjunkter Zellen. Anwendungen finden Zellzerlegungen bei numerischen Simulationen und Finite-Elemente-Techniken, aber auch in der Stereolithographie und zur Visualisierung . Grundlage einer formalen Definition von Zellzerlegungen sind Simplexe.

Definition 1.9 (m-Simplex)
Eine konvexe Kombination von $m + 1$ affin unabhängigen Punkten $p_0, p_1, \ldots, p_m \in \mathbb{R}^d, m \leq d$ heißt m-Simplex. Die Punkte $p_0, p_1, \ldots, p_m$ werden die Punkte des Simplex $\Delta(p_0, p_1, \ldots, p_m)$ genannt.

Beispiel 1.10 Ein 2-Simplex im $\mathbb{R}^2$ ist ein Dreieck und ein 3-Simplex im $\mathbb{R}^3$ ist ein Tetraeder.

Die Oberfläche eines Simplex besteht aus sogenannten k-Facetten, die wie folgt formal definiert werden.

Definition 1.11 (k-Facette)
Gegeben sei ein m-Simplex $t = \Delta(p_0, \ldots, p_m) \subset \mathbb{R}^d$ mit $m \leq d$. Eine konvexe Kombination von $k + 1$ Punkten von t heißt k-*Facette* von t.

Beispiel 1.12 Eine 2-Facette eines Tetraeder ist ein Dreieck, eine 1-Facette eine Kante oder ein Liniensegment, und eine 0-Facette ist ein Eckpunkt.

1.3.2 Triangulierung

Definition 1.13 (Triangulierung von Punktmengen)
Eine endliche Menge von d-Simplices heißt Triangulierung $T(P)$ einer Punktmenge $P \subset \mathbb{R}^d, d = 2, 3$, falls folgendes gilt:

- Jeder Punkt $p \in P$ gehört mindestens zu einem d-Simplex.

- Der Schnitt zweier d-Simplices aus $T(P)$ ist entweder leer oder eine gemeinsame k-Facette, $(0 \leq k < d)$.

- Die Menge aller $(d-1)$-Facetten auf dem Rand der Triangulierung bilden ein konvexes Polygon im $\mathbb{R}^2$ bzw. einen konvexen Polyeder im $\mathbb{R}^3$.

Lemma 1.14 Gegeben sei eine Triangulierung $T(P)$. Die Menge P und die Menge E der 1-Facetten (Kanten) aus T bilden einen geometrischen Graphen $T_g(P) = (P, E)$.

Lemma 1.15 (Euler-Formel für 2D-Triangulierungen) Sei $T(P)$ eine Triangulierung im $\mathbb{R}^2$ und n die Anzahl der Punkte in P, b die Anzahl der Punkte auf der konvexen Hülle $CH(P)$, e die Anzahl der Kanten von E und t die Anzahl der Dreiecke von T. Dann gilt

$$e \;=\; 3(n-1) - b \tag{1.1}$$
$$t \;=\; 2(n-1) - b \tag{1.2}$$

Korollar 1.16 Jede Triangulierung $T(P)$ einer Punktmenge P im $\mathbb{R}^2$ besitzt dieselbe Anzahl von Kanten und Dreiecken.

Lemma 1.17 (Eulerformel für 3D-Triangulierungen) Sei $T(P)$ eine Triangulierung im $\mathbb{R}^3$ und n die Anzahl der Punkte in P, f die Anzahl des Dreiecke, e die Anzahl der Kanten von E und t die Anzahl der Tetraeder von T. Dann gilt:

$$n - e + f - t = 1 \tag{1.3}$$

Definition 1.18 (Diagonale)
Gegeben sei ein Polygon bzw. ein Polyeder $Q = (P, E)$. Eine Verbindungsstrecke zweier Punkte $p_i, p_j \in P$ heißt Diagonale von Q, falls sie vollständig im abgeschlossenen inneren Gebiet von Q liegt.

Satz 1.19 (Triangulierung von Polygonen bzw. Polyedern)

- Das abgeschlossene innere Gebiet jedes geschlossenen ebenen einfachen Polygons Q kann durch Diagonalen in eine endliche Menge von Dreiecken Δ_k so zerlegt werden, daß deren Seiten entweder Diagonalen oder Polygonkanten von Q sind und der Schnitt jeweils zweier dieser Dreiecke entweder leer ist oder eine Diagonale ist. Die Menge dieser Dreiecke heißt die Triangulierung des Polygons Q.

- Das abgeschlossene innere Gebiet jedes Polyeders Q kann in eine endliche Menge von Tetraedern Δ_k so zerlegt werden, daß deren 1-Facetten entweder Diagonalen oder Kanten aus Q sind und der Schnitt jeweils zweier Tetraeder entweder leer oder eine gemeinsame k-Facette ($0 \leq k < d$) ist. Die Menge dieser Tetraeder heißt Tetraedrisierung des Polyeders Q.

Bemerkung 1.20 Die Eigenschaft, daß jede Triangulierung $T(P)$ einer Punktmenge dieselbe Anzahl von Kanten und Simplices besitzt, gilt nur für Triangulierungen im $\mathbb{R}^2$. Zum Beispiel existieren im $\mathbb{R}^3$ zwei Tetraedrisierungen der Punktmenge $P = \{p_0, p_1, p_2, p_3, p_4\}$. Die erste mögliche Tetraedrisierung besteht aus den beiden Tetraedern $\Delta(p_0, p_1, p_2, p_3)$ und $\Delta(p_0, p_1, p_2, p_4)$. Dagegen besteht die zweite mögliche Tetraedrisierung aus den drei Tetraedern $\Delta(p_0, p_1, p_3, p_4)$, $\Delta(p_1, p_2, p_3, p_4)$ und $\Delta(p_2, p_0, p_3, p_4)$ (vgl. Bild 1.16).

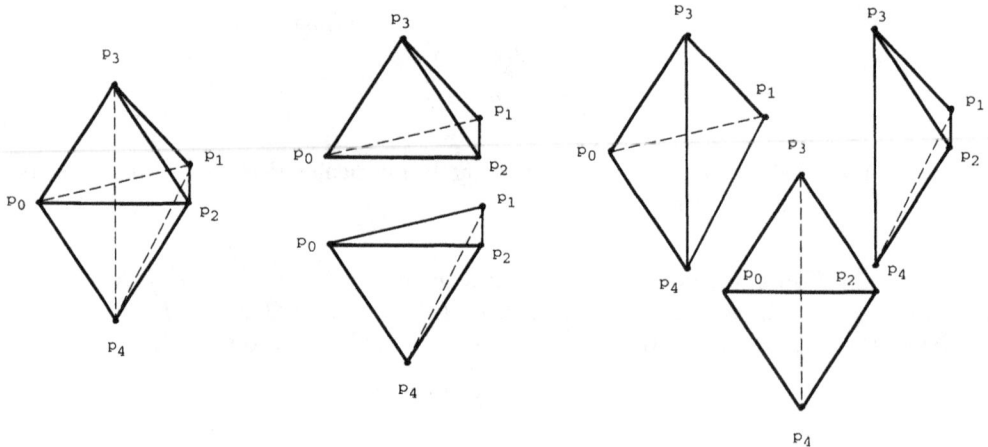

Bild 1.16: Es gibt zwei mögliche Tetraedrisierungen von $P = \{p_0, p_1, p_2, p_3, p_4\}$: $T_2(P) = \{\Delta(p_0, p_1, p_2, p_3),\ \Delta(p_0, p_1, p_2, p_4)\}$ mit zwei Tetraedern (mittleres Bild) und $T_3(P) = \{\Delta(p_0, p_1, p_3, p_4),\ \Delta(p_1, p_2, p_3, p_4),\ \Delta(p_2, p_0, p_3, p_4)\}$ mit drei Tetraedern (rechtes Bild).

1.3.3   Orientierbarkeit von Polygonnetzen

Jeder Facette eines Polygonnetzes kann man dadurch eine Orientierung zuschreiben, daß auf ihrer Berandung ein Umlaufsinn definiert wird. Ein derartiger Umlaufsinn auf der

Berandung wird durch einen Pfeil auf einer ihrer Kanten gekennzeichnet. Diesen Pfeil übertragen wir von einer Kante auf die ihr in Pfeilrichtung benachbarte Kante, indem wir auf dieser Kante einen Pfeil anbringen, der von der gemeinsamen Ecke beider Kanten zur nächsten Ecke weist. Auf diese Weise versorgen wir, ausgehend von einem Pfeil auf einer Kante der Facette, sämtliche Kanten dieser Facette mit einem Pfeil. Man erkennt leicht, daß man nach einem einmaligen Umlauf der Facette auf der Ausgangskante einen Pfeil erhält, der dieselbe Richtung wie der Ausgangspfeil hat. Folglich läßt jede Facette genau zwei Orientierungen zu, die wir als zueinander entgegengesetzt bezeichnen.

Definition 1.21 Zwei mit je einer Orientierung versehene Facetten eines Polyeders oder eines Simplexes, die längs einer Kante des Komplexes benachbart sind, heißen *gleich orientiert*, wenn die durch die beiden Orientierungen auf der gemeinsamen Kante induzierten Pfeile entgegengesetzte Richtungen haben.

Ein Polygonnetz N heißt *orientierbar*, wenn die Facetten des Polygonnetzes so mit Orientierungen behaftet werden können, daß je zwei längs einer beliebigen Kante benachbarte Seiten gleich orientiert sind. Falls für alle Facetten des Polygonnetzes Orientierungen mit der genannten Eigenschaft gegeben sind, so sagt man, daß dadurch auf der Fläche eine Orientierung festgelegt ist oder daß die Fläche *orientiert ist*.

Definition 1.22 Eine Polygonnetz heißt *nicht orientierbar*, wenn bei jeder Wahl von Orientierungen für die Facetten des Polygonnetzes mindestens zwei längs einer Kante benachbarte Seiten verschiedene Orientierung besitzen.

Das einfachste Beispiel für eine nichtorientierbares Polygonnetz (Fläche) ist das sogenannte Möbiussche Band (1868) (vgl. Bild 1.17).

Diese Fläche kann man mittels eines rechteckigen Papierstreifens realisieren, dessen kurze Seiten man nach vorheriger Windung des Streifens um 180° um die Mittelinie des Rechtecks so zusammenklebt, daß die Punkte der kurzen Seiten, die symmetrisch bezüglich des Mittelpunktes des Rechtecks liegen, zusammenfallen. Bei dieser Fläche kann man nicht, wie z.B. bei einem ebenen Flächenstück, einer zylindrischen Fläche oder einer Sphäre, zwei Seiten unterscheiden, d.h. man kann nicht eine Seite blau und die andere grün anstreichen.

Ein Beispiel einer nichtorientierbaren geschlossenen Fläche ist die in Bild 1.18 dargestellte sogenannte Kleinsche Flasche.

Sie besitzt eine Selbstdurchdringung (was wir für Polygonnetze ausdrücklich ausgeschlossen hatten). Dieser Sachverhalt ist keineswegs zufällig: Jede in den dreidimensionalen euklidischen Raum eingelagerte, geschlossene, nichtorientierbare Fläche besitzt eine Selbstdurchdringung. Damit ist die Oberfläche eines Polyeders, die sich per Definition nicht selbst durchdringt, stets orientierbar.

1.3.4 Nichtebenflächig begrenzte Körper und Mannigfaltigkeiten

Ebenflächig begrenzte Objekte reichen meist nicht aus, um alle benötigten Modelle exakt zu beschreiben. Daher wird das Konzept der Polyeder auch auf nicht ebenflächig

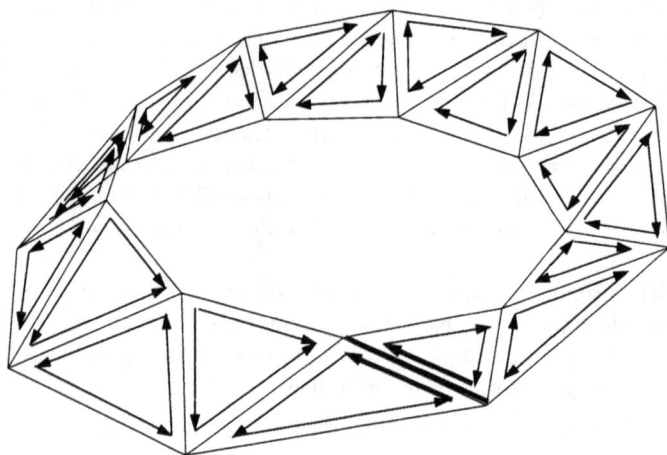

Bild 1.17: Das Möbiusband ist eine nichtorientierbare Fläche. Wählt man auf einer beliebigen Facette die entgegen dem Uhrzeigersinn gerichtete Orientierung, so müssen zur Gleichorientierung benachbarter Facetten die Orientierungen der zweiten und danach der dritten Facette usw. ebenfalls entgegen dem Uhrzeigersinn gewählt werden. Beim Zusammenkleben des Möbiusbandes treffen dann aber zwei Kanten zusammen, auf denen die Pfeilrichtungen übereinstimmen, was der Bedingung der Gleichorientiertheit je zwei benachbarter Seiten des Polygonnetzes widerspricht.

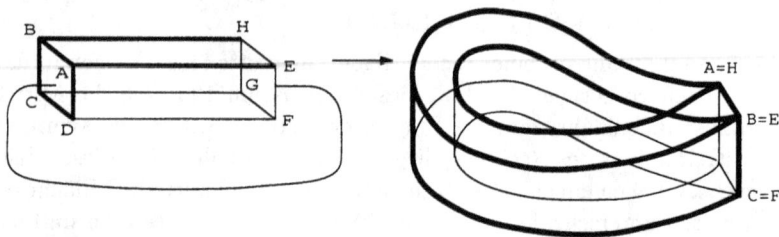

Bild 1.18: Konstruktion einer Kleinschen Flasche.

begrenzte Körper verallgemeinert. Die durch einen geometrischen Graphen beschriebene Topologie der Polyeder wird bei stetigen Deformationen nicht verändert. Da sich die Graphentheorie damit beschäftigt, wie Figuren zusammenhängen, ohne ihre Ebenheit oder Maße zu betrachten, bezeichnet man den Bereich der Graphentheorie in der Topologie auch als Gummibandgeometrie. Im folgenden sollen kurz diejenigen Körper diskutiert werden, die man durch stetige Deformationen aus Polyedern gewinnen kann.

Die dazu wichtigsten topologischen Objekte sind die *n-dimensionalen Mannigfaltigkeiten*. Das sind zusammenhängende Mengen, die in einer Umgebung jedes ihrer Punkte die gleiche topologische Struktur wie der n-dimensionale euklidische Raum besitzen. Eine zweidimensionale Mannigfaltigkeit (Fläche) besitzt die Eigenschaft, daß um jeden ihrer

Punkte eine Umgebung existiert, die homöomorph zu einer Kreisscheibe in der Ebene ist. Wir können die Umgebung des Punktes auf der Fläche elastisch so deformieren, daß sie einer ebenen Kreisscheibe entspricht, ohne daß sie dabei aufreißt. Eine *dreidimensionale Mannigfaltigkeit* ist eine zusammenhängende Menge, bei der jeder Punkt eine Umgebung besitzt, die dem Inneren einer Kugel des dreidimensionalen euklidischen Raumes homöomorph ist. Dabei heißt eine bijektive Abbildung $f : F \longrightarrow F'$ homöomorph, wenn sowohl f, als auch f^{-1} stetig ist.

Einfache Beipiele für dreidimensionale Mannigfaltigkeiten sind die Polyeder. Ihre facettierten Oberflächen sind zweidimensionale Mannigfaltigkeiten. Jede Umgebung eines Punktes auf der Oberfläche eines Polyeders, auch Umgebungen von Punkten auf den Kanten, lassen sich homöomorph auf eine Kreisscheibe im $\mathbb{R}^2$ abbilden.

Zur Verallgemeinerung der Polyeder betrachtet man nun die Klasse aller Körper, die homöomorph zu einem Polyeder sind, d.h. die man durch stetige Deformation aus einem Polyeder erhält. Die Facettierung des Polyeders überträgt sich dabei auf den deformierten Körper, seine Facetten brauchen jetzt aber nicht mehr planar zu sein. Ein einfaches Beispiel für einen solchen Körper erhalten wir, wenn wir einen Würfel so defomieren, daß seine Oberfläche auf seine Umkugel abgebildet wird. Die Oberfläche der Umkugel wird dabei in sphärische Vierecke zerlegt. Diese Zerlegung besitzt ebenso viele Knoten, Kanten und Facetten wie der Würfel. Würfel und Kugel sind also topologisch äquivalent.

Damit die Topologie sich bei der Deformation nicht ändert, muß darauf geachtet werden, daß sich die Facetten nicht gegenseitig durchdringen. Aufgrund der stetigen Deformation sind die Oberflächen dieser Körper auch Zweimannigfaltigkeiten.

Umgekehrt kann man alle Körper, deren Oberflächen Zweimannigfaltigkeiten sind, durch stetige Deformationen aus Polyedern gewinnen, d.h., ist ein nichtebenflächig begrenzter Körper gegeben, dessen Oberfläche eine Zweimannigfaltigkeit ist, so ist der Körper homöomorph zu einem Polyeder. Die Topologie solcher Körper ist ebenso einfach zu verstehen wie die Topologie von Polyedern und kann mit denselben Datenstrukturen repräsentiert werden. Neben der Geometrie der Knoten wird in diesem Fall zusätzlich die Geometrie der Facetten gespeichert. Die meisten Modelliersysteme verwenden dazu rationale Bézier- oder B-Splineflächen.

Die Attraktivität von Körpern, deren Oberflächen Zweimannigfaltigkeiten sind, besteht für die Modellierung also vor allem darin, daß alle topologischen Beziehungen, die für Polyeder gelten, sich auf diese Körper übertragen lassen. Viele Modellierer beschränken sich daher auf solche Körper und lassen Körper, deren Oberflächen keine Zweimannigfaltigkeiten sind, nicht zu.

Grenzen der Repräsentation durch Mannigfaltigkeiten

Probleme mit der Darstellung des Randes von Körpern als zweidimensionale Mannigfaltigkeiten ergeben sich daraus, daß Körper existieren, deren Ränder keine 2-Mannigfaltigkeiten sind (vgl. Bild 1.19). Beispielsweise ist die Umgebung des Punktes p in Bild 1.19a) nicht topologisch äquivalent zu einer Kreisscheibe in der Ebene.

Zum anderen sind Ergebnisse von regularisierten Boole'schen Operationen zwischen Körpern, deren Oberflächen 2-Mannigfaltigkeiten sind, nicht notwendig wieder Körper, deren Oberflächen 2-Mannigfaltigkeiten sind (vgl. Bild 1.19b)).

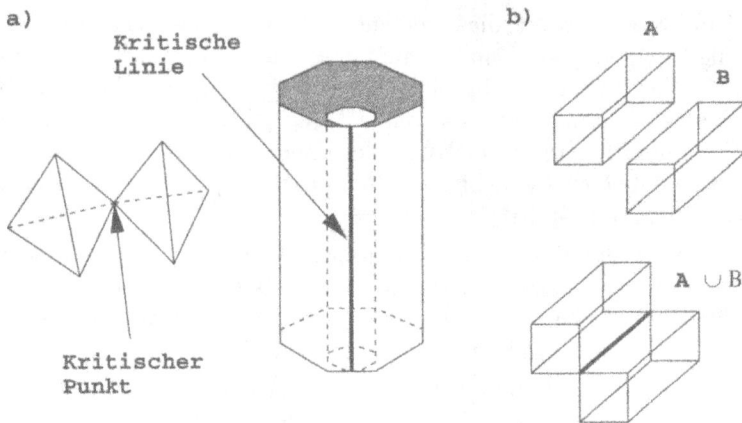

Bild 1.19: In a) sind zwei Körper, deren Ränder keine 2-Mannigfaltigkeiten sind, dargestellt. b) zeigt das Ergebnis einer Boole'schen Operation zwischen zwei 2-Mannigfaltig-
keiten, das keine 2-Mannigfaltigkeit mehr ist: Entlang der Berührkante (Schnittmenge)
läßt sich die entstehende Fläche nicht mehr homöomorph in eine offene Kreisscheibe des
$\mathbb{R}^2$ verbiegen, je zwei der vier Teilflächen müßten verschmelzen.

5Kreisscheibe des $\mathbb{R}^2$ verbiegen, je zwei der vier Teilflächen müßten

Um dieses Problem zu lösen, gibt es drei Ansätze:

1. Alle dargestellten Objekte müssen Mannigfaltigkeiten sein. Boole'sche Operationen auf Körpern, die als Ergebnis ein Objekt liefern, dessen Oberfläche keine 2--
   Mannigfaltigkeit ist, sind nicht erlaubt und führen zu Fehlern.

2. Alle Objekte werden durch 2-Mannigfaltigkeiten beschrieben. Dabei ist aber erlaubt, daß topologisch verschiedene Objekte geometrisch übereinstimmen. In Bild
   1.19b) bedeutet dies, daß problematische Kanten zweimal geführt werden.

3. Sowohl für die Operanden als auch für die Resultate Boole'scher Operationen sind
   Körper, deren Ränder nicht durch 2-Mannigfaltigkeiten dargestellt werden, erlaubt.
   Die Datenstrukturen, die für Polyeder und Objekte ausreichen, deren Oberfläche eine Zweimannigfaltigkeit sind, können so nicht mehr verwendet werden und müssen
   ergänzt werden [Wei85], [Wei86].

1.3.5   Euler-Poincaré-Formeln

Euler-Poincaré-Formeln

Die Euler-Poincaré-Formeln beschreiben den Zusammenhang zwischen der Anzahl von
Facetten, Kanten und Knoten eines Bildgraphen auf einer 2-Mannigfaltigkeit. Ist die
Oberfläche eines Körpers M gegeben und bezeichnen v, e, f die Anzahl von Knoten

(*vertices*), Kanten (*edges*) und Facetten (*faces*) eines beliebigen Bildgraphen auf der Mannigfaltigkeit, so ist die Summe $\chi(M) = v - e + f$ konstant und unabhängig von der Wahl des Graphen. Die Konstante $\chi(M)$ heißt *Eulercharakteristik* der Mannigfaltigkeit M. Die Eulercharakteristik hängt also nur von der 2-Mannigfaltigkeit ab, nicht aber von der Wahl des darauf abgebildeten Graphen.

Der einfachste Fall eines Körpers liegt vor, wenn die Oberfläche eines Körpers topologisch äquivalent zur Oberfläche einer Kugel im $\mathbb{R}^3$ ist. Für solche 2-Mannigfaltigkeiten gilt die *Eulerformel*

$$v - e + f = 2. \tag{1.4}$$

Einen Beweis dieser Formel findet man z.B. in [Hen79]. Die Kanten und Flächen einer solchen Kugel sind in Bild 1.24 dargestellt. Als weiteres Beispiel zur Eulerformel wird in Bild 1.20 ein Würfel betrachtet.

a)   b)

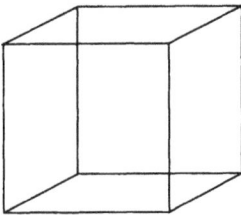 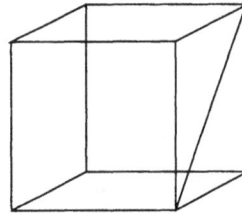

Bild 1.20: a) Würfel mit 6 Facetten, 8 Knoten und 12 Kanten. b) Wird eine zusätzliche Kante eingefügt, so besitzt der Würfel 7 Facetten, 8 Knoten und 13 Kanten. Beide Objekte erfüllen die Euler-Formel.

Als Nächstes betrachten wir auch Körper, die Löcher besitzen, wie z.B. einen Torus oder einen Quader mit Bohrungen (vgl. Bild 1.21). Solche Objekte sind nach einem bekannten Satz aus der algebraischen Topologie [Hen79] topologisch äquivalent zu einer Kugel mit einem oder mehreren Henkeln.

Die Anzahl von Henkeln heißt *Geschlecht* einer 2-Mannigfaltigkeit. Eine 2-Mannigfaltigkeit mit Geschlecht g genügt der *Euler-Poincaré-Formel*

$$v - e + f = 2(1 - g). \tag{1.5}$$

Dabei muß jede Facette von genau einem Polygon berandet sein. Beispiele zur Euler--Poincaré-Formel sind in Bild 1.21 dargestellt.

Eine weitere Verallgemeinerung der Euler-Poincaré-Formel ergibt sich durch die Hinzunahme von Schalen und Schleifen. Besitzt ein Körper einen Hohlraum, so besteht der Rand dieses Körpers aus zwei nicht zusammenhängenden 2-Mannigfaltigkeiten. Die Anzahl der nicht zusammenhängenden 2-Mannigfaltigkeiten ist die Anzahl der *Schalen s*. Mehrere Schalen ergeben sich auch, wenn ein Modell aus mehreren, nicht verbundenen

a)   b)

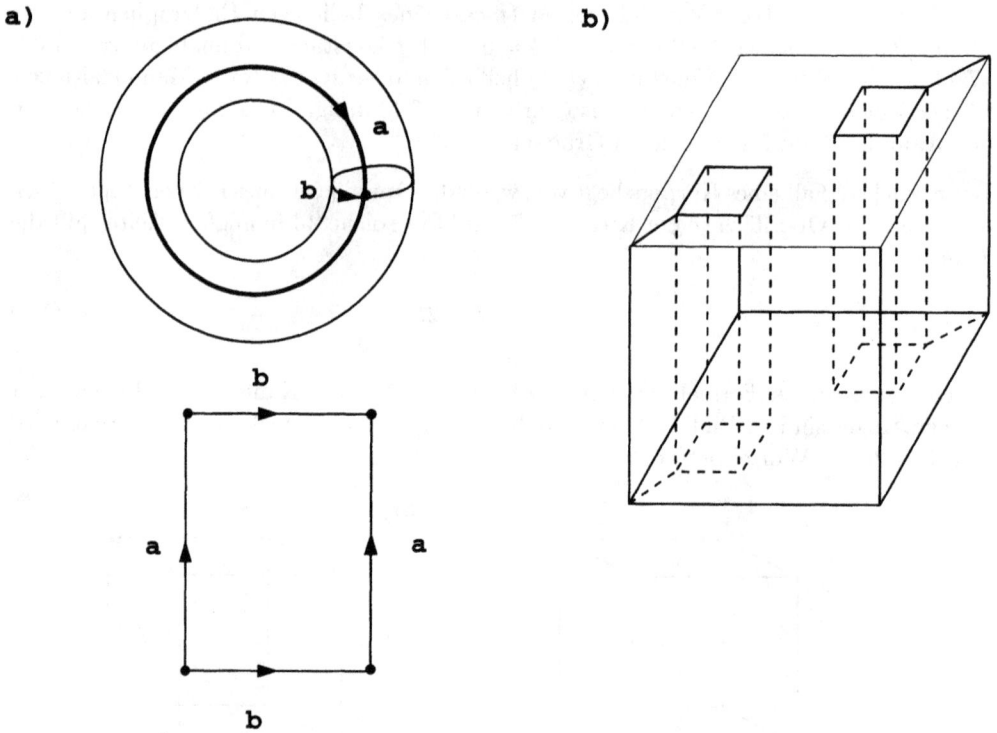

Bild 1.21: In a) ein Torus mit zugehörigem Graphen und in b) ein Quader mit zwei Bohrungen. Der Torus ist topologisch äquivalent zu einer Kugel mit einem Henkel, ein Quader mit zwei Bohrungen ist topologisch äquivalent zu einer Kugel mit zwei Henkeln. Für den Torus gilt $g = 1$, $f = 1$, $e = 2$, $v = 1$. Für den Quader gilt $g = 2$, $f = 14$, $e = 40$, $v = 24$. Die Deckfläche und die untere Seite des Körpers werden jeweils durch ein Polygon begrenzt.

Körpern besteht. So kann z.B. das Ergebnis einer Boole'schen Differenz zwischen zwei Körpern aus zwei Körpern bestehen.

In einer letzten Verallgemeinerung wird die Forderung, daß jede Facette von genau einem Polygon berandet ist, fallengelassen. Eine Facette kann dann von mehreren Polygonen berandet werden. Die Randpolygone einer Facette heißen *Schleifen*. In Bild 1.22 ist ein Körper dargestellt, dessen obere und untere Deckflächen durch Facetten mit jeweils zwei Schleifen beschrieben werden. Die Anzahl der Schleifen aller Facetten wird mit l, die Summe aller Geschlechter der einzelnen Schalen mit g bezeichnet. Mit diesen Bezeichnungen gilt die verallgemeinerte Euler-Poincaré-Formel

$$v - e + f - (l - f) - 2(s - g) = 0. \tag{1.6}$$

Bild 1.22 zeigt ein Beispiel für diese Formel. Obwohl jeder Körper, dessen Oberfläche von einer Mannigfaltigkeit beschrieben wird, die Euler-Poincaré-Formeln erfüllt, ist nicht

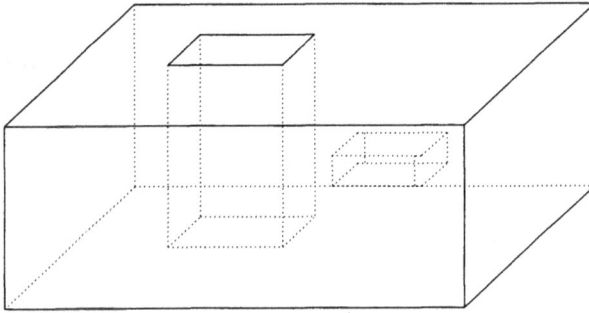

Bild 1.22: Der Körper besitzt 24 Knoten, 36 Kanten, 16 Facetten, 18 Schleifen und 2 Schalen. Das Geschlecht der äußeren Schale ist 1, das der inneren Schale 0. Somit ist die Summe der Geschlechter der Schalen des Körpers 1.

jede Mannigfaltigkeit, für die die Euler-Poincaré-Formeln gelten, die Oberfläche eines Körpers. Ein Beispiel dafür ist in Bild 1.23 dargestellt.

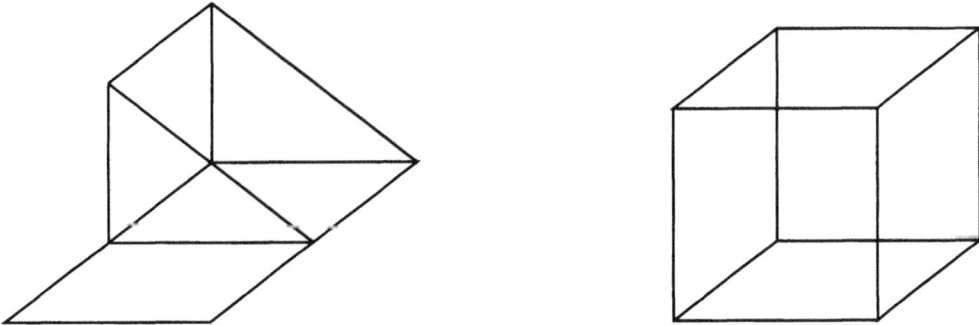

Bild 1.23: Beide dargestellten Objekte besitzen 8 Knoten, 12 Kanten und 6 Flächen und erfüllen daher die Euler-Poincaré-Formeln. Das linke Objekt ist aber kein gültiger Körper.

Das im Beispiel gezeigte Objekt besitzt dieselbe Anzahl von Knoten, Kanten und Flächen wie ein Quader, beschreibt aber aufgrund der angehefteten Facette keinen Körper. Trotzdem können die Euler-Poincaré-Formeln dazu benutzt werden, in einem ersten Schritt die Gültigkeit der Topologie eines Körpers zu überprüfen. Sind diese Formeln nicht erfüllt, so handelt es sich sicher um keinen Körper.

1.3.6 Datenstrukturen

Polygonorientierte Datenstrukturen

Für Polyedermodelle kann eine wesentlich einfachere Datenstruktur als für beliebige Oberflächenbeschreibungen verwendet werden. Im einfachsten Fall werden alle Facetten

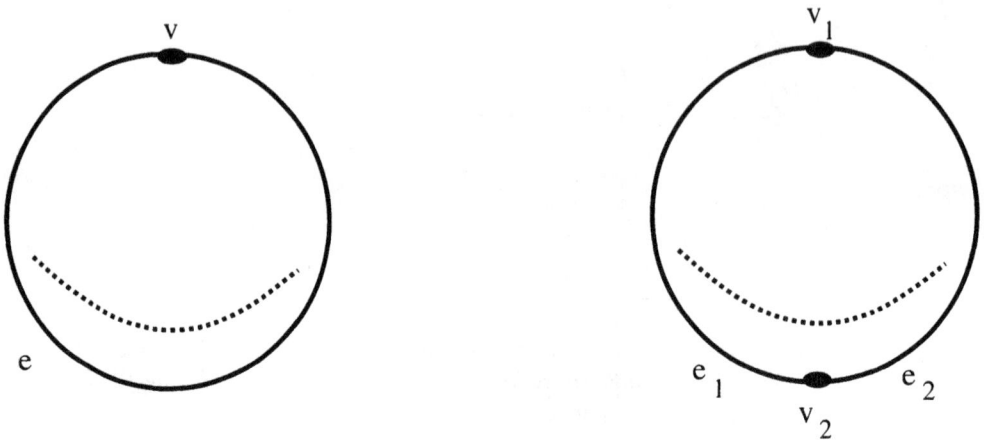

Bild 1.24: Knoten und Kanten auf der Kugeloberfläche. Links ein Knoten, eine Kante und zwei Facetten. Die beiden Facetten sind die Oberflächen der beiden durch die Kante e getrennten Halbkugeln. Daher gilt $v - e + f = 1 - 1 + 2 = 2$. Rechts zwei Knoten, zwei Kanten und dieselben beiden Facetten. Es gilt hier $v - e + f = 2 - 2 + 2 = 2$. In beiden Fällen ist die Euler-Formel erfüllt. Im Falle der Kugel bestehen die Kanten nicht aus Geraden, sondern aus Kreissegmenten.

als Polygone dargestellt, wobei jedes Polygon aus einer Folge von Koordinatentripeln besteht. Facetten können aber auch beliebige Flächen-Pflaster, z.B. Bézier-Tensorprodukt-Flächen usw. sein, deren Ränder dann aber nicht mehr durch einfache Polygone beschrieben werden können. In jedem Fall besteht ein Körper aus einer Sammlung von Facetten, welche in einer Tabelle mit Bezeichnern für jede Facette zusammengefaßt werden.

Knotenorientierte Datenstrukturen

In einer polygonorientierten Datenstruktur erscheinen die Koordinaten eines Knotens genau so oft, wie der entsprechende Knoten in den Facetten auftaucht. Bei knotenorientierten Datenstrukturen wird diese Redundanz dadurch beseitigt, daß Knoten unabhängig gespeichert und dann den einzelnen Facetten zugeordnet werden. Bild 1.25 zeigt als einfachen Körper einen Quader mit Knoten, Kanten und Flächen. Tabelle 1.1 zeigt eine Darstellung des Quaders in einer knotenorientierten Datenstruktur.

Bei dieser Darstellung sind die Knoten jeder Facette im Uhrzeigersinn, von außerhalb des Quaders gesehen, aufgelistet. Diese Orientierung ist für viele Algorithmen sehr nützlich. Da diese Darstellung aber keine Flächenbeschreibungen enthält, ist sie nur für ebenflächig begrenzte Objekte geeignet. Die Flächengleichungen können in diesem Fall aus den Koordinaten der zugehörigen Knoten berechnet werden.

Werden für ebene Flächen zusätzlich die Flächengleichungen abgespeichert, so kommt es leicht zu einer Inkonsistenz der Daten: Kleine Ungenauigkeiten der Gleitpunkt-Arithmetik führen dazu, daß die zur Facette gehörenden Knoten nicht exakt auf der durch

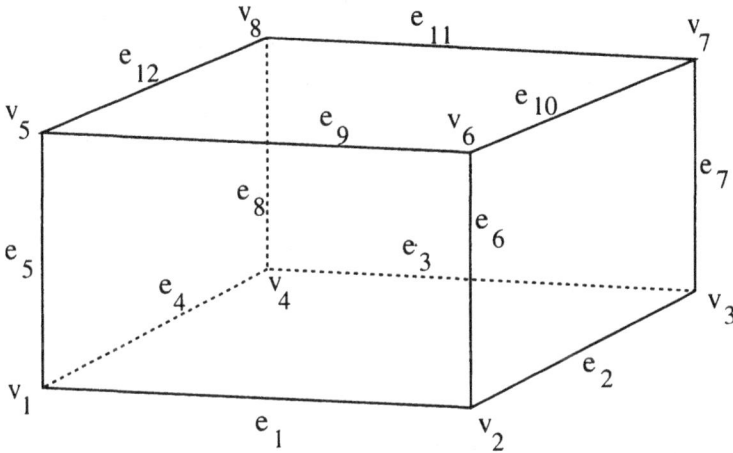

Bild 1.25: Quader mit gekennzeichneten Knoten, Kanten und Flächen (vgl. Tab. 2).

Knoten	Koordinaten			Facette	Knoten			
v_1	x_1	y_1	z_1	f_1	v_1	v_2	v_3	v_4
v_2	x_2	y_2	z_2	f_2	v_6	v_2	v_1	v_5
v_3	x_3	y_3	z_3	f_3	v_7	v_3	v_2	v_6
v_4	x_4	y_4	z_4	f_4	v_8	v_4	v_3	v_7
v_5	x_5	y_5	z_5	f_5	v_5	v_1	v_4	v_8
v_6	x_6	y_6	z_6	f_6	v_6	v_5	v_8	v_7
v_7	x_7	y_7	z_7					
v_8	x_8	y_8	z_8					

Tabelle 1.1: Knotenorientierte Datenstruktur eines Quaders (vgl. Bild 1.25).

die Flächengleichung beschriebenen Fläche liegen, was im Widerspruch zu der durch die Datenstruktur beschriebenen Topologie steht.

Wird nicht nur mit ebenflächig begrenzten Objekten modelliert, so ist es nützlich, auch die Schnittkurven zwischen den Facetten explizit in einer Datenstruktur zu speichern. Darauf soll aber hier nicht näher eingegangen werden.

Kantenorientierte Datenstrukturen

Ein kantenorientiertes Boundary-Modell stellt eine Facette als Zyklus von Kanten dar. Die Knoten einer Facette sind implizit durch die Kanten dargestellt. Ein Beispiel einer kantenorientierten Datenstruktur für den Quader ist in Tabelle 1.2 gegeben. Die Orientierung wird dabei für jede Kante definiert. Die Kante e_1 z.B. ist positiv orientiert von Knoten v_1 zu Knoten v_2. Die Reihenfolge ihrer beiden Knoten definiert für jede Kante eine Orientierung; die Reihenfolge ihrer Kanten definiert für jede Facette eine Orientierung. Zusätzlich wird vereinbart, daß das Innere einer Facette rechts der orientierten Kante liegt.

Kante	Knoten	Knoten	Koordinaten			Facetten	Kanten			
e_1	v_1	v_2	v_1	x_1	y_1	z_1	f_1	e_1	e_2	e_3	e_4
e_2	v_2	v_3	v_2	x_2	y_2	z_2	f_2	e_9	e_6	e_1	e_5
e_3	v_3	v_4	v_3	x_3	y_3	z_3	f_3	e_{10}	e_7	e_2	e_6
e_4	v_4	v_1	v_4	x_4	y_4	z_4	f_4	e_{11}	e_8	e_3	e_7
e_5	v_1	v_5	v_5	x_5	y_5	z_5	f_5	e_{12}	e_5	e_4	e_8
e_6	v_2	v_6	v_6	x_6	y_6	z_6	f_6	e_{12}	e_{11}	e_{10}	e_9
e_7	v_3	v_7	v_7	x_7	y_7	z_7					
e_8	v_4	v_8	v_8	x_8	y_8	z_8					
e_9	v_5	v_6									
e_{10}	v_6	v_7									
e_{11}	v_7	v_8									
e_{12}	v_8	v_5									

Tabelle 1.2: Kantenorientierte Datenstruktur eines Quaders (vgl. Bild 1.25).

Winged-Edge-Datenstruktur

Das wichtigste Beispiel einer kantenorientierten Datenstruktur ist die *Winged-Edge-Datenstruktur* [Sam90b]. Zusätzlich zu den in einer einfachen kantenorientierten Datenstruktur gespeicherten Beziehungen werden noch Nachbarschaftsbeziehungen zwischen den einzelnen Kanten explizit gespeichert. Da jede Kante e in einem 2-Mannigfaltigkeitsmodell zu genau zwei Facetten gehört, gibt es zu jeder Kante e genau eine nachfolgende Kante in jeder dieser beiden Facetten. Wegen der Orientierung der Kanten erscheint die Kante e in einer Facette in positiver, in der anderen in negativer Orientierung. Diese Beziehungen sind in Bild 1.26 dargestellt. Mit dieser Kantendarstellung ist für Flächen nur ein Zeiger auf eine Startkante und ein Bit für die Orientierung dieser Kante zu speichern. Neben der Winged-Edge-Datenstruktur existieren noch eine Vielzahl weiterer kantenorientierter Datenstrukturen. Für Nichtmannigfaltigkeitsobjekte stellte Weiler in [Wei88] die sogenannte *Radial Edge Structure* vor, in der an einer Kante auch mehrere Flächen zusammenstoßen können. Die Flächen werden in dieser Datenstruktur in einem Zyklus um die jeweiligen Kanten angeordnet.

Eine gute Übersicht über weitere Datenstrukturen, deren Speicherplatzbedarf und deren Abfragekomplexität findet man in [NB94].

1.3.7 Euleroperatoren

Euleroperatoren beschreiben eine Menge von Operationen, mit denen 2-Mannigfaltigkeitsmodelle von Körpern und damit insbesondere Polyeder in konsistenter Weise erzeugt und manipuliert werden können. Euleroperatoren können geschlossene Oberflächen von Körpern erzeugen und manipulieren, indem Knoten, Kanten und Facetten gelöscht und hinzugefügt werden. Euleroperatoren können auch das Geschlecht von Körpern verändern, indem Henkel an einen Körper angefügt werden.

Die Bezeichnung von Euleroperatoren geschieht durch eine Zeichenfolge der Form m, x, k, y, wobei m für *make* und k für *kill* steht. Die beiden Zeichen x und y bezeichnen die

Facette 1

ncw   ocw   pcw

vend   vstart

pccw   occw   nccw

Facette 2

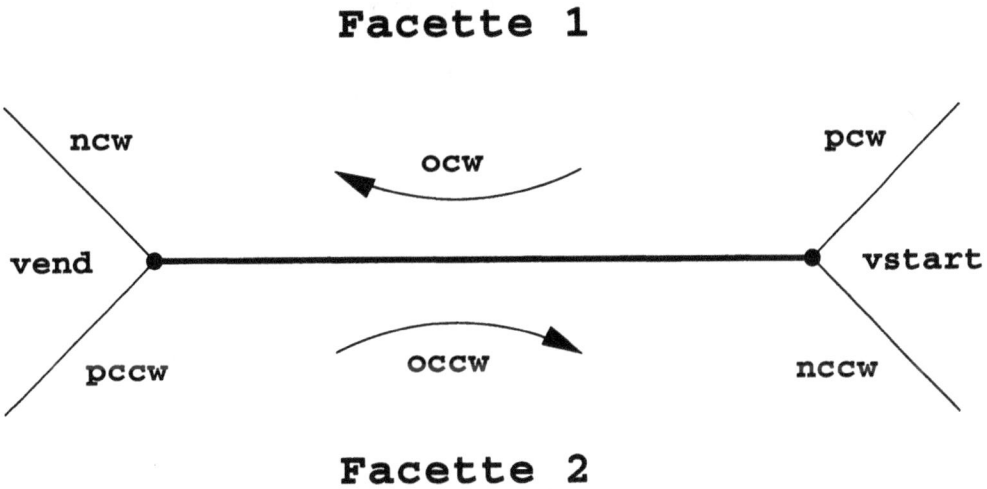

Bild 1.26: Die Winged-Edge-Datenstruktur. Benachbarte Knoten, Kanten und Flächen werden im Uhrzeigersinn (cw) und im Gegenuhrzeigersinn (ccw) gespeichert. Eine Kante wird im Uhrzeigersinn vom Startknoten (vstart) zum Endknoten (vend) durchlaufen. o = orientation, n = next, p = previous

topologischen Elemente, die erzeugt oder gelöscht werden sollen. In der Regel wird jeweils ein Element erzeugt oder gelöscht, aber manchmal werden auch mehrere Elemente in der Datenstruktur gleichzeitig gelöscht und erzeugt. Ein Beispiel dafür ist der Operator *mekfl=make edge kill face loop*. Er erzeugt eine Kante und löscht eine Facette und eine Schleife. Der Operator *kfmrh* (kill face make ring hole) löscht eine Facette, generiert einen Ring und erhöht das Geschlecht um eins.

Die Euleroperatoren sind so konstruiert, daß die Gültigkeit der Euler-Poincaré-Formeln erhalten bleibt. So kann z.B. der Operator *mvf* kein Euleroperator sein, da dieser einen Knoten und eine Fläche zu einer Boundary-Struktur hinzufügt und daher die Eulerformel verletzt. Dagegen ist *mev* ein Euleroperator. Da eine Kante und ein Knoten hinzugefügt werden, gilt für das entstehende 2-Mannigfaltigkeitsobjekt die Euler-Poincaré-Formel

$$v - e + f - (l - f) - 2(s - g) = 0$$

auch nach der Operation, da das entstehende Objekt eine Kante und einen Knoten mehr besitzt und die Anzahl der neuen Kanten und Knoten sich in der Formel aufheben.

In [IRS80] werden die Euleroperatoren algebraisch beschrieben. Braid et al. betrachten einen sechsdimensionalen diskreten Vektorraum mit kanonischer Basis $(1, 0, 0.0, 0, 0)$, $(0, 1, 0, 0, 0, 0) \ldots (0, 0, 0, 0, 0, 1)$, entsprechend der sechs Variablen v, e, f, g, r, s. Jedem Zweimannigfaltigkeitsmodell wird ein Vektor $P = (v, e, f, g, r, s)$ in diesem Raum zugeordnet. Dabei bezeichnet r die Anzahl der inneren Schleifen in einer Facette, d.h. $r = l - f$. $h = g$ (hole) bezeichnet das Geschlecht g eines 2-Mannigfaltigkeitsmodells. Die Euler-Poincaré-Formel kann in diesem Raum als die Gleichung einer fünfdimensionalen Hyperebene aufgefaßt werden. Da die Hyperebene selbst ein fünfdimensionaler

Operator	Basisvektor					
	v	e	f	g	$r = l - f$	s
mcv	1	1	0	0	0	0
mef	0	1	1	0	0	0
mvfs	1	0	1	0	0	1
kemr	0	-1	0	0	1	0
kfmrh	0	0	-1	1	1	0
kev	-1	-1	0	0	0	0
kef	0	-1	-1	0	0	0
kvfs	-1	0	-1	0	0	-1
mekr	0	1	0	0	-1	0
mfkrh	0	0	1	-1	-1	0

$$
\begin{aligned}
m &= \text{make} &&= \text{erzeugen} \\
k &= \text{kill} &&= \text{löschen} \\
v &= \text{vertex} &&= \text{Knoten} \\
e &= \text{edge} &&= \text{Kante} \\
f &= \text{face} &&= \text{Facette} \\
s &= \text{shell} &&= \text{Schale} \\
l &= \text{loop} &&= \text{Schleife} \\
g \equiv h &= \text{genus, hole} &&= \text{Geschlecht} \\
r &= &&\text{Anzahl innerer Schleifen}
\end{aligned}
$$

Tabelle 1.3: Euleroperatoren und ihre Inversen.

Raum ist, wird sie von fünf linear unabhängigen Vektoren in einem sechsdimensionalen diskreten Raum aufgespannt. Diese Vektoren können als Euleroperatoren interpretiert werden. Da fünf linear unabhängige Vektoren genügen, um die durch die Euler-Poincaré-Formel definierte Hyperebene aufzuspannen, genügen auch fünf Operatoren, um ein 2-Mannigfaltigkeitsmodell zu erzeugen. Jeder dieser Operatoren besitzt auch einen inversen Operator.

In der Literatur finden sich verschiedene Kombinationen von Euleroperatoren. Mäntylä [M88] verwendet z.B. die fünf Operatoren mef, mev, $mvfs$, $kemr$, $kfmrh$. Tabelle 1.3 zeigt die zu diesen Euleroperatoren korrespondierenden, linear unabhängigen Vektoren.

Bild 1.27 zeigt als einfaches Beispiel die Konstruktion eines Quaders mit Euleroperatoren. Der Quader besitzt 8 Knoten, 12 Kanten und 6 Facetten. Er wird also durch den Vektor $(8, 12, 6, 0, 0, 1)$ dargestellt. Dieser Vektor kann aus den oben angegebenen Basisvektoren linear kombiniert werden:

$$(8, 12, 6, 0, 0, 1) = 1 \cdot (1, 0, 1, 0, 0, 1) + 5 \cdot (0, 1, 1, 0, 0, 0) + 7 \cdot (1, 1, 0, 0, 0, 0).$$

Daher kann ein Quader durch Anwendung eines Operators $mvfs$, von fünf Operatoren mef und von sieben Operatoren mev erzeugt werden. Obwohl das in Bild 1.27a) dargestellte Ergebnis des $mvfs$-Operators visuell keine Fläche darstellt, enthält die das topologische Modell beschreibende Datenstruktur nach Anwendung dieses Operators eine Fläche, einen Knoten und einen Körper. Auch wenn vom topologischen Standpunkt aus die geometrische Lage der Knoten keine Rolle spielt, werden bei der Realisierung von Euler-Operatoren meist geometrische Informationen mit aufgenommen und in entsprechende Datenstrukturen übertragen.

Mäntylä [M88] zeigte, daß jedes 2-Mannigfaltigkeitsmodell mit Hilfe einer endlichen Folge von Euleroperatoren, ausgehend von einem Grundmodell, d.h. gültigem Körper, erzeugt werden kann, und daß durch eine endliche Folge von Euleroperatoren keine topologisch ungültigen 2-Mannigfaltigkeitsmodelle erzeugt werden können.

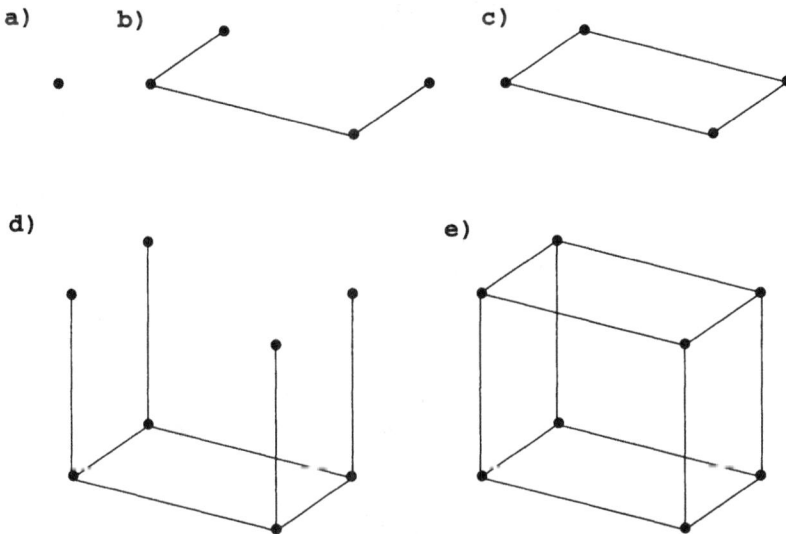

Bild 1.27: Konstruktion eines Quaders mit Euleroperatoren. Dabei werden die Euleroperatoren in folgender Reihenfolge angewendet: a) ein mvfs, *b) drei* mev, *c) ein* mef *(das Objekt beinhaltet jetzt zwei Flächen, die zu diesem Zeitpunkt der Konstruktion noch aufeinanderliegen), d) vier* mev, *e) vier* mef.

1.3.8 Topologische Gültigkeit

Wie zuvor erläutert wurde, sind die Euler-Poincaré-Formeln ein Hilfsmittel, die topologische Gültigkeit eines 2-Mannigfaltigkeitsobjektes zu überprüfen. Sie liefern jedoch nur eine notwendige, aber keine hinreichende Bedingung. Für ebenflächig begrenzte 2-Mannigfaltigkeitsobjekte können einfache hinreichende Bedingungen für die topologische Gültigkeit einer BRep, deren Facetten sich nicht gegenseitig durchdringen, angegeben werden:

1. Jede Kante gehört zu genau zwei Facetten.

2. Die zu einem Knoten inzidenten Facetten können in einem Zyklus so angeordnet werden, daß zwei in diesem Zyklus aufeinanderfolgende Facetten eine gemeinsame, zu diesem Knoten inzidente Kante besitzen.

3. Die Ränder von Facetten sind konsistent orientiert. Dabei heißen zwei disjunkte Ränder R_1 und R_2 einer Facette *konsistent orientiert*, falls R_1 im durch R_2 definierten Inneren der Facette und R_2 in dem durch R_1 definierten Inneren der Facette liegt (vgl. Bild 1.28). Dabei ist im voraus festgelegt, auf welcher Seite der orientierten Kante das Innere der Facette liegt.

Durch 1. und 2. werden Objekte, deren Rand keine 2-Mannigfaltigkeit ist (wie z.B. in Bild 1.19a) dargestellt), ausgeschlossen.

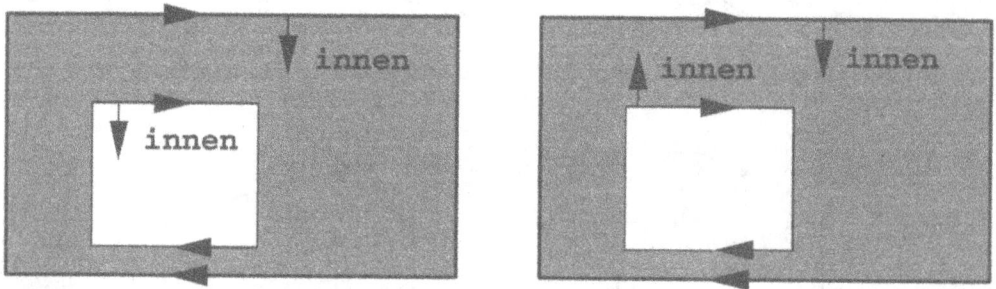

Bild 1.28: Nichtkonsistent und konsistent orientierte Ränder einer orientierbaren 2--Mannigfaltigkeit (Facette). Das Innere der Facette liegt rechts der orientierten Kanten.

1.3.9   Algorithmen für Boundary-Modelle

Visualisierung

Da in einem Boundary-Modell explizit Facetten, Kanten und Knotenpunkte zur Verfügung stehen, ist die Visualisierung im Vergleich zu anderen Darstellungsmethoden von Körpern (wie z.B. CSG) einfach. Alle wichtigen Darstellungsverfahren, wie Beseitigen verdeckter Kanten, Scan-Line-Algorithmen, Z-Buffer-Algorithmen und Strahlverfolgungsmethoden sind für Boundary-Modelle anwendbar (vgl. auch die Kurseinheiten zu den Themen *Visibilität* (GDV I, KE5) und *Beleuchtungsmodelle und Algorithmen* (GDV II, KE2)).

Integrale Eigenschaften

Um integrale Eigenschaften, wie Volumen oder Masse eines Körpers, in der BRep zu berechnen, gibt es zwei Techniken: Erstens die der direkten Integration und zweitens die Benutzung des Divergenzsatzes. Beide Methoden sind in Lehrbüchern der Analysis beschrieben (vgl. z.B. [Mun91]). Zur Berechnung von integralen Eigenschaften ebenflächig begrenzter Körper stehen weitere, einfachere Methoden zur Verfügung. Die Fläche einer ebenen Facette mit Normalenvektor N und den Knoten p_i, $i = 1, \cdots, n$, ist gegeben durch

$$A = \left| \frac{1}{2} \cdot \sum_{i=2}^{n-1} N \cdot ((p_i - p_1) \times (p_{i+1} - p_1)) \right|.$$

Prinzipiell können Flächennormale und Flächengleichung mit Hilfe von drei Knoten p_i, p_j, p_k bestimmt werden. Numerisch stabiler ist das Verfahren von Newell [SSS74], das alle Knotenpunkte der ebenen Facette in die Rechnung miteinbezieht. Der Einheitsnormalenvektor n der Flächengleichung $n\,x + d = 0$ läßt sich durch

$$n = \frac{\sum_{i=1}^{n}(p_i - p_{i+1}) \times (p_i + p_{i+1})}{\|\sum_{i=1}^{n}(p_i - p_{i+1}) \times (p_i + p_{i+1})\|} \tag{1.7}$$

numerisch stabil berechnen. Dabei ist $p_{n+1} = p_1$. Der verbleibende Koeffizient d berechnet sich mit Hilfe eines Punktes der Facette, z.B. dem arithmetischen Mittel p_m aller Knoten, gemäß

$$d = -n \cdot p_m. \tag{1.8}$$

Das Berechnen von Volumina ebenflächig begrenzter Körper basiert auf folgender Beziehung: Das Volumen eines Tetraeders mit einem Knoten im Ursprung und den drei weiteren Knoten p_1, p_2, p_3 ist gegeben durch

$$|V_{tetra}| = 1/6 |(p_1 \times p_2) \cdot p_3|. \tag{1.9}$$

Dabei ist V_{tetra} positiv oder negativ, je nachdem, ob das Dreieck p_1, p_2, p_3 vom Ursprung aus im Uhrzeigersinn oder gegen den Uhrzeigersinn betrachtet wird. Mit derselben Methode wie bei der Berechnung der Fläche einer Facette läßt sich nun das Volumen eines Körpers als Summe von bewerteten Tetraedervolumina berechnen. Eine ausführliche Darstellung und Verallgemeinerung dieser Methoden findet man in [LK84] und [NF91].

Regularisierte Boole'sche Operationen auf BReps

Fordert man endliche, d.h. beschränkte, Oberflächen der betrachteten Körper, läßt aber unendliche Volumina zu, so kann man sich aufgrund der de Morgan'schen Regeln bei der Implementierung der regularisierten Boole'schen Mengenoperationen auf das regularisierte Komplement und auf eine der beiden Operationen 'regularisierte Vereinigung' oder 'regularisierter Durchschnitt' beschränken. Um das Komplement eines Objektes zu bilden, muß lediglich die Oberflächenorientierung umgekehrt werden. Die zur Komplementbildung benötigte Zeit ist dabei proportional zur Anzahl der Facetten eines Modells. Beispiel eines Körpers mit unendlichem Volumen, aber endlicher, beschränkter Oberfläche ist der ganze $\mathbb{R}^3$ ohne eine Kugel um den Ursprung mit Radius r. Seine Oberfläche ist die Kugeloberfläche, also endlich und beschränkt, sein Volumen hingegen ist nicht endlich.

Algorithmen für regularisierte Boole'sche Mengenoperationen müssen zwei Hauptprobleme lösen: Erstens müssen alle Arten der auftretenden geometrischen Schnitte berechnet werden können, zum anderen treten bei den notwendigen Tests auf Überlappung, Komplanarität und bei den Schnittberechnungen numerische Probleme auf. Diese Probleme treten vor allem bei solchen Oberflächen auf, für die numerische Methoden zur Schnittberechnung zwischen Flächen benutzt werden müssen, weil analytische Methoden nicht zur Verfügung stehen. Desweiteren müssen die durch die Schnitte berechneten Kurven im System darstellbar sein. Aus diesem Grunde beschränken sich viele Implementierungen auf algebraische Flächen niederen Grades oder auf ebenflächig begrenzte Körper. Für diese Flächentypen lassen sich Schnitte zwischen Facetten exakt darstellen und müssen nicht numerisch berechnet werden. Die sich ergebenden Schnittkurven sind in diesen Fällen auch einfach darstellbar, da es genügt, die Koeffizienten der sie beschreibenden algebraischen Flächen zu speichern.

Beschreibungen von Algorithmen für regularisierte Boole'sche Mengenoperationen findet man in [Hof89], [M88] und [LTH86].

1.4   CSG

Bei der **C**onstructive **S**olid **G**eometry (CSG) werden Körper durch Bäume Boole'scher Operatoren und Primitiva, sogenannte CSG-Bäume, beschrieben. Die einzelnen Primitiva können dabei durch ein Boundary-Modell oder durch ein Halbraummodell definiert sein. Ein Beispiel eines CSG-Baums ist in Bild 1.29 dargestellt.

1.4.1   Darstellung und Konstruktion von CSG-Objekten

Die Darstellung von CSG-Objekten als Bäume ist eng mit der Konstruktion der Objekte verknüpft. Durch einen CSG-Baum wird, ausgehend von vorhandenen Primitiva, die Vorgehensweise bei der Konstruktion eines Objektes beschrieben. Die Knoten des Baumes repräsentieren regularisierte Boole'sche Mengenoperationen bzw. Transformationen im Raum, welche die Lage eines Primitivums im dreidimensionalen Raum definieren. Die Blätter des Baumes verweisen auf Primitiva. Die Konstruktionsmethode eines Objektes in CSG ist nicht eindeutig. Durch Umformen des durch einen Baum gegebenen Boole'schen Ausdruckes kann man weitere Konstruktionsmethoden und damit äquivalente Darstellungen, d.h. CSG-Bäume, für dasselbe Objekt finden. Die im Verlauf der Konstruktion entstehenden Zwischenobjekte sind dann jedoch möglicherweise unterschiedlich. Ein Beispiel dafür ist in Bild 1.30 dargestellt. In Bild 1.29 wird die Konstruktion eines CSG-Objektes aufgezeigt: Zunächst wird der Quader Q_2 um zwei Einheiten in Richtung der positiven x-Achse verschoben. Danach werden die beiden Quader Q_1 und Q_2 vereinigt. Vom Ergebniskörper wird dann der um sechs Einheiten in Richtung der positiven x-Achse und um zwei Einheiten in Richtung der positiven y-Achse verschobene Zylinder Z abgezogen.

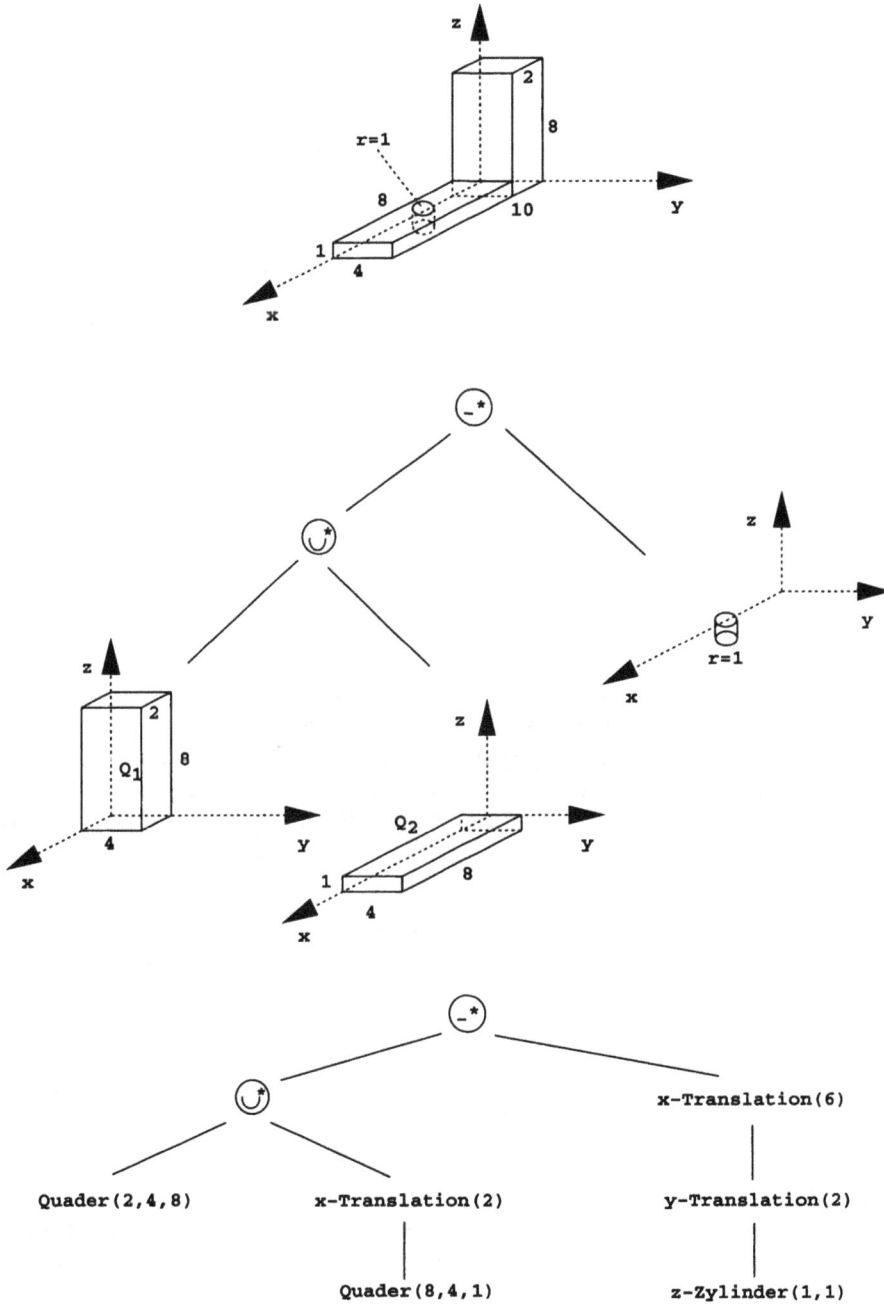

Bild 1.29: Darstellung eines Objekts als CSG-Baum.

1.4.2 Algorithmen für CSG-Modelle und graphische Darstellung von CSG-Modellen

Da in einem CSG-Baum die Geometrie von Kanten und Flächen nicht abgespeichert wird, müssen die geometrischen Daten eines Objektes, werden sie z.B. zur Ausgabe oder für Inzidenztests benötigt, erst aus dem CSG-Baum ermittelt werden.

Klassifikation von Mengen bezüglich eines CSG-Objektes

Bei der Klassifikation einer Menge C bezüglich eines CSG-Objektes R werden die Mengen $C\mathbf{in}R$, $C\mathbf{auf}R$ und $C\mathbf{aus}R$ bestimmt. Die Menge $C\mathbf{in}R$ besteht aus denjenigen Punkten von C, die in R liegen, die Menge $C\mathbf{auf}R$ aus denjenigen Punkten von C, die auf dem Rand von R und die Menge $C\mathbf{aus}R$ aus den Punkten von C, die nicht in R liegen. Wegen der Konstruktion dieser Mengen gilt:

$$C = C\mathbf{in}R \;\cup\; C\mathbf{auf}R \;\cup\; C\mathbf{aus}R.$$

Besteht die Menge C aus einem Punkt, so spricht man von einer Punkt-Körper-Klassifikation. Weitere Typen sind Kurve-Körper-Klassifikation und Fläche-Körper-Klassifikation. Mit Hilfe dieser Klassifikationen kann z.B. entschieden werden, wie eine Fläche einen Körper schneidet, ob ein Punkt in einem Körper liegt oder ob der Schnitt zwischen zwei Körpern leer ist.

Die Klassifikation einer Menge bezüglich eines CSG-Objektes muß auf dessen Primitiva zurückgeführt werden, da die tatsächlichen Geometriedaten nur in diesen Primitiva gespeichert sind. Beginnend mit der Wurzel wird der CSG-Baum dazu rekursiv bis zu den Primitiva durchlaufen. Für die Primitiva selbst wird die Klassifikation dann anhand ihrer Geometriedaten durchgeführt. Die Ergebnisse dieser Klassifikationen werden dann mit Hilfe der Operatoren im CSG-Baum wieder zusammengesetzt, um eine Klassifikation für das ganze Objekt zu erhalten.

Als Beispiel betrachten wir die Klassifikation einer Geraden G bezüglich einer Fläche S (vgl. Bild 1.31). Nachdem der CSG-Baum bis zu den Primitiva durchlaufen wurde, wird die Gerade bezüglich der Primitiva klassifiziert. Dazu sind Schnittberechnungen der Gerade G mit den Primitiva P_i notwendig. Jedes der berechneten Resultate ($G\mathbf{in}P_i$, $G\mathbf{auf}P_i$, $G\mathbf{aus}P_i$) besteht aus einer Folge von Geradensegmenten, die zusammengesetzt wieder die Gerade selbst ergeben. Diese Geradensegmente werden entlang der Geraden G sortiert angeordnet. Beim Zusammensetzen der Teillösungen werden die Ergebnisse dann gemäß der Regeln in Bild 1.31 zusammengefaßt.

Schwierigkeiten bei diesen Operationen ergeben sich bei der Kombination zweier Teilergebnisse, die $G\mathbf{auf}P_i$ enthalten, da in diesen Fällen die Orientierung mitberücksichtigt werden muß. Diese Situation und die zugehörigen Regeln sind in Bild 1.32 dargestellt.

Fläche-Körper-Klassifikation - Boundary Evaluation

Analog zur Gerade-Körper-Klassifikation wird bei einer Fläche-Körper-Klassifikation der zum Objekt S gehörende CSG-Baum bis zu den Primitiva P_i durchlaufen und die

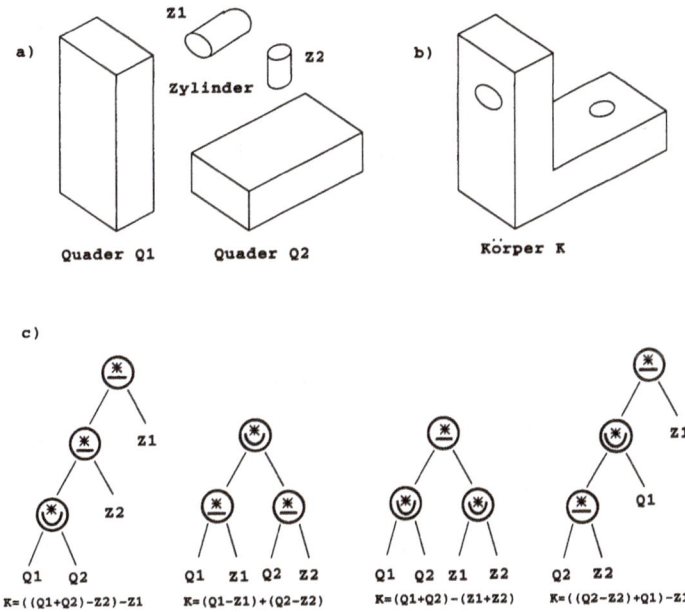

Bild 1.30: Darstellung eines Objektes durch vier verschiedene CSG-Bäume. Die Boole'schen Ausdrücke sind äquivalent.

Fläche F bezüglich dieser Primitiva klassifiziert. Bei dieser Klassifizierung wird F in Teilflächen $F \mathrm{in} P_i$, $F \mathrm{auf} P_i$ und $F \mathrm{aus} P_i$ zerlegt. Um diese Teilflächen zu bestimmen, muß F mit den einzelnen Primitiva P_i geschnitten werden. Die entstehenden Schnittkurven ergeben die Randkurven der gesuchten Teilflächen. Die Teilergebnisse werden dann anhand des CSG-Baumes zusammengefaßt.

Die Fläche-Körper-Klassifikation kann zur Konvertierung einer CSG-Darstellung in eine BRep verwendet werden. Die Bedeutung dieser Konvertierung liegt darin, daß viele Körpermodellierer eine CSG-Darstellung zur Modellierung gebrauchen, für die Darstellung am Bildschirm jedoch größtenteils BReps benutzt werden.

Die Algorithmen zur Konvertierung basieren auf einem sogenannten 'erzeuge und teste'-Paradigma für Flächen und Kanten: Zunächst werden Kandidatflächen und -kurven erzeugt. Dies sind die Oberflächen der einzelnen Primitiva im CSG-Baum und die Randkurven dieser Oberflächen. Dazu kommen alle Flächen und Kurven, die durch Schnitte von je zwei Primitiva entstehen. Diese Kandidatflächen und -kurven werden mit Hilfe des CSG-Baumes bezüglich des Objektes klassifiziert. Mit dem Ergebnis dieser Klassifikation sind alle Kurven- und Flächensegmente bekannt, die auf dem Körper liegen. Diese Segmente definieren dann eine BRep des Körpers.

Eine Übersicht über CSG-Boundary-Konvertierungen findet man in [RV85]. Weitere Algorithmen zur Boundary-Evaluierung von Polyedern werden in [M88] und [LTH86] vorgestellt. Beide erwähnen, daß bei den Konvertierungsalgorithmen numerische Probleme durch die beschränkte Genauigkeit der Gleitpunkt-Arithmetik auftreten.

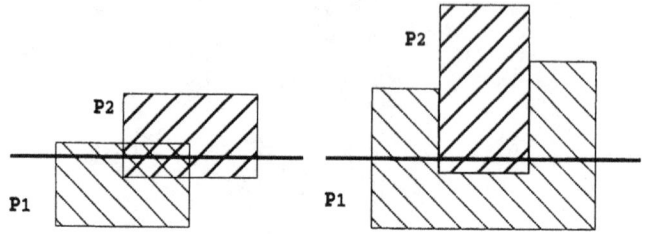

$$E_1 = G \text{ in } P_1$$

$$E_2 = G \text{ in } P_2$$

$$G \text{ in } (P_1 \cup P_2) = E_1 \cup^* E_2$$

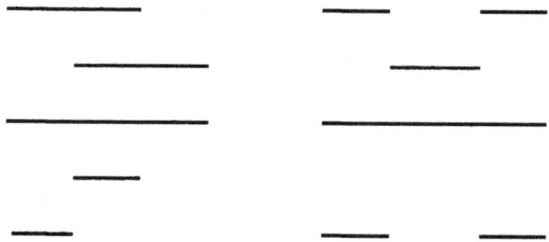

$$G \text{ in } (P_1 \cap P_2) = E_1 \cap^* E_2$$

$$G \text{ in } (P_1 - P_2) = E_1 -^* E_2$$

Bild 1.31: Regeln zum Zusammenfassen von zwei Teilergebnissen einer Gerade-Körper-- Klassifikation in einem Knoten.

Raytracing-Methoden und direkte Displayalgorithmen

Bei direkten Displayalgorithmen wird eine vollständige Konvertierung der CSG-Darstellung in eine BRep vermieden. Anstatt den CSG-Baum vollständig zu berechnen, wird er nur entlang bestimmter Strahlen im Raum genauer untersucht, wie das auch bei Raytracing auf den Pixeln der Scanlines eines Rasterdisplays der Fall ist. Dadurch werden dreidimensionale Mengenoperationen auf eindimensionale (entlang der Strahlen) reduziert. Die direkte Displaymethode ist eine Variation der Kante-Körper-Klassifikation mit einem Strahl als Kante. Zunächst werden bei diesem Verfahren die Schnittpunkte der Strahlen mit den einzelnen Primitiva berechnet und dann der sichtbare Punkt gemäß den Boole'schen Operationen des CSG-Baumes und den entsprechenden Regeln zum Klassifizieren ermittelt. Eine ausführliche Beschreibung von CSG-Scanline-Algorithmen findet man in [Bro90].

Berechnung integraler Eigenschaften von CSG-Modellen

Die approximative Berechnung integraler Eigenschaften eines CSG-Modells, wie z.B. des Volumens, basiert gewöhnlich auf Konvertierungsalgorithmen. Der einfachste Fall, die Ausschöpfungsmethode, verwendet eine Punkt-Körper-Klassifikation. Bei dieser Methode stellt man sich vor, daß der gesamte $\mathbb{R}^3$ in kleine Würfel zerlegt ist. Für die Mittelpunkte der einzelnen Würfel wird dann zunächst festgestellt, ob sie *innerhalb, auf* oder *außerhalb* des betrachteten Körpers liegen. Zur Volumenberechnung wird dann das Volumen aller Würfel mit Mittelpunkt im Körper addiert (vgl. auch Kap. 1.5).

Ein Beispiel für die Anwendung der Raytracing-Methode zur Volumenberechnung ist die sogenannte Säulenzerlegung: Eine Säule wird durch einen Strahl in ihrem Innern

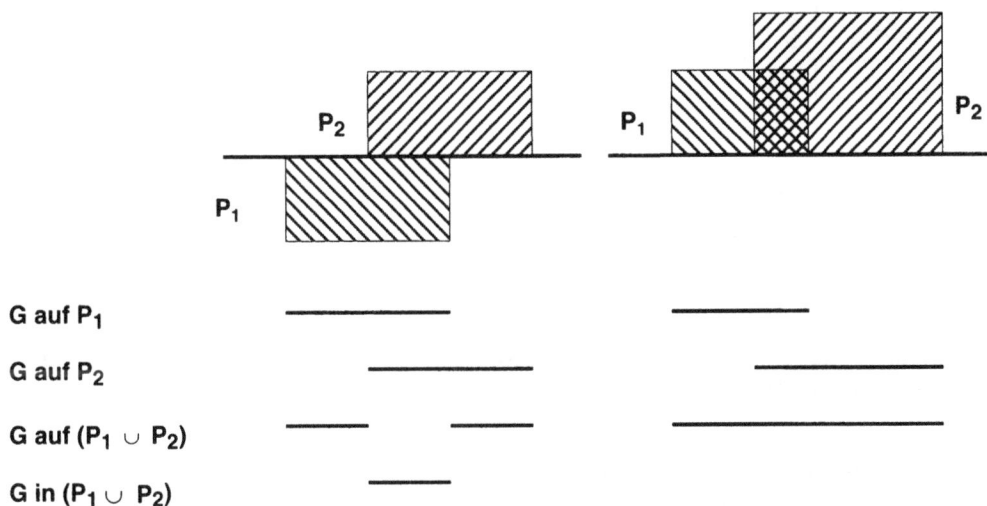

Bild 1.32: Beim Zusammenfassen zweier Teilergebnisse einer Gerade-Körper-Klassifikation mit GaufP_i- Anteilen muß die Lage der Flächen zueinander beachtet werden.

bestimmt. Verläuft der Strahl im Innern des Körpers, so wird eine Säule erzeugt. Das Volumen des Körpers ergibt sich dann als Summe der Volumina der einzelnen Säulen. Die Approximation des Volumens wird dabei umso exakter, je mehr Strahlen und zugehörige Säulen berücksichtigt werden.

1.5 Zellmodelle

In Zellmodellen wird ein Körper in eine Menge sich nicht überlappender, benachbarter Zellen zerlegt. Diese können verschiedene Formen, Größen, Lagen und Orientierungen besitzen.

1.5.1 Zellzerlegungen

Eine Zellzerlegung basiert auf einer bestimmten Anzahl von Zelltypen und einem einfachen Operator zum Zusammensetzen dieser Zellen. Die einzelnen Zellen können beliebige Objekte sein, die topologisch äquivalent zur Kugel im $\mathbb{R}^3$ sind, d.h. keine Löcher besitzen. Die Oberflächen der Zellen können dabei auch gekrümmte Flächen sein.

Ein Körper wird aus einer Menge halbdisjunkter Zellen zusammengesetzt, d.h. die verschiedenen Zellen haben keine inneren Punkte gemeinsam. Ein Nachteil dieser Darstellung ist, daß, obwohl ein Körper mittels einer Zellzerlegung eindeutig beschrieben werden kann, die Darstellung selbst nicht eindeutig zu sein braucht (vgl. Bild 1.33).

Ein weiterer Nachteil besteht darin, daß die Überprüfung einer Darstellung auf ihre Richtigkeit aufwendig ist, da jedes Paar von Zellen einer Zerlegung auf mögliche nicht erlaubte Überschneidungen hin überprüft werden muß. Bedeutung haben Zellmodelle vor allem bei finiten Elementmethoden.

a)   b)   c)

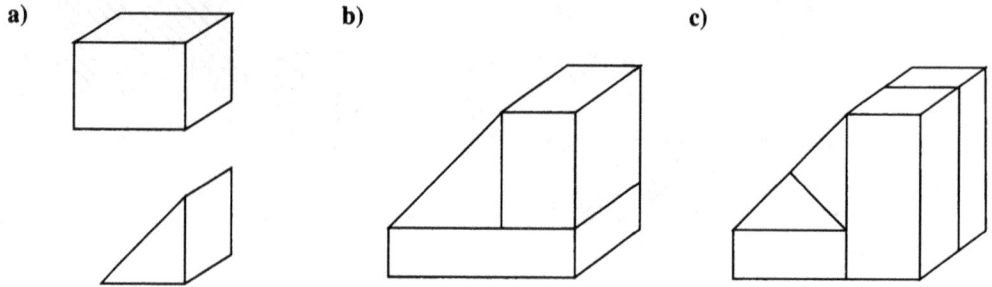

Bild 1.33: Die Darstellung eines Objektes bei einer Zellzerlegung ist nicht eindeutig. Um dasselbe Objekt zu beschreiben, können mehrere Zellformen verwendet werden.

1.5.2   Räumliche Aufzählungsmethode - Spatial Enumeration

Bei räumlichen Aufzählungsmethoden wird der $\mathbb{R}^3$ in ein festes Raster von kleinen Würfeln eingeteilt. Die Elementarwürfel werden in Analogie zum Pixel oft als Voxel bezeichnet. Wegen der Regelmäßigkeit des Rasters genügt es, für jedes Voxel die Koordinaten eines Knotens zu speichern.

Um einen Körper in einem solchen Raster darzustellen, werden alle Voxel des Rasters, die ganz oder teilweise durch den Körper ausgefüllt werden, gekennzeichnet. Je kleiner die Voxel gewählt sind, desto genauer kann ein Körper dadurch approximiert werden. Ist eine Apriori-Beschränkung auf eine beschränkte Teilmenge des $\mathbb{R}^3$ möglich, so kann das Raster effizient als dreidimensionales Array a_{ijk} binärer Daten dargestellt werden. Nur für $a_{ijk} = 1$ ist das ijk-te Voxel ein Teil des betrachteten Körpers, sonst nicht. Auf diese Weise können Körper eindeutig dargestellt werden.

Im zweidimensionalen Fall der digitalen Bildverarbeitung ist diese Methode der übliche Weg, um Bilder zu beschreiben. Dabei stehen mehrere Verfahren zur Verfügung, um Bilder zu generieren, wie z.B. die Abtastung mit einem Scanner oder die Aufnahme mit einer Kamera.

Um Körper zu beschreiben, stehen ähnliche Verfahren nur in Ausnahmefällen zur Verfügung. In gewissen Grenzen kann allerdings z.B. die digitale Tomographie dreidimensionale Volumeninformationen liefern. Daher werden in der Regel Konvertierungsalgorithmen von anderen Darstellungsarten (BRep oder CSG) benutzt, um Körper für die Darstellung in räumlichen Aufzählungsmethoden zu erzeugen.

Der Vorteil der räumlichen Aufzählungsmethoden liegt darin, daß Algorithmen zum Generieren von neuen Körpern aus schon bestehenden relativ einfach sind. Ein Beispiel dafür sind die Boole'schen Operationen. In der binären Darstellungsweise reduzieren sich die Algorithmen auf bitweise Operationen auf den zugehörigen Voxels.

Da für eine Auflösung von n Voxeln in jeder der drei Dimensionen n^3 Zellen zur Beschreibung eines Körpers benötigt werden, ist der große Speicherbedarf der Hauptnachteil dieser Darstellung. Ein weiterer Nachteil ist, daß nur diejenigen Objekte exakt beschrieben werden können, deren Oberflächen parallel zu den Oberflächen der Voxel verlaufen.

Die im folgenden beschriebenen adaptiven Darstellungen versuchen vor allem, den Nachteil des hohen Speicheraufwandes zu beseitigen. Der Vorteil adaptiver Darstellungen gründet sich darauf, daß die Menge abgespeicherter Information in der Darstellung eines Körpers proportional zu seiner Oberfläche ist. Die Anzahl der Elemente einer Darstellung ist daher bei adaptiven Verfahren proportional dem Quadrat der Auflösung n, im Gegensatz zu n^3 bei den räumlichen Aufzählungsmethoden [Mea82].

1.5.3 Quadtrees und Octrees

Die wichtigsten adaptiven Darstellungen sind im zweidimensionalen Fall der Quadtree und im dreidimensionalen Fall der Octree.

Konstruktion von Quadtree und Octree

Bei einem Quadtree wird die Ebene, wie in Bild 1.34 dargestellt, in Quadranten eingeteilt.

Eine gegebene Fläche überdeckt jeden dieser Quadranten ganz, teilweise oder überhaupt nicht. Mittels einer Klassifikation werden die Quadranten je nach Grad ihrer Überdeckung mit schwarz, grau oder weiß gekennzeichnet. Ein teilweise überdeckter Quadrant wird in vier Unterquadranten aufgeteilt, die wieder je nach Grad ihrer Überdeckung gekennzeichnet werden. Diese Operation wird rekursiv solange fortgesetzt, bis alle Quadranten entweder mit schwarz oder weiß gekennzeichnet sind oder eine vorgegebene Rekursionstiefe erreicht wird. Im dreidimensionalen Fall werden diese Operationen analog für acht Oktanden durchgeführt.

Die sukzessive Unterteilung kann durch einen Baum mit teilweise überdeckten inneren Knoten und vollen oder leeren Quadranten als Blätter dargestellt werden (vgl. Bild 1.35).

Dabei werden beim Erreichen der vorgegebenen Rekursionstiefe die verbleibenden, grau markierten Quadranten als vollständig oder überhaupt nicht überdeckt gekennzeichnet. Ein Kriterium für diese Entscheidung kann z.B. das Verhältnis von überdeckter Fläche zur Gesamtfläche der Quadranten sein. Um Rechenzeit zu sparen, werden jedoch oft auch einfachere Verfahren verwendet, so wird z.B. ein grauer Knoten beim Erreichen der vorgegebenen Rekursionstiefe grundsätzlich schwarz markiert. Dazu müssen die vier Quadranten (oder im dreidimensionalen Fall die acht Oktanden) durchnumeriert werden.

Mengenoperationen, Transformationen und Berechnung integraler Eigenschaften von Körpern

Diese Operationen beruhen auf Traversierungsalgorithmen. Dabei wird der zu einem Körper gehörende Octree von der Wurzel bis hin zu den Blättern durchlaufen.

Die Mengenoperationen sind, ähnlich wie bei der räumlichen Aufzählung, einfach zu implementieren. Um z.B. die Vereinigung zweier Körper zu berechnen, werden die zugehörigen Octrees parallel von oben nach unten durchlaufen. Dabei werden jeweils die

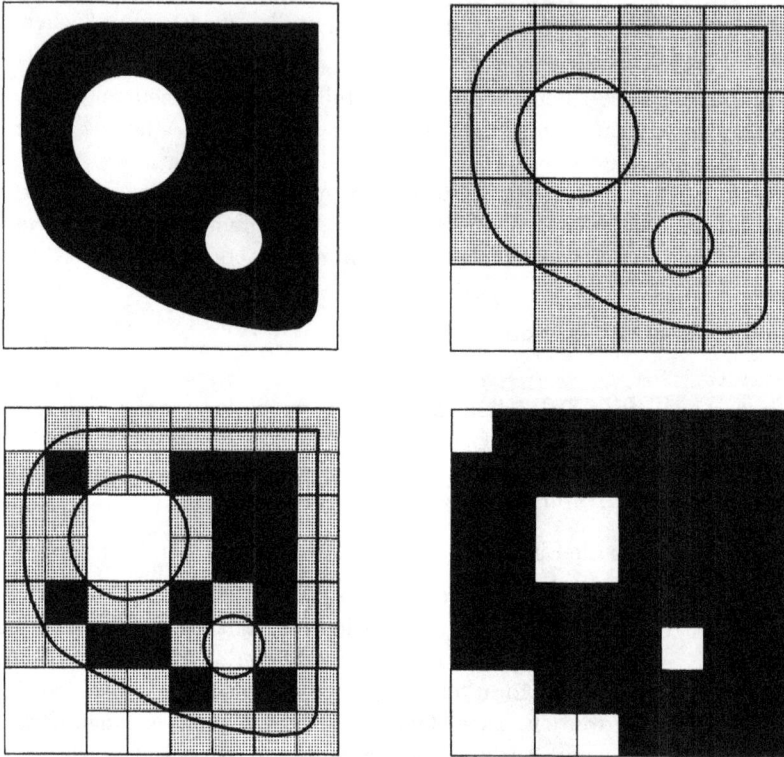

Bild 1.34: Quadtree-Darstellung einer einfachen Fläche. Weitere Unterteilung erhöht die Genauigkeit der Darstellung. In der tiefsten Rekursionsstufe werden alle partiell überdeckten Quadranten schwarz eingefärbt.

Oktanden mit der gleichen Numerierung verglichen. Ist mindestens einer der beiden Oktanden mit schwarz gekennzeichnet, so wird dieser Oktand im Octree des Ergebniskörpers auch mit schwarz gekennzeichnet. Ist einer der beiden Oktanden mit weiß gekennzeichnet, so wird dieser Oktand im Octree des Ergebniskörpers mit der Kennzeichnung des jeweils anderen versehen. Sind beide Oktanden mit grau gekennzeichnet, so wird der zugehörige Oktand im Octree des Ergebniskörpers zunächst mit grau gekennzeichnet, und der Algorithmus wird rekursiv auf die Teiloktanden angewendet. Sind nach der Auswertung alle Teiloktanden im Octree des Ergebniskörpers mit schwarz gekennzeichnet, so werden sie gelöscht und der Oktand, von dem sie abgeleitet wurden, wird mit schwarz gekennzeichnet. Der Algorithmus zum Berechnen des Durchschnitts funktioniert ähnlich, wobei die Rollen von weiß und schwarz vertauscht werden müssen. Ein Beispiel für Mengenoperationen ist in Bild 1.36 dargestellt.

Genauere Beschreibungen und weitere Algorithmen finden sich in [Sam84], [Sam90a] und [Sam90b].

Geometrische Operationen wie Translation, Rotation, Skalierung oder perspektivische Transformationen auf Quadtrees und Octrees sind nur in Sonderfällen einfach zu imple-

**Numerierung
der Quadranten**

2	3
0	1

$\boxed{\text{1}}$ leer

$\boxed{\text{p}}$ partiell

$\boxed{\text{v}}$ voll

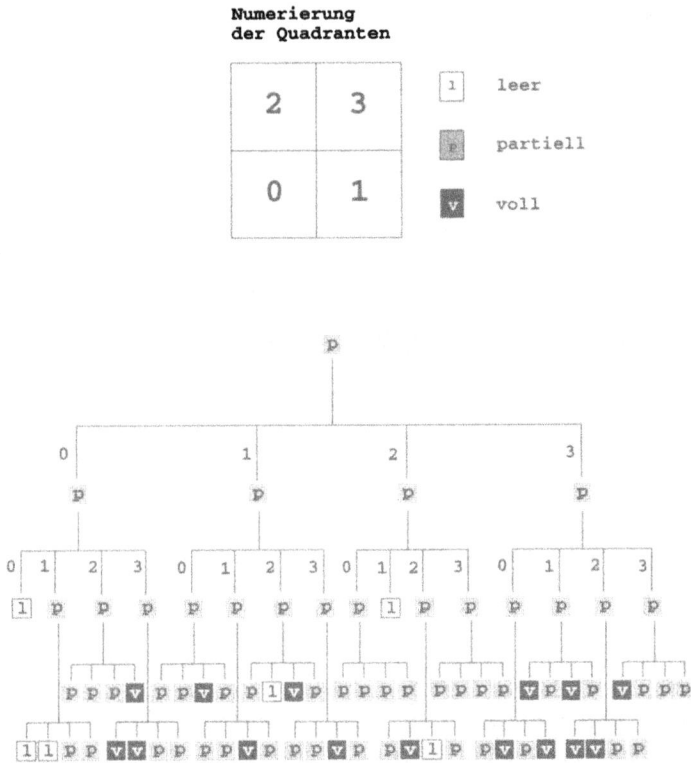

Bild 1.35: Quadtree-Datenstruktur der Fläche in Bild 1.34. Die schwarzen Knoten und Blätter repräsentieren vollständig überdeckte, die grauen teilweise überdeckte und die weißen leere Quadranten.

mentieren. Einer dieser Sonderfälle ist eine Rotation um 90°, da mittels eines Traversierungsalgorithmus die Teiloktanden rekursiv rotiert werden können. Im allgemeinen erfordern diese Operationen jedoch komplexere Algorithmen.

Um integrale Eigenschaften eines Körpers wie Volumen, Masse und Oberfläche zu berechnen, genügen meistens auch einfache Traversierungsalgorithmen. Um z.B. das Volumen zu berechnen, wird der Baum lediglich von der Wurzel bis zu den Blättern durchlaufen, und es werden die a priori bekannten Volumina einzelner, mit schwarz gekennzeichneter Oktanden aufaddiert.

Um bestimmte visuelle Effekte (z.B. glatte Oberflächen) zu erhalten, sind Algorithmen zur Bestimmung von Nachbarknoten erforderlich. Dabei kann es notwendig sein, den Baum von einem Knoten bis zur Wurzel zurückzuverfolgen, um dann wieder bis zum Nachbarn dieses Knotens den Baum nach unten zu durchlaufen. Ein Oktand eines Octrees besitzt z.B. Nachbarn in 26 verschiedenen Richtungen: 6 Nachbarn an seinen Flächen, 12 Nachbarn an seinen Kanten und 8 Nachbarn an seinen Knoten. Algorithmen zum Feststellen von solchen Nachbarschaftsbeziehungen findet man in [Sam90b]

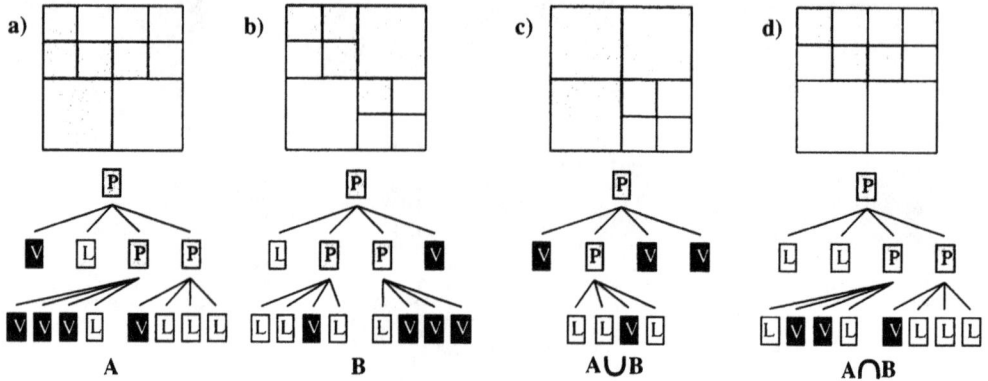

Bild 1.36: Boole'sche Mengenoperationen auf Quadtrees.

Lineare Octrees und Quadtrees

Obwohl bei Octrees im Gegensatz zu Aufzählungsmethoden viel Speicher eingespart
werden kann, ist der Speicherbedarf verglichen zu anderen Repräsentationen noch sehr
groß. Für Octrees und Quadtrees werden aus diesem Grunde auch lineare Datenstrukturen eingesetzt: Die Oktanden der Octreedarstellung sind von $0 \ldots 7$ durchnumeriert.
Diese Nummern können dazu benutzt werden, eine Pfadadresse für jeden Knoten zu
bestimmen. Die Wurzel des Baumes wird dabei nicht berücksichtigt. Die Pfadadresse
besteht dann aus einer Folge der Ziffern $0, \cdots, 7$. Um das Ende eines Teilbaumes zu kenn-
zeichnen, der aus weniger Ziffern besteht als durch die maximale Auflösung vorgegeben
sind, wird eine spezielle Ziffer als Endekennzeichen verwendet. In der linearen Quadtree-
und Octree-Darstellung [Gar82] besteht der lineare Baum somit aus einer sortierten Liste von Pfadadressen zu allen schwarzen Knoten, d.h. zu allen vollständig überdeckten
Oktanden. Der in Bild 1.35 dargestellte Quadtree wird in dieser Darstellung durch die
Folge

$$023\ 030\ 031\ 102\ 112\ 122\ 132\ 221\ 301\ 303\ 310\ 312\ 320\ 321\ 330$$

repräsentiert. Dabei wurde x als Endekennzeichen gewählt.

Binary Space Partitioning Trees (BSP Trees)

Als Alternative zu einer Octree-Darstellung ist auch eine binäre Raumaufteilung möglich.
Dabei werden die Baum-Knoten nicht in acht Oktanden, sondern in zwei Hälften aufgeteilt. Diese Aufteilungen können z.B. sukzessive in x-, y- und z-Richtung durchgeführt
werden. Im allgemeinen Fall entstehen die Teilbäume durch eine Trennung mit Hilfe
einer Ebene mit beliebiger Richtung, Orientierung und Lage. Zu jedem Knoten gehören
dabei die Gleichung einer Fläche und zwei Zeiger auf die beiden, durch die Ebene definierten Halbräume (H_1 und H_2). Durch die Wahl des Vorzeichens der Ebenengleichung
wird ein Normalenvektor festgelegt, der in der Regel auf das Äußere des Objektes (H_2)
zeigt. Die Konstruktion eines einfachen BSP-Baumes ist in Bild 1.37 dargestellt.

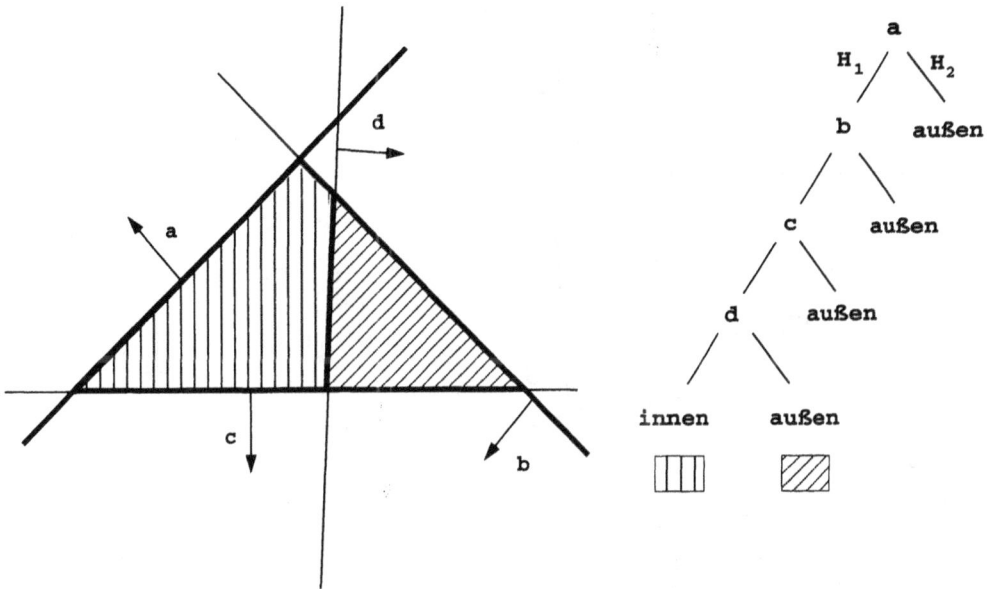

Bild 1.37: Konstruktion eines einfachen BSP-Baumes.

Wird ein Halbraum weiter unterteilt, so ist der zugehörige Knoten im Baum die Wurzel eines weiteren Teilbaumes. Wird der Halbraum nicht weiter unterteilt, so ist das Kind des zugehörigen Knotens ein Blatt im BSP-Baum, welches einen homogenen Teil ganz innerhalb oder ganz außerhalb des Objektes repräsentiert. Diese homogenen Bereiche werden als innere und äußere Zellen bezeichnet. Bild 1.38 zeigt für den zweidimensionalen Fall ein weiteres Polygon und den dazugehörigen BSP-Baum. BSP-Bäume können, ähnlich wie Quadtrees und Octrees, auch linear darstellt werden.

1.6 Hybridmodelle

Keiner der drei wichtigsten Zugänge zu Solid Modelling (Boundary-Darstellung, CSG--Darstellung oder Räumliche Zerlegungsmethoden) ist für alle Anwendungen gleich gut geeignet. Daher werden bei der Implementierung oft mehrere Modelle gleichzeitig verwendet. Dabei muß auf die Konsistenz der Daten in den verschiedenen Repräsentationen geachtet werden. Um von einer Repräsentation in eine andere zu wechseln, sind entsprechende Konvertierungsalgorithmen notwendig.

Die CSG-Darstellung ist z.B. für den Anwender am besten als Repräsentationsart geeignet, da Modellierungsvorschriften mittels Boole'scher Operationen direkt angegeben werden können. Zur schnellen Visualisierung sind hingegen BReps besser geeignet, da das Neuauswerten der gesamten CSG-Bäume bei einer Neudarstellung nach affinen Transformationen entfällt. Ein typisches Beispiel eines Hybridmodellierers ist daher ein CSG-BRep-Modellierer. Die CSG-Datenstruktur wird dabei als Modelldatenstruktur verwendet.

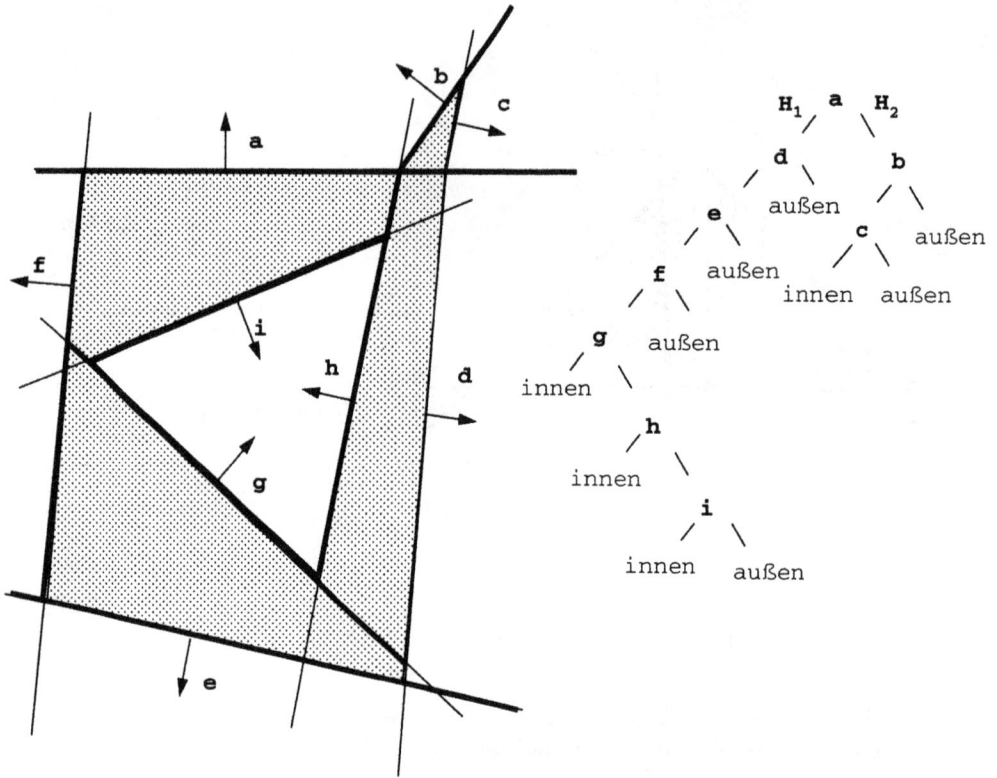

Bild 1.38: Polygon und dazugehörender BSP-Baum.

1.6.1   Probleme mit Hybridmodellen

Durch die Koexistenz verschiedener Repräsentationen in einem Hybridmodell entstehen viele Probleme, die im folgenden kurz diskutiert werden:

Konvertierungen zwischen den Darstellungen

CSG-Modelle haben den Vorteil, daß sie in alle anderen Darstellungen konvertiert werden können. Das Problem der Konvertierung von Boundary-Modellen in CSG-Modelle ist bisher noch nicht gelöst. Dagegen lassen sich Boundary-Modelle ähnlich einfach wie CSG-Modelle in Zellmodelle umrechnen. Die Konvertierung von Zellmodellen in BRep- oder CSG-Modelle wäre wünschenswert, um z.B. digitale, dreidimensionale Informationen in entsprechende BRep- oder CSG-Darstellungen umzuwandeln. Sie stehen aber im allgemeinen nicht zur Verfügung. Umwandlungen von Boundary- oder CSG-Darstellungen in Zelldarstellungen sind approximativ. Wurde eine Zelldarstellung aus exakten Darstellungen wie BRep- oder CSG-Darstellung gewonnen, so sind Rückkonvertierungen nicht sinnvoll.

Konsistenz

Die Konsistenz zwischen verschiedenen Repräsentationen ist ein nur sehr schwer erreichbares Ziel. Numerische Ungenauigkeiten der Konvertierungsalgorithmen können zu inkonsistenten Darstellungen ein und desselben Objektes innerhalb des Modellierers führen.

Ein weiteres Problem ist, daß Konvertierungsalgorithmen von der einen in die andere Darstellung nur auf gewisse Objekte anwendbar sind. Ein Beispiel dafür ist ein CSG-BRep-Modellierer. CSG-Darstellungen beinhalten im allgemeinen keine parametrisierten Flächen. Wird nun ein Objekt mittels der CSG-Darstellung konstruiert, danach in eine Boundary-Darstellung konvertiert und dann lokal modifiziert, indem z.B. Übergangsflächen generiert werden, so kann man die zugehörige CSG-Darstellung nicht mehr konsistent halten, da dort solche Flächeninformationen nicht gespeichert werden können. Im allgemeinen kann eine Konsistenz zwischen verschiedenen Repräsentationen nur für solche Objekte erreicht werden, die vollständig von der einen in eine andere Darstellung konvertiert werden können.

Da Modellieroperationen sequentiell ablaufen, kann eine vollständige Konsistenz zwischen den Daten nicht zu jedem Zeitpunkt bestehen. In Hybridmodellierern werden daher bestimmte Modellieroperationen, die in einem konsistenten Zustand beginnen und wieder enden, zu Transaktionen zusammengefaßt. In einem CSG-Boundary-Modellierer würde z.B. eine Transaktion einer Boole'schen Mengenoperation in der Ergänzung des CSG-Baumes und der Berechnung des zugehörigen Boundary-Modells bestehen. Kann eine Transaktion nicht vollständig ausgeführt werden, so werden die Daten auf den Zustand vor der Transaktion zurückgesetzt.

1.6.2 Aufbau eines Hybrid-Modellierers

Um Probleme mangelnder Konvertierungsalgorithmen und Konsistenz zu lösen, wird in Hybrid-Modellierern häufig eine der Repräsentationen als Primärrepräsentation und die andere(n) als Sekundärrepräsentation(en) verwendet. Meistens handelt es sich dabei um eine primäre CSG-Datenstruktur, die um eine sekundäre BRep-Datenstruktur erweitert ist (vgl. Bild 1.39).

Die CSG-Datenstruktur ist in solchen Modellierern die eigentliche Datenstruktur. Alle Modellalgorithmen greifen auf sie zu. Die parallel geführte BRep wird in erster Linie zum Zweck der schnellen Visualisierung des Modells benutzt. Konvertierungsalgorithmen von der BRep in die CSG-Darstellung sind in einem Hybrid-Modellierer dieser Art nicht vorhanden. Die Vorteile der Boundary-Datenstruktur, die z.B. das Runden von Körperkanten ermöglicht, können nicht genutzt werden, da Änderungen am Modell nur in der primären CSG-Darstellung ausgeführt werden können. Die Vorteile der zusätzlichen BRep liegen vor allem in den schnelleren Visualisierungsalgorithmen und in der Bereitstellung von Oberflächendaten des Modells für weiterführende Prozesse.

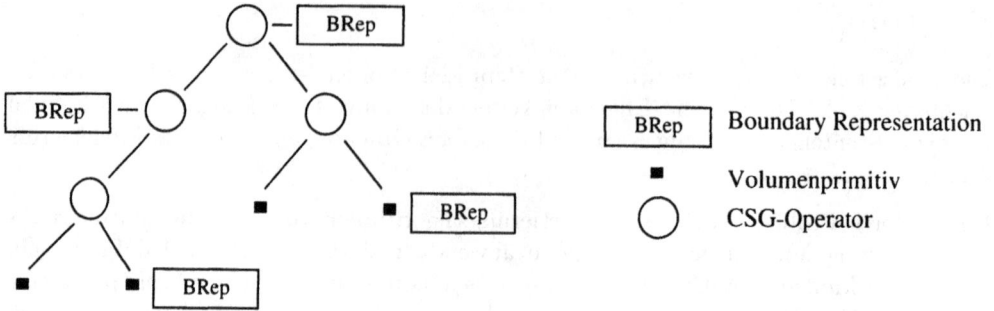

Bild 1.39: Datenstruktur eines Hybrid-Modellieres mit CSG- und Boundary-Repräsentation.

1.7 Übungsaufgaben

Aufgabe 1:

Bei einem regulären Polyeder besitzen sämtliche Flächen die gleiche Anzahl von Kanten. Von jedem Knoten gehen gleich viele Kanten aus. Ein Beispiel ist der Quader. Insgesamt existieren fünf solcher Polyeder. Bestimmen Sie diese sogenannten Platonischen Körper mit Hilfe der Euler-Formel.

Aufgabe 2:

Gegeben sei der in der Abbildung dargestellte L-förmige Klotz mit Bohrung.

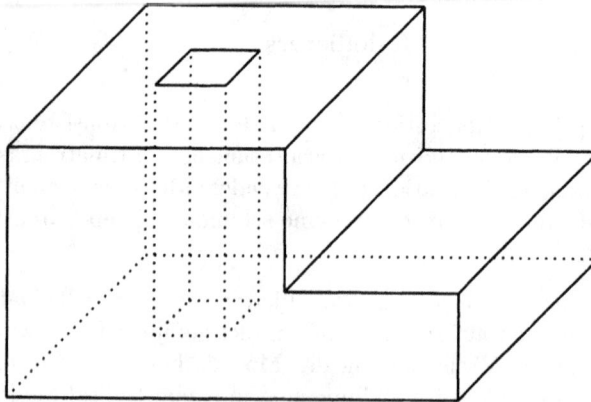

Bild 1.40: Klotz mit Bohrung.

a) Bestimmen Sie die Anzahl von Knoten v, Kanten e, Flächen f, Schalen s, Anzahl innerer Schleifen r und Geschlecht g des Körpers und zeigen Sie, daß die verallgemeinerte Euler-Poincaré-Formel erfüllt ist. Dem Körper kann, wie in Kapitel 1.3.7 beschrieben, ein Vektor (v, e, f, g, r, s) zugeordnet werden. Bestimmen Sie diesen.

b) Berechnen Sie die Darstellung des Körpers als Vektor bezüglich der Euleroperatoren.

Hinweis: Da der Körper die Euler-Poincaré-Formel erfüllt, genügt es, die Darstellung des Körpers bezüglich der Basisvektoren v, e, f, g und r in eine Darstellung bezüglich der Euleroperatoren umzurechnen.

c) Konstruieren Sie den Körper mit Hilfe von Euleroperatoren.

Aufgabe 3:

Gegeben sei eine vereinfachte Winged-Edge-Datenstruktur eines Quaders:

Kante	vstart	vend	ncw	nccw
e_1	v_1	v_2	e_2	e_5
e_2	v_2	v_3	e_3	e_6
e_3	v_3	v_4	e_4	e_7
e_4	v_4	v_1	e_1	e_8
e_5	v_1	v_5	e_9	e_4
e_6	v_2	v_6	e_{10}	e_1
e_7	v_3	v_7	e_{11}	e_2
e_8	v_4	v_8	e_{12}	e_3
e_9	v_5	v_6	e_6	e_{12}
e_{10}	v_6	v_7	e_7	e_9
e_{11}	v_7	v_8	e_8	e_{10}
e_{12}	v_8	v_5	e_5	e_{11}

Knoten	Koordinaten	Facette	Startkante	Orientierungs-Bit (sign)
v_1	$x_1 y_1 z_1$	f_1	e_1	+
v_2	$x_2 y_2 z_2$	f_2	e_9	+
v_3	$x_3 y_3 z_3$	f_3	e_6	+
v_4	$x_4 y_4 z_4$	f_4	e_7	+
v_5	$x_5 y_5 z_5$	f_5	e_{12}	+
v_6	$x_6 y_6 z_6$	f_6	e_9	−
v_7	$x_7 y_7 z_7$			
v_8	$x_8 y_8 z_8$			

Dabei gibt das Orientierungs-Bit an, wie die Kanten innerhalb der Facetten orientiert sind. Das Innere der Facetten liegt rechts der orientierten Kanten.

a) Bestimmen Sie für alle Flächen die zugehörigen Knoten und machen Sie eine Skizze des Quaders.

b) Beschreiben Sie einen Algorithmus, um eine vereinfachte Winged-Edge-Datenstruktur in die im Text (Abschnitt 1.3) beschriebene knotenorientierte Datenstruktur zu konvertieren. Benutzen Sie dabei folgende Funktionen:

- vstart(Kante)   Startknoten der Kante
- vend(Kante)   Endknoten der Kante
- ncw(Kante)   nächste Kante clock-wise (cw)
- nccw(Kante)   nächste Kante counter-clock-wise (ccw)

Aufgabe 4:

Die Kantenlänge des zur Wurzel eines Quadtrees gehörenden Quadranten sei l. Seine linke untere Ecke besitze die Koordinaten $(0,0)$ (vgl. Bild 1.41 zur Numerierung).

Beschreiben Sie jeweils einen Algorithmus, um in dem Quadtree

a) dasjenige Blatt zu finden, das den Punkt p mit den Koordinaten (x,y), $0 \leq x, y \leq l$, enthält.

b) den (die) Nachbarn eines Knotens in N-Richtung zu finden (vgl. Bild 1.41).

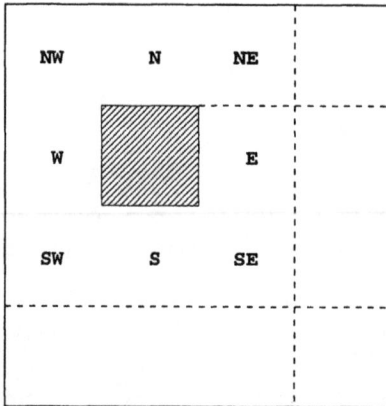

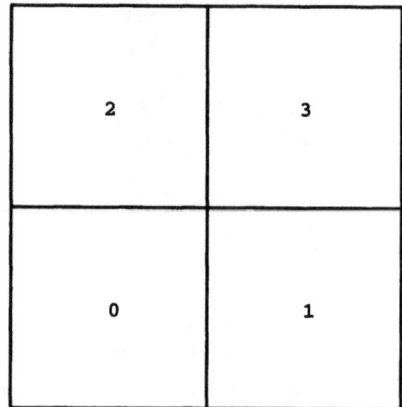

Bild 1.41: Quadtree mit Numerierung.

Um sich in dem Quadtree zu bewegen bzw. die Nummer der aktuellen Zelle abzufragen, sollten die Funktionen

- Vater()   (gehe zu Vaterknoten)

- Kind(Nummer), Nummer   0,1,2,3   (gehe zu Kindknoten)

- Nummer()   (Nummer des aktuellen Knotens)

- Wurzel()   (Knoten ist Wurzel)

- Blatt()   (Knoten ist Blatt)

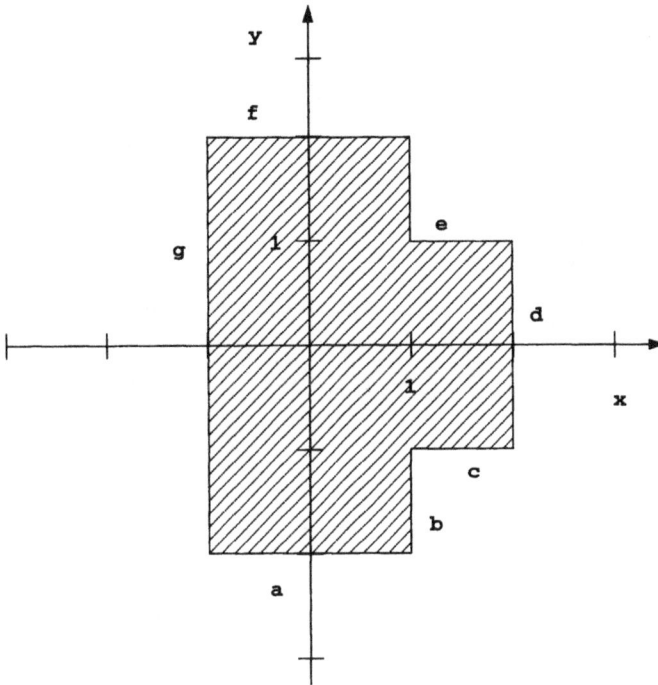

Bild 1.42: Ebenes Modell.

verwendet werden.

Aufgabe 5:

a) Geben Sie eine BSP-Darstellung des in Bild 1.42 dargestellten ebenen Modells an. Legen Sie die Normalenvektoren fest und zeichnen Sie die Trenngeraden und Normalenvektoren.

b) Geben Sie den BSP-Baum für dasselbe Objekt an für den Fall, daß

1. das Objekt um den Winkel α gegen den Uhrzeigersinn um den Ursprung rotiert wurde,

2. das Objekt um den Vektor (t_x, t_y) transliert wurde.

Kapitel 2

Fraktale Geometrie

Die fraktale Geometrie wurde von B. Mandelbrot [Man82] eingeführt. Fraktale Geometrie ist in erster Linie eine neue Sprache. Anders als die Elemente Kreis. Linie. Gerade der uns bekannten euklidischen Geometrie entziehen sich die Elemente der fraktalen Geometrie einer direkten Anschauung. Sie sind Algorithmen. die sich mit Hilfe eines Computers in Formen und Strukturen verwandeln lassen. Beherrscht man diese neue Sprache, so kann man die Form einer Wolke ebenso genau und einfach beschreiben, wie man mittels der euklidischen Geometrie Kreise und Geraden beschreiben kann.

2.1 Selbstähnlichkeit und fraktale Dimension

Der wesentliche Unterschied zwischen Objekten fraktaler und euklidischer Geometrie besteht darin, daß Objekte der fraktalen Geometrie selbstähnlich sind. Der Begriff der Selbstähnlichkeit liegt allen Fraktalen zugrunde. Er läßt sich am einfachsten anhand eines Beispiels erklären. Eine einfache Konstruktion der Kochkurve ist in Bild 2.1 dargestellt. Man beginnt mit einem Geradensegment. Dieses Startelement wird auch als Initiator bezeichnet. Es wird in drei gleichgroße Teile zerlegt. Der mittlere Teil definiert die Grundseite eines gleichseitigen Dreiecks. welche durch die beiden anderen Dreiecksseiten ersetzt wird. Diese einfache Konstruktionsvorschrift wird nun rekursiv für alle entstehenden Geradensegmente angewendet. Das Resultat ist die sogenannte Kochkurve.

Die Selbstähnlichkeit der Kochkurve folgt aus ihrer Definition. Jedes der vier Geradensegmentteile im k-ten Schritt ist selbst eine Verkleinerung der gesamten Kurve im $(k-1)$-ten Schritt um den Faktor 3. In jedem beliebig kleinen Teil stecken unendlich viele Kurventeile, die bei Vergrößerung sichtbar werden. Die Ausschnittsvergrößerungen sind von der ursprünglichen Kurve nicht zu unterscheiden. Die entstehende Kurve ist ein Fraktal. Außer der Selbstähnlichkeit besitzt die Kurve eine weitere interessante Eigenschaft. Sie hat unendliche Länge. Bei jedem Konstruktionsschritt nimmt die Länge um ein Drittel der bereits vorhandenen Länge zu.

	Initiator	Anfangszustand

	Erzeuger	1. Ableitung

		2. Ableitung

		3. Ableitung

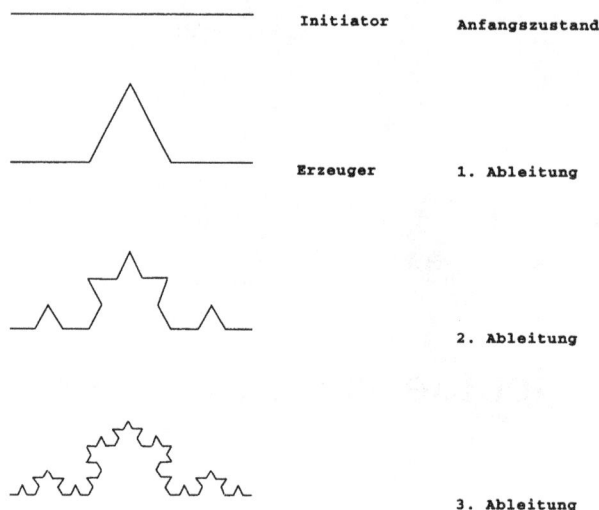

Bild 2.1: Kochkurve mit Initiator und Konstruktionsvorschrift.

Alle Objekte der fraktalen Geometrie besitzen eine geometrische Skaleninvarianz, d.h. bei Skalierungen bleibt, anders als bei Objekten der euklidischen Geometrie, die Form eines fraktalen Objektes bezüglich des gleichen Ausschnitts ähnlich. Die Hauptaussage der Mandelbrotschen Ergebnisse [Man82] ist, daß viele natürliche Strukturen von scheinbar unendlicher Komplexität (z.B. Wolken, Gebirge, Küstenlinien usw.) eine geometrische Skaleninvarianz besitzen, also selbstähnlich sind.

Im Begriff der fraktalen Dimension findet die Selbstähnlichkeit eine angemessene mathematische Beschreibung.

Fraktale Dimension

Die Eigenschaft der Selbstähnlichkeit, wie z.B. bei der Kochkurve, ist ein Kernpunkt der fraktalen Geometrie. Diese Eigenschaft ist eng mit dem Begriff der fraktalen Dimension verbunden. Es gibt allerdings verschiedene Begriffsbildungen. Wir verwenden hier den Begriff der Hausdorff-Dimension, den wir in der einfachsten Form vorstellen. Zunächst betrachten wir vertraute Objekte der (topologischen) Dimension $1, 2$ und 3, z.B. Strecke, Quadrat, Kubus. Jedes dieser Objekte unterteilen wir regelmäßig in N gleichgroße Teile. Um einen der N gleichen Teile der Strecke zu erhalten, muß die Strecke selbst mit dem Faktor $r = 1/N$ skaliert werden. Um eines der N Teilquadrate zu erhalten, ist eine Skalierung des Ausgangsquadrats mit dem Faktor $r = \frac{1}{\sqrt{N}}$ notwendig. Entsprechend ist beim Kubus ein Skalierungsfaktor $r = \frac{1}{\sqrt[3]{N}}$ notwendig, um aus dem ursprünglichen Kubus einen der N Teilkuben zu erhalten. Es besteht also ein Potenzgesetz vom Typ

$$N = \frac{1}{r^D}. \tag{2.1}$$

Dabei ist D die Dimension des Objektes. Sie berechnet sich durch

$$D = \frac{\log N}{\log \frac{1}{r}}. \tag{2.2}$$

Auch bei der Kochkurve gilt ein solches Potenzgesetz. Jedes Teilsegment der Kochkurve ist aus 4 Teilsegmenten zusammengesetzt, von denen jedes durch eine Skalierung mit dem Faktor $\frac{1}{3}$ aus seinem Elternteil entsteht. Für die Kochkurve gilt daher $D = \frac{\log 4}{\log 3} = 1.26\ldots$.

Allgemein besteht für jede selbstähnliche Struktur eine feste Beziehung zwischen der Anzahl der Teile N, in die die Struktur zerlegt werden kann, und dem zugehörigen Skalierungsfaktor r gemäß

$$N = \frac{1}{r^D} \longleftrightarrow D = \frac{\log N}{\log \frac{1}{r}}. \tag{2.3}$$

Dabei heißt D die *fraktale* oder *Selbstähnlichkeitsdimension* der Struktur. Beispiele weiterer selbstähnlicher Objekte mit unterschiedlicher fraktaler Dimension sind in Bild 2.2 dargestellt.

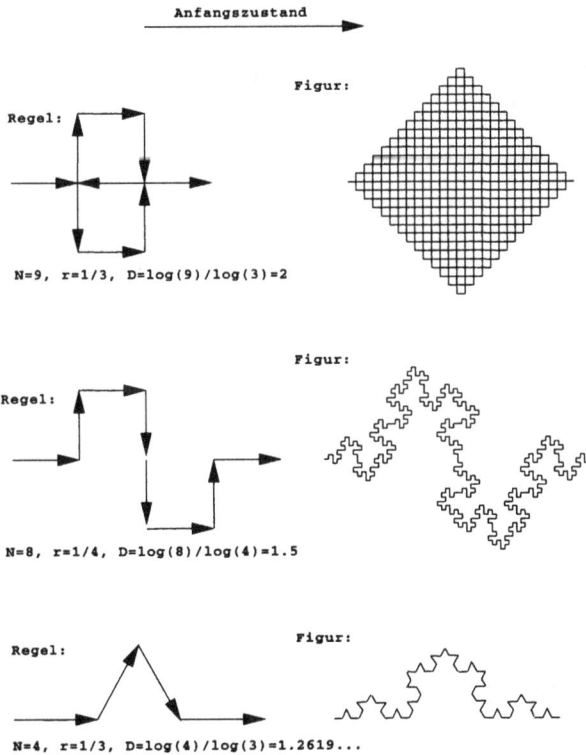

Bild 2.2: *Selbstähnliche Objekte mit verschiedener fraktaler Dimension.*

Peanokurven

Im Gegensatz zu den Kochkurven, deren Eigenschaft es ist, sich weder selbst zu berühren noch zu schneiden, existieren auch solche Kurven, die genau diese Eigenschaften besitzen und dabei eine Fläche vollständig ausfüllen. Sie werden als Peanokurven bezeichnet und haben die fraktale Dimension zwei.

In Bild 2.2 oben ist ein Beispiel einer Peanokurve dargestellt. Als Initiator wird eine Strecke verwendet. Das Ergebnis ist ein auf der Spitze stehendes Quadrat. Dieses Quadrat ist vollständig ausgefüllt, d.h. durch eine bestimmte Konstruktionsvorschrift entsteht, ausgehend von einem eindimensionalen Objekt, eine Fläche.

2.2   Dynamische Systeme

Die Skaleninvarianz hat eine bemerkenswerte Parallele in der aktuellen Chaostheorie. Diese Parallele ist nicht zufällig und kann an der Mandelbrot-Menge eindrucksvoll demonstriert werden. Der Kernpunkt des philosophischen Umfeldes der Chaostheorie ist das Kausalitätsgesetz. Es hat sich als notwendig erwiesen, zwei verschiedene Versionen dieses Prinzips zu unterscheiden: Das *schwache Kausalitätsprinzip* (gleiche Ursachen haben gleiche Wirkung) und das *starke Kausalitätsprinzip* (ähnliche Ursachen haben ähnliche Wirkung). Im Gegensatz zum schwachen Kausalitätsprinzip ist das starke Kausalitätsprinzip in der Praxis häufig nicht gültig. Aus der Praxis ist bekannt, daß z.B. durch Probleme beim Runden im Computer Ungenauigkeiten auftreten. Ist das starke Kausalitätsgesetz nicht gültig, so führen ähnliche Ursachen nicht zu ähnlichen Wirkungen. Startet man also mit einem nur minimal anderen Ausgangswert, so landet man an einem völlig anderen Ziel. In der Chaostheorie wird die Frage untersucht, ob das starke Gesetz gültig ist, d.h. ob Chaos vorliegt oder nicht. Die Theorie dynamischer Systeme hat erste Schritte zur Erhellung dieser Fragen gemacht. Für gewisse Funktionenklassen zur Beschreibung von Systemzuständen gibt es eine Lösung. Viele Probleme sind aber noch ungelöst.

2.2.1   Grundbegriffe der Theorie diskreter dynamischer Systeme

Im folgenden werden einige Begriffe erläutert, die zum Verständnis dynamischer Systeme erforderlich sind.

Ein dynamisches System besteht aus einem Phasenraum (der Menge aller möglichen Zustände des Systems) und einer Regel, die vorschreibt, wie sich der Zustand des Systems zeitabhängig verändert. Diese Regel heißt Dynamik des Systems. Sie erlaubt, den Zustand des Systems in der Zukunft zu berechnen, sofern man ihn in der Gegenwart kennt. Diskret heißt das System, wenn man die Zustände nur in gewissen Zeitpunkten betrachtet. Eine wichtige Zusatzannahme ist, daß die Regel selbst zeitkonstant ist, d.h. daß die Funktion, die den Phasenraum in sich abbildet und die Regel beschreibt, sich nicht ändert.

Ist z.B. eine stetige Funktion $f : \mathbb{R} \to \mathbb{R}$ gegeben, so betrachtet man für alle $x \in \mathbb{R}$ das Verhalten der Folge

$$x, f(x), f^2(x) = f(f(x)), f^3(x) = f(f(f(x))), \dots . \qquad (2.4)$$

Dabei ist $\mathbb{R}$ der Phasenraum. $f^n(x) = f \circ \dots \circ f(x) = f(f(f(\dots f(x) \dots)$ bezeichnet den Zustand des Systems zur Zeit n, wenn x der Zustand zur Zeit 0 ist. Die Menge $\{f^n : \mathbb{R} \to \mathbb{R}\}_{n \geq 0}$ heißt *diskretes dynamisches System*. Dabei bezeichnet f^0 die Identität, d.h. $f^0(x) = x$. Ist ein solches diskretes dynamisches System gegeben, so heißt die Menge $O(x) = \{x, f(x), f^2(x), \dots\}$ *Orbit* von x unter f. $O(x)$ erfaßt also alle Zustände, die aus einem Anfangszustand x unter iterativer Anwendung von f hervorgehen. Die Menge $O^-(x) = \{y \,|\, \text{Es existiert ein } n \in \mathbb{N} \text{ mit } f^n(y) = x\}$ wird als *inverser Orbit* oder *Rückwärtsorbit* von x bezeichnet. Ein Punkt x heißt *Fixpunkt* von f, wenn $f(x) = x$, also $O(x) = \{x\}$ gilt. Ein Punkt x heißt *periodischer Punkt* von f der Periode n, wenn n die kleinste natürliche Zahl ist mit $f^n(x) = x$. Ist x ein periodischer Punkt, so nennt man $O(x)$ einen *periodischen Orbit*. Periodische Orbits sind endlich. Einfache Beispiele liefern die Funktionen $f_{1,2} : \mathbb{R} \to \mathbb{R}$ mit $x \mapsto x$ und $x \mapsto -x$. Im ersten Fall sind alle Punkte $x \in \mathbb{R}$ Fixpunkte, im zweiten Fall sind alle Punkte $x \in \mathbb{R}$ periodische Punkte mit Periode 2, mit Ausnahme des Punktes $x = 0$, der auch in diesem Fall ein Fixpunkt ist. Der Iterationsprozeß in einem dynamischen System läßt sich im Fall von reellen Funktionen einfach veranschaulichen. Ein Beispiel ist in Bild 2.3 dargestellt.

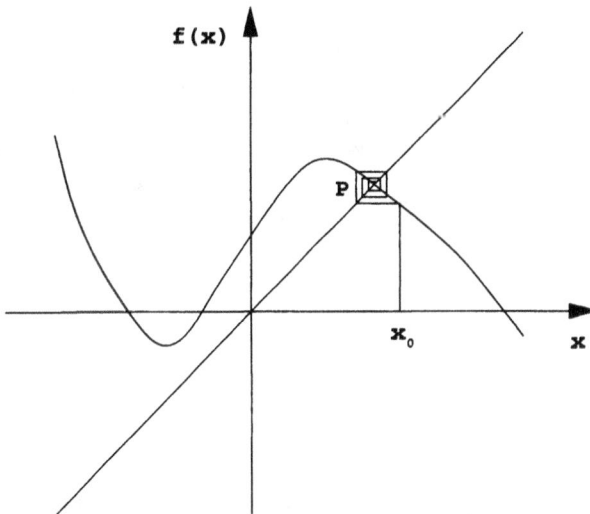

Bild 2.3: *Iterationsprozeß einer reellen Funktion. Ausgehend vom Startwert x_0 werden die Elemente $f^k(x_0)$, $k \in \mathbb{N}$, des Orbits von x_0 bestimmt. Bei der Iteration wird immer wieder der Funktionswert in die Funktion eingesetzt. Graphisch wird dabei der Schnittpunkt P der Geraden $y = f(x_0)$ mit der Winkelhalbierenden bestimmt. Für die Koordinaten (x, y) des Schnittpunkts P gilt $x = y = f(x_0)$. Um diesen Wert einzusetzen, wird nun der Schnittpunkt einer vertikalen Geraden durch P mit dem Graphen der Funktion bestimmt usw.*

Interessant sind nun die Orbits von Punkten in der Umgebung periodischer Punkte. Diese lassen sich anhand der periodischen Punkte selbst charakterisieren. Ist eine differenzierbare Funktion f und ein periodischer Punkt x_0 von f der Periode n gegeben, so heißt $\lambda(x_0) = (f^n)'(x_0)$ *Eigenwert* des Punktes x_0. Der Eigenwert ist für jeden Punkt des periodischen Orbits derselbe, d.h. $(f^n)'(x_0) = (f^n)'(f(x_0)) = \ldots = (f^n)'(f^n(x_0))$: wendet man mehrfach die Kettenregel für die Ableitung an, so ergibt sich $(f^n)'(x) = f'(f^{n-1}(x)) \cdot f'(f^{n-2}(x)) \cdot \ldots \cdot f'(x)$. Mit Hilfe des Eigenwertes lassen sich periodische Punkte charakterisieren: Ein periodischer Punkt bzw. sein periodischer Orbit heißt

superattraktiv	$\Longleftrightarrow \lambda = 0$
attraktiv (anziehend)	$\Longleftrightarrow 0 < |\lambda| < 1$
indifferent	$\Longleftrightarrow |\lambda| = 1$
abstoßend	$\Longleftrightarrow |\lambda| > 1.$

Für den reellen Fall lassen sich diese Charakterisierungen für Fixpunkte am Graphen der Funktion f veranschaulichen (vgl. Bild 2.4).

Interessantere Beispiele ergeben sich für Funktionen $f : \mathbb{C} \to \mathbb{C}$.

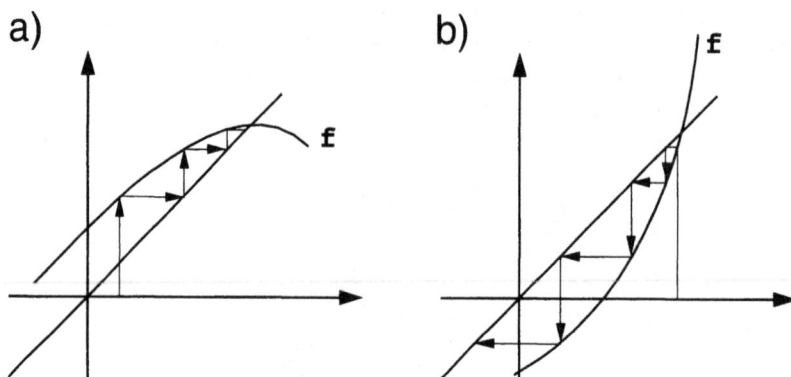

Bild 2.4: Charakterisierung von Fixpunkten durch die Ableitung. a) $|\lambda| < 1$: Der Fixpunkt ist attraktiv. b) $|\lambda| > 1$: Der Fixpunkt ist abstoßend.

Für einen attraktiven Fixpunkt x_0 existiert stets eine offene Umgebung U von x_0 mit

$$\lim_{n \to \infty} f^n(y) = x_0 \quad \text{für alle } y \in U. \tag{2.5}$$

Anschaulich bedeutet dies, daß Punkte, die in einer hinreichend kleinen Umgebung von x_0 liegen, unter der Iteration sich immer mehr auf x_0 zubewegen, also von x_0 angezogen werden.

Für einen abstoßenden Fixpunkt x_0 gibt es eine offene Umgebung U von x_0, so daß zu jedem $y \in U$ ein $n \in \mathbb{N}$ existiert, so daß $f^n(y) \notin U$ gilt; anschaulich gesprochen entfernen sich in diesem Fall die zu x_0 benachbarten Punkte unter Iteration von x_0 fort.

Ist x_0 ein *attraktiver Fixpunkt*, so heißt die Menge $A(x_0) = \{x|\ f^k(x) \to x_0,$ für $k \to \infty\}$ *Basin of Attraction* oder *Attraktionsgebiet* von $O(x_0)$. Ist $O(x_0)$ ein attraktiver periodischer Orbit mit Periode n, so ist das Attraktionsgebiet $A(x_0)$ des Orbits die Vereinigung der Attraktionsgebiete der zugehörigen attraktiven Fixpunkte $f^i(x_0)$, $i = 0, \dots, n-1$, von f^n.

2.2.2 Julia-Mengen

In diesen Abschnitt sei der Phasenraum zunächst die komplexe Ebene $\mathbb{C}$. Eine Funktionenfolge $f_1, f_2, \dots$ heißt *gleichgradig stetig* im Punkt x, wenn zu jedem $\epsilon > 0$ ein $\delta > 0$ existiert, so daß für alle y mit $|x - y| < \delta$ und alle $n \in \mathbb{N}$ gilt $|f_n(x) - f_n(y)| < \epsilon$.

Ist eine Iterationsfolge $f^0, f^1, \dots$ gleichgradig stetig im Punkt x, so bewirkt eine kleine Änderung des Anfangswertes nur eine kleine Änderung des Orbits. Das starke Kausalitätsprinzip ist in diesem Falle gültig.

Die *Fatou-Menge* $F(f)$ ist die Menge aller x für welche die Folge $f, f^2, f^3, \dots$ gleichgradig stetig ist, d.h. in den Punkten der Fatou-Menge bewirkt eine kleine Änderung der Anfangswerte nur eine kleine Änderung der Orbits. Die *Julia-Menge* von f ist $J = J(f) = \mathbb{C} - F(f)$. Ändert man, ausgehend von einem Punkt der Julia-Menge, den Anfangswert nur geringfügig, so erhält man einen völlig anderen Orbit. In Punkten der Julia-Menge ist das starke Kausalitätsgesetz also nicht gültig. Eine zu dieser Definition der Julia-Menge äquivalente Definition beschreibt die Julia-Menge als den topologischen Abschluß aller abstoßenden periodischen Punkte, d.h.

$$J_f = cl\{z \in \mathbb{C} \,|\, z \text{ ist abstoßender periodischer Punkt von } f\}.$$

Diese Definition findet man z.B. in [PR86] oder auch in [Dev89].

Als Beispiel betrachten wir die Funktion $f : \mathbb{C} \to \mathbb{C}$, $z \mapsto z^2$. Für $z \in \mathbb{C}, |z| < 1$ gilt $\lim_{n \to \infty} f^n(z) = 0$, für $|z| > 1$ gilt $\lim_{n \to \infty} f_n(z) = \infty$. Diese beiden Mengen bilden die Fatou-Menge von f. Die Menge $\{z : |z| = 1\}$ ist die Julia-Menge. Für $|z| < 1$ läßt sich die gleichgradige Stetigkeit der Funktionenfolge $f, f^1, f^2, \dots$ mit elementaren Mitteln zeigen, für $|z| > 1$ muß der Punkt ∞ zur komplexen Ebene hinzugenommen werden (s.u.) und die Topologie, d.h. der Abstandsbegriff, entsprechend angepaßt werden.

Um eine gesonderte Behandlung des Punktes ∞ bei der Diskussion der Dynamik einer Funktion zu vermeiden, nimmt man den Punkt ∞ zur komplexen Ebene hinzu und betrachtet $\bar{\mathbb{C}} = \mathbb{C} \cup \{\infty\}$. Dazu fassen Mathematiker die komplexe Ebene als Oberfläche einer Kugel mit Radius 1 (Riemannsche Kugel) auf. Jeder Punkt der komplexen Ebene wird mit Hilfe der sogenannten Stereographischen Projektion mit einem Punkt auf der Riemannschen Kugel identifiziert (vgl. Bild 2.5). Dabei wird jedem Punkt z der komplexen Ebene der Durchstoßpunkt des Geradensegments $\overline{nz}$ vom 'Nordpol' n der Riemannschen Kugel R, deren Südpol im Ursprung liegt, zum Punkt z zugeordnet.

Umgekehrt wird dadurch jedem Punkt der Riemannschen Kugel, außer dem Nordpol, ein Punkt in der Ebene zugeordnet. In Formeln gilt

$$\mathbb{C} \ni z = u + vi \longmapsto \frac{1}{u^2 + v^2 + 4}(4u, 4v, 2u^2 + 2v^2) \in R$$

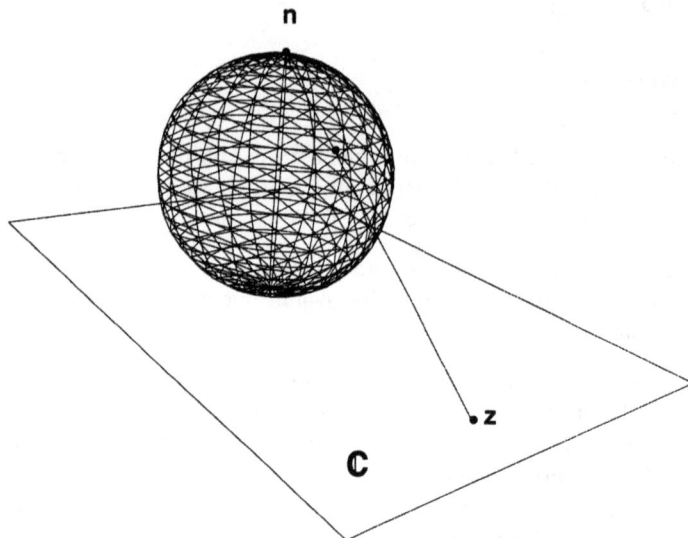

Bild 2.5: Mittels der Stereographischen Projektion wird die komplexe Ebene auf die Riemannsche Kugel R (Einheitskugel mit Südpol im Ursprung) abgebildet.

und umgekehrt

$$R \ni (u, v, w) \longmapsto \frac{2}{2 - w}(u + vi) \in \mathbb{C}.$$

Je größer der Betrag $|z|$ eines Punktes der komplexen Ebene ist, desto näher ist sein korrespondierender Punkt auf der Riemannschen Sphäre dem Nordpol. In diesem Sinne wird der Nordpol der Riemannschen Kugel als der unendlich ferne Punkt ∞ aufgefaßt und in diesem Sinne lassen sich die oben angegebenen Begriffe auch entsprechend erweitern. Zum Beispiel gehört ∞ zur Fatou-Menge der Funktion $f : \mathbb{C} \to \mathbb{C}$, $z \mapsto z^2$.

Im folgenden sei nun $\bar{\mathbb{C}} = \mathbb{C} \cup \{\infty\}$. Der Einfachheit halber wenden wir uns Julia-Mengen quadratischer Polynome zu. Wir betrachten dazu folgende Iterationsfunktion: $Q_c(z) = z^2 + c$, wobei $c \in \mathbb{C}$ konstant ist. Die Julia-Menge J_{Q_c} besitzt folgende Eigenschaften:

1. $J_{Q_c} \neq \emptyset$.

2. Die Julia-Menge J_{Q_c} enthält überabzählbar viele Punkte.

3. Die Julia-Mengen von Q_c und $Q_c{}^k$, $k = 1, 2, \ldots$ sind gleich.

4. $Q_c(J_{Q_c}) = J_{Q_c} = Q_c^{-1}(J_{Q_c})$, d.h. die Julia-Menge ist invariant unter der Abbildung Q_c.

5. Für jedes $x \in J_{Q_c}$ ist der inverse Orbit $O^-(x)$ dicht in J_{Q_c}, d.h. $J_{Q_c} = clO^-(x)$. Dabei bezeichnet $clO^-(x)$ den topologischen Abschluß von $O^-(x)$.

6. Ist γ ein attraktiver periodischer Orbit von Q_c, so ist $A(\gamma) \subset F_{Q_c} = \bar{\mathbb{C}} \backslash J_{Q_c}$.

7. ∞ ist ein attraktiver Fixpunkt von Q_c und $J_{Q_c} = \partial A(\infty)$. Dabei bezeichnet $\partial A(\infty)$ den topologischen Rand des Attraktionsgebiets von ∞.

Diese Eigenschaften der Julia-Menge können dazu genutzt werden, um Bilder von Julia-Mengen zu berechnen.

Die Dynamik von Funktionen in mehrdimensionalen Räumen ist wesentlich komplizierter (siehe z.B. [Dev89]).

Anmerkungen zur Julia-Menge quadratischer Polynome

- Die ausgefüllte Julia-Menge von Q_c ist definiert als

$$K_c = \{x_0 \in \bar{\mathbb{C}} : |Q_c^k(x_0)| \text{ besitzt obere Schranke für alle } k \in \mathbb{N}\} = \bar{\mathbb{C}} \backslash A(\infty).$$

Die Julia-Menge selbst ist der Rand der ausgefüllten Julia-Menge, also $J_c = \partial K_c$. Anschaulich ist die Julia-Menge im quadratischen Fall die "Trennungslinie" zwischen der Menge von komplexen Zahlen mit $\lim_{k \to \infty} Q_c^k(z_0) = \infty$ und der Menge von komplexen Zahlen mit $\lim_{k \to \infty} Q_c^k(z_0) \neq \infty$.

- Die Julia-Menge von quadratischen Funktionen Q_c ist symmetrisch zum Ursprung, da

$$Q_c(z) = z^2 \mid c = (-z)^2 + c = Q_c(-z).$$

- Für alle Punkte $z_0 \in \bar{\mathbb{C}} = \mathbb{C} \cup \{\infty\}$ mit $|z_0| > \max(|c|, 2)$ gilt:

$$\lim_{k \to \infty} Q_c^k(z_0) = \infty.$$

Als Beispiel betrachten wir die Funktion $Q = Q_0$ mit $Q(z) = z^2$. Für $|z| < 1$ konvergiert die Folge $Q^n(z)$ gegen 0, für $|z| > 1$ gegen ∞. Die Menge $\{z : |z| \neq 1\}$ ist daher die Fatou-Menge von Q. Die Menge $\{z : |z| \leq 1\}$ ist die ausgefüllte Julia-Menge und der Rand der Menge $\{z : |z| > 1\} = \{z : |z| = 1\}$ die Julia-Menge von Q.

Algorithmen zur Berechnung von Julia-Mengen quadratischer Polynome

Gemäß Eigenschaft (5) der Julia-Menge quadratischer Polynome gilt für jeden Punkt z_0 in der Julia-Menge

$$J_{Q_c} = clO^-(z_0) = cl\{z : \text{Es existiert ein } n \in \mathbb{N} \text{ mit } Q_c^n(z) = z_0\}.$$

Ist ein Punkt $z_0 \in J_{Q_c}$ bekannt, so kann diese Beziehung ausgenutzt werden, um ein Bild der Julia-Menge zu berechnen, indem man den Rückwärtsorbit von z_0 unter Q_c berechnet. Im allgemeinen hat $Q_c^k(z) = z_0$ 2^k Lösungen. Die Gesamtzahl der iterierten Urbilder von z_0, die man durch Rückwärtsiteration der Gleichung $z^2 + c = a$ erhält,

Bild 2.6: Die Julia-Menge der Abbildung Q_c mit $c = -0.68838 + 0.32375i$.

ist daher $n(k) = 2^{k+1} - 1$ für $k = 0, 1, 2, \ldots$. Man erhält einen Binärbaum, bei dem jeweils die Söhne Urbilder des Vaters sind. Einen einfacheren Algorithmus erhält man, indem zufällig eine der beiden Wurzeln der Gleichung $Q_c(z_{-k-1}) = z_{-k}$ gewählt wird (vgl. Algorithmus 2.6.1). Das führt zu einem zufälligen Durchgang durch den Baum. Diese Methode ist ein Beispiel eines iterierten Funktionensystems mit zwei Funktionen (vgl. dazu den Abschnitt über iterierte Funktionensysteme 4.4).

Ein geeigneter Startwert $z_0 \in J_{Q_c}$ für den Algorithmus läßt sich wie folgt bestimmen. Die beiden Lösungen $u_0 \neq \infty \neq v_0$ der Gleichung $Q_c(z) = z$ sind Fixpunkte der Abbildung Q_c. Ist $c \neq \frac{1}{4}$, dann ist einer der beiden Punkte abstoßend und daher ein Element der Julia-Menge.

Als Beispiel betrachten wir die Funktion $Q_c(z) = z^2 + (-0.68838 + 0.32375i)$ aus Bild 2.6. Zunächst wird ein geeigneter Startwert für die Rückwärtsiteration bestimmt. Dazu bestimmen wir die Lösung der Gleichung $Q_c(z) = z$. Im Beispiel führt das auf die Gleichung

$$z^2 + (-0.68838 + 0.32375i) - z = 0$$

mit den Lösungen

$$z_1 = 1.482608415 - 0.1647400913i, \quad z_2 = -0.4826084152 + 0.1647400913i.$$

Ferner gilt $\|Q'(z_1)\| = 2.9835$ und $\|Q'(z_2)\| = 1.0199$. Daher sind beide Fixpunkte von Q_c abstoßend und daher Elemente der Julia-Menge. Nun wird stochastisch einer der beiden ausgewählt, z.B. z_1 und für diesen die Gleichung $Q_c)(z) = z_1$ gelöst. Wir erhalten die beiden Lösungen $z_3 = 1.482608415 - 0.1647400913i$ und $z_4 = -1.482608415 + 0.1647400913i$. Wählen wir als nächsten Wert z.B. z_4, so erhalten wir $z_5 = 0.08877230870 - 0.8956053471i$ und $z_6 = -0.08877230870 + 0.8956053471i$.

Dieser Algorithmus ist sehr schnell, die Urbilder verteilen sich jedoch nicht gleichmäßig über die Julia-Menge. Daher gibt es Fälle, in welchen die iterierten Urbilder die Julia-Menge nur sehr unzureichend ausfüllen. Oft erhält man nur ein Gerüst der Julia-Menge. Verbesserungen dieses Algorithmus sind z.B. in [PR86] beschrieben.

Die Boundary-Scanning-Methode

Nach Eigenschaft (7.) ist die Julia-Menge der Rand des Attraktionsgebietes von ∞. Dies legt eine sehr einfache Methode zur Bildgenerierung von Julia-Mengen nahe:
Man wählt ein geeignetes quadratisches Gitter (am besten die Bildschirmauflösung) mit der Maschengröße β aus dem Teil der $\mathbb{C}$-Ebene, in der die Julia-Menge berechnet werden soll. Enthält eine Zelle dieses Gitters Teile der Julia-Menge, so enthält sie den Rand des Attraktionsgebietes von ∞, d.h. die Zelle muß sowohl Punkte mit beschränktem als auch unbeschränktem Orbit enthalten. Im Rahmen der Auflösung beschränkt man sich nun darauf, die Eckpunkte von Gitterzellen zu untersuchen. Werden alle vier Eckpunkte von ∞ angezogen, so geht man davon aus, daß die ganze Zelle zum Attraktionsgebiet von ∞ gehört, und färbt die entsprechende Zelle weiß, im anderen Fall liegt ein Teil des Randes $\partial A(\infty)$ des Attraktionsgebietes von ∞ in der Zelle, d.h. die Zelle enthält Punkte der Julia-Menge und wird schwarz gefärbt.

Um zu entscheiden, ob ein Eckpunkt im Attraktionsgebiet von ∞ liegt oder nicht, wird ausgehend vom Eckpunkt solange iteriert, bis eine maximale Iterationszahl N_{max} erreicht ist oder der Betrag eines während der Iteration berechneten Punktes größer als $max(|c|, 2)$ ist, da für $|z| > max(|c|, 2)$ gilt $\lim_{n \to \infty} Q^n(z) = \infty$ (vgl. auch Übungsaufgabe 2). Im ersten Fall nimmt man mit einem kleinen Fehler, der von N_{max} abhängt, an, daß der Eckpunkt nicht im Attraktionsgebiet von ∞ liegt.

Dieser Algorithmus liefert ein scharfes Bild der Julia-Menge, benötigt aber eine lange Laufzeit (vgl. Algorithmus 2.6.1).

Level Sets und die Level-Set-Methode

Da $\lim_{n \to \infty} Q_c^n(z) = \infty$ für $|z| > max(|c|, 2)$ ist, liegt die ausgefüllte Julia-Menge K_c innerhalb einer Kreisscheibe S_0 mit Radius $r \geq max(|c|, 2)$ um den Ursprung. Alle Punkte innerhalb dieser Kreisscheibe gehören möglicherweise zur ausgefüllten Julia--Menge. In diesem Sinn liefert die Kreisscheibe eine erste Approximation der ausgefüllten Julia-Menge. Die Menge $S_1 := \{z \colon Q_c(z) \in S_0\}$, also die Menge derjenigen Punkte, die nach einer Iteration immer noch in S_0 liegen, ist in S_0 enthalten und liefert eine verbesserte Approximation der ausgefüllten Julia-Menge. Definiert man rekursiv

$$S_k = \{z \colon Q_c^k(z) \in S_0\},$$

so erhält man eine Folge $S_0 \supset S_1 \supset S_2 \supset \ldots$ von Mengen mit

$$\lim_{n \to \infty} S_k = J_{Q_c}.$$

Die Mengen $S_k \setminus S_{k-1}$ definieren daher Bereiche in der komplexen Ebene mit Elementen, welche dieselbe Anzahl von Iterationsschritten benötigen, um in das Komplement der Menge S_0 zu gelangen. Die Mengen $S_k, k = 0, 1, \ldots$ werden daher als *Level Sets* bezeichnet.

Bei der Level-Set-Methode berechnet man die beiden komplementären Mengen K_c und $A_c(\infty)$, wobei $A_c(\infty)$ in die oben beschriebenen Level Sets aufgeteilt ist. Hierbei nützt man die oben erwähnte Tatsache aus, daß die Level Sets die ausgefüllte Julia-Menge K_c für $k \to \infty$, annähern. Nun geht man folgendermaßen vor:

1. Wie bei der Boundary-Scanning-Methode wird ein geeignetes quadratisches Gitter, die Anzahl der maximalen Iterationsschritte N_{max} und zusätzlich eine Zielmenge S_0 mit $S_0 = \{z \,|\, |z| < \max(|c|, 2)\}$ festgelegt.

2. Der Algorithmus besteht aus einer Prozedur, die jedem Pixel p des Gitters bzw. jedem Wert $z \in \mathbb{C}$ einen ganzzahligen Level

$$l_c(z) = \begin{cases} k, & \text{falls } k > 0, \; Q_c^k(z) \notin S_0, \; Q_c^{k-1}(z) \in S_0 \\ 0, & \text{falls } z \notin S_0 \end{cases}$$

zuordnet. Man nennt l_c auch die "Escape-Time"-Funktion. Punkte, die unterschiedliche Levels besitzen, werden mit unterschiedlichen Farben eingefärbt.

Beschrieben ist der Algorithmus in 2.6.1. Weitere verbesserte Algorithmen zur Berechnung und Darstellung von Julia-Mengen findet man z.B. in [PS88].

2.2.3 Die Mandelbrot-Menge

Die Mandelbrot-Menge ist ein Schlüssel zum Verständnis des Chaosproblems. Wir beschränken uns wieder auf quadratische Funktionen $Q_c(z) = z^2 + c$, $c \in \mathbb{C}$.

Ein Punkt $z_0 \in \overline{\mathbb{C}}$ heißt *kritischer Punkt* der Funktion Q_c falls $Q_c'(z_0) = 0$. Daher sind 0 und ∞ die einzigen kritischen Punkte von Q_c. (Um die Funktion Q_c am Punkt ∞ mathematisch korrekt handzuhaben, betrachtet man das Verhalten der Funktion $H \circ Q_c \circ H^{-1}$, mit $H : \overline{\mathbb{C}} \longrightarrow \overline{\mathbb{C}}$, $z \longmapsto \frac{1}{z}$ (vgl. [Dev89])).

Kritische Punkte bestimmen im wesentlichen das dynamische Verhalten von Q_c. Da ∞ für alle $c \in \overline{\mathbb{C}}$ ein Fixpunkt von Q_c ist, ist 0 der einzige interessante kritische Punkt, d.h. aus dem Orbit von 0 kann man auf die wichtigsten dynamischen Eigenschaften von Q_c schließen.

Nun gilt folgender Satz:
Besitzt Q_c einen attraktiven periodischen Orbit, so liegt ein kritischer Punkt im Attraktionsgebiet dieses periodischen Orbits.

Insbesondere folgt daraus, daß 0 im Attraktionsgebiet jedes attraktiven periodischen Orbits liegen muß, der den Punkt ∞ nicht enthält, und daß quadratische Funktionen höchstens zwei attraktive Orbits besitzen können. Einige der Funktionen Q_c besitzen unendlich viele periodische Orbits. Ein Beispiel dafür ist die Abbildung Q_{-2}. Für jedes $n > 0$ besitzt Q_{-2}^n 2^n Fixpunkte und daher Q_{-2} 2^n periodische Punkte mit Periode n. Nach dem obigen Satz kann aber nur einer davon ein attraktiver periodischer Orbit sein und in seinem Attraktionsgebiet 0 enthalten.

Für $c = 1$ besteht der Orbit des kritischen Punktes 0 aus den Punkten $\{0, 1, 2, 5, \dots\}$. Daher ist in diesem Fall ∞ der einzige Attraktor der Abbildung Q_c. Für $c = 0$ existiert neben dem Attraktor ∞ auch der Attraktor 0. Das Attraktionsgebiet $A(0)$ von Q_0 ist die Menge $\{z \in \mathbb{C} \,|\, |z| < 1\}$. 1978 suchte B. Mandelbrot nach allen Werten $c \in \mathbb{C}$, für die neben dem Attraktor ∞ noch ein weiterer attraktiver Orbit existiert. Die von ihm gefundene Menge M (vgl. Bild 2.7) trägt seither seinen Namen.

Die folgenden äquivalenten Eigenschaften können zur Definition der Mandelbrot-Menge M verwendet werden:

$$
\begin{aligned}
M &= \{c \in \mathbb{C} \,|\ \text{der kritische Punkt 0 liegt nicht in } A(\infty)\} \\
&= \{c \in \mathbb{C} \,|\ \text{die Folge } 0, Q_c(0), Q_c^2(0), \ldots \text{ ist beschränkt}\} \\
&= \{c \in \mathbb{C} \,|\ \text{die Julia-Menge ist zusammenhängend }\}.
\end{aligned}
$$

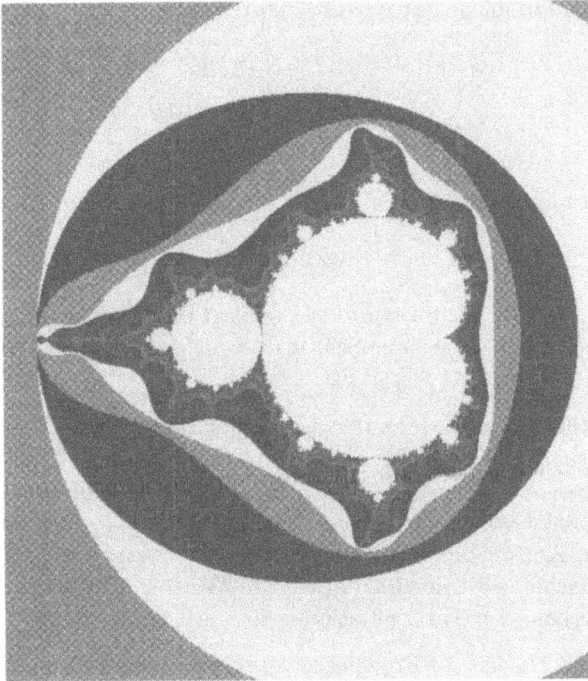

Bild 2.7: Die Mandelbrot-Menge.

Die Mandelbrot-Menge besitzt folgende elementare Eigenschaften:

1. M ist symmetrisch zur reellen Achse. Mit $c = a + ib$, liegt auch $\bar{c} = a - ib$ in M.

2. $M \subset \{c \in \mathbb{C} \,|\, |c| \leq 2\}$.

3. Die Mandelbrot-Menge M ist abgeschlossen.

4. $M \cap \mathbb{R} = [-2, \frac{1}{4}]$.

In [Dev90] sowie in [PR86] findet man detailliertere Informationen über die interne Struktur der Mandelbrot-Menge.

Die Level-Set-Methode zur Berechnung der Mandelbrot-Menge

Zur Berechnung und Darstellung der Mandelbrot-Menge auf dem Computer wird die zweite Charakterisierung verwendet. Man untersucht, für welche $c \in \mathbb{C}$ die Elemente des Orbits beschränkt bleiben, d.h. für jeden Wert c eines vorgegebenen Gitters werden solange Punkte des Orbits $\{0, Q_c(0), Q_c^2(0), \dots\}$ berechnet, bis der Betrag eines Punktes eine vorgegebene Schranke S übersteigt oder eine bestimmte Anzahl von Iterationen errreicht ist. Im ersten Fall wird das zu c gehörende Pixel schwarz gezeichnet, im anderen Fall weiß.

Da nach (2.) $M \subset \{c \in \mathbb{C} \mid |c| \leq 2\}$ ist, kann man sich bei der Untersuchung auf Werte $c \in \mathbb{C}$ mit $|c| \leq 2$ beschränken: Ist $|c| < 2 < |z|$, so gilt

$$\begin{aligned}
|Q_c(z)| &= |z^2 + c| \geq |z|^2 - |c| \\
&\geq |z|^2 - |z| = |z|(|z| - 1) \\
&= |z|\alpha
\end{aligned}$$

mit $\alpha > 1$. Daraus folgt in diesem Fall

$$|Q_c^n(z)| > |z|\alpha^n$$

mit $\alpha > 1$. Ist also $|Q_c^n(0)| > 2$ für ein $n \in \mathbb{N}$, so liegt der Orbit im Attraktionsgebiet von ∞. Es genügt daher, als vorgegebene Schranke S für den Betrag der Punkte des Orbits $S = 2$ zu wählen.

Die Level Set Methode zur Berechnung der Mandelbrot-Menge M funktioniert analog zur Level Set Methode für Julia-Mengen. Für Elemente $c \in \mathbb{C}$ wird die Anzahl der Iterationen bestimmt, die benötigt werden, damit die Elemente des Orbits von 0 eine vorgegebene Zielmenge um ∞ erreichen. Für einen Wert $c \in M$ bleibt der Orbit beschränkt, d.h. die Anzahl der Iterationsschritte, die Werte $c \in \mathbb{C}$ benötigen, um die Zielmengen zu erreichen, ist unendlich groß. Für Werte $c \notin M$ ist die Anzahl der Iterationen endlich und kann zur Farbdefinition verwendet werden (vgl. Algorithmus 2.6.2).

In [Roj91] werden Methoden zur Beschleunigung der Berechnung der Mandelbrot-Menge vorgestellt. Weitere Algorithmen finden sich auch in [PS88].

2.3   Stochastische Fraktale – Modellierung von Bergen und Wolken

2.3.1   Statistische Selbstähnlichkeit

Natürliche Objekte wie Blumenkohl, Farne, Küstenlinien oder Grenzverläufe zwischen Ländern sind bei Vergrößerung zwar nicht mehr exakt identisch wie z.B. eine Kochkurve (vgl. Bild 2.1), aber dennoch bleiben die charakteristischen Merkmale dieser Objekte erhalten. Betrachtet man z.B. einen vergrößerten Ausschnitt einer Küstenlinie, so kann man nicht unterscheiden, ob es sich um eine Vergrößerung oder um das Original handelt.

Maßabstände	Küstenlänge
500 km	2600 km
100 km	3800 km
54 km	5770 km
17 km	8640 km

Tabelle 2.1: Die Küstenlänge Englands hängt vom verwendeten Maßstab ab.

Diese Phänomene werden durch die *stochastische Selbstähnlichkeit* mathematisch korrekt beschrieben.

Für selbstähnliche Objekte, wie die Kochkurve, beschreibt die fraktale Dimension, wie sich die Länge des Objekts während der Konstruktion von Iterationsstufe zu Iterationsstufe ändert. Betrachtet man die Kochkurve, so sieht man, daß die Gesamtlänge der Kurve von Iterationsstufe zu Iterationsstufe um 1/3 zunimmt (vgl. Abschnitt 2.1). Die Berechnung einer fraktalen Dimension aufgrund ihres Konstruktionsprozesses ist für natürliche Objekte aber nicht möglich, da keine Konstruktionsvorschrift existiert. Um die Länge einer Küstenlinie zu bestimmen, wird sie daher gemessen.

Nimmt man dazu eine Landkarte mit einem bestimmten Maßstab und approximiert z.B. eine Küste durch $n(r)$ gleichlange Geradenstücke der Länge r (vgl. Bild 2.8), so erhalten wir eine Gesamtküstenlänge von

$$n(r) \cdot r.$$

Verändert man die Länge der Geradensegmente, d.h. approximiert man die Küste stückweise linear mit anderer Genauigkeit, so ergeben sich unterschiedliche Längen (vgl. Tabelle 1). Die Länge der Geradensegmente kann als kleinste zulässige Maßeinheit für die Vermessung von Landkarten interpretiert werden. Je kleiner diese Maßeinheit ist, desto größer wird das Meßergebnis.

Bild 2.8: Wird die Küste Englands mit unterschiedlichen Längenmaßstäben gemessen, so ergeben sich unterschiedliche Gesamtküstenlängen.

Die *stochastische fraktale Dimension* wird nun wie folgt definiert: Wegen der stochastischen Selbstähnlichkeit der Küstenlinie erhält man, ähnlich wie bei der Kochkurve, für die Gesamtlänge $L(r)$ der Kurve im Mittel ein Gesetz

$$L(r) \sim r \cdot \frac{1}{r^D} = \frac{1}{r^{D-1}}$$

mit $D > 1$. D heißt stochastische fraktale Dimension. Bei realen Küstenlinien findet man typischerweise eine stochastische fraktale Dimension zwischen 1.15 und 1.25. Für natürliche fraktale Flächen ergibt sich eine stochastische fraktale Dimension von ca. 2.15 (vgl. [Man82]). Für eine Temperaturverteilung im Raum erhält man in analoger Weise stochastische fraktale Dimensionen zwischen 3 und 4.

Küstenlinie, Gebirgslandschaften und Zusammenballungen von Wolken sind Beispiele stochastischer Fraktale. Stochastische Fraktale sind geeignet, Modelle natürlicher Objekte zu generieren. Ein mathematisches Modell für stochastische Fraktale ist die fraktale Brownsche Bewegung (fBm), wie sie Mandelbrot in [Man82] beschreibt. Sie ist eine Verallgemeinerung der Brownschen Bewegung.

Um die Algorithmen zur Generierung von stochastischen Fraktalen zu verstehen, ist es notwendig, sich einige Begriffe der zugrundeliegenden Wahrscheinlichkeitstheorie ins Gedächtnis zu rufen.

2.3.2   Einige Grundlagen aus der Wahrscheinlichkeitstheorie

Experimente, wie z.B. das Werfen einer Münze, deren Ergebnisse sich nicht exakt vorhersagen lassen, heißen *zufällige Experimente*. Die Menge der möglichen Ergebnisse eines zufälligen Experimentes bildet den *Ereignisraum S*. Teilmengen des Ereignisraumes werden als Ereignisse bezeichnet. Die Elemente des Ereignisraumes heißen *einfache Ereignisse*. Betrachtet man z.B. als zufälliges Experiment den Wurf eines Würfels, so ist $S = \{1, 2, 3, 4, 5, 6\}$, und das Ereignis „Das Ergebnis des Wurfes ist eine gerade Zahl" ist $\{2, 4, 6\}$ und besteht aus den einfachen Ereignissen $\{2\}, \{4\}, \{6\}$. Für einen typischen Zufallszahlengenerator, wie er in 32bit Rechnern implementiert ist, besteht der Ereignisraum S aus allen ganzen Zahlen zwischen 0 und 2^{31}.

Der Wahrscheinlichkeitsraum

Jedem Ereignis $E \subset S$ wird eine nichtnegative Zahl, die *Wahrscheinlichkeit P(E)*, zugeordnet, so daß folgende Axiome erfüllt sind:

1. für jedes $E \subset S$ ist $P(E) \geq 0$

2. $P(S) = 1$

3. Gilt $E_1 \cap E_2 = \emptyset$, sind die Ereignisse E_1 und E_2 also disjunkt, so gilt

$$P(E_1 \cup E_2) = P(E_1) + P(E_2).$$

Ein Paar (S, P) heißt *Wahrscheinlichkeitsraum*. Besitzt ein Experiment endlich viele einfache Ereignisse $E_1, \ldots, E_n$ und besteht ein Ereignis E aus den einfachen Ereignissen $E_1, \ldots, E_m, m < n$, und sind alle einfachen Ereignisse gleichwahrscheinlich, so folgt aus den Axiomen (1)–(3)

$$P(E) = \frac{m}{n}.$$

Wird ein idealer Würfel geworfen, so gibt es 6 gleichwahrscheinliche Ergebnisse. Das Ereignis E „Das Ergebnis des Wurfs ist eine gerade Zahl" besteht aus drei einfachen Ereignissen, besitzt also die Wahrscheinlichkeit $P(E) = \frac{3}{6} = \frac{1}{2}$.

Bedingte Wahrscheinlichkeit und stochastische Unabhängigkeit
Die Wahrscheinlichkeit dafür, daß ein Ereignis E_1 auftritt unter der Voraussetzung, daß das Ereignis E_2 aufgetreten ist, heißt *bedingte Wahrscheinlichkeit* und wird mit $p(E_1|E_2)$ bezeichnet. Sie ist definiert durch

$$P(E_1|E_2) = \frac{P(E_1 \cap E_2)}{P(E_2)},$$

vorausgesetzt, daß $P(E_2) \neq 0$ ist. Als Beispiel betrachten wir den Wurf eines idealen Würfels. Dann ist die Wahrscheinlichkeit dafür, daß eine Drei gewürfelt wird (Ereignis E_1) unter der Voraussetzung, daß die gewürfelte Zahl ungerade ist (Ereignis E_2)

$$p(E_1|E_2) = \frac{p(E_1 \cap E_2)}{p(E_2)} = \frac{1}{6} / \frac{1}{2} = \frac{1}{3}.$$

Zwei Ereignisse E_1 und E_2 heißen *unabhängig*, falls $P(E_1|E_2) = P(E_1)$, d.h. falls das Ereignis E_2 keinen Einfluß auf das Ereignis E_1 hat. In diesem Fall gilt

$$P(E_1 \cap E_2) = P(E_1) \cdot P(E_2).$$

Zufallsvariablen
Eine Abbildung X von einem Wahrscheinlichkeitsraum (S, P) in eine Menge S' heißt *Zufallsvariable*. Beschränkt man sich auf den Fall $S' = \mathbb{N}$, so heißen die Zufallsvariablen *numerisch diskret*, gilt $S' = \mathbb{R}$, so heißen die Zufallsvariablen *numerisch stetig*. Wahrscheinlichkeiten von Zufallsvariablen erhält man, indem man die Wahrscheinlichkeit P von S auf S' überträgt. Ist z.B. $S' = \mathbb{R}$, so definiert man für je zwei Elemente $a < b \in \mathbb{R}$ die Wahrscheinlichkeit, daß das Ergebnis von X im Intervall $(a, b]$ liegt, durch

$$P(a < X \leq b) = P(X^{-1}(a, b]) := P(\{\omega \in S \,|\, X(\omega) \in (a, b]\}).$$

Auf ähnliche Weise wird die Verteilungsfunktion F_X von X durch

$$F_X(x) := P(\{\omega \in S \,|\, X(\omega) \leq x\}), \ x \in \mathbb{R}$$

definiert. $F_X(x)$ gibt die Wahrscheinlichkeit an, daß die Zufallsvariable X einen Wert kleiner oder gleich x liefert. In Analogie zur Unabhängigkeit von Ereignissen definiert man die Unabhängigkeit von Zufallsvariablen: Zwei stetige numerische Zufallsvariablen X und Y heißen *unabhängig*, falls das folgende Multiplikationsgesetz gilt:

$$P(X \leq x \text{ und } Y \leq y) = P(X \leq x) \cdot P(Y \leq y)$$

für alle $x, y \in \mathbb{R}$.

Ist X eine stetige numerische Zufallsvariable und gibt es eine Funktion $f : \mathbb{R} \to \mathbb{R}$ mit den Eigenschaften

1. $f(x) \geq 0$, $x \in \mathbb{R}$,

2. f besitzt in jedem endlichen Intervall höchstens endlich viele Unstetigkeitsstellen,

3. $\int_{-\infty}^{\infty} f(x)\, dx = 1$,

4. Für jedes Intervall $[a, b]$ gilt

$$P(a \leq X \leq b) = \int_{a}^{b} f(x)\, dx,$$

so heißt f *Wahrscheinlichkeitsdichtefunktion* oder einfach Dichtefunktion von X.

Eine stetige Zufallsvariable X heißt *gleichverteilt* auf einem Intervall $[a, b]$, falls für die zugehörige Dichtefunktion f gilt

$$f(x) = \begin{cases} \frac{1}{b-a}, & \text{falls } a \leq x \leq b \\ 0, & \text{sonst} \end{cases}$$

Ist $a \leq x \leq b$, so folgt $P[X \leq x] = \frac{x-a}{b-a}$.

Normalverteilung

Eine stetige Zufallsvariable X heißt *normalverteilt* mit den Parametern μ und $\sigma > 0$, falls für die zugehörige Dichtefunktion f gilt

$$f(x) = \frac{1}{\sqrt{2\pi}\sigma} e^{-\frac{1}{2}\left(\frac{x-\mu}{\sigma}\right)^2}.$$

Diese Verteilung wird mit $N(\mu, \sigma)$ bezeichnet.

Der Erwartungswert, die Varianz und die Kovarianz

Ist X eine stetige Zufallsvariable mit einer Dichtefunktion f, so definiert man den *Erwartungswert* oder *Mittelwert* $E(X)$ durch

$$E(X) = \int_{-\infty}^{\infty} x f(x)\, dx,$$

vorausgesetzt, daß das Integral

$$E(X) = \int_{-\infty}^{\infty} |x| f(x)\, dx$$

existiert. Im anderen Falle sagt man, $E(X)$ existiert nicht.

Für eine auf dem Intervall $[a, b]$ gleichverteilte Zufallsvariable X gilt $E(X) = \frac{a+b}{2}$. Für eine $N(\mu, \sigma)$-verteilte Zufallsvariable gilt $E(X) = \mu$. Sind X und Y zwei Zufallsvariablen und $a, b \in \mathbb{R}$, so gilt $E(aX + bY) = aE(X) + bE(Y)$. Ist $g : \mathbb{R} \to \mathbb{R}$ gegeben, so ist $Y = g(X)$ eine Zufallsvariable mit

$$E(g(X)) = \int_{-\infty}^{\infty} g(x) f(x)\, dx.$$

Die Varianz $var(X)$ einer Zufallsvariable X ist definiert als

$$var(X) = E((X - E(X))^2) = E(X^2) - E(X)^2.$$

Sie ist ein Maß dafür, wie die Werte einer Zufallsvariablen um den Mittelwert verteilt sind. Für eine auf dem Intervall $[a, b]$ gleichverteilte Zufallsvariable gilt $var(X) = \frac{1}{12}(b - a)^2$. Für eine $N(\mu, \sigma)$-verteilte Zufallsvariable X gilt $var(X) = \sigma^2$. Sind zwei Zufallsvariablen X, Y unabhängig, so gilt

$$var(aX + bY) = a^2 var(X) + b^2 var(Y).$$

Die *Kovarianz* zweier Zufallsvariablen ist definiert als

$$covar(X, Y) = E((X - E(X))(Y - E(Y))).$$

Sind X und Y stochastisch unabhängig, so gilt $covar(X, Y) = 0$. Die Kovarianz $covar(X, Y)$ ist ein Maß für die Verbindung zwischen X und Y im folgenden Sinn:

- Tendiert Y dazu, größer als $E(Y)$ zu werden, wenn X größer als $E(X)$ wird, so ist $covar(X, Y)$ groß und positiv.

- Tendiert Y dazu, kleiner als $E(Y)$ zu werden, wenn X größer als $E(X)$ wird, so ist $covar(X, Y)$ groß und negativ.

- Wird Y von X nur geringfügig beeinflußt, so ist $covar(X, Y)$ klein.

Klein und groß bezieht sich in diesem Zusammenhang auf die Varianz von X und Y. Aus diesem Grunde standardisiert man die Kovarianz und definiert den Korrelationskoeffizienten

$$\rho = \frac{covar(X, Y)}{(var(X) \cdot var(Y))^{1/2}}.$$

ρ kann Werte zwischen -1 und 1 annehmen.

Stochastische Prozesse

Ein stochastischer Prozeß $\{X(t)\}$ ist eine Menge von Zufallsvariablen, die von dem Parameterwert t abhängen. Ist der Wertebereich von t ein Intervall, so heißt $\{X(t)\}$ ein stetiger Parameterprozeß. Nimmt t nur diskrete Werte, z.B nur natürliche Zahlen an, so heißt $\{X(t)\}$ diskreter Parameterprozeß. Wir betrachten im folgenden in erster Linie stetige Parameterprozesse und reelle Zufallsvariablen. Betrachtet man als Parameter z.B. die Zeit t, so wird jedem Zeitpunkt t eine Zufallsvariable $X(t)$ zugeordnet. Jedesmal, wenn der Prozeß erneut gestartet wird, nehmen die Zufallsvariablen andere Werte an. Der Prozeß besitzt verschiedene Realisierungen (vgl. Bild 2.9).

Jede der Zufallsvariablen $X(t)$ besitzt eine Wahrscheinlichkeitsverteilung, die durch $P[X(t) \le x]$ bzw. durch eine Wahrscheinlichkeitsdichtefunktion $f_{X(t)}(x)$ gegeben ist, so daß der Erwartungswert und die Varianz durch

$$
\begin{aligned}
E(X(t)) &= \int_{-\infty}^{\infty} x f_{X(t)}(x)\,dx \\
var(X(t)) &= E\left([X(t) - E(X(t))]^2\right)
\end{aligned}
$$

gegeben sind. Der Erwartungswert und die Varianz sind daher Funktionen der Zeit.

Um die Wahrscheinlichkeit

$$
P(X(t_1) \le x_1, X(t_2) \le x_2)
$$

zu berechnen, genügt es nicht, nur die Wahrscheinlichkeitsverteilung von $X(t)$ für jedes $t_i, i = 1, 2, \ldots$ zu kennen. Man braucht dazu die Wahrscheinlichkeitsverteilung der zweidimensionalen Zufallsvariablen

$$
Z(t_1, t_2) = (X(t_1), X(t_2)).
$$

Will man die Wahrscheinlichkeit

$$
P(a \le X(t) \le b) \text{ für alle } t \in \mathbb{R}
$$

berechnen, so braucht man die unendlichdimensionale Wahrscheinlichkeitsverteilung aller Zufallsvariablen $X(t)$ des Prozesses. Um diese zu erhalten, kann man sich jedoch auf das Verhalten von $\{X(t)\}$ an endlich vielen Punkten $t_1 \ldots t_n$ und die Verteilung der endlichdimensionalen Zufallsvariable $Z(t_1, \ldots t_n) = (X(t_1), \ldots, X(t_n))$ beschränken.

Stationäre Prozesse

Ein stochastischer Prozeß heißt *stationär*, falls für alle zulässigen Werte $t_1, t_2, \ldots, t_n$ und jedes s die Verteilungsfunktionen von $(X(t_1), X(t_2), \ldots, X(t_n))$ und $(X(t_1 + s), X(t_2 + s), \ldots, X(t_n + s))$ übereinstimmen. Die statistischen Eigenschaften sind bei stationären Prozessen also unabhängig vom Parameter t. Physikalisch interpretiert, sind ihre stochastischen Eigenschaften unabhängig von der Zeit. Ein Beispiel ist das weiter unten beschriebene Weiße Rauschen.

2.3.3   Die Brownsche Bewegung (Braunes Rauschen)

Realisierungen $\{x(t)\}$ der *Brownschen Bewegung* $\{X(t)\}$ können als Integrale vom
Weißem Rauschen $\{w(t)\}$ berechnet werden. Es ist

$$x(t) = \int\limits_{-\infty}^{t} w(s)\,ds$$

für alle $t \in \mathbb{R}$. Dabei bezeichnen wir Realisierungen eines Prozesses immer mit dem
entsprechenden Kleinbuchstaben. Obwohl dieses Integral kein Riemann-Integral ist, wie
man es aus der Analysis kennt, kann es zur Berechnung durch eine Summe approximiert
werden. Dies liefert einen Algorithmus zur Berechnung einer Brownschen Bewegung
(vgl. Algorithmus 2.6.3). In Bild 2.9 ist Weißes Rauschen und eine eindimensionale
Brownsche Bewegung dargestellt.

Weißes Rauschen

Brownsche Bewegung

Bild 2.9: Oben: Weißes Rauschen $\{W(t)\}$. Jedem Zeitpunkt t ist der Wert einer Gaußzu-
fallsvariablen mit Erwartungswert 0 und Varianz 1 zugeordnet. Unten: die Realisierung
einer Brownsche Bewegung $\{X(t)\}$. Sie wurde als Integral des Weißen Rauschens berech-
net (vgl. Algorithmus 4.6.4).

Das Weiße Rauschen ist ein einfaches Beispiel eines stationären stochastischen Prozesses.
Alle Zufallsvariablen $W(t), t \in \mathbb{R}$, sind reell, $N(0,1)$-verteilt und vollständig unkorreliert.
Um Weißes Rauschen über einem Intervall zu berechnen, werden zu hinreichend vielen
Werten t des Intervalls Gaußzufallszahlen, d.h. $N(0,1)$-verteilte Zufallszahlen, berech-
net. Ein Algorithmus zur Approximation $N(0,1)$-verteilter Zufallszahlen basiert auf dem
Zentralen Grenzwertsatz (vgl. Algorithmus 2.6.3).
Ist $X_1, X_2, \ldots$ eine Folge unabhängiger identisch verteilter Zufallsvariablen mit endli-
chem Erwartungswert μ, endlicher Varianz σ^2 und $S_n = \sum_{i=1}^{n} X_i$, $n = 1, 2, \ldots$, so
besagt der Zentrale Grenzwertsatz:

$$\lim_{n\to\infty} P[S_n^* := \frac{(S_n - n\mu)}{\sigma\sqrt{n}} \le s] = \frac{1}{2\pi} \int_{-\infty}^{s} e^{-t^2/2} dt, \quad \forall s \in \mathbb{R}.$$

Im Algorithmus werden auf $[0,1]$-gleichverteilte Zufallsvariablen X_i mit Erwartungswert $1/2$ und Varianz $1/12$ sowie die Zufallsvariablen

$$S_n^* = \sqrt{\frac{12}{n}} \sum_{i=1}^{n} X_i - \sqrt{3n}$$

verwendet.

In der Praxis liefert $n = 3$ oder $n = 4$ brauchbare Ergebnisse.

Die Brownsche Bewegung ist im Gegensatz zum Weißen Rauschen kein stationärer Prozeß. Jedoch sind die Zuwächse der Brownschen Bewegung *stochastisch selbstähnlich*, da die beiden Prozesse

$$\{X(t+s) - X(s)\} \quad \text{und} \quad \{\frac{1}{\sqrt{r}}(X(rt+s) - X(s))\}$$

für alle $s \in \mathbb{R}$ und $r > 0$ identische gemeinsame Verteilungen besitzen, also statistisch ununterscheidbar sind. Setzt man $s = 0$ und addiert $X(0)$, so erhält man die beiden Prozesse $\{X(t)\}$ und $\{\frac{1}{\sqrt{r}}X(rt)\}$. Der zweite Prozeß entsteht durch geeignete Skalierung aus dem ersten. Wird z.B $\{X(t)\}$ um den Faktor 4 beschleunigt und teilt man das Ergebnis $\{X(4t)\}$ durch 2, so erhält man, statistisch gesehen, denselben Prozeß. Die Brownsche Bewegung ist ein Beispiel eines stochastischen Fraktals. Die fraktale stochastische Dimension D der eindimensionalen Brownschen Bewegung ist $D = 1.5$. Da die Dimension D von natürlichen Objekten, wie Küstenlinien oder die Silhouette eines Gebirgszuges, im Bereich zwischen 1.15 und 1.25 liegt, ist die eindimensionale Brownsche Bewegung kein passendes Modell zu deren Modellierung. Daher wird als Modell die fraktale Brownsche Bewegung (fBm) $\{X(t)\}$ verwendet.

2.3.4 Die fraktale Brownsche Bewegung (fBm)

Die Brownsche Bewegung ist ein stochastischer Prozeß $\{X(t)\}$ mit normalverteilen Zuwächsen und

$$\begin{aligned} var(X(t+s) - X(t)) &= E((X(t+s) - X(t))^2) - E(X(t+s) - X(t))^2 \\ &= E(|X(t+s) - X(t)|^2) \sim |s|^{2H}, \end{aligned}$$

wobei $H = \frac{1}{2}$. Die fraktale Brownsche Bewegung (fractional Brownian motion) ist die Verallgemeinerung dieses Prozesses auf Parameter $0 < H < 1$. Sie ist stochastisch selbstähnlich in dem Sinn, daß die beiden Prozesse $\{X(t+s) - X(s)\}$ und $\{\frac{1}{r^H}X(rt+s) - X(s)\}$ für alle $s \in \mathbb{R}$ und alle $r > 0$ statistisch ununterscheidbar sind. Die beschleunigte fraktale Brownsche Bewegung $\{X(rt)\}$ erhält man also aus $\{X(t)\}$, indem man mit dem Faktor r^H skaliert, d.h. den Prozeß $\{r^H X(t)\}$ betrachtet. Die Wirkung des Parameters H ist in Bild 2.10 dargestellt.

Für den Wert $H = 0$ kann der Prozeß beliebig skaliert werden, ohne daß er sich statistisch gesehen ändert. Die stochastische fraktale Dimension ist $D = 2$. Realisierungen des

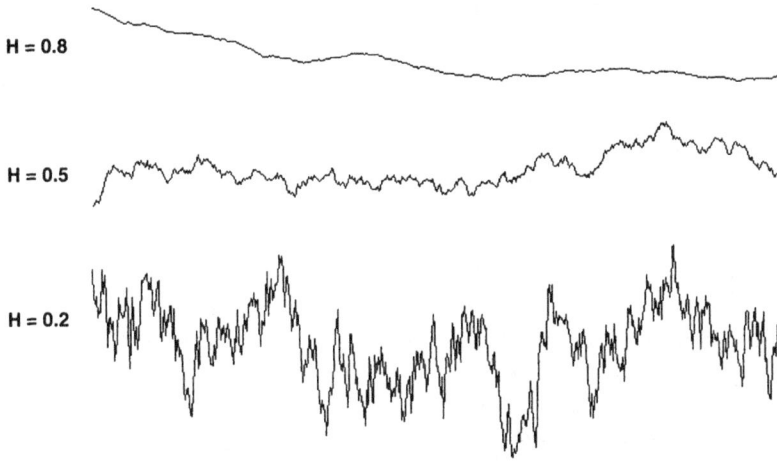

Bild 2.10: *Die Wirkung des Parameters H am Beispiel einer eindimensionalen fraktalen Brownschen Bewegung. Mit fallendem H nimmt die fraktale Dimension D = 2 − H zu. Mit Werten H ≈ 0.8 lassen sich reale Objekte am besten modellieren.*

Prozesses füllen ähnlich wie Peanokurven die ganze Ebene aus. Beschleunigt man im Fall $H = 1$ den Prozeß um den Faktor r, so erhält man denselben Prozeß, wie wenn man die Amplituden des nichtbeschleunigten Prozesses auch mit dem Faktor r skaliert. Die stochastische fraktale Dimension ist in diesem Fall $D = 1$. Allgemein ist die fraktale Dimension einer eindimensionalen fraktalen Brownschen Bewegung durch die Gleichung

$$D = 2 - H$$

mit dem Parameter H verknüpft.

Die fraktale Brownsche Bewegung läßt sich einfach auf zwei und mehr Dimensionen erweitern. Im mehrdimensionalen Fall besitzt die fraktale Brownsche Bewegung $\{X(t_1, \ldots, t_n)\}$ folgende Eigenschaften:

1. Die Zuwächse $X(t_1, \ldots, t_n) - X(s_1, \ldots, s_n)$ sind Gaußverteilt mit Erwartungswert 0.

2. Die Varianz der Zuwächse $X(t_1, \ldots, t_n) - X(s_1, \ldots, s_n)$ hängt nur vom Abstand $(t_1, \ldots, t_n)$ und $(s_1, \ldots, s_n)$

$$d((t_1, \ldots, t_n), (s_1, \ldots, s_n)) = \sqrt{\sum_{i=1}^{n} (t_i - s_i)^2}$$

ab und ist proportional zur $2H$-ten Potenz des Abstands, wobei $0 < H < 1$ ist, d.h. es gilt

$$E(|X(t_1, \ldots, t_n) - X(s_1, \ldots, s_n)|^2) \sim \left(\sum_{i=1}^{n} (t_i - s_i)^2 \right)^H .$$

2.3.5 Algorithmen zur Berechnung stochastischer Fraktale

Die stochastischen Fraktale sind bei beliebigen Skalierungen stochastisch selbstähnlich. Eine vollständige Berechnung für jede beliebige AufLösung ist nicht möglich. Man beschränkt sich daher, wie bei der Berechnung der Brownschen Bewegung durch Integration von Weißem Rauschen, auf Approximationen.

Die Mittelpunktsverschiebungsmethode

Im vorangegangenen Teil wurde die Berechnung einer Brownschen Bewegung durch Integration von Weißem Rauschen besprochen. Die Mittelpunktsverschiebungsmethode ist eine weitere einfache Methode zur Berechnung einer Realisierung einer Brownschen Bewegung. Eine Realisierung $\{x(t)\}$ von $\{X(t)\}$ wird dabei für Werte $t \in [0,1]$ berechnet. Man startet mit $x(0) = 0$ und berechnet $x(1)$ als Gaußsche Zufallsvariable mit Mittelwert 0 und Varianz σ^2. Nun setzt man

$$x(\frac{1}{2}) = \frac{1}{2}(x(1) + x(0)) + d_{1,1},$$

wobei $d_{1,1}$ der Wert einer Gaußschen Zufallsvariablen D_1 mit Mittelwert 0 und geeigneter Varianz ist. Dieser Prozeß wird fortgeführt. Man setzt

$$x(\frac{1}{4}) = \frac{1}{2}(x(\frac{1}{2}) + x(0)) + d_{2,1}$$

$$x(\frac{3}{4}) = \frac{1}{2}(x(1) + x(\frac{1}{2})) + d_{2,2}$$

und allgemein

$$x(\frac{2j+1}{2^i}) = \frac{1}{2}(x(\frac{j}{2^{i-1}}) + x(\frac{j+1}{2^{i-1}})) + d_{i,j+1}, \quad j = 0, \ldots, 2^{i-1} - 1,$$

wobei die Werte $d_{i,j+1}$, $j = 0, \ldots, 2^{i-1} - 1$ mittels einer Zufallsvariablen D_i mit Mittelwert 0 und geeigneter Varianz berechnet werden.

Die Varianz der Zufallsvariablen D_i wird nun so bestimmt, daß für den berechneten Prozeß $\{X(t)\}$

$$var(X(t+s) - X(t)) = |s|\sigma^2$$

gilt. Aus

$$x(\frac{1}{2}) = \frac{1}{2}(x(1) + x(\frac{1}{2})) + d_{1,1}$$

folgt durch Subtraktion von $x(0)$

$$x(\frac{1}{2}) - x(0) = \frac{1}{2}(x(1) - x(0)) + d_{1,1}.$$

Da die Zufallsvariablen X und D_1 unabhängig sind, folgt

$$var(X(\frac{1}{2}) - X(0)) = \frac{1}{4}var(X(1) - X(0)) + var(D_1)$$

$$= \frac{1}{4}\sigma^2 + var(D_1).$$

Da nun gelten soll

$$var(X(\frac{1}{2}) - X(0)) = \frac{1}{2}\sigma^2,$$

erhalten wir

$$var(D_1) = \frac{1}{4}\sigma^2.$$

Um die Varianz von D_2 zu berechnen, gehen wir analog vor:

$$x(\frac{1}{4}) - x(0) = \frac{1}{2}(x(\frac{1}{2}) - x(0)) + d_{2,1}.$$

Daraus folgt

$$\begin{aligned}
var(X(\frac{1}{4}) - X(0)) &= \frac{1}{4}var(X(\frac{1}{2}) - X(0)) + var(D_2) \\
&= \frac{1}{8}\sigma^2 + var(D_2)
\end{aligned}$$

und mit

$$var(X(\frac{1}{4}) - X(0)) = \frac{1}{4}\sigma^2$$

folgt

$$var(D_2) = \frac{1}{8}\sigma^2.$$

Um die Verschiebung $d_{2,2}$ an der Stelle $\frac{3}{4}$ zu berechnen, wird auch die Zufallsvariable D_2 verwendet. Wie man sich nun leicht klar macht, muß die Varianz der Zufallsvariablen D_i gemäß

$$var(D_i) = \frac{1}{2^{i+1}}\sigma^2$$

gewählt werden. Durch diese Wahl der Varianzen von D_i gilt für den berechneten Prozeß $\{X(t)\}$ wie gefordert

$$var(X(t+s) - X(t)) = |t + s - t|\sigma^2 = |s|\sigma^2.$$

Der Parameter **H**

Der Algorithmus der Mittelpunktsverschiebungsmethode kann auch zur Berechnung einer fraktalen Brownschen Bewegung verwendet werden. Analog den obigen Überlegungen erhält man für die Varianz der Verschiebungen D_n

$$var(D_n) = \frac{\sigma^2}{(2^n)^{2H}}(1 - 2^{2H-2}).$$

Je größer H ist, desto schneller verkleinert sich daher die Varianz der Zufallsvariablen D_n.

Obwohl

$$var(X(\frac{1}{2}) - X(0)) = var(X(1) - X(1/2)) = (\frac{1}{2})^{2H}\sigma^2$$

ist, gilt für den so berechneten Prozeß nicht

$$var(X(\frac{3}{4}) - X(\frac{1}{4})) = \frac{1}{2}^{2H} \sigma^2,$$

d.h. der berechnete Prozeß besitzt keine stationären Zuwächse, ergibt also für $H \neq \frac{1}{2}$ keine exakte fBm. Trotzdem genügt dieser Algorithmus den meisten Anforderungen und wird häufig verwendet.

Da bei der Mittelpunktsverschiebung für $H \neq \frac{1}{2}$ aufgrund der Veränderung der Varianz nicht mehr alle Punkte gleichwertig sind, modifiziert man den Algorithmus der Mittelpunktsverschiebung, indem man zur Verschiebung in den aufeinanderfolgenden Schritten Zufallsvariablen mit derselben Varianz wählt, die Verschiebung aber auf alle Punkte und nicht nur auf die Mittelpunkte anwendet. Diese Methode wird als *aufeinanderfolgende Additionen* bezeichnet (vgl. [PS88]). Beide Methoden haben den Vorteil, daß sie einfach zu implementieren und, relativ zu den anderen Verfahren, auch schnell sind (vgl. Algorithmen in 2.6.3).

Beide Algorithmen lassen sich leicht auf den $2D-$Fall erweitern (vgl. Algorithmen 2.6.3). Man startet mit einem quadratischen Netz mit vorgegebener Maschenweite. Ähnlich zum eindimensionalen Fall addiert man bei der Mittelpunktsverschiebungsmethode in den Mittelpunkten der einzelnen Netzmaschen von Iterationsschritt zu Iterationsschritt einen bestimmten Betrag, der durch Zufallsvariablen D_n in den einzelnen Schritten berechnet wird. Die Konstruktion ist in acht Schritten in Bild 2.11 dargestellt.

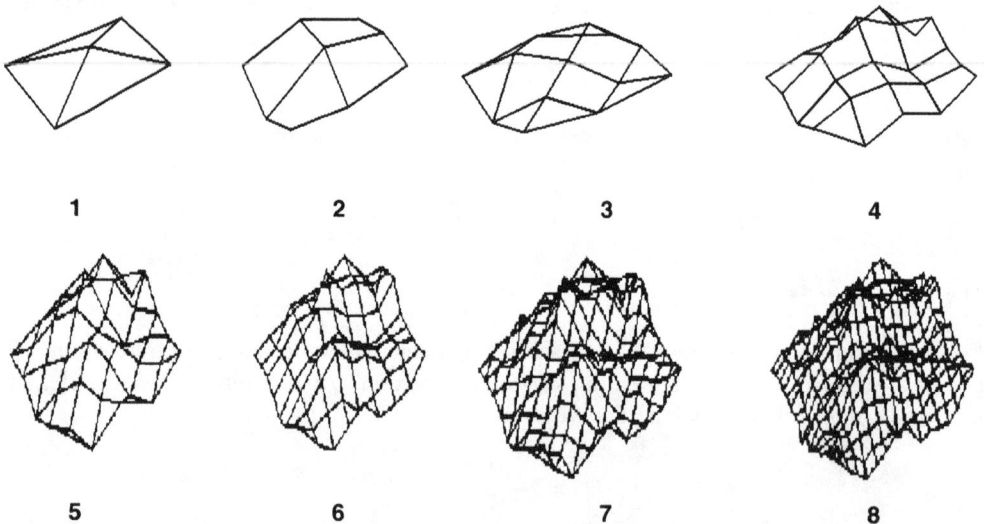

Bild 2.11: Konstruktion einer fraktalen Landschaft mittels Mittelpunktsverschiebung.

Der Abstand zum Mittelpunkt nimmt im Netz von Stufe zu Stufe um den Faktor $r = \frac{1}{\sqrt{2}}$ ab. Ähnlich zum eindimensionalen Fall setzt man für die Varianz Δ_n der Zufallsvariablen

D_n

$$\Delta_n = \sigma^2 r^{2Hn} = \sigma^2 \left(\frac{1}{2}\right)^{nH}.$$

Bei der Methode der aufeinanderfolgenden Additionen wird eine Verschiebung nicht nur in den Mittelpunkten der einzelnen Maschen, sondern in allen Punkten des Netzes addiert. Das muß dann bei der Berechnung der Varianz Δ_n der Zufallsvariablen D_n berücksichtigt werden.

Weitere interessante Algorithmen zur Berechnung der fraktalen Brownschen Bewegung finden sich z.B. in [PS88], übersteigen aber den Rahmen dieses Kurses.

2.4 Iterierte Funktionensysteme

Iterierte Funktionensysteme werden vor allem zur Bilddatenkompression benutzt [BH93], dienen aber auch als praktisches Werkzeug, um Bilder von Wolken, Landschaften, Pflanzen, wie Farnen usw., zu erzeugen. Die meisten Modellierungsmethoden für fraktale Objekte haben den Nachteil, daß aufgrund der Parameter zur Beschreibung des Fraktals keine präzise Vorhersage über das fraktale Objekt getroffen werden kann.

Bei der Methode der iterierten Funktionensysteme (IFS) kann die Wirkung der Parameter besser kontrolliert werden.

Das iterierten Funktionensystemen zugrunde liegende Prinzip kann anhand des Chaosspiels erklärt werden.

2.4.1 Chaosspiel und IFS-Code

Es werden drei beliebige Punkte P_1, P_2, P_3 markiert und ein Startpunkt S im Dreieck $\Delta(P_1, P_2, P_3)$ gewählt. Es werden nacheinander zufällig Zahlen aus der Menge $\{1, 2, 3\}$ gezogen. Ist die erste gezogene Zahl z.B. eine 2, so wird ein Punkt S_1 auf der Hälfte der Verbindungsstrecke zwischen S und P_2 markiert. Nun wird die zweite Zahl, z.B. 1 gezogen und ein Punkt S_2 in der Mitte der Verbindungsstrecke zwischen S_1 und P_1 markiert. Im $n - ten$ Schritt wird ein neuer Punkt S_n markiert, der in der Mitte der Verbindungsstrecke zwischen S_{n-1} und P_i liegt, wobei $i \in \{1, 2, 3\}$ die im $n - ten$ Schritt gezogene Zahl ist. Führt man z.B. 1.000.000 Schritte durch und vernachlässigt einige der am Anfang markierten Punkte, so erhält man ein Bild wie in Bild 2.13.

Bild 2.13 wird als Limesbild bezeichnet. Eine mehr mathematische Betrachtungsweise des Chaosspiels führt auf die Definition eines iterierten Funktionensystems. Um diese Betrachtungsweise zu erläutern, wird das Dreieck $\Delta(P_1, P_2, P_3)$ wie in Bild 2.12 dargestellt in die Dreiecke $\Delta_1, \Delta_2, \Delta_3$ und Δ_4 unterteilt. Diese Teildreiecke werden alle durch eine in $x-$ und $y-$Richtung gleiche Skalierung mit dem Faktor $\frac{1}{2}$ und entsprechende Translationen aus dem ursprünglichen Dreieck gewonnen (vgl. Tabelle 2), wo die jeweils gesamte Transformation w_i, $i \in \{1, 2, 3\}$ exakt gegeben ist. Wurde im i-ten Schritt des Chaosspiels die Ecke $j \in 1, 2, 3$ gewählt, so könnte man, anstatt den Mittelwert aus dem alten Punkt S_{i-1} und dem entsprechenden Eckpunkt P_j zu bilden, auch einfach die entsprechende affine Transformation w_j, welche das ursprüngliche Dreieck Δ_i auf das Dreieck Δ_j abbildet, auf den Punkt S_{i-1} anwenden und so den nächsten Punkt S_i berechnen. Mit Hilfe affiner Abbildungen können nun iterierte Funktionensysteme definiert werden.

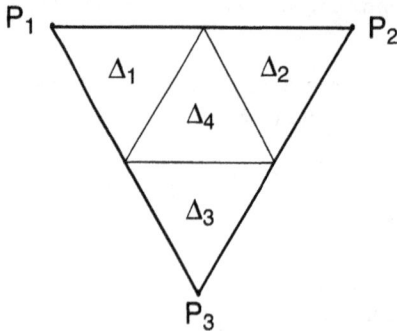

| Bild 2.12: Unterteilung des Ausgangs-dreiecks in Teildreiecke beim Chaos-spiel. Die Teildreiecke erhält man mit-tels affiner Transformation aus dem Ausgangsdreieck. | Bild 2.13: Ergebnis des Chaosspiels für Punkte P_1, P_2, P_3 auf einem gleichseiti-gen Dreieck: Ein Sierpinski-Dreieck. |

Ist eine affine Abbildung $w : \mathbb{R}^2 \mapsto \mathbb{R}^2$ gegeben, so existiert immer eine Konstante L, so daß

$$|w(x) - w(y)| \leq L|x - y|, \text{ für alle } x, y \in \mathbb{R}^2.$$

Dabei ist $|x| = \sqrt{x_1^2 + x_2^2}$ der Betrag von x. Die Konstante L heißt Lipschitzkonstante von w. Die Abbildung w heißt *kontrahierend*, falls $L < 1$.

Definition eines IFS

Sei $W = \{w_1, \ldots, w_n\}$ eine endliche Menge von *affinen* Abbildungen

$$w_i : \mathbb{R}^2 \mapsto \mathbb{R}^2, i = 1, \ldots, n, \ n \in \mathbb{N}$$

und $P = \{p_1, \ldots, p_n\}$ eine Menge von zugehörigen Wahrscheinlichkeiten mit $\sum_{i=1}^n p_i = 1$ und $0 \leq p_i \leq 1, i = 1, \ldots, n$. Dann bildet das Paar (W, P) ein zweidimensionales *ite-riertes Funktionensystem (IFS)*. Bezeichnet L_i die Lipschitz-Konstante der Abbildung w_i, $i = 1, \ldots, n$, so erfüllt das durch (W, P) definierte IFS die *durchschnittliche Kon-traktionsbedingung*, falls

$$L_1^{p_1} \cdot L_2^{p_2} \cdot \ldots \cdot L_n^{p_n} < 1.$$

Ein *IFS -Code* ist ein iteriertes Funktionensystem, welches der durchschnittlichen Kon-traktionsbedingung genügt.

Das durch den IFS-Code beschriebene Modell

Ausgehend von einem IFS-Code (W, P), $W = \{w_1, \ldots, w_n\}$, $P = \{p_1, \ldots, p_n\}, n \in \mathbb{N}$ und einem beliebigen Punkt $z_0 \in \mathbb{R}^2$ betrachten wir das folgende Verfahren: Man wählt zufällig eine der Abbildungen w_i, $i = 1, \ldots, n$ mit der Wahrscheinlichkeit p_i aus und berechnet den Punkt $z_1 = w_k(z_0)$. Danach wird wieder zufällig eine der Abbildungen w_i, $i = 1, \ldots, n$ mit Wahrscheinlichkeit p_i gewählt, z.B. w_l, und $z_2 = w_l(z_1)$ berechnet. Werden ab einer genügend hohen Zahl von Iterationen alle Punkte gezeichnet, so verteilen sich diese Punkte auf einer eindeutig bestimmten kompakten (d.h. topologisch abgeschlossenen und beschränkten) Menge $A \subset \mathbb{R}^2$. A heißt der *Attraktor* des IFS-Codes. Zum IFS-Code gehört ein eindeutig bestimmtes Maß μ. Man kann sich dieses Maß μ als eine Verteilung von unendlich feinem Sand mit Gesamtmasse Eins vorstellen, der auf der Menge A verteilt liegt. Das Maß einer Teilmenge $B \subset A$ entspricht dem Gewicht des Sandes, der auf B liegt, und kann zur Einfärbung des Bildes verwendet werden. Die durch den IFS-Code festgelegten Wahrscheinlichkeiten p_i bestimmen das Maß μ (vgl. [BH93]). Dieses Maß ist die stationäre Verteilung des zum IFS-Code gehörenden stochastischen Prozesses, wie er durch die oben beschriebene Iteration definiert wird. Die Gestalt des Attraktors A wird eindeutig durch die Abbildungen w_i, $i = 1, \ldots, n$, festgelegt. Das durch den IFS-Code beschriebene Modell (A, μ) besteht daher aus einer Teilmenge $A \subset \mathbb{R}^2$ und einer durch μ bestimmten Farbgebung.

2.4.2 Decodierung von IFS-Code

Ist ein IFS-Code (W, P) und ein Bildfenster $F = \{(x, y) \in \mathbb{R}^2 \,|\, a \leq x \leq b, c \leq y \leq d\}$ mit Auflösung $m \times n$ gegeben, so wird aus (A, μ) ein diskretes Modell konstruiert, indem das Fenster F in kleine Fenster F_{ij} der Größe $\frac{(b-a)}{n} \times \frac{(c-d)}{m}$ eingeteilt wird. Jedem dieser Rechtecke wird anschließend, entsprechend der Anzahl von Punkten, die während der Iteration das Rechteck besuchen, eine Farbe zugeordnet. Diese Farbzuordnung entspricht dem relativen Maß $\frac{\mu(F_{ij})}{\mu(F)}$.

Implementiert ist die Methode in dem Algorithmus IFSnachObject() (vgl. Algorithmus 2.6.4).

2.4.3 Das Collage-Theorem – Generieren von IFS-Code

Die Erzeugung von IFS-Code basiert auf dem *Collage-Theorem*. Das Theorem macht eine Aussage über den *Hausdorff-Abstand* zwischen dem Attraktor A des IFS und einer Zielmenge Z, die durch das IFS approximiert werden soll. Der *Hausdorff-Abstand* $h(A, B)$ zwischen zwei abgeschlossenen beschränkten Teilmengen A, B des $\mathbb{R}^2$ ist definiert als

$$h(A, B) = \max \left(\max_{x \in A} \min_{y \in B} |x - y|, \max_{y \in B} \min_{x \in A} |x - y| \right).$$

Ist ein IFS-Code (W, P) gegeben, so setzt sich der Attraktor A aus den Komponenten $w_i(A)$, $i = 1, \ldots, n$, zusammen (vgl. [Bar88]):

$$A = \cup_{i=1}^{n} w_i(A).$$

Fkt.	a_{11}	a_{12}	a_{21}	a_{22}	b_1	b_2
Sierpinski- w_1	0.5	0.0	0.0	0.5	0.0	0.0
Dreieck w_2	0.5	0.0	0.0	0.5	0.5	0.0
w_3	0.5	0.0	0.0	0.5	0.25	0.43301
Farn w_1	0.84962	0.037	-0.037	0.84962	0.75	0.1830
w_2	0.19583	-0.226	0.226	0.19583	0.4	0.0490
w_3	-0.150	0.283	0.260	0.237	0.575	-0.0840
w_4	0.0	0.0	0.0	0.16	0.5	0.0

Tabelle 2.2: IFS-Code als Ergebnis der im Bild konstruierten Objekte. Dabei definieren die Koeffizienten a_{ij} und b_j die affinen Abbildungen $(x,y) \rightarrow (a_{11}x + a_{21}y, a_{12}x + a_{22}y) + (b_1, b_2)$. Der Code wurde für die fraktalen Bilder dieses Abschnitts verwendet.

Das Collage-Theorem besagt nun:
Gilt für die Abbildungen w_i, $i = 1, \ldots, n$, des IFS-Codes, eine Zielmenge Z und für ein $\epsilon > 0$

$$h(Z, \cup_{i=1}^n w_i(Z)) < \epsilon,$$

so gilt für den Hausdorff-Abstand $h(Z, A)$ zwischen der Zielmenge Z und dem Attraktor A

$$h(Z, A) < \frac{\epsilon}{1 + \epsilon}.$$

Aufgrund dieses Theorems läßt sich interaktiv ein IFS-Code konstruieren, mit dessen Hilfe ein vorgegebenes Bild kodiert werden kann. Dazu wird interaktiv das Zielobjekt Z mit verkleinerten Kopien von sich selbst überdeckt. Aus den Verkleinerungen der Kopien und ihrer Position lassen sich die Abbildungen w_i, $i = 1, \ldots, n$, berechnen. Beispiele sind in Bild 2.14 abgebildet. Der zugehörige IFS-Code der Zielmengen ist in Tabelle 2 zusammengestellt.

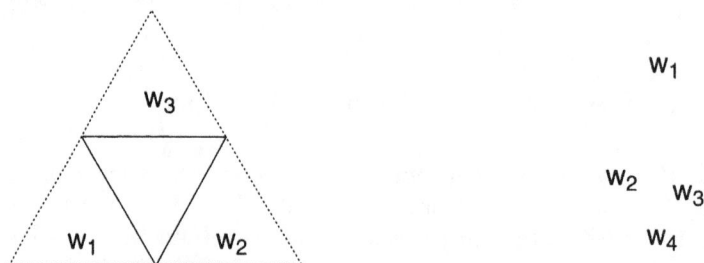

Bild 2.14: Konstruktion eines IFS-Codes für das Sierpinski-Dreieck und den Farn.

Das Konstruieren von IFS-Code aus vorgegebenen Bildern heißt auch *inverses Problem*. Es automatisch zu lösen, ist wesentlich komplizierter als der oben beschriebene interaktive Algorithmus. Ansätze zur Lösung des inversen Problems finden sich in [Bar88] oder in [LVG88] und [BH93] und [PJS92], wo auch auf weitere Literatur verwiesen wird.

2.4.4 Manipulation von IFS-Codes

Ein IFS-Code kann modifiziert werden, um andere Bilder, d.h. andere Attraktoren, zu kodieren. Ist (W, P) ein IFS-Code mit zugehörigem Attraktor A und zugehörigem Maß μ und $T : \mathbb{R}^2 \mapsto \mathbb{R}^2$ eine invertierbare Transformation, z.B. eine Rotation, Translation, Skalierung oder Scherung, so erhält man den IFS-Code (W', P') aus (W, P) durch

$$w'_i = T \circ w_i \circ T^{-1}; \quad p'_i = p_i.$$

Ist also ein IFS-Code für ein Bild vorhanden, so kann der IFS-Code durch eine Translation, Rotation oder andere Abbildung auf einfache Weise aus dem vorhandenen Code berechnet werden. Ein Beispiel ist in Bild 2.15 und 2.16 dargestellt. Der IFS-Code des ersten Farns wird mittels einer Rotation, Skalierung und Verschiebung von Farn zu Farn verändert.

Bild 2.15: Originalfarn   *Bild 2.16: Transformierte Farne*

2.5 Lindenmayersysteme, Fraktale und Pflanzenmodellierung

Lindenmayersysteme sind in der Theorie der Formalen Sprachen eingehend untersucht worden. Im Kontext der fraktalen Geometrie werden sie als Modell zur Beschreibung fraktaler Objekte verwendet. Neben weiteren anderen Verfahren werden Lindenmayersysteme auch zur Bildsynthese von Pflanzen und zur Simulation von Wachstumsprozessen verwendet. Da wir auf die anderen Verfahren nicht weiter eingehen, verweisen wir auf die entsprechende Literatur, wie z.B. [VEJA89] (Verzweigungsmuster), citeReffye88PlantModels (Botanisches Entwicklungsmodell), [RB85] (Partikelsysteme) und [Opp86] (Fraktale).

2.5.1 Einführung

Lindenmayersysteme beruhen auf dem aus der Theorie der Formalen Sprachen bekannten Prinzip des Ersetzens. Die Ersetzungsregeln werden Produktionen genannt und sind meist rekursiv ausführbar.

Ein klassisches Beispiel für die Anwendung von Ersetzungsregeln ist die Kochkurve aus Abschnitt 2.1 (vgl. Bild 2.1).

Die linearen Teilabschnitte des Initiators (Anfangszustands) werden durch den Generator (Erzeuger) ersetzt, der so umorientiert und skaliert wird, daß Anfangs- und Endpunkte des Initiators erhalten bleiben. Dann wird das Ergebnis als neuer Startzustand aufgefaßt und das Verfahren wiederholt. Dieser Prozeß kann auch symbolisch beschrieben werden. Der Anfangszustand, ein Geradensegment, wird durch ein Symbol, z.B. a, dargestellt. Der Erzeuger

$$a \mapsto a - a + +a - a.$$

liefert eine Ersetzungsvorschrift für dieses Symbol. Dabei repräsentiert a nach der Ersetzung entsprechend skalierte Geradensegmente, $-$ eine Richtungsänderung gegen den Uhrzeigersinn und $+$ eine Richtungsänderung mit dem Uhrzeigersinn. Im zweiten Ableitungsschritt werden nun sämtliche Symbole a durch den Erzeuger $a - a + +a - a$ ersetzt, und man erhält als Ergebnis der zweiten Ableitung die Symbolfolge $a - a + +a - a - a - a + +a - a + +a - a + +a - a - a - a + +a - a$. Die Symbole $+$ und $-$ wurden bei der Ersetzung durch sich selbst ersetzt.

Eine mathematische Präzisierung des Ersetzungsverfahrens führt zur Definition von Lindenmayersystemen, die abgekürzt als L-Systeme bezeichnet werden.

Definition von L-Systemen

Zunächst definieren wir 0L-Systeme, in welchen einzelne Zeichen durch Strings ersetzt werden. In pL-Systemen werden kompliziertere Ersetzungsregeln angewendet.

Sei V ein Alphabet und V^* die Menge aller Worte über V. Ein *0L-System* ist ein Tripel $\langle V, \omega, P \rangle$, wobei V das Alphabet, $\omega \in V^*$ ein nichtleeres Wort (Startzustand oder Axiom) und $P \subset V \times V^*$ eine endlichen Menge von Produktionen ist.
Falls ein Paar $(a, x) \in P$ eine Produktion ist, so schreiben wir $a \to x$. Das Zeichen a heißt Predecessor, das Wort x Successor dieser Produktion.
Für jedes Zeichen $a \in V$ soll ein $x \in V^*$ existieren mit $a \to x$. Wenn für ein $a \in V$ keine Regel spezifiziert wurde, wird die Produktion $a \to a$ angewendet.
Ein 0L-System heißt *deterministisches Lindenmayersystem* genau dann, wenn für jedes $a \in V$ genau ein $x \in V^*$ existiert mit $a \to x$. Deterministische 0L-Systeme werden als D0L-Systeme abgekürzt. Ein Beispiel für die Ableitung einer Zeichenkette mit Hilfe eines D0L-Systems ist in Tabelle 3 dargestellt. Die pro Ableitungsschritt vorhandene Zeichenzahl entspricht der wohlbekannten Fibonacci-Folge.

Schildkröten als Bindeglied zwischen Formalismus und Anschauung

Sollen z.B. Fraktale anhand ihrer sie beschreibenden L-Systeme gezeichnet werden, so müssen letztere notwendig Informationen über die Länge und die Winkel zwischen Linienabschnitten enthalten. Diese Information in einem durch ein L-System erzeugten String wird mittels einer Schildkröte interpretiert.

	D0L:		Fibonacci
ω	: b	b	1
		a	1
p_1	: $b \mapsto a$	ab	2
		aba	3
p_2	: $a \mapsto ab$	$abaab$	5
		$abaababa$	8

Tabelle 2.3: Beispiel einer Ableitung in einem D0L-System. In der rechten Spalte steht die Zahl der Zeichen pro Ableitungsschritt.

Ein *Zustand* einer Schildkröte ist ein Tripel (x, y, α) mit den kartesischen Koordinaten $(x, y) \in \mathbb{R}^2$ als Position der Schildkröte und $\alpha \in [0, 2\pi]$ als Winkel ihrer Bewegungsrichtung. Ist $d \in \mathbb{R}$ eine festgewählte Schrittweite und δ eine festgewählte Winkelschrittweite, dann läßt sich folgender Befehlssatz für Schildkröten über einem einfachen Alphabet V mit $\{F, f, +, -\} \subset V$ aufstellen:

F Bewegung der Länge d in Bewegungsrichtung α. Für den neuen Zustand (x', y', α') gilt

$$(x', y', \alpha') = (x + d\sin\alpha, y + d\cos\alpha, \alpha).$$

Dabei wird eine Verbindungslinie zwischen den Punkten (x, y) und (x', y') gezogen.

f Analog zu F, aber ohne Verbindungslinie zwischen den Punkten (x, y) und (x', y').

| Drehung nach rechts (mathematisch negativ) um den Winkel δ. Für den neuen Zustand (x', y', α') gilt

$$(x', y', \alpha') = (x, y, \alpha + \delta).$$

- Analog zu + mit umgekehrtem Drehsinn.

Alle anderen Symbole aus V, wie z.B. die weiter unten beschriebenen Klammern, bewirken nur, daß die Kröte auf den nächsten, diesem Symbol folgenden Befehl wartet.

Seien $v \in V^*$ eine Zeichenkette, (x_0, y_0, α_0) der Anfangszustand und d, δ feste Parameter. Dann heißt das Bild, das die Schildkröte bei der Interpretation von v zeichnet, die *Kröteninterpretation* von v.

Erweiterung des Befehlssatzes für Schildkröten

Der Befehlssatz für Schildkröten kann auf den dreidimensionalen Fall erweitert werden. Die Orientierung der Kröte im dreidimensionalen Raum wird durch ein Tripel von Normalenvektoren (H, L, U) beschrieben. Dabei bezeichnet H die aktuelle Richtung der Kröte, L die Richtung nach links und U die Richtung nach oben. Diese Vektoren stehen senkrecht aufeinander und erfüllen die Gleichung $U = H \times L$. Eine Rotation der Kröte um den Winkel δ um die Vektoren H, L, U kann dann mittels Rotationsmatrizen $R_U(\delta)$, $R_L(\delta)$ und $R_H(\delta)$ (siehe GDV I, Kapitel 3.3) durchgeführt werden. Die folgenden Befehle zur Krötensteuerung im Raum werden dann vereinbart:

+ Drehung nach links um den Winkel δ. Die Rotationsmatrix ist $R_U(\delta)$.

- Drehung nach rechts um den Winkel δ. Die Rotationsmatrix ist $R_U(-\delta)$.

$ Drehung nach unten um den Winkel δ. Die Rotationsmatrix ist $R_L(\delta)$.

& Drehung nach oben um den Winkel δ. Die Rotationsmatrix ist $R_L(-\delta)$.

∧ Drehung nach links unten um den Winkel δ. Die Rotationsmatrix ist $R_H(\delta)$.

\ Drehung nach rechts unten um den Winkel δ. Die Rotationsmatrix ist $R_H(-\delta)$.

| Bewegungsrichtung umkehren. Die Rotationsmatrix ist $R_U(180°)$.

2.5.2 Geklammerte L-Systeme

Mit den bisher beschriebenen L-Systemen können nur Objekte gezeichnet werden, die aus einer Linie bestehen. Um Pflanzen zu modellieren, ist das aber nicht ausreichend, da Verzweigungen geometrisch dargestellt werden müssen. Um die Verzweigungspunkte verschiedener Ordnung bei einer Kröteninterpretation zwischenzuspeichern, führte Lindenmayer eine Notation für graphentheoretische Bäume ein, in der Klammern vorkommen. Diese erweitern den Befehlssatz für Schildkröten wie folgt:

[Legt den aktuellen Krötenzustand (als Kopie) auf den Stapelspeicher. Dabei werden nicht nur Position und Orientierung, sondern auch andere Informationen über Attribute, z.B. Farbe, Linienbreite usw., dort abgelegt.

] Nimmt oberstes Element vom Stapel und macht es zum aktuellen Zustand der Kröte. Dabei wird nicht gezeichnet.

Bild 2.17 zeigt die Kröteninterpretation einer geklammerten Zeichenkette.

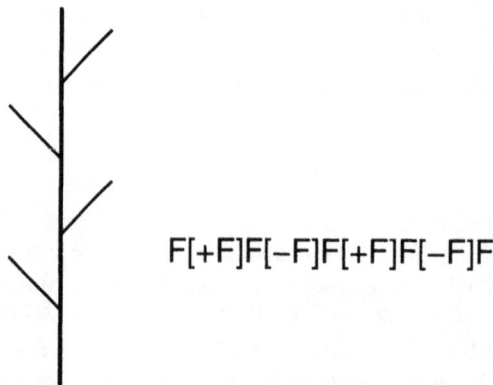

F[+F]F[−F]F[+F]F[−F]F

Bild 2.17: Kröteninterpretation einer mit Klammern versehenen Zeichenkette.

Mittels geklammerter L-Systeme sind pflanzenähnlich anmutende Gebilde erzeugbar (vgl. Bild 2.18). Es gibt jedoch keine Regeln, um L-Systeme für bestimmte Pflanzenarten aufzubauen. Um diese Schwierigkeiten zu überwinden, wird versucht, die Entwicklung der Pflanze zu analysieren und entsprechend die Topologie der Verzweigungen als L-System zu interpretieren. Das bedeutet, daß die verzweigenden Entwicklungsstadien der Pflanze als Ableitungsschritte eines L-Systems aufgefaßt werden. Ausführliche Informationen dazu findet man z.B. in [PH89].

Bild 2.18: *Dieses Bild wurde mit einem geklammerten 0L-System erzeugt. Axiom F und Produktionsregel $F \mapsto FF+[+F-F-F]-[-F+F+F]$, $n = 4$, $\delta = 22,5°$*

2.5.3 Weitere Modellierungstechniken mit L-Systemen

Kontextsensitive L-Systeme

In allen bisher vorgestellten L-Systemen sind die Produktionen kontextfrei, d.h. auf jedes Zeichen in einem String wird bei der Ersetzung, unabhängig davon, welche Nachbarn das Zeichen besitzt, dieselbe Ersetzungsregel angewandt. Diese Art von Produktionen ist ausreichend, um ein gutes Modell für das zelluläre Wachstum zu liefern. Austausch von Informationen zwischen benachbarten Zellen, wie er zur Modellierung von Wachstum gebraucht wird, ist jedoch nur mittels kontextsensitiver L-Systeme möglich. Wir beschränken uns hier auf die Definition und ein einfaches Beispiel. Für weitere Informationen verweisen wir wieder auf die weiter oben schon zitierte Literatur. Kontextsensitive Systeme sind folgendermaßen definiert:

Sei V ein Alphabet, $a_l, a, a_r \in V$ und $\chi \in V^*$. Ein 2L-System ist ein 3-Tupel $G_{2L} = (V, \omega, P)$, wobei $\omega \in V$ das Axiom und $P \subset (V \times V \times V \times V^*)$ eine Menge von Produktionen der Form

$$a_l < a > a_r \to \chi$$

sind, d.h. $a \to \chi$, wobei a_l links von a und a_r rechts von a stehen muß. a_l, a_r heißen *linker* bzw. *rechter Kontext* von a in dieser Produktion.

Besitzt ein L-System nur einen einseitigen Kontext, so wird das L-System als 1L-System bezeichnet.

Läßt man anstatt einzelner Zeichen ganze Wörter als linken oder rechten Kontext zu, so bezeichnet man die zugehörigen L-Systeme als (k, l)-Systeme, wobei der linke und rechte Kontext Wörter der Länge k bzw. l sind.

Um die Spezifikation von L-Systemen kurz zu halten, trifft man folgende Vereinbarung:

- In P (Menge der Produktionen) dürfen Produktionen unterschiedlicher Kontextlänge vorhanden sein.

- Existieren zu einem Zeichen eine kontextsensitive und eine kontextfreie Produktion, so wird die kontextsensitive bevorzugt.

- Falls für ein Zeichen keine Produktion existiert, so wird es durch sich selbst ersetzt (siehe auch 0L-Systeme).

Wir betrachten als Beispiel für ein kontextsensitives L-System den Transport eines Hormons durch eine Reihe von Zellen. Sei a eine Zelle mit einem Hormongehalt unterhalb und b eine Zelle mit einem Hormongehalt oberhalb eines bestimmten Levels.

Die Diffusion des Hormons wird durch eine 1L-Grammatik beschrieben.

$$
\begin{aligned}
V &= \{a, b\} \\
\omega &: baaaaa \\
p &: b < a \to b
\end{aligned}
$$

Die ersten erzeugten Worte haben folgende Form

1. *baaaaa*   2. *bbaaaa*   3. *bbbaaa*   4. *bbbbaa*   5. *bbbbba*   6. *bbbbbb*.

Das Hormon wandert also von links nach rechts durch die Pflanzenfaser.

Geklammerte kontextsensitive L-Systeme

Geklammerte kontextsensitive L-Systeme sind viel komplexer als ungeklammerte, da benachbarte Segmente innerhalb einer Struktur (Pflanze) durch beliebig viele Symbole innerhalb der Klammern getrennt sein können. Es sind also spezielle Regeln bei der Suche des linken oder rechten Kontexts notwendig. Daher wird vereinbart, daß bei der Kontextsuche für ein Symbol die Nachkommen nicht zum Kontext beitragen. Die Anwendung dieser Regel verdeutlicht das folgende Beispiel am String $ABCD[EF][G[HI[JKL]M]NOPQ]$. Der zum jeweiligen Symbol gehörende links- und rechtsseitige Kontext ist in folgender Tabelle zusammengefaßt:

Symbol	linker Kontext	rechter Kontext
A	-	B
D	C	-
G	D	N
E	D	F

Die Abbildung 2.19 wurde mit Hilfe eines kontextsensitiven L-Systems erzeugt. Der einzige Unterschied zum kontextfreien System besteht darin, daß zusätzliche Symbole zur Steuerung der Kröte vorhanden sind. Diese Symbole werden bei der Kontextsuche jedoch nicht berücksichtigt. Im folgenden L-System werden z.B. F,+ und - bei der Kontextsuche nicht beachtet. Zur Vereinfachung von Kontextspezifikationen sind auch Wildcards * zugelassen. Das kontextsensitive L-System ist wie folgt gegeben:

Axiom: F1F1F1
Produktionen:

$$0 < 0 > 0 \rightarrow 0 \quad 0 < 0 > 1 \rightarrow 1[-F1F1]$$
$$0 < 1 > 0 \rightarrow 1 \quad 0 < 1 > 1 \rightarrow 1$$
$$1 < 0 > 0 \rightarrow 0 \quad 1 < 0 > 1 \rightarrow 1F1$$
$$1 < 1 > 0 \rightarrow 1 \quad 1 < 1 > 1 \rightarrow 0$$
$$* < + > * \rightarrow - \quad * < - > * \rightarrow +$$

Die ersten fünf Ableitungen sind dann:
1. F1F0F1
2. F1F1F1F1
3. F1F0F0F1
4. F1F0F1[-F1F1]F1
5. F1F1F1F1[+F0F1]F1

Wie im Fall kontextfreier L-Systeme können auch im kontextsensitiven Fall durch Probieren realistische Bilder erzeugt werden. Allgemeine Methoden, um L-Systeme für realistische Pflanzen zu modellieren, berücksichtigen die Wechselwirkung zwischen Zellen, die Pflanzenentwicklung, die Blütenausbildung und andere Charakteristika der zu modellierenden Pflanzen. Weitere Information dazu findet man in der oben genannten Literatur.

2.6 C++-Code zum Kapitel fraktale Geometrie

Das folgende Unterkapitel stellt C++-Code für die in den vorhergehenden Unterkapiteln beschriebenen Algorithmen zusammen. Der Code wurde für den DOS Borland Turbo

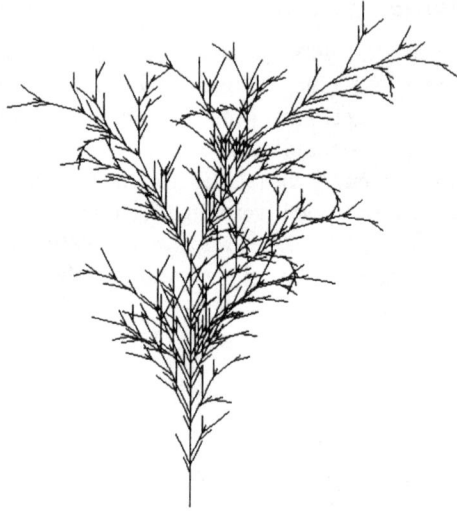

Bild 2.19: Die Pflanze wird durch das im Text gegebene kontextsensitive, geklammerte L-System beschrieben.

C++ Compiler Version 2.1 geschrieben und verwendet zur Graphikausgabe die von Borland entwickelten BGI-Graphikroutinen. Der Source-Code ist selbsterklärend und als Ergänzung zum Text gedacht.

2.6.1   Graphikroutinen

Elementare Geometrieoperationen

Die Klassen „P2D" und „P3D", sowie die Klasse „Mat" stellen einfache Vektoroperationen zur Verfügung.

```
/*********************************************************************
   file:        p 2 d . h
   description:  a c++ class for 2d points and vectors.
 *********************************************************************/

#ifndef P2D_H
#define P2D_H

class P2D
{
public:
   // Constructors.
   P2D()                        { p[0] = p[1] = 0.0;  };
   P2D(int x, int y)            { p[0] = x; p[1] = y; };
   P2D(const P2D& q)            { p[0] = q.p[0]; p[1] = q.p[1]; };
```

```
    // Assignment.
    void operator=(const P2D& q) { p[0] = q.p[0]; p[1] = q.p[1]; };

    // Addition and subtraction.
    P2D operator+(const P2D& q) const
                    { return P2D(p[0] + q.p[0], p[1] + q.p[1]); };
    P2D operator-(const P2D& q) const
                    { return P2D(p[0] - q.p[0], p[1] - q.p[1]); };

    // Access to coordinates.
    int x() const { return p[0]; };
    int y() const { return p[1]; };
    void setCoord(int x, int y) { p[0] = x; p[1] = y; };

private:
    int p[2];           // Coordinates.
};

#endif



/***********************************************************************
    file:       p 3 d . h
    description:  a c++ class for 3d points and vectors.
 ***********************************************************************/

#ifndef P3D_H
#define P3D_H

#include <math.h>

class P3D
{
public:
    // Constructors.
    P3D()               { p[0] = p[1] = p[2] = 0.0;  };
    P3D(float x, float y, float z)
                        { p[0] = x; p[1] = y; p[2] = z; };
    P3D(const P3D& q) { p[0]= q.p[0]; p[1]= q.p[1]; p[2]= q.p[2]; };

    // Assignment.
    void operator=(const P3D& q)
                    { p[0]= q.p[0]; p[1]= q.p[1]; p[2]= q.p[2]; };

    // Addition, subtraction and multiplication with scalars.
    P3D operator+(const P3D& q) const
        { return P3D(p[0] + q.p[0], p[1] + q.p[1], p[2] + q.p[2]); };
    P3D operator-(const P3D& q) const
        { return P3D(p[0] - q.p[0], p[1] - q.p[1], p[2] - q.p[2]); };
    P3D operator*(const float& f) const
        { return P3D(p[0] * f, p[1] * f, p[2] * f); };
    P3D operator/(const float& f) const
        { return P3D(p[0] / f, p[1] / f, p[2] / f); };

    // Scalar-product.
    float operator|(const P3D& q) const
        { return p[0] * q.p[0] + p[1] * q.p[1] + p[2] * q.p[2]; };
```

```
    // Cross-product.
    P3D operator^(const P3D& q) const
        { return P3D(p[1] * q.p[2] - q.p[1] * p[2],
                     p[0] * q.p[2] - q.p[0] * p[2],
                     p[0] * q.p[1] - q.p[0] * p[1]); };

    // Normalizes the vector.
    void normalize()
        { float d = sqrt(p[0]*p[0]+p[1]*p[1]+p[2]*p[2]);
p[0] /= d; p[1] /= d; p[2] /= d; };

    // Access to coordinates.
    float x() const { return p[0]; };
    float y() const { return p[1]; };
    float z() const { return p[2]; };
    void setCoord(float x, float y, float z)
                        { p[0] = x; p[1] = y; p[2] = z; };

private:
    float p[3];             // Coordinates.
};

#endif



/*******************************************************************
    file:       m a t . h
    description:  a c++ class for 3x3 matrices.
 *******************************************************************/

#ifndef MAT_H
#define MAT_H

#include "P3D.h"

class Mat
{
public:
    // Constructor.
    Mat(float diag = 0.0);
    Mat(const Mat& mat);

    // Assignment.
    void operator=(const Mat& mat);
    // Access to coefficients.
    float queryCoeff(int i, int j)          { return m[i][j]; };
    void setCoeff(int i, int j, float c)    { m[i][j] = c;    };
    // Multiplication.
    Mat operator*(const Mat& mat) const;
    P3D operator*(const P3D& p) const;

private:
    float m[3][3];             // Coefficients.
};

#endif
```

Graphisches Ausgabegerät

Die Klasse „GrDev" (*Graphical Device*) realisiert ein einfaches Ausgabegerät. Der Konstruktor der Klasse initialisiert den Graphikmodus und öffnet ein einzelnes Fenster. Die Methoden der Klasse zum Zeichnen einfacher Graphikprimitive sind weitgehend selbsterklärend und können dem Source-Code entnommen werden. Zur 3D-Ausgabe steht nur eine einfache Parallelprojektion zur Verfügung. Zur Verdeckungsrechnung bei der Darstellung von fraktalen Landschaften wird ein Painteralgorithmus verwendet (vgl. Methode drawFunction2D()). Alle implementierten Klassen und Algorithmen verwenden dieses Ausgabegerät und sind damit hardwareunabhängig. Beschreibungen einer wesentlich umfangreicheren Implementierung dieses Ausgabegerätes findet man z.B. in [GKK+93, GKP+95, KE96a, KE96b]. In [KE96c] wird eine Java-Implementierung des Ausgabegerätes beschrieben.

```
/*****************************************************************
    file:        g r d e v . h
    description: A c++ class for the graphical device. Opens a
                 drawing window with origin bottom left.
 *****************************************************************/

#ifndef GRDEV_H
#define GRDEV_H

#include "P2D.h"
#include "P3D.h"
#include "Mat.h"

#define LEN2D 32            // size of a 2d function

class GrDev
{
public:
    // Con/Destructor. Opens and closes the graphic mode.
    GrDev();
    ~GrDev();

    // Returns window width and height.
    int queryWindowWidth()  { return width;  };
    int queryWindowHeight() { return height; };

    // Returns the maximum color index.
    int queryMaxColor();
    // Sets the foreground color.
    void setColor(int col);
    // Sets the fill color.
    void setFillColor(int col);
    // Calculates and uses a gray color table.
    void initGrayColormap();

    // Clears the window.
    void clear();
```

```
    // Sets a colored pixel.
    void drawPoint(P2D p, int col);
    // Sets the new cursor position.
    void setCursor(P2D p);
    // Draws a line from the actual point to a new point.
    void drawLine(P2D p);
    // Draws a line between two points.
    void drawLine(P2D p1, P2D p2);
    // Draws a filled triangle.
    void drawFilledTriangle(P2D p1, P2D p2, P2D p3);

    // Draws a one-dimensional function with 'len' values.
    void drawFunction1D(int len, float *val);

    // Draws a two-dimensional function.
    // The net is flat-shaded according to a given light source.
    void drawFunction2D(P3D lightpos, int xlen, int ylen,
                        float val[LEN2D+1][LEN2D+1]);

    // Prints a string.
    void drawText(P2D p, char *txt);

private:
    int width, height;          // window dimensions
                                // simple parallel projection
    P2D project(P3D p)  { return P2D((int)(p.x()), (int)(p.y())); };
};


#endif



/*******************************************************************
    file:         g r d e v . c p p
    description:  A c++ class for the graphical device. Opens a
                  drawing window with origin bottom left.
 *******************************************************************/

#include "GrDev.h"
#include <graphics.h>
#include <stdlib.h>
#include <stdio.h>
#include <conio.h>
#include <math.h>

// function:     G r D e v
// description:  Constructor. Prepares the graphic mode.
GrDev::GrDev()
{
    int gdriver = DETECT, gmode, errorcode;
    initgraph(&gdriver, &gmode, "\\TC\\BGI\\");
    if (graphresult() != grOk) {
        printf("Graphic error: %s",grapherrormsg(errorcode));;
        getch();
        exit(1);
    }
    width  = getmaxx();
```

```
  height = getmaxy();
  clear();
}

// function:     G r D e v
// description:  Destructor. Finishes the graphic mode
GrDev::~GrDev()
{
  closegraph();
}

// function:     q u e r y M a x C o l o r
// description:  Returns the maximum color index.
int GrDev::queryMaxColor()
{
  return getmaxcolor();
}

// function:     s e t C o l o r
// description:  Sets the foreground color.
void GrDev::setColor(int col)
{
  setcolor(col);
}

// function:     s e t F i l l C o l o r
// description:  Sets the fill color.
void GrDev::setFillColor(int col)
{
  setfillstyle(SOLID_FILL, col);
}

// function:     i n i t G r a y C o l o r m a p
// description:  Calculates and uses a gray color table.
void GrDev::initGrayColormap()
{
  struct palettetype pal;
  getpalette(&pal);

  for (int i=0; i<pal.size; i++)
    setrgbpalette(pal.colors[i], i*4, i*4, i*4);
}

// function:     c l e a r
// description:  Clears the window.
void GrDev::clear()
{
  cleardevice();
}

// function:     d r a w P o i n t
// description:  Sets a colored point.
void GrDev::drawPoint(P2D p, int color)
{
  putpixel(p.x(), height - p.y(), color);
}
```

```
// function:     s e t C u r s o r
// description:  Sets the new cursor position.
void GrDev::setCursor(P2D p)
{
    moveto(p.x(), height - p.y());
}


// function:    d r a w t o
// description:  Draws a line to a point.
void GrDev::drawLine(P2D p)
{
    lineto(p.x(), height - p.y());
}



// function:    d r a w L i n e
// description:  Draws a line between two points.
void GrDev::drawLine(P2D p1, P2D p2)
{
    line(p1.x(), height - p1.y(),
         p2.x(), height - p2.y());
}


// function:    d r a w F i l l e d T r i a n g l e
// description:  Draws a filled triangle.
void GrDev::drawFilledTriangle(P2D p1, P2D p2, P2D p3)
{
    int poly[6];
    poly[0] = p1.x();  poly[1] = height - p1.y();
    poly[2] = p2.x();  poly[3] = height - p2.y();
    poly[4] = p3.x();  poly[5] = height - p3.y();
    fillpoly(3, poly);
}



// function:    d r a w F u n c t i o n 1 D
// description:  Draws a function in an 1D-array.
void GrDev::drawFunction1D(int len, float *val)
{
    int xoff = (width  - len) / 2,
        yoff = height / 2,
        i;

    float maxval = 0.0;
    for (i = 0; i < len; ++i)
        if (fabs(val[i]) > maxval) maxval = fabs(val[i]);

    float scale = yoff / maxval;

    drawLine(P2D(xoff, yoff), P2D(xoff + len, yoff));
    for (i = 1; i < len; ++i)
        drawLine(P2D(xoff + i,     height - yoff-scale*val[i-1]),
                 P2D(xoff + i + 1, height - yoff-scale*val[i ]));
}
```

```cpp
// function:      d r a w F u n c t i o n 2 D
// description:   Draws a two-dimensional function.
//                The net is flat-shaded with a given light source.
void GrDev::drawFunction2D(P3D lightpos,
              int xlen, int ylen, float val[LEN2D+1][LEN2D+1])
{
   int i, j;
   float maxval = 0.0;
   for (i = 0; i < xlen; ++i)
     for (j = 0; j < ylen; ++j)
    if (fabs(val[i][j]) > maxval) maxval = fabs(val[i][j]);

   Mat scale;                    // scale to window dimensions
   scale.setCoeff(0, 0, width  / (float)(xlen-1));
   scale.setCoeff(1, 1, height / (float)(ylen-1));
   scale.setCoeff(2, 2, height / maxval);

   float s = sin(60 * M_PI / 180.0), c = cos(60 * M_PI / 180.0);
   Mat rotate(1.0);              // rotate around x-axis (60 degrees)
   rotate.setCoeff(1, 1,  c);
   rotate.setCoeff(2, 1,  s);
   rotate.setCoeff(1, 2, -s);
   rotate.setCoeff(2, 2,  c);

   Mat m = rotate * scale;   // transformation to window
   // multiplication with points should be done outside loop.
   // but in this way we avoid the need of additional memory...

   int maxcol = queryMaxColor(), color;
   P3D normal, light;           // triangle normal and light vector
   P3D p[4];                    // actual four mesh points
   for (j = ylen - 2; j >= 0; --j)
     for (i = 0; i < xlen - 1; ++i) {
                                // calculate the four actual points
         p[0] = P3D((float)i  , (float)j  , val[i  ][j  ]);
         p[1] = P3D((float)i+1, (float)j  , val[i+1][j  ]);
         p[2] = P3D((float)i  , (float)j+1, val[i  ][j+1]);
         p[3] = P3D((float)i+1, (float)j+1, val[i+1][j+1]);

         normal = (p[2] - p[0]) ^ (p[1] - p[0]);
         normal.normalize(); // get first triangle normal

         light = lightpos - (p[0] + p[1] + p[2]) / 3.0;
         light.normalize();  // get light vector

         color = (int)(maxcol * (normal | light));
         if (color < 0) color = 0;     // calculate color depending on the
         setFillColor(color);          // angle between light & normal

         drawFilledTriangle(project(m * p[0]),    // draw projected
             project(m * p[1]), project(m * p[2]));    // triangle

         normal = (p[2] - p[1]) ^ (p[3] - p[1]);
         normal.normalize(); // get second triangle normal

         light = lightpos - (p[1] + p[2] + p[3]) / 3.0;
         light.normalize();  // get light vector
```

```
        color = (int)(maxcol * (normal | light));
        if (color < 0) color = 0;      // calculate color depending on the
        setFillColor(color);           // angle between light & normal

        drawFilledTriangle(project(m * p[1]),   // draw projected
            project(m * p[3]), project(m * p[2]));    // triangle
    }
}

// function:      d r a w T e x t
// description:  Prints a string.
void GrDev::drawText(P2D p, char *txt)
{
    outtextxy(p.x(), height - p.y(), txt);
}
```

Algorithmen zur Berechnung von Julia-Mengen und zur Berechnung der Mandelbrot-Menge

Die Klasse „Julia" enthält die für die Berechnung einer Juliamenge der quadratischen Funkten $Q_c(z) = z^2 + c$ notwendigen Daten. Neben dem Wert c werden noch Fenstergrößen und maximale Anzahl an Iterationen gespeichert. Bilder der Julia-Menge können dann mittels der Methoden „inverseIteration", „boundaryScanning" und „Levelset" berechnet werden. Diese Methoden implementieren die im Text beschriebenen Algorithmen.

```
/**********************************************************************
    file:         j u l i a . h
    description:  a c++ class for julia
 **********************************************************************/

#ifndef JULIA_H
#define JULIA_H

#include <math.h>
#include "GrDev.h"

class Julia
{
public:
    // Constructor with complex Julia point.
    Julia(float r, float i);

    // Sets the maximum number of iterations.
    void setMaxIter(int iter)  { maxit = iter; };

    // Sets the complex Julia point.
    void setPoint(float r, float i)  { c_r = r; c_i = i; };

    // Sets the complex area to be viewed.
```

```cpp
    void setArea(float x, float y, float width, float height)
       { areax = x; areay = y; areaw = width; areah = height; };

    // Calculates and draws the julia set with a given start point...
    // (i)    and the inverse iteration method
    void inverseIteration(GrDev *dev, float s_r, float s_c, int depth = 0);
    // (ii)   and boundary scanning method
    void boundaryScanning(GrDev *dev);
    // (iii) and the level set method.
    void Levelset(GrDev *dev);

private:
    float c_r, c_i;                // complex Julia point
    int maxit;                     // maximum no of iter
    float areax, areay, areaw, areah;  // dimensions of our area

    int orbit(float x, float y);   // test of boundary scanning
    int lset( float x, float y);   // test of levelset
};

#endif



/*********************************************************************
    file:         j u l i a . c p p
    description:  a c++ class for julia
*********************************************************************/

#include <conio.h>
#include "Julia.h"

// function:     J u l i a
// description:  Constructor with a complex Julia point.
Julia::Julia(float r, float i)
{
    setMaxIter(15);
    setPoint(r, i);
    setArea(-2.0, -2.0, 4.0, 4.0);
}


// function:     i n v e r s e I t e r a t i o n
// description:  Calculates and draws Julia with a complex start point.
//               Iterates until depth >= max no of iterations.
void Julia::inverseIteration(GrDev *dev, float x, float y, int depth)
{
    float z_r, z_i, z_b;       // complex point z and abs(z)
    int i_r, i_i;              // counter

    if (depth < maxit && !kbhit()) {
        z_r = x - c_r;
        z_i = y - c_i;
        z_b = sqrt(z_r * z_r + z_i * z_i);
                               // calculate square root
        if (z_r > 0.0) {
            x   = sqrt((z_b + z_r) / 2.0);
            y   = z_i / (2.0 * x);
        }
```

```
        else if (z_r < 0.0) {
            y   = sqrt((z_b - z_r) / 2.0);
            if (z_i < 0.0)
                y *= -1;
            x   = z_i / (2.0 * y);
        }
        else {
            x   = sqrt(fabs(z_i) / 2.0);
            if (x > 0)
                y   = z_i / (2.0 * x);
            else
                y = 0;
        }

        i_r = (int)( (x - areax) / areaw * dev->queryWindowWidth()  );
        i_i = (int)( (y - areay) / areah * dev->queryWindowHeight() );
        dev->drawPoint(P2D(i_r, i_i), 1);        // first square root
        inverseIteration(dev, x, y, depth + 1);    // origin of first

        i_r = (int)( (-x - areax) / areaw * dev->queryWindowWidth()  );
        i_i = (int)( (-y - areay) / areah * dev->queryWindowHeight() );
        dev->drawPoint(P2D(i_r, i_i), 1);          // second square root
        inverseIteration(dev, -x, -y, depth + 1);  // origin of second
    }
}


// function:      o r b i t
// description:  Test for boundary scanning: if not contained in
//               julia set, returns 0, else 1.
int Julia::orbit(float x, float y)
{
    float x_2 = x * x,
          y_2 = y * y,           // squares of x and y
                 boundary = 4.0,
                 dummy;
    int iter = 0;                // counter

    while (iter < maxit && x_2 + y_2 < boundary) {
        ++iter;
        dummy = x_2 - y_2 + c_r;
        y     = 2 * x * y + c_i;
        x     = dummy;
        x_2   = x * x;
        y_2   = y * y;
    }
    return x_2 + y_2 < boundary;
}


// function:      b o u n d a r y S c a n n i n g
// description:  Calculates and draws Julia set. Scans the whole
//               window and draws points if they belong to the
//               Julia set.
void Julia::boundaryScanning(GrDev *dev)
{
    int w = dev->queryWindowWidth(),            // window dimensions
        h = dev->queryWindowHeight(),
        o1, o2 ,o3, o4,                          // booleans for orbit test
```

```
       all, none;
   float x, y,                          // scan values in the complex area
               xd = areaw / w,    // step size
               yd = areah / h;

   for (int i = 0; i <= w / 2, !kbhit(); ++i)      // scan window
       for (int j = 0; j <= h; ++j) {
           x   = areax + xd * i;
           y   = areay + yd * j;
           o1 = orbit(x,       y    );
           o2 = orbit(x + xd, y    );
           o3 = orbit(x,       y + yd);
           o4 = orbit(x+xd,    y + yd);
           all  = (o1 && o2 && o3 && o4);
           none = !(o1 || o2 || o3 || o4);
           if (all || none) {
               dev->drawPoint(P2D(i, j), 1);
               dev->drawPoint(P2D(w - i, h - j), 1);
           }
       }
}

// function:     l s e t
// description:  Test for levelset: returns number of iterations.
int Julia::lset(float x, float y)
{
   float x_2 = x * x,
         y_2 = y * y,          // squares of x and y
         boundary = 4.0,
         dummy;
   int iter = 0;              // counter

   while (iter < maxit && x_2 + y_2 < boundary) {
       ++iter;
       dummy = x_2 - y_2 + c_r;
       y      = 2 * x * y + c_i;
       x      = dummy;
       x_2   = x * x;
       y_2   = y * y;
   }
   return iter;
}

// function:     L e v e l s e t
// description:  Calculates and draws Julia set. Scans the whole
//               window and draws colored points if not contained
//               in the Julia set. The color is set according to the
//               number of iterations.
void Julia::Levelset(GrDev *dev)
{
   int w = dev->queryWindowWidth(),              // window dimensions
       h = dev->queryWindowHeight(),
       col;                                       // no of iterations
   float xd = areaw / w,                          // step size
               yd = areah / h;

   for (int i = 0; i < w, !kbhit(); ++i)          // scan window
```

```
        for (int j = 0; j < h; ++j) {
                col = lset(areax + xd *i, areay + yd * j);
                if (col > 0)
                    dev->drawPoint(P2D(i, j), col);
        }
}


/*********************************************************************
    file:          a l g o 1 . c p p
    description:  demonstration of julia with inverse iteration
 *********************************************************************/

#include <iostream.h>
#include <conio.h>
#include "GrDev.h"
#include "Julia.h"

void main()
{
  float c_r, c_i, s_r, s_i;          // user input
  cout << "c Realteil      : ";      cin >> c_r;
  cout << "c Imaginaerteil: ";       cin >> c_i;
  cout << "Startwert Realteil    : ";  cin >> s_r;
  cout << "           Imaginaerteil: ";  cin >> s_i;

  GrDev dev;                          // open graphical device

  Julia jul(c_r, c_i);               // init julia
  jul.inverseIteration(&dev, s_r, s_i); // calculate and draw julia

  getch();                           // wait until key pressed
}


/*********************************************************************
    file:          a l g o 2 . c p p
    description:  demonstration of julia with boundary scanning
 *********************************************************************/

#include <iostream.h>
#include <conio.h>
#include "GrDev.h"
#include "Julia.h"

void main()
{
  float c_r, c_i;           // user input
  cout << "c Realteil     : ";  cin >> c_r;
  cout << "c Imaginaerteil: ";  cin >> c_i;

  GrDev dev;                // open graphical device

  Julia jul(c_r, c_i);      // init julia
  jul.setMaxIter(100);
  jul.boundaryScanning(&dev); // calculate and draw julia
```

```
  getch();                 // wait until key pressed
}



/*****************************************************************
    file:        a l g o 3 . c p p
    description:  demonstration of julia with level set
 *****************************************************************/

#include <iostream.h>
#include <conio.h>
#include "GrDev.h"
#include "Julia.h"

void main()
{
  float c_r, c_i;          // user input
  cout << "c Realteil     : ";  cin >> c_r;
  cout << "c Imaginaerteil: ";  cin >> c_i;

  GrDev dev;               // open graphical device

  Julia jul(c_r, c_i);     // init julia
  jul.setMaxIter(80);
  jul.Levelset(&dev);      // calculate and draw julia

  getch();                 // wait until key pressed
}
```

2.6.2 Levelsetmethode für die Mandelbrot-Menge

Die Klasse 'Mandelbrot" ist analog zur Klasse „Julia" aufgebaut. Mittels der Methode „Levelset", die den im Text gleichlautenden Algorithmus implementiert, lassen sich Bilder der Mandelbrot-Menge berechnen.

```
/*****************************************************************
    file:        m a n d b r o t . h
    description:  a c++ class for mandelbrot
 *****************************************************************/

#ifndef MANDBROT_H
#define MANDBROT_H

#include <math.h>
#include "GrDev.h"

class Mandelbrot
{
public:
    // Constructor.
    Mandelbrot();
```

```
    // Sets the maximum number of iterations.
    void setMaxIter(int iter)  { maxit = iter; };

    // Sets the complex area to be viewed.
    void setArea(float x, float y, float width, float height)
       { areax = x; areay = y; areaw = width; areah = height; };

    // Calculates and draws Mandelbrot set with the level set method.
    void Levelset(GrDev *dev);

private:
    int maxit;                        // maximum no of iteration
    float areax, areay, areaw, areah; // dimension of our area

    int lset( float x, float y);      // test of levelset
};

#endif



/********************************************************************
    file:         m a n d b r o t . c p p
    description:  a c++ class for Mandelbrot
********************************************************************/

#include <conio.h>
#include "Mandbrot.h"

// function:     M a n d e l b r o t
// description:  Constructor.
Mandelbrot::Mandelbrot()
{
    setMaxIter(25);
    setArea(-2.0, -2.0, 4.0, 4.0);
}

// function:     l s e t
// description:  Test for levelset: if outside, returns no of iter.
int Mandelbrot::lset(float x, float y)
{
    float c_r, c_i, z_r, z_i, // complex values for z -> z^2 +c
          dummy_r, dummy_i,
          abs2,               // abs(z)^2
          boundary = 4.0;
    int i = 1;                // counter

    z_r = c_r = x;
    z_i = c_i = y;
    dummy_r = z_r * z_r;
    dummy_i = z_i * z_i;
    abs2 = dummy_r + dummy_i;

    while (abs2 < boundary && i <= maxit) {
        z_i = 2 * z_r * z_i + c_i;
        z_r = dummy_r - dummy_i + c_r;
        dummy_r = z_r * z_r;
        dummy_i = z_i * z_i;
```

```
        abs2 = dummy_r + dummy_i;
        ++i;
   }
   return maxit < i ? 0 : i; // if inside, return 0
}


// function:     L e v e l s e t
// description:  Calculates and draws Mandelbrot set. Scans the
//               window and draws colored points if not belong to
//               the Mandelbrot set. The color is set by the number
//               of iterations.
void Mandelbrot::Levelset(GrDev *dev)
{
   int w = dev->queryWindowWidth(),        // window dimensions
       h = dev->queryWindowHeight(),
       col,                                 // no of iterations
       maxcol = dev->queryMaxColor();       // maximum color index
   float xd = areaw / w,                    // step size
         yd = areah / h;

   for (int i = 0; i < w, !kbhit(); ++i)    // scan window
      for (int j = 0; j < h; ++j) {
         col = lset(areax + xd *i, areay + yd * j) % maxcol;
         if (col > 0)
            dev->drawPoint(P2D(i, j), col);
      }
}


/*****************************************************************
   file:       a l g o 4 . c p p
   description: demonstration of Madelbrot with level set
*****************************************************************/

#include <conio.h>
#include "GrDev.h"
#include "Mandbrot.h"

void main()
{
   GrDev dev;                // open graphical device

   Mandelbrot mbrot;         // init mandelbrot
   mbrot.Levelset(&dev);     // calculate and draw it

   getch();                  // wait until key pressed
}
```

2.6.3 Algorithmen zur Berechnung stochastischer Fraktale

$N(0,1)$-verteilte Zufallszahl, Weißes Rauschen, Brownsche Bewegung

Die Klasse „Gauss" implementiert eine Gaußsche Zufallsvariable. Die Klassen „White-Noise" und „BrownNoise" realisieren Weißes und Braunes Rauschen.

```
/**********************************************************************
    file:        g a u s s . h
    description:  a c++ class for gauss
 **********************************************************************/

#ifndef GAUSS_H
#define GAUSS_H

class Gauss
{
public:
   // Constructor. Initializes the gauss parameters.
   Gauss();

   // Returns a random gauss value.
   float randomValue();

private:
   int nrand;                   // gauss parameters
   float gaussadd, gaussfac;
};

#endif


/**********************************************************************
    file:        g a u s s . c p p
    description:  a c++ class for gauss
 **********************************************************************/


#include "Gauss.h"
#include <stdlib.h>
#include <math.h>


// function:     G a u s s
// description:  Constructor. Initializes the gauss parameters.
Gauss::Gauss()
{
   nrand = 4;
   gaussadd = sqrt(3.0 * (float)nrand);
   gaussfac = 2.0 * gaussadd / (float)(nrand);
   srand(1);
}

// function:     r a n d o m V a l u e
// description:  Returns a random gauss value.
float Gauss::randomValue()
{
   float sum = 0;
   for (int i = 1; i <= nrand; ++i)
      sum += rand() / (float)(RAND_MAX + 1);
   return sum * gaussfac - gaussadd;
}
```

```
/******************************************************************
    file:        w n o i s e . h
    description:  a c++ class for white noise
******************************************************************/

#ifndef WNOISE_H
#define WNOISE_H

#include "GrDev.h"

#define LEN      512        // length of white noise
#define SQRTLEN  22.6274    // square root of length

class WhiteNoise
{
public:
    // Constructor. Calculates values.
    WhiteNoise() { recalc(); };

    // Recalculates white noise.
    void recalc();

    // Draws the values.
    void draw(GrDev *dev);

private:
    float val[LEN+1];        // values
};

#endif
```

```
/******************************************************************
    file:        w n o i s e . c p p
    description:  a c++ class for white noise
******************************************************************/

#include "WNoise.h"
#include "Gauss.h"
#include <math.h>

// function:    r e c a l c
// description:  Recalculates white noise.
void WhiteNoise::recalc()
{
    Gauss g;
    for (int i = 0; i <= LEN; ++i)
      val[i] = g.randomValue();
}

// function:    d r a w
// description:  Draws the values.
void WhiteNoise::draw(GrDev *dev)
{
    dev->drawFunction1D(LEN + 1, val);
}
```

```
/*******************************************************************
    file:        b m o t i o n . h
    description:  a c++ class for brownian motion
 *******************************************************************/

#ifndef BMOTION_H
#define BMOTION_H

#include "GrDev.h"

#define LEN      512       // length of white noise
#define SQRTLEN  22.6274   // square root of length

class BMotion
{
public:
    // Constructor. Calculates values.
    BMotion() { recalc(); };

    // Recalculates brownian motion.
    void recalc();

    // Draws the values.
    void draw(GrDev *dev);

private:
    float val[LEN+1];       // values
};

#endif
```

```
/*******************************************************************
    file:        b m o t i o n . c p p
    description:  a c++ class for brownian motion
 *******************************************************************/

#include "BMotion.h"
#include "Gauss.h"
#include <math.h>

// function:    r e c a l c
// description:  Recalculates brownian motion.
void BMotion::recalc()
{
    Gauss g;
    val[0] = g.randomValue() / SQRTLEN;
    for (int i = 1; i <= LEN; ++i)
        val[i] = val[i-1] + g.randomValue() / SQRTLEN;
}

// function:    d r a w
// description:  Draws the values.
void BMotion::draw(GrDev *dev)
{
    dev->drawFunction1D(LEN + 1, val);
}
```

```
/*******************************************************************
    file:        a l g o 5 . c p p
    description:  demonstration of white noise and brownian motion
 *******************************************************************/

#include <conio.h>
#include "GrDev.h"
#include "WNoise.h"
#include "BMotion.h"

void main()
{
  GrDev dev;                   // open graphical device

  WhiteNoise wn;               // calculate white noise
  wn.draw(&dev);               // draw it
  dev.drawText(P2D(0,20), "White noise");

  getch();
  dev.clear();                 // clear window

  BMotion bm;                  // calculate brownian motion
  bm.draw(&dev);               // draw it
  dev.drawText(P2D(0,20), "Brownian motion");

  getch();                     // wait until key pressed
}
```

Mittelpunktsverschiebung und aufeinanderfolgende Additionen (eindimensional)

Die Klasse „MidAdd1D" realisiert eine eindimensionale fraktale Brownsche Bewegung mit Parameter h. Die Methoden `midpoint()` und `addition()` implementieren die im Text beschriebenen Algorithmen „Mittelpunktverschiebungsmethode" und „aufeinanderfolgende Additionen".

```
/*******************************************************************
    file:        m i d a d d 1 d . h
    description:  a c++ class for midpoint movement
                  and successive additions in 1d.
 *******************************************************************/

#ifndef MIDADD1D_H
#define MIDADD1D_H

#include "GrDev.h"

#define LEN       512        // length of one-dimensional function
#define SQRTLEN   22.6274    // square root of length
#define MAXDEPTH  9          // mamimum recursive depth

class MidAdd1D
{
public:
    // Constructor.
```

```
    MidAdd1D() { valid = 0; };

    // Calculates function with midpoint movement and parameter h.
    void midpoint(float h);

    // Calculates function with succesive additions and parameter h.
    void addition(float h);

    // Draws the one-dimensional function.
    void draw(GrDev *dev);

private:
    float val[LEN+1];           // values
    int valid;                  // function already calculated ?
};

#endif



/**********************************************************************
    file:          m i d a d d 1 d . c p p
    description:    a c++ class for midpoint movement
                   and successive additions in 1d.
 **********************************************************************/

#include "MidAdd1D.h"
#include "Gauss.h"
#include <math.h>

// function:       m i d p o i n t
// description:    Realizes one-dimensional random brownian motion
//                 with midpoint movement.
void MidAdd1D::midpoint(float h)
{
    Gauss g;                                // init. gauss

    val[0]    = 0.0;
    val[LEN]  = g.randomValue();            // start/end point

    float delta;                            // actual dispersion
    int step = LEN / 2;                     // actual distance
    for (int depth = 1; depth <= MAXDEPTH; ++depth) {
        delta = pow(0.5, depth * h) *
                     sqrt(1.0 - pow(0.5, 2.0 - 2.0 * h));
        for (int i = step; i < LEN; i += 2 * step)
                val[i] = 0.5 * (val[i - step] + val[i + step]) +
                               delta * g.randomValue();
        step /= 2;
    }
    valid = 1;
}

// function:       a d d i t i o n
// description:    Realizes one-dimensional random fractal with
//                 successive additions.

void MidAdd1D::addition(float h)
```

```cpp
{
  Gauss g;                           // init. gauss

  val[0]   = 0.0;
  val[LEN] = g.randomValue();        // start/end point

  float delta;                       // actual dispersion
  int i, step= LEN / 2;              // actual distance
  for (int depth = 1; depth <= MAXDEPTH; ++depth) {
    delta = pow(0.5, depth * h) *
                   sqrt(0.5) * sqrt(1.0 - pow(0.5, 2.0 - 2.0 * h));
                                     // calc. midpoints
    for (i = step; i <= LEN - step; i += 2 * step)
             val[i] = 0.5 * (val[i - step] + val[i + step]);
    for (i = 0; i <= LEN; i += step)    // move all existent points
       val[i] = val[i] + delta * g.randomValue();
    step /= 2;
  }
  valid = 1;
}

// function:     d r a w
// description:  Draws the one-dimensional function.
void MidAdd1D::draw(GrDev *dev)
{
  if (!valid)
     midpoint(0.5);
  dev->drawFunction1D(LEN + 1, val);
}



/****************************************************************
    file:         a l g o 6 . c p p
    description:  demonstration of midpoint movement
                  and successive additions in 1d
 ****************************************************************/

#include <conio.h>
#include "GrDev.h"
#include "MidAdd1D.h"

void main()
{
  GrDev dev;                 // open graphical device

  MidAdd1D ma;
  ma.midpoint(0.5);          // midpoint movement with h = 0.5
  ma.draw(&dev);
  dev.drawText(P2D(0, 20), "Midpoint movement with h = 0.5");
  getch();                   // wait until key pressed
  dev.clear();               // clear window
  ma.addition(0.5);          // successive  additions with h = 0.5
  ma.draw(&dev);
  dev.drawText(P2D(0, 20), "Successive additions with h = 0.5");
  getch();                   // wait until key pressed
}
```

Mittelpunktsverschiebung und aufeinanderfolgende Additionen (zweidimensional)

```
/********************************************************************
    file:         m i d a d d 2 d . h
    description:  a c++ class for midpoint movement
                  and successive additions in 2d.
 ********************************************************************/

#ifndef MIDADD2D_H
#define MIDADD2D_H

#include "GrDev.h"

#define DEP2D    6              // mamimum recursive depth

class MidAdd2D
{
public:
    // Constructor.
    MidAdd2D() { valid = 0; light=P3D(LEN2D/2.0,LEN2D/2.0,-10.0);};

    // Calculates function with midpoint movement and parameter h.
    void midpoint(float h) { mid_or_add(h, 0); };

    // Calculates function with successive additions and parameter h.
    void addition(float h) { mid_or_add(h, 1); };

    // Sets the light position. Default is above the middle.
    void setLightPosition(P3D p)    { light = p; };

    // Draws the two-dimensional function.
    void draw(GrDev *dev);

private:
    float val[LEN2D+1][LEN2D+1];    // values
    P3D light;                      // the light position
    int valid;                      // function already calculated ?
    void mid_or_add(float h, int add);
};

#endif



/********************************************************************
    file:         m i d a d d 2 d . c p p
    description:  a c++ class for midpoint movement
                  and successive additions in 2d.
 ********************************************************************/

#include "MidAdd2D.h"
#include "Gauss.h"
#include <math.h>

// function:     m i d _ o r _ a d d
// description:  Calculates function with midpoint movement (add==0)
//               or successive additions (add!=0).
void MidAdd2D::mid_or_add(float h, int add)
```

```
{
   int i, j;                   // counter
   Gauss g;                    // initialize gauss

   val[0    ][0    ] = g.randomValue();        // initialize edges
   val[0    ][LEN2D] = g.randomValue();
   val[LEN2D][0    ] = g.randomValue();
   val[LEN2D][LEN2D] = g.randomValue();

   int dd = LEN2D,             // (double) distance between two points
       d  = LEN2D / 2;

   float delta = sqrt(1.0 - pow(2.0, 2.0 * h - 2.0));  // dispersion
   if (add) delta *= sqrt(0.5);

   for (int depth = 1; depth <= DEP2D; ++depth) {       // recursion
     delta *= pow(0.5, 0.5 * h);
     i = d;
     while (i <= LEN2D - d) {                           //   o   o
       j = d;                                           //   --->*
       while (j <= LEN2D - d) {                         //   o   o
         val[i][j] = (val[i+d][j-d] + val[i+d][j+d] + val[i-d][j+d]
                   + val[i-d][j-d]) / 4.0 + delta * g.randomValue();
         j += dd;
       }
       i += dd;
     }

     if (add) {
       i = 0;
       while (i <= LEN2D) {
         j = 0;
         while (j <= LEN2D) {
           val[i][j] = val[i][j] + delta * g.randomValue();
           j += dd;
         }
         i += dd;
       }
     }

     delta *= pow(0.5, 0.5 * h);                        //   |o
     i = d;                                             //   |* o
     while (i <= LEN2D - d) {                           //   |o
       val[i][0]     = (val[i+d][0] + val[i-d][0] + val[i][d]) / 3.0
                     + delta * g.randomValue();
       val[i][LEN2D] = (val[i+d][LEN2D] + val[i-d][LEN2D] +
                     val[i][LEN2D-d]) / 3.0 + delta * g.randomValue();
       val[0][i]     = (val[0][i-d] + val[0][i+d] + val[d][i]) / 3.0
                     + delta * g.randomValue();
       val[LEN2D][i] = (val[LEN2D][i-d] + val[LEN2D][i+d] +
                     val[LEN2D-d][i]) / 3.0 + delta * g.randomValue();
       i += dd;
     }

     i = d;
     while (i <= LEN2D - d) {                           //      o
       j = dd;                                          //    o * o
```

```
      while (j <= LEN2D - d) {                              //      o
            val[i][j]=(val[i][j+d] + val[i][j-d] + val[i+d][j] +
                       val[i-d][j]) / 4.0 + delta*g.randomValue();
         j += dd;
      }
      i += dd;
   }
   i = dd;

   while (i <= LEN2D - d) {
      j = d;
      while (j <= LEN2D - d) {
            val[i][j] = (val[i-d][j] + val[i+d][j] + val[i][j-d] +
                       val[i][j+d]) / 4.0 + delta * g.randomValue();
         j += dd;
      }
      i += dd;
   }

   if (add) {
      i = 0;
      while (i <= LEN2D) {
         j = d;
         while (j <= LEN2D) {
           val[i][j] += delta * g.randomValue();
           j += dd;
         }
         i += dd;
      }
      i = d;
      while (i <= LEN2D - d) {
         j = d;
         while (j <= LEN2D - d) {
               val[i][j] += delta * g.randomValue();
            j += dd;
            }
         i += dd;
      }
   }
   dd /= 2; d /= 2;
}                                              // end of recursion
valid = 1;
}

// function:    d r a w
// description:  Draws the two-dimensional function.
void MidAdd2D::draw(GrDev *dev)
{
   if (!valid)
      midpoint(0.5);
   dev->drawFunction2D(light, LEN2D+1, LEN2D+1, val);
}
```

```
/********************************************************************
    file:        a l g o 7 . c p p
    description:  demonstration of midpoint movement
                  and successive additions in 2d
********************************************************************/

#include <conio.h>
#include "GrDev.h"
#include "MidAdd2D.h"

void main()
{
    GrDev dev;

    MidAdd2D ma;
    ma.addition(0.8);

    dev.initGrayColormap();
    ma.draw(&dev);

    getch();
}
```

2.6.4 Algorithmus zur Dekodierung iterierter Funktionssysteme

Die Klasse „LinFunc" implementiert eine einfache zweidimensionale affine Abbildung, die
Klasse „IFS" ein iteriertes Funktionensystem. Mittels der Methode `calcIFS()` wird das
iterierte Funktionensystem dekodiert, mit der Methode `drawIFS()` gezeichnet.

```
/********************************************************************
    file:        i f s . h
    description:  a c++ class for iterated function systems
********************************************************************/

#ifndef IFS_H
#define IFS_H

#include <math.h>
#include "GrDev.h"

#define DIM 150            // size of our bitmap
#define FNUM 20            // max. number of linear functions

class LinFunc  //////// the 2d ifs function f(x) = Ax + b //////////
{
public:
    // Constructor.
    LinFunc();

    // Sets the matrix A.
    void setMat(double a00, double a01, double a10, double a11)
       { a[0][0]= a00; a[0][1]= a01; a[1][0]= a10; a[1][1]= a11; };
```

```
    // Sets the translation b.
    void setTrans(double b0, double b1)
        { b[0]= b0; b[1]= b1; }

    // Calculates a value f(x).
    void calcPoint(double *x, double *y);

private:
    double a[2][2];              // matrix coeff. of A
    double b[2];                 // translation b
};


class IFS  /////////// the ifs class ////////////////////////////
{
public:
    // Constructor.
    IFS();

    // Clears the bitmap.
    void clear();

    // Sets the maximum number of iterations.
    void setMaxIter(int iter)  { maxit = iter; };

    // Adds a weighted function.
    void addFunc(LinFunc *f, int weight);

    // Calculates the IFS with a given area and start point.
    void calcIFS(double xmin, double xmax, double ymin, double ymax,
                 double startx, double starty);

    // Draws the IFS.
    void drawIFS(GrDev *dev);

private:
    int maxit;                   // maximum number of iterations
    double x, y;                 // iteration point
    int numfunc;                 // number of functions
    LinFunc* func[FNUM];         // the ifs functions
    int w[FNUM];                 // and their weight
    int totalw;                  // the total weight sum
    int bmw, bmh;                // size of our bitmap
    int bm[DIM][DIM];            // our bitmap

    void nextPoint();            // Calculates the next ifs point.
};


#endif
```

```
/*************************************************************************
    file:        i f s . c p p
    description:  a c++ class for iterated function systems
 *************************************************************************/

#include <stdlib.h>
#include <math.h>
#include "IFS.h"

// function:    L i n F u n c
// description:  Constructor of a linear function f(x) = Ax + b.
LinFunc::LinFunc()
{
    setMat(0.0, 0.0, 0.0, 0.0);
    setTrans(0.0, 0.0);
}


// function:    c a l c P o i n t
// description:  Calculates a value f(x).
void LinFunc::calcPoint(double *x, double *y)
{
    *x = (*x) * a[0][0] + (*y) * a[0][1] + b[0];
    *y = (*x) * a[1][0] + (*y) * a[1][1] + b[1];
}


// function:    I F S
// description:  Constructor of an ifs.
IFS::IFS()
{
    maxit = 20000;
    numfunc = 0;
    totalw = -1;
    bmw = bmh = DIM;
    clear();
}


// function:    c l e a r
// description:  Clears the ifs bitmap.
void IFS::clear()
{
    for(int i = 0; i < bmw; ++i)
        for(int j = 0; j < bmh; ++j)
            bm[i][j] = 0;
}


// function:    a d d F u n c
// description:  Adds a weighted function.
void IFS::addFunc(LinFunc *f, int weight)
{
    func[numfunc] = f;
    w[numfunc++] = weight;
    totalw += weight;
}


// function:    n e x t P o i n t
// description:  Calculates the next ifs point.
void IFS::nextPoint()
```

```
{
    double r = rand() / (double)(RAND_MAX + 1);
                            // random value between 0 and 1
    int i = 0;
    double sum = w[0];
    while (sum < r * totalw)
        sum += w[++i];

    func[i]->calcPoint(&x, &y);
}

// function:     c a l c
// description: Calculates the IFS with a given area and start point.
void IFS::calcIFS(double xmin, double xmax, double ymin, double ymax,
        double startx, double starty)
{
    double scalex, scaley;    // scaling factors for x and y

    x = startx;
    y = starty;                 // iteration
    for(int i = 0; i < maxit; ++i) {
        nextPoint();     '       // calculate next point
        scalex = (x - xmin) / (xmax - xmin);
        scaley = (y - ymin) / (ymax - ymin);
        bm[(int)(bmw * scalex)][(int)(bmh * scaley)]++;
    }
}

// function:     d r a w
// description:  Draws the IFS with the graphical device.
void IFS::drawIFS(GrDev *dev)
{
    int i, j, k = 0;          // get maximum spreading
    for(i = 0; i < bmw; ++i)
        for(j = 0; j < bmh; ++j)
      if (k < bm[i][j])
        k = bm[i][j];
                                // scale color
    double s = k ? dev->queryMaxColor() / (double)(k) : 0.0;

    int xoff = (dev->queryWindowWidth()  - bmw) / 2,
        yoff = (dev->queryWindowHeight() - bmh) / 2;

    for(i = 0; i < bmw; ++i)  // draw centered bitmap
        for(j = 0; j < bmh; ++j)
    dev->drawPoint(P2D(xoff + i, yoff + j), (int)(bm[i][j] * s));
}


/***********************************************************************
    file:       a l g o i f s . c p p
    description:  demonstration of ifs
 ***********************************************************************/

#include <conio.h>
#include "GrDev.h"
#include "IFS.h"
```

```
void main()
{
   LinFunc f0, f1, f2;        // create linear functions
   f0.setMat(0.5, 0.0, 0.0, 0.5);
   f0.setTrans(0.0, 0.0);

   f1.setMat(0.5, 0.0, 0.0, 0.5);
   f1.setTrans(0.5, 0.0);

   f2.setMat(0.5, 0.0, 0.0, 0.5);
   f2.setTrans(0.25, 0.25 * sqrt(3.0));

   IFS ifs;                   // create ifs
   ifs.addFunc(&f0, 1);       // add weighted functions
   ifs.addFunc(&f1, 1);
   ifs.addFunc(&f2, 2);
                              // calculate ifs object
   ifs.calcIFS(0.0, 1.0, 0.0, 1.0, 0.0, 0.0);

   GrDev dev;                 // open graphical device
   dev.initGrayColormap();    // use gray color table
   ifs.drawIFS(&dev);         // draw ifs

   getch();                   // wait until key pressed
}
```

2.6.5 Algorithmus zur Interpretation von kontextfreien Lindenmayersystemen

Die Klasse „Lindenmayer" implementiert Algorithmen zur Berechnung kontextfreier Grammatiken. Als Hilfsklassen werden die einfachen Klassen „Rule" und „Turtle" verwendet.

```
/*****************************************************************
   file:        l s y s t e m . h
   description: a c++ class for Lindenmayer systems
*****************************************************************/

#ifndef LSYSTEM_H
#define LSYSTEM_H

#include <math.h>
#include "GrDev.h"

#define MAXLEN   15000        // maximum size of strings
#define MAXSTACK    20        // size of turtle stack
#define MAXDEG      36        // smallest step size for rotations
#define MAXRULES     5        // maximum number of rules

class Rule                    // a rule: a word with its replacement
{
public:
```

```
    char word;
    char replacement[20];
};

class Turtle {                    // the cursor position and direction
public:
    Turtle() { x = y = 0.0; dir = 0; };

    void operator=(const Turtle& t)
       { x = t.x; y = t.y; dir = t.dir; };

    float x, y;
    int dir;
};


class Lindenmayer              // the Lindemayer systems class
{
public:
    // Constructor.
    Lindenmayer();

    // Asks for user input of axiom, rules, ...
    void read();

    // Interprets the axiom and draws an image.
    void draw(GrDev *dev);

private:
    int numit;                // number of iterations
    int numdeg;               // divide full circle in numdeg parts
    int numrules;             // number of rules
    char axiom[MAXLEN];       // the start axiom
    Rule rules[MAXRULES];     // the replacement rules
    int valid;                // indicates if axiom and size are ready

    Turtle stack[MAXSTACK];   // the turtle stack
    int stackpos;             // the actual stack position

    float sin_tab[MAXDEG], cos_tab[MAXDEG]; // sin and cos table
    float xmin, xmax, ymin, ymax, scal;     // dimensions for scaling

    void useRule();           // Uses all rules on the axiom.
    void interpret(GrDev *dev);      // Interprets the axiom.

    void scale(GrDev *dev);          // scales to window size
    void calc_sin_cos();             // fills the sin/cos table
    void pushTurtle(Turtle t);       // saves actual state
    Turtle popTurtle();              // restores old state
    void actualizeTurtle(Turtle *t, char word);
    void moveTurtle(Turtle *t, GrDev *dev, int visible);
};

#endif
```

```
/********************************************************************
    file:        l s y s t e m . c p p
    description:  a c++ class for Lindenmayer systems
 *******************************************************************/

#include <stdlib.h>
#include <iostream.h>
#include <string.h>
#include <math.h>
#include <values.h>
#include "LSystem.h"

// function:    r e a d
// description: Asks for user input of axiom, rules, ...
void Lindenmayer::read()
{
   cout << "\nAxiom: ";                            cin >> axiom;
   cout << "Anzahl der Winkelunterteilungen: ";    cin >> numdeg;
   cout << "Anzahl der Iterationen: ";             cin >> numit;
   cout << "Anzahl der Regeln: ";                  cin >> numrules;
   for (int i = 0; i < numrules; ++i) {
      cout << i + 1 << ". Regel: " << endl;
      cout << "  Zu ersetzender Buchstabe: ";
      cin >> rules[i].word;
      cout << "  Ersetzen durch: ";
      cin >> rules[i].replacement;
   }
   valid = 0;
}

// function:    u s e R u l e
// description: Uses all rules on the axiom (iterated).
void Lindenmayer::useRule()
{
  char help[MAXLEN];
  int found;

  help[0] = '\0';
  for (int i = 0; i < numit; ++i) {
    for (int j = 0; j < strlen(axiom); ++j) {   // for all characters
       found = 0;
       for (int k = 0; k < numrules; ++k)            // search rules
          if ( axiom[j] == rules[k].word) {
             strcat(help, rules[k].replacement);      // and use it
             found = 1;
             break;
          }
       if (!found) {                             // else not replaced
          int len = strlen(help);
          help[len] = axiom[j];
          help[len + 1] = '\0';
       }
    }
    strcpy(axiom, help);
    help[0] = '\0';
  }
}
```

```cpp
// function:     p u s h T u r t l e
// description:  Saves actual state.
void Lindenmayer::pushTurtle(Turtle t)
{
   if (stackpos >= MAXSTACK) {
      cout << ("Error: Stack overflow\n");
      exit(1);
   }
   stack[stackpos++] = t;
}

// function:     p o p T u r t l e
// description:  Restores old state.
Turtle Lindenmayer::popTurtle()
{
  if (stackpos <= 0) {
    cout << ("Error: Stack underflow\n");
    exit(1);
  }
  return stack[--stackpos];
}

// function:   c a l c _ s i n _ c o s
// description:  Fill sinus and cosinus table for actual numdeg
void Lindenmayer::calc_sin_cos()
{
  float fact = 2.0 * 3.14152 / (float)numdeg;
  for (int i = 0; i < numdeg; ++i) {
    sin_tab[i] = sin(i * fact);
    cos_tab[i] = cos(i * fact);
  }
}

// function:    a c t u a l i z e T u r t l e
// description:  Interprets one word.
void Lindenmayer::actualizeTurtle(Turtle *t, char word)
{
   switch (word) {
      case 'F' :
      case 'f' : t->x += cos_tab[t->dir];
                 t->y += sin_tab[t->dir];
                 break;
      case '+' : t->dir++;
 if (t->dir >= numdeg) t->dir = 0;
 break;
      case '-' : t->dir--;
 if (t->dir < 0) t->dir = numdeg - 1;
                 break;
      case '[' : pushTurtle(*t);     break;
      case ']' : *t = popTurtle();   break;
   }
}

// function:    m o v e T u r t l e
// description:  Moves turtle and draws line, if visible.
//              If dev == NULL, only the size is calculated.
```

```
void Lindenmayer::moveTurtle(Turtle *t, GrDev *dev, int visible)
{
    if (dev != NULL) {
        if (visible)
 dev->drawLine(P2D((int)(scal * (t->x - xmin)),
    (int)(scal * (t->y - ymin)))));
        else
            dev->setCursor(P2D((int)(scal * (t->x - xmin)),
     (int)(scal * (t->y - ymin)))));
    }
    else {
        if (xmin > t->x) xmin = t->x;
        if (ymin > t->y) ymin = t->y;
        if (xmax < t->x) xmax = t->x;
        if (ymax < t->y) ymax = t->y;
    }
}

// function:     i n t e r p r e t
// description:  Interprets the axiom.
//               If called with NULL, only the size is calculated.
void Lindenmayer::interpret(GrDev *dev)
{
    stackpos = 0;

    Turtle t;
    moveTurtle(&t, dev, 0);
    for (int i = 0; i < strlen(axiom); ++i) {
        actualizeTurtle(&t, axiom[i]);
        if (axiom[i] == 'f' || axiom[i] == 'F' || axiom[i] == ']')
            moveTurtle(&t, dev, axiom[i] == 'F');
    }
}

// function:     d r a w
// description:  Interprets the axiom and draws an image.
void Lindenmayer::draw(GrDev *dev)
{
    if (!valid) {
        useRule();
        calc_sin_cos();

        xmax = MINFLOAT; ymax= MINFLOAT;
        xmin = MAXFLOAT; ymin= MAXFLOAT;
        interpret(NULL);
        scale(dev);
        valid = 1;
    }
    interpret(dev);
}

// function:     s c a l e
// description:  Scales the image to window dimensions.
void Lindenmayer::scale(GrDev *dev)
{
    float xfac = (dev->queryWindowWidth())  / (float)(xmax - xmin),
          yfac = (dev->queryWindowHeight()) / (float)(ymax - ymin);
```

```
    scal = xfac < yfac ? xfac : yfac;
}

Lindenmayer::Lindenmayer()
{
    valid = 0;
}



/*************************************************************************
    file:          a l g o 8 . c p p
    description:   demonstration of Lindenmayer systems
    example:       axiom F, rule F <- F+F--F+F, numdeg=6, numit=3
 *************************************************************************/

#include <conio.h>
#include "GrDev.h"
#include "LSystem.h"

void main()
{
    Lindenmayer lsystem;
    lsystem.read();             // user input of an lsystem

    GrDev dev;                  // opens graphical device
    lsystem.draw(&dev);         // draws the lsystem

    getch();                    // wait until key pressed
}
```

2.7   Übungsaufgaben

Aufgabe 1:

Bestimmen Sie die fraktale Dimension (Hausdorff Dimension)

   a) der Drachenkurve (vgl. Konstruktionsvorschrift Bild 2.20a))

   b) des Sierpinski-Dreiecks (vgl. Konstruktionsvorschrift Bild 2.20b))

Aufgabe 2:

Als Iterationsfunktion betrachten wir die komplexe Funktion $Q_c(z) = z^3 + c$ mit $z, c \in \mathbb{C}$.

   a) Benutzen Sie die Dreiecksungleichung, um zu zeigen, daß für $|z| > \max(2, |c|)$ gilt:
      $|Q_c^n(z)| \to \infty$ für $n \to \infty$.

   b) Schreiben Sie ein einfaches Programm, um die ausgefüllte Julia-Menge der Funktion $Q_c(z) = z^3 + c$ zu berechnen.
      Hinweis: Auch im Fall eines Polynoms vom Grad 3 erhalten wir die ausgefüllte Julia-Menge als Komplement der unter Iteration gegen ∞ konvergierenden Punkte der komplexen Ebene.

a)   b)

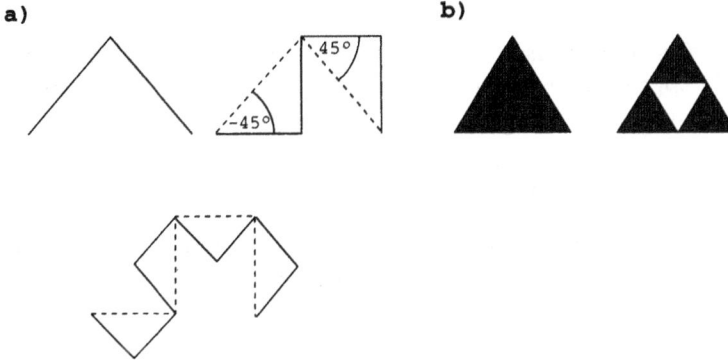

Bild 2.20: Konstruktionsvorschriften für die Drachenkurve und das Sierpinski-Dreieck. Bei der Drachenkurve werden im zweiten Bild die gestrichelten Linien durch die durchgezogenen Linien ersetzt.

Aufgabe 3:

Gegeben sei die komplexe quadratische Funktion $Q_c(z) = z^2 + c$, $c \in \mathbb{C}$.

a) Zeigen Sie, daß die Mandelbrotmenge $M = \{c \in \mathbb{C} \mid$ der kritische Punkt 0 liegt nicht in $A(\infty)\}$ symmetrisch zur x-Achse ist. Hinweis: Betrachten Sie den kritischen Mandelbrotorbit der Funktion $Q_{\bar{c}}$.

b) Nutzen Sie die Symmetrie der Mandelbrot-Menge, um ihre Berechnung zu beschleunigen. Modifizieren Sie die im Text gegebene Funktion zur Level-Set-Methode entsprechend.

c) Charakterisieren Sie die Menge $M' = \{c \in C \mid Q_c$ besitzt endlichen attraktiven Fixpunkt $\}$ und bestimmen Sie diese Menge. Kann dieses Resultat zur Beschleunigung der Mandelbrot-Menge verwendet werden?

Aufgabe 4:

Die Funktion 'drand48()' einer C-Bibliothek liefert auf $[0,1]$ gleichverteilte Zufallszahlen. Die entsprechende Zufallsvariable werde mit R bezeichnet.

a) Geben Sie eine Dichtefunktion für R an und bestimmen Sie den Erwartungswert μ und die Varianz σ von R.

b) Gegeben sei eine Funktion $rand()$, die reelle Zufallszahlen liefert. Die Dichtefunktion der Verteilung $rand$ ist durch

$$f(x) = \begin{cases} x & , & x \in [0,1] \\ 0 & , & \text{sonst} \end{cases}$$

gegeben. Verwenden Sie die Funktion $rand()$, um $N(0,1)$-verteilte Zufallszahlen zu generieren.

Aufgabe 5:

Eine eindimensionale Brownsche Bewegung X kann mittels der Mittelpunktverschiebungsmethode approximiert werden. $X(1)$ soll als Gaußsche Zufallsvariable mit Mittelwert 0 und Varianz σ^2 berechnet werden.

a) Stellen Sie die ersten drei Stufen des Verfahrens graphisch dar.

b) Gegeben seien im n-ten Schritt des Verfahrens die beiden Werte $x(\frac{k}{2^{n-1}})$ und $x(\frac{k-1}{2^{n-1}})$, mit $k = 0,\ldots,2^{n-1}$. Wie berechnet sich der Wert von x an der Stelle $(\frac{k}{2^{n-1}} + \frac{k-1}{2^{n-1}})/2 = \frac{k-1}{2^{n-1}} + \frac{1}{2^n}$.

c) Zeigen Sie, daß

$$var\left(X\left(\frac{k-1}{2^{n-1}} + \frac{1}{2^n}\right) - X\left(\frac{k-1}{2^{n-1}}\right)\right) = \frac{1}{2^n}\sigma^2$$

ist, d.h. der Prozeß tatsächlich eine Brownsche Bewegung approximiert. Hinweis: Verwenden Sie die Rekursion der Mittelpunktverschiebungsmethode.

Aufgabe 6:

Gegeben sei der IFS-Code $\{f_1,\ldots,f_8\}$, $\{p_1,\ldots,p_8\}$ mit

$f_1(x,y) = (x,y)\begin{pmatrix} 1/3 & 0 \\ 0 & 1/3 \end{pmatrix} + (0,0)$

$f_2(x,y) = (x,y)\begin{pmatrix} 1/3 & 0 \\ 0 & 1/3 \end{pmatrix} + (0,1/3)$

$f_3(x,y) = (x,y)\begin{pmatrix} 1/3 & 0 \\ 0 & 1/3 \end{pmatrix} + (0,2/3)$

$f_4(x,y) = (x,y)\begin{pmatrix} 1/3 & 0 \\ 0 & 1/3 \end{pmatrix} + (1/3,0)$

$f_5(x,y) = (x,y)\begin{pmatrix} 1/3 & 0 \\ 0 & 1/3 \end{pmatrix} + (1/3,2/3)$

$f_6(x,y) = (x,y)\begin{pmatrix} 1/3 & 0 \\ 0 & 1/3 \end{pmatrix} + (2/3,0)$

$f_7(x,y) = (x,y)\begin{pmatrix} 1/3 & 0 \\ 0 & 1/3 \end{pmatrix} + (2/3,1/3)$

$f_8(x,y) = (x,y)\begin{pmatrix} 1/3 & 0 \\ 0 & 1/3 \end{pmatrix} + (2/3,2/3)$

und $p_1 = p_2 = p_3 = \ldots = p_8 = 1/8$;

a) Skizzieren Sie das durch den IFS-Code beschriebene Objekt.

b) Erweitern Sie den gegebenen IFS-Code so, daß er die gezeigte Struktur auf 3D erweitert beschreibt.

Aufgabe 7:

Gegeben sei das folgende D0L-System mit dem Alphabet $V_1 = \{F, +, -\}$, Drehungswinkel δ und Ableitungstiefe n:

a) $W = F - F - F - F$
   $P_1 : F \to FF - F - F - F - F - F + F$
   $\delta = 90 \ n = 1$

b) $W = F - F - F - F$
   $P_1 : F \to F - F + F - F - F$
   $\delta = 90 \ n = 1$

c) $W = Fr$
   $P_1 : l \to r - Fl + Fr$
   $P_2 : r \to l - Fr - Fl$
   $\delta = 60 \ n = 2$

Berechnen Sie jeweils den zugehörigen String in der angegebenen Ableitungstiefe, und interpretieren Sie den String mittels einer Schildkröte. Skizzieren Sie das Ergebnis.

Kapitel 3

Globale Beleuchtungsmodelle

3.1 Strahlverfolgung (Raytracing)

Im Gegensatz zu den lokalen Beleuchtungsverfahren steht bei den globalen Verfahren nicht die möglichst einfache Realisierung, sondern die bestmögliche, realistische Wiedergabe einer Szene im Vordergrund. Man spricht auch von photorealistischen Darstellungen. Dieses Ziel kann natürlich nur erreicht werden, wenn man die physikalischen Vorgänge so exakt wie möglich modelliert.

In der GDV werden zwei unterschiedliche Verfahren eingesetzt: Raytracing und Radiosity. Wir folgen der geschichtlichen Entwicklung und betrachten zuerst das Raytracing.

Raytracing simuliert den Prozeß der Lichtausbreitung und arbeitet dabei nach den Gesetzen für ideale Spiegelung und Brechung. Daher ist Raytracing vor allem für Szenen mit hohem spiegelnden und transparenten Flächenanteil gut geeignet. Die Grundidee besteht darin, Lichtstrahlen auf ihrem Weg von der Quelle bis zum Auge zu verfolgen. Zur Vereinfachung werden beim konventionellen Raytracing nur ideal reflektierte und ideal gebrochene Strahlen weiterverfolgt. Da nur wenige Strahlen das Auge erreichen, kehrt man das Verfahren um (Reziprozität der Reflexion) und sendet durch jedes Pixel des Bildschirms einen vom Augpunkt ausgehenden Strahl in die Szene.

Trifft der Sehstrahl auf ein Objekt, so wird das lokale Beleuchtungsmodell berechnet. Anschließend werden zwei neue Strahlen erzeugt, nämlich der reflektierte und der gebrochene (transmittierte) Sehstrahl. Der Leuchtdichtebeitrag dieser beiden Strahlen wird rekursiv berechnet.

Dieser Prozeß bricht ab, wenn eine Lichtquelle getroffen wird, die auf dem Strahl transportierte Energie zu gering wird oder wenn der Sehstrahl die Szene verläßt (vgl. Bild 3.1). Aus praktischen Erwägungen wird man eine Obergrenze für die Rekursionstiefe festlegen. Mit Hilfe dieses Algorithmus wird das Verdeckungsproblem implizit gelöst. Die Schattenberechnung wird durchgeführt, indem man von den Auftreffpunkten des Sehstrahls sogenannte Schattenstrahlen zu den Lichtquellen der Szene sendet. Nur wenn

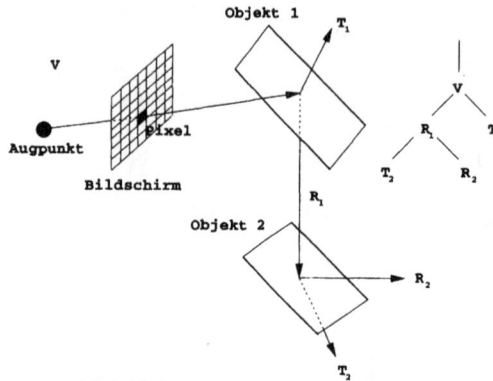

Bild 3.1: Geometrie der Strahlverfolgung und Strahlbaum.

kein undurchsichtiges Objekt zwischen einer Lichtquelle und dem Auftreffpunkt liegt, trägt sie zur Beleuchtung bei.

Der Algorithmus läuft dann folgendermaßen ab (vgl. auch Übungsaufgabe 1):

```
für jedes Pixel des Bildschirms
{
    1.  bestimme nächstliegenden Schnittpunkt des Sehstrahls mit
        einem Objekt der Szene
    2.  berechne ideal reflektierten Lichtstrahl
→   3.  berechne die Leuchtdichte aus dieser Richtung
    4.  berechne ideal gebrochenen Lichtstrahl
→   5.  berechne die Leuchtdichte aus dieser Richtung
    6.  werte das Phongbeleuchtungsmodell im Schnittpunkt aus
        und addiere die gewichteten Leuchtdichten der
        Sekundärstrahlen
}
```

Die mit → gekennzeichneten Befehle entsprechen dem Wiederaufruf des inneren Teils des Algorithmus es handelt sich also um einen rekursiven Prozeß. Teilweise wird der Algorithmus auch als zweistufig beschrieben: in der ersten Phase wird der den Rekursionsstufen entsprechende Baum mit Hilfe der Schnittpunktberechnungen aufgebaut, und in einer zweiten Phase wird der Baum traversiert, wobei die Intensitäten berechnet werden. Als vernünftige maximale Baumtiefe gilt 5.

Der Aufwand für die Berechnung des Schnittes eines Strahls mit einem Objekt kann sehr groß werden, je nachdem, welches Objekt man betrachtet. Whitted [Whi79] stellte nach Laufzeitmessungen fest, daß 75% der Zeit für die Schnittpunktberechnungen verwendet wurde und 12% für die Berechnung des Beleuchtungsmodells.

Die Anzahl der Schnittpunktberechnungen ist dabei proportional zum Produkt aus der Anzahl der Strahlen und der Anzahl der Objekte und wächst exponentiell mit der Anzahl der Rekursionsstufen.

Zum Beleuchtungsmodell nach Phong, das den lokalen Anteil modelliert, kommen noch der ideal spiegelnde und der transmittierte Anteil hinzu:

$$L_{ges} = L_{Phong} + r_r L_r + r_t L_t, \tag{3.1}$$

wobei

L_r die Leuchtdichte auf dem reflektierten Strahl,
L_t die Leuchtdichte auf dem transmittierten Strahl,
r_r der Reflexionsgrad für die Idealreflexion,
r_t der Reflexionsgrad für die Idealtransmission ist.

Dabei ist zu berücksichtigen, daß der reflektierte Strahl R die an der Tangentialebene des Objekts im Schnittpunkt reflektierte Blickrichtung ist.

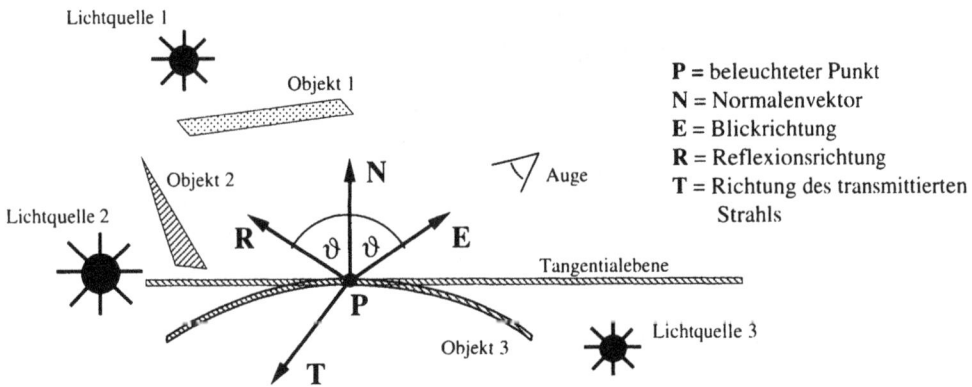

Bild 3.2: Beleuchtungsgeometrie des Raytracings.

Beschleunigungstechniken

Es gibt zwei Möglichkeiten zur Beschleunigung des Raytracing-Verfahrens:

1. Verringerung der durchschnittlichen Kosten der Schnittpunktberechnung zwischen einem Strahl und einem Szenenobjekt, und

2. Verringerung der Gesamtanzahl der Strahl-Objekt-Schnittpunkttests.

Beide Möglichkeiten müssen in einer Implementierung genutzt werden. Die Minimierung der Kosten der Schnittpunktberechnung kann nur objektspezifisch geleistet werden und ist deshalb nicht szenenunabhängig.

Haines [Hai89] und Hanrahan [Han89] geben eine sehr gute Einführung in effiziente Schnittpunktalgorithmen für häufig vorkommende Objekte. Möglichkeit 1 soll daher hier nicht weiter verfolgt werden. Die folgenden Abschnitte stellen mehrere Algorithmen zur Reduzierung der Gesamtanzahl der Schnittpunkttests vor.

3.1.1   Raumunterteilung mit regulären Gittern

Beim konventionellen Raytracing wird jeder Primärstrahl sowie jeder reflektierte und
gebrochene Strahl mit allen Objekten der Szene geschnitten, um den nächstliegenden
Schnittpunkt zu finden, falls dieser existiert. Dasselbe gilt für Schattenstrahlen, die den
Schnittpunkt des Strahls mit dem Objekt auf Sichtbarkeit für die Lichtquellen überprüfen. Nur hier terminiert die Schnittpunktsuche beim Feststellen des ersten Schnittpunkts mit einem undurchsichtigen Objekt. Dieser Ansatz ist extrem rechenaufwendig
und kann auf mehrere Arten beschleunigt werden.
Die Raumunterteilung ist eine Beschleunigungstechnik, die die Objektkohärenz ausnutzt.
In einem Vorverarbeitungsschritt wird der dreidimensionale Objektraum in nichtüberlap-
pende Unterräume unterteilt (sog. Voxel = Volumenelement). Bei der Strahlverfolgung
bestimmt dann ein Traversierungsalgorithmus der Reihe nach die vom Strahl durchlau-
fenen Unterräume. Schnittpunktberechnungen müssen dann nur noch mit denjenigen
Objekten durchgeführt werden, die zumindest teilweise in diesen Unterräumen liegen.
Wurde ein Schnittpunkt gefunden und ist dieser Schnittpunkt der nächste im aktuellen
Voxel, dann kann die Traversierung stoppen.
Das regelmäßige 3D-Gitter teilt den Objektraum in endlich viele, gleich große, achsenparallele Voxel. Es eignet sich sehr gut für kleine und mittelgroße Szenen mit nicht allzu
ungleichmäßig verteilten Szenenprimitiven. Das 3D-Gitter ist leicht zu implementieren
und kann mit sehr geringem Rechenaufwand von einem Strahl durchlaufen werden. Der
inkrementelle Strahltraversierungsalgorithmus von Amanatides und Woo [AW87] läßt
sich für den 2D-Fall (vgl. Bild 3.3) wie folgt im Pseudocode formulieren:

```
loop
{
    if (tMaxX < tMaxY)
    {
        tMaxX = tMaxX + tDeltaX;
        X = X + stepX;
    }
    else
    {
        tMaxY = tMaxY + tDeltaY;
        Y = Y + stepY;
    }
    NextPixel ( X, Y );
}
```

Hierbei sind (X,Y) die Koordinaten des aktuellen Pixels. Die Variablen stepX und stepY
sind entweder +1 oder −1, je nachdem ob der Strahl in positiver oder negativer x- bzw.
y-Richtung verläuft. tMaxX und tMaxY merken sich den Strahlabstand bis zur nächsten
vertikalen bzw. horizontalen Voxelbegrenzung. Die Inkremente tDeltaX und tDeltaY
geben an, wie weit man den Strahl von einer horizontalen (vertikalen) Voxelbegrenzung
zur nächsten verfolgen muß. Für die 3D-Verallgemeinerung des Algorithmus müssen
weitere Variablen Z, stepZ, tMaxZ und tDeltaZ eingeführt und in jedem Schritt das
Minimum von {tMaxX,tMaxY,tMaxZ} bestimmt werden.

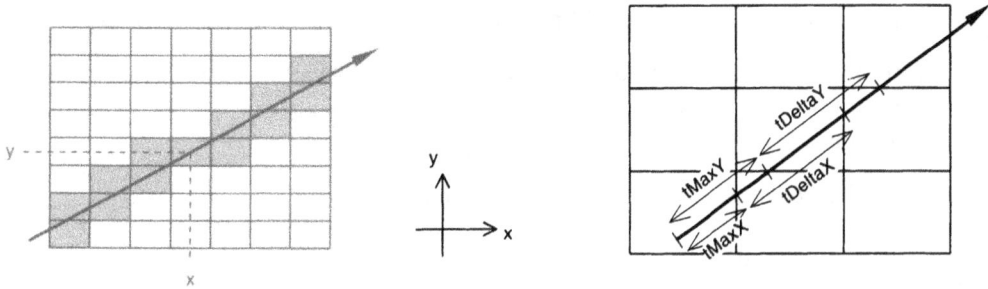

Bild 3.3: Algorithmus von Amanatides und Woo.

3.1.2 Raumunterteilung mit Octrees

Der Octree ist eine effiziente Datenstruktur für die Raumunterteilung beim Raytracing. Zunächst einmal wird die achsenparallele Bounding Box aller Szenenobjekte bestimmt. Wir bezeichnen diese Box als Startvoxel. Immer wenn ein Voxel zu komplex ist, d.h., wenn es zu viele Objektprimitive enthält, wird das Voxel in acht gleichgroße Subvoxel unterteilt (vgl. Bild 3.4 und 3.5). Dieser Komplexitätstest wird dann rekursiv auf die acht Subvoxel angewendet. Das Resultat ist eine adaptive Unterteilung der 3D-Szenen--Bounding-Box: komplexe Regionen werden häufiger unterteilt als Regionen mit wenigen Objekten.

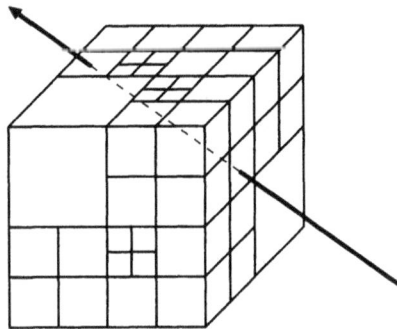

Bild 3.4: Raumunterteilung mit Octrees.

Der nächste Abschnitt beschreibt einen besonders effizienten Traversierungsalgorithmus für die Octree-Datenstruktur.

Der SMART Algorithmus

Beim SMART Algorithmus [Spa90], [SW91] wird der Strahlpfad durch den Octree mit Hilfe von zwei Entscheidungsvektoren inkrementell berechnet:

- $\mathbf{H}_{\text{SMART}}$ berechnet horizontale Schritte von einem Voxel zum Nachbarvoxel.

• .V_{SMART} berechnet vertikale Schritte von einem Elternvoxel zum Kindvoxel.

Beide Entscheidungsvektoren werden als SMART – Spatial Measure for Accelerated Ray-tracing – bezeichnet.

Der Algorithmus kann wie folgt in Pseudocode formuliert werden:

procedure Traverse(MortonIndex, V_{SMART}, H_{SMART}, …)
begin
   if Knoten(MortonIndex) ist ein Blattvoxel
   then
       Führe Schnittpunkttest des Strahls mit allen Objekten im Blattvoxel durch.
   else
         /* Der aktuelle Knoten ist ein interner Voxelknoten */
         /* und hat acht Sub-Knoten (Sub-Voxel). */
      Update V_{SMART}, MortonIndex, … für die vertikale Traversierung.
      Traverse(MortonIndex', V_{SMART}', H_{SMART}', …);
         /* Elternvoxel → Kindvoxel */

      while RelativeMortonIndex != 7 **do**
         Update H_{SMART}, MortonIndex, … für die horizontale Traversierung.
         Traverse(MortonIndex', V_{SMART}', H_{SMART}', …);
           /* Kindvoxel → benachbar. Kindvoxel */
      end while
   end if
end

Morton-Index

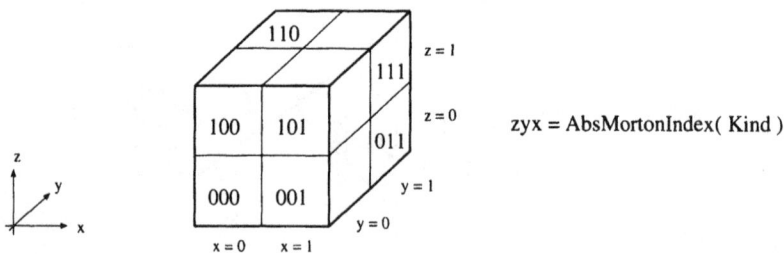

Bild 3.5: Absoluter Morton-Index.

Der absolute Morton-Index [Mor66] indiziert die acht Oktanten-Kinder eines Elternvoxels. Jedes der drei Bits (zyx) wird gesetzt, wenn das Kind oberhalb der entsprechenden (zyx)-Halbierungsebene liegt (vgl. Bild 3.5). Ansonsten wird es nicht gesetzt.

Der relative Morton-Index für ein Oktanten-Kind wird relativ zu einem Oktanten-Bruder definiert. Jedes der Dimensionsbits wird genau dann gesetzt, wenn das Kind auf der anderen Seite der Halbierungsebenen als der Oktanten-Bruder liegt. Ansonsten wird das entsprechende Bit nicht gesetzt.

- RelMortonIndex(Kind, Bruder) = RelMortonIndex(Bruder, Kind)

- RelMortonIndex(Kind, Bruder) = AbsMortonIndex(Kind) XOR AbsMortonIndex(Bruder)

- AbsMortonIndex(Kind) = RelMortonIndex(Kind, Bruder) XOR AbsMortonIndex(Bruder)

Horizontale Traversierung

Der Distanzvektor

$$\delta = [x, y, z]^T \quad (\text{mit } x > 0, y > 0, z > 0)$$

eines Strahls enthält die Entfernungen des aktuellen Strahlpunktes **O** zur $x-$, $y-$ und $z-$Begrenzungsebene des Voxels. Alle Distanzen sind strikt positiv. Der Distanzvektor ist also der Vektor vom aktuellen Strahlpunkt **O** zur Austrittsecke des Voxels. Die Austrittsecke ist der Schnittpunkt aller Begrenzungsebenen des Voxels, die der Strahl in Strahlrichtung schneidet. Benutzt man ein Koordinatensystem mit Ursprung im Voxelmittelpunkt, so ist die Austrittsecke die Ecke des Voxels, die im selben Oktanten liegt wie die Strahlrichtung.

Jeder Strahl hat außerdem einen Vektor

$$\Delta = [X, Y, Z]^T = [|\text{RayDir}_x|, |\text{RayDir}_y|, |\text{RayDir}_z|]^T,$$

der die relativen Traversierungsraten in jeder Dimension enthält. Alle Raten sind nicht-negativ, das Maximum sogar strikt positiv. RayDir ist dabei der Richtungsvektor des Strahls.

Wir können jetzt den Vektor $\mathbf{H}_{\text{SMART}}$ wie folgt als Kreuzprodukt definieren:

$$\mathbf{H}_{\text{SMART}} = \Delta \times \delta = [Yz - yZ, Zx - zX, Xy - xY]^T.$$

Das Vorzeichen jeder Komponente zeigt die Reihenfolge, in der die anderen beiden Halbierungsebenen vom Strahl getroffen werden.

Beweis: Betrachte nur die dritte Komponente von $\mathbf{H}_{\text{SMART}}$. Sei r_y die Entfernung, die der Strahl, wenn er die $x-$Begrenzungsebene trifft, in $y-$Richtung noch zurücklegen muß, um die $y-$Begrenzungsebene zu treffen. Die Situation ist in Bild 3.6 veranschaulicht.

Man sieht, daß r_y genau dann positiv ist, wenn die $x-$Begrenzungsebene vor der $y-$Begrenzungsebene getroffen wird. Offensichtlich gilt

$$\frac{y - r_y}{x} = \frac{Y}{X} \quad \Longleftrightarrow \quad Xy - xY = Xr_y, \text{ d.h. } [\mathbf{H}_{\text{SMART}}]_z = Xr_y.$$

Für $X > 0$ können wir daraus folgern

$$\left\{ \begin{array}{l} [\mathbf{H}_{\text{SMART}}]_z > 0 \\ [\mathbf{H}_{\text{SMART}}]_z = 0 \\ [\mathbf{H}_{\text{SMART}}]_z < 0 \end{array} \right\} \Leftrightarrow \left\{ \begin{array}{l} r_y > 0 \\ r_y = 0 \\ r_y < 0 \end{array} \right\}$$

$$\Leftrightarrow \left\{ \begin{array}{l} x - \text{Begrenzungsebene vor } y - \text{Begrenzungsebene getroffen : Schritt } x \\ x - \text{ und } y - \text{Begrenzungsebenen gleichzeitig getroffen: Schritt } x, y \\ y - \text{Begrenzungsebene vor } x - \text{Begrenzungsebene getroffen : Schritt } y \end{array} \right\}.$$

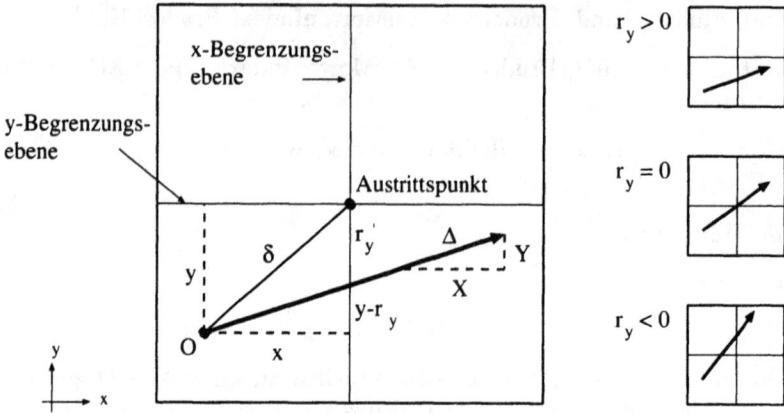

Bild 3.6: SMART – Horizontale Traversierung.

Ist $X = 0$, so ist der Strahl parallel zur x–Begrenzungsebene. Dieser Fall wird separat behandelt. Das Untersuchen der Vorzeichen von zwei der drei Komponenten von $\mathbf{H}_{\text{SMART}}$ zeigt uns das nächste Voxel, das vom Strahl durchlaufen wird:

$$[\mathbf{H}_{\text{SMART}}]_x \begin{cases} > 0 \;\longrightarrow\; [\mathbf{H}_{\text{SMART}}]_z \begin{cases} > 0 & : & \text{Schritt } x \\ = 0 & : & \text{Schritt } x, y \\ < 0 & : & \text{Schritt } y \end{cases} \\[2em] = 0 \;\longrightarrow\; [\mathbf{H}_{\text{SMART}}]_z \begin{cases} > 0 & : & \text{Schritt } x \\ = 0 & : & \text{Schritt } x, y, z \\ < 0 & : & \text{Schritt } y, z \end{cases} \;. \\[2em] < 0 \;\longrightarrow\; [\mathbf{H}_{\text{SMART}}]_y \begin{cases} > 0 & : & \text{Schritt } z \\ = 0 & : & \text{Schritt } x, z \\ < 0 & : & \text{Schritt } x \end{cases} \end{cases}$$

Danach wird inkrementell der nächste Wert von $\mathbf{H}_{\text{SMART}}$ bestimmt.

Vertikale Traversierung

Nun wird ein vertikaler Schritt im Octree betrachtet. Zu berechnen ist der absolute Morton-Index des Kind-Voxels, das den Strahlursprung $\mathbf{O}$ enthält.

Der SMART-Algorithmus bestimmt den relativen Morton-Index dieses Kind-Voxels zum Austrittsvoxel durch Vergleich der drei Komponenten des Entscheidungsvektors

$$\mathbf{V}_{\text{SMART}} = \delta$$

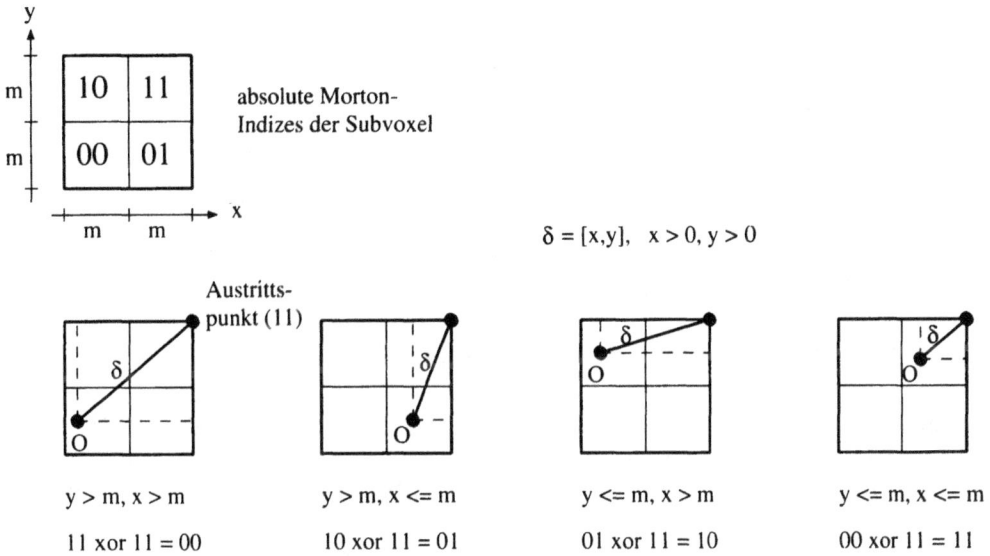

Bild 3.7: SMART - Vertikale Traversierung.

mit der Kind-Voxel-Seitenlänge m, d.h.

$$\text{RelMortonIndex(Kind, Austrittsvoxel)} = \begin{cases} [\mathbf{V}_{\text{SMART}}]_z \begin{cases} > m \to 100 \\ < m \to 000 \end{cases} \text{BIT\_OR} \\ [\mathbf{V}_{\text{SMART}}]_y \begin{cases} > m \to 010 \\ \leq m \to 000 \end{cases} \text{BIT\_OR} \\ [\mathbf{V}_{\text{SMART}}]_x \begin{cases} > m \to 001 \\ \leq m \to 000 \end{cases} \end{cases}$$

Der absolute Morton-Index ergibt sich dann durch ein einfaches bitweises exklusives Oder (XOR) mit dem Index des Austrittsvoxels:

$$\text{AbsMortonIndex(Kind)} \quad = \quad \begin{matrix} \text{RelMortonIndex(Kind, Austrittsvoxel) XOR} \\ \text{AbsMortonIndex(Austrittsvoxel)} \end{matrix}$$

Dabei ist

$$\text{AbsMortonIndex(Austrittsvoxel)} = [\text{RayDir}_z > 0, \text{RayDir}_y > 0, \text{RayDir}_x > 0]$$

und RayDir der Richtungsvektor des Strahls. Ein Beispiel ist in Bild 3.7 gegeben. Eine ausführliche Beschreibung des SMART-Algorithmus ist in der Veröffentlichung von Spackman (vgl. [SW91]) enthalten.

Vorteile des SMART-Algorithmus

Der SMART-Algorithmus

- ist numerisch stabil;

- ist für vertikale und horizontale Navigationsschritte gleichermaßen gut geeignet;

- berechnet die Navigationsschritte inkrementell aus Werten, die lokal bekannt sind;

- kann ausschließlich mit Integerarithmetik berechnet werden, wenn obigen Berechnungen ein Quantisierungsschritt vorangeht.

3.1.3 Szenenunterteilung mit hierarchischen Bäumen

Betrachten wir zunächst einmal ein einzelnes Bounding Volume, d.h. einen Körper, der eine Teilszene, bestehend aus einem oder mehreren Objekten, vollständig umhüllt. Das generelle Ziel besteht darin, Kosten bei den Schnittpunkttests eines Strahls mit den Objekten der Teilszene zu sparen.

Bild 3.8 veranschaulicht die zugrunde liegende Idee im Zweidimensionalen. Der Strahl wird in allen drei Fällen mit dem Bounding Volume geschnitten. Verfehlt der Strahl das Bounding Volume, so kann man auf den Schnitt des Strahls mit der Teilszene verzichten. Trifft der Strahl das Bounding Volume, so hat man noch keine Aussage darüber, ob die Teilszene getroffen (Typ 3) oder verfehlt (Typ 2) wird und muß daher auf jeden Fall den Strahl auch noch mit der Teilszene schneiden. Der Schnitt eines Strahls mit einem Bounding Volume ist also eine notwendige, aber keine hinreichende Bedingung dafür, daß die enthaltene Teilszene getroffen wird.

Weghorst et. al. [WHG84] geben die Kosten einer Schnittpunktberechnung eines Strahls mit einer Teilszene wie folgt an:

$$T = n \cdot B + m \cdot I \tag{3.2}$$

mit

T	=	gesamte Schnittpunktberechnungskosten
n	=	Anzahl der Strahlen, die gegen das Bounding Volume auf einen Schnitt getestet werden
B	=	Kosten des Schnittpunkttests mit dem Bounding Volume
m	=	Anzahl Strahlen, die das Bounding Volume tatsächlich treffen $(0 \leq m \leq n)$
I	=	Kosten der Schnittpunkttests mit den Objekten der enthaltenen Teilszene

Das Ziel ist, die Kostenfunktion T zu minimieren. Unter der Annahme, daß n und I konstant sind, ergeben sich aus dieser Kostenfunktion zwei unterschiedliche Anforderungen bei der Wahl eines konkreten Bounding Volumes. Einfache Bounding Volumes (z.B. Kugel, Ellipsoid, Quader) mit kleinen Schnittkosten B haben relativ hohe Strahltrefferzahlen m. Komplexe Bounding Volumes (z.B. exakte konvexe Hülle) mit kleinem m haben hohe Schnittkosten B.

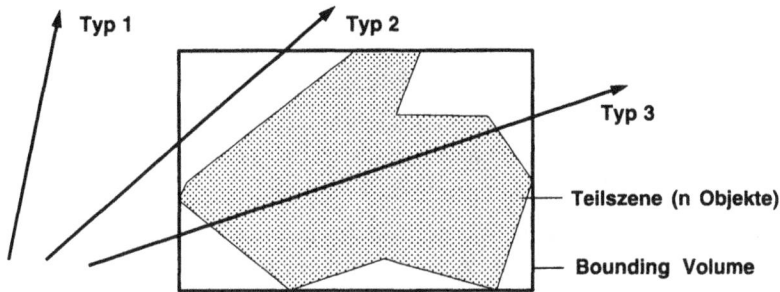

Bild 3.8: Schnitt von Strahlen mit Bounding Volume.

Aufbau einer Hierarchie

Durch Einbetten einzelner Objekte in Bounding Volumes kann man das Raytracing-Verfahren bereits merklich beschleunigen. Dennoch ist der Aufwand zur Berechnung des nächsten Schnittpunktes eines Strahls immer noch proportional zur Anzahl n der Objekte in der Szene ($O(n)$). Zur Berechnung des nächsten Schnittpunktes benötigen die besten bekannten Beschleunigungsstrukturen im worst case einen Aufwand von $O(\log n)$. Leider haben diese Strukturen einen Speicherbedarf von $O(n^{4+\epsilon})$ und sind deshalb für die praktische Anwendung ungeeignet (vgl. [dBHO+91]). Die besten bekannten Algorithmen, die mit annähernd linearem Speicherbedarf auskommen, benötigen Berechnungszeiten von $O(n^{3/4})$ für den worst case (vgl. [AM92]). Hierarchische Strukturen sind solche Strukturen mit linearem Speicherbedarf. In der Praxis liefert die Verwendung von Hierarchien jedoch brauchbare Ergebnisse. Hierbei werden mehrere Objekte und insbesondere Bounding Volumes wiederum zu neuen Bounding Volumes zusammengefaßt. Die daraus resultierende Struktur ist ein Baum, dessen innere Knoten mit Bounding Volumes und dessen Blätter mit Objekten besetzt sind (vgl. Bild 3.9).

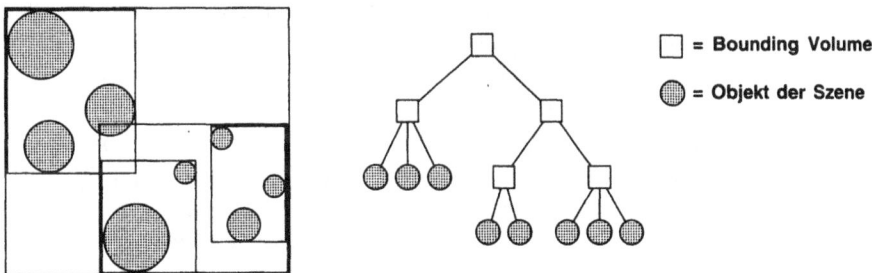

Bild 3.9: Beispiel für Bounding Volume Hierarchie.

Es gibt viele Möglichkeiten, um eine Hierarchie aufzubauen. Eine gute Hierarchie sollte folgende Eigenschaften [KK86] zur maximalen Beschleunigung der Schnittpunktberechnungen aufweisen:

H1 Die Teilbäume der Hierarchie sollten Objekte enthalten, die in der Szene nahe beieinanderliegen.

H2 Die Volumeninhalte der einzelnen Bounding Volumes sollten minimal sein.

H3 Die Summe der Volumeninhalte der Bounding Volumes sollte minimal sein.

H4 Die Bemühungen beim Aufbau der Hierarchie sollten sich auf die oberen Knoten konzentrieren, da durch Abschneiden eines Teilbaums nahe bei der Wurzel mehr Objekte wegfallen als bei einem tieferen Teilbaum.

H5 Die Zeit zur Berechnung des Bildes durch das Raytracing-Verfahren sollte trotz der zusätzlichen Preprocessing-Zeit zum Aufbau der Hierarchie sehr viel geringer werden.

Ein einfaches Verfahren zur Konstruktion effektiver Hierarchien ist das Median-Cut--Verfahren [KK86], das eine Binärbaum-Hierarchie von oben nach unten aufbaut. Im ersten Schritt werden die Objekte der Szene gemäß ihrem Objektmittelpunkt entlang der x-Achse sortiert. Dann wird die Szene in der Mitte geteilt. Die eine Hälfte der Objekte wird dem linken Teilbaum zugeordnet, die andere Hälfte dem rechten Teilbaum. Dieser Vorgang wird dann rekursiv auf die beiden Teilszenen angewendet, wobei jedoch für jede Ebene des Binärbaums eine andere Sortierachse gewählt wird. Die Rekursion terminiert, wenn eine Teilszene nur noch n Objekte umfaßt. Die Zahl n ist dabei abhängig vom Aufwand der Schnittpunktberechnung für das gewählte Bounding Volume und den in der Teilszene enthaltenen Objekten.

Traversierung

In einem einfachen Traversierungsalgorithmus wird zunächst einmal getestet, ob der Strahl das Bounding Volume der gesamten Szene (Wurzel des Hierarchiebaumes) trifft. Ist dies der Fall, so wird ein Schnittpunkttest für jeden der Kindknoten aufgerufen. Ist ein solcher Kindknoten ein Blattknoten des Hierarchiebaumes, so wird die Schnittpunktberechnung für die Objekte in diesem Blattknoten ausgeführt. Ist der Kindknoten ein interner Knoten, so wird getestet, ob der Strahl das zugeordnete Bounding Volume trifft. Ist dies der Fall, so wird der Schnittpunkttest wiederum rekursiv für dessen Kindknoten ausgeführt. Verfehlt der Strahl das Bounding Volume, so kann der gesamte an diesem internen Knoten hängende Teilbaum bei der weiteren Schnittpunktsuche ignoriert werden.

Kay et. al. [KK86] haben einen noch effizienteren Traversierungsalgorithmus entwickelt. Sie benutzen die Distanz zwischen Strahlursprung und dem Schnittpunkt eines Strahls mit einem Bounding Volume der enthaltenen Teilszene. Ist diese Distanz größer als die Distanz zu einem bereits gefundenen Schnittpunkt, so kann dieses Bounding Volume und der ganze an ihm hängende Teilbaum bei der weiteren Schnittpunktsuche ignoriert werden. Der verbesserte Traversierungsalgorithmus sortiert daher alle noch zu testenden Bounding Volumes gemäß ihrer Distanz vom Strahlursprung und wählt sich jeweils dasjenige Bounding Volume als nächsten Testkandidaten, das dem Strahlursprung am nächsten ist. Als Sortierdatenstruktur wird der Heap gewählt. Ein Heap ermöglicht das Einfügen eines neuen Elements und das Suchen bzw. Löschen des minimalen Elements mit einem Aufwand von jeweils nur O(log n).

Der Algorithmus von Kay et. al. läßt sich wie folgt in C-ähnlichem Pseudocode formulieren:

```
traverse ( Strahl, Root )
{
   schneide Strahl mit Root und fuege Root in Heap ein, falls
   Schnittpunkt vorhanden;
   mindist = INFINITY;

   while ( Heap nicht leer )
   {
      hole obersten Knoten N vom Heap;
      if ( N.dist > mindist ) return;

      if ( N ist Blatt des Hierarchiebaumes )
      {
         berechne Schnitt von Strahl mit allen Objekten in N;
         mindist = Strahllaenge bis zum naechsten bisher gefundenen
                   Schnittpunkt;
      }
      else /* N ist eine interner Knoten */
      {
         for ( jedes Kind K von N )
         {
            K.dist = Strahllaenge bis zum Schnittpunkt;
            if ( K.dist < mindist ) fuege K in Heap ein;
         }
      }
   }
}
```

3.1.4 Mailbox-Technik

Die Unterteilung des 3D-Objektraums in nichtüberlappende Voxel kann eine Fragmentierung zur Folge haben. Objekt A in Bild 3.10 liegt teilweise in sieben Voxeln und muß in jedem dieser Voxel gespeichert werden.

Alternativ könnte man Objekt A in sieben Sub-Objekte, die jeweils in genau einem Voxel liegen, aufspalten. Dieses Aufspalten von Objekten ist jedoch sehr rechenaufwendig und verursacht außerdem Probleme dadurch, daß die Sub-Objekte in der Regel von einem anderen Objekttyp sind. In Bild 3.10 wäre keines der sieben Sub-Objekte eine rechteckige Box wie das ganze Objekt A. Alternativ dazu werden die Objekte in jedem vom Objekt geschnittenen Voxel eingetragen. Dabei ergibt sich folgendes Problem:

Strahl R zum Beispiel muß mit den Objekten in den Voxeln 5, 6, 7 und 8 geschnitten werden. Das einzige in Voxel 5 eingetragene Objekt ist Objekt A. Der Schnittpunkttest zwischen Strahl R und Objekt A resultiert im Schnittpunkt I_1. Bild 3.10b zeigt, daß dies nicht unbedingt das richtige Ergebnis für den Strahl R sein muß. Um sicherzugehen, daß der nächstliegende Schnittpunkt gefunden wird, werden nur diejenigen Schnittpunkte als

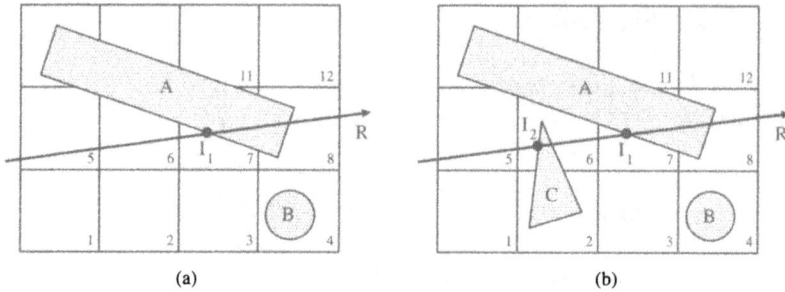

(a)   (b)

Bild 3.10: Mailbox-Technik.

gültig klassifiziert, die innerhalb des aktuellen Voxels liegen. Für das Beispiel in Bild 3.10a bedeutet dies andererseits jedoch, daß der Schnittpunkttest zwischen Strahl R und Objekt A dreimal durchgeführt werden muß, nämlich für die Voxel 5, 6 und 7.

Zur Vermeidung dieses Problems ordnen Arnaldi et. al. [APB87] jedem Objekt der Szene eine sogenannte *Mailbox* und jedem Strahl eine eindeutige Strahl-ID zu. Die Mailbox speichert das Resultat der letzten Schnittpunktberechnung mit dem zugeordneten Objekt. Nach jedem Schnittpunkttest wird das Ergebnis der Berechnung zusammen mit der Strahl-ID in der Mailbox des Objekts gespeichert. Vor jedem neuen Schnittpunkttest wird die Strahl-ID des aktuellen Strahls mit der Strahl-ID in der Mailbox verglichen. Stimmen die IDs überein, so kann das Ergebnis des Schnittpunkttests ohne weitere Berechnungen aus der Mailbox abgelesen werden. Ansonsten wird eine neue Schnittpunktberechnung durchgeführt und das Ergebnis in der Mailbox gespeichert.

3.1.5   Schatten-Caches

Das Verfolgen von Schattenstrahlen ist einfacher als das Verfolgen von Sehstrahlen, da es nicht notwendig ist, den nächsten Schnittpunkt des Strahls mit den Primitiven der Szene zu finden. Das Wissen, daß mindestens ein Schnittpunkt des Strahls mit einem undurchsichtigen Objekt existiert, ist bereits ausreichend.

Aus diesem Grund verwaltet jede Lichtquelle einen Schatten-Cache [HG86], [PJ91], der das Resultat der Strahlverfolgung des letzten Schattenstrahls speichert (vgl. Bild 3.11). War dieser Schattenstrahl auf seinem Weg von der Lichtquelle zum Objektschnittpunkt auf ein undurchsichtiges Objekt gestoßen, so wird ein Pointer auf dieses schattenwerfende Objekt im Schatten-Cache gespeichert. Ansonsten wird ein Null-Pointer gespeichert. Bevor der nächste Schattenstrahl verfolgt wird, führt man einen Schnittpunkttest mit dem durch den Schatten-Cache referenzierten Objekt durch. Nur wenn dieses Schnittestergebnis negativ ist, wird der Schattenstrahl explizit durch die Szene verfolgt.

Dieser Algorithmus geht davon aus, daß der Strahlursprung eines Schattenstrahls im Objektraum dicht bei dem seines Vorgängers liegt.

Diese Annahme gilt höchstens für Strahlen, die im abstrakten Strahlbaum zu denselben Knoten gehören, zum Beispiel für benachbarte Primärstrahlen, und die jeweils dazu-

(a) Rekursives Raytracing   (b) Strahlbaum   (c) Schatten-Caches

Ei = Primaerstrahl   Si = Schattenstrahl
Ri = reflektierter Strahl   Ci = Schatten-Cache
Ti = transmittierter Strahl   i = Strahlindex

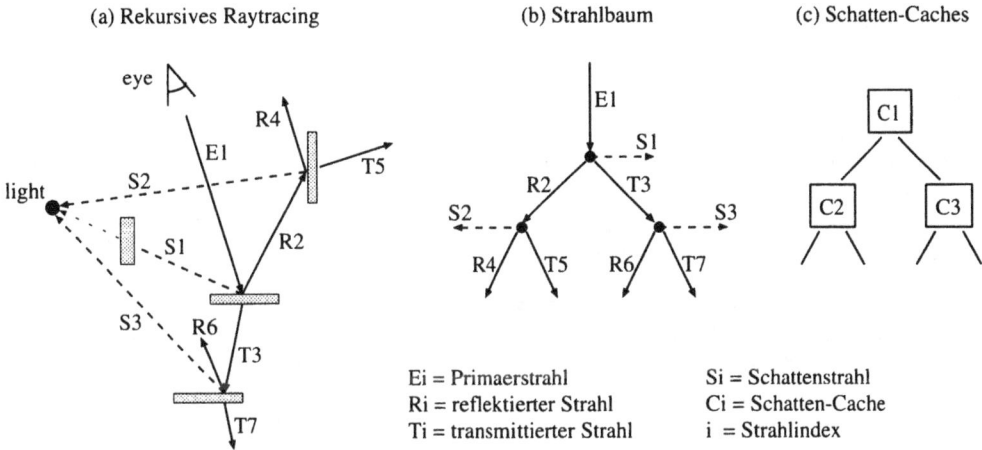

Bild 3.11: Binärbaum von Schatten-Caches.

gehörigen transmittierten und reflektierten Strahlen, die ihrerseits häufig wieder dasselbe Objekt schneiden. Daher wird für jeden Knoten im abstrakten Strahlbaum ein Schatten-Cache verwaltet. Der abstrakte Strahlbaum kann als lineare Liste repräsentiert werden. Zur Indizierung dieser Liste wird für jeden Knoten ein Strahlindex wie folgt berechnet:

$$
\begin{aligned}
\text{Strahlindex(Primärstrahl)} &= 1 \\
\text{Strahlindex(reflektierter Strahl)} &= 2 * \text{Strahlindex(Elternstrahl)} \\
\text{Strahlindex(transmittierter Strahl)} &= 2 * \text{Strahlindex(Elternstrahl)} + 1 \\
\text{Strahlindex(Schattenstrahl)} &= \text{Strahlindex(Elternstrahl)}
\end{aligned}
$$

3.1.6 Adaptive Rekursionstiefenkontrolle

Eine ad-hoc-Technik zur Vermeidung unnötiger Strahlverfolgungen besteht darin, (reflektierte/ transmittierte/ ...) Sekundärstrahlen nicht weiter zu verfolgen, wenn ihr Beitrag zur Pixelfarbe zu klein wird [HG83].

Bei einem Primärstrahl pro Pixel bestimmt der Primärstrahl zu 100 % die Pixelfarbe. Generell tragen Strahlen der n-ten Generation zur Strahlfarbe ihres Elternstrahls der $(n-1)$-ten Generation bei. Wird z.B. ein reflektierter Strahl der zweiten Generation von einer Fläche reflektiert, die zu 30% spiegelnd ist, dann kann dieser Strahl maximal 30% zur Primärstrahlfarbe und damit zur Pixelfarbe beitragen. Ein Strahl der dritten Generation trägt z.B. 40% zum Strahl der zweiten Generation und damit nur 40%·30% = 12% zur Primärstrahlfarbe bei.

Eine generelle Regel lautet, daß Strahlen weiter unten im Strahlbaum weniger zur Pixelfarbe beitragen. Bevor ein Sekundärstrahl durch die Szene verfolgt wird, wird sein maximaler Intensitätsbeitrag zur Pixelfarbe geschätzt. Liegt dieser Wert unterhalb eines Schwellwertes, so wird der Strahl nicht erzeugt.

3.1.7 Pixel-Selected Raytracing

Selbst wenn die Szenengeometrie fest vorgegeben ist, sind bis zu einem zufriedenstellen-den Ergebnis häufig viele Bildberechnungen notwendig. Der Grund hierfür ist, daß auch viele andere, nichtgeometrische Parameter den visuellen Eindruck der Szene beeinflussen: Kameraparameter, Anzahl, Positionen und Intensitäten der Lichtquellen und zahlreiche Materialparameter für jedes Primitiv der Szene, die vom Benutzer häufig nach einer Berechnung noch korrigiert werden müssen.

Eine schnelle Previewing-Technik zur Beschleunigung der Visualisierung besteht darin, homogene Regionen in der Bildebene zu detektieren und zu interpolieren. Die Technik basiert auf einer *divide and conquer* Strategie und funktioniert wie folgt:

Schritt 1: Unterteile die Bildebene in Regionen von je $Dx \times Dy$ Pixeln.

Schritt 2: Bestimme die Intensitäten der vier Eckpixel durch Emittieren von Strahlen.

Schritt 3: Sind die Pixel direkt benachbart, so gib die Pixelfarben aus und stoppe.

Schritt 4: Ist die Intensität zwischen den Eckpixeln kleiner als ein Schwellwert, so fülle die Region durch bilineare Interpolation der vier Eckintensitäten und stoppe.

Schritt 5: Ansonsten unterteile die Region in zwei oder vier Unterregionen, berechne alle noch nicht berechneten Eckintensitäten durch das Raytracing-Verfahren und wende die Schritte 3 bis 5 rekursiv an.

Dieser Algorithmus kann offensichtlich dadurch Fehler im Bild produzieren, daß kleine Objekte nicht explizit durch Strahlen getroffen werden. Anwendungen zeigen jedoch, daß bei vielen Szenen diese Fehler relativ klein sind. Außerdem können sie durch Verändern der Werte für Dx, Dy und dem Farbschwellwert beeinflußt werden. Da diese Technik nicht für das fertige Bild gedacht ist, sind kleine Fehler häufig akzeptabel.

Akimoto et. al. [AMHS89] berichten in ihrem Aufsatz *Pixel Selected Raytracing* über mehrere Verbesserungen dieser einfachen Interpolationstechnik. Sie erfanden bessere Pixel-Auswahl-Techniken (*Iterative Zentralpunktselektion*) und vergleichen für die vier Abtast-Eckpunkte ganze Strahlbäume zur Minimierung von Interpolationsfehlern.

3.1.8 Bewertung

Raytracing ist insbesondere für Szenen mit hohem spiegelnden und transparenten Flächenanteil geeignet und liefert hier gute Ergebnisse. Im folgenden werden die Vor- und Nachteile das Raytracing nocheinmal zusammengestellt.

+ Die Szenenbeschreibung kann beliebig komplexe Objekte enthalten. Die einzige Bedingung besteht darin, daß Objektnormalen und Schnittpunkte mit Strahlen berechenbar sind. Es besteht keine Notwendigkeit, alle Objekte durch Polygone zu approximieren.

+ Die Berechnung verdeckter Flächen, Schatten, Reflexionen und Transparenzen sind ein inhärenter Teil des Raytracing-Algorithmus.

+ Explizite perspektivische Transformationen der Objekte und Clipping-Berechnungen sind nicht notwendig.

+ Objekte dürfen sich gegenseitig durchdringen. Schnitte zwischen Objekten brauchen nicht berechnet zu werden.

+ Das Beleuchtungsmodell muß nur in sichtbaren Objektpunkten berechnet werden.

− Die Abtastung der Szene mit einem Strahl pro Pixel erzeugt in der Regel Aliasing, das mit Supersampling oder stochastischem Abtasten gemildert [Coo86], [Pur86], [Gla95] werden kann.

− Schnittpunktsberechnungen werden in der Regel in Floating-Point-Arithmetik durchgeführt. Da unter Umständen viele Millionen Strahlen verfolgt werden müssen, ist der Rechenaufwand sehr groß.

− Schatten haben stets scharfe Grenzen. Weiche Halbschatten sind nur durch rechenaufwendigere, stochastische Raytracing-Verfahren darstellbar.

− Außerdem müssen Schatten bei jeder Änderung der Kameraparameter neu berechnet werden, obwohl diese nur von den Lichtquellen und den Objekten der Szene abhängig sind.

− Globales diffuses Licht wird beim konventionellen Raytracing-Verfahren nicht berücksichtigt.

− Szenen werden bezüglich eines Blickpunktes berechnet. Ein Durchwandern von Räumen ist deshalb trotz Beschleunigungstechniken momentan kaum in Echtzeit zu realisieren.

3.2 Das Radiosity-Verfahren

3.2.1 Einführung

Das Radiosity-Verfahren [CW93] wurde von Goral, Greenberg et al.[GTGB84] im Jahre 1983 vorgestellt und beruht auf der Energieerhaltung. Zwischen der zugeführten Strahlungsenergie durch die Lichtquellen und der Absorption durch die Oberflächen besteht ein Gleichgewicht, das zu einer zeitunabhängigen Beleuchtungsstärke in der Szene führt. Ebenso wie beim Strahlverfolgungsverfahren handelt es sich um ein *globales* Beleuchtungsverfahren, allerdings für ideal diffus reflektierende Oberflächen. Global heißt, daß nicht nur die Wechselwirkung der Oberflächen mit den Lichtquellen, sondern darüber hinaus die Wechselwirkung der Oberflächen untereinander berücksichtigt wird. Trotz der Einschränkung auf diffus reflektierende Oberflächen bietet sich für das Radiosity--Verfahren doch ein weites Anwendungsgebiet. So sind in unserer natürlichen Umgebung weitgehend diffus reflektierende Oberflächen zu sehen, wogegen spiegelnde Oberflächen eher die Ausnahme sind. Vor allem für die Lichtverteilung in Gebäuden ist das Radiosity-Verfahren wie kein anderes Beleuchtungsverfahren geeignet.

Ein großer Vorteil diffuser Reflexion ist, daß die Leuchtdichte (Intensität) einer Fläche unabhängig von der Beobachtungsrichtung ist. Wurde eine Szene mit dem Radiosity--Verfahren berechnet, so ist es möglich, die Szene aus allen Richtungen zu betrachten, ja sogar durch die Szene hindurchzugehen, ohne sie neu berechnen zu müssen. Durch diese Eigenschaft der Betrachtungsunabhängigkeit wird auch die hohe Rechenzeit für das Verfahren akzeptabel.

Das Radiosity-Verfahren wird als *physikalisches* Beleuchtungsverfahren bezeichnet, obwohl auch im Radiosity-Verfahren von der Fülle der physikalischen Effekte, die bei der Lichtausbreitung eine Rolle spielen, nur der Mechanismus der rein diffusen Reflexion berücksichtigt wird. Die rein diffuse Reflexion kann aber dafür mit gewünschter Genauigkeit nachgebildet werden. Berechnet wird im Radiosity-Verfahren die spezifische Beleuchtungsstärke (gemessen in Lux) einer jeden Fläche. Es wird also eine photometrische Größe berechnet, für die es eine genaue Meßvorschrift gibt. Die Ergebnisse des Radiosity-Verfahrens konnten deshalb auch im Experiment nachgeprüft und verifiziert werden [MRC+86].

3.2.2   Die Beleuchtungs- und die Radiositygleichung

Zur Herleitung der Beleuchtungsgleichung gehen wir von der Reflektionsgleichung (Band I, Kapitel 6.2.1, Gleichung 6.22) aus. Trifft in einem Punkt Licht aus mehreren Richtungen ein, so beeinflussen sich die einzelnen Reflexionen nicht, sondern können linear überlagert werden. Durch Integration über alle Einfallsrichtungen erhält man für die reflektierte Strahldichte

$$L_r(\mathbf{x}, \vec{\omega_r}) = \int_{\Omega_i} \rho(\mathbf{x}, \vec{\omega_r}, \vec{\omega_i}) \cdot L_i(\mathbf{x}, \vec{\omega_i}) \cos\theta_i d\vec{\omega_i}. \tag{3.3}$$

Dabei kennzeichnet der Index i die Größen der einfallenden, r die Größen der reflektierten Strahlung, $\mathbf{x}$ den Ort und $\rho(\mathbf{x}, \vec{\omega_r}, \vec{\omega_i})$ den spektrale Reflexionsfaktor, in der englischen Literatur auch als "bidirectional reflection distribution function (BRDF)" am Ort $\mathbf{x}$ bezeichnet.

Anstatt über alle Einfallsrichtungen zu integrieren, kann auch über alle anderen Flächen der Szene, die Licht reflektieren oder abstrahlen, integriert werden. Dazu verwenden wir

$$d\vec{\omega_i} = \frac{\cos\theta_0}{|\mathbf{x} - \mathbf{x}'|^2} dA, \tag{3.4}$$

wobei θ_0 der Winkel zwischen der Normalen des infinitisimal kleinen Flächenelement dA am Ort $\mathbf{x}'$ und dem Vektor $\mathbf{x} - \mathbf{x}'$ ist, vgl. Abb. 3.12. Berücksichtigen wir weiter, daß die Strahldichte $L_i(\mathbf{x}, \vec{\omega_i})$ entlang eines Strahls invariant bleibt, so können wir die Strahldichte $L_i(\mathbf{x}, \vec{\omega_i})$ durch die Strahldichte an der Stelle $\mathbf{x}'$ ausdrücken, vgl. Abb. 3.12:

$$L_i(\mathbf{x}, \vec{\omega_i}) = L(\mathbf{x}', \vec{\omega_0}) \cdot H(\mathbf{x}, \mathbf{x}'), \tag{3.5}$$

wobei

$$H(\mathbf{x}, \mathbf{x}') = \begin{cases} 0, \text{ falls } \mathbf{x}' \text{ von } \mathbf{x} \text{ aus unsichtbar} \\ 1, \text{ falls } \mathbf{x}' \text{ von } \mathbf{x} \text{ aus sichtbar} \end{cases} .$$

Damit erhalten wir

$$L_r(\mathbf{x}, \vec{\omega_r}) = \int_A \rho(\mathbf{x}, \vec{\omega_r}, \vec{\omega_i}) \cdot L(\mathbf{x}', \vec{\omega_0}) H(\mathbf{x}, \mathbf{x}') \frac{\cos\theta_i \cos\theta_0}{|\mathbf{x} - \mathbf{x}'|^2} dA. \tag{3.6}$$

Dabei wird über alle Flächen der Szene integriert. $L_r(\mathbf{x}, \vec{\omega_r})$ kann als reflektierter Anteil der Strahldichte interpretiert werden. Addieren wir zu diesem reflektierten Anteil der Strahldichte noch die Strahldichte $L_e(\mathbf{x}, \vec{\omega_r})$, die die Fläche als aktive Lichtquelle im Punkt $\mathbf{x}$ in Richtung $\vec{\omega_r}$ abstrahlt, so erhalten wir die sogenannte *Beleuchtungsgleichung* *(rendering equation)* von Kajiya [Kaj86]:

$$L_r(\mathbf{x}, \vec{\omega_r}) = L_e(\mathbf{x}, \vec{\omega_r}) + \int_A \rho(\mathbf{x}, \vec{\omega_r}, \vec{\omega_i}) \cdot L(\mathbf{x}', \vec{\omega_0}) H(\mathbf{x}, \mathbf{x}') \frac{\cos\theta_i \cos\theta_0}{|\mathbf{x} - \mathbf{x}'|^2} dA. \tag{3.7}$$

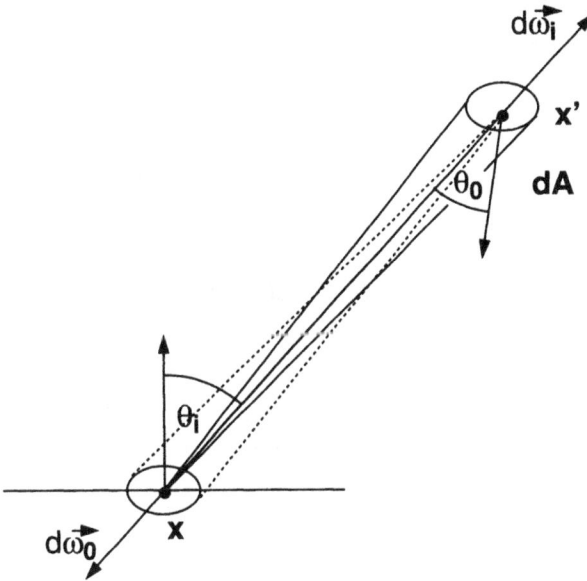

Bild 3.12: Anstatt über alle Einfallsrichtungen zu integrieren wird über alle reflektieren-den und abstrahlenden Fläche in der Szene integriert.

Wir vereinfachend angenommen, daß alle Flächen lambertsch' diffus reflektierend sind, d.h. daß die reflektierte Leuchtdichte unabhängig von der Abstrahlrichtung ist, (vgl. Band I, Kapitel 6.2.2), so gewinnt man die Radiositygleichung. Für die spezifische Ausstrahlung M_e (im englischen Sprachgebrauch Radiosity), die in der Literatur auch mit B bezeichnet wird, ergibt sich unter dieser Annahme

$$B = M_e = \int_\Omega L_r(\mathbf{x}, \vec{\omega_r}) \cos\theta_r d\vec{\omega_r} \tag{3.8}$$

$$= \pi \cdot L_r. \tag{3.9}$$

Unter der Radiosity-Annahme ist $\rho(\mathbf{x}, \vec{\omega_r}, \vec{\omega_i}) = \rho(\mathbf{x})$ unabhängig von $\vec{\omega_r}$ und $\vec{\omega_i}$. Integrieren wir unter dieser Annahme die Beleuchtungsgleichung 3.7 und setzen wir Gleichung 3.8 ein, so erhalten wir für die spezifische Ausstrahlung $B(\mathbf{x})$ im Punkt $\mathbf{x}$

$$\int_\Omega L_r(\mathbf{x}, \vec{\omega_r}) \cos\theta_r d\vec{\omega_r} = \int_\Omega L_e(\mathbf{x}, \vec{\omega_r}) \cos\theta_r d\vec{\omega_r}$$

$$+ \int_\Omega \int_A \rho(\mathbf{x}, \vec{\omega_r}, \vec{\omega_i}) \cdot L(\mathbf{x}', \vec{\omega_0}) H(\mathbf{x}, \mathbf{x}') \frac{\cos\theta_i \cos\theta_0}{|\mathbf{x} - \mathbf{x}'|^2} dA \cos\theta_r d\vec{\omega_r} \quad (3.10)$$

$$\pi \cdot L_r = \pi \cdot L_e(\mathbf{x}) + \pi \cdot \rho(\mathbf{x}) \int_A L(\mathbf{x}', \vec{\omega_0}) H(\mathbf{x}, \mathbf{x}') \frac{\cos\theta_i \cos\theta_0}{|\mathbf{x} - \mathbf{x}'|^2} \quad (3.11)$$

$$B(\mathbf{x}) = E(\mathbf{x}) + r \cdot \int_A L(\mathbf{x}', \vec{\omega_0}) H(\mathbf{x}, \mathbf{x}') \frac{\cos\theta_i \cos\theta_0}{|\mathbf{x} - \mathbf{x}'|^2} dA. \quad (3.12)$$

Dabei wurde $\pi \cdot \rho(\mathbf{x})$ durch den Reflexionsgrad r, $0 \leq r \leq 1$ ersetzt (vgl. Band I, Abschnitt 6.2.1 Gleichung 6.23) und mit $\pi \cdot L_e(\mathbf{x}) = E(\mathbf{x})$ die Emmission bezeichnet.

Da $\mathbf{x}'$ Punkt einer diffusen Fläche ist, gilt

$$L(\mathbf{x}', \vec{\omega_0}) = \frac{B(\mathbf{x}')}{\pi}$$

unabhängig von $\vec{\omega_0}$. Damit erhalten wir die *Radiositygleichung*

$$B(\mathbf{x}) = E(\mathbf{x}) + r \cdot \int_A B(\mathbf{x}') H(\mathbf{x}, \mathbf{x}') \frac{\cos\theta_i \cos\theta_0}{\pi |\mathbf{x} - \mathbf{x}'|^2} dA. \quad (3.13)$$

Der Term

$$G(\mathbf{x}, \mathbf{x}') = \frac{\cos\theta_i \cos\theta_0 dA}{\pi |\mathbf{x} - \mathbf{x}'|^2} H(\mathbf{x}, \mathbf{x}') \quad (3.14)$$

wird auch als Geometrieterm bezeichnet.

3.2.3 Lösung der Radiositygleichung

Zur Lösung der Radiositygleichung wird ein Finite Element Ansatz gewählt. Bei der Methode der Finiten Elemente wird der Definitionsbereich der Radiosityfunktion – das sind die Flächen der Szene – in einfache Teilgebiete, die sogenannten Elemente zerlegt. Dies sind meist Dreiecke oder Rechtecke, vgl. Abb. 3.13 a). Die Eckpunkte der Dreiecke oder Rechtecke werden auch als Knoten bezeichnet. Nun wird die spezifische Ausstrahlung (Radiosity) durch

$$B(\mathbf{x}) \approx \hat{B} = \sum_{i=1}^{n} B_i N_i(\mathbf{x}), \quad (3.15)$$

approximiert, wobei die N_i Basisfunktionen und $B_i \in \mathbb{R}$ zugehörige Koeffizienten sind. Als Basisfunktionen N_i werden meist Polynome oder Splines niederen Grades verwendet, die nur auf zu einem Knoten benachbarten Elementen von Null verschieden sind (lokaler Träger). Ein Beispiel für den eindimensionalen Fall und stückweise lineare Basisfunktionen ist in Abb. 3.13 b) dargestellt.

Die einfachsten Basisfunktionen sind die auf einem Element konstanten Funktionen

$$N_i(\mathbf{x}) = \begin{cases} 0 \text{ falls } \mathbf{x} \text{ außerhalb Element i} \\ 1 \text{ falls } \mathbf{x} \text{ innerhalb Element i} \end{cases}. \tag{3.16}$$

Ein Beispiel einer Approximation der Radiosityfunktion mit Hilfe dieser Basisfunktionen ist in Abb. 3.13 c) dargestellt.

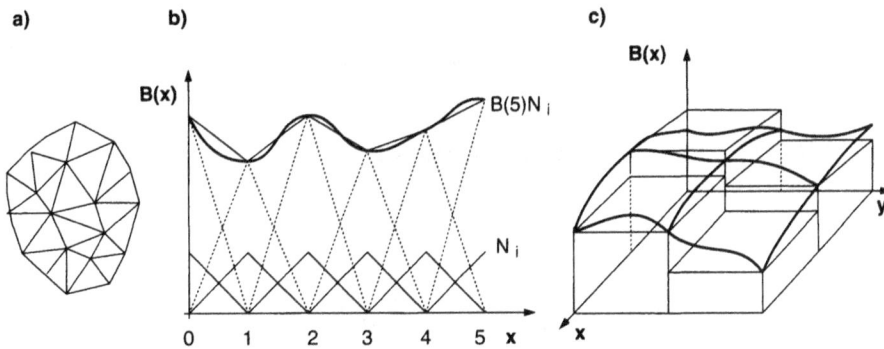

Bild 3.13: a) Die Zerlegung einer Fläche in Elemente. b) Approximation einer eindimensionalen Radiosityfunktion durch lineare Elemente. c) Approximation der Radiosityfunktion auf einer Fläche durch konstante Elemente.

Ist $\hat{B}$ eine Approximation der Radiosityfunktion B, so ist das *Residuum* wie folgt definiert:

$$R(\mathbf{x}) = \hat{B}(\mathbf{x}) - E(\mathbf{x}) - r \cdot \int_A \hat{B}(\mathbf{x}')H(\mathbf{x},\mathbf{x}')\frac{\cos\theta_i \cos\theta_0}{\pi|\mathbf{x}-\mathbf{x}'|^2}dA. \tag{3.17}$$

Es ist im allgemeinen ungleich Null, da $\hat{B}$ die Radiositygleichung nicht exakt erfüllt. Das Residuum R wird aber umso kleiner, je genauer $\hat{B}$ die Radiosityfunktion B approximiert. Für $\hat{B} = B$ gilt $R = 0$. Das Residuum wird daher als Maß für die Approximationsgüte verwendet.

Um eine gute Approximation $\hat{B}$ von B zu finden, müssen die Koeffizienten B_i von $\hat{B}$ so gewählt werden, daß R klein wird. Bei der *Galerkin-Methode* oder allgemeiner der Methode der *gewichteten Residuen* wird dazu gefordert, daß das Integral des Residuums, gewichtet mit gewissen Gewichtsfunktionen w_i, verschwindet, d.h.

$$\int_A w_i(\mathbf{x})R(\mathbf{x})dx = 0, \ \forall i = 1, \dots, n. \tag{3.18}$$

Im Ansatz von Galerkin werden als Gewichtsfunktionen die Basisfunktionen N_i gewählt, d.h. man fordert

$$\int_A N_i(\mathbf{x})R(\mathbf{x})dx = 0, \ \forall i = 1,\dots,n. \tag{3.19}$$

Einsetzen in 3.17 liefert

$$
\begin{aligned}
0 &= \int_A N_i(\mathbf{x})R(\mathbf{x})dA \\
&= \int_A N_i(\mathbf{x})(\hat{B}(\mathbf{x}) - E(\mathbf{x}) - r \cdot \int_{A'} \hat{B}(\mathbf{x}')G(\mathbf{x},\mathbf{x}')dA')dA \\
&= \int_A N_i(\mathbf{x})\hat{B}(\mathbf{x})dA - \int_A N_i(\mathbf{x})E(\mathbf{x})dA \\
&\quad - \int_A N_i(\mathbf{x})r(\mathbf{x}) \int_{A'} \hat{B}(\mathbf{x}')G(\mathbf{x},\mathbf{x}')dA'dA \ \forall i = 1,\dots,n. \tag{3.20}
\end{aligned}
$$

Setzen wir $\hat{B} = \sum_{j=1}^n B_j N_j(\mathbf{x})$ ein, so erhalten wir

$$
\begin{aligned}
0 &= \int_A N_i(\mathbf{x})R(\mathbf{x})dA \\
&= \int_A N_i(\mathbf{x}) \left(\sum_{j=1}^n B_j N_j(\mathbf{x}) \right) dA - \int_A N_i(\mathbf{x})E(\mathbf{x})dA \\
&\quad - \int_A N_i(\mathbf{x})r(\mathbf{x}) \int_A \left(\sum_{j=1}^n B_j N_j(\mathbf{x}) \right) G(\mathbf{x},\mathbf{x}')dA'dA \\
&= \sum_{j=1}^n B_j \int_A N_i(\mathbf{x})N_j(\mathbf{x}))dA - \int_A N_i(\mathbf{x})E(\mathbf{x})dA \\
&\quad - \sum_{j=1}^n B_j \int_A N_i(\mathbf{x})r(\mathbf{x}) \int_A N_j(\mathbf{x}))G(\mathbf{x},\mathbf{x}')dA'dA \quad \forall i = 1,\dots,n. \tag{3.21}
\end{aligned}
$$

Dies ist ein lineares Gleichungssystem für die Koeffizienten B_j der Form

$$KB = E, \tag{3.22}$$

mit

$$B = \begin{pmatrix} B_1 \\ \cdot \\ \cdot \\ B_n \end{pmatrix}, \ E = \begin{pmatrix} E_1 \\ \cdot \\ \cdot \\ E_n \end{pmatrix},$$

wobei

$$E_i = \int_A N_i(\mathbf{x})E(\mathbf{x})dA$$

und

$$K_{ij} = \int_A N_i(\mathbf{x})N_j(\mathbf{x})dA - \int_A N_i(\mathbf{x})r(\mathbf{x})\int_A N_j(\mathbf{x}')G(\mathbf{x},\mathbf{x}')dA'dA, \quad i,j = 1,\ldots,n.$$

Die Matrix K wird dabei nur durch die Wahl der Basisfunktionen bestimmt.

Die klassische Radiositygleichung

Werden als Basisfunktionen konstante Funktionen gewählt, so erhalten wir die klassische Radiositygleichung [GTGB84]. Da in diesem Fall

$$N_i(\mathbf{x}) = \begin{cases} 0 \text{ falls } \mathbf{x} \text{ außerhalb Element } i \\ 1 \text{ falls } \mathbf{x} \text{ innerhalb Element } i. \end{cases}$$

erhalten wir

$$\int_A N_i(\mathbf{x})N_j(\mathbf{x})dA = \begin{cases} A_i \text{ falls } i = j \\ 0 \text{ sonst} \end{cases} = \delta_{ij}A_i, \quad i,j = 1,\ldots,n, \tag{3.23}$$

wobei A_i den Flächeninhalt des i-ten Elements bezeichnet. Bezeichnen wir mit E_i die durchschnittliche Emission der Fläche A_i, so erhalten wir

$$\int_A E(\mathbf{x})N_i(\mathbf{x})dA = E_iA_i. \tag{3.24}$$

Nehmen wir ferner an, daß der Reflexionsgrad r auf jedem Element konstant ist, so wird

$$\int_A N_i(\mathbf{x})r(\mathbf{x})\int_A N_j(\mathbf{x}')G(\mathbf{x},\mathbf{x}')dA'dA = r_i\int_{A_i}\int_{A_j}G(\mathbf{x},\mathbf{x}')dA_idA_j. \tag{3.25}$$

Setzen wir diese Beziehungen in 3.21 ein, so erhalten wir

$$0 = \sum_{j=1}^n B_j\left[\delta_{ij}A_i - r_i\int_{A_i}\int_{A_j}G(\mathbf{x},\mathbf{x}')dA_idA_j\right] - E_iA_i \; \forall i = 1,\ldots,n. \tag{3.26}$$

Dividieren wir schließlich diese Gleichungen noch durch A_i, so ergibt sich

$$E_i = \sum_{j=1}^n B_j\left[\delta_{ij} - r_i\frac{1}{A_i}\int_{A_i}\int_{A_j}G(\mathbf{x},\mathbf{x}')dA_idA_j\right] \; \forall i = 1,\ldots,n. \tag{3.27}$$

Mit den Abkürzungen

$$F_{ij} = \frac{1}{A_i}\int_{A_i}\int_{A_j}G(\mathbf{x},\mathbf{x}')dA_idA_j, \quad i,j = 1,\ldots,n \tag{3.28}$$

erhalten wir

$$E_i = \sum_{j=1}^n B_j\left[\delta_{ij} - r_iF_{ij}\right] \; \forall i = 1,\ldots,n. \tag{3.29}$$

Der Faktor F_{ij} wird als *Formfaktor* bezeichnet. Er bezeichnet den Anteil der von der Fläche A_i abgegebenen Strahlungsleistung, der auf der Fläche A_j ankommt. Formfaktoren sind der zentrale Begriff im Radiosity-Verfahren. Sie sind jedoch keine Erfindung der GDV, sondern sind bereits aus der Wärmetechnik gut bekannt. Ausführlich besprochen werden sie in dem Buch *Thermal Radiation Heat Transfer* von Robert Siegel [SH81].

Die Formfaktoren F_{ij} hängen nur von geometrischen Größen der Szene ab. Aus der Definition und den Bestimmungsgleichungen der Formfaktoren lassen sich eine Reihe von Eigenschaften ableiten:

Das Integral in Gleichung 3.28 ist invariant unter der Vertauschung von i und j. Dadurch ergibt sich folgende einfache Reziprozitätsbeziehung, von der noch häufiger Gebrauch gemacht werden wird:

$$A_i \, F_{ij} = A_j \, F_{ji}, \quad \forall i, j. \tag{3.30}$$

Aus Gründen der Energieerhaltung gilt für jede abstrahlende Fläche A_i:

$$\sum_{j=1}^{n} F_{ij} \leq 1, \quad \forall i. \tag{3.31}$$

Jede konvexe, im Grenzfall ebene, Fläche strahlt kein Licht auf sich selbst ab:

$$F_{ii} = 0, \quad \forall i. \tag{3.32}$$

Enthält die Szene nur planare Flächenelemente, so sind also bei n Elementen nur $n(n-1)/2$ Formfaktoren zu berechnen. An der quadratischen Abhängigkeit der Formfaktorzahl von der Zahl der Flächen ändert das jedoch nichts und macht die Berechnung der Formfaktoren zum aufwendigsten Arbeitsschritt im Radiosity-Verfahren.

3.2.4   Lösung des Gleichungssystems

Umformung von Gleichung 3.29 liefert die Radiositygleichung in der bekannten Form:

$$B_i = E_i + r_i \sum_{j=1}^{n} B_j F_{ij}, \ \forall i = 1, \dots, n. \tag{3.33}$$

Die Gleichung wird noch übersichtlicher, wenn man in die Matrixschreibweise übergeht:

$$\vec{B} = \vec{E} + \mathbf{r}\,\mathbf{F}\,\vec{B} \Rightarrow (\mathbf{1} - \mathbf{r}\mathbf{F})\vec{B} = \vec{E},$$

wobei nun $\vec{E}$ und $\vec{B}$ Vektoren der Länge n und $\mathbf{F}$ eine $n \times n$-Matrix ist. Auch $\mathbf{r}$ ist eine $n \times n$-Matrix, allerdings in Diagonalgestalt. Ausgeschrieben lautet das Gleichungssystem:

$$\begin{pmatrix} 1 & -r_1 F_{12} & \cdots & -r_1 F_{1n} \\ -r_2 F_{21} & 1 & \cdots & -r_2 F_{2n} \\ \vdots & \vdots & & \vdots \\ -r_n F_{n1} & -r_n F_{n2} & \cdots & 1 \end{pmatrix} \begin{pmatrix} B_1 \\ B_2 \\ \vdots \\ B_n \end{pmatrix} = \begin{pmatrix} E_1 \\ E_2 \\ \vdots \\ E_n \end{pmatrix}, \tag{3.34}$$

wobei ausgenutzt wurde, daß $F_{ii} = 0$.

Da alle Reflexionsgrade $r_i < 1$ sind und $\sum_{i=1}^{n} F_{ij} \leq 1$ ist, ist die Koeffizientenmatrix $K = (1 - \mathbf{rF})$ diagonal dominant, d.h.

$$\sum_{j=1, j \neq i}^{n} | k_{ij} | < | k_{ii} | . \tag{3.35}$$

Für jedes i gilt

$$\sum_{j \neq i} | r_i F_{ij} | = r_i \sum_{j \neq i} F_{ij} < 1. \tag{3.36}$$

Die Diagonaldominanz der Koeffizientenmatrix sichert ihre Regularität. Sind die Lichtquellenterme alle Null, so folgt damit sofort, daß die einzige Lösung des Gleichungssystems die triviale Lösung ist; alle Radiosities sind Null.

Für die Lösung des Gleichungssystems kann man ein Standardlösungsverfahren, wie z.B. das Eliminationsverfahren von Gauß, anwenden. Diese Verfahren benötigen jedoch $O(n^3)$ Operationen zur Lösung. Da in der Regel mehrere tausend Flächenelemente in einer Szene enthalten sind, ist dieser Aufwand zu groß. In der Praxis haben sich daher iterative Verfahren bewährt, die im folgenden kurz besprochen werden sollen, vgl. [CW93].

Die Jacobi-Iteration

Um die Iterationsvorschrift der Jacobi-Iteration herzuleiten, verwenden wir $B^{(k)}$, um für jedes Element $B_i^{(k+1)}$ die i-te Zeile der Gleichung

$$KB^{(k)} = E$$

zu lösen. Aus

$$\sum_{j=1}^{n} K_{ij} B_j^{(k)} = E_i$$

folgt

$$K_{ii} B_i^{(k)} = E_i - \sum_{j \neq i} K_{ij} B_j^{(k)}$$

Nun setzen wir

$$B_i^{(k+1)} = \frac{E_i - \sum_{j \neq i} K_{ij} B_j^{(k)}}{K_{ii}} . \tag{3.37}$$

Dies ist äquivalent zu

$$B_i^{(k+1)} = \frac{K_{ii} B_i^{(k)} + E_i - \sum_j K_{ij} B_j^{(k)}}{K_{ii}} . \tag{3.38}$$

Verwenden wir den sogenannten *Residuenvektor*

$$R^{(k)} = E - KB^{(k)}. \tag{3.39}$$

so können wir die Jacobi-Iterationsvorschrift wie folgt schreiben:

$$B_i^{(k+1)} = B_i^{(k)} + \frac{R_i^{(k)}}{K_{ii}} \quad \forall i = 1, \dots, n. \tag{3.40}$$

Der Residuenvektor ist wie das Residuum beim Lösen der allgemeinen Radiositygleichung ein Maß für den Fehler zwischen der Lösung $B^{(k)}$ im $k - ten$ Iterationsschritt und der korrekten Lösung B.

In jedem Schritt des Verfahrens wird also eine Komponente des Radiosity-Vektors $B^{(k+1)}$ neu berechnet. Sind alle Komponenten von $B^{(k+1)}$ einmal berechnet, so wird bei der Berechnung wieder mit der ersten Komponente begonnen.

Das Gauß-Seidel-Verfahren

Beim Gauß-Seidel-Verfahren werden zur Berechnung von $B^{(k+1)}$ die schon in den ersten j Schritten der k-ten Iteration verbesserten Werte B_j^{k+1} für den $(i + 1)$-ten Schritt verwendet. Im i-ten Schritt wird anstatt

$$B_i^{(k+1)} = \frac{K_{ii}B_i^{(k)} + E_i - \sum_{j=1}^n K_{ij}B_j^{(k)}}{K_{ii}}$$

$$B_i^{(k+1)} = \frac{E_i - \sum_{j=1}^{i-1} K_{ij}B_j^{(k+1)} - \sum_{j=i+1}^n K_{ij}B_j^{(k)}}{K_{ii}}$$

gesetzt.

Das Gauß-Seidel-Verfahren kann physikalisch als Aufsammeln (Gathering) von Radiosity interpretiert werden. In jedem Schritt wird die Radiosity B_i des i-ten Elements aktualisiert, indem über die Beiträge aller anderen Elemente gewichtet mit $\frac{1}{K_{ij}}$ summiert wird.

Das Southwell-Verfahren

Während beim Gauß-Seidel-Verfahren die Radiosities der Elemente stets in der selben Reihenfolge immer beginnend mit dem ersten Element aktualisiert werden, wird beim Algorithmus von Southwell in jedem Schritt diejenige Zeile der Radiositygleichung aktualisiert, für die die Komponente $R_i^{(k)}$ des Residuenvektors maximal ist, d.h. der durch den Residuenvektor gegebene Fehler am größten ist. In diesem Verfahren werden nicht mehr alle Zeilen der Gleichung aktualisiert, sondern nur noch eine. Ein Iterationsschritt des Southwell-Verfahrens entspricht einem Teilschritt eines Iterationsschritts der Jacobi-Iteration oder des Gauß-Seidel-Verfahrens.

Um in jedem Schritt das maximale Element zu finden, muß der Residuenvektor bekannt sein. Wird er gemäß der Definition

$$R^{(k)} = E - KB^{(k)}$$

ausgerechnet, so muß in jedem Schritt die volle Matrixmultiplikation $KB^{(k)}$ durchgeführt werden. Berechnet man $R^{(k+1)}$ jedoch iterativ aus $R^{(k)}$, so kann dies vermieden werden. $\Delta B^{(k)} = B^{(k+1)} - B^{(k)}$ bezeichne die Differenz zwischen $B^{(k+1)}$ und $B^{(k)}$. Dann gilt

$$\begin{aligned} R^{(k+1)} &= E - KB^{(k+1)} = E - KB^{(k)} - K\Delta B^{(k)} \\ &= R^{(k)} - K\Delta B^{(k)}. \end{aligned} \tag{3.41}$$

Wird im k-ten Schritt der Iteration das i-te Element des Radiosityvektors geändert, so gilt

$$\Delta B_j^{(k)} = \begin{cases} \frac{R_i^{(k)}}{K_{ii}} & \text{falls } j = i \\ 0 & \text{sonst}, \end{cases}$$

d.h. $\Delta B^{(k)}$ ist ein Vektor bei dem nur der Eintrag des i-ten Elements von Null verschieden ist. Damit kann $K\Delta B^{(k)}$ einfach ausgerechnet werden und es gilt

$$R_j^{(k+1)} = R_j^{(k)} - K_{ji}\frac{R_i^{(k)}}{K_{ii}} \quad \forall j = 1,\dots,n. \tag{3.42}$$

Das Maximum von $R^{(k)}$ kann also mit einem Aufwand von $O(n)$ bestimmt werden. Darüberhinaus werden in jedem Schritt des Verfahrens nur die Koeffizienten einer Zeile der Formfaktormatrix K benötigt.

Um $R^{(0)}$ am Anfang einfach berechnen zu können wird $B^{(0)} = 0$ gewählt. Daraus folgt $R^{(0)} = E - KB^{(0)} = E$

Der Pseudocode des Southwell-Algorithmus ist in Abb. 3.14 dargestellt.

In jedem Schritt werden also ein Element des Radiosityvektors und alle Elemente des Residuenvektors aktualisiert. Die Komponenten des Residuenvektors lassen sich physikalisch als diejenige Radiosity des i-ten Elements interpretieren, die das Element von anderen Elementen schon empfangen, aber noch nicht an andere Elemente weitergegeben hat. Diese unverteilte Radiosity $R_i^{(k)}$ des i-ten Elements wird bei der Aktualisierung des zugehörigen Elements des Radiosityvektors auf die anderen Elemente verteilt:

$$R_i^{(k+1)} = R_i^{(k)} - K_{ii}\frac{R_i^{(k)}}{K_{ii}} = 0 \tag{3.43}$$

Aus

$$\sum_{j\neq i} |\, r_i F_{ij}\, | = r_i \sum_{j\neq i} F_{ij} < 1. \tag{3.44}$$

folgt, daß die unverteilte Radiosity von Iterationschritt zu Iterationsschritt abnimmt.

Southwell–Iteration

```
FOR ALL (i)
{
        Bi=0;
        Ri=Ei;
}
WHILE (nicht konvergiert)
{
        Wähle i mit |ri| maximal;
        Bi=Bi+Ri/Kii;
        aux=Ri;
        FOR ALL (j)
                Rj=Rj–Kji/Kii*aux;
}
Visualisiere B;
```

Progessive Refinement

```
FOR ALL (i)
{
        Bi=Ei;
        ΔBi=Ei;
}
WHILE (nicht konvergiert)
{
        Wähle j mit |ΔBj*Aj| maximal;
        FOR ALL (i)
        {
                Δrad=ΔBj*ri*Fij;
                Bi=Bi+Δrad;
                ΔBi=ΔBi+Δrad;
        }
        ΔBj=0;
        Visualisiere B;
}
```

Bild 3.14: Pseudocode des Southwell-Algorithmus und des Progressive Refinement.

Progessive Refinement

Eine Variante des Southwell-Algorithmus wurde 1988 von Cohen et. al. [CCWG88] vorgeschlagen, nämlich das Progressive-Refinement-Verfahren. Ziel dieses Verfahrens ist, den aktuellen Radiosityvektor $B^{(k)}$ nach jedem Iterationsschritt darzustellen. Das Verfahren soll vor allem am Anfang schnell konvergieren, um dem Betrachter schnell ein erstes Ergebnis zu liefern.

Das Verfahren selbst erhält man, indem im Southwell-Algorithmus $B + r$ anstatt B betrachtet wird, die Bezeichnungen ein wenig verändert werden und anstatt der Komponente mit der größten unverteilten Radiosity R_i, die Komponente mit der größten unverteilten Energie $R_i A_i$ aktualisiert wird.

Zu Beginn des Progressive-Refinement-Verfahrens werden die Radiosities B_i mit den Lichtquellentermen E_i initialisiert. Die *unverteilte* Radiosity wird mit ΔB_i bezeichnet und wird am Anfang wie beim Southwell-Algorithmus mit E_i initialisiert:

$$B_i := E_i \quad \text{und} \quad \Delta B_i := E_i \quad \text{für } i = 1, \dots, n. \tag{3.45}$$

Jeder Iterationsschritt besteht jetzt darin, die unverteilte Radiosity einer Fläche A_j der Szene auf alle anderen zu verteilen, wozu man lediglich einen Satz von Formfaktoren F_{ji} für $i = 1, \dots, n$ benötigt. Die Radiosity der Flächenelemente A_i wird dann entsprechend

$$B_i = B_i + \Delta B_j \, r_i \, F_{ij} \quad \text{für } i = 1, \dots, n. \tag{3.46}$$

erhöht. Ebenso die unverteilte Radiosity

$$\Delta B_i = \Delta B_i + \Delta B_j \, r_i F_{ij} \quad \text{für } i = 1, \dots, n.$$

Anschließend wird die unverteilte Radiosity ΔB_j des Flächeelements A_j auf Null gesetzt, d.h.

$$\Delta B_j := 0.$$

Der Pseudocode des Algorithmus ist in Abb. 3.14 dargestellt.

Die schnelle Konvergenz des Verfahrens beruht darauf, daß man nicht beliebige Flächen auswählt, deren Radiosity dann verteilt wird, sondern man wählt für jeden Iterationsschritt die Fläche mit der jeweils größten unverteilten Strahlungsleistung aus. Am Anfang des Verfahrens wird folglich das Licht der stärksten Lichtquelle verteilt. Für die Konvergenz des Verfahrens ist wiederum entscheidend, daß der Reflexionsgrad der Flächenelemente kleiner als Eins ist. Die unverteilten Radiosities streben in diesem Fall gegen Null. Zudem gleichen sie sich immer mehr an. Als Abbruchkriterium kann man z.B. die Summe der unverteilten Radiosities nehmen, die einen bestimmten Wert unterschreiten soll. Das bedeutet, daß schon ein bestimmter Prozentsatz der von den Lichtquellen emittierten Leistung absorbiert wurde. Eine Alternative wäre, einen Schwellwert für die maximale unverteilte Radiosity festzulegen, der nicht unterschritten werden soll.

Der große Vorteil des Progressive-Refinement ist, daß für jeden Iterationsschritt nur die Formfaktoren F_{ij} eines einzelnen Patches i mit allen anderen Patchen $j = 1, \ldots, n$ berechnet werden müssen, d.h. zur Durchführung eines Iterationsschrittes genügt die Kenntnis einer Zeile der Formfaktormatrix. Da bereits nach wenigen Iterationsschritten sehr gute Ergebnisse erzielt werden, liegt der gesamte Rechenaufwand weit unterhalb der üblichen Vorgehensweise mit Bestimmung der Formfaktormatrix und Lösen des Gleichungssystems mit dem Gauß-Seidel-Verfahren. Außerdem wird jeweils nur der Speicherplatz für eine Zeile von Formfaktoren benötigt.

Nachteile des Progressive-Refinement-Verfahren gegenüber dem Full-Matrix-Verfahren sollen abschließend nicht verschwiegen werden. Während eine nachträgliche Änderung der Beleuchtungsparameter im Full-Matrix-Verfahren nur eine neuerliche Lösung des Gleichungssystems erfordern, muß das komplette Progressiv-Refinement-Verfahren mit Formfaktorberechnung wiederholt werden. Wird eine Fläche zum wiederholten Mal verteilende Fäche, so werden deren Formfaktoren jedesmal wieder neu berechnet.

Die Zeitersparniss beim Progressiv-Refinement macht diesen Nachteil aber mehr als wett. Bild 3.15 zeigt die schnelle Konvergenz.

3.2.5 Berechnung von Formfaktoren

Der Ausgangspunkt für die Berechnung von Formfaktoren zwischen zwei endlichen Flächen ist natürlich die Gleichung 3.28, die im vorigen Abschnitt eingeführt wurde:

$$F_{A_i\text{-}A_j} = F_{ij} = \frac{1}{A_i} \int_{A_i} \int_{A_j} H_{ij} \frac{\cos\vartheta_j \cos\vartheta_i}{\pi R^2} dA_j dA_i.$$

Dieses doppelte Flächenintegral ist analytisch nur für einfachste Anordnungen zu lösen [SH81]. Auch die numerische Integration ist sehr rechenaufwendig. Eine erste Vereinfachung für die numerische Integration bot die Analysis. Mit Hilfe des Stokesschen

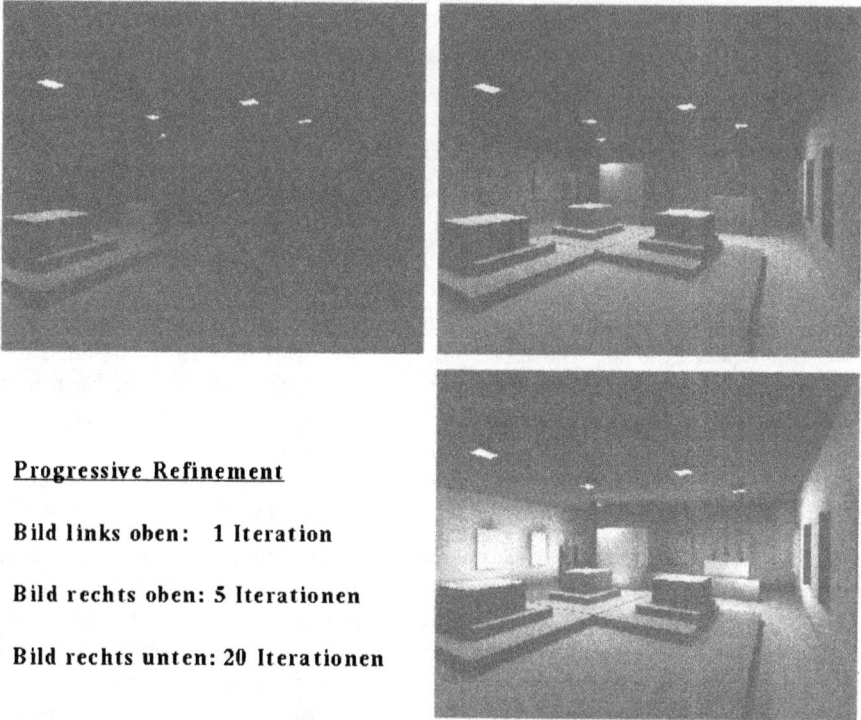

Progressive Refinement

Bild links oben: 1 Iteration

Bild rechts oben: 5 Iterationen

Bild rechts unten: 20 Iterationen

Bild 3.15: Konvergenz des Progressive Refinement.

Integralsatzes kann man das Flächenintegral auf ein Linienintegral zurückführen:

$$F_{A_i\text{-}A_j} = F_{ij} = \frac{1}{2\pi A_i} \oint_{C_i} \oint_{C_j} \log r \, dx_i dx_j + \log r \, dy_i dy_j + \log r \, dz_i dz_j, \qquad (3.47)$$

dabei ist:

$$
\begin{array}{cl}
C_i & \text{Rand der Fläche } A_i \\
C_j & \text{Rand der Fläche } A_j \\
r & \sqrt{(x_i - x_j)^2 + (y_i - y_j)^2 + (z_i - z_j)^2}.
\end{array}
$$

Dabei läuft $(x_i, y_i, z_i)^T$ über den Rand der Fläche A_i und $(x_j, y_j, z_j)^T$ über den Rand der Fläche A_j.

Bei dieser Umformung wurde jedoch die Verdeckungsfunktion H_{ij} unterschlagen, da sie gewöhnlich analytisch gar nicht erfaßbar ist. Eine ausführliche Herleitung von Gleichung 3.47 findet man in [Spa63]. Trotz des schwerwiegenden Nachteils, nur konvexe Szenen behandeln zu können, baute die erste Implementierung von Goral [GTGB84] auf der numerischen Lösung des obigen Linienintegrals auf.

Eine wesentliche Vereinfachung für die Berechnung von F_{ij} bietet sich an, wenn die Ausdehnung einer Fläche A_i klein ist verglichen mit dem Abstand zu der Fläche A_j. Bei der Integration über die Fläche A_i bleiben die Winkel ϑ_i und ϑ_j sowie der Abstand R annähernd konstant, sie können deshalb vor das Integral gezogen werden. Außerdem wird angenommen, daß die Sichtbarkeit jedes Elements dA_j der Fläche A_j sich über die ganze Fläche A_i nicht ändert. Die Integration über A_i reduziert sich dann auf eine Multiplikation mit A_i.

$$F_{A_i\text{-}A_j} = \int_{A_j} H_{ij} \frac{\cos\vartheta_j \, \cos\vartheta_i}{\pi R^2} dA_j \qquad \text{für } A_i \ll R \qquad (3.48)$$

Diese Gleichung beschreibt den Formfaktor $F_{dA_i\text{-}A_j}$ zwischen einer infinitesimalen Fläche dA_i und einer endlichen Fläche A_j.

Diese Näherung hat sich im Radiosity-Verfahren weitgehend durchgesetzt, da sich mit Hilfe von geometrischen Verfahren (mehr dazu in den nächsten Abschnitten) die verbleibende Integration über die Fläche A_j sehr elegant lösen läßt. Auch die Voraussetzung, daß die Fläche A_i klein sein soll bezüglich des Abstandes, kann durch Unterteilen der Fläche stets erfüllt werden.

Für zwei einfache Beispiele, die im weiteren auch noch Verwendung finden, sollen die exakten Formfaktoren $F_{dA_i\text{-}A_j}$ angegeben werden. (Weitere exakte Formfaktoren werden in [SH81] angegeben, haben jedoch im Radiosity-Verfahren keine Verwendung gefunden.)

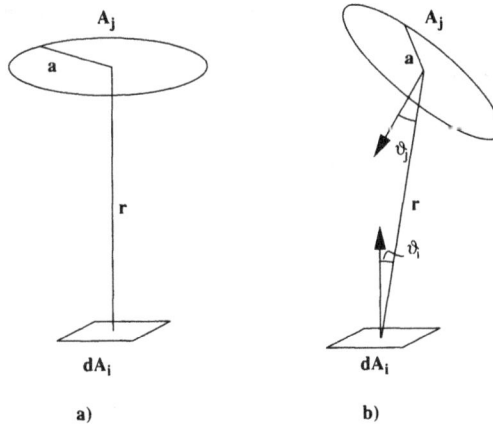

Bild 3.16: a) Flächenelement parallel zur Kreisscheibe,   b) beliebige Orientierung.

Beispiel 1:

Formfaktor zwischen differentieller Fläche und Kreisscheibe.

Ist A_j eine Kreisscheibe mit Radius a und ist dA_i parallel zu A_j im Abstand r über dem Mittelpunkt von A_j (vgl. Bild 3.16), so ergibt die Integration in Gleichung 3.48 folgende einfache Beziehung:

$$F_{dA_i\text{-}A_j} = \frac{a^2}{r^2 + a^2}. \qquad (3.49)$$

Sind das Flächenelement und die Kreisscheibe beliebig zueinander orientiert, so muß man die Projektionen von A_j und dA_i senkrecht zur Verbindungslinie betrachten, also beide Flächen mit dem Cosinus des Winkels zwischen Flächennormalen und Verbindungsvektor multiplizieren.

$$F_{dA_i\text{-}A_j} = \frac{a^2 \cos \vartheta_i \cos \vartheta_j}{r^2 + a^2} \qquad (3.50)$$

Beispiel 2:
Formfaktor zwischen differentieller Fläche und Polygon.

Ein wenig aufwendiger ist die Formfaktorberechnung, wenn A_j eine beliebige Polygon-fläche ist. Für diesen Fall gilt die Beziehung:

$$F_{dA_i\text{-}A_j} = \frac{1}{2\pi} \sum_{k \in K_j} \mathbf{N}_i \, \Gamma_k, \qquad (3.51)$$

wobei
K_j die Menge aller Kanten k des Polygons A_j,
$\mathbf{N}_i$ der Normalenvektor von dA_i,
Γ_k ein Vektor, dessen Länge gleich dem Winkel γ_k (in radian) ist und
          dessen Richtung durch das
          Kreuzprodukt zwischen den Vektoren R_k und R_{k+1} gegeben ist.

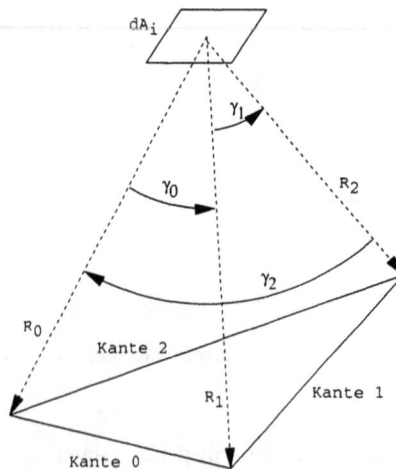

Bild 3.17: Formfaktor zwischen dA_i und Polygon.

In beiden Beispielen wird wiederum keine Verdeckung berücksichtigt.

Eine ausführliche Herleitung der Gleichung 3.51 findet man in [HS67].

Nusselts Analogon

Schon 1928 stellte Wilhelm Nusselt [Nus28] ein Verfahren vor, mit dem sich das Integral in Gleichung 3.48 auf elegante Weise geometrisch lösen läßt. Zu diesem Zweck wird, wie in Skizze 3.18 zu sehen ist, eine Halbkugel mit Einheitsradius konstruiert, in deren Zentrum sich das Flächenelement dA_i befindet. Betrachtet man nochmals die Gleichung 3.48

$$F_{dA_i\text{-}A_j} = \frac{1}{\pi} \int_{A_j} \cos \vartheta_i \left(\frac{\cos \vartheta_j}{R^2} dA_j \right),$$ (3.52)

so erkennt man, daß der geklammerte Ausdruck der Definition des differentiellen Raumwinkels $d\Omega$ entspricht (Gleichung 2.3):

$$d\Omega = \frac{\cos \vartheta_j \, dA_j}{R^2}.$$ (3.53)

Andererseits ist der Raumwinkel $d\Omega$ nach Definition genau die Projektion von dA_j auf die Einheitshalbkugel über dA_i:

$$dA_s = d\Omega.$$ (3.54)

Damit ergibt sich

$$F_{dA_i\text{-}A_j} = \frac{1}{\pi} \int_{A_j} \cos \vartheta_i \, d\Omega = \frac{1}{\pi} \int_{A_s} \cos \vartheta_i \, dA_s$$ (3.55)

Der Integrand $\cos \vartheta_i \, dA_s = dA_p$ ist die Parallelprojektion von dA_s auf die Basis der Halbkugel. Die Integration über A_s ergibt also die Fläche der senkrechten Projektion A_p von A_s. Für den Formfaktor gilt somit:

$$F_{dA_i\text{-}A_j} = \frac{A_p}{\pi}.$$ (3.56)

Wenn man in Betracht zieht, daß π die Fläche des Einheitskreises ist, so ist der Formfaktor $F_{dA_i\text{-}A_j}$ der Anteil, der von der Parallelprojektion A_p in der Basis der Halbkugel eingenommen wird.

Für die Berechnung von Formfaktoren wird die Oberfläche der Halbkugel in kleine Segmente aufgeteilt. Für jedes dieser Segmente wird der Formfaktor zwischen dem Segment und der Fläche dA_i durch Parallelprojektion auf die Basis berechnet. Nachdem man diese sogenannten *Delta-Formfaktoren* berechnet hat, wird jede Fläche A_j der Szene auf die Halbkugel projiziert, wobei registriert wird, welche Segmente auf der Halbkugel von der Projektion der Fläche A_j bedeckt werden. Der gesamte Formfaktor der Fläche A_j ist dann einfach die Summe der Delta-Formfaktoren der von A_j bedeckten Segmente.

In der Praxis erwies sich das Verfahren als wenig brauchbar. Es gab Schwierigkeiten bei der Aufteilung der Halbkugel in möglichst gleich große Segmente und vor allem bei der Scan-Konvertierung der Szene auf die Halbkugel. Das Nusseltsche Analogon hat seine Bedeutung darin, daß es die Grundlage zu dem ersten brauchbaren Verfahren zur Berechnung von Formfaktoren ist, nämlich dem Hemi-Cube-Verfahren.

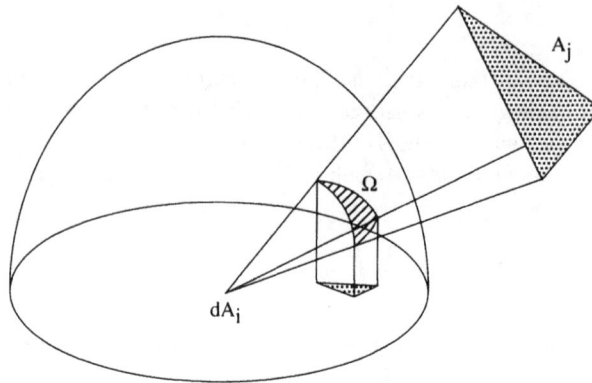

Bild 3.18: Halbkugel-Geometrie zur Berechnung von Formfaktoren.

Das Hemi-Cube-Verfahren

Im Jahre 1985 wurde von Michael F. Cohen und Donald P. Greenberg [CG85] ein Verfahren zur Formfaktorberechnung vorgestellt, das effizient war und endlich auch das Problem mit der Verdeckung von Flächen löste, nämlich das Hemi-Cube-Verfahren. Erst mit diesem Verfahren wurde Radiosity auch für komplexe Szenen praktisch einsetzbar. Insbesondere mit dem Progressive-Refinement-Verfahren, das allerdings erst im Jahre 1987 entwickelt wurde, verhalf der Hemi-Cube zu Rechenzeiten, die nicht weit über denen lagen, die für Raytracing benötigt wurden.

Die Idee war, daß man alle Flächen der Szene auf eine das Flächenelement dA_i einhüllende Fläche projiziert. Diese Fläche soll wiederum in Segmente zerlegt werden und der Formfaktor $F_{dA_i\text{-}A_j}$ durch Aufsummieren der Delta-Formfaktoren gewonnen werden. Eine Halbkugel hat sich, wie erwähnt, als zu schwierig erwiesen. Cohen und Greenberg griffen nun auf Flächen zurück, für die in der GDV große Erfahrung vorhanden ist, nämlich rechteckige Rasterflächen. Aus der Halbkugel wurde also ein Halbwürfel, oder Hemi-Cube (vgl. Bild 3.19). Jede Seite wird mit einem rechteckigen Raster überzogen, den sogenannten Hemi-Cube-Pixeln. Die Projektion der Szene auf eine Fläche des Hemi-Cube stellt somit das gleiche Problem dar, wie die Darstellung einer dreidimensionalen Szene auf einem Raster-Display, weshalb auf die üblichen Scan-Konvertierungsverfahren zurückgegriffen werden kann. Beim Hemi-Cube muß auf fünf Rasterflächen projiziert werden: auf die obere Fläche und auf die vier Seitenflächen.

Jedem Hemi-Cube-Pixel q wird ein Deltaformfaktor ΔF_q zugeordnet, der den Beitrag von q zum gesamten Formfaktor beschreibt. Den Formfaktor einer Fläche A_j erhält man, indem man die Deltaformfaktoren derjenigen Hemi-Cube-Pixel, die durch die Projektion von A_j bedeckt werden, aufsummiert. Je feiner die Unterteilung des Hemi-Cube ist, desto genauer wird letztlich der Formfaktor. Durch Verwendung des **z-Buffer**-Algorithmus für die Scan-Konvertierung der Szene auf die Hemi-Cube-Flächen ist es nun möglich, auch die Verdeckung von Flächen zu berücksichtigen. Erstmals wird damit das Radiosity--Verfahren auch für komplexe Szenen anwendbar.

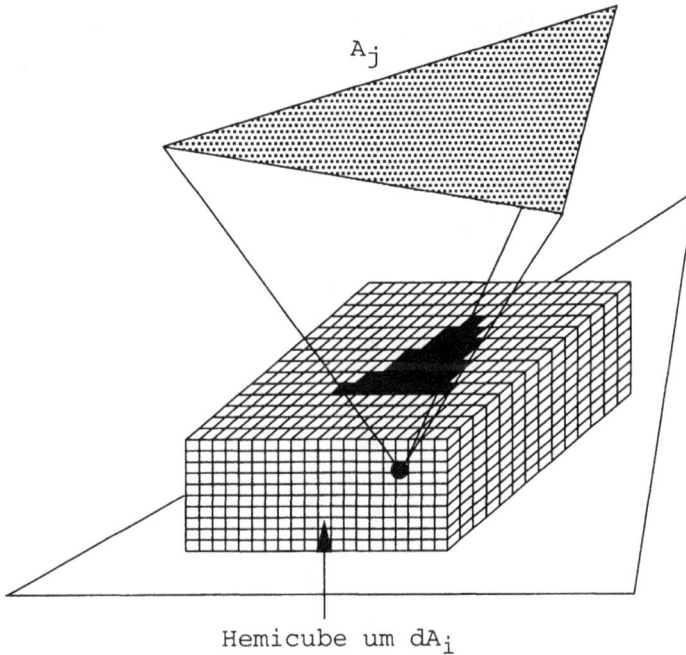

Bild 3.19: Der Hemi-Cube.

Analog zum Raster-Display wird durch das z-Buffer-Verfahren auf den Hemi-Cube--Flächen ein „Bild" der Szene aufgebaut, wobei den Hemi-Cube-Pixeln allerdings keine Farben, sondern die Indizes der projizierten Flächen zugeordnet sind. Wird von diesem Bild ein Histogramm berechnet, also von jeder Farbe bzw. jedem Index die Häufigkeit berechnet, wobei die Hemi-Cube-Pixel entsprechend ihres Delta-Formfaktors gewichtet werden, so erhält man schließlich die Formfaktoren $F_{dA_i-A_j}$ für $j = 1, \ldots, N$. Mittels eines Hemi-Cubes werden also alle Formfaktoren eines Flächenelements dA_i zu allen anderen Flächen A_j bestimmt.

Beim ursprünglichen Radiosity-Verfahren, das auf der Lösung des vollständigen Gleichungssystems basiert, muß das Hemi-Cube-Verfahren für jede der N Flächen der Szene angewandt werden, um alle Formfaktoren zu bestimmen. Im Progressive-Refinement-Verfahren hingegen reicht ein einziger Hemi-Cube aus, um die Strahlung der hellsten Fläche an alle anderen Flächen zu verteilen. Die Verbindung des Hemi-Cube-Verfahrens mit dem Progressive-Refinement ermöglichte den Durchbruch des Radiosity-Verfahrens.

Berechnung von Delta-Formfaktoren

Cohen und Greenberg gingen davon aus, daß die Hemi-Cube-Pixel so klein sind, daß man sie in guter Näherung als infinitesimale Flächenelemente auffassen kann. Der Delta--Formfaktor ΔF_q kann somit durch die Gleichung 3.48 berechnet werden. Die Rechnung wird für die Oberseite des Hemi-Cubes nachvollzogen, die sich im Abstand $h = 1$ von der Lichtquelle befinden soll. Die Rechnung für die Seitenflächen läuft völlig analog.

$$F_q = \frac{\cos \vartheta_j \cos \vartheta_i}{\pi R^2} \Delta A_p. \tag{3.57}$$

ΔA_p ist die Fläche des Hemi-Cube-Pixels. Da das Hemi-Cube-Pixel parallel zur Fläche dA_i ist, gilt $\cos \vartheta_j = \cos \vartheta_i$. Außerdem ist nach Pythagoras:

$$R = \sqrt{x^2 + y^2 + 1}.$$

Damit läßt sich $\cos \vartheta_i$ wie folgt ausdrücken:

$$\cos \vartheta_i = \frac{1}{\sqrt{x^2 + y^2 + 1}}.$$

Für den Delta-Formfaktor ΔF_q ergibt sich somit folgende einfache Gleichung:

$$\Delta F_q = \frac{1}{\pi (x^2 + y^2 + 1)^2} \Delta A_p. \tag{3.58}$$

Faßt man die Hemi-Cube-Pixel als Polygone auf, so kann man auch auf die exakte Gleichung 3.51 zurückgreifen. Der Rechenaufwand ist zwar erheblich größer, aber die Delta-Formfaktoren müssen ja nur einmal berechnet werden. Die Exaktheit dieser Methode der Delta-Formfaktorberechnung läßt sich schon daran ablesen, daß die Summe aller Delta-Formfaktoren, unabhängig von der Auflösung des Hemi-Cubes, genau 1 ergibt.

Genauigkeit des Hemi-Cube-Verfahren

Es sind im wesentlichen drei Effekte, die zur ungenauen Berechnung von Formfaktoren mit dem Hemi-Cube-Verfahren führen. Zwei dieser Effekte hängen mit den Annahmen zusammen, die für Gleichung 3.48 gemacht wurden. Der dritte resultiert aus der endlichen Größe der Hemi-Cube Pixel. Die Effekte sollen im einzelnen besprochen und Lösungsvorschläge gemacht werden.

1. Fehler durch 'Fernnäherung'

In jeder Szene gibt es Fälle, in denen die Annahme, daß die Entfernung zwischen zwei Flächen groß ist im Vergleich zu ihren Ausdehnungen, verletzt wird. Am augenscheinlichsten ist das bei aneinandergrenzenden, nichtparallelen Flächen der Fall (vgl. Bild 3.20).

Schon bei Betrachtung der Gleichung 3.48 wird deutlich, daß der resultierende Formfaktor zwischen A_i und A_j sehr von der Wahl des Bezugspunktes auf der Fläche A_i abhängt, da der Abstand R sogar quadratisch in die Formel eingeht. Wählte man wie üblich den Mittelpunkt von A_i als Bezugspunkt, so erhielte man einen wesentlich kleineren Formfaktor als bei einem Bezugspunkt in der Nähe der gemeinsamen Kante von A_i und A_j. Durch Unterteilung der Fläche A_i kann dieses Problem im Prinzip gelöst werden. Es werden damit zwar wieder Flächen geschaffen, die direkt an A_j angrenzen, deren wiederum fehlerbehaftete Formfaktoren fallen jedoch für den gesamten Formfaktor

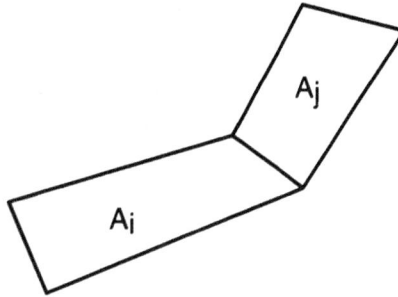

Bild 3.20: Fehler durch die Fernnäherung.

zwischen A_i und A_j kaum ins Gewicht. Durch entsprechend feine Unterteilung von A_i kann somit der Fehler unter jede gewünschte Grenze gebracht werden.

2. Fehler durch teilweise Verdeckung

Ein zweiter Fehler tritt auf, wenn die Funktion H_{ij} in Gleichung 3.48 abhängig davon ist, wo man sich auf der Fläche A_i befindet. In Bild 3.21 sieht man, daß bei der gewählten Position des Hemi-Cubes auf A_i keinerlei Verdeckung der Fläche A_j durch A_k registriert wird, obwohl dies in der Tat eintritt. Die Folge ist, daß ein zu großer Formfaktor F_{ij} berechnet wird. Auch dieser Fehler läßt sich durch Unterteilen von A_i beliebig klein machen.

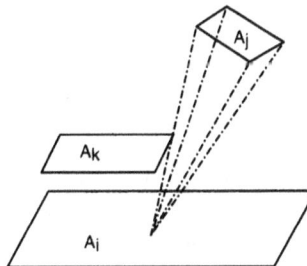

Bild 3.21: Teilweise Verdeckung der Fläche A_j durch A_k.

3. Fehler durch endliche Hemi-Cube-Auflösung

Mit der Diskretisierung der Hemi-Cube-Oberflächen in Hemi-Cube-Pixel treten Fehler durch Alias-Effekte zutage, ganz analog zur Darstellung von Bildern auf einem Raster--Display. So wird ein Hemi-Cube-Pixel, und damit der zugehörige Delta-Formfaktor, einer Fläche zugeordnet, obwohl sie das Hemi-Cube-Pixel nur teilweise bedeckt, wodurch auf der anderen Seite eine andere Fläche vollkommen leer ausgeht (vgl. Bild 3.22).

Um solche Alias-Fehler zu minimieren, kann auf bekannte Anti-Aliasing-Verfahren zurückgegriffen werden. So kann mit Hilfe einer Präfilterung der genaue Bedeckungsgrad eines Hemi-Cube-Pixels berechnet und der Delta-Formfaktor mit diesem Wert gewichtet werden. Damit werden die Alias-Effekte zwar weitgehend vermieden, jedoch mit

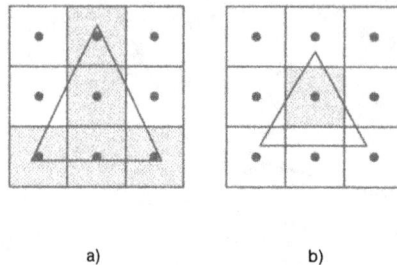

a)   b)

Bild 3.22: Alias-Effekte auf dem Hemi-Cube. Zu großer Formfaktor in a) und zu kleiner Formfaktor in b).

sehr hohem Rechenaufwand. Gewöhnlich reicht es aber aus, die Auflösung des Hemi--Cubes zu vergrößern. Üblicherweise wird in der Literatur eine Auflösung von ca. 200 Hemi-Cube-Pixel angegeben.

Formfaktorberechnung mit Raytracing

Als letztes Verfahren zur Berechnung von Formfaktoren soll die Methode von Wallace et. al. [WEH89] vorgestellt werden. Auch dieses Verfahren berechnet Formfaktoren $F_{dA_i\text{-}A_j}$, also Formfaktoren von infinitesimalen Flächenelementen zu endlichen Flächen. Während beim Hemi-Cube-Verfahren die Lichtquelle die differentielle Fläche darstellt, über die der Hemi-Cube gelegt wird (nur so läßt sich mit *einem* einzigen Hemi-Cube ein Iterationsschritt im Progressive Refinement vollziehen), ist es beim Verfahren von Wallace genau umgekehrt. Die Lichtquelle wird als endliche Fläche aufgefaßt und von ihr aus werden die Formfaktoren zu infinitesimalen Flächenelementen berechnet.

Der große Vorteil dieser Vorgehensweise ist, daß die Formfaktoren und damit die Radiosities genau an den gewünschten Stellen berechnet werden. Ist die Szene beispielsweise aus Polygonen aufgebaut, dann werden in jedem Schritt des Progressive Refinement die Formfaktoren vom hellsten Polygon zu allen Eckpunkten der Szene bestimmt. Dadurch werden von vornherein Fehler vermieden, die durch die Unterabtastung des Hemi-Cube zustande kommen, z.B. daß kleine Flächen bei der Verteilung von Radiosity unberücksichtigt bleiben.

Die eigentliche Formfaktorberechnung wird durch eine Kombination von Raytracing und analytischer Formfaktorberechnung bewerkstelligt. Das Raytracing dient dabei lediglich zur Verdeckungsrechnung. Da sich die Verdeckung innerhalb des Lichtquellenpolygons mit Fläche A_j ändern kann, wird eine variable Anzahl N von Referenzpunkten P_k ausgewählt, die gleichmäßig verteilt auf dem Lichtquellenpolygon liegen. Um jeden dieser Referenzpunkte werden gleich große Kreisscheiben mit Radius a_k und der Fläche $A_{j,k}$ gelegt, die das Lichtquellenpolygon approximieren sollen. Dabei soll gelten:

$$A_j = \sum_{k=1}^{N} A_{j,k}. \tag{3.59}$$

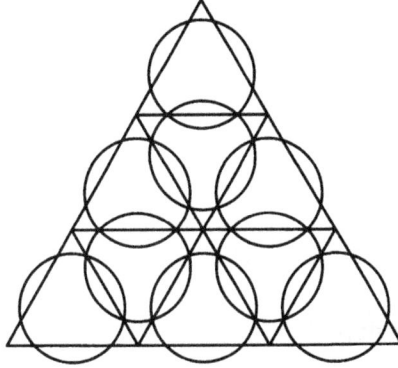

Bild 3.23: Approximation des Lichtquellenpolygons durch Kreisscheiben.

Bild 3.23 zeigt die Approximation eines Dreiecks durch neun Kreisscheiben.

Für die Berechnung des Formfaktors zwischen dA_i und einer Kreisscheibe $A_{j,k}$ gibt es eine analytische Formel, die am Anfang des Kapitels vorgestellt wurde:

$$F_{dA_i\text{-}A_{j,k}} = \frac{\cos\vartheta_{i,k}\,\cos\vartheta_{j,k}\,a_k^2}{r_k^2 + a_k^2}, \tag{3.60}$$

wobei a_k der Radius der Kreisscheibe $A_{j,k}$ und r_k der Abstand zwischen dA_i und P_k ist. Auch die Winkel $\vartheta_{i,k}$ und $\vartheta_{j,k}$ zwischen den Normalen und der Verbindungsstrecke sind für jeden Referenzpunkt verschieden und bekommen deshalb den Index k. Da die $A_{j,k}$ die emittierenden Flächen sind, wird jedoch der reziproke Formfaktor $F_{A_{j,k}\text{-}dA_i}$ benötigt. Mit Hilfe der Reziprozitätsbeziehung zwischen Formfaktoren und der Formel $A_{j,k} = \pi a_k^2$ erhält man:

$$F_{A_{j,k}\text{-}dA_i} = \frac{\cos\vartheta_{i,k}\,\cos\vartheta_{j,k}}{\pi r_k^2 + A_{j,k}}\,dA_i. \tag{3.61}$$

Zur Verdeckungsrechnung wird nun von dA_i ein Strahl zu jedem Punkt P_k losgeschickt. Liegt ein Objekt zwischen dA_i und einem Referenzpunkt P_k, so trägt $A_{j,k}$ nichts zum Formfaktor $F_{A_j\text{-}dA_i}$ zwischen dA_i und A_j bei. Der gesamte Formfaktor kann damit wie folgt berechnet werden:

$$F_{A_j\text{-}dA_i} = \frac{1}{N}\sum_{k=1}^{N}\delta_k\,F_{A_{j,k}\text{-}dA_i}, \tag{3.62}$$

wobei $\delta_k = 1$, wenn $A_{j,k}$ nicht verdeckt ist, sonst 0.

Mit Gleichung 3.61 ergibt sich schließlich:

$$F_{A_j\text{-}dA_i} = dA_i\,\frac{1}{N}\sum_{k=1}^{N}\delta_k\,\frac{\cos\vartheta_{i,k}\,\cos\vartheta_{j,k}}{\pi r_k^2 + A_{j,k}}. \tag{3.63}$$

An dieser Stelle geht ein, daß die Kreisflächen gleich groß sein müssen und deren Gesamtfläche der Fläche von A_j entspricht.

Für die Radiosity B_i, die das Flächenelement dA_i von der Fläche A_j erhält, ergibt sich

$$B_i = r_i A_j \frac{1}{N} \sum_{k=1}^{N} \delta_k \frac{\cos \vartheta_{i,k} \cos \vartheta_{j,k}}{\pi r_k^2 + A_{j,k}} B_k. \tag{3.64}$$

Aufgrund der Reziprozitätsbeziehung hat sich dabei dA_i herausgekürzt.

3.2.6 Farben im Radiosity-Verfahren

Bei den bisherigen Betrachtungen zum Radiosity-Verfahren wurde vernachlässigt, daß
Größen wie das Emissionsvermögen E, der Reflexionsgrad r und somit natürlich auch
die Radiosity B wellenlängenabhängig sind. Die Wellenlängenabhängigkeit ist dafür
verantwortlich, daß Szenen farbig erscheinen. So beruht die Farbigkeit von nicht selbst-
leuchtenden Oberflächen darauf, daß ein Teil des einfallenden Lichts absorbiert wird. Der
reflektierte Teil des Spektrums legt dann die Farbe der Oberfläche fest. Die Formfaktoren sind natürlich unabhängig von der Wellenlänge. Die exakte Radiosity-Gleichung
lautet also:

$$B_j(\lambda) = E_j(\lambda) + r_j(\lambda) \sum_{i=1}^{N} F_{ji} B_i(\lambda) \qquad \text{für alle Wellenlängen } \lambda. \tag{3.65}$$

Da E und r stetige Funktionen der Wellenlänge λ sind, ist aufgrund der Regularität
der Koeffizientenmatrix auch die Radiosity B stetig. Will man nun die genauen Be-
leuchtungsverhältnisse in der Szene bestimmen, müßte man für jede Wellenlänge das
Gleichungssystem lösen. Da man weder unendlich viele Gleichungssysteme lösen kann,
noch die Strahlungsleistung bei einer festen Wellenlängen genau bestimmen kann, ist
es sinnvoll, die Radiosity-Gleichung für aneinandergrenzende Wellenlängenbänder $\Delta\lambda$
zu lösen. Da im Radiosity-Verfahren sämtliche Berechnungen im Objektraum stattfin-
den, sind die Ergebnisse vollkommen unabhängig von den Eigenschaften des Monitors,
wie z.B. der Auflösung oder der Anzahl der darstellbaren Farben. Die Trennung von
Berechnung und Ausgabe legt es eigentlich nahe, die Berechnung mit physikalisch relevanten Größen in der gewünschten Genauigkeit durchzuführen und anschließend die
erhaltenen Radiosities $B_i(\lambda)$ mit den vorhandenen Farben des Ausgabegeräts möglichst
gut zu approximieren, wie es in Kapitel 2.3 über Farbmetrik beschrieben wurde.

In der GDV wird aber für gewöhnlich die Radiosity-Gleichung nur für die Grundfarben
R, G und B eines RGB-Monitors gelöst. Für jede Fläche werden also der Reflexionsgrad
r_R, r_G und r_B benötigt sowie E_R, E_G und E_B für die Charakterisierung von Lichtquel-
leneigenschaften.

Nach der Berechnung der Radiosities B_R, B_G und B_B stellt sich noch das Problem der
Skalierung in den vom Ausgabegerät darstellbaren Intensitätsbereich, also z.B. in dem
Bereich zwischen 0 und 1. Die Problematik liegt in der Unabhängigkeit des Radiosity-
Verfahrens von der Position und der Blickrichtung des Beobachters. Ist in der Szene eine

sehr helle Lichtquelle vorhanden, so führt die Skalierung, zumindest wenn sie linear ist, dazu, daß alle Flächen der Szene um einen entsprechenden Faktor verdunkelt werden, obwohl die helle Lichtquelle vom Beobachter aus möglicherweise gar nicht direkt gesehen werden kann. Die Folge ist, daß die ganze Szene ziemlich dunkel erscheint.

Der Übergang von den Radiosities auf die Farbvalenzen des Ausgabegerätes sollte also sinnvollerweise erst nach der Festlegung der Beobachtungsparameter vollzogen werden.

Graphische Ausgabe der berechneten Szene

Das Ergebnis einer Radiosity-Rechnung liefert einen Radiosity-Wert für jedes Patch der Szene. Durch Skalierung kann dieser Wert in eine darstellbare Farbe umgerechnet werden.

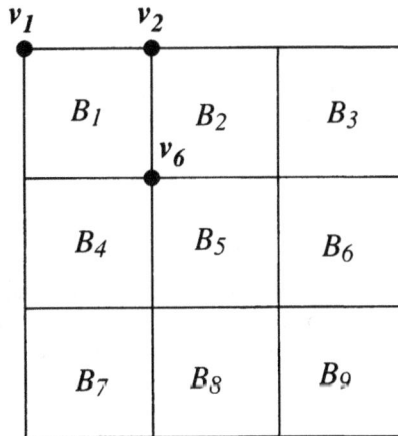

Bild 3.24: Radiosity-Werte an Eckpunkten.

Für die graphische Ausgabe werden jedoch Radiosity-Werte an den Eckpunkten (Knoten) der Patches benötigt, damit durch eine Gouraud-Interpolation stetige Farbübergänge erzeugt werden können. Die Knoten-Radiosities können aus den Radiosities der Patches durch Mittelung berechnet werden (vgl. Bild 3.24). Die Radiosity am Punkt v_6 ist z.B.:

$$B(v_6) = \frac{1}{4}(B_1 + B_2 + B_4 + B_5).$$

Bei Knoten an den Rändern muß man darauf achten, daß nur die angrenzenden Patches berücksichtigt werden:

$$B(v_1) = B_1$$

oder

$$B(v_2) = \frac{1}{2}(B_1 + B_2).$$

Die Farbwerte innerhalb der Patches können dann, wie bei der Gouraud-Interpolation üblich, durch bilineare Interpolation gewonnen werden.

Leider entstehen durch die Zerlegung des Definitionsbereichs in Elemente (Dreiecke)
bei der Lösung der Radiositygleichung in der Regel wesentlich mehr Dreiecke, als zur
Beschreibung der reinen Geometrie und der resultierenden Radiosityfunktion notwendig sind. Möglichkeiten dieses Problem zu lösen sind zum einen die Verwendung von
Beleuchtungstexturen [Hec90] und zum anderen Datenreduktionstechniken für Dreiecksnetze [KSH95].

3.2.7 Bewertung

Das Radiosity-Verfahren bietet als erstes Verfahren in der GDV die Möglichkeit, indirekte
Beleuchtung und die Wirkung von flächenhaften diffusen Lichtquellen effizient zu berechnen. Insbesonders bei Innenräumen wird dadurch eine wesentlich realistischere Wirkung
der Szene erzielt als mit anderen Verfahren. Die konsequente Verwendung physikalischer
Größen macht das Radiosity-Verfahren zum wichtigsten Verfahren in der Beleuchtungs-
planung von Gebäuden. Ein großer Vorteil ist die Unabhängigkeit des Verfahrens von
den Beobachtungsparametern. Mit einer modernen Graphikworkstation wird dadurch
das Durchwandern einer berechneten Szene in Echtzeit möglich. Demgegenüber muß
man auch die Nachteile des Verfahrens sehen. Es ist sowohl von der Rechenzeit als auch
vom Speicherbedarf aufwendiger als das Raytracing. Insbesondere bei komplexen Szenen
sind ausgeklügelte Datenstrukturen notwendig.

Auch die Beschränkung auf rein diffuse Lichtausbreitung ist ein gravierender Nachteil.
Dieser kann jedoch aufgehoben werden, indem man das Radiosity-Verfahren mit Raytracing kombiniert. Diese Kombination der beiden sehr gegensätzlichen Verfahren, man
nennt es oft auch Zwei-Schritt-Verfahren [WCG87], hat bisher die realistischsten Bilder
erbracht.

3.3 Übungsaufgaben

Aufgabe 1:

Formulieren Sie den Raytracing-Algorithmus in Pseudo-Pascal-Form.

Aufgabe 2:

Zur Strahlerzeugung eines Raytracers sei ein einfaches Kameramodell durch folgende
Parameter definiert:

$\mathbf{E}$ Augpunkt (eye)
$\mathbf{M}$ Blickbezugspunkt (view-reference-point)
$\mathbf{U}$ Obenrichtung (View-Up-Vektor), muß nicht normalisiert sein
θ horizontaler Öffnungswinkel des Sichtvolumens
φ vertikaler Öffnungswinkel des Sichtvolumens
R_x Anzahl Pixel in x-Richtung (horizontale Auflösung des Bildschirms)
R_y Anzahl Pixel in y-Richtung (vertikale Auflösung des Bildschirms)

Berechnen Sie aus diesen Angaben den Strahl R, der vom Augpunkt $\mathbf{E}$ durch das Pixel
(x,y) der virtuellen Bildebene geht.

Aufgabe 3:

a) Eine Kugel K sei durch ihren Mittelpunkt $\mathbf{c}$ und ihren Radius r gegeben. Gegeben sei außerdem ein Strahl D durch seinen Ursprung $\mathbf{o}$ und seine Einheitsrichtung $\mathbf{d}$:

$$D: \qquad \mathbf{x} = \mathbf{o} + s\mathbf{d}, \qquad \mathbf{x}, \mathbf{o}, \mathbf{d} \in \mathbb{R}^3, \quad s \in \mathbb{R}, \quad ||\mathbf{d}|| = 1.$$

Berechnen Sie den vom Ursprung des Strahls aus gesehen ersten Schnittpunkt S zwischen D und K.

b) Berechnen Sie mit Hilfe der Kugelnormalen im Schnittpunkt S die Richtung des reflektierten Strahls.

Aufgabe 4:

a) Eine Ebene E sei durch ihren Einheitsnormalenvektor $\mathbf{n}$ und ihren Abstand a vom Koordinatenursprung (Hessesche Normalenform) definiert:

$$E: \qquad \mathbf{n}\mathbf{x} + a = 0, \qquad \mathbf{n}, \mathbf{x} \in \mathbb{R}^3, \quad a \in \mathbb{R}, \quad ||\mathbf{n}|| = 1.$$

Gegeben sei außerdem ein Strahl R durch seinen Ursprung $\mathbf{o}$ (Augpunkt) und seine Einheitsrichtung $\mathbf{d}$:

$$R: \qquad \mathbf{x} = \mathbf{o} + s\mathbf{d}, \qquad \mathbf{x}, \mathbf{o}, \mathbf{d} \in \mathbb{R}^3, \quad s \in \mathbb{R}, \quad ||\mathbf{d}|| = 1.$$

Berechnen Sie den Schnittpunkt zwischen R und E.

b) Berechnen Sie, falls vorhanden, den Schnittpunkt eines Strahls $\mathbf{x} = \mathbf{o} + s\mathbf{d}$ mit einem ebenen Polygon P, das durch seine n Eckpunkte $\mathbf{p}_1, \dots, \mathbf{p}_n \in \mathbb{R}^3$ definiert ist.

Hinweis: Transformieren Sie das Polygon so, daß der Strahl mit der positiven z–Achse übereinstimmt und projizieren Sie anschließend das rotierte Polygon in die x/y-Ebene.

c) Berechnen Sie, falls vorhanden, den Schnittpunkt eines Strahls $\mathbf{x} = \mathbf{o} + s\mathbf{d}$ mit einem Dreieck D, das durch seine drei Eckpunkte $\mathbf{p}_1, \mathbf{p}_2, \mathbf{p}_3 \in \mathbb{R}^3$ definiert ist (Hinweis: baryzentrische Koordinaten).

Aufgabe 5:

In dieser Übungsaufgabe sei der in die Szene gesandte Strahl definiert durch seinen Ausgangspunkt $\mathbf{o}$ und seine Richtung $\mathbf{d}$. Die Bezeichnungen sind gleich gewählt wie in Aufgabe 3 und 4.

Die Szene selbst besteht aus einer Kugel mit Zentrum $\mathbf{c}$ und Radius r sowie einer Ebene E mit Normalenvektor $\mathbf{n}$ mit der Ebenengleichung $\mathbf{n}\mathbf{x} + a = 0$.

Weiterhin sei eine Lichtquelle mit Position $\mathbf{l}$ vorhanden. Berechnen Sie die erste Hierarchieebene des durch den Strahl $(\mathbf{o}, \mathbf{d})$ aufgespannten Strahlbaumes, indem Sie den

Schnitt des Strahls mit einem Objekt der Szene sowie den Reflektionsstrahl und die Schattenstrahlen bestimmen.

Beachten Sie auch, daß Schattenstrahlen von Lichtquellen ihrerseits durch Objekte geschnitten werden können. Die einzelnen Vektoren und Punkte seien wie folgt gegeben:

$$\mathbf{o} = (\, 0,\, 0,\, 5\,)$$

$$\mathbf{d} = (\, 1,\, 1,\, 0\,)$$

$$\mathbf{c} = (\, 4,\, 4,\, 4\,)$$

$$r = 3$$

$$\mathbf{l} = (\, 0,\, 0,\, 10\,)$$

$$\mathbf{n} = (\, 0,\, 1,\, 0\,)$$

$$a = -6$$

Kapitel 4

Texturen

4.1 Einführung

4.1.1 Form und Erscheinungsbild

Betrachtet man seine Umgebung mit kritischen Augen, so entdeckt man sehr schnell ein unendlich großes Spektrum geometrischer Formen und physikalischer Materialien. Als Beispiele seien hier nur die vielfältigen Maserungen und Muster von Holzbrettern, Marmorplatten, Tapeten und Wolken, die diversen Strukturen unebener Oberflächen von Rauhputzwänden, Lederetuis, Apfelsinen und Baumstämmen sowie die geometrische Komplexität von häufig nur im Hintergrund sichtbaren Häusern, Maschinen, Pflanzen und Personen genannt.

Die geometrische Form dieser Objekte durch einfarbige Flächen exakt nachzubilden, ist in der Regel um Größenordnungen zu aufwendig. Die bisher diskutierten Möglichkeiten zur Modellierung und Visualisierung von Szenen reichen daher nicht aus, um mit einem geringen Rechenaufwand einen photorealistischen Eindruck zu erzeugen.

Texturen bieten die Möglichkeit, das visuelle Erscheinungsbild von Objekten komplexer zu gestalten. Die Oberfläche einer Wand kann durch eine einzige planare Fläche modelliert werden. Das Tapezieren einer Wand kann als Aufbringen eines Bildes auf die Wandoberfläche interpretiert werden. Diesen Vorgang bezeichnet man als Texturierung.

4.1.2 Texturabbildungen

Zweidimensionale Texturen oder kurz 2D-Texturen sind Funktionen, die Punkte der (u, v)-Ebene auf (r, g, b)-Farben abbilden:

$$(r, g, b) = \mathbf{C}_{\text{tex}}(u, v) \tag{4.1}$$

Das Mapping (engl.: Abbildung) beschreibt, wie eine 2D-Textur bzw. ein Ausschnitt aus einer 2D-Textur auf eine Fläche aufgebracht wird. Bei der Visualisierung muß jedoch das inverse Mapping-Problem gelöst werden, d.h. den bekannten (x, y, z)-Koordinaten der Flächenpunkte $\mathbf{P}$ müssen (u, v)-Koordinaten zugeordnet werden:

$$(u, v) = \mathbf{F}_{\text{inv map}}(x, y, z) \qquad (4.2)$$

Die Texturierung einer Fläche mit einer 2D-Textur läßt sich dann mathematisch durch die Hintereinanderausführung dieser beiden Abbildungen beschreiben:

$$(r, g, b) = \mathbf{C}_{\text{tex}}(\mathbf{F}_{\text{inv map}}(x, y, z)) \qquad (4.3)$$

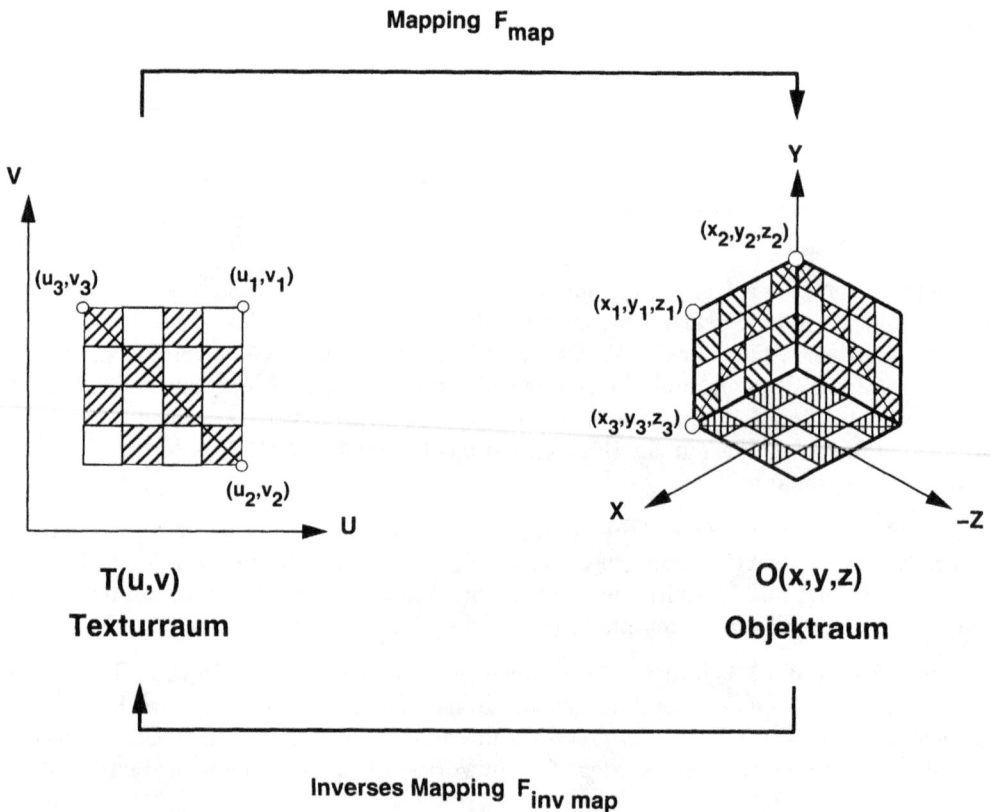

Bild 4.1: Mapping und inverses Mapping.

Dreidimensionale Texturen oder kurz 3D-Texturen sind Funktionen, die Punkte eines (u, v, w)-Raumes auf (r, g, b)-Farben abbilden:

$$(r, g, b) = \mathbf{C}_{\text{tex}}(u, v, w) \qquad (4.4)$$

Bild 4.2: Studio mit Fliesen- und Außenwelt-Texturen.

Sie werden auch als Festkörpertexturen bezeichnet. Häufig genannte Beispiele hierfür sind Holz- und Marmortexturen (s. auch Abschnitt 4.4.3). Beim inversen Mapping

$$(u, v, w) = \mathbf{F}_{\text{inv map}}(x, y, z) \tag{4.5}$$

müssen den (x, y, z)-Flächenpunkten (u, v, w)-Koordinaten zugeordnet werden. Man kann die Texturierung mit 3D-Texturen auch so interpretieren, daß die Körper quasi aus dem (u, v, w)-Texturkörper herausgeschnitzt werden.

In den folgenden Abschnitten wird teilweise auch verlangt, daß eine Textur einen Skalar-bzw. Grauwert

$$g = C_{\text{tex}}(u, v) \tag{4.6}$$

bzw. im dreidimensionalen Fall

$$g = C_{\text{tex}}(u, v, w) \tag{4.7}$$

---

berechnen kann. Eine von vielen Möglichkeiten hierfür ist, daß g als Luminanzwert aus den Rot- Grün- und Blaukomponenten $\mathbf{C}.r$, $\mathbf{C}.g$ und $\mathbf{C}.b$ der Texturfarbe $\mathbf{C}$ berechnet wird:

$$g = 0.299 * \mathbf{C}.r + 0.587 * \mathbf{C}.g + 0.114 * \mathbf{C}.b \tag{4.8}$$

4.1.3   Diskrete und prozedurale Texturen

Man kann generell zwischen diskreten und prozeduralen Texturen unterscheiden. Dabei werden N-dimensionale diskrete Texturen als (N+1)-dimensionale Zahlenfelder gespeichert. Ein (N+1)-dimensionales Zahlenfeld entspricht dabei einem N-dimensionalen Vektorfeld. Diskrete farbige 2D-Texturen der Breite n und Höhe m lassen sich so z.B. durch

$$\{ \, \mathbf{C}[i,j] \mid 0 \leq i < n, \ 0 \leq j < m \, \} \tag{4.9}$$

beschreiben, wobei $\mathbf{C}[i,j]$ ein Vektor mit drei Farbkomponenten ist und als Texel (TEXtur ELement) bezeichnet wird.

Die Verwendung diskreter Texturen hat folgende Vorteile:

+ Mit Hilfe von Photoapparaten, Scannern und Massenspeichermedien ist der Vorrat an Bildern nahezu unerschöpflich.

+ Dadurch ist das Generieren komplexer 2D-Texturen für die photorealistische Visualisierung vergleichsweise schnell und einfach.

Allerdings gibt es auch Nachteile (die Diskussion bezieht sich wiederum nur auf 2D-Texturen):

− Texturwerte $\mathbf{C}_{\text{tex}}(u,v)$ an beliebigen Positionen (u,v) müssen rekonstruiert werden. Dabei wird gewöhnlich die Annahme gemacht, daß das Einheitsquadrat

$$\{ \, (u,v) \mid 0 \leq u \leq 1, \ 0 \leq v \leq 1 \, \} \tag{4.10}$$

im (u,v)-Parametergebiet die gesamte Textur repräsentiert. Oft wird zur Rekonstruktion dann $\mathbf{C}_{\text{tex}}(u,v)$ gleich dem nächstgelegenen definierten Nachbarn

$$\mathbf{C}_{\text{tex}}(u,v) = \begin{cases} \mathbf{C}[[un-0.5],[vm-0.5]] & : \quad u<1, v<1 \\ \mathbf{C}[un-1,[vm-0.5]] & : \quad u=1, v<1 \\ \mathbf{C}[[un-0.5],vm-1] & : \quad u<1, v=1 \\ \mathbf{C}[un-1,vm-1] & : \quad u=1, v=1 \end{cases} \tag{4.11}$$

gesetzt, bzw. $\mathbf{C}_{\mathrm{tex}}(u, v)$ durch bilineare Interpolation aus den vier nächstgelegenen Nachbarn

$$\hat{u} = un - 0.5 - \lfloor un - 0.5 \rfloor \tag{4.12}$$

$$\hat{v} = vm - 0.5 - \lfloor vm - 0.5 \rfloor \tag{4.13}$$

$$\mathbf{C}_0(u, v) = \hat{u} * \mathbf{C}[\lfloor un - 0.5 \rfloor + 1, \lfloor vm - 0.5 \rfloor] +$$
$$(1 - \hat{u}) * \mathbf{C}[\lfloor un - 0.5 \rfloor, \lfloor vm - 0.5 \rfloor] \tag{4.14}$$

$$\mathbf{C}_1(u, v) = \hat{u} * \mathbf{C}[\lfloor un - 0.5 \rfloor + 1, \lfloor vm - 0.5 \rfloor + 1] +$$
$$(1 - \hat{u}) * \mathbf{C}[\lfloor un - 0.5 \rfloor, \lfloor vm - 0.5 \rfloor + 1] \tag{4.15}$$

$$\mathbf{C}_{\mathrm{tex}}(u, v) = \hat{v} * \mathbf{C}_1(u, v) + (1 - \hat{v}) * \mathbf{C}_0(u, v) \tag{4.16}$$

rekonstruiert[1]. Diese Rekonstruktion ist nur möglich, wenn $0,5 \leq un \leq n-0,5$ und $0,5 \leq vm \leq m-0,5$. Für eine Rekonstruktion im so ausgeschlossenen Randbereich müssen Sonderregeln definiert werden. Generell muß jedoch das Abtasttheorem (vgl. KE 5/6, 5.3.5) beachtet werden, und infolgedessen sollten die besseren und rechenaufwendigeren Bildfilter aus KE 5/6, 5.5, verwendet werden.

Bemerkung: Die Hintereinanderberechnung der fünf Gleichungen (4.12) bis (4.16) wird in den nachfolgenden Abschnitten durch

$$\mathbf{C}_{\mathrm{tex}}(u, v) = \mathrm{BiLinInt}(\mathbf{C}, u, v) \tag{4.17}$$

abgekürzt.

– Zur Berechnung der Texturwerte außerhalb des Gültigkeitsbereichs

$$\{ \mathbf{C}_{\mathrm{tex}}(u, v) \mid u \notin [0, 1] \text{ bzw. } v \notin [0, 1] \} \tag{4.18}$$

müssen Sonderregeln definiert werden.

– Beim Mapping auf beliebige Fläche treten Verzerrungen und infolgedessen Aliasing-Probleme auf.

– Große Bilder mit hoher Auflösung (n, m) haben einen hohen Speicherbedarf.

– Der in den Bildern dargestellte Kontext (Sonnenstand, Schattenwurf, ...) stimmt häufig nicht mit der geplanten Szene überein. Die Suche nach geeigneten Vorlagen kann dann sehr aufwendig sein.

Prozedurale Texturen werten dagegen bei jedem Aufruf von $\mathbf{C}_{\mathrm{tex}}(u, v)$ bzw. $\mathbf{C}_{\mathrm{tex}}(u, v, w)$ eine mathematische Formel bzw. einen Algorithmus aus. Dies hat folgende Vorteile:

+ Der Speicheraufwand ist minimal.

---

[1]Der $\lfloor \ \rfloor$-Operator rundet zum nächstkleineren ganzzahligen Wert, der $\lceil \ \rceil$-Operator zum nächstgrößeren. Für ganzzahlige Werte u gilt $\lceil u \rceil = \lfloor u \rfloor$, ansonsten $\lceil u \rceil = \lfloor u \rfloor + 1$. Der $[\ ]$-Operator rundet dagegen zum nächstgelegenen Wert: $[u] = \lfloor u + 0.5 \rfloor$.

+ Die Texturwerte können an jeder Stelle (u, v) bzw. (u, v, w) mit optimaler Genauigkeit berechnet werden.

+ Die Texturen sind im gesamten Raum $(-\infty < u_i < +\infty)$ definiert.

Der entscheidende Nachteil prozeduraler Texturen ist, daß selbst Experten Probleme haben, komplexe Texturen, die sie bildlich vor Augen haben, durch mathematische Formeln zu beschreiben. Hilfreich sind auf jeden Fall gute Grundkenntnisse der Fourier-Synthese und der fraktalen Geometrie.

Beide Verfahren zur Erzeugung von Texturen müssen in einem System zur photorealistischen Bildsynthese verfügbar sein.

4.1.4 Beeinflussung der Beleuchtungsrechnung

Bisher sind wir nur auf das Problem eingegangen, wie einem Flächenpunkt $\mathbf{P}$ ein Texturwert $\mathbf{C}_{\text{tex}}$ zugeordnet werden kann. Im folgenden soll diskutiert werden, wie dieser Texturwert die Beleuchtungsrechnung in $\mathbf{P}$ variieren kann. Dabei werden wir von der Annahme ausgehen, daß die Beleuchtungsrechnung gemäß dem erweiterten Phong-Modell (vgl. GDV II, Kapitel 2.5.2 und Kapitel 3.1, Gl.(3.1)):

$$\mathbf{L}_{\text{phong}} = \mathbf{r}_a \mathbf{L}_a + \sum_{\substack{\text{Licht-} \\ \text{quellen } i}} \left(\mathbf{r}_d \mathbf{L}_i (\vec{\mathbf{N}} \vec{\mathbf{V}}_{L_i}) + \mathbf{r}_s \mathbf{L}_i (\vec{\mathbf{R}}_i \vec{\mathbf{E}})^m \right) + \mathbf{r}_r \mathbf{L}_r + \mathbf{r}_t \mathbf{L}_t \qquad (4.19)$$

durchgeführt wird. In den vorgestellten Verfahren werden dabei die Texturen auf ganz verschiedene Weisen eingesetzt. Die Texturwerte repräsentieren dementsprechend einmal Farben ($\mathbf{C}_{\text{tex}}$ ist dann ein (r,g,b)-Vektor und die angegebenen Beziehungen gelten für jede Farbkomponente), bei einem anderen Verfahren dagegen Transparenz- oder Höhenwerte.

[T1] A posteriori Skalierung der Intensität
Eine der am häufigsten angewandten Techniken führt die Beleuchtungsrechnung mit konstanten Beleuchtungsparametern $\mathbf{r}_a$, $\mathbf{r}_d$, $\mathbf{r}_s$, $\mathbf{r}_r$ und $\mathbf{r}_t$ durch und skaliert den Beleuchtungswert $\mathbf{L}_{\text{phong}}$ erst im nachhinein komponentenweise mit dem Texturwert $\mathbf{C}_{\text{tex}}$ [Cat75]:

$$\mathbf{L}_{\text{out}} = \mathbf{L}_{\text{phong}} * \mathbf{C}_{\text{tex}} \qquad (4.20)$$

[T2] Modulation der Flächenfarbe
Die Flächenfarbe wird im wesentlichen durch den Materialparameter $\mathbf{r}_d$, im geringeren Maße aber auch durch den Parameter $\mathbf{r}_a$ bestimmt. Es ist also sinnvoll, a priori

$$\mathbf{r}_d = \kappa_d * \mathbf{C}_{\text{tex}} \quad \text{und} \quad \mathbf{r}_a = \kappa_a * \mathbf{C}_{\text{tex}} \qquad (4.21)$$

zu setzen [Hec86]. Der wesentliche Unterschied zu (4.20) besteht darin, daß die spekularen Reflektionen und Transmissionen von der Textur unbeeinflußt bleiben.

[T3] Modulation der spekularen Reflektion
Analog zu Gleichung (4.21) kann auch

$$\mathbf{r}_s = \kappa_s * \mathbf{C}_{\text{tex}}, \quad \mathbf{r}_r = \kappa_r * \mathbf{C}_{\text{tex}} \tag{4.22}$$

gesetzt werden. Die Reflektionen können dadurch unregelmäßig gestaltet werden.

Die Leuchtdichte $\mathbf{L}_r$ wird beim Raytracing durch Emission eines Strahls in die ideal reflektierte Strahlrichtung berechnet. Eine approximative Berechnung von $\mathbf{L}_r$ ist auch mit Hilfe der Reflection-Mapping- und Environment-Mapping-Verfahren möglich (s. Abschnitt 4.2.5). Dabei wird die Szenenumgebung a priori berechnet und als 2D-Textur gespeichert.

[T4] Modulation der Transparenz
Durch die Modulation des Transparenzparameters

$$\mathbf{r}_t = \kappa_t * C_{\text{tex}} \tag{4.23}$$

können sehr realistisch aussehende Effekte erzielt werden. Ist eine Komponente von $\mathbf{r}_t$ gleich 1, so ist die dazugehörende Komponente der Leuchtdichte $\mathbf{L}_t$ hinter der Fläche vollständig sichtbar; ist die Komponente von $\mathbf{r}_t$ gleich 0, so wird kein Licht dieser Farbe durchgelassen, ansonsten wird mit dem Wert von $\mathbf{r}_t$ gefiltert. In der Praxis wird oft nur ein Wert für alle drei Farben abgespeichert. Bei Beschränkung auf die Werte 0 und 1 kann durch die Textur zwischen Sichtbarkeit und Unsichtbarkeit des Objekts "umgeschaltet" werden. Dadurch können auch kompliziert geformte Flächen aus einfachen Flächen "ausgeschnitten" werden. Mit stochastischen Werten für r_t können verschmutzte und milchige Glasscheiben modelliert werden. Gardner [Gar85] modelliert Wolken, indem er a priori berechnete Transparenzen $\mathbf{r}_t$ auf eine Ellipsoidoberfläche aufträgt.

[T5] Perturbation des Normalenvektors
Beim Bump Mapping (vgl. Abschnitt 4.2.6) wird mit Hilfe einer skalarwertigen Textur eine Offsetfläche $\mathbf{P}'(s,t)$ definiert. Die Normalenvektoren der Offsetfläche werden dann als Variationen der Normalenvektoren der Basisfläche interpretiert.

[T6] Modulation von Lichtquellenparametern
Eine weitere Möglichkeit besteht darin, Lichtquellenparameter durch Texturen zu beeinflussen. Besonders anschaulich ist dies bei Projektorlichtquellen [Ups90]. Dabei wird eine zweidimensionale Textur in den Raum projiziert, d.h. die Lichtemission wird in Abhängigkeit von der Lichtrichtung $\mathbf{L}_i$ moduliert:

$$\mathbf{L}_i \sim \mathbf{C}_{\text{tex}}(\mathbf{F}_{\text{inv map}}(\vec{\mathbf{L}}_i)). \tag{4.24}$$

Durch das im Abschnitt 4.2.5 beschriebene Environment-Mapping-Verfahren kann auch das ambiente Licht $\mathbf{L}_a$, das das globale diffuse Licht in der Szene repräsentiert, genauer berechnet werden.

[T7] Höhenfelder und Offsetflächen
Obwohl dies eigentlich nicht das Thema dieses Kapitels ist, muß der Vollständigkeit halber erwähnt werden, daß Texturen auch Geometrieparameter definieren und

variieren können. Offsetflächen erhält man, indem man die Pixelwerte einer skalarwertigen Textur als Höhenwerte interpretiert und über einer Grundfläche aufträgt.
Ist diese Grundfläche eine Ebene, dann erhält man Höhenfelder.

4.2 2D-Texturen

Bei der Rasterung Gouraud-schattierter Dreiecke (vgl. KE2, 2.5.3) kann nur die Beleuchtungsrechnung **[T1]** angewendet werden. Dabei wird die Texturabbildung nach der
Projektion, also in der Bildebene, durchgeführt. Für jedes Pixel (x', y') müssen demnach
die (u, v)-Werte des zugeordneten Texels berechnet werden. Auch diese Abbildung wird
in der Literatur als inverses Mapping

$$(u, v) = F_{\text{inv map}}(x', y') \tag{4.25}$$

bezeichnet. Diese spezielle Form der Texturierung wird im Abschnitt 4.2.1 beschrieben.

Die Möglichkeit der alternativen oder auch kombinierten Anwendung der Texturierungen
[T1] bis **[T5]** besteht nur bei Visualisierungsverfahren, die entweder eine explizite Beleuchtungsrechnung in jedem Flächenpunkt durchführen oder die verschiedenen Anteile
von Gl.(4.19) getrennt durch Gouraud-Interpolation (KE2, 2.5.3) berechnen. Beispiele
hierfür sind das Phong-Shading-Verfahren (Interpolation von Normalen, KE2, 2.5.3) und
das Raytracing-Verfahren (KE3, 3.1).

4.2.1 Rasterung texturierter Dreiecke

Besteht die Körperoberfläche aus ebenen Polygonen, so bietet sich eine Dreieckszerlegung
an. Die Abbildung $\mathbf{M}_{TO}$ (vgl. Bild 4.3) der Textur auf die Körperoberfläche ist dann
für jedes Teildreieck durch die Korrespondenzen der Ecken der zugeordneten Dreiecke
definiert und beschreibt eine affine Abbildung (vgl. GDV I, Abschnitt 3.3):

$$[x, y, z, 1] \quad = \quad [u, v, 1] \cdot \mathbf{M}_{TO} \tag{4.26}$$

$$= \quad [u, v, 1] \cdot \begin{bmatrix} a_{11} & a_{12} & a_{13} & 0 \\ a_{21} & a_{22} & a_{23} & 0 \\ a_{31} & a_{32} & a_{33} & 1 \end{bmatrix} \tag{4.27}$$

Die anschließende perspektivische Projektion $\mathbf{M}_{OB}$ entlang der z-Achse in die Bildebene
(x', y') ist gegeben durch (GDV I, Gleichung 3.58)

$$\mathbf{M}_{OB} = \begin{bmatrix} 1 & 0 & 0 \\ 0 & 1 & 0 \\ 0 & 0 & \frac{1}{z_0} \\ 0 & 0 & 1 \end{bmatrix}, \tag{4.28}$$

wenn der Augpunkt bei $z = -z_0$ liegt.

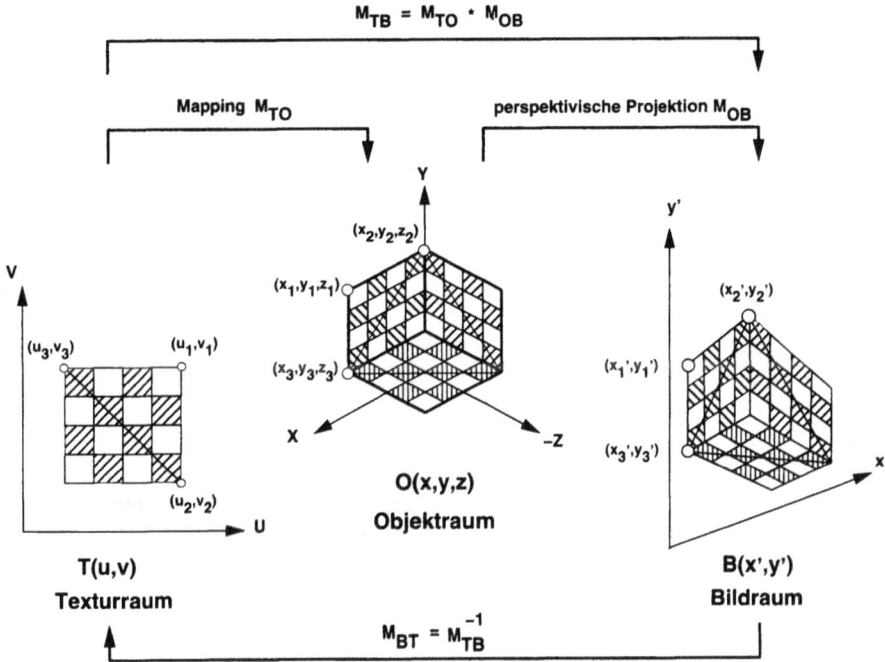

$$M_{TB} = M_{TO} \cdot M_{OB}$$

Mapping M_{TO}

perspektivische Projektion M_{OB}

$T(u,v)$

Texturraum

$O(x,y,z)$

Objektraum

$B(x',y')$

Bildraum

$$M_{BT} = M_{TB}^{-1}$$

Bild 4.3: Matrizen zur Transformation zwischen Textur-, Objekt- und Bildschirmkoordinaten.

Werden beide Transformationen zusammengefaßt, so erhält man eine quadratische Matrix, die invertierbar ist:

$$\mathbf{M}_{TB} = \mathbf{M}_{TO} \cdot \mathbf{M}_{OB} \tag{4.29}$$

$$= \begin{bmatrix} a_{11} & a_{12} & \frac{a_{13}}{z_0} \\ a_{21} & a_{22} & \frac{a_{23}}{z_0} \\ a_{31} & a_{32} & \frac{a_{33}}{z_0} + 1 \end{bmatrix} \tag{4.30}$$

Da wir mit homogenen Matrizen arbeiten, kann die Matrix (4.30) durch den Faktor $\frac{a_{33}}{z_0} + 1$ dividiert werden. Zur Vereinfachung werden die entstehenden Matrixelemente $\frac{\frac{a_{11}}{z_0}}{\frac{a_{33}}{z_0}+1} = c_{11}$ benannt etc. Auf diese Weise wird

$$\mathbf{M}_{TB} = \begin{bmatrix} c_{11} & c_{12} & c_{13} \\ c_{21} & c_{22} & c_{23} \\ c_{31} & c_{32} & 1 \end{bmatrix}. \tag{4.31}$$

Zu einem Pixel (x', y') findet man dann die zugehörigen Texturkoordinaten (u, v) durch Invertieren von $\mathbf{M}_{TB}$:

$$\mathbf{M}_{BT} = \mathbf{M}_{TB}^{-1} \tag{4.32}$$

Der Zusammenhang zwischen Textur- und Bildkoordinaten wird also beschrieben durch

$$[x, y, w] = [u, v, 1] \cdot \mathbf{M}_{TB} \tag{4.33}$$

$$x' = \frac{x}{w}, \qquad y' = \frac{y}{w} \tag{4.34}$$

für das Mapping bzw.

$$[u', v', q'] = [x', y', 1] \cdot \mathbf{M}_{BT} \tag{4.35}$$

$$u = \frac{u'}{q'}, \qquad v = \frac{v'}{q'} \tag{4.36}$$

für das inverse Mapping.

Die perspektivisch korrekten (u, v)-Texturkoordinaten berechnen sich also als Quotient zweier linearer Ausdrücke in x' und y'. Eine inkrementelle Implementierung von (4.35) benötigt drei Additionen und zwei Divisionen pro Pixel.

Es gab viele Versuche, den Aufwand für diese beiden Divisionen für jedes Pixel durch Näherungen über Interpolation zu reduzieren [Wol90], [DG95]. Die dabei entstehenden Fehler sind jedoch nicht tolerierbar und beim heutigen Stand der Arithmetikprozessoren auch nicht erforderlich.

Betrachtet man (4.31) bzw. (4.32), so erkennt man durch Vergleich mit (3.16) aus GDV I, daß die beiden Matrizen projektive Abbildungen für den zweidimensionalen Fall beschreiben. Die acht unbekannten Matrixelemente sind durch vier Punktkorrespondenzen zwischen Textur- und Bildebene bestimmt und können durch Lösen des zugehörigen linearen Gleichungssystems berechnet werden. Der Bilderzeugungsprozeß muß dabei nicht bekannt sein. Auch eine Photographie kann so mit einer Textur versehen werden.

Ist die Texturierung, wie in der GDV üblich, Teil des Bilderzeugungsprozesses, dann können die Texturkoordinaten *einfacher* berechnet werden. Wir betrachten ein Dreieck mit Eckpunkten $p_1 = (x_1, y_1, z_1), p_2 = (x_2, y_2, z_2), p_3 = (x_3, y_3, z_3)$. In diesen Eckpunkten seien Texturkoordinaten $(u_1, v_1), (u_2, v_2), (u_3, v_3)$ gegeben. Bei der perspektivischen Transformation wird dieses Dreieck auf ein Dreieck mit Eckpunkten $p_1' = \frac{p_1}{w_1}, p_2' = \frac{p_2}{w_2}, p_3' = \frac{p_3}{w_3}$ mit $w_i = 1 + \frac{z_i}{z_0}$, $i = 1, 2, 3$ abgebildet. Um die korrekten Texturkoordinaten zu einem Punkt $p' = \lambda_1 p_1' + \lambda_2 p_2' + \lambda_3 p_3'$, $\lambda_1 + \lambda_2 + \lambda_3 = 1$ auf diesem perspektivisch transformierten Dreieck zu finden, dürfen die Texturkoordinaten nicht einfach aus den Texturkoordinaten in den Eckpunkten interpoliert werden. Um die dazugehörigen Texturkoordinaten zu finden, braucht man die baryzentrischen Koordinaten des Urbildpunktes p von p' unter der perspektivischen Projektion bzgl. des Ausgangsdreiecks. Diese Koordinaten lassen sich folgendermaßen bestimmen.

Ist z' die z-Koordinate von p', so berechnet sich der Urbildpunkt p gemäß

$$p = p' \cdot w = (\lambda_1 \frac{p_1}{w_1} + \lambda_2 \frac{p_2}{w_2} + \lambda_3 \frac{p_3}{w_3}) \cdot w, \tag{4.37}$$

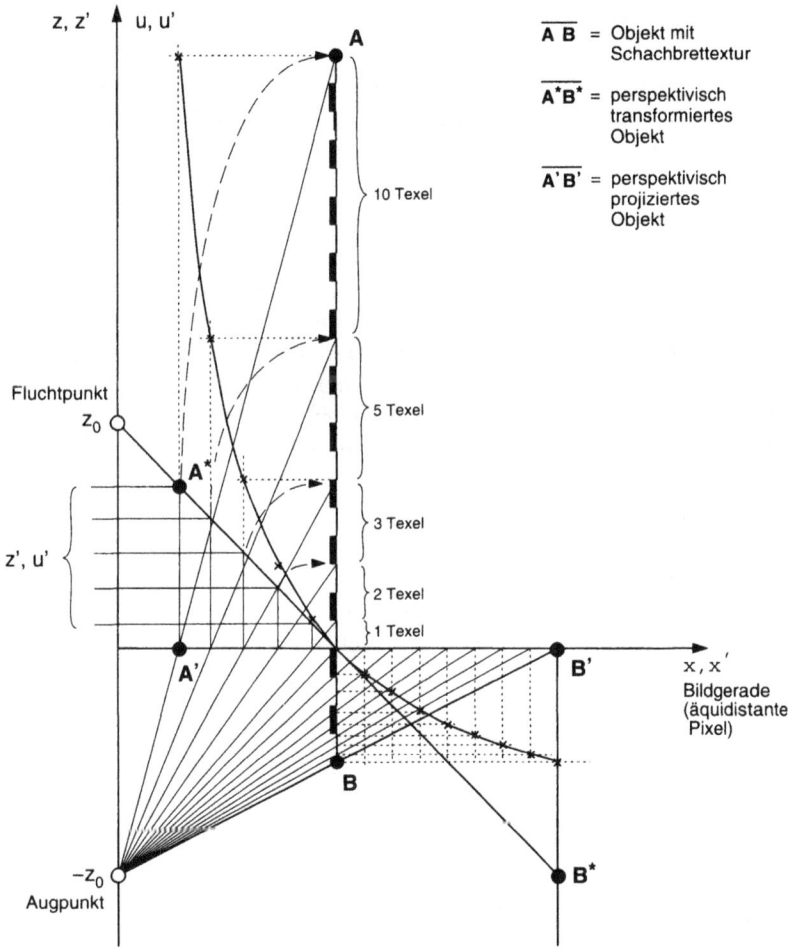

z, z'   u, u'

A

A B = Objekt mit
       Schachbrettextur

A*B* = perspektivisch
        transformiertes
        Objekt

A'B' = perspektivisch
       projiziertes
       Objekt

10 Texel

Fluchtpunkt
z_0

5 Texel

A*

3 Texel

z', u'

2 Texel

1 Texel

A'   B'   x, x'
                                                    Bildgerade
                                                    (äquidistante
                                                    Pixel)

B

−z_0   B*
Augpunkt

Bild 4.4: Zusammenhänge bei der perspektivischen Projektion einer Textur.

wobei

$$w = \frac{z}{z'} = \frac{z_0 + z}{z_0} = \frac{z_0}{z_0 - z'}. \tag{4.38}$$

Einsetzen von $z' = \lambda_1 \frac{z_1}{w_1} + \lambda_2 \frac{z_2}{w_2} + \lambda_3 \frac{z_3}{w_3}$ in (4.38) liefert

$$w = \frac{1}{\frac{\lambda_1}{w_1} + \frac{\lambda_2}{w_2} + \frac{\lambda_3}{w_3}}. \tag{4.39}$$

Setzt man w in 4.37 ein, so ergibt sich

$$p = \frac{1}{\frac{\lambda_1}{w_1} + \frac{\lambda_2}{w_2} + \frac{\lambda_3}{w_3}} \left(\frac{\lambda_1}{w_1} p_1 + \frac{\lambda_2}{w_2} p_2 + \frac{\lambda_3}{w_3} p_3 \right). \tag{4.40}$$

Das heißt aber, daß $w\frac{\lambda_1}{w_1}, w\frac{\lambda_2}{w_2}, w\frac{\lambda_3}{w_3}$ gerade die baryzentrischen Koordinaten von p bzgl. des urspünglichen Dreiecks mit den Eckpunkten p_1, p_2 und p_3 sind. Da die Textur auf diesem Dreieck linear interpoliert wird, sind dies auch die baryzentrischen Texturkoordinaten bzgl. der Texturwerte $(u_1, v_1), (u_2, v_2), (u_3, v_3)$ in den Eckpunkten des Dreiecks. D.h. die Texturkoordinaten (u', v') im Punkt p' berechnen sich gemäß

$$(u, v) = w \cdot (u', v') = w \left(\frac{\lambda_1}{w_1}(u_1, v_1) + \frac{\lambda_2}{w_2}(u_2, v_2) + \frac{\lambda_3}{w_3}(u_3, v_3) \right). \qquad (4.41)$$

Diese Formel legt folgendes Vorgehen bei der Texturierung nahe. Berechne Texturkoordinaten $(u_i', v_i') = (\frac{u_i}{w_i}, \frac{v_i}{w_i})$, $i = 1, 2, 3$ in den Eckpunkten, d.h. unterziehe die Texturkoordinaten derselben perspektivischen Transformation wie die kartesischen Koordinaten x, y, z. Die Koordinaten (u_i', v_i') können linear über dem perspektivisch transformierten Dreieck interpoliert werden. Dadurch ist auch ein inkrementelles Verfahren möglich. Anschließend werden für jedes Pixel (x_i', y_i') des Dreiecks aus den interpolierten Texturparametern $(u'(x_i'), v'(y_i'))$ durch Multiplikation mit $w(x_i', y_i')$ die zugehörigen Texturkoordinaten bestimmt:

$$u = u' \cdot w, \quad v = v' \cdot w \qquad (4.42)$$

Für die Berechnung von w steht allerdings nicht mehr z, sondern nur noch z' zur Verfügung. Durch Umformen und Auflösen erhält man

$$w = \frac{z}{z'} = \frac{z_0 + z}{z_0} = \frac{z_0}{z_0 - z'} \qquad (4.43)$$

Diese Zusammenhänge werden mit Bild 4.4 anschaulich gemacht. Auf dem Objekt $\overline{AB}$ sei eine regelmäßige Schwarzweißtextur aufgebracht und $u \sim z$. Man sieht, wie die Textur durch die perspektivische Transformation verzerrt wird und $u' \sim z'$ gilt. Außerdem hängen u' und z' linear von x' ab. Das einem Pixel x' zugeordnete Texel u erhält man durch Multiplikation mit w: $u = u' \cdot w$. Weiter ist deutlich zu erkennen, daß je nach Blickrichtung null bis unendlich viele Texel einem Pixel zugeordnet werden müssen. Dieses Problem wird im Abschnitt 4.3 über Texturfilterung behandelt.

4.2.2 Texturierung parametrisierter Flächen

Explizit parametrisierte Flächen

$$(s, t) \mapsto \mathbf{P}(s, t) \qquad (4.44)$$

wie z.B. Bézier- und B-Spline-Flächen können in natürlicher Form texturiert werden. Im einfachsten Fall ordnet man einem Flächenpunkt $\mathbf{P}(s, t)$ die Texturkoordinaten

$$(u, v) = (s, t) \qquad (4.45)$$

zu. Alternativ kann auch eine affine

$$(u, v, 1) = (s, t, 1) \begin{bmatrix} a_{00} & a_{01} & 0 \\ a_{10} & a_{11} & 0 \\ a_{20} & a_{21} & 1 \end{bmatrix} \qquad (4.46)$$

oder beliebige andere Abbildung

$$(u, v) = \mathbf{F}_{\text{inv map}}(s, t) \tag{4.47}$$

zwischengeschaltet werden.

Da die direkte Rasterung gekrümmter Flächen sehr rechenintensiv ist, werden diese häufig durch Dreiecksnetze approximiert [Ke95a]. Die Koordinaten (x_i, y_i, z_i) der Dreieckseckpunkte $\mathbf{P}_i$ werden dabei gem. Gleichung (4.44) berechnet, die ihnen zugeordneten (u_i, v_i)-Koordinaten gem. den Gleichungen (4.45), (4.46) oder (4.47). Mit dieser Information kann die Matrix $\mathbf{M}_{\text{TO}}$ aus Gleichung (4.27) berechnet und das Verfahren aus Abschnitt 4.2.1 angewendet werden.

Zum besseren theoretischen Verständnis sei noch hinzugefügt, daß auch Dreiecke $(\mathbf{P}_0, \mathbf{P}_1, \mathbf{P}_2)$ auf einfache Weise durch

$$\mathbf{P}(s, t) = (1 - s - t)\,\mathbf{P}_0 + s\,\mathbf{P}_1 + t\,\mathbf{P}_2 \tag{4.48}$$

parametrisiert werden können. Bezüglich dieser Parametrisierung ist

$$\mathbf{P}(0, 0) = \mathbf{P}_0, \quad \mathbf{P}(1, 0) = \mathbf{P}_1 \quad \text{und} \quad \mathbf{P}(0, 1) = \mathbf{P}_2. \tag{4.49}$$

Für Punkte $\mathbf{P}(s, t)$ im Dreiecksinnern gilt dann

$$0 \leq s \leq 1, \quad 0 \leq t \leq 1 \quad \text{und} \quad 0 \leq s + t \leq 1. \tag{4.50}$$

Die drei Koordinaten $(1 - s - t, s, t)$ werden auch als baryzentrische Koordinaten von $\mathbf{P}(s, t)$ bzgl. $(\mathbf{P}_0, \mathbf{P}_1, \mathbf{P}_2)$ bezeichnet. Den Dreieckspunkten $\mathbf{P}(s, t)$ können dann durch die Gleichung

$$(u, v) = (1 - s - t) \cdot (u_0, v_0) + s \cdot (u_1, v_1) + t \cdot (u_2, v_2) \tag{4.51}$$

Texturkoordinaten zugeordnet werden. Dadurch wird eine bilineare Interpolation der Eckpunkt-Parameter $((u_0, v_0), (u_1, v_1), (u_2, v_2))$ realisiert.

4.2.3 Texturierung komplexer Objektoberflächen

Im Abschnitt 4.2.1 wurde das Textur-Mapping für ein einzelnes Dreieck beschrieben. Dabei wurde vorausgesetzt, daß die (u_i, v_i)-Parameter der Dreieckseckpunkte (x_i, y_i, z_i) explizit bekannt sind. Besteht ein Objekt aus sehr wenigen Dreiecken, dann kann ein Anwender diese Zuordnung der (u_i, v_i)-Parameter unter Umständen noch interaktiv am Bildschirm vornehmen. Bei komplexeren Objekten ist dies jedoch unmöglich.

Bier und Sloan [BS86] haben ein Zweischrittverfahren vorgestellt, das die (u, v)-Berechnung vollständig automatisiert. Die Grundidee besteht darin, ein komplexes Objekt, das aus beliebig vielen primitiven Teilobjekten bestehen darf, mit einer einfach parametrisierbaren, virtuellen Fläche zu umhüllen. Die 2D-Textur wird dann zunächst einmal auf diese umhüllende Fläche abgebildet, und erst von dort aus auf die Objektoberfläche. Geeignete umhüllende Flächen sind Zylinder-, Kugel- und Quaderoberflächen.

Zylinder-Mapping

Beim Zylinder-Mapping wird das Objekt von einem endlichen Zylinder umhüllt. Die Berechnungen sind besonders einfach, wenn die Zylinderhauptachse parallel zur z-Achse des Objektraumkoordinatensystems verläuft. Die Endpunkte der Achse sind dann durch die Koordinaten

$$(x_{\text{cyl}}, y_{\text{cyl}}, z_{\text{cyl,min}}), \quad (x_{\text{cyl}}, y_{\text{cyl}}, z_{\text{cyl,max}}) \tag{4.52}$$

gegeben. Die Zylinderoberfläche läßt sich leicht durch einen Rotationswinkel ϕ und die Höhe h parametrisieren. Punkte $\mathbf{P}(x, y, z)$ im Innern des Zylinders werden dann senkrecht von der Zylinderachse aus auf die Zylinderoberfläche projiziert, und deren (ϕ, h)-Parameter werden, nach entsprechender Normierung, als (u, v)-Parameter interpretiert. Die einfachen Gleichungen hierfür lauten

$$u = \frac{\pi + \arctan 2(y - y_{\text{cyl}}, x - x_{\text{cyl}})}{2\pi} \tag{4.53}$$

und

$$v = \frac{z - z_{\text{cyl,min}}}{z_{\text{cyl,max}} - z_{\text{cyl,min}}}. \tag{4.54}$$

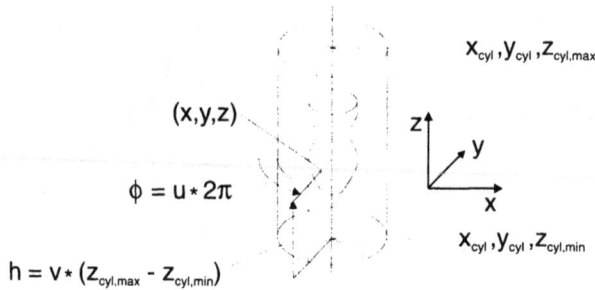

Bild 4.5: Zylinder-Mapping.

Dabei berechnet die Funktion

$$\arctan 2\,(y, x) = \begin{cases} \arctan(\frac{y}{x}) & \text{,falls} \quad x > 0 \\ \arctan(\frac{y}{x}) + \pi & \text{,falls} \quad x < 0 \quad \text{und} \quad y \geq 0 \\ \arctan(\frac{y}{x}) - \pi & \text{,falls} \quad x < 0 \quad \text{und} \quad y < 0 \\ \operatorname{sign}(y) \cdot \frac{\pi}{2} & \text{,falls} \quad x = 0 \quad \text{und} \quad y \neq 0 \\ 0 & \text{,falls} \quad x = 0 \quad \text{und} \quad y = 0 \end{cases} \tag{4.55}$$

den Winkel zwischen dem Vektor (x,y) und der positiven x-Achse. Während die Standardfunktion arctan nur Werte im Bereich $(-\pi/2, \pi/2)$ liefert und außerdem für $x = 0$ undefiniert ist, ist die Spezialfunktion arctan2 für alle Vektoren (x,y) definiert und berechnet Werte im Bereich $(-\pi, \pi]$.

Kugel-Mapping

Kugeloberflächen können leicht durch Kugelkoordinaten (ϕ, θ) parametrisiert werden. Hat eine umhüllende Kugel den Mittelpunkt $(x_{\text{sph}}, y_{\text{sph}}, z_{\text{sph}})$, dann werden Punkte $\mathbf{P}(x, y, z)$ im Kugelinnern vom Mittelpunkt aus auf die Kugeloberfläche projiziert. Dadurch werden ihnen die Parameter

$$u = \frac{\pi + \arctan2(y - y_{\text{sph}}, x - x_{\text{sph}})}{2\pi} \tag{4.56}$$

und

$$v = \frac{\arctan2\left(\sqrt{(x - x_{\text{sph}})^2 + (y - y_{\text{sph}})^2}, z - z_{\text{sph}}\right)}{\pi} \tag{4.57}$$

zugeordnet.

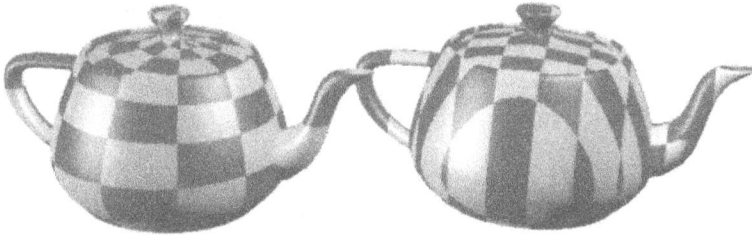

Bild 4.6: Beispiele für Zweischrittverfahren: Kugel- und Box-Mapping.

Box-Mapping

Beim Box-Mapping beschreibt die umhüllende Fläche einen Quader. In der Regel wählt man hierfür die achsenparallele Bounding Box des Objekts. Eine mögliche Parametrisierung von Punkten $\mathbf{P}(x, y, z)$ im Innern der Bounding Box definiert einfach die längste Kante der Bounding Box als u-Achse und die zweitlängste Kante als v-Achse. Gilt also z.B.

$$(x_{\text{box,max}} - x_{\text{box,min}}) \geq (y_{\text{box,max}} - y_{\text{box,min}}) \geq (z_{\text{box,max}} - z_{\text{box,min}}), \tag{4.58}$$

dann kann man die Texturparameter einfach durch

$$u = \frac{x - x_{\text{box,min}}}{x_{\text{box,max}} - x_{\text{box,min}}} \tag{4.59}$$

und

$$v = \frac{y - y_{\text{box,min}}}{y_{\text{box,max}} - y_{\text{box,min}}} \tag{4.60}$$

berechnen.

Abbildung 4.6 demonstriert das Zweischrittverfahren am Beispiel des Utah-Teapots. Links wurde das Zylinder-Mapping, in der Mitte das Kugel-Mapping und rechts das Box-Mapping angewendet. Die Abbildung zeigt, daß das Zweischrittverfahren in ausgesuchten Einzelfällen durchaus gute Ergebnisse liefern kann, es ist jedoch nicht als generelle Lösung für alle Mapping-Probleme geeignet.

4.2.4   Texturkoordinaten außerhalb des Gültigkeitsbereichs

Die bisherige Diskussion ging von der impliziten Annahme aus, daß die Texturkoordinaten stets im gültigen Bereich

$$(u, v) \in [0, 1] \times [0, 1] \tag{4.61}$$

liegen. In der Praxis werden den Flächen jedoch häufig auch (u,v)-Koordinaten zugeordnet, die diese Bedingung nicht erfüllen.

Betrachten wir hierzu der Einfachheit halber den Fall, bei dem eine Textur durch eine Funktion

$$\mathbf{C}_{\text{tex}}(u) = \left\{ \begin{array}{ll} (r(u), g(u), b(u)) & \text{,falls} \quad 0 \leq u \leq 1 \\ \text{undefiniert} & \text{,sonst} \end{array} \right. \tag{4.62}$$

berechnet wird. Für $u < 0$ und $u > 1$ kann man dann z.B. konstante Farbwerte $\mathbf{C}_i$ definieren:

$$\mathbf{C}_{\text{const}}(u) = \left\{ \begin{array}{ll} \mathbf{C}_0 & \text{,falls} \quad u < 0 \\ \mathbf{C}_{\text{tex}}(u) & \text{,falls} \quad 0 \leq u \leq 1 \\ \mathbf{C}_1 & \text{,falls} \quad u > 1 \end{array} \right. . \tag{4.63}$$

Alternativ kann man auch den ersten und letzten gültigen Texturwert "festhalten" (engl. clamping):

$$\mathbf{C}_{\text{clamp}}(u) = \left\{ \begin{array}{ll} \mathbf{C}_{\text{tex}}(0) & \text{,falls} \quad u < 0 \\ \mathbf{C}_{\text{tex}}(u) & \text{,falls} \quad 0 \leq u \leq 1 \\ \mathbf{C}_{\text{tex}}(1) & \text{,falls} \quad u > 1 \end{array} \right. . \tag{4.64}$$

Eine dritte Lösungsmöglichkeit besteht darin, daß sich die definierten Texturwerte einfach periodisch wiederholen:

$$\begin{aligned} \mathbf{C}_{\text{period}}(u) &= \mathbf{C}_{\text{tex}}(u \bmod 1.0) \tag{4.65} \\ &= \mathbf{C}_{\text{tex}}(u - \lfloor u \rfloor). \tag{4.66} \end{aligned}$$

Dabei rundet der $\lfloor\ \rfloor$-Operator stets zum nächstkleineren ganzzahligen Wert, d.h. $\lfloor 2.3 \rfloor = 2$ und $\lfloor -2.3 \rfloor = -3$.

4.2.5   Reflection Mapping und Environment Mapping

Lokale Beleuchtungsalgorithmen berücksichtigen bei der Beleuchtungsrechnung nur das direkt von den Primärlichtquellen kommende Licht. Für die photorealistische Visualisierung ist aber auch die durch Mehrfachreflektionen verursachte indirekte Beleuchtung von großer Bedeutung. Im folgenden werden zwei Algorithmen vorgestellt, die diese indirekte Beleuchtung durch die geschickte Nutzung von Texturen sehr schnell approximativ berechnen können. Die Grundidee beider Algorithmen weist zwar viele Parallelen zum globalen Raytracing-Verfahren auf, die sehr teure, explizite Strahlverfolgung wird jedoch bewußt vermieden.

Reflection Mapping

Die Grundidee des Reflection Mapping [BN76] wird auf der linken Seite von Bild 4.7 zweidimensional veranschaulicht. Die Szene wird hier durch ein einziges Objekt repräsentiert. Dieses Objekt ist von einer virtuellen Kugel umgeben, auf deren Innenseite die Szenenumgebung als zweidimensionale Textur aufgetragen ist. Diese Textur wird als Reflection Map bezeichnet. Sie wird als zweidimensionales Intensitätsfeld gespeichert und über Kugelkoordinaten adressiert.

Bei der Beleuchtungsrechnung in einem Objektpunkt $\mathbf{P}$ kann dann leicht die ideal reflektierte Blickrichtung

$$\mathbf{R} = \mathbf{V} - 2(\mathbf{VN})\mathbf{N} \qquad (4.67)$$

berechnet werden. In Bild 4.7 schneidet der Strahl $\mathbf{R}$ die virtuelle Kugel im Punkt $\mathbf{E(P,R)}$. Es ist jedoch nicht notwendig, diese Schnittberechnung explizit durchzuführen, wenn der Kugelradius $r >> P - W$ ist. Es genügt dann, die Kugelkoordinaten (ϕ,θ) von $\mathbf{R}$ zu berechnen und damit direkt die Reflection Map zu indizieren, also statt des wirklichen Schnittpunkts $\mathbf{E(P,R)}$ den Punkt $\mathbf{E(W,R)}$ zu verwenden.

Das erweiterte Phong-Beleuchtungsmodell lautet damit

$$\mathbf{L}_{out} = \mathbf{L}_{amb} + \mathbf{L}_{diff} + \mathbf{L}_{spec} + \mathbf{r}_r \mathbf{L}_{refl\ map}(\phi, \theta). \qquad (4.68)$$

Das Reflection Mapping ist schnell und einfach zu berechnen und liefert durchaus gute Visualisierungsergebnisse, wenn die Textur z.B. den Himmel oder einen weit entfernten Horizont repräsentiert. Es kann außerdem dazu verwendet werden, große ausgedehnte Lichtquellen als Textur darzustellen.

Es gibt jedoch auch eine Reihe von Problemen, die die Anwendungsmöglichkeiten deutlich einschränken. Das erste Problem besteht darin, eine Reflection Map überhaupt zu generieren. Eine Möglichkeit ist, die Umgebung künstlich zu modellieren und durch ein Raytracing-Verfahren, das eine Panorama-Kamera benutzt, zu visualisieren. Dieser Ansatz ist offensichtlich sehr zeitaufwendig. Alternativ können auch digitalisierte Photographien verwendet werden. Dabei wird eine Kamera von einem festen Standpunkt

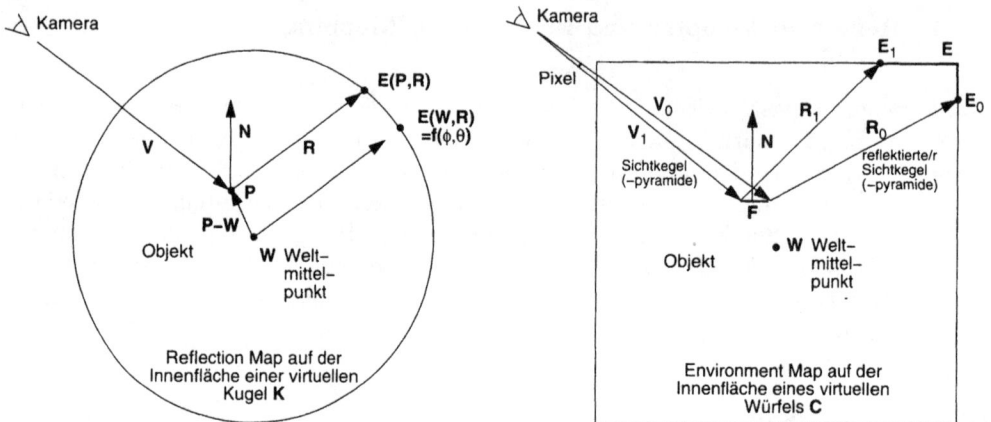

Bild 4.7: Reflection Mapping und Environment Mapping.

W aus nacheinander nach vorn, nach hinten, nach links, nach rechts, noch oben und nach unten geschwenkt. Die sechs Aufnahmen repräsentieren die sechs Innenflächen eines umgebenden Würfels und können in eine kugelförmige Reflection Map umgerechnet werden. Auch dieser alternative Ansatz ist arbeits- und rechenaufwendig.

Weitere Probleme sind:

- Die Reflektionsberechnung ist strenggenommen nur dann korrekt, wenn der Objektpunkt **P** sich im Weltmittelpunkt **W** befindet. Mit zunehmendem Abstand zwischen **P** und **W** treten verstärkt Verzerrungen auf. Das Problem wird im wesentlichen dadurch verursacht, daß bei der impliziten Berechnung des Kugelabtastpunkts **E** die Koordinaten des Objektpunkts **P** nicht berücksichtigt werden.

- Die Berechnung der Kugelkoordinaten (ϕ, θ) erfordert die vergleichsweise teure Anwendung trigonometrischer Funktionen.

- Da für jedes Pixel nur ein einziger Objektpunkt **P** und damit auch nur ein einziger Abtastpunkt **E** berechnet wird, können erhebliche Aliasing-Probleme auftreten (vgl. Abschnitt 4.3).

- Es wird keine Verdeckungsrechnung durchgeführt. Das Problem, daß der reflektierte Strahl **R** auf ein blockierendes Szenenobjekt treffen kann, wird ignoriert.

- Szenenobjekte können sich nicht gegenseitig widerspiegeln. Bei der Reflektionsberechnung wird nur die a priori berechnete Reflection Map berücksichtigt.

Environment Mapping

Das Environment-Mapping-Verfahren [Gre86] ist eine konsequente Erweiterung des Reflection-Mapping-Verfahrens. Es löst viele, wenn auch nicht alle der oben beschriebenen

Probleme. Das Verfahren wird auf der rechten Seite in Bild 4.7 zweidimensional veranschaulicht.

Dabei fällt sofort auf, daß im Gegensatz zum Reflection-Mapping-Verfahren Sichtpyramiden statt diskreter Sichtstrahlen verwendet werden, und daß die Reflection- bzw. Environment Map als Würfel und nicht als Kugel gespeichert wird.

Die Primärsichtpyramide wird durch die vier Strahlen $\mathbf{V}_i$ begrenzt, die vom Augpunkt aus durch die vier Eckpunkte eines Pixels der virtuellen Bildebene verlaufen. Die reflektierte Sichtpyramide entsteht, indem man diese vier Strahlen an dem planaren Schnittflächenelement $\mathbf{F}$ spiegelt. Der Schnitt dieser reflektierten Sichtpyramide mit dem Environment-Würfel $\mathbf{C}$ ergibt dann eine ausgedehnte Fläche $\mathbf{E}$. Berücksichtigt man bei der Beleuchtungsrechnung für das Flächenelement $\mathbf{F}$ die gesamte Texturfläche $\mathbf{E}$, dann kann das Aliasing-Problem deutlich gemildert werden.

Die Verwendung eines virtuellen Würfels statt einer virtuellen Kugel hat dabei sehr praktische Gründe. Zunächst einmal besteht beim oben erwähnten Texturgenerierungsproblem nicht die Notwendigkeit, die sechs Photographien auf eine Kugel umzuprojizieren. Außerdem ist der Schnitt eines Richtungsvektors $\mathbf{R}$ mit einer achsenparallelen Ebene einfacher als der mit einer Kugel. Der Hauptvorteil ist jedoch der, daß die sechs Environment-Texturen leicht vorgefiltert werden können (vgl. Abschnitt 4.3). Das Filtern aller Texturwerte der Schnittfläche $\mathbf{E}$ erfordert dann nur noch einen konstanten Rechenaufwand. Nachteilig ist jedoch, daß sich diese Fläche $\mathbf{E}$, wie in Bild 4.7 angedeutet, über mehr als eine der sechs Würfelseiten erstrecken kann.

Das erweiterte Phong-Beleuchtungsmodell wird gemäß der Gleichung

$$\mathbf{L}_{\text{out}} = \mathbf{L}_{\text{amb}} + \mathbf{L}_{\text{diff}} + \mathbf{L}_{\text{spec}} + \mathbf{L}_{\text{refl}} \tag{4.69}$$

mit

$$\mathbf{L}_{\text{refl}} = \mathbf{r}_r \mathbf{L}_{\text{env map}}(\mathbf{R}_0, \mathbf{R}_1, \mathbf{R}_2, \mathbf{R}_3) \tag{4.70}$$

berechnet. Die Environment Map kann darüber hinaus dazu benutzt werden, den ambienten Term $\mathbf{L}_{\text{amb}}$, der das global diffus reflektierte Licht in der Szene repräsentiert, genauer zu berechnen. Korrekt wäre, über alle Lichtrichtungen $\mathbf{D}_i$ der Hemisphäre über dem Flächenelement $(\mathbf{F}, \mathbf{N})$ zu integrieren. Diskretisiert man diesen Ansatz und berücksichtigt man dabei nur die Lichtanteile der Environment Map ($\mathbf{L}_{\text{env map}}(\mathbf{D}_i)$), dann kann $\mathbf{L}_{\text{amb}}$ approximativ durch

$$\mathbf{L}_{\text{amb}} = \frac{\mathbf{r}_a}{m} \sum_{\substack{i=0; \\ D_i N > 0}}^{m} (\mathbf{D}_i \mathbf{N}) \mathbf{L}_{\text{env map}}(\mathbf{D}_i) \tag{4.71}$$

berechnet werden.

Trotz aller Verbesserungen im Vergleich zum Reflection-Mapping-Algorithmus sollte jedoch nicht übersehen werden, daß auch beim Environment Mapping die Problematik ignoriert wird, daß Szenenobjekte sich gegenseitig verdecken und/oder sich ineinander spiegeln können. Aufgrund der Approximation gekrümmter Objektoberflächen durch stückweise planare Teiloberflächen tritt außerdem das Problem auf, daß die reflektierten Sichtpyramiden benachbarter Pixel nicht nahtlos aneinanderschließen.

4.2.6 Bump Mapping

Mit den bisher beschriebenen Texturierungstechniken können nur Materialparameter variiert und Beleuchtungsergebnisse skaliert werden. Beleuchtete Flächen sehen dadurch bereits sehr viel variantenreicher und damit auch realistischer aus, trotzdem wirken sie häufig immer noch zu glatt.

Gesucht ist daher eine einfache Technik, mit deren Hilfe Flächen rauh, runzlig, zerknittert oder gekräuselt erscheinen. Wollte man diese kleinen Unebenheiten geometrisch exakt modellieren, so könnte man z.B. zu einer gegebenen parametrischen Grundfläche $\mathbf{P}(u, v)$ ein zweidimensionales Höhenfeld $h(u, v)$ addieren und würde so die Offsetfläche

$$\mathbf{P}'(u, v) = \mathbf{P}(u, v) + h(u, v)\frac{\mathbf{N}(u, v)}{|\mathbf{N}(u, v)|} \tag{4.72}$$

erhalten (vgl. Bild 4.8). Für kleine Höhenwerte ist dieser Ansatz jedoch zu rechenauf-

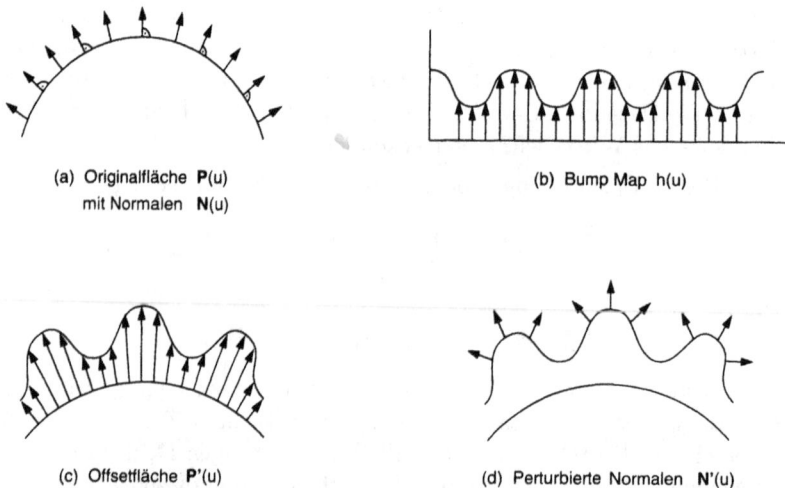

(a) Originalfläche **P**(u)
mit Normalen **N**(u)

(b) Bump Map h(u)

(c) Offsetfläche **P**'(u)

(d) Perturbierte Normalen **N**'(u)

Bild 4.8: 1D-Veranschaulichung des Bump Mapping ([Bli78])

wendig. Außerdem zeigt das Phong-Beleuchtungsmodell, daß die exakten geometrischen Positionen der Flächenpunkte $\mathbf{P}(u, v)$ bzw. $\mathbf{P}'(u, v)$ gar nicht direkt in die Beleuchtungsrechnung eingehen. Viel wichtiger sind die Normalenvektoren $\mathbf{N}(u, v)$. Die wesentliche Idee der Bump-Mapping-Technik besteht konsequenterweise darin, daß es für kleine Unebenheiten $h(u, v)$ ausreicht, die Visualisierung mit der Originalgeometrie $\mathbf{P}(u, v)$ durchzuführen, bei der Beleuchtungsrechnung aber die Normalen $\mathbf{N}'(u, v)$ der Offsetfläche zu verwenden [Bli78].

Diese Normalenvektoren können durch

$$\mathbf{N}' = \mathbf{P}'_u \times \mathbf{P}'_v \tag{4.73}$$

berechnet werden. Die Richtungsableitungen erhält man mit den bekannten Summen-
und Kettenregeln aus Gleichung (4.72):

$$\mathbf{P}'_u = \mathbf{P}_u + h_u \frac{\mathbf{N}}{|\mathbf{N}|} + h\left(\frac{\mathbf{N}}{|\mathbf{N}|}\right)_u, \qquad (4.74)$$

$$\mathbf{P}'_v = \mathbf{P}_v + h_v \frac{\mathbf{N}}{|\mathbf{N}|} + h\left(\frac{\mathbf{N}}{|\mathbf{N}|}\right)_v. \qquad (4.75)$$

Für kleine Werte $h(u, v)$ können die hinteren Teilterme ignoriert werden:

$$\mathbf{P}'_u \approx \mathbf{P}_u + h_u \frac{\mathbf{N}}{|\mathbf{N}|}, \qquad (4.76)$$

$$\mathbf{P}'_v \approx \mathbf{P}_v + h_v \frac{\mathbf{N}}{|\mathbf{N}|}. \qquad (4.77)$$

Gleichung (4.73) kann dann durch

$$\mathbf{N}' = \mathbf{P}_u \times \mathbf{P}_v + h_u \left(\frac{\mathbf{N}}{|\mathbf{N}|} \times \mathbf{P}_v\right) + h_v \left(\mathbf{P}_u \times \frac{\mathbf{N}}{|\mathbf{N}|}\right) + h_u h_v \left(\frac{\mathbf{N} \times \mathbf{N}}{|\mathbf{N}|^2}\right) \qquad (4.78)$$

ersetzt werden. Da dabei der erste Summand gleich $\mathbf{N}$ und der letzte Summand gleich
$\mathbf{0}$ ist, kann man das Ergebnis auch einfacher als

$$\mathbf{N}' = \mathbf{N} + \mathbf{D} \qquad (4.79)$$

mit

$$\mathbf{D} = \frac{h_u (\mathbf{N} \times \mathbf{P}_v) - h_v (\mathbf{N} \times \mathbf{P}_u)}{|\mathbf{N}|} \qquad (4.80)$$

formulieren.

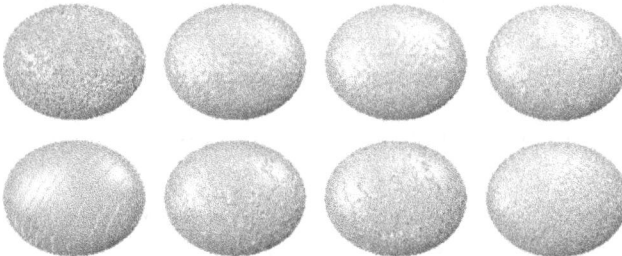

Bild 4.9: Bump Mapping.

Die zweidimensionale Bump Map $h(u, v)$ ist dabei in der Regel als diskretes Zahlenfeld
bzw. als Grauwertbild gegeben. In diesem Fall werden die Richtungsableitungen h_u und

h_v durch

$$h_u(u, v) \;=\; \frac{h(u + \Delta u, v) - h(u, v)}{\Delta u} \qquad (4.81)$$

$$h_v(u, v) \;=\; \frac{h(u, v + \Delta v) - h(u, v)}{\Delta v} \qquad (4.82)$$

berechnet.

Das Bump Mapping kann nur mit denjenigen Beleuchtungsverfahren kombiniert werden, die eine explizite Beleuchtungsrechnung in jedem Flächenpunkt durchführen. Beispiele hierfür sind das Phong-Shading- und das Raytracing-Verfahren. Das Gouraud-Shading-Verfahren erfüllt diese Bedingung jedoch nicht. Beim Gouraud-Shading-Verfahren wird zwar in der Regel auch eine Phong-Beleuchtungsrechnung durchgeführt, allerdings nur in den Dreieckseckpunkten.

Abbildung 4.9 zeigt einige Anwendungsergebnisse. Dabei wurde das leicht variierte Bump-Mapping-Verfahren aus Abschnitt 4.4.5 benutzt, das die Höhenwerte h durch eine skalarwertige 3D-Textur berechnet.

4.3   Filterung diskreter 2D-Texturen

4.3.1   Beschreibung des Problems

Die bisher besprochene Mapping-Transformation ermöglicht uns, für ein Bildschirmpixel (x',y') die Texturkoordinaten (u,v) zu berechnen. Für eine gute Darstellung der Textur reicht dies aber nicht aus. Bild 4.10 zeigt ein Beispiel für Aliasing-Effekte, die grundsätzlich auftreten, wenn Bilddaten mit hohen Ortsfrequenzen in einem diskreten Raster dargestellt werden.

Für Bild 4.10 wurde in jedem Pixel (x',y') das Texel mit den dazugehörigen (auf ganze Zahlen gerundeten) Koordinaten (u,v) dargestellt. In dem mit einem Kreis bezeichneten Gebiet wird in jedem Pixel "zufällig" ein weißes Feld getroffen; die dazwischenliegenden Texel werden nicht berücksichtigt. Dadurch ist ein ausgedehntes weißes Gebiet zu sehen, das es in Wirklichkeit aber so gar nicht gibt.

Auch das umgekehrte Problem tritt beim Texturmapping auf: Die Textur wird nicht verkleinert, sondern vergrößert, was zur Folge hat, daß einzelne Texel als rechteckige Blöcke im Bild sichtbar werden. Beide Probleme sind schon in Bild 4.4 für den eindimensionalen Fall erkennbar geworden.

Der folgende Abschnitt befaßt sich mit Techniken zur Vermeidung derartiger Artefakte und greift auf Darstellungen in Kapitel 5 zurück.

4.3.2   Praktikable Berechnungsverfahren

Die exakte Boxfilterung und erst recht die Filterung mit der Gaußfunktion (vgl. Abschnitt 5.3.5) sind für die Darstellung texturierter Flächen in Echtzeit noch zu aufwendig.

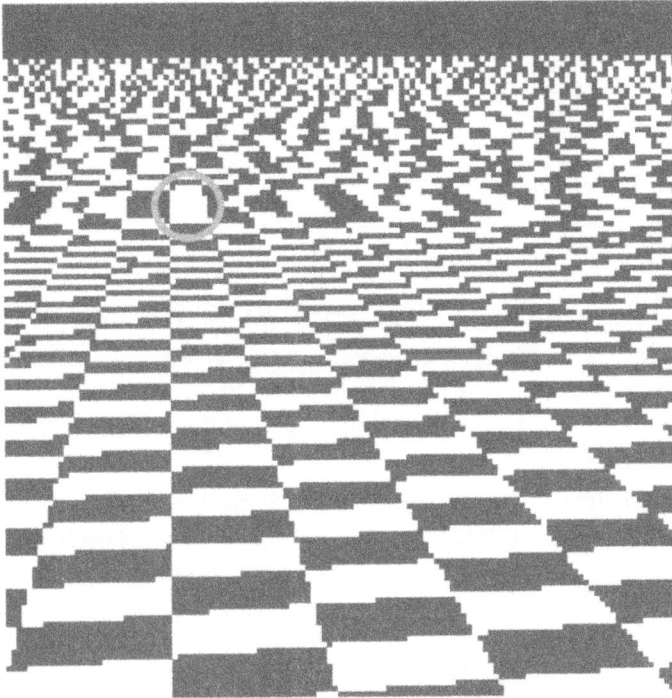

Bild 4.10: Aliasing: Auftreten von Scheinstrukturen durch diskretes Abtasten.

Im folgenden Abschnitt werden Verfahren für die Texturfilterung in Echtzeit vorgestellt. Sie beruhen darauf, daß einzelne Berechnungsschritte für die Filterung vorweggenommen werden.

Ziel dieser Verfahren ist die Approximation eines Boxfilters.

Die Projektion eines quadratischen Bildschirmpixels (Kantenlänge 1) auf die Texturebene, wird Footprint genannt und ist näherungsweise ein Parallelogramm, das von den Vektoren

$$\vec{r_1} = \begin{bmatrix} \frac{\partial u}{\partial x} \\ \frac{\partial v}{\partial x} \end{bmatrix} \quad \text{und} \quad \vec{r_2} = \begin{bmatrix} \frac{\partial u}{\partial y} \\ \frac{\partial v}{\partial y} \end{bmatrix} \tag{4.83}$$

aufgespannt wird. Bei den Echtzeitverfahren wird dieser Footprint nun durch einfachere Flächen ersetzt, für die die Summe oder der Mittelwert der dazugehörenden Texturwerte im voraus berechnet werden kann.

Mip-Mapping [Wil83]

Das wichtigste und bekannteste Verfahren für Echtzeitanwendungen ist das Mip-Mapping-Verfahren. Eine Mip-Map $\mathbf{C}_{\text{mip}}[i, j]$ speichert eine quadratische Textur $\mathbf{C}[i, j]$ der

Größe $n \times n$, wobei $n = 2^k$ eine Zweierpotenz sein muß, in fortlaufend halbierten Auf-
lösungsstufen gemäß Bild 4.11. Auf der Stufe $d = 0$ werden die Texturwerte direkt
übernommen:

$$\mathbf{C}^0_{\text{mip}}[i,j] = \mathbf{C}[i,j], \qquad 0 \leq i,j < 2^k \tag{4.84}$$

Die übrigen Stufen d entstehen durch Boxfilterung der jeweils vorhergehenden Stufe.

$$\mathbf{C}^d_{\text{mip}}[i,j] = \frac{1}{4} \left(\mathbf{C}^{d-1}_{\text{mip}}[2i, 2j] + \mathbf{C}^{d-1}_{\text{mip}}[2i+1, 2j] + \right.$$
$$\left. \mathbf{C}^{d-1}_{\text{mip}}[2i, 2j+1] + \mathbf{C}^{d-1}_{\text{mip}}[2i+1, 2j+1] \right) \tag{4.85}$$
$$\text{für } 1 \leq d < k-1 \text{ und } 0 \leq i,j < 2^{k-d}$$

Auf der Stufe d der Texturhierarchie werden also 2^{2d} Texel der Originaltextur als ein
einziges Texel dargestellt.

Nach dieser nur ein einziges Mal zu berechnenden Vorfilterung können beliebige Flächenelemente folgendermaßen texturiert werden [Wil83]: Seien die Texturkoordinaten (u, v)

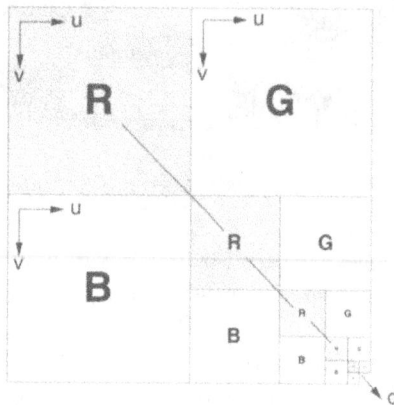

Bild 4.11: Vorgefilterte Mip-Map ([Wil83]).

des Pixelmittelpunkts und die Ableitungen nach den Bildschirmkoordinaten $\frac{\partial u}{\partial x}, \frac{\partial v}{\partial x}, \frac{\partial u}{\partial y},$
$\frac{\partial v}{\partial y}$ gegeben. Die Projektion des quadratischen Pixels auf die Texturebene, also der
Footprint, hat dann die Kantenlängen $a = \sqrt{(\frac{\partial u}{\partial x})^2 + (\frac{\partial v}{\partial x})^2}$ und $b = \sqrt{(\frac{\partial u}{\partial y})^2 + (\frac{\partial v}{\partial y})^2}$.
Das Mip-Mapping-Verfahren setzt, entsprechend obiger Definition, allerdings quadrati-
sche Footprints voraus. Als Seitenlänge des quadratischen Footprints wählt man oft
$l = \max(a, b)$ (vgl. Bild 4.12). Das Maximum und nicht etwa der Mittelwert wird deshalb gewählt, weil die entstehende zusätzliche Verschmierung des Ergebnisbildes durch
zu große Footprints eher in Kauf genommen werden kann als Aliasing durch zu kleine
Footprints. Unter diesen Voraussetzungen kann der Gesamttexturwert auf der Stufe

$$d = \log_2(l) \tag{4.86}$$

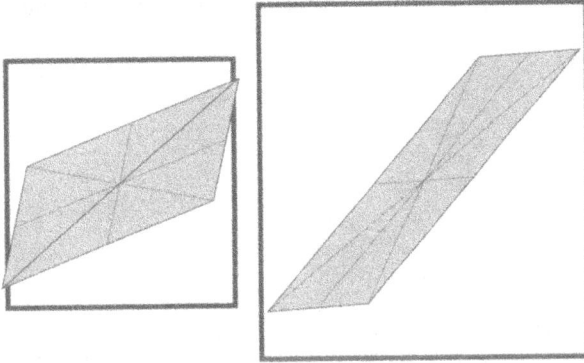

Bild 4.12: Approximation des Footprints durch Quadrate für das Mip-Mapping. Abhängig vom eingesetzten Verfahren (Rundung zum nächstgelegenen Texel, bi- oder trilineare Interpolation) unterscheidet sich das Gebiet, aus dem die am Endergebnis beteiligten Texel stammen, allerdings noch von diesen Quadraten.

durch

$$\mathbf{C}_{\text{tex}}(u, v, d) = \text{BiLinInt}(\mathbf{C}_{\text{mip}}^d, u, v) \tag{4.87}$$

berechnet werden. Dies geht natürlich nur, wenn d ein ganzzahliger Wert ist. Ist dies nicht der Fall, dann muß d entweder zum nächstgelegenen ganzzahligen Wert gerundet werden, oder aber man führt eine lineare Interpolation zwischen den beiden benachbarten Stufen $\lfloor d \rfloor$ und $\lfloor d \rfloor + 1$ durch. Als Ergebnis der sog. trilinearen Interpolation erhalten wir dann:

$$\begin{aligned}
\mathbf{C}_{\text{tex}}(u, v, d) &= (d - \lfloor d \rfloor) * \text{BiLinInt}(\mathbf{C}_{\text{mip}}^{\lfloor d \rfloor + 1}, u, v) + \\
&\quad (\lfloor d \rfloor + 1 - d) * \text{BiLinInt}(\mathbf{C}_{\text{mip}}^{\lfloor d \rfloor}, u, v).
\end{aligned} \tag{4.88}$$

Summed-Area Tables (SAT) [Cro84]

Mip-Mapping setzt quadratische Footprints voraus, was jedoch häufig nicht der Fall ist. Das SAT-Verfahren kann auch rechteckige Texturgebiete behandeln. Das Anwenden eines Boxfilters auf ein rechteckiges Texturgebiet $((i_0, j_0), (i_1, j_1))$ wird daher durch arithmetische Mittelung aller Texturwerte in diesem Gebiet

$$\mathbf{C}_{\text{avg}}[i_0, j_0, i_1, j_1] = \frac{\sum_{i=i_0}^{i_1} \sum_{j=j_0}^{j_1} \mathbf{C}[i, j]}{(i_1 - i_0 + 1)(j_1 - j_0 + 1)} \tag{4.89}$$

berechnet. Der Rechenaufwand ist dabei proportional zur Größe $(i_1 - i_0 + 1)(j_1 - j_0 + 1)$ des Rechtecks. Je größer das Rechteck ist, desto höher ist der Rechenaufwand.

Berechnet man dagegen in einem Vorverarbeitungsschritt eine sogenannte Summed-Area-Tabelle

$$\mathbf{C}_{\text{sat}}[i_s, j_s] = \sum_{i=0}^{i_s} \sum_{j=0}^{j_s} \mathbf{C}[i, j], \qquad 0 \le i_s < m, \quad 0 \le j_s < n, \tag{4.90}$$

gleicher Auflösung (m, n) und setzt

$$\mathbf{C}_{\text{sat}}[i, -1] = \mathbf{C}_{\text{sat}}[-1, j] = 0, \tag{4.91}$$

dann kann $\mathbf{C}_{\text{avg}}$ alternativ durch

$$\mathbf{C}_{\text{avg}}[i_0, j_0, i_1, j_1] = \frac{\mathbf{C}_{\text{sat}}[i_1, j_1] - \mathbf{C}_{\text{sat}}[i_0 - 1, j_1] - \mathbf{C}_{\text{sat}}[i_1, j_0 - 1] + \mathbf{C}_{\text{sat}}[i_0 - 1, j_0 - 1]}{(i_1 - i_0 + 1)(j_1 - j_0 + 1)} \tag{4.92}$$

berechnet werden (vgl. Bild 4.13). Der große Vorteil von Gleichung (4.92) ist, daß ihr Rechenaufwand stets konstant, also unabhängig von der Rechteckgröße ist.

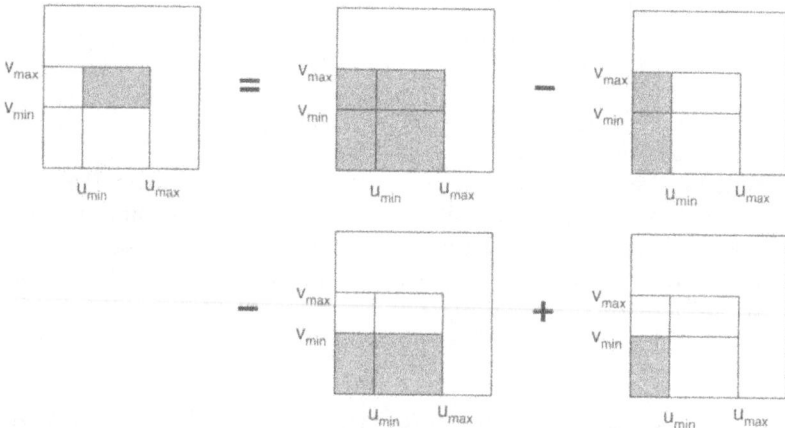

Bild 4.13: Summed-Area Tables.

Das SAT-Verfahren funktioniert dann folgendermaßen [Cro84]: Das auf das Flächenelement abzubildende Texturgebiet $((u_0, v_0), (u_1, v_1), (u_2, v_2), (u_3, v_3))$ wird zunächst einmal grob durch ein rechteckiges Gebiet $(u_{\min}, v_{\min}, u_{\max}, v_{\max})$ mit

$$u_{\min} = \text{Min}\{u_0, u_1, u_2, u_3\}, \qquad u_{\max} = \text{Max}\{u_0, u_1, u_2, u_3\},$$
$$v_{\min} = \text{Min}\{v_0, v_1, v_2, v_3\}, \qquad v_{\max} = \text{Max}\{v_0, v_1, v_2, v_3\} \tag{4.93}$$

approximiert (vgl. Bild 4.14).

Der Gesamttexturwert $\mathbf{C}_{\text{tex}}$ wird dann analog zu Gleichung (4.92) durch

$$\mathbf{C}_{\text{tex}} = \frac{\mathbf{C}_{\text{sat}}(u_{\max}, v_{\max}) - \mathbf{C}_{\text{sat}}(u_{\min}, v_{\max}) - \mathbf{C}_{\text{sat}}(u_{\max}, v_{\min}) + \mathbf{C}_{\text{sat}}(u_{\min}, v_{\min})}{(u_{\max} - u_{\min})(v_{\max} - v_{\min})} \tag{4.94}$$

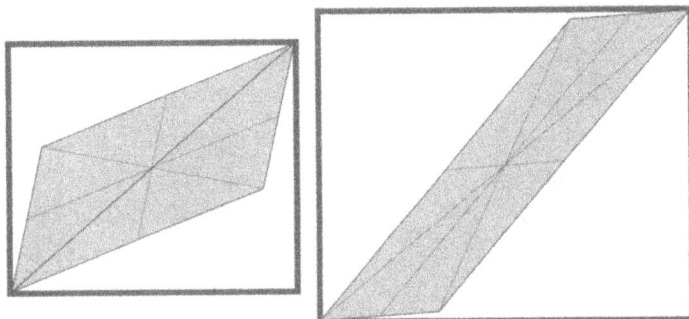

Bild 4.14: Approximation des Footprints durch achsenparallele Rechtecke bei der Summed-Area Table.

mit

$$\mathbf{C}_{sat}(u, v) = \text{BiLinInt}(\mathbf{C}_{sat}, u, v) \qquad (4.95)$$

berechnet.

Elliptical Weighted Average Filter (EWA) [GH86]

Mip-Mapping und SAT approximieren die Abbildung der Pixelfläche auf die Texturebene (Footprint) in den meisten Fällen nur sehr grob. Die Richtungsabhängigkeit der Projektion (anisotrop) wird beim Mip-Mapping gar nicht (Quadrate) und bei SAT nur für Projektionen parallel zu den (u, v)-Achsen (achsenparallele Rechtecke) richtig berücksichtigt. Zur korrekten Behandlung des allgemeinen Falles (beliebiges Viereck als Footprint) wurde in [GH86] vorgeschlagen, den Footprint durch eine Ellipse zu approximieren. Außerdem werden die Beiträge nicht alle gleich, sondern mit einer Gaußfunktion gewichtet, berücksichtigt. Die hierdurch verbesserte Bildqualität wird durch einen stark erhöhten Rechenaufwand erkauft, so daß das Ziel einer Echtzeitbilderzeugung mit vernünftigem Aufwand nicht zu erreichen ist. Deshalb wird EWA hier nicht näher beschrieben.

Footprint-Assembly (FPA)

Das FPA-Verfahren stellt einen Kompromiß zwischen Mip-Mapping und EWA dar, um Echtzeitverhalten zu ermöglichen [SKS96]. Die wesentliche Idee besteht darin, die leicht und schnell zu erzeugenden Mip-Maps so einzusetzen, daß der näherungsweise als Parallelogramm angenommene Footprint möglichst genau abgedeckt wird (vgl. Bild 4.15). Auf diese Weise wird der hohe Rechenaufwand des EWA-Verfahrens vermieden und trotzdem eine anisotrope Texturfilterung erreicht. Das Problem besteht nun darin, den Footprint durch N quadratische Texturfelder (Mip-Map-Zugriffe) möglichst genau und mit geringem Rechenaufwand zu approximieren. Aus praktischen Gründen wird dabei $N = 2^m$ gewählt, da auf diese Weise die endgültige Texturfarbe durch Aufsummieren und einfache Division durch eine Zweierpotenz (Shift) ermittelt werden kann. Für N kann eine

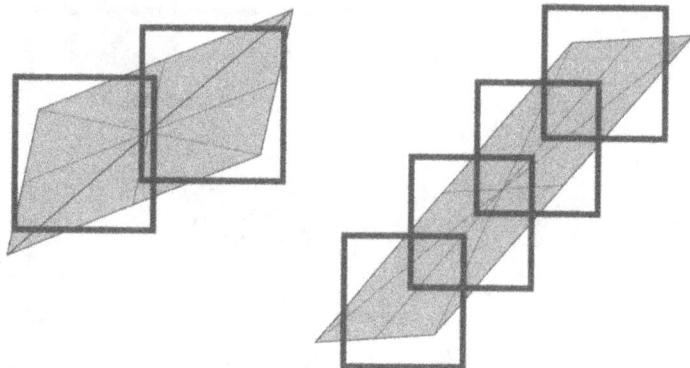

Bild 4.15: Footprint Assembly (FPA).

Obergrenze angegeben werden, um die Rechenzeit ohne merkliche Qualitätseinbußen wesentlich zu verkürzen.

Für die Berechnung der Mip-Map-Stufe werden die Vektoren

$$\vec{r_1} = \begin{bmatrix} \frac{\partial u}{\partial x} \\ \frac{\partial v}{\partial x} \end{bmatrix} \quad \text{und} \quad \vec{r_2} = \begin{bmatrix} \frac{\partial u}{\partial y} \\ \frac{\partial v}{\partial y} \end{bmatrix} \tag{4.96}$$

verwendet, die auch beim normalen Mip-Mapping zur Bestimmung der Stufe herangezogen werden. Dabei sind u, v die Texturkoordinaten und x, y die Bildschirmkoordinaten des Pixels.

Ausgehend vom in die Texturebene projizierten Pixelmittelpunkt $\vec{p} = (u, v)$ erfolgen die Mip-Map-Zugriffe in Schritten entlang einer Geraden. Dabei wird der betragsmäßig größere der beiden Vektoren $\vec{r_1}$ bzw. $\vec{r_2}$ als Schrittrichtung $\vec{r} = (r_u, r_v)$ verwendet.

Die Mip-Map-Stufe d ist dann durch die Kantenlänge

$$l = \min\left(|\vec{r_1}|, |\vec{r_2}|, c_1, c_2\right) \tag{4.97}$$

als

$$d = \log_2(l) \tag{4.98}$$

und die Anzahl der Mip-Map-Zugriffe durch

$$N = \frac{\max\left(|\vec{r_1}|, |\vec{r_2}|\right)}{l}, \tag{4.99}$$

gerundet auf die nächstliegende Zweierpotenz, gegeben. Mit Hilfe des Schrittvektors

$$\Delta \vec{r} = (\Delta u, \Delta v)\,,$$

der sich aus der Schrittrichtung $\vec{r}$ durch

$$\Delta u = \frac{r_u}{N} \quad \text{und} \quad \Delta v = \frac{r_v}{N}$$

berechnet, können nun die Koordinaten $\vec{p_n} = (u_n, v_n)$ für die einzelnen Zugriffe bestimmt werden:

$$\vec{p_n} = \vec{p} + \frac{n}{2} \cdot \Delta \vec{r}, \quad \text{wobei} \quad n = \pm 1, \pm 3, \pm 5, \dots, (N-1).$$

Die Farbe des Pixels ergibt sich dann als arithmetischer Mittelwert aller Zugriffe. Bild4.15 zeigt das Ergebnis der Approximation des Footprints mit dem beschriebenen Verfahren.

Der Qualitätsunterschied zum normalen Mip-Mapping-Verfahren wird aus Bild4.16 klar. Bild4.16a) zeigt normales Mip-Mapping, Bild4.16b) FPA, wobei N auf 16 beschränkt wurde.

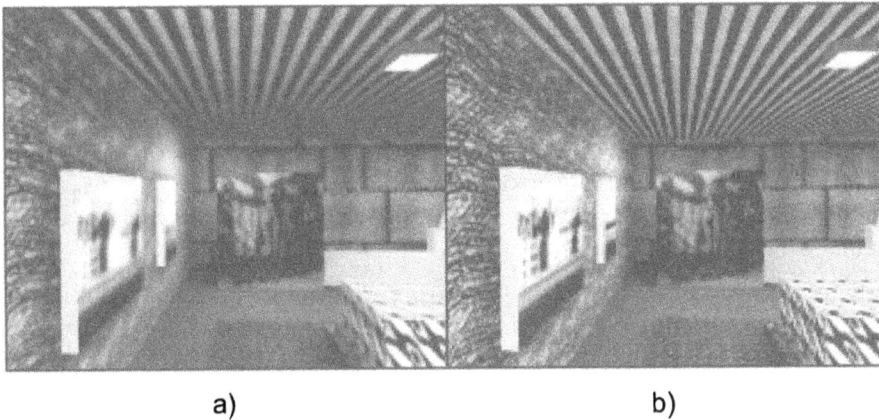

a)   b)

Bild 4.16: a) Standard Mip-Mapping b) Footprint-Assembly.

4.4   3D-Texturen

4.4.1   Einführung

3D-Texturen modellieren das Material eines räumlichen Festkörpers. Sie werden daher häufig auch als Festkörpertexturen bezeichnet [EMP+94], [Pea85], [Per85]. Typische Anwendungsbeispiele sind Holz- und Marmortexturen. Die sehr anschauliche Grundidee der Texturierung eines Szenenobjekts besteht darin, das Szenenobjekt in den Festkörper-raum zu transformieren und aus diesem quasi herauszuschnitzen.

Die Texturierungsvorschrift läßt sich rein formal in zwei sukzessiven Schritten berechnen (vgl.7.1.2):

$$(x, y, z) \xrightarrow{\mathbf{F}_{\text{inv map}}} (u, v, w) \xrightarrow{\mathbf{C}_{\text{tex}}} (r, g, b) \tag{4.100}$$

Im ersten Schritt werden den (x, y, z)-Objektraumkoordinaten eines Flächenpunkts (u, v, w)-Texturkoordinaten zugeordnet. Dies entspricht der oben erwähnten Transfor-mation des Szenenobjekts in den Festkörperraum. Im zweiten Schritt werden dann die eigentlichen (r, g, b)-Texturwerte berechnet.

Das Aliasing-Problem kann analog zum 2D-Textur-Mapping gelöst werden. Dabei wer-den keine Flächenpunkte, sondern Flächenelemente in den Texturraum transformiert, und man muß über alle entsprechenden Texturwerte integrieren.

4.4.2   Texturkoordinaten

In Gleichung (4.100) kann die Abbildung der (x, y, z)-Koordinaten auf die (u, v, w)-Koor-dinaten im einfachsten Fall als Identität

$$(u, v, w) = (x, y, z) \tag{4.101}$$

berechnet werden. Diese Berechnung ist hinreichend, wenn nur ein einzelnes Bild berech-net werden soll. In einer Animation mit bewegten Szenenobjekten ändern sich jedoch die (x, y, z)-Koordinaten und damit auch die (u, v, w)-Koordinaten eines festen Objekt-punkts $\mathbf{P}$ dauernd. Dadurch entsteht der visuelle Eindruck, als würde die 3D-Textur durch das Objekt hindurchwandern.

Dieser unerwünschte Effekt kann aber leicht dadurch behoben werden, daß für die Berech-nung der (u, v, w)-Koordinaten nicht Weltkoordinaten, sondern lokale Objektkoordinaten zugrundegelegt werden.

4.4.3   Texturfunktionen

Es ist theoretisch denkbar, 3D-Texturen analog den 2D-Texturen in diskreter Form als räumliches Gitter zu speichern. Dies ist jedoch enorm speicherplatzaufwendig. Außer-dem wird man in der Praxis nur wenige geeignete eingescannte 3D-Texturen finden.

3D-Texturen werden daher in der Regel durch eine stochastische Funktion

$$\mathbf{C}_{\text{tex}} : (u, v, w) \longrightarrow (r, g, b) \tag{4.102}$$

berechnet. Im folgenden werden zwei Beispiele zur Modellierung von Holz und Mar-mor beschrieben. Dabei wird jeweils die stochastische *noise*-Funktion als Hilfsfunktion verwendet.

Noise

Noise ist eine Hilfsfunktion, die jedem Raumpunkt (u, v, w) einen stochastischen Wert s zuordnet. Die Funktion soll dazu dienen, regelmäßige geometrische Strukturen stochastisch zu variieren.

Zur Definition der *noise*-Funktion wird zunächst einmal ein endliches, reguläres Gitter

$$\text{noise\_grid}\,[N+1][N+1][N+1] \tag{4.103}$$

generiert. Jedem Gitterpunkt wird ein Zufallswert zugeordnet.

$$\text{noise\_grid}\,[i][j][k] = \text{random}\,() \tag{4.104}$$

Dabei ist darauf zu achten, daß in jeder Zeile, in jeder Spalte und in jeder Schicht der erste und der letzte Wert übereinstimmen.

$$\text{noise\_grid}\,[0][j][k] \;=\; \text{noise\_grid}\,[N][j][k] \tag{4.105}$$
$$\text{noise\_grid}\,[i][0][k] \;=\; \text{noise\_grid}\,[i][N][k] \tag{4.106}$$
$$\text{noise\_grid}\,[i][j][0] \;=\; \text{noise\_grid}\,[i][j][N] \tag{4.107}$$

Unter der Annahme, daß sich dieses Gitter in allen drei Hauptraumrichtungen periodisch wiederholt, kann jeder beliebige Raumpunkt (u, v, w) auf einen gleichwertigen Punkt

$$(u \bmod N, v \bmod N, w \bmod N) \tag{4.108}$$

innerhalb des Gittergebiets transformiert werden. Dieser Punkt hat den Abstand

$$(\hat{u}, \hat{v}, \hat{w}) = (u - \lfloor u \rfloor, v - \lfloor v \rfloor, w - \lfloor w \rfloor) \tag{4.109}$$

vom Gitterpunkt

$$(i, j, k) = ((u - \hat{u}) \bmod N, (v - \hat{v}) \bmod N, (w - \hat{w}) \bmod N). \tag{4.110}$$

Die anderen sieben Gitterpunkte in unmittelbarer Nachbarschaft haben die Koordinaten

$$(i+1, j, k), \qquad (i, j+1, k), \qquad (i+1, j+1, k),$$
$$(i, j, k+1), \quad (i+1, j, k+1), \quad (i, j+1, k+1), \quad (i+1, j+1, k+1).$$

Der Funktionswert von (u, v, w) kann dann durch trilineare Interpolation aus diesen acht Gitterwerten rekonstruiert werden:

$$noise(u, v, w) \;=\; \sum_{a,b,c \in \{0,1\}} (\hat{u}^a \hat{v}^b \hat{w}^c (1 - \hat{u})^{1-a} (1 - \hat{v})^{1-b} (1 - \hat{w})^{1-c} \tag{4.111}$$
$$\text{noise\_grid}\,[i+a][j+b][k+c])$$

Die *noise*-Funktion wird dadurch C^0-stetig. Ist dies nicht ausreichend, so kann mit Hilfe einer trikubischen Hermite-Interpolation auch die C^2-Stetigkeit erreicht werden.

Holz

Die stochastische Funktion zur Berechnung einer Holztextur modelliert die Jahresringe eines Baums durch ineinander verschachtelte Zylinder. Ist w die Mittelachse des Zylinderbündels, dann kann der Abstand von dieser Achse durch

$$r = \sqrt{u^2 + v^2} \tag{4.112}$$

berechnet werden. Damit die Jahresringe nicht alle denselben Abstand voneinander haben, wird zu diesem Radius ein periodischer Versatz addiert:

$$r := r - \sin(\pi r)/6 \tag{4.113}$$

Dies führt zu einem sich wiederholenden An- und Abschwellen der Ringe. Außerdem sind Jahresringe selten perfekte Zylinder. Deshalb wird der Radius außerdem mit Hilfe der *noise*-Funktion stochastisch variiert:

$$r := r + \text{noise}\,(u/3, v, w)/10 \tag{4.114}$$

Geht man von der Annahme aus, daß ein Jahresring die Breite 0.3 hat. dann berechnet

$$d = (r \bmod 0.3)/0.3 \tag{4.115}$$

den Abstand von der Innenkante des Rings. Das anschließende Teilen durch 0.3 bewirkt, daß der Wert zwischen 0 und 1 liegt.

Bild 4.17: Teapot mit Holz- und Marmortextur.

Die Holzfarbe eines Jahresrings wird als kontinuierlicher Übergang vom hellen Sommerholz (r_0, g_0, b_0) zum dunklen Winterholz (r_1, g_1, b_1) modelliert. Da ein linearer Übergang nicht sehr realistisch wirkt, wird aus der Ringdistanz zunächst einmal die Wurzel gezogen. Mit diesem Wert wird dann linear interpoliert:

$$(r, g, b) = \sqrt{d} \cdot (r_1, g_1, b_1) + (1 - \sqrt{d}) \cdot (r_0, g_0, b_0) \tag{4.116}$$

Marmor

Marmorstrukturen sind genauso leicht zu modellieren. Dabei geht man von der Annahme aus, daß der Texturraum entlang einer Koordinatenachse in vier Gesteinsschichten

$$0 < d_0 < d_1 < d_2 < d_3 \qquad (4.117)$$

unterteilt ist. Diese Gesteinschichten wiederholen sich periodisch. Durch Berechnung von

$$d = (u + \text{noise}\,(u/3, v/3, w/3)) \bmod d_3 \qquad (4.118)$$

kann jeder Abtastpunkt (u, v, w) eindeutig einem der vier Intervalle zugeordnet werden. Die stochastische Variation mit Hilfe der *noise*-Funktion modelliert dabei das Überwerfen und Vermischen der übereinanderliegenden Gesteinsschichten.

Damit verbleibt nur noch das Problem, d auf eine Gesteinsfarbe abzubilden. Eine Methode, die sich in der Praxis bewährt hat, weist dem Intervall $[0, d_0]$ die Grundfarbe (r_0, g_0, b_0) und dem Intervall $[d_1, d_2]$ die Grundfarbe (r_1, g_1, b_1) zu. In den beiden dazwischenliegenden Intervallen wird einfach linear interpoliert:

$$(\bar{r}, \bar{g}, \bar{b}) = \begin{cases} (r_0, g_0, b_0) & \text{,falls} \quad 0 \leq d \leq d_0 \\ \frac{(d-d_0)(r_1, g_1, b_1) + (d_1-d)(r_0, g_0, b_0)}{d_1 - d_0} & \text{,falls} \quad d_0 < d < d_1 \\ (r_1, g_1, b_1) & \text{,falls} \quad d_1 \leq d \leq d_2 \\ \frac{(d-d_2)(r_0, g_0, b_0) + (d_3-d)(r_1, g_1, b_1)}{d_3 - d_2} & \text{,falls} \quad d_2 < d < d_3 \end{cases} \qquad (4.119)$$

Geologische Unreinheiten innerhalb der Gesteinsschichten können durch Variation mit einem stochastischen Farbwert

$$(r, g, b) = (\bar{r}, \bar{g}, \bar{b}) + (\text{noise}\,(u, v, w)/5, \text{noise}\,(u, v, w)/5, \text{noise}\,(u, v, w)/5) \qquad (4.120)$$

simuliert werden.

4.4.4 Automatische Texturgenerierung

Abbildung 4.17 zeigt, daß mit diesem funktionellen Ansatz durchaus realistische Visualisierungen möglich sind. Durch eine andere Wahl der Parameter (r_i, g_i, b_i) und d_i können diese Texturen zudem in recht vielfältiger Weise variiert werden. Außerdem können vollkommen andere 3D-Texturen generiert werden, indem man die Gleichungen (4.112) bis (4.120) abändert oder durch neue mathematische Formeln ersetzt.

Trotzdem bleibt das generelle Problem, daß diese Art der Texturgenerierung einen sehr experimentellen Charakter hat. Anwender haben häufig eine sehr konkrete Vorstellung, welche Art von 3D-Texturen sie nutzen möchten, sehen sich aber vor das fast unlösbare Problem gestellt, diese ohne Hilfestellung durch mathematische Formeln zu beschreiben. Andererseits ist es relativ einfach, Photographien interessanter Festkörpertexturen aus unserer Umwelt zu erhalten. Die aktuelle Forschung hat sich daher zum Ziel gesetzt, 3D-Texturen aus 2D-Bildern zu generieren, und zwar so, daß die wesentlichen charakteristischen Eigenschaften der 2D-Textur in die dritte Dimension übertragen werden [GD95], [HB95].

4.4.5   Bump Mapping

Bump Maps sind zweidimensionale Skalarfelder. Jeder Skalarwert $h(u, v)$ definiert die Höhe eines Offsets über einer Grundfläche $\mathbf{P}(u, v)$. Das in Abschnitt 4.2.6 beschriebene Bump-Mapping-Verfahren kann jedoch auch auf der Grundlage skalarwertiger 3D-Texturen beschrieben werden.

Die Grundidee ist dabei sehr einfach [Grö96]. Für alle parametrisierten Flächen sind in jedem Punkt $\mathbf{P}(s, t)$ Richtungsableitungen $\mathbf{P}_s$ und $\mathbf{P}_t$ berechenbar. Durch $(\mathbf{P}, \mathbf{P}_s, \mathbf{P}_t)$ wird eine Tangentialebene im Objektraum beschrieben. Diese Tangentialebene kann dann mit Hilfe von $\mathbf{F}_{\text{inv map}}$ in den 3D-Texturraum abgebildet werden. Dort schneidet sie quasi eine 2D-Textur bzw. Bump Map aus der 3D-Textur heraus.

Das variierte Bump-Mapping-Verfahren wird wie bisher durch die Gleichungen analog zu (4.79) und (4.80) beschrieben, wobei u durch s, und v durch t ersetzt wird. Anstelle der Gleichungen (4.81) und (4.82) verwendet man

$$h_s = \frac{C_{\text{tex}}(\mathbf{F}_{\text{inv map}}(\mathbf{P}(s + \Delta s, t))) - C_{\text{tex}}(\mathbf{F}_{\text{inv map}}(\mathbf{P}(s, t)))}{\Delta s} \qquad (4.121)$$

$$h_t = \frac{C_{\text{tex}}(\mathbf{F}_{\text{inv map}}(\mathbf{P}(s, t + \Delta t))) - C_{\text{tex}}(\mathbf{F}_{\text{inv map}}(\mathbf{P}(s, t)))}{\Delta t}. \qquad (4.122)$$

Abbildung 4.9 zeigt, daß dieses Verfahren insbesondere mit stochastischen 3D-Texturen sehr gute Ergebnisse liefert. Der Hauptvorteil ist, daß das 2D-Mapping-Problem hier komplett umgangen wird.

4.5   Übungsaufgaben

Aufgabe 1:

Beschreiben und erklären Sie die Bildfehler, die als Folge des Mip-Mapping auftreten.

Aufgabe 2:

Wie unterscheidet sich das Ergebnis der Texturfilterung durch Mip-Mapping vom Ergebnis der Filterung durch SAT?

Aufgabe 3:

Erklären Sie die Funktionsweise der Mip-Map anhand der abgebildeten Textur in Bild 4.18; berechnen Sie den Inhalt der Mip-Map und tragen Sie die Werte in das vorbereitete Bild 4.19 auf Seite 220 ein. Berechnen Sie den Helligkeitswert, der sich für ein (achsenparalleles) Rechteck als Footprint mit den Eckpunkten $(1.5, 1.5)$ und $(4.5, 5.5)$ ergibt.

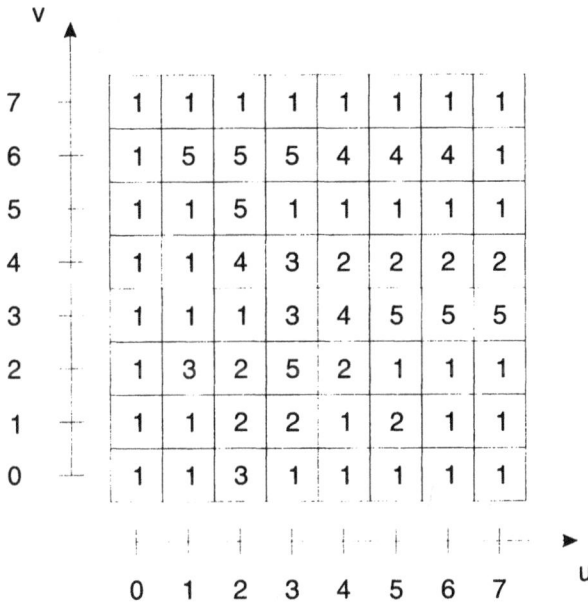

Bild 4.18: Inhalt der Texturmap.

Aufgabe 4:

Die Strecke AB stellt einen Schnitt durch eine Fläche dar, die, wie in Bild 4.20 abgebildet, mit einer Textur versehen werden soll.

Die Texturkoordinate u sei von y unabhängig. Es soll gelten: $u(x') = \frac{ax'+b}{cx'+d}$

Berechnen Sie möglichst einfach einen Satz der Parameter a, b, c, d.

Aufgabe 5:

Müssen 3D-Texturen gefiltert werden, um Aliasing zu vermeiden?

Mip-Map Stufe 0

Mip-Map Stufe 1

Mip-Map Stufe 2

Mip-Map Stufe 3

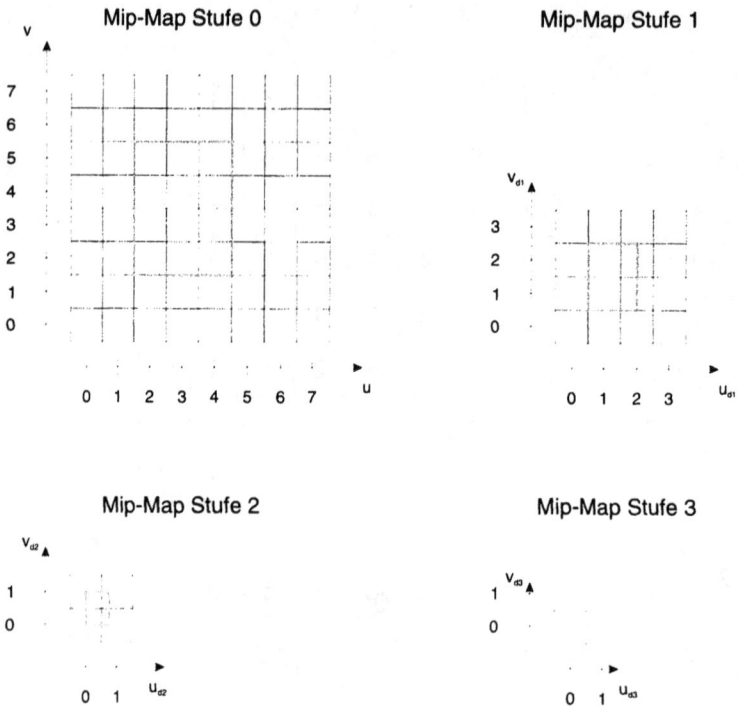

Bild 4.19: Bitte hier Mip-Map eintragen.

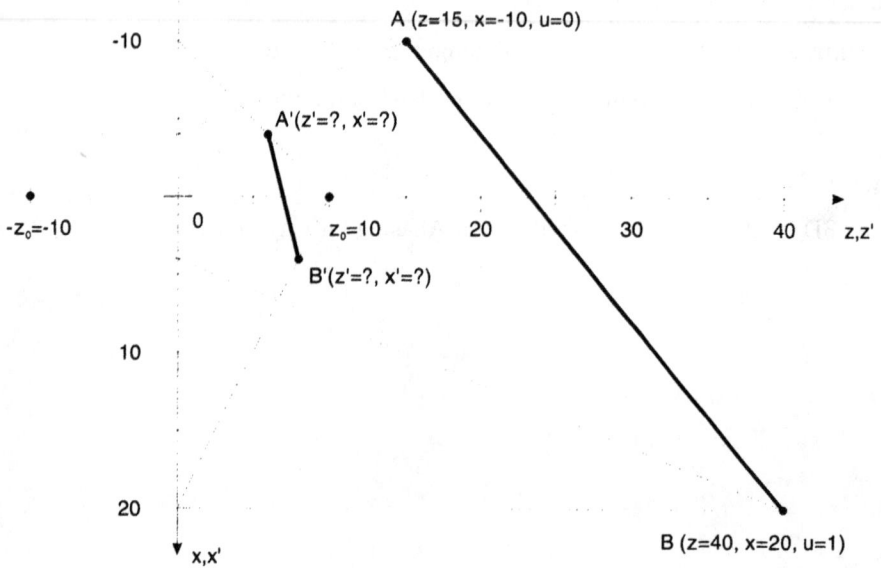

A (z=15, x=-10, u=0)

A'(z'=?, x'=?)

B'(z'=?, x'=?)

$-z_0=-10$

$z_0=10$

B (z=40, x=20, u=1)

Bild 4.20: Orginal und perspektivisch transformierter Schnitt durch eine Fläche.

Kapitel 5

Grundlagen der Bildverarbeitung

5.1 Einführung

Die *Digitale Bildverarbeitung* hat in den letzten Jahren immer mehr an Bedeutung gewonnen. Sie berührt nicht nur alle Gebiete der Graphischen Datenverarbeitung, ihre Einflüsse sind auch in vielen Bereichen des täglichen Lebens wiederzufinden.

Qualitätskontrollen im industriellen Bereich (z.B. Überprüfung der Maßhaltigkeit von Werkstücken, der Vollständigkeit von bestückten Platinen oder die Untersuchung auf Oberflächenfehler) wären ohne die Verfahren aus der Bildverarbeitung und Mustererkennung undenkbar. Satelliten erstellen Aufnahmen der Erdoberfläche, die, mit Hilfe der Bildverarbeitung entsprechend aufbereitet, wichtige Erkenntnisse im Bereich der Bodenschatzsuche, der Ernteüberwachung, der Raumplanung und des Umweltschutzes ermöglichen. Moderne bildgebende Verfahren aus der Medizin (z.B. CT = Computer Tomographie, MRT - Magnet Resonanz Tomographie, Ultraschall, Szintigramme) und die dadurch gewonnenen Informationen wären ohne die Bildverarbeitung nicht möglich. Weitere große Anwendungsgebiete sind die automatisierte Dokumentenerfassung (z.B. Klarschriftleser), die Prozeßautomation (z.B. „sehende" Roboter und Maschinen), die Kompression von Bilddaten für eine effiziente Übertragung (z.B. Fax und Bildtelefon) und viele andere mehr.

Aber auch naheliegendere Dinge wie z.B. der Videorecorder oder die Videokamera beinhalten umfangreiche Bildverarbeitungsroutinen, um eine möglichst optimale Bildqualität zu erzielen.

Ein Bild wird in der *digitalen Bildverarbeitung* als eine Menge von $n \times m$ Bildpunkten (*Pixel*) angesehen, wobei jedem Bildpunkt ein Zahlenwert für einen Grauwert oder ein Zahlentripel für eine Farbe zugeordnet ist. Ansonsten besitzt ein Bild keine Struktur. Die Bildverarbeitung wird aus diesem Grund auch oft als die Anwendung von Algorithmen auf Zahlenfelder bezeichnet. Diese Diskretisierung grenzt die digitale Bildverarbeitung von den im Kontinuierlichen arbeitenden Gebieten der optischen und der analog-elektrischen Bildverarbeitung ab. Der Vorteil der digitalen Bildverarbeitung besteht in ihrer Präzision (z.B. kein Informationsverlust im photographischen Prozeß, kein Rauschen analoger Schaltkreise) und vor allem in ihrer extrem großen Flexibilität. Während man auf dem analogen Gebiet für jedes neue Verfahren eine neue elektronische Schaltung oder einen neuen optischen Aufbau benötigt, bedarf es in der digitalen Bildverarbeitung lediglich der neuen Kodierung eines Algorithmus auf demselben System. Während sich z.B. beim Fernsehgerät auf analogem Wege lediglich Helligkeit und Kontrast regulieren lassen, könnten mit Hilfe von digitalen Bildverarbeitungsverfahren verschiedene Teile des Bildes auch unterschiedlich bearbeitet werden (z.B. Zooming, Verschiebung, Rotation, Kontraständerung, Farbänderung u.ä.). Der Nachteil der digitalen Bildverarbeitung besteht in ihren höheren Kosten und der geringeren Abarbeitungsgeschwindigkeit im Vergleich zu den entsprechenden analog-elektrischen oder optischen Operationen (falls es diese überhaupt gibt). Dieser Nachteil hat sich aber im Zuge der fortschreitenden Rechnertechnologie drastisch vermindert. Das folgende Kapitel wird sich größtenteils nur noch mit der digitalen Bildverarbeitung beschäftigen. Lediglich zur Herleitung von diskreten Verfahren werden wir immer wieder kontinuierliches Gebiet betreten müssen.

Zum leichteren Einstieg in das Gebiet der digitalen Bildverarbeitung soll ein einfaches Anwendungsbeipiel die ansonsten etwas abstrakte Einführung illustrieren. Ein leicht zu überblickendes Beispiel ist das Auszählen von Blutzellen eines bestimmten Typs in der digitalisierten Aufnahme eines mikroskopischen Präparats (vgl. Bild 5.1).

Die Lösung von Bildverarbeitungsaufgaben besteht meist aus einer Kette von Verarbeitungsschritten, die von der Bildaufnahme (z.B. digitalisierte Aufnahme eines Blutbildes) auf der Eingabeseite bis zum Vorliegen des Resultats in irgendeiner Form (z.B. Zahl der Blutkörperchen des gesuchten Typs) reicht (vgl.Bild 5.1). Entsprechend den verschiedenen Stufen einer solchen Bildverarbeitungskette lassen sich aus den Gebieten Bildverarbeitung und Mustererkennung folgende vier Teilgebiete abgrenzen:

- **Bildverbesserung** (siehe z.B. Kap. 5.5)

- **Segmentierung** (siehe z.B. Kap. 6.3)

- **Merkmalsextraktion** (siehe z.B. Kap. 6.1 und 6.2)

- **Bildverstehen** (siehe z.B. [DH73], [BB82])

Das Resultat kann in einem „verbesserten" Bild bestehen, das z.B. für einen Beobachter leichter auswertbar ist, oder in einer symbolischen Bildbeschreibung. Beispiele für derartige Informationen wären die Zahl von Zellen eines bestimmten Typs in einem biologischen Präparat oder eine gut/schlecht-Aussage (Pass/Fail) über ein Werkstück.

Das Ziel der *Bildverbesserung* besteht darin, das eingehende Bildmaterial derart zu bearbeiten, daß die Erfolgsaussichten der nachfolgenden Verarbeitungsschritte verbessert werden. Man spricht daher auch von *Bildvorverarbeitung*. In dieses Gebiet fallen Verfahren der Rauschfilterung, der Kontrastverstärkung, der Histogrammmanipulation, der geometrischen Entzerrung und Verfahren der Bildrestauration. Die Bildrestauration wird aber oft auch als eigenständiges Gebiet behandelt. Verfahren zur Bildverbesserung werden häufig auch alleinstehend verwendet, wenn es darum geht, Bildinhalte für den

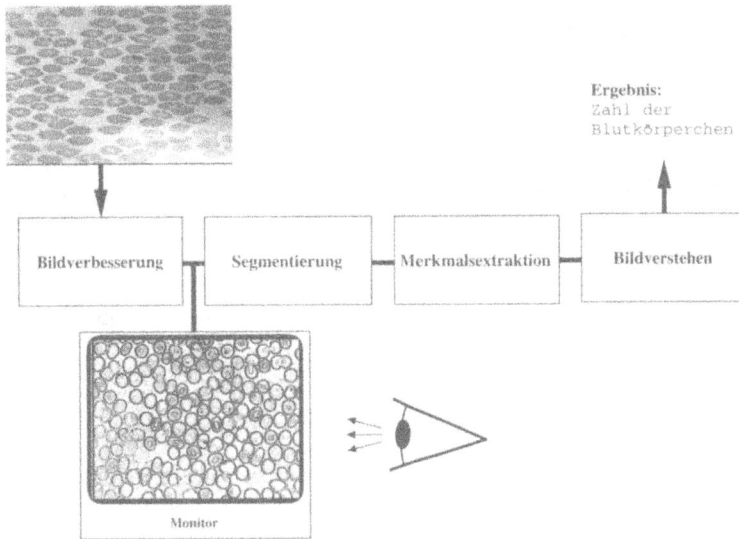

Bild 5.1: Grundlegende Stufen der Bildverarbeitung.

menschlichen Beobachter leichter interpretierbar zu machen (vgl. Bild 5.1). Ein Beispiel hierfür ist die Kontrastanhebung bei „flauen" Bildern.

Die anschließende *Segmentierung* dient der Unterteilung des gesamten Bildbereiches in zusammengehörige Gebiete. In unserem Beispiel der Blutanalyse müßten in dieser Stufe die einzelnen Blutkörperchen voneinander und vom Hintergrund getrennt werden. Das Resultat dieser Stufe besteht zumeist aus rohen Bilddaten, die entweder die gesamte (Teil-)Region beschreiben oder ihre Außenkontur.

Ziel der nächsten Stufe ist die Extraktion aussagekräftiger *Merkmale* aus den noch rohen Bilddaten der Segmentierungsstufe. Die Merkmalsextraktion bildet somit die Schnittstelle von der *ikonischen* (bildhafte Daten) zur *symbolischen Datenverarbeitung* (bildbeschreibende Daten). Dazu gehört die Umwandlung der rohen Bilddaten in eine problemangepaßte *Repräsentation*, die wiederum konturbasiert oder bereichsbezogen sein kann. Beispiele für Umwandlungen sind die Konturverfolgung und die Skelettierung. Problemangepaßt bedeutet in diesem Zusammenhang, daß eine konturbasierte Repräsentation am besten geeignet ist, wenn das Augenmerk auf der Form der Außenkontur liegt. Aus solch einer Repräsentation ließen sich Merkmale wie lange Geradenstücke, Ecken und Einbuchtungen extrahieren. Regionenbasierte Repräsentationen eignen sich dagegen eher für die Bestimmung von Texturparametern und anderer Momente. Häufig werden verschiedene Repräsentationen gleichzeitig verwendet. Im Falle unseres Blutbildes könnte die Form der Außenkontur oder der mittlere Grauwert innerhalb der Außenkontur zur Unterscheidung der verschiedenen Zelltypen verwendet werden.

Der abschließende Schritt des *Bildverstehens* beinhaltet die *Objekterkennung* und die *Bildinterpretation*. In dieser Schicht der Verarbeitung wird die aus dem Bild gewonnene symbolische Objektbeschreibung mit symbolischen Objektmodellen verglichen mit dem Ziel, Objekte, Szenen bzw. Situationen zu erkennen. Daher wird das Bildverstehen auch oft als Szenenanalyse bezeichnet. Die Objekterkennung ist dabei der Prozeß der Zuordnung eines Bildbereiches zu einem Objekttyp, basierend auf den extrahierten Merkmalen. In unserer Blutbildanalyse ist die Aufgabe nun schon erledigt, da es nur um die Auszählung der Zellen eines bestimmten Typs ging. Die Bildinterpretation dagegen befaßt sich mit der Untersuchung der Beziehung der verschiedenen erkannten Objekte. Ein Beispiel ist die Lageerkennung eines Werkstücks auf dem Fließband anhand der örtlichen Anordnung von Teilobjekten, aus denen das Werkstück zusammengesetzt ist. Das Bildverstehen basiert auf Gebieten wie der Modellbildung, der Wissensverarbeitung und der künstlichen Intelligenz und geht damit - vor allem wegen der immanenten Fallabhängigkeit - deutlich über den Umfang einer Einführung in die Grundlagen der Bildverarbeitung und Mustererkennung hinaus.

In der Regel werden die Verfahren und Ergebnisse der Bildverarbeitung exemplarisch anhand von Grauwertbildern dargestellt. Die Ausgabe dieser Bilder geschieht oft auf Schwarzweiß-Druckern. Damit der Betrachter in den Beispielen trotzdem den Eindruck von Graustufen gewinnen kann, werden diese durch unterschiedliche Punktdichten und Punktgrößen simuliert (vgl. Bilder im Zeitungsdruck). Auch die nachfolgenden Bilder sind mit Hilfe solcher sogenannter *Halbtonverfahren* erstellt worden. Zur besseren Bewertung dieser Bilder werden daher die Verfahren zur Erzeugung der Pseudo-Grauwertbilder im ersten Abschnitt näher besprochen und die Schwierigkeiten und Probleme aufgezeigt.

5.2 Digitale Halbtonverfahren

Unter *digitalen Halbtonverfahren* werden Algorithmen verstanden, die die Graustufen von Grauwertbildern durch „geeignete" Verteilung von Schwarz und Weiß simulieren. Veränderliche Parameter können dabei z.B. die Punktgröße (Zeitungsdruck) oder Punktdichte (Rasterbildschirme, Drucker) sein. Diese Verfahren basieren darauf, daß das menschliche Auge bei starkem Kontrast gerade noch ca. 100 Übergänge pro Sehwinkel als Hell-/Dunkel-Wechsel wahrnehmen kann [CM87]. Beim Überschreiten dieser Grenze verschwimmen die Übergänge und es entsteht der Eindruck von Grautönen. Man kann auch sagen, daß die Amplitudenmodulation (Grauwert $=$ Amplitude) des Grauwertbildes in eine Ortsfrequenzmodulation (Verteilung/Form der Bildpunkte) umgewandelt wird, die wiederum vom menschlichen Gesichtssinn in eine Amplitudenmodulation (Helligkeitsempfinden) zurückverwandelt wird. Dabei wird auch klar, daß weitere Faktoren des menschlichen Gesichtssinns - wie das Texturempfinden - bei der Konzeption der Halbtonverfahren mit berücksichtigt werden müssen.

Analog dazu wird bei Farbbildern versucht, die Anzahl von Farbtönen ohne allzugroßen Qualitätsverlust zu reduzieren. Anwendungsbeispiele sind die Ausgabe von Grauwertbildern (z.B. 8-Bit) auf Monochrom-Monitoren und -Druckern (Umwandlung 8-Bit nach 1-Bit (s/w)) oder die Ausgabe von Echtfarbbildern (24-Bit) auf Farb-Monitoren und -Druckern geringerer Farbtiefe (z.B. Umwandlung 24-Bit (Echtfarben) nach 8-Bit (Farben mit Farbtabelle)). Ein weiteres Anwendungsgebiet ist die Bildkompression, d.h. die Reduktion des Speicherbedarfs für die Archivierung und Übertragung von Bildern.

Je nach Vorlage und Anforderung kommen verschiedene Verfahren zum Einsatz, die im folgenden kurz besprochen werden sollen.

5.2.1 Verfahren mit festem Schwellwert

Die einfachste Methode zur Überführung eines Grautonbildes in ein Halbtonbild (= Binärbild) ist der bildpunktweise Vergleich mit einer konstanten Grauwertschwelle.
Im nachfolgenden wird o.B.d.A. davon ausgegangen, daß für den Grauwert $I(x, y)$ gilt:

$$0 \leq I(x, y) \leq 255, \text{ mit } 0 \text{ Schwarz und } 255 = \text{Weiß.}$$

Dies gilt auch beim Binärbild.

Konstanter und angepaßter Schwellwert

Die Festlegung der Grauwertschwelle erfolgt oftmals anhand von Maßen, die sich aus der Häufigkeitsverteilung der Grauwerte (Grauwert-Histogramm) im jeweiligen Bild ableiten lassen. Ist I_{max} der maximale im Bild vorkommende Grauwert, so kann man z.B. den mittleren Grauwert als Schwellwert verwenden. Dann gilt für die Grauwertschwelle T

$$T = I_{max}/2. \tag{5.1}$$

Wird in dem Bild nicht der gesamte Helligkeitsbereich von 0 bis 255 ausgenutzt, so ist es günstiger, die Schwelle T an die aktuell im Bild verwendeten Helligkeitswerte anzupassen:

$$T = (max\{I(x, y)\} + min\{I(x, y)\})/2. \tag{5.2}$$

Diese Vorgehensweise liefert dasselbe Ergebnis wie eine Spreizung (lineare Verteilung) der im Originalbild vorkommenden Grauwerte auf den ganzen zur Verfügung stehenden Grautonbereich von 0 bis 255 mit anschließender Schwellwertbildung nach Verfahren 5.1. Eine derartige Spreizung verbessert den Kontrast im Bild, ohne den Bildinhalt zu verändern. Hierbei wird ausgenutzt, daß das menschliche Auge relative und nicht absolute Helligkeiten bewertet.

Nach Festlegung des Schwellwertes T berechnet sich das Binärbild $B(x, y)$ aus dem Grauwertbild $I(x, y)$ sehr einfach als

$$B(x, y) = \begin{cases} 255 & \text{falls } I(x, y) > T \\ 0 & \text{sonst.} \end{cases}.$$

Viele Details gehen jedoch bei dieser denkbar einfachsten Methode verloren. Ein Eindruck von Graustufen ist noch nicht gegeben (vgl. Bild 5.2). Dieses einfache Verfahren eignet sich daher nur für eine schnelle Wiedergabe von Bildern, die ohnehin schon starke Kontraste aufweisen (Texte, Strichzeichnungen etc.).

Aufgrund des klar definierten Übergangs vom Grauwertbild zum Binärbild dient das einfache Schwellwertverfahren häufig auch als Vorverarbeitungsschritt für eine weitere Verarbeitung (Binärbildverarbeitung), im Gegensatz zu den im folgenden beschriebenen Verfahren, die vor allem auf einen guten visuellen Eindruck des Binärbildes ausgerichtet sind. (Im linken Bild ist jeweils am unteren Rand die Wiedergabe eines Graukeils zum Vergleich abgebildet.)

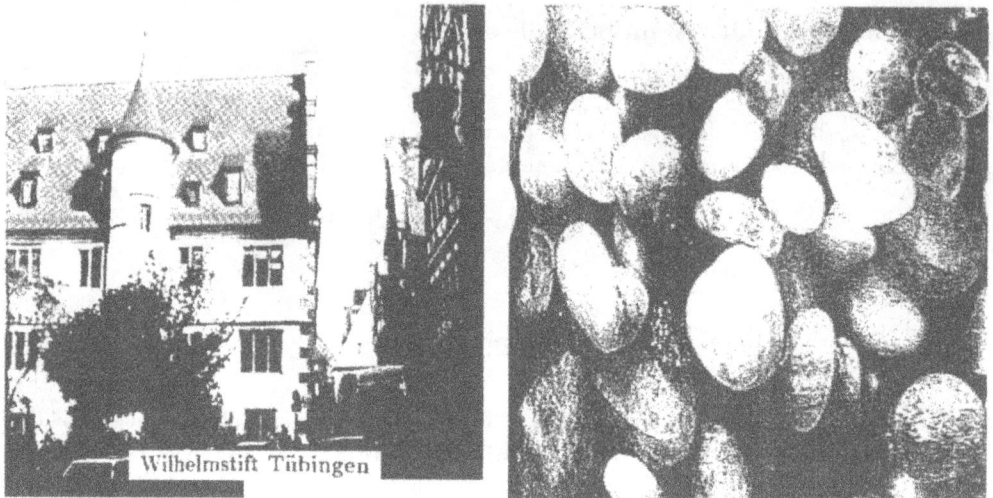

Bild 5.2: Einfaches Halbtonverfahren mit einem festem Schwellwert. Man beachte die Wiedergabe eines Graukeils im linken Bild unten (Schwellwert bei $\frac{I_{max}}{2}$).

Error-Diffusion

Durch das Verändern eines Bildpunktes auf Schwarz oder Weiß entsteht ein Fehler in der Höhe der Abweichung von Originalgrauwert zum gewählten Wert $B(x,y)$. Bei der *Error-Diffusion* wird nun versucht, diesen pro Bildpunkt gemachten Fehler $E(x,y) = I(x,y) - B(x,y)$ zu kompensieren, indem man ihn auf die Nachbarpunkte verteilt. Zuerst wird dazu der erste Bildpunkt mit dem Schwellwert T verglichen (siehe oben). Danach wird der aufgetretene Fehler berechnet und auf die Nachbarpunkte verteilt. Diese Verteilung kann auf eine unterschiedliche Anzahl von Nachbarn erfolgen [EaS87], [Stu81].
Die Verteilung des gemachten Fehlers auf die n zu berücksichtigenden Nachbarn geschieht mit unterschiedlicher Gewichtung und berechnet sich nach folgender Formel:

$$I'_n(x,y) = I_n(x,y) + \frac{Gewicht\ von\ Nachbar\ n}{\sum_{k=0}^{alle\ zu\ beruecksichtigende\ Nachbarn} Gewicht(k)} E(x,y).$$

Für diese Formel und die nachfolgenden Ausführungen gilt:

n	n-ter Nachbarpunkt, auf den der Fehler verteilt wird
x	horizontaler Index (von links nach rechts)
y	vertikaler Index (von oben nach unten)
$I_n(x,y)$	Grauwert des n-ten Nachbarn
$I'_n(x,y)$	neuer Grauwert des n-ten Nachbarn
$E(x,y)$	an der Stelle (x,y) gemachter Fehler
X	bereits bearbeiteter Punkt
P	aktueller Punkt

Die Verteilung auf die Nachbarn erfolgt z.B. nach der vorgeschlagenen Gewichtung von

Floyd und Steinberg [EaS87]:

X	P	7
3	5	1

Error-Diffusion - 4 Nachbarn

Zur weiteren Vereinfachung der Berechnung wurden die unterschiedlichen Gewichte als Zweierpotenzen realisiert [Stu81]. Man erhält dann folgende Verteilung:

X	P	8	2
2	8	2	
	2		

Error-Diffusion - 6 Nachbarn

Bei Berücksichtigung von 12 Nachbarn, auf die der Fehler verteilt wird, erhöht sich zwar der Rechenaufwand, dafür verschwinden aber störende Texturen fast vollständig (vgl. Bild 5.3). Die Verteilung erfolgt nach:

X	X	P	8	4
2	4	8	4	2
1	2	4	2	1

Error-Diffusion - 12 Nachbarn

Eine Verteilung auf noch mehr Nachbarn bringt optisch keine Verbesserung [Stu81] mehr.

Die Error-Diffusion liefert optisch recht ansprechende Ergebnisse (vgl. Bild 5.3), jedoch treten häufig Schatten („Geisterbilder", „Echos") von im Originalbild enthaltenen Strukturen auf. Diese „Geisterbilder" entstehen dadurch, daß ein Fehler über viele Punkte hinweg weitergereicht wird. Dieser störende Effekt kann gemindert werden, wenn die Summe der normierten Gewichte kleiner als 1 ist (z.B. 0.9).

5.2.2 Verfahren mit variablem Schwellwert

Bei Verfahren mit variablem Schwellwert T (*Dither-Verfahren*) wird dieser von Bildpunkt zu Bildpunkt geändert. Man hat auch hier verschiedene Variationen zur Verfügung, die sich dadurch unterscheiden, wie der Schwellwert pro Bildpunkt berechnet wird.

Eine Möglichkeit besteht darin, den Schwellwert T für jeden Bildpunkt neu mit einem Zufallsgenerator zu erzeugen. Die entstehenden Bilder wirken jedoch stark verrauscht und haben nur eine geringe Ortsauflösung - feine Strukturen gehen verloren.

Ordered-Dither

Beim *Ordered-Dither*-Verfahren wird eine Schwellwert-Matrix $T(i, j)$ verwendet, im Gegensatz zu den bisher besprochenen Verfahren mit nur einem fest gewählten Schwellwert. Die Matrix beinhaltet die Ortsabhängigkeit des Schwellwertes. Der Schwellwert für jeden

Bild 5.3: Error Diffusion mit 12 Nachbarn. Man beachte die Wiedergabe eines Graukeils im linken Bild unten.

Bildpunkt wird durch den Wert an der korrespondierenden Stelle in der Matrix $T(i,j)$ bestimmt [EaS87].

Der Grauwert $I(x,y)$ wird mit dem Schwellwert $T(i,j)$ verglichen, wobei

$$i = x \bmod N$$

$$j = y \bmod N$$

ist, wenn die Dithermatrix $T(i,j)$ z.B. die Größe NxN besitzt. Die in dieser Dithermatrix vorkommenden Schwellwerte sind Zahlen von 0 bis $N^2 - 1$. Diese Werte müssen dann noch an die aktuelle Grauwertskala angepaßt werden (z.B. bei einer 8 x 8-Matrix = 64 Werte und 256 darzustellenden Graustufen müssen die Einträge mit 4 multipliziert und um $N/2$ verschoben werden).

Bei der Erstellung solcher Dithermatrizen muß die Verteilung sorgfältig optimiert werden, um störende Texturen zu vermeiden. Ein Schema zur rekursiven Erzeugung solcher Matrizen wurde von Bayer vorgeschlagen [EaS87]:

$$T_N(i,j) = \begin{bmatrix} 4T_{N/2} & 4T_{N/2} + 2U_{N/2} \\ 4T_{N/2} + 3U_{N/2} & 4T_{N/2} + U_{N/2} \end{bmatrix}.$$

Mit dieser Formel lassen sich Matrizen der Größe 2,4,8,... erzeugen. Dabei ist U_N eine NxN-Matrix, bei der alle Elemente 1 sind. Für $N = 4$ hat die resultierende Matrix folgende Gestalt:

$$T_4(i,j) = \begin{bmatrix} 0 & 8 & 2 & 10 \\ 12 & 4 & 14 & 6 \\ 3 & 11 & 1 & 9 \\ 15 & 7 & 13 & 5 \end{bmatrix}.$$

Eine 8 x 8-Dithermatrix mit optimiertem Aufbau bezüglich der räumlichen Auflösung (abwechselnd große und kleine Zahlenwerte in der Matrix, damit die Chance steigt, daß ein Kontrastsprung spätestens mit einem Pixel Verschiebung wiedergegeben wird) ist in [Stu81] vorgestellt worden und hat folgende Gestalt:

$$
T(i,j) = \begin{bmatrix}
22 & 6 & 18 & 2 & 21 & 5 & 17 & 1 \\
14 & 30 & 10 & 26 & 13 & 29 & 9 & 25 \\
20 & 4 & 24 & 8 & 19 & 3 & 23 & 7 \\
12 & 28 & 16 & 32 & 11 & 27 & 15 & 31 \\
21 & 5 & 17 & 1 & 22 & 6 & 18 & 2 \\
13 & 29 & 9 & 25 & 14 & 30 & 10 & 26 \\
19 & 3 & 23 & 7 & 20 & 4 & 24 & 8 \\
11 & 27 & 15 & 31 & 12 & 28 & 16 & 32
\end{bmatrix} .
$$

Mit dieser Matrix können noch Strukturen bis hinunter zu einer Breite von zwei Pixel wiedergegeben werden. Allerdings berücksichtigt diese Dithermatrix nicht die Überlappung von Punkten auf dem Drucker. Überlappung bedeutet hier, daß die gesetzten Punkte größer als die eigentliche Pixelgröße sind. Die Überlappung ist notwendig für die Sicherstellung einer konstanten Schwärzung. Ohne besondere Beachtung der Überlappung wirken die Bilder zu dunkel. Beachtet man die Überlappungen und versucht, die Reihenfolge der Schwellen in kleinen Gruppen anzuordnen, so hat die diesbezüglich optimierte Matrix folgende Gestalt [Stu81]:

$$
T(i,j) = \begin{bmatrix}
19 & 25 & 23 & 17 & 14 & 8 & 10 & 16 \\
21 & 31 & 29 & 27 & 12 & 2 & 4 & 6 \\
28 & 30 & 32 & 22 & 5 & 3 & 1 & 11 \\
18 & 24 & 26 & 20 & 15 & 9 & 7 & 13 \\
14 & 8 & 10 & 16 & 19 & 25 & 23 & 17 \\
12 & 2 & 4 & 6 & 21 & 31 & 29 & 27 \\
5 & 3 & 1 & 11 & 28 & 30 & 32 & 22 \\
15 & 9 & 7 & 13 & 18 & 24 & 26 & 20
\end{bmatrix} .
$$

Die Anordnung in Gruppen erhöht die Chance, daß benachbarte Pixel gleichzeitig gesetzt sind, so daß sich die Überlappung nicht auswirken kann (schwarz plus schwarz = schwarz). Dies funktioniert natürlich nur, wenn im Bild auch genügend großflächige Strukturen vorhanden sind. Ein einfaches Beispiel, bei dem sich die Überlappung (=Pixelvergrößerung) dennoch als zu große Schwärzung auswirkt, wäre z.B. ein Streifenmuster, bei dem die Pixel abwechselnd gesetzt und nicht-gesetzt sind. Dabei ragen jeweils die Pixel der gesetzten Streifen in den freien Streifen hinein und bewirken eine ungewollte Verringerung der ungesetzten Fläche.

5.2.3   Grautonmuster

Werden Ausgabegeräte verwendet, bei denen die Punktauflösung wesentlich besser als die des menschlichen Auges ist, so kann man die Graustufen durch unterschiedliche

Bild 5.4: Ordered-Dither mit einer auflösungsoptimierten 8 x 8-Matrix. Man beachte die Wiedergabe eines Graukeils im linken Bild unten.

Punktgrößen realisieren. Dieses Verfahren wird zum Beispiel beim Zeitungsdruck verwendet. Die Auflösung beträgt dort etwa 60-80 Punkte/Inch. Für Zeitschriften und Bücher werden bis zu 150 Punkte/Inch verwendet. bei Fotosatzqualität erreicht man durchaus Auflösungen bis zu 2400 Punkte/Inch.

Bei den üblicherweise zur Verfügung stehenden Druckern und Sichtgeräten ist die Punktgröße innerhalb einer gewissen Toleranz konstant [Stu81]. Bei konstanter Größe der einzelnen Bildpunkte kann man die Größenvariationen durch unterschiedliche Dichte von Punkten innerhalb einer kleinen Umgebung (z.B. $N \times N$) simulieren [FvDFH90] Diese Ansammlung von Punkten bildet dann den neuen, in der Größe veränderbaren „Bildpunkt". Mit einem $N \times N$-Muster können $N^2 + 1$ Graustufen repräsentiert werden. Die Bilder 5.5 und 5.6 zeigen solche *Grautonmuster* mit 5 bzw. 10 Grauwerten.

Durch die regelmäßige Struktur der Muster werden unerwünschte Strukturen in den Bildern erzeugt. Außerdem treten durch die reduzierte Anzahl an Graustufen scharfe Grauwertsprünge auf, wie am Graukeil in Bild 5.7 (unten links) deutlich zu sehen ist. Diese Sprünge sind vor allem in Gebieten mit geringer Grauwertfluktuation besonders störend (Pseudokanten). Dieser Effekt kann durch größere Grautonmuster mit entsprechend mehr Graustufen vermindert werden. Allerdings wird dadurch das Bild immer größer bzw. die Ortsauflösung schlechter. Die Qualität der variablen Punktgröße wird mit diesen Methoden nicht erreicht.

5.2.4   Dot-Diffusion

Das Verfahren des Ordered-Dither läßt sich leicht implementieren und erzeugt auch keine Schattenbilder, jedoch werden die Bilder vergröbert. Strukturen, deren Ausdehnung

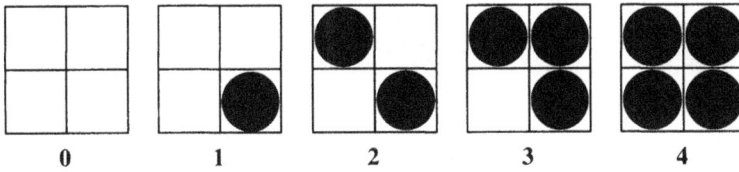

Bild 5.5: Grautonmuster mit 5 Graustufen.

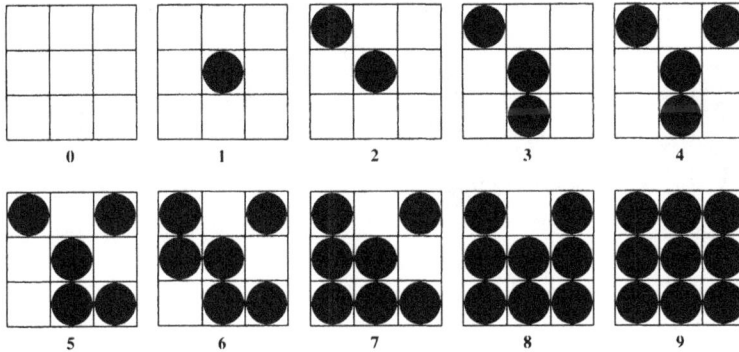

Bild 5.6: Grautonmuster mit 10 Graustufen.

kleiner als N ist (bei einer NxN-Dithermatrix). können ganz verschwinden. Die Auflösung nimmt ab. Error-Diffusion liefert zwar optisch relativ gute Bilder. hat aber dafür den Nachteil der Geisterbilder. Die Vorteile dieser beiden Verfahren versucht die *Dot--Diffusion* zusammenzufassen [Knu87].

Bei der Dot-Diffusion wird - wie beim Ordered-Dither - eine NxN-Matrix $C(i,j)$ mit Zahlen von 0 bis $N^2 - 1$ verwendet (beispielsweise $N = 8$). Über die (x.y)-Koordinaten eines jeden Bildpunktes werden wieder gemäß

$$i = x \bmod N.$$

$$j = y \bmod N$$

Indizes für die Matrix $C(i,j)$ berechnet. Jeder Bildpunkt erhält somit zu seinem Grauwert über diese Matrix noch einen neuen Zahlenwert. der seine Klasse repräsentiert. Dadurch werden die Punkte des Originalbildes in N^2 Klassen eingeteilt. Das Bild wird jetzt nicht mehr, wie bei den bisherigen Verfahren, zeilenweise von links nach rechts, abgearbeitet, sondern die Reihenfolge wird durch die Klassenzugehörigkeit. beginnend mit Klasse 0, festgelegt. Die Reihenfolge, in der die Punkte derselben Klasse behandelt werden, spielt keine Rolle. Analog zur Error-Diffusion wird jetzt anhand eines konstanten Schwellwertes T entschieden, ob ein Punkt auf Schwarz oder auf Weiß gesetzt werden soll. Der hierbei auftretende Fehler wird nun an jene Nachbarn des Punktes verteilt, die einer höheren Klasse angehören, also noch zu bearbeiten sind. Es ist vorteilhaft, die orthogonalen Nachbarn stärker zu gewichten als die diagonalen.

Bild 5.7: Dieses Binärbild wurde mit einem Grautonmuster mit 10 Graustufen erzeugt. Die Abstufung ist in der Wiedergabe eines Graukeil (linkes Bild, unten) zu erkennen.

Die Anforderungen an die Matrix bei der Dot-Diffusion unterscheiden sich grundsätzlich von denen beim Ordered-Dither. Die Zahlen sind in der Matrix so zu verteilen, daß möglichst wenig Matrixelemente ausschließlich Nachbarn haben, die einer niedrigeren Klasse angehören. Der Fehler solcher Matrixelemente kann in diesen Fällen nicht mehr weitergegeben werden. Den Aufbau einer Matrix, die nur ein derartiges Matrixelement, das letzte der Klasse (hier 63) enthält, zeigt folgendes Bild [Knu87]:

$$
C(i.j) = \begin{bmatrix}
25 & 21 & 13 & 39 & 47 & 57 & 53 & 45 \\
48 & 32 & 29 & 43 & 55 & 63 & 61 & 56 \\
40 & 30 & 35 & 51 & 59 & 62 & 60 & 52 \\
36 & 14 & 22 & 26 & 46 & 54 & 58 & 44 \\
16 & 6 & 10 & 18 & 38 & 42 & 50 & 24 \\
8 & 0 & 2 & 7 & 15 & 31 & 34 & 20 \\
4 & 1 & 3 & 11 & 23 & 33 & 28 & 12 \\
17 & 9 & 5 & 19 & 27 & 49 & 41 & 37
\end{bmatrix}.
$$

5.3   Die Fourier-Transformation

5.3.1   Einleitung

Funktionen reeller Variablen lassen sich oft in Form von Reihen darstellen. Dabei spielen die nach dem französischen Physiker und Mathematiker Jean Baptiste Joseph Fourier (1768-1830) benannten Reihen eine besondere Rolle. Er erkannte 1822, daß solche

Funktionen als eine Überlagerung (*Superposition*) von harmonischen Schwingungen unterschiedlicher Frequenzen aufgefaßt werden können. Im einfachsten Fall sind dies Sinus- und Cosinusschwingungen.

Die Fourier-Transformation spielt auch in der GDV und der Bildverarbeitung eine bedeutende Rolle. Das rührt einerseits von ihren vielfältigen mathematischen Eigenschaften (vgl. Kap. 5.3.4) her, die oftmals eine Vereinfachung der Problemlösung erlauben (Transformationsanalysis). Andererseits lassen die Koeffizienten der Zerlegung eine anschauliche Interpretation zu: sie geben an, welche Frequenzen zu welchem Anteil in der zerlegten (transformierten) Funktion enthalten sind. Hohe Frequenzen entsprechen feinen Strukturen der Ursprungsfunktion, niedrige Frequenzen dagegen langsamen Änderungen des Funktionsverlaufs. Diese Zusammenhänge sind sicher jedermann aus dem Bereich der Musik bekannt. So geht von einer langen Saite oder langen Orgelpfeife ein tiefer Ton aus, im Gegensatz zum hohen Klang einer kurzen Saite oder Pfeife. Der Gesamtklang einer Saite wird durch ihre Grundschwingung und ihre Oberschwingungen (mehrere Schwingungsbäuche und Schwingungsknoten entlang der Saite) bestimmt.

Die Fouriertransformation ist grundlegend für Bereiche wie die Signaltheorie (z.B. Filter, lineare Systeme im Kontinuierlichen und Diskreten) und die Abtasttheorie. Die Abtasttheorie befaßt sich mit der Abtastung und Rekonstruktion kontinuierlicher Funktionen, d.h. ihrer Überführung ins Diskrete und zurück. Gegenstand sind dabei z.B. aufgenommene reale Bilder oder abgetastete analytische geometrische Beschreibungen (vgl. Kap. 5.3.6 und Scanline-Konvertierung). Eng verwandt ist das Gebiet der geometrischen Transformationen von Bildern (engl. Warping), da diesen ein Abtastprozeß zugrundeliegt (vgl. auch Kapitel über Texturen und ihre Filterung). Mit Methoden der digitalen Bildfilterung wird z.B. versucht, Grauwertstörungen zu beseitigen, die durch systematische Einflüsse (Fehler) bei der Bildaufnahme verursacht wurden. Die Fouriertransformation dient dabei der Analyse der Störung und zur Beschreibung des Verfahrens zur Minderung oder Aufhebung des Störeinflusses (Bildfilterung, Bildrestauration, Bildverbesserung vgl. z.B. Kap. 5.5). In diesen Bereich fällt auch das Antialiasing, das sich mit der Vermeidung oder Verminderung der beim Abtastprozeß entstehenden Fehler beschäftigt (vgl. Kapitel über Antialiasing). Ein weiteres Einsatzgebiet der Fouriertransformation ist die Bildkodierung, bei der es um die Frage geht, ob und wie ein vorgegebenes Signal in seiner Bandbreite (im verwendeten Frequenzbereich) beschränkt werden kann, um Übertragungsresourcen zu sparen. Die Fouriertransformation erlaubt dabei die Charakterisierung des zu übertragenden Signals und die Analyse des signalübertragenden Systems (vgl. Kap. 5.4.1). Schließlich wird die Fouriertransformation auch bei der Charakterisierung von Texturen (Oberflächenstrukturen, Farbmuster) oder der Beschreibung der Form von Objekten verwendet. Damit wird klar, daß die Fouriertransformation eine wichtige Grundlage für das Gebiet der digitalen Bildverarbeitung und der graphischen Datenverarbeitung darstellt.

5.3.2   Die kontinuierliche Fourier-Transformation

Der folgende Abschnitt bietet eine Einführung in das Gebiet der kontinuierlichen Fouriertransformation. Für die Motivation der Fourierkoeffizienten wird dazu zunächst die Fourierreihe eingeführt.

Eine eindimensionale periodische Funktion f(x) mit der Periode $T = 2\pi$ läßt sich als eine Reihe von trigonometrischen Funktionen darstellen:

$$f(x) = \frac{a_0}{2} + \sum_{k=1}^{\infty} (a_k\, cos(kx) + b_k\, sin(kx)) \tag{5.3}$$

Eine Reihe der Form 5.3 heißt *Fourierreihe*, und die Entwicklung einer Funktion in ihre Fourierreihe bezeichnet man als *harmonische Analyse*. Die endliche *Fourier-Transformation* (endlich wegen der Intervallgrenzen) ordnet dieser Funktion bestimmte Koeffizienten zu, die die Amplituden der einzelnen harmonischen Schwingungen darstellen. Diese *Fourier-Koeffizienten* a_k, b_k ergeben sich aus

$$a_k \;=\; \frac{1}{\pi} \int_{-\pi}^{\pi} f(x)\, cos(kx) dx, k = 0, 1, 2, \ldots, \tag{5.4}$$

$$b_k \;=\; \frac{1}{\pi} \int_{-\pi}^{\pi} f(x)\, sin(kx) dx, k = 1, 2, \ldots. \tag{5.5}$$

Der *Satz von Dirichlet* gibt eine Antwort auf die Frage nach der Konvergenz der Fourierreihe, d.h. er gibt an, wann die Fourierreihe die Funktion $f(x)$ tatsächlich beschreibt. Der Satz besagt, daß die Fourierreihe von $f(x)$ konvergiert, wenn folgende Bedingungen im Intervall $[-\pi, \pi]$ erfüllt sind:

1. Das Intervall $[-\pi, \pi]$ läßt sich in endlich viele Intervalle zerlegen, in denen $f(x)$ stetig und monoton ist.

2. Ist x_0 eine Unstetigkeitsstelle von $f(x)$, so existieren $f(x_0 - 0)$ und $f(x_0 + 0)$.

Diese anschauliche Darstellung durch bekannte trigonometrische Funktionen wird leider völlig unübersichtlich, wenn mit Fourierreihen gerechnet werden soll. Dann zeigt es sich, daß es sehr viel einfacher ist, für die Berechnungen komplexwertige Exponentialschwingungen zu verwenden. Der grundsätzliche Zusammenhang ist gegeben durch die Euler-Identität:

$$e^{ikx} \;=\; cos(kx) + i\, sin(kx), \; i = \sqrt{-1}. \tag{5.6}$$

Hierbei handelt es sich um die komplexen Zahlen, die auf dem Einheitskreis liegen. Interessant sind hier nun die k-ten Einheitswurzeln $e^{\frac{2\pi i}{k}}$, die, k-mal mit sich selbst multipliziert, 1 ergeben.

Man erhält damit die zu Formel 5.3 äquivalente Darstellung

$$f(x) = \sum_{k=-\infty}^{\infty} c_k\, e^{ikx}, \; \text{mit} \tag{5.7}$$

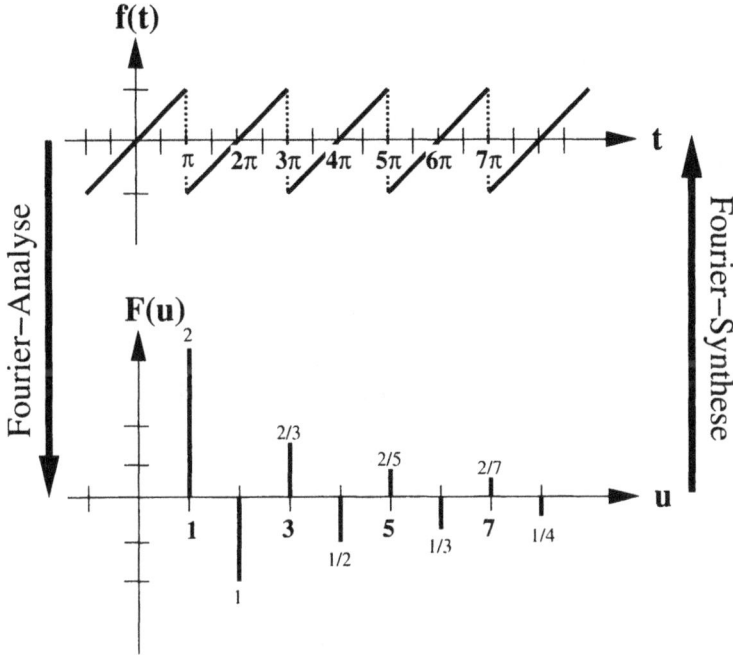

Bild 5.8: Die Fourier-Analyse einer sägezahnförmigen Zeitfunktion (oben) ergibt das Spektrum (unten) dieser Funktion. Im Bild werden nur die ersten acht Frequenzen der Fouriertransformierten dargestellt. Der umgekehrte Vorgang liefert den zeitlichen Verlauf zurück.

$$c_k = \frac{1}{2\pi} \int_{-\pi}^{\pi} f(x)\, e^{-ikx} dx = \begin{cases} \frac{a_0}{2} & k = 0 \\ \frac{1}{2}(a_k - i\, b_k) & k > 0 \\ \frac{1}{2}(a_{-k} + i\, b_{-k}) & k < 0 \end{cases}. \tag{5.8}$$

Die c_k sind komplexe Zahlen und stellen das diskrete Frequenzspektrum der Funktion $f(x)$ dar. Man nennt sie *Fourier-Koeffizienten*. Durch die Einführung der komplexen Darstellung treten auch negative Frequenzen auf.

Ist die Funktion $f(x)$ periodisch mit der Periode $2l$, so gestattet sie die Entwicklung

$$f(x) = \frac{a_0}{2} + \sum_{k=1}^{\infty} (a_k\, cos(k\frac{\pi}{l}x) + b_k\, sin(k\frac{\pi}{l}x)), \tag{5.9}$$

was dann wiederum in der Gestalt

$$f(x) = \sum_{k=-\infty}^{\infty} c_k\, e^{ik\frac{\pi}{l}x}, \quad \text{mit } c_k = \frac{1}{2l} \int_{-l}^{l} f(x)\, e^{-ik\frac{\pi}{l}x} dx \tag{5.10}$$

geschrieben werden kann.

Es liegt nun nahe, in der Fourier-Reihe einer im Intervall $-l < x < l$ gegebenen Funktion $f(x)$ den Grenzübergang $l \Rightarrow \infty$ zu versuchen, um sich von dem Zwang der periodischen Fortsetzung von f(x) zu befreien und eine Darstellung einer für alle reellen x definierten, nichtperiodischen Funktion zu gewinnen. Man erhält dann das sogenannte *Fourierintegral*

$$f(x) = \int_{-\infty}^{\infty} \int_{-\infty}^{\infty} f(t)\, e^{-2\pi i u(t-x)}\, dt\, du. \tag{5.11}$$

Gleichung 5.11 läßt sich als die Superposition der folgenden Formeln auffassen

$$F(u) = \int_{-\infty}^{\infty} f(x)\, e^{-2\pi i u x} dx, \tag{5.12}$$

$$f(x) = \int_{-\infty}^{\infty} F(u)\, e^{2\pi i u x} du. \tag{5.13}$$

Man sagt: Die *Fourier-Transformierte* F liefert eine Entwicklung der Funktion f in ein *kontinuierliches Spektrum*.

Die Operatoren **FT** und **FT**$^{-1}$

$$\textbf{FT}: f \longrightarrow F \tag{5.14}$$

$$\textbf{FT}^{-1}: F \longrightarrow f \tag{5.15}$$

heißen *Fourier-* bzw. *inverse Fourier-Transformation.*

Wie man anhand der Gleichungen 5.12 und 5.13 sieht, sind die Fourier-Transformation und ihre Inverse lineare Operatoren.

$F(u)$ und $f(x)$ bezeichnet man auch als *Fourier-Transformationspaar*. Betrachtet man die Variable x als Zeitkoordinate (Ortskoordinate) und damit $f(x)$ als kontinuierliche Funktion der Zeit (des Ortes), so bezeichnet man $F(u)$ als *Frequenzspektrum* (*Ortsfrequenzspektrum*).

Kennt man beispielsweise den Verlauf einer Funktion f in Abhängigkeit von der Zeit t (Bsp.: Klang einer Saite), so kann man die Frequenzen u berechnen, die den Verlauf der zeitlichen Funktion ausmachen - man bestimmt das Frequenzspektrum (*Fourier-Analyse*) (Bsp.: Grundschwingung und Oberschwingungen mit ihren jeweiligen Anteilen). Der umgekehrte Weg ist ebenfalls möglich. Die Konstruktion einer Funktion der Zeit aus ihrem Frequenzspektrum nennt man *Fourier-Synthese*.

Für den zweidimensionalen Fall (z.B. Bilder, aufgefaßt als zweidimensionales kontinuierliches Signal) erhält man:

$$F(u,v) = \int_{-\infty}^{\infty} \int_{-\infty}^{\infty} f(x,y)\, e^{-2\pi i(ux+vy)} dxdy, \qquad (5.16)$$

$$f(x,y) = \int_{-\infty}^{\infty} \int_{-\infty}^{\infty} F(u,v)\, e^{2\pi i(ux+vy)} dudv. \qquad (5.17)$$

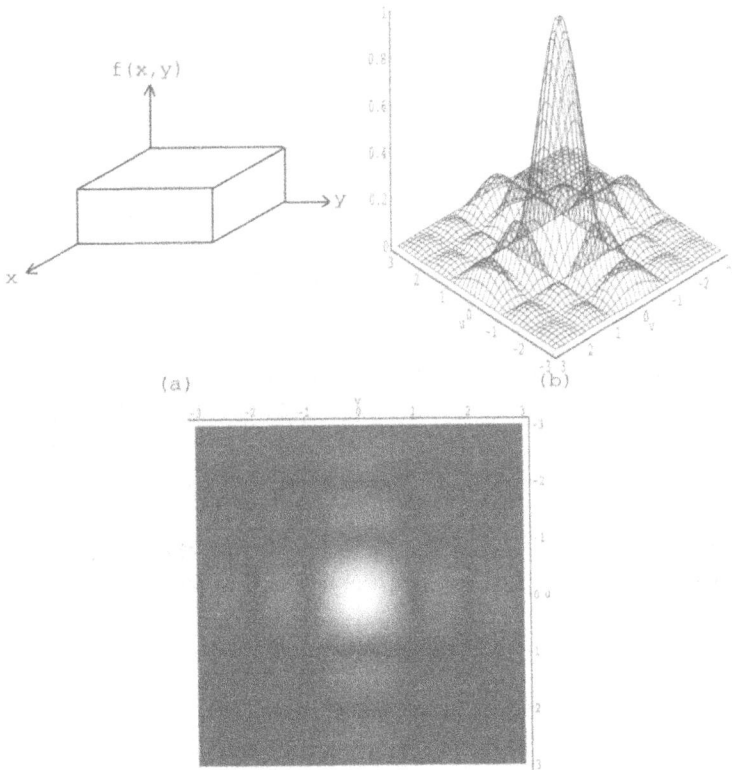

*Bild 5.9: Eine zweidimensionale Funktion a), das Fourier-Spektrum b) und das Spektrum
dargestellt als eine Intensitätsfunktion c).*

Da die Fourier-Transformierte einer reellen Funktion im allgemeinen komplex ist, kann
man auch schreiben $F(u,v) = R(u,v) + iI(u,v)$, wobei $R(u,v)$ und $I(u,v)$ der Real-
bzw. Imaginärteil von $F(u,v)$ sind. Der Betrag von $F(u,v)$ ist

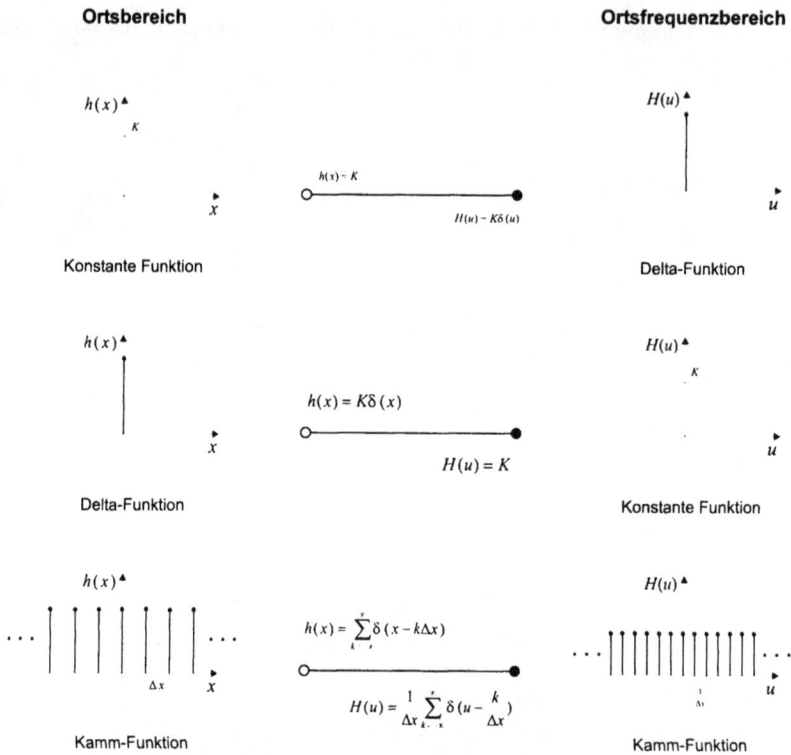

Bild 5.10: Beispiele von Fourier-Transformationspaaren.

$$|F(u,v)| = \sqrt{R^2(u,v) + I^2(u,v)} \qquad (5.18)$$

und wird als *Fourier-Spektrum* (auch Amplitudenspektrum) bezeichnet. Das *Leistungsspektrum* ist das Quadrat des Fourier-Spektrums. Der Ausdruck

$$\phi(u,v) = arctan(\frac{I(u,v)}{R(u,v)}) \qquad (5.19)$$

wird als das *Phasenspektrum* bezeichnet.

Oft wird $F(u,v)$ auch als Produkt von Amplitudenspektrum und Phasenspektrum geschrieben:

$$F(u,v) = |F(u,v)|e^{i\phi(u,v)}. \qquad (5.20)$$

Beispiele von Fourier-Transformationspaaren von eindimensionalen Funktionen sind in den Bildern 5.10 und 5.11 dargestellt. Die in Bild 5.11 dargestellte *sinc-Funktion* ist durch

$$sinc(x) = \frac{\sin(x)}{x} \qquad (5.21)$$

Ortsbereich   **Ortsfrequenzbereich**

$$h(x) = \begin{cases} A, & x < X_0 \\ \dfrac{A}{2}, & x = X_0 \\ 0, & x > X_0 \end{cases}$$

$$H(u) = 2AX_0 \frac{\sin(2\pi X_0 u)}{2\pi X_0 u}$$

Rechteck-Funktion   sinc-Funktion

$$h(x) = 2AU_0 \frac{\sin(2\pi U_0 x)}{2\pi U_0 x}$$

$$H(u) = \begin{cases} A, & u < U_0 \\ \dfrac{A}{2}, & u = U_0 \\ 0, & u > U_0 \end{cases}$$

sinc-Funktion   Rechteck-Funktion

$$h(x) = \begin{cases} -A^2 x + 2X_0 A^2, & x \le 2X_0 \\ 0, & x > 2X_0 \end{cases}$$

$$H(u) = \left(2AX_0 \frac{\sin(2\pi X_0 u)}{2\pi X_0 u} \right)^2$$

Dreiecks-Funktion   sinc²-Funktion

$$h(x) = \frac{\alpha}{\pi} e^{-\alpha x^2}$$

Gauß'sche Glockenkurve   Gauß'sche Glockenkurve

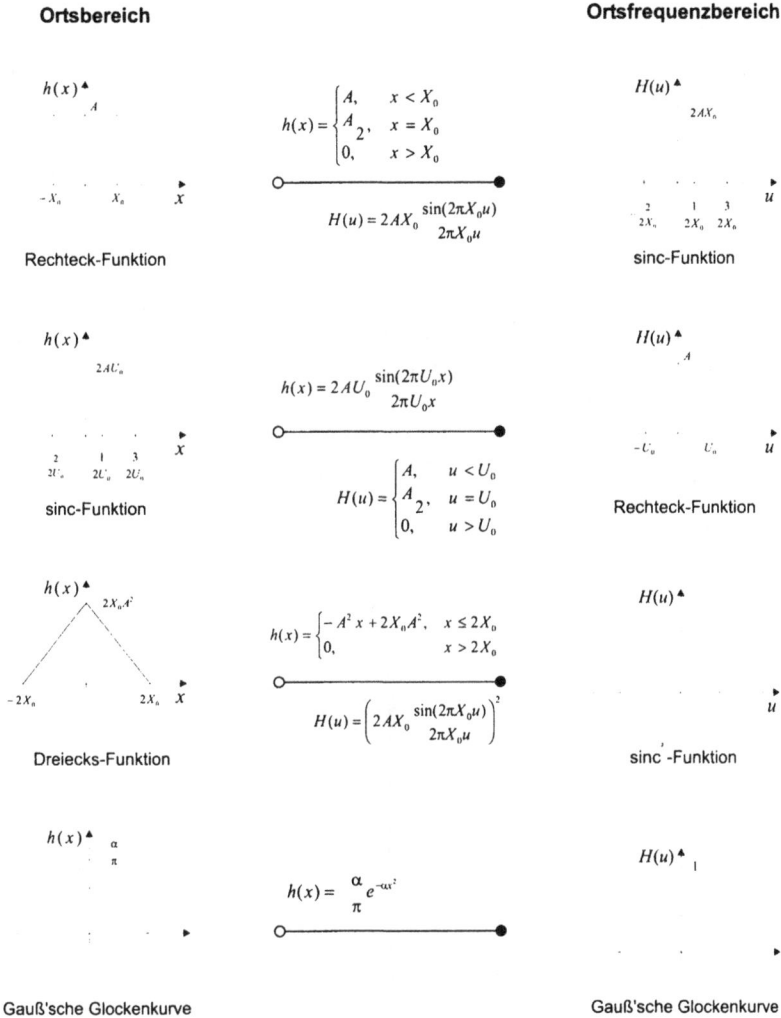

Bild 5.11: Beispiele von Fourier-Transformationspaaren.

definiert. Eine ausführliche mathematische Herleitung der Transformationspaare findet man z.B. in [Bri89].

Beispielhaft berechnen wir die Fouriertransformierte der sogenannten Deltafunktion $\delta(x)$ und der sogenannten Kammfunktion $h(x) = \sum_{n=-\infty}^{n=\infty} \delta(x - n\Delta x)$. Die Deltafunktion $\delta(x)$

ist definiert durch

$$\delta(x) = 0, \text{ für } x \neq 0, \tag{5.22}$$

$$\int_{-\infty}^{\infty} \delta(x)dx = 1 \tag{5.23}$$

$$\int_{-\infty}^{\infty} \delta(x - x_0)f(x)dx = f(x_0), \tag{5.24}$$

wobei f eine sogenannte Testfunktion ist. Testfunktionen sind stetig, außerhalb eines endlichen Intervalls identisch Null und besitzen stetige Ableitungen beliebig hoher Ordnung. In strengem mathematischen Sinn ist die Deltafunktion keine Funktion sondern eine Distribution. Man kann sie jedoch als Grenzwert einer Folge von Funktionen auffassen. Dazu betrachten wir die Funktionenfolge g_n

$$g_n(x) = \begin{cases} n, & |x| \leq \frac{1}{2n} \\ 0, & \text{sonst} \end{cases},$$

vgl. Bild 5.12. Dann gilt für jede Testfunktion f

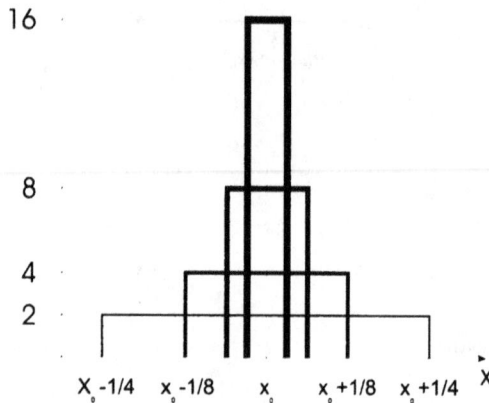

Bild 5.12: Einige Funktionen der Funktionenfolge g_n.

$$\lim_{n \to \infty} \int_{-\infty}^{\infty} g_n(x - x_0)f(x)dx = f(x_0).$$

In diesem Sinne ist die Deltafunktion also Grenzfunktion der Funktionenfolge g_n.

Die Fouriertransformierte von Vielfachen der Deltafunktion $K\delta(x)$ läßt sich mit Hilfe von Formel 5.24 einfach berechnen:

$$FT(K\delta)(u) = \int_{-\infty}^{\infty} K\delta(x)e^{-iux}dx = Ke^0 = K. \tag{5.25}$$

Für die inverse Fouriertransformierte der konstanten Funktion $F(u) = K$ gilt

$$FT^{-1}(F)(x) = K\delta(x).$$ (5.26)

Die Fouriertransformierte einer periodischen Funktion

$$f(x) = \sum_{k=-\infty}^{\infty} c_k e^{2\pi i \frac{k}{\Delta x} x}$$ (5.27)

mit Periode Δx ist durch

$$F(u) = \sum_{k=-\infty}^{\infty} c_k \delta(u - \frac{k}{\Delta x})$$

gegeben. Um das einzusehen, berechnen wir die inverse Fouriertransformation von F:

$$f(x) = FT^{-1}(F)(x) = \int_{-\infty}^{\infty} \sum_{k=-\infty}^{\infty} c_k \delta(u - \frac{k}{\Delta x}) e^{2\pi i u x} du$$

$$= \sum_{k=-\infty}^{\infty} c_k \int_{-\infty}^{\infty} \delta(u - \frac{k}{\Delta x}) e^{2\pi i u x} du$$

$$= \sum_{k=-\infty}^{\infty} c_k e^{2\pi i \frac{k}{\Delta x} x}.$$

Die Kammfunktion

$$h(x) = \sum_{k=-\infty}^{k=\infty} \delta(x - k\Delta x)$$ (5.28)

ist eine Überlagerung äquidistanter Deltafunktionen im Abstand Δx, also periodisch mit Periode Δx und kann daher in eine Fourierreihe entwickelt werden:

$$h(x) = \sum_{k=-\infty}^{k=\infty} \delta(x - k\Delta x) = \frac{1}{\Delta x} \sum_{k=-\infty}^{k=\infty} e^{ik \frac{2\pi}{\Delta x} x}.$$

Gemäß Formel 5.27 ergibt sich daher für ihre Fourier-Transformierte

$$H(u) = \frac{1}{\Delta x} \sum_{k=-\infty}^{k=\infty} \delta(u - \frac{k}{\Delta x}).$$ (5.29)

Diese ist wieder eine Kammfunktion. Sie besteht aus einer Folge äquidistanter Delta-funktionen im Ortsfrequenzbereich im Abstand $\frac{1}{\Delta x}$.
Im folgenden ist das Produkt einer Funktion h mit der Deltafunktion noch von Bedeutung. Es ist definiert durch

$$\int_{-\infty}^{\infty} [\delta(x)h(x)]f(x)dx = \int_{-\infty}^{\infty} \delta(x)[h(x)f(x)]dx.$$ (5.30)

Ist h an der Stelle $x = x_0$ stetig, so gilt

$$h(x)\delta(x - x_0) = h(x_0)\delta(x - x_0).$$ (5.31)

5.3.3   Die diskrete Fourier-Transformation

Bislang wurden $F(u)$ und $f(x)$ als kontinuierliche Funktionen behandelt. Für die Anwendungen in der digitalen und diskreten Bildverarbeitung ist diese Form der Fourier-Transformation jedoch ungeeignet. Man verwendet daher die *diskrete Fourier-Transformation* mit

$$F(k) \;=\; \frac{1}{N} \sum_{m=0}^{N-1} f(m)\, e^{\frac{-i2\pi km}{N}}, \quad k = 0, 1, ..., N-1, \tag{5.32}$$

$$f(m) \;=\; \sum_{k=0}^{N-1} F(k)\, e^{\frac{i2\pi km}{N}}, \quad m = 0, 1, ..., N-1. \tag{5.33}$$

Kontinuierliche Funktionen $f(x)$ müssen dazu in eine diskrete Form überführt werden. Dazu wird die kontinuierliche Funktion $f(x)$ mit der Vorschrift

$$f(m) = f(x_0 + m\,\Delta x) \;\; \text{mit} \;\; m = 0, 1, ..., N-1 \tag{5.34}$$

in eine diskrete Form überführt. Man spricht dabei auch von *Abtastung*, da die diskrete Funktion mit der kontinuierlichen Funktion an den Stellen $(x_0 + m\,\Delta x)$ übereinstimmt (vgl. Bild 5.13 und 5.14).

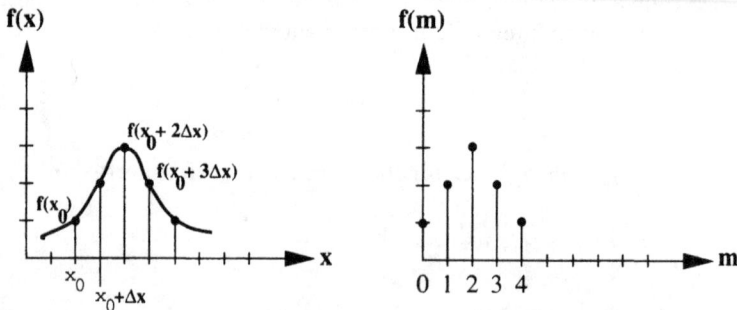

Bild 5.13: Abtastung einer kontinuierlichen Funktion.

Die Anwendung der diskreten Fourier-Transformation auf eine Funktion $f(m)$, die z.B. einen zeitlichen Verlauf kennzeichnet, liefert die komplexen Spektrallinien $F(k)$, die zu den diskreten Frequenzen $\frac{k}{N}m$ gehören. Je dichter man die „Meßwerte" $f(m)$ legt, desto besser wird die zugehörige Funktion approximiert. Üblicherweise spricht man nicht von Meßwerten, sondern von Stützstellen für die Approximation. Sind viele Stützstellen bekannt, können die Spektrallinien, die auftreten, gut bestimmt werden. Vergleiche:

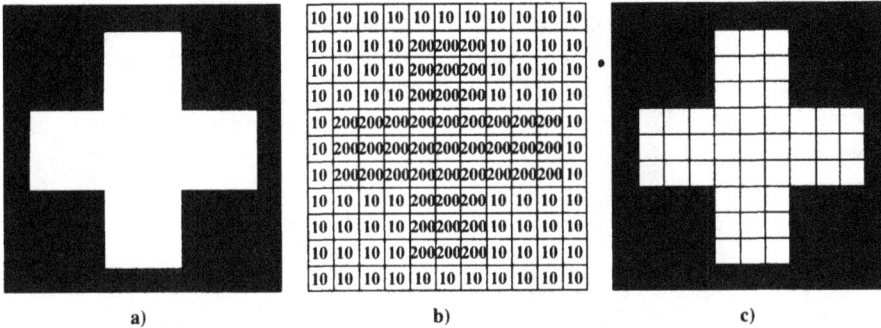

10	10	10	10	10	10	10	10	10	10	10
10	10	10	10	200	200	200	10	10	10	10
10	10	10	10	200	200	200	10	10	10	10
10	10	10	10	200	200	200	10	10	10	10
10	200	200	200	200	200	200	200	200	200	10
10	200	200	200	200	200	200	200	200	200	10
10	200	200	200	200	200	200	200	200	200	10
10	10	10	10	200	200	200	10	10	10	10
10	10	10	10	200	200	200	10	10	10	10
10	10	10	10	200	200	200	10	10	10	10
10	10	10	10	10	10	10	10	10	10	10

a)   b)   c)

Bild 5.14: Abtastung eines zweidimensionalen Schwarz/Weiß-Bildes: a) Originalbild, b) das korrespondierende Zahlenfeld (Meß- bzw. Abtastwerte) des abgetasteten Original- bildes, c) entsprechendes Rasterbild, die Zahlen aus b) sind durch Grauwerte dargestellt.

Die Anzahl N der Stützstellen entspricht bei digitalen Bildern der Auflösung in einer Koordinatenrichtung.

Analog gilt dann für den 2-dimensionalen Fall

$$F(k,l) \quad = \quad \frac{1}{MN} \sum_{m=0}^{M-1} \sum_{n=0}^{N-1} f(m,n) \, e^{-i2\pi(km/M+ln/N)} \qquad (5.35)$$

$$mit \quad k = 0,1,...,M-1$$
$$l = 0,1,...,N-1$$

$$f(m,n) \quad = \quad \sum_{k=0}^{M-1} \sum_{l=0}^{N-1} F(k,l) \, e^{i2\pi(km/M+ln/N)} \qquad (5.36)$$

$$mit \quad k = 0,1,...,M-1$$
$$l = 0,1,...,N-1$$

5.3.4 Eigenschaften der Fourier-Transformation

Die wichtigsten Eigenschaften der Fourier-Transformation sollen hier noch einmal kurz aufgelistet werden. Diese gelten sowohl für den diskreten, als auch für den kontinuierlichen ein- oder zweidimensionalen Fall.

- *Vertauschungssatz*: Faßt man das Ortsfrequenzspektrum $F(k,l)$ der Ortsfunktion $f(m,n)$ als eine neue Ortsfunktion $F(m,n)$ auf, so hat deren Fourier-Transformierte die an den Koordinatenachsen gespiegelte Form $f(-k,-l)$ des ursprünglichen Signals.

- *Separierbarkeit*: Die zweidimensionale Fourier-Transformation kann mit Hilfe einer eindimensionalen Fourier-Transformation zunächst nach der einen Variablen (z.B. $\mathbf{FT}_k$) und anschließend mit einer weiteren eindimensionalen Fourier-Transformation (z.B. $\mathbf{FT}_l$) der so erhaltenen Zwischengröße nach der anderen Variablen berechnet werden:

$$F(k,l) \;=\; \frac{1}{MN} \sum_{m=0}^{M-1} \left\{ \sum_{n=0}^{N-1} f(m,n)\, e^{-i2\pi(ln/N)} \right\} e^{-i2\pi(km/M)} \tag{5.37}$$

$$F(k,l) \;=\; \frac{1}{MN} \sum_{n=0}^{N-1} \left\{ \sum_{m=0}^{M-1} f(m,n)\, e^{-i2\pi(km/M)} \right\} e^{-i2\pi(ln/N)} \tag{5.38}$$

bzw.

$$F(k,l) \;=\; \mathbf{FT}_k\left[\mathbf{FT}_l\left[f(m,n)\right]\right] \tag{5.39}$$

$$F(k,l) \;=\; \mathbf{FT}_l\left[\mathbf{FT}_k\left[f(m,n)\right]\right]. \tag{5.40}$$

- *Periodizität*: Die Fourier-Transformierte einer im Intervall $0 \le m \le M-1$; $0 \le n \le N-1$ definierten diskreten Funktion besitzt die folgenden Periodizitätseigenschaften:

$$F(k,l) = F(k+M,l) = F(k,l+N) = F(k+M,l+N). \tag{5.41}$$

- *Überlagerungssatz, Linearität*: Die Fourier-Transformierte von Summen von Ortsfunktionen ist gleich der Summe ihrer Fourier-Transformierten:

$$\mathbf{FT}\left[af_1(k,l) + bf_2(k,l)\right] = aF_1(m,n) + bF_2(m,n). \tag{5.42}$$

- *Ähnlichkeitssatz*: Eine Dehnung der Ortsfunktion $f(m,n)$ in der Ortsebene führt zu einer Skalierung und Stauchung von $F(k,l)$ in der Ortsfrequenzebene und umgekehrt:

$$\mathbf{FT}\left[f(ak,bl)\right] = \frac{1}{|ab|} F(\frac{1}{a}m, \frac{1}{b}n). \tag{5.43}$$

- *Rotationssatz*: Eine Drehung der Funktion $f(m,n)$ im Ortsbereich um einen Winkel α bewirkt eine Drehung von $F(k,l)$ in der Ortsfrequenzebene um den gleichen Winkel im gleichen Richtungssinn und umgekehrt.

- *Verschiebungssatz*: Eine Verschiebung der Funktion $f(m, n)$ im Ortsbereich bewirkt eine lineare Phasendrehung der Funktion $F(k, l)$ im Ortsfrequenzbereich und umgekehrt:

$$\mathbf{FT}\left[f(m - r, n - s)\right](k, l) = F(k, l)e^{-2\pi i\left(\frac{rk}{M} + \frac{ls}{N}\right)}, \tag{5.44}$$

bzw.

$$\mathbf{FT}^{-1}\left[F(k - r, l - s)\right](m, n) = f(n, m)e^{-2\pi i\left(\frac{rm}{M} + \frac{ln}{N}\right)}. \tag{5.45}$$

- *Faltungssatz*: Das Faltungsprodukt $*$ zweier 2-dimensionaler Funktionen korrespondiert mit dem Produkt der Fourier-Transformierten dieser Funktionen und umgekehrt:

im Kontinuierlichen eindimensional:

$$h(x) = f(x) * g(x) = \int_{-\infty}^{+\infty} g(\alpha)\, f(x - \alpha)\, d\alpha$$

$$\leftrightarrow H(u) = \mathbf{FT}\left[h(x)\right] = F(u)\, G(u) \tag{5.46}$$

im Kontinuierlichen zweidimensional:

$$h(x, y) = f(x, y) * g(x, y) = \int_{-\infty}^{+\infty} \int_{-\infty}^{+\infty} g(\alpha, \beta)\, f(x - \alpha, y - \beta)\, d\alpha d\beta$$

$$\leftrightarrow H(u, v) = \mathbf{FT}\left[h(x, y)\right] = F(u, v)\, G(u, v) \tag{5.47}$$

bzw. im Diskreten (zweidimensional):

$$h(m, n) = f(m, n) * g(m, n) \tag{5.48}$$

$$= \sum_{\alpha=0}^{M-1} \sum_{\beta=0}^{N-1} f(\alpha, \beta)\, g(m - \alpha, n - \beta)$$

$$\leftrightarrow H(k, l) = \mathbf{FT}\left[h(m, n)\right] = F(k, l)\, G(k, l)$$

Zur graphischen Darstellung der Ergebnisse der zweidimensionalen Fourier-Transformation wird die Ergebnis-Zahlenmatrix so aufbereitet, daß die Punktsymmetrie der fouriertransformierten Funktion deutlich wird (in einer bestimmten Richtung auftretende

Spektrallinien findet man gleichermaßen in der entgegengesetzten Richtung wieder). Die Darstellung erfolgt dann über das Fourier-Spektrum (vgl. Bild 5.9). Da die Amplituden der Spektrallinien sehr stark mit zunehmender Frequenz abnehmen, wird oft eine (empirische) logarithmische Darstellungsform verwendet:

$$D(u,v) = c \, log(1 + |F(u,v)|).$$

Auf dem Bildschirm wird das Fourier-Spektrum als Grauwertbild ausgegeben. Die Konvention ist, daß große Spektralwerte hell, kleinere dunkel dargestellt werden. Dabei wird eine Normierung der Grauwerte vorgenommen, um in dem zur Verfügung stehenden Grauwertbereich zu bleiben.

Prinzipiell gilt die endliche Fourier-Transformation (endlich in Bezug auf den Definitionsbereich) ja nur für periodische Signale oder Funktionen, so daß die Festlegung auf die Bildgröße nicht trivial ist. Es hat sich jedoch als sinnvoll erwiesen, die Grenzen für die Fourier-Transformation gleich den sichtbaren Bildgrenzen zu setzen. Andere Möglichkeiten bestünden z.B. darin, einen schwarzen Rand um das Bild zu legen oder Filter (siehe unten) zu benutzen, die die Bildränder weniger stark berücksichtigen.

Hochfrequente Anteile eines Bildes geben Hinweise auf mögliche Kanten, so daß mit der Fourier-Transformation auch Kantendetektionsverfahren entwickelt werden können.

Bild 5.15: Signal und Rechteckfilter.

5.3.5 Graphische Auswertung des Faltungsintegrals

Der Faltungssatz, der die Beziehung zwischen dem Faltungsintegral zweier Funktionen und ihrer Fouriertransformierten beschreibt, ist das wichtigste Instrument zum Verständnis der diskreten Abtastung von Signalen und des Aliasing. Es ist jedoch recht schwierig, sich die Wirkungsweise der Faltungsoperation direkt anhand des Faltungsintegrals

$$h(x) = f(x) * g(x) = \int_{-\infty}^{\infty} f(\alpha) \, g(x - \alpha) \, d\alpha \tag{5.49}$$

vorzustellen. Der Vorgang der Faltung läßt sich aber auch auf graphischem Wege durchführen. Dabei tritt der eigentliche Sinn der Operation deutlicher zutage. Der Übersichtlichkeit halber betrachten wir nur den eindimensionalen Fall.

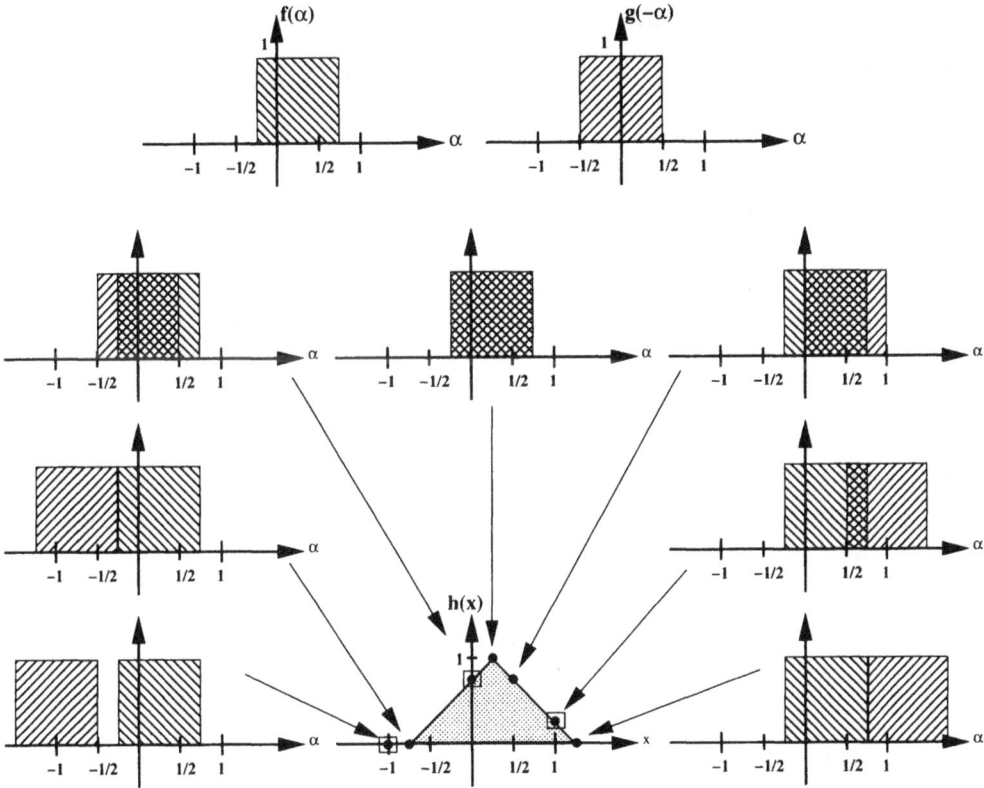

Bild 5.16: Graphisches Beispiel zur Faltung mit einem Rechteckfilter. Dargestellt sind die Spiegelung (Schritt 1 in Kap. 5.3.5) und die Berechnung des Faltungsintegrals an verschiedenen Orten (jeweils die Schritte 2, 3 und 4 in Kap. 5.3.5, Erläuterung siehe Text). An den Abtaststellen −1, 0 und 1 ergeben sich die Abtastwerte 0, 0.75 und 0.25. Auf diese Weise verteilt sich die Helligkeit der 1-Pixel breiten Struktur anteilsmäßig auf die angrenzenden Abtaststellen. Man erkennt weiterhin, daß sich die Abtastwerte exakt zu 1 summieren.

Gegeben seien zwei Ortsfunktionen $f(x)$ und $g(x)$ (vgl. Bild 5.15). Für $f(x)$ wählen wir das „Signal" einer 1-Pixel breiten Struktur, die nicht exakt auf dem Raster liegt. Als zweite Funktion verwenden wir den bereits angesprochenen Rechteckfilter (*Boxfilter*).

Zur Auswertung von Gleichung 5.49 sind die Funktionen $f(\alpha)$ und $g(x - \alpha)$ zu bilden. $f(\alpha)$ und $g(\alpha)$ entstehen einfach durch Substitution von x durch α. Die weitere Prozedur der graphischen Faltung kann nach folgendem Schema durchgeführt werden:

1. *Spiegelung:* Man spiegele $g(\alpha)$ an der Ordinatenachse. Dadurch erhält man $g(-\alpha)$ (siehe Bild 5.16, oberste Zeile).

2. *Verschiebung:* Man verschiebe $g(-\alpha)$ um x und gelangt so zu $g(x - \alpha)$ (siehe Bild 5.16, Diagramme am Anfang der Pfeile).

3. *Multiplikation:* Man multipliziere die verschobene Funktion $g(x - \alpha)$ mit $f(\alpha)$.

4. *Integration:* Die Fläche unter dem Produkt $g(x - \alpha)\,f(\alpha)$ ist gleich dem Wert des Faltungsintegrals am Ort x (siehe Bild 5.16, Ergebnis im Diagramm am Ende der Pfeile dargestellt).

5.3.6   Abtasttheorem und Bildfilterung

Damit Bilder im Digitalrechner verarbeitet werden können, müssen sie zuerst in eine diskrete Darstellung gebracht werden. Die Umformung erreicht man durch Abtastung (Diskretisierung = Festlegung der Abtaststellen im Definitionsbereich) und Quantisierung (Zuordnung der abgetasteten Werte zu vorgegebenen Wertebereichen endlicher Auflösung). Inhalt dieses Abschnitts ist die Abtastung, die dabei entstehenden Fehler, die Rekonstruktion der ursprünglichen, kontinuierlichen Bildfunktion und die dazu notwendige Bildfilterung.

Die Anzahl der darstellbaren Bildpunkte in $x-$ und $y-$Richtung des Rastersichtgeräts definiert mit Δx und Δy ein Abtastgitter und ist für ein vorgegebenes System fest:

$$f(m\,\Delta x,\, n\,\Delta y) = f(m,n) \quad mit \quad m = 0, 1, ..., M - 1 \tag{5.50}$$
$$n = 0, 1, ..., N - 1\,.$$

Ist die Funktion $f(x)$ an der Stelle $x = \Delta x$ stetig, so kann der Abtastwert von $f(x)$ an der Stelle Δx durch

$$\hat{f}(x) = f(x)\delta(x - \Delta x) = f(\Delta x)\delta(x - \Delta x)$$

ausgedrückt werden. Wird $f(x)$ äquidistant an den Stellen $x = k\Delta x$ mit $k \in \mathbb{Z}$ abgetastet, so heißt

$$\hat{f}(x) = f(x) \sum_{k=-\infty}^{\infty} \delta(x - k\Delta x) = \sum_{k=-\infty}^{\infty} f(k\Delta x)\delta(x - k\Delta x) \tag{5.51}$$

Abtastsignal und Δx Abtastperiode. Das Abtastsignal besteht aus einer Überlagerung unendlich vieler äquidistanter Deltafunktionen, deren Gewichte den Funktionswerten von $f(x)$ an den diskreten Abtastwerten entsprechen.

Das *Abtasttheorem* von Whittaker–Shannon gibt eine Antwort auf die Frage, unter welchen Bedingungen sich eine kontinuierliche Funktion aus äquidistanten Abtastwerten exakt rekonstruieren läßt. Zur Herleitung des Abtasttheorems betrachten wir zunächst die Fourier-Transformierte des Abtastsignals

$$\hat{f}(x) = f(x) \sum_{k=-\infty}^{\infty} \delta(x - k\Delta x).$$

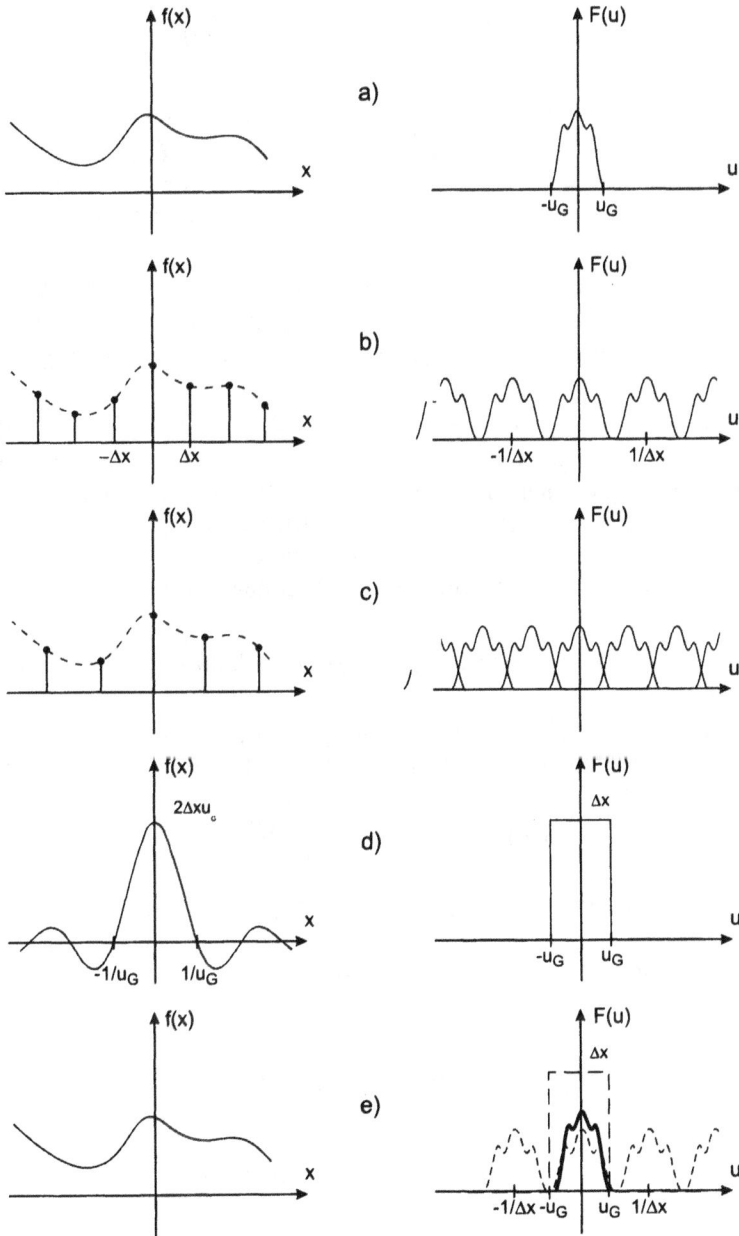

Bild 5.17: Zur Erläuterung des Abtasttheorems (ausführliche Darstellung siehe Text). F(u) ist nur schematisch dargestellt.

Nach dem Faltungssatz gilt

$$\hat{F}(u) = F(u) * \frac{1}{\Delta x} \sum_{k=-\infty}^{\infty} \delta(u - \frac{k}{\Delta x}). \tag{5.52}$$

vgl. Bild 5.17, b). Anschaulich besagt Gleichung 5.52, daß die Fouriertransformierte $\hat{F}(u)$ von $\hat{f}(x)$ aus einer Überlagerung von mit dem Faktor $\frac{1}{\Delta x}$ skalierten Kopien der Fouriertransformierten $F(u)$ von $f(x)$ im Abstand von $\frac{1}{\Delta x}$ besteht. Die in Bild 5.17 dargestellte Funktion $f(x)$ ist bandbegrenzt durch eine *Grenzfrequenz* u_G, d.h. $F(u) = 0$ für $|u| > u_G$.

Ist, wie in Bild 5.17 b) $u_G < \frac{1}{2\Delta x}$, so überlappen sich die Kopien der Fourier-Transformierten $F(u)$ nicht. In diesem Fall stimmem die Spektren $F(u)$ und $\Delta x \hat{F}(u)$ auf dem Intervall $[-u_G, u_G]$ bis auf den Skalierungsfaktor $\frac{1}{\Delta x}$ überein, d.h. das Frequenzspektrum $F(u)$ kann vollständig aus den Abtastwerten berechnet werden.

Ist dagegen, wie in Bild 5.17 c) dargestellt, $u_G \geq \frac{1}{2\Delta x}$, so überlappen sich die Kopien von $F(u)$ und summieren sich auf. In diesem Fall ist es unmöglich, $F(u)$ aus den Abtastwerten wieder zu gewinnen, d.h eine fehlerfreie Rekonstruktion von $f(x)$ aus den Abtastwerten ist dann nicht mehr möglich. Die Überlappung der Spektren von $F(u)$ wird als *Aliasing* bezeichnet. Frequenzen der Fouriertransformierten $F(u)$ außerhalb $(-\frac{1}{\Delta x}, \frac{1}{\Delta x})$ werden durch den Abtastprozess falsch in das Intervall $(-\frac{1}{\Delta x}, \frac{1}{\Delta x})$ übersetzt ("aliased").

Die maximal erlaubte Grenzfrequenz $u_G = \frac{1}{2\Delta x}$, unterhalb der kein Aliasing auftritt, heißt *Nyquist-Frequenz*.

Zur Rekonstruktion von f aus den Abtastwerten wird zunächst das Ortsfrequenzspektrum von $F(u)$ aus $\hat{F}(u)$ berechnet. Dazu wird $\hat{F}(u)$ mit einer Rechteckfunktion

$$R(u) = \begin{cases} \Delta x, & u \in (-u_G, u_G) \\ 0, & \text{sonst} \end{cases}$$

multipliziert, vgl. Bild 5.17 d). Die inverse Fourier-Transformierte von $\hat{F}(u)R(u)$ stimmt dann exakt mit $f(x)$ überein. Zu ihrer Berechnung wenden wir nochmals das Faltungstheorem an, vgl. Bild 5.10, 5.11 und Bild 5.17 e):

$$\begin{aligned}
f(x) &= FT^{-1}(\hat{F}(u)R(u)) \\
&= [f(x) \sum_{k=-\infty}^{\infty} \delta(x - k\Delta x)] * FT^{-1}(R)(x) \\
&= \sum_{k=-\infty}^{\infty} f(k\Delta x)\delta(x - k\Delta) * FT^{-1}(R)(x - k\Delta x) \\
&= 2u_G\Delta x \sum_{k=-\infty}^{\infty} f(k\Delta x)\frac{sin(2\pi u_G(x - k\Delta x))}{2\pi u_G(x - k\Delta x)} \\
&= 2u_G\Delta x \sum_{k=-\infty}^{\infty} f(k\Delta x)sinc\,(2\pi u_G(x - k\Delta x).
\end{aligned} \tag{5.53}$$

Der bisher dargestellte Sachverhalt wird im Abtasttheorem zusammengefaßt.

Existiert für eine Funktion $f(x)$ eine endliche Grenzfrequenz u_G, so daß das Spektrum $F(u) = 0$ für $|u| > u_G$, dann ist die abgetastete Funktion $f(x)$ aus den Abtastwerten $f(m\,\Delta x)$ fehlerfrei rekonstruierbar, sofern die Abtastfrequenz $u_T = \frac{1}{\Delta x}$ mindestens doppelt so groß wie u_G ist:

$$\frac{1}{\Delta x} > 2\,u_G \quad \text{oder} \quad \Delta x < \frac{1}{2\,u_G}. \tag{5.54}$$

Wird die Vorschrift 5.54 verletzt, d.h. wird $f(x)$ unterabgetastet, so treten bei der *Rekonstruktion* unerwünschte Bildfehler (*Aliasing*) auf,

Bild 5.19 zeigt am Beispiel kreisförmiger Sinusmuster, deren Ortsfrequenz jeweils von links nach rechts im Bild zunimmt, wie bei starker Unterabtastung (d) sogar ein völlig anderes Bild (Aliasing) entstehen kann.

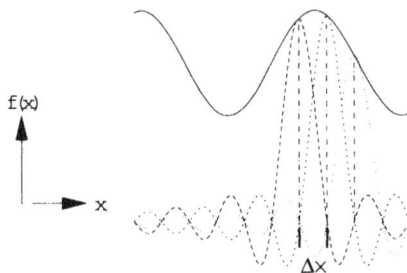

Bild 5.18: Rekonstruktion von $f(x)$ aus $f(m\,\Delta x)$.

Löst man Gleichung 5.54 nach u_G auf, so erhält man eine Anleitung zur Beseitigung des Aliasing (*Anti-Aliasing*): vor der Abtastung, d.h. Eintragung der Bildpunkte in den Bildspeicher, muß das Signal $f(x,y)$ mit einem Tiefpaßfilter (TP1) auf

$$u_G \leq \frac{1}{2\,\Delta x} \quad \text{und} \quad v_G \leq \frac{1}{2\,\Delta y} \tag{5.55}$$

bandbegrenzt werden. Bild 5.20 veranschaulicht die Wirkung des Tiefpasses an einem Grauwertsprung, wie er an Objektkanten auftritt (vgl. Kap. 6.1).

Man erkennt, daß zur Wiedergabe der Abtastwerte des bandbegrenzten Signals zusätzliche Grauwerte erforderlich sind. Außerdem müssen die Abtastwerte zur Rückgewinnung der ursprünglichen Funktion interpoliert werden. Bild 5.21 zeigt das Blockschaltbild der Bearbeitungsschritte im Ortsbereich für aliasingfreie Abtastung und Rekonstruktion. Die hierzu korrespondierenden Vorgänge im Ortsfrequenzbereich sind in Bild 5.17 bzw. 5.22 dargestellt.

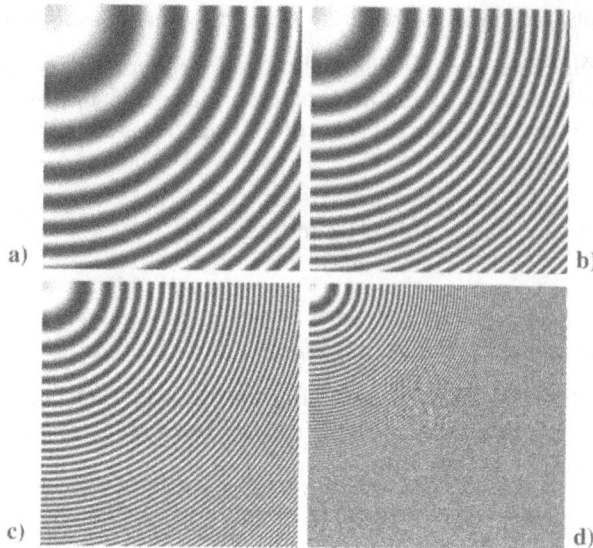

Bild 5.19: Bildfehler (Aliasing) durch Unterabtastung. Die maximale im jeweiligen Bild vorkommende Ortsfrequenz nimmt von a) bis d) zu.

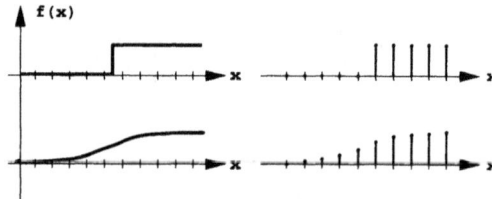

Bild 5.20: Abtastung ohne und mit Bandbegrenzung des Signals.

Üblicherweise wird mit der vom Bildschirm erreichbaren Auflösung abgetastet. Der Phosphor des Bildschirms bildet dann mit dem Übertragungsverhalten (Leuchtdichteverteilung) jedes einzelnen Pixels das Rekonstruktionsfilter TP2. Wird gröber abgetastet oder ein Bildausschnitt vergrößert (Zoom), dann muß zur Erhaltung der Bildqualität ein Interpolationsfilter TP2 mit dem Vergrößerungsfaktor als Parameter realisiert werden. Wird dies nicht berücksichtigt, so entstehen beim *Zooming* ästhetisch unbefriedigende Bilder.

Bildfilterung

Nach dem Faltungssatz korrespondiert die Fouriertransformierte des Faltungsproduktes zweier Funktionen mit dem Produkt der Fouriertransformierten und umgekehrt (vgl. Bild 5.17 und 5.22):

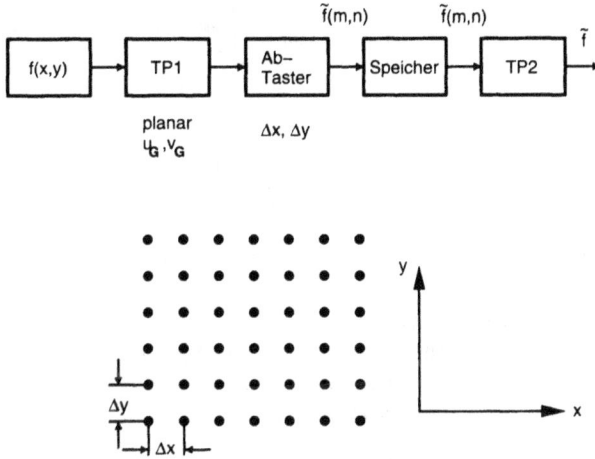

Bild 5.21: Aliasingfreie Abtastung und Rekonstruktion für $u_G \leq \frac{1}{2\Delta x}$ und $v_G \leq \frac{1}{2\Delta y}$.

$$h(x) = f(x) * g(x) = \int_{-\infty}^{\infty} f(\alpha) \, g(x - \alpha) \, d\alpha \; \leftrightarrow \; H(u) = F(u) \, G(u) \qquad (5.56)$$

$$= \int_{-\infty}^{\infty} f(x - \alpha) \, g(\alpha) \, d\alpha. \qquad (5.57)$$

Faßt man $f(r)$ als Signal auf und $y(x)$ als linearen, ortsinvarianten Operator (Filter), so beschreibt Gleichung 5.56 das Ein-/Ausgangsverhalten eines linearen Systems. Man bezeichnet $g(x)$ als *Impulsantwort* des Systems und $G(u)$ als *Übertragungsfunktion*. Bild 5.11 zeigt einige gebräuchliche Filter mit Impulsantwort und korrespondierender Übertragungsfunktion im Ortsfrequenzbereich (Fouriertransformationspaare). Die digitale Realisierung dieser Gleichung (vgl. auch Gleichung 5.59) heißt *lineare digitale Filterung*. Dazu muß die Impulsantwortsfunktion entsprechend der Bildfunktion abgetastet werden. Diese diskreten Filterfunktionen werden auch *Filtermasken* genannt. Sie sind zumeist nur in einem kleinen Bereich ungleich Null. Die praktische Realisierung der digitalen Filterung und das Konzept der Filtermasken ist in Kapitel 5.5.3 dargestellt.

Aus dem Faltungssatz (Gleichung 5.56) folgt, daß ein Filter sowohl im Orts– als auch im Ortsfrequenzbereich realisiert werden kann (vgl. Bild 5.22). Eine ausgezeichnete Darstellung dieses Themenkreises ist in dem Buch „Digitale Bildsignalverarbeitung" [Wah84] zu finden.

Im folgenden wird die Filterung im Ortsbereich betrachtet. Von den in Bild 5.11 dargestellten Filtern sind „Dreieck" und „Rechteck" rechnerisch am einfachsten zu realisieren, wobei das Dreieck eine grobe Näherung der *sinc*–Funktion ist. Allerdings ist die erreichte

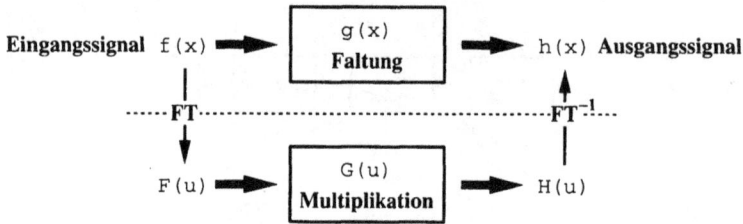

Bild 5.22: *Funktion eines linearen Systems im Orts- und Frequenzraum (FT=Fourier-Transformation).*
(oben) Ortsraum: Die Ausgabe $h(x)$ des Systems wird durch Faltung des Signals $f(x)$ mit der Filterfunktion $g(x)$ (= Impulsantwort des Systems) erzeugt.
(unten) Frequenzraum: Die entsprechende Multiplikation der Fouriertransformierten des Signals $\mathbf{FT}\,[f(x)] = F(u)$ mit der Übertragungsfunktion $G(u)$.

Bandbegrenzung nicht ideal, d.h. Hochfrequenzanteile werden nicht völlig unterdrückt. Um diese Filter für Bilder einsetzen zu können, müssen sie auf zwei Dimensionen erweitert werden. Dies kann entweder durch Rotation des eindimensionalen Filters oder durch Multiplikation zweier eindimensionaler Filter geschehen. Beide Verfahren sind gebräuchlich, wobei letzteres in der digitalen Bildverarbeitung wegen der Realisierbarkeit als rekursives Filter von Vorteil ist.

Das zweidimensionale Faltungsprodukt lautet:

$$h(x,y) = f(x,y) * g(x,y) = \int\limits_{-\infty}^{+\infty} \int\limits_{-\infty}^{+\infty} g(\alpha,\beta)\, f(x-\alpha, y-\beta)\, d\alpha\, d\beta \longleftrightarrow F(u,v)\, G(u,v)$$

$$(5.58)$$

bzw. im Diskreten:

$$h(k,l) = f(k,l) * g(k,l) = \sum_{m=0}^{M-1} \sum_{n=0}^{N-1} g(m,n)\, f(k-m, l-n) \longleftrightarrow F(m,n)\, G(m,n)$$

$$(5.59)$$

Ein Beispiel für ein derartiges Filter ist der *gleitende Mittelwert* (oder auch *Boxfilter*), bei dem das Signal über einen rechteckigen Bereich (hier $(2M+1)\text{x}(2N+1)$ Punkte weit) hinweg gemittelt wird:

$$\tilde{f}(k,l) = \frac{1}{(2M+1)(2N+1)} \sum_{m=-M}^{M} \sum_{n=-N}^{N} f(k-m, l-n). \qquad (5.60)$$

Die Impulsantwort dieser Funktion und die Übertragungsfunktion für den kontinuierlichen Fall sind in Bild 5.9 zu sehen. Auf dieses Filter, seine Berechnung und seine Eigenschaften wird noch einmal in Kapitel 5.5.3 eingegangen.

Die Vorschrift 5.55 zur Bandbegrenzung des abzutastenden Bildsignals $f(x,y)$ im Ortsfrequenzbereich ist mit der zweidimensionalen $sinc$-Funktion

$$sinc(\frac{\pi x}{\Delta x})\, sinc(\frac{\pi y}{\Delta y}) \tag{5.61}$$

ideal zu erfüllen. Allerdings sind dann unendlich viele Werte von $f(x,y)$ zu berücksichtigen (vgl. Bild 5.18, 5.10 und 5.11). Die einfachste Filterung ist die Integration von $f(x,y)$ über ein Rechteck der Größe $\Delta x\, \Delta y$ (vgl. Rekonstruktion in Bild 5.18 und $sinc$-Funktion in Bild 5.9) mit anschließender Division durch die Fläche zur Normierung (Mittelung).

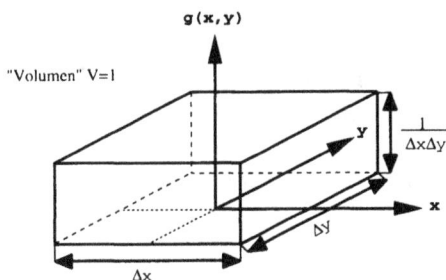

Bild 5.23: Filterung durch Mittelung: Boxfilter.

In diesem Fall errechnet sich das Faltungsintegral zu

$$\tilde{f}(m,n) \;=\; \int\limits_{-\infty}^{+\infty} \int\limits_{-\infty}^{+\infty} f(\alpha,\beta) g(m\,\Delta x - \alpha, n\,\Delta y - \beta)\, d\alpha d\beta \tag{5.62}$$

$$=\; \frac{1}{\Delta x\, \Delta y} \int\limits_{(m-\frac{1}{2})\Delta x}^{(m+\frac{1}{2})\Delta x} \int\limits_{(n-\frac{1}{2})\Delta y}^{(n+\frac{1}{2})\Delta y} f(\alpha,\beta)\, d\alpha\, d\beta \tag{5.63}$$

mit $0 \le m \le M-1$ und $0 \le n \le N-1$. (Am Bildrand kann Gleichung 5.62, z.B. durch Fortsetzung des Bildes um einen Bildpunkt, ausgewertet werden.)

Im Rechner wird Gleichung 5.62 numerisch ausgewertet, das Integral also durch eine Summe angenähert. Die Schrittweite ist gegeben durch die Anzahl an Abtastpunkten (K, L) pro Kantenlänge $(\Delta x, \Delta y)$ des Filters

$$\frac{\Delta x}{K-1} \quad \text{bzw.} \quad \frac{\Delta y}{L-1}. \tag{5.64}$$

Rechnet man in Bildschirmkoordinaten, so stellen Δx, Δy die Rastereinheiten dar, die üblicherweise gleich sind: $\Delta x = \Delta y = 1$. Aus Gleichung 5.62 erhält man dann

$$\tilde{f}(m, n) = \frac{1}{KL} \sum_{k=0}^{K-1} \sum_{l=0}^{L-1} f\left[(m - \frac{1}{2} + \frac{k}{K-1}), (n - \frac{1}{2} + \frac{l}{L-1})\right]. \tag{5.65}$$

Der einzige Unterschied zwischen den Gleichungen 5.60 und 5.65 besteht in der Schrittweite der Integration (Summation). In Gleichung 5.60 liegen Eingangs- und Ausgangssignal auf demselben Raster, wohingegen in Gleichung 5.65 das Raster des Eingangssignals um den Faktor $\frac{1}{K-1}$ bzw. $\frac{1}{L-1}$ feiner ist als das Raster des Ausgangssignals.

Zur Verbesserung des Filters kann in Gleichung 5.65 anstelle der Konstanten des Rechteckfilters auch eine Funktion $g(k, l)$ (z.B. $sinc(k, l)$ oder die Gaußverteilung) eingesetzt werden, die die Funktion f vor der Summation gewichtet. Die Filterbasis (Einzugsbereich) und die Filterform müssen dabei sorgfältig aufeinander abgestimmt werden. Eine ausführliche Darstellung dieser Problematik findet sich in [Bli89]. Die Filterfunktion wird zweckmäßigerweise in einer Tabelle zur Verfügung gestellt. Allerdings müssen dann zusätzlich $K \times L$ Multiplikationen ausgeführt werden.

5.3.7 Translation

Bei der Simulation von kontinuierlichen Bewegungsabläufen ist eine „ruckfreie" Darstellung auf dem Sichtgerät wichtig. Langsame Objekte, die z.B. innerhalb von fünf aufeinanderfolgenden Bildern nur einen Bildpunktabstand zurücklegen, müssen zu diesem Zweck so gefiltert werden, daß die notwendige Positionierung zwischen den Bildpunkten (hier also $0, 2$; $0, 4 \ldots$) durch geeignete Grauwertverteilung simuliert wird.

Entsprechend den im Abschnitt über Bildfilterung gemachten Ausführungen ist die Aufgabe in zwei Schritten zu lösen:

1. Zuerst wird $f(x, y)$ aus $f(m \, \Delta x, n \, \Delta y)$ analog Gleichung 5.53 mit $\Delta x = \frac{1}{2u_G}$ rekonstruiert:

$$f(x, y) = \sum_{m=0}^{M-1} \sum_{n=0}^{N-1} \tilde{f}(m \, \Delta x, n \, \Delta y) \, sinc\left(\pi \frac{x - m \, \Delta x}{\Delta x}\right) sinc\left(\pi \frac{y - n \, \Delta y}{\Delta y}\right).$$
$$\tag{5.66}$$

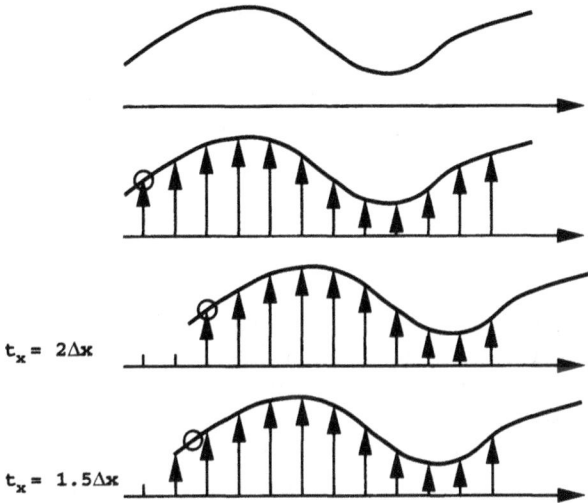

Bild 5.24: Translation.

2. Anschließend wird $f(x, y)$ entsprechend der gewünschten Translation t_x, t_y für das in entgegengesetzter Richtung verschobene Abtastgitter ausgewertet:

$$f(m, n) := f\left\{(m - t_x)\Delta x, (n - t_y)\Delta y\right\} \tag{5.67}$$

mit

$$0 \le m \le M, \quad 0 \le n \le N \quad und \quad 0 < t_x, t_y < 1.$$

Üblicherweise will man nur Bildausschnitte verschieben, d.h. $m(n)$ durchläuft dann nur Teilbereiche aus $M(N)$. Allerdings muß dann definiert sein, wie die dabei entstehende Verdeckung bzw. Freigabe von Teilen der Bildschirmfläche zu behandeln ist. Bild 5.24 zeigt die ganzzahlige und die gefilterte Subpixeltranslation.

Eine gute Näherung gegenüber Gleichung 5.66 mit erheblich reduziertem Rechenaufwand kann durch bilineare Interpolation erreicht werden (Verschieben um $-t_x, -t_y$):

$$f(m, n) := \sum_{i=m}^{m+1} \sum_{j=n}^{n+1} f(i, j)\, U_i(t_x)\, V_j(t_y) \tag{5.68}$$

mit m, n aus dem zu verschiebenden Bildbereich und

$$\begin{aligned}
U_m &= (1 - t_x) & &; & U_{m+1} &= t_x \\
V_n &= (1 - t_y) & &; & V_{n+1} &= t_y
\end{aligned}$$
$$\text{und } 0 \le t_x, t_y \le 1.$$

5.3.8 Skalierung

Bei der Skalierung und allen anderen Transformationen ist die Vorgehensweise prinzipiell die gleiche wie bei der Translation. Zuerst wird $f(x,y)$ aus den Abtastwerten rekonstruiert, dann transformiert und schließlich wieder abgetastet.

Vergrößern

Diese Operation bedeutet, daß zur Darstellung derselben Information mehr Abtastwerte zur Verfügung stehen. Dadurch kann das Bild ohne Qualitätseinbußen größer dargestellt werden. Ein Informationsgewinn tritt nicht ein, nur die „Lesbarkeit" wird verbessert. Dabei wird die rekonstruierte Funktion $f(x,y)$ entsprechend den Vergrößerungsfaktoren $\frac{\Delta x}{\Delta x'} = \alpha > 1$ bzw. $\frac{\Delta y}{\Delta y'} = \beta > 1$ für ein feineres Gitter $\Delta x', \Delta y'$ ausgewertet (abgetastet, vgl. Bild 5.25). Die Bildpunkte $f(m,n)$ des vergrößerten Ausschnitts sind dann

$$f(m,n) := f\left(\frac{m}{\alpha}, \frac{n}{\beta}\right). \tag{5.69}$$

Ist der Aufwand der *sinc* Filterung nach Gleichung 5.66 zur Rekonstruktion von $f(x,y)$ für eine Anwendung zu groß, dann kann nach 5.68 stückweise interpoliert werden, was allerdings eine grobe Näherung darstellt.

$$\tilde{f}(k,l) = \sum_{i=\frac{k}{\alpha}}^{\frac{k}{\alpha}+1} \sum_{j=\frac{l}{\beta}}^{\frac{l}{\beta}+1} f(i,j)\, U_i(t_x)\, V_j(t_y) \tag{5.70}$$

mit $i, j, k, l, m, n \in \mathbb{N}$ und m, n aus dem zu vergrößernden Ausschnitt und

$$
\begin{aligned}
k &= m\alpha + t_x \ , & 0 &\le t_x \le 1 \\
l &= n\beta + t_y \ , & 0 &\le t_y \le 1
\end{aligned}
$$

$$
\begin{aligned}
U_{\frac{k}{\alpha}} &= (1 - t_x) \ , & U_{\frac{k}{\alpha}+1} &= t_x \\
V_{\frac{l}{\beta}} &= (1 - t_y) \ , & V_{\frac{l}{\beta}+1} &= t_y.
\end{aligned}
$$

Verkleinern

Bei der Verkleinerung tritt das Problem auf, mit weniger Abtastwerten die gleiche Information darstellen zu müssen, was natürlich nicht möglich ist (Abtasttheorem). Die Funktion muß deshalb rekonstruiert und dabei entsprechend der geringeren Abtastfrequenz bandbegrenzt werden.

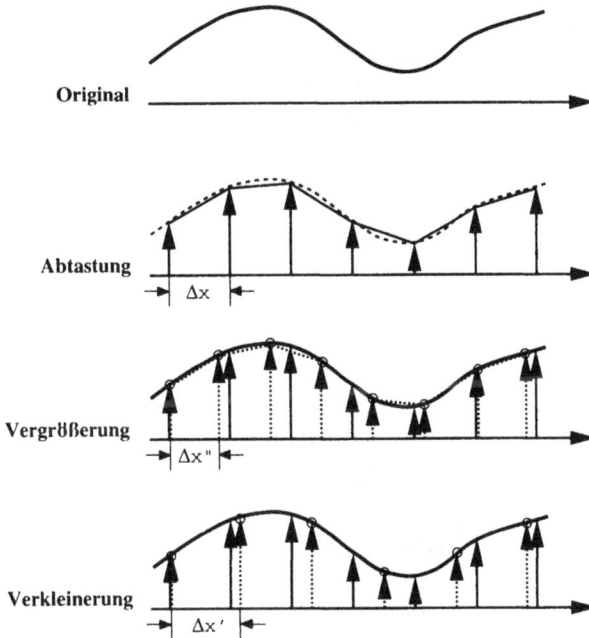

Bild 5.25: Vergrößern und Verkleinern.

5.3.9 Rotation

Die Rotation eines Punktes (x, y) mit dem Winkel Θ im mathematisch positiven Sinne um den Koordinatenursprung läßt sich folgendermaßen beschreiben:

$$\left[\begin{array}{c} x' \\ y' \end{array} \right] = \left[\begin{array}{cc} \cos\Theta & -\sin\Theta \\ \sin\Theta & \cos\Theta \end{array} \right] \left[\begin{array}{c} x \\ y \end{array} \right]. \tag{5.71}$$

Um ein Rasterbild zu rotieren, müssen wir uns das Bild als aus Pixel (Einheitsquadraten) zusammengesetzt vorstellen. Die Rotation des Rasterbildes besteht dann in der Transformation aller Pixel entsprechend Gleichung 5.71. Das Pixel mit Mittelpunkt am Ort (i, j) wird so z.B. auf das Pixel am Ort (i', j') abgebildet. Dabei sind die Ortskoordinaten (i', j') im Ausgabebild im allgemeinen nicht ganzzahlig. Das bedeutet, daß das Zentrum des transformierten Pixels nicht wieder auf Gitterpunkten (des Ausgabebildes) zu liegen kommt. Zusätzlich ist das transformierte Pixel um den Winkel Θ gegenüber den Koordinatenachsen verdreht (vgl. Bild 5.26).

Verwenden wir wieder den Rechteckfilter (vgl. Gleichung 5.60 und Bild 5.23) zur Abtastung, so ergibt sich der Wert eines Ausgabepixels als gewichtete Summe der Werte derjenigen transformierten Pixel, die das Ausgabepixel schneiden. Die Gewichtung erfolgt entsprechend der jeweils überdeckten Fläche (vgl. Bild 5.26). Dabei können bis zu sechs Eingabepixel einen Beitrag zu einem Ausgabepixel leisten. Damit wird klar, daß die direkte Abtastung des gedrehten Bildes sehr rechenintensiv ist, da sehr viele Schnittpunktsberechnungen durchgeführt werden müssen. Hinzu kommt, daß i.a. keine Möglichkeit besteht, durch Ausnutzung von Kohärenz oder Periodizität die Geschwindigkeit zu steigern.

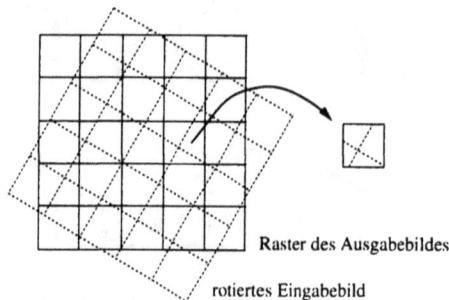

Raster des Ausgabebildes

rotiertes Eingabebild

Bild 5.26: Rotation durch Abtastung mit einem Rechteckfilter.

Ein anderer Weg zur Implementation der Bildrotation wurde unabhängig voneinander in [Pae86] und [TKKW86] vorgeschlagen. Die Autoren zeigen, daß sich die Rotationsmatrix in Gleichung 5.71 durch die Kombination dreier Scherungen ersetzen läßt:

$$
\begin{bmatrix} \cos\Theta & \sin\Theta \\ -\sin\Theta & \cos\Theta \end{bmatrix} = \begin{bmatrix} 1 & 0 \\ -\tan\frac{\Theta}{2} & 1 \end{bmatrix} \begin{bmatrix} 1 & \sin\Theta \\ 0 & 1 \end{bmatrix} \begin{bmatrix} 1 & 0 \\ -\tan\frac{\Theta}{2} & 1 \end{bmatrix}. \tag{5.72}
$$

Bei diesem Verfahren wird das Bild durch Verschiebung der einzelnen Zeilen zunächst in horizontaler Richtung geschert (vgl. Bild 5.27). Das Ergebnis aus diesem Schritt wird anschließend vertikal geschert. Mit Hilfe einer weiteren horizontalen Scherung erhält man das rotierte Bild.

Die Vereinfachung dieses Verfahrens zur Implementation der Rotation besteht in der effizienten Realisierbarkeit der Scheroperation. Die Scherung wird einfach durch unterschiedliche Verschiebung der einzelnen Zeilen (bzw. Spalten, je nach Scherrichtung) erreicht. Die Verschiebung ist zwar im allgemeinen nicht ganzzahlig, aber sie ist konstant entlang einer Zeile (Spalte). Daher muß die Schnittpunktsberechnung - für die Bestimmung des Flächenanteils - nur einmal pro Zeile (Spalte) durchgeführt werden.

Im Prinzip würden die Einheitsquadrate des Eingabebildes durch die Scherung auf Einheitsparallelogramme abgebildet (vgl. Bild 5.27). Die eigentliche Grundlage des Verfahrens besteht nun aber darin, diese Einheitsparallelogramme wieder durch Einheitsquadrate anzunähern (vgl. Bild 5.28). Ein Eingabepixel überlappt dann nur noch höchstens zwei Ausgabepixel. Auf der Basis dieser Näherung läßt sich der Flächenbeitrag der gescherten Eingabepixel zum Ausgabepixel einfach durch Bestimmung der Abstände der Mittelpunkte ermitteln (lineare Interpolation).

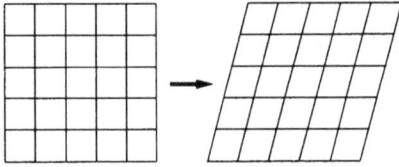

Bild 5.27: Scherung in horizontaler
Richtung.

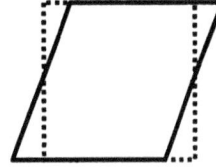

Bild 5.28: Approximation des Einheits-
parallelogramms durch einEinheitsqua-
drat. Die Fläche bleibt dabei konstant.

5.3.10 Quantisierungsfehler

In den bisherigen Betrachtungen wurde unterstellt, daß bei Einhaltung der Vorschriften
des Abtasttheorems eine gute Bildwiedergabe gewährleistet ist. Die dabei zu berücksichtigenden Bedingungen lassen sich in technischen Systemen allerdings nur näherungsweise
erfüllen: Da auf endliche Ortsfrequenzbereiche beschränkte Spektren immer unendlich
ausgedehnte korrespondierende Ortsfunktionen besitzen und umgekehrt, sind die für
die fehlerfreie Umwandlung diskreter in kontinuierliche Signale erforderlichen Interpo-
lationsfunktionen theoretisch immer unendlich ausgedehnt [Wah84]. Dies ist technisch
nicht realisierbar, weshalb bei der Bilddarstellung prinzipiell *immer* Fehler entstehen. Sie
lassen sich bei Beachtung ihrer Ursachen aber auf das für eine bestimmte Anwendung
erforderliche Maß reduzieren.

Die Einhaltung des Abtasttheorems ist für eine exakte Bildwiedergabe notwendig, aber
nicht hinreichend. Mindestens ebenso großen Einfluß auf die Bildqualität hat die für die
digitale Darstellung erforderliche Quantisierung der Grau- bzw. Farbwerte. Stehen z.B.
zu wenige unterschiedliche Grauwerte zur Verfügung, so treten trotz korrekter Abtastung
störende Grauwertsprünge („falsche" Konturen, -Pseudokanten") im Bild auf. Die Anzahl
der notwendigen unterschiedlichen Grauwerte hängt allerdings sehr stark vom darzustellenden Bild selbst ab; 128 unterschiedliche Grauwerte werden in der Mehrzahl der Fälle
ausreichend sein. In [Hua65] wird gezeigt, daß zwischen subjektiven Qualitätsurteilen
und Orts- sowie Grauwertauflösung ein sehr komplexer Zusammenhang besteht.

Darüber hinaus ist zu berücksichtigen, daß der menschliche Gesichtssinn relative und
nicht absolute Helligkeiten bewertet und deshalb die Grauwerte zwischen schwarz und
weiß logarithmisch gestuft sein müssen. Bei der Darstellung auf einem Sichtgerät müssen
zusätzlich die Nichtlinearitäten des eingesetzten Leuchtstoffs kompensiert werden. In vielen Systemen werden beide Effekte mit der sogenannten Gamma-Korrektur weitgehend
beseitigt (vgl. Kap. 2.1.1). Weitere Probleme treten auf, wenn das Bild auf dem Schirm
photographiert werden soll. Korrekte Ergebnisse sind dann nur zu erhalten, wenn vorher
über Meßreihen die Kennlinien von Film und Leuchtstoff bestimmt werden und anschließend über eine Grau(Farb)werttafel (LUT) kompensiert werden [Cat79].

5.3.11 Fast Fourier Transformation (FFT)

Aufgrund der großen Anzahl von Multiplikationen und Additionen bei der normalen Fourier-Transformation wurde und wird immer wieder versucht, dieses Verfahren zu optimie-

ren. Kriterien dazu sind vor allem Schnelligkeit, Einfachheit und Speicherplatzbedarf.
1965 wurde von Cooley und Tukey der FFT-Algorithmus (*Fast Fourier Transformation*)
zum erstenmal veröffentlicht.

Die Geschwindigkeitssteigerung wird im wesentlichen durch die bestimmte Anzahl von
Bildpunkten bzw. Stützwerten (diese muß eine Zweierpotenz sein; in den letzten Jahren
sind einige neue, zum Teil sehr komplizierte FFT-Verfahren beschrieben worden, die
zwar nur geringfügig schneller sind als das von Cooley und Tukey, jedoch andere Punkt-
anzahlen erlauben) und Vorsortierungen der Werte erreicht. Die FFT ist *keine* Näherung
der diskreten Fourier-Transformation, sondern sie liefert *dieselben* Ergebnisse!

Der FFT-Algorithmus von Cooley und Tukey nutzt Symmetrieeigenschaften einer Diskreten Fourier Transformation mit $N = 2^k$ aus und reduziert die Anzahl der erforderlichen
Multiplikationen durch Ausklammern von Faktoren. Die Vorgehensweise der FFT soll
anhand einer eindimensionalen Funktion $f(m)$ erklärt werden. Sie sei in einem Intervall
$\{0 \le m \le N - 1\}$ definiert, wobei N eine Zweierpotenz ist. Die eindimensionale diskrete
Fourier-Transformation von $f(m)$ lautet dann

$$F(k) = \frac{1}{N} \sum_{m=0}^{N-1} f(m)\, e^{-i2\pi \frac{mk}{N}} \quad \text{mit } k = 0, 1, ..., N - 1. \tag{5.73}$$

Für die Berechnung aller $F(k)$ sind normalerweise N^2 komplexe Additionen und Multiplikationen notwendig. Bei der schnellen Fourier-Transformation wird nun die ursprüngliche Zahlensequenz $f(m)$ in zwei Teilsequenzen der Länge $N/2$ zerlegt, diese wieder
aufgeteilt etc., bis man schließlich zur diskreten Fourier-Transformation von jeweils zwei
Elementen gelangt (*divide-and-conquer*). Für diese ist dann keine komplexe Multiplikation mehr erforderlich. Anschließend kann man schrittweise die nächsthöhere Stufe
berechnen, usw.

Für $N = 2M$ gilt:

$$F(k) = \frac{1}{2M} \sum_{m=0}^{2M-1} f(m)\, e^{-i2\pi \frac{mk}{2M}}. \tag{5.74}$$

Seien die Einheitswurzeln mit $W_N^{ik} = e^{-\frac{2\pi ik}{N}}$ bezeichnet, so folgt:

$$F(k) = \frac{1}{2M} \sum_{m=0}^{M-1} f(2m)\, W_{2M}^{k(2m)} + \frac{1}{2M} \sum_{m=0}^{M-1} f(2m+1)\, W_{2M}^{k(2m+1)}. \tag{5.75}$$

Wegen $W_{2M}^{2mk} = W_M^{mk}$ ergibt sich:

$$F(k) = \frac{1}{2} \left(\frac{1}{M} \sum_{m=0}^{M-1} f(2m)\, W_M^{km} + \frac{1}{M} \sum_{m=0}^{M-1} f(2m+1)\, W_M^{km}\, W_{2M}^k \right). \qquad (5.76)$$

Dieser Ausdruck läßt sich in einen geraden Anteil und einen ungeraden aufspalten. Mit

$$F_g(k) \;=\; \frac{1}{M} \sum_{m=0}^{M-1} f(2m)\, W_M^{km}, \qquad (5.77)$$

$$F_u(k) \;=\; \frac{1}{M} \sum_{m=0}^{M-1} f(2m+1)\, W_M^{km} \qquad (5.78)$$

vereinfacht sich Gleichung 5.76 in

$$F(k) = \frac{1}{2}(F_g(k) + F_u(k)\, W_{2M}^k). \qquad (5.79)$$

Außerdem gilt:

$$W_M^{k+M} \;=\; W_M^k \qquad (5.80)$$

$$W_{2M}^{k+M} \;=\; -W_{2M}^k \qquad (5.81)$$

$$W_{2M}^M \;=\; -W_{2M}^0 = -1 \qquad (5.82)$$

Mit Hilfe dieser Symmetrieeigenschaften folgt schließlich:

$$F(k+M) = \frac{1}{2}(F_g(k) - F_u(k)\, W_{2M}^k). \qquad (5.83)$$

Durch diese Unterteilung und Art der Berechnung sind nur noch etwa $\frac{N}{2}\, log_2 N$ komplexe Multiplikationen notwendig. Die FFT besteht nur noch aus $log_2 N$ Stufen; der Speicherbereich der ursprünglichen Datensequenz kann jeweils mit den Zwischenergebnissen der zuletzt berechneten Stufe überschrieben werden.

Bild 5.29 zeigt die schrittweise Zerlegung der diskreten Fourier-Transformation für $N = 8$ in Form eines *Signalflußgraphen*. Der zentrale Punkt bei den FFT-Verfahren ist die sukzessive Unterteilung. Im Falle des Algorithmus von Cooley und Tuckey wird die Sequenz von Zahlenwerten (Funktionswerten) jeweils in einen geraden und in einen ungeraden Anteil unterteilt (vgl. Gleichungen 5.77 und 5.78). Betrachten wir z.B. eine Funktion aus 8 Abtastwerten $\{f(0), f(1), ..., f(7)\}$. Gleichung 5.77 verwendet davon

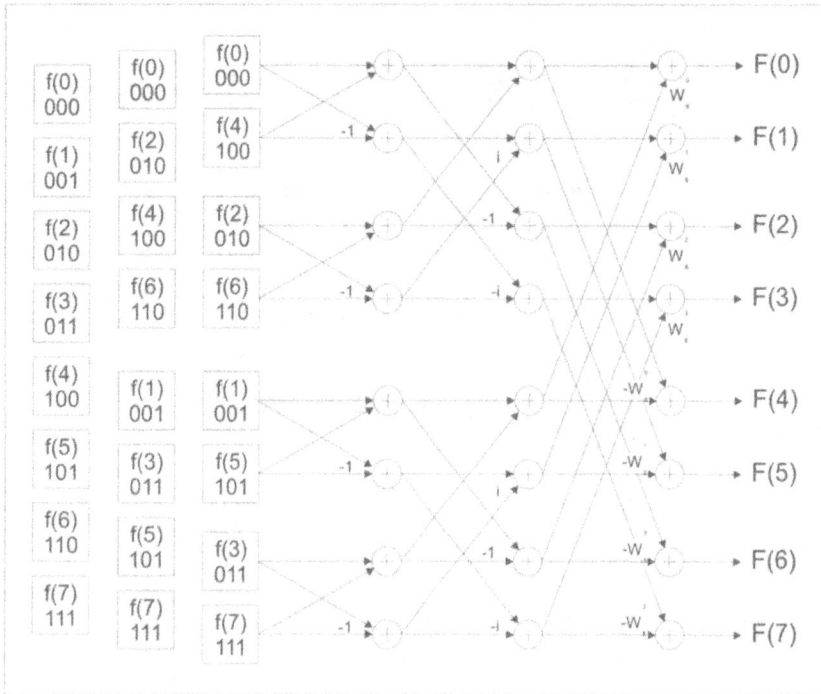

Bild 5.29: Signalflußdiagramm des FFT-Algorithmus von Cooley und Tuckey für 8 Eingabewerte. Links ist die Vorsortierung der Eingabesequenz und die stufenweise Unterteilung der Fourier-Transformation in elementare Fourier-Transformationen mit jeweils zwei Abtastwerten zu erkennen. Die Pfeile stehen für die komplexe Multiplikation mit dem jeweils darüber aufgeführten Faktor. Weitere Erläuterungen siehe Text.

$\{f(0), f(2), f(4), f(6)\}$ und Gleichung 5.78 die Funktionswerte $\{f(1), f(3), f(5), f(7)\}$. Diese 2 Fourier-Transformationen mit jeweils 4 Elementen werden wiederum in 4 Fourier-Transformationen zu je 2 Elementen zerlegt. Die erste Teilfolge wird dazu in den geraden Anteil $\{f(0), f(4)\}$ und in den ungeraden Anteil $\{f(2), f(6)\}$ unterteilt. Ebenso die zweite Teilfolge in $\{f(1), f(5)\}$ und $\{f(3), f(7)\}$. Eine weitere Unterteilung ist nicht mehr notwendig, da nun jedes gerade Element einen ungeraden Partner hat. Die Kombination der letzten beiden Werte ergibt das gewünschte Ergebnis. Das Netzwerk der Verknüpfung der Zwischenergebnisse ist in Bild 5.29 graphisch dargestellt. Die notwendige Vorsortierung der für die Transformation verwendeten Werte $\{f(0), f(4), f(2), f(6), f(1), f(5), f(3), f(7)\}$ erreicht man einfach durch Umkehrung der Bits in der Binärdarstellung der Indexzahlen. Dieser Vorgang wird mit *Bit-Reverse-Shuffling* bezeichnet (vgl. Bild 5.29 linke Spalten). In Bild 5.29 bedeuten die Kreise komplexe Additionen bzw. Subtraktionen. Die Pfeile stehen für die komplexe Multiplikation mit dem jeweils darüber aufgeführten Faktor. Wegen der Form der Pfeile im Signalflußgraphen der FFT nach Cooley und Tuckey wird das vorgestellte Verfahren auch *Schmetterlings- bzw. Butterfly-Algorithmus* genannt. Wie aus Bild 5.29 weiter deutlich

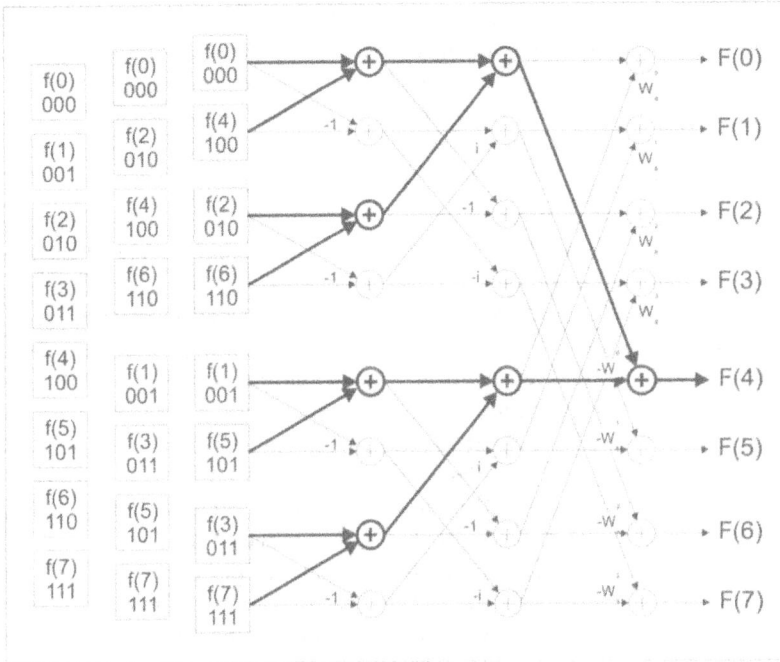

Bild 5.30: Signalflußdiagramm für die Berechnung von $F(4)$ aus 8 Eingabewerten nach dem FFT-Algorithmus von Cooley und Tuckey.

wird, kann der Speicherbereich der ursprünglichen Sequenz jeweils mit den Zwischenergebnissen der zuletzt berechneten Stufe überschrieben werden. Daher bezeichnet man den Algorithmus als *speichersparend*. Bild 5.30 zeigt das Signalflußdiagramm für die Berechnung von $F(4)$ aus 8 Eingabewerten nach dem FFT-Algorithmus von Cooley und Tuckey.

Bei der Anwendung der FFT auf Bilder (zweidimensionale FFT) geht man prinzipiell so vor, daß man zunächst jede Zeile des Bildes transformiert und die transformierten Daten noch einmal in Spalten-Richtung transformiert.

Durch Anheben (Verstärkung) der hohen „Frequenzanteile" läßt sich z.B. der Kontrast in einem Bild erhöhen. Solche Manipulationen lassen sich sogar gezielt an bestimmten Strukturen mit bestimmten Orientierungen vornehmen. Auch lassen sich unter Umständen Abbildungsfehler von Kameraobjektiven kompensieren. Nach der Manipulation der Koeffizienten erfolgt eine Rücktransformation, um die „verbesserte" Bildinformation zurückzugewinnen.

Neben den Gebieten der Bildverbesserung und Bildauswertung findet die Fourier-Transformation auch Anwendung in der Bilderzeugung. So führen z.B. bei MRT-Untersuchungen (*Magnet-Resonanz-Tomographie*) die Atome (genauer deren Kernspins) des untersuchten Körpers nach einer speziellen elektromagnetischen Anregung eine Präzessionsbewegung aus, vergleichbar der Bewegung eines Kreisels. Hierbei werden Signale mit bestimmter Frequenz- und Phaseninformation ausgesandt. Mit Hilfe der FFT wird das aufgezeichnete Ortsfrequenzspektrum in die Ortsfunktion rücktransformiert. Auf diese Weise erhält man Schnittbilder oder Bildvolumen vom untersuchten Objekt. Eine sehr gute Darstellung des Gebiets der Fast-Fourier-Transformation findet sich in [Bri89].

5.4 Transformationen in den Frequenzraum

Bildtransformationen sind nützlich, um bestimmte Eigenschaften eines Bildes besser hervorzuheben. So hat man z.B. schon bei der Fourier-Transformation gesehen, daß sich mit ihrer Hilfe auf einfache Weise Resonanzfrequenzen oder dominierende Frequenzen einer Funktion feststellen, bestimmte Frequenzen verstärken, dämpfen oder ganz unterdrücken lassen etc. Daher wird die diskrete Fourier-Transformation z.B. für die Bildverbesserung und die Bildrestauration verwendet. Die diskrete Sinus-/Cosinus-Transformation, die Walsh-Transformation, die Hadamard-Transformation und die Hauptachsen-Transformation werden häufig auf dem Gebiet der Bildkodierung und Bildkompression verwendet. Die Walsh-Transformation und die Hadamard-Transformation werden wegen ihrer einfachen Berechenbarkeit vor allem für zeitkritische Aufgaben verwendet, vor allem auf dem Gebiet der Bildkompression. Die Hauptachsen-Transformation kann aufgrund ihrer Normierungseigenschaft auch zur Bildanalyse eingesetzt werden. Diese Transformationen sollen im folgenden kurz umrissen werden. Eine ausführlichere Diskussion mit zahlreichen Literaturangaben findet sich in [GW92].

Die nachfolgend besprochenen Transformationen beruhen alle auf demselben Prinzip, weisen jedoch zum Teil einige Vereinfachungen auf (keine komplexen Zahlen, in einigen Fällen nur Ganzzahl-Arithmetik), um mit möglichst geringen qualitativen Verlusten und gleichzeitig möglichst wenig Aufwand diese Transformationen durchzuführen. Damit diese Transformationen überhaupt anwendbar sind, muß die Rücktransformation möglich sein und die Inverse des Vorwärtstransformationskernes (siehe unten) existieren und leicht zu bestimmen sein.

Eine wichtige Gruppe der zweidimensionalen Transformationen läßt sich in der Form

$$
T(k,l) = \sum_{m=0}^{M-1} \sum_{n=0}^{N-1} f(m,n)\, g(m,n,k,l) \tag{5.84}
$$
$$
\text{mit } m,k = 0,1,...,M-1
$$
$$
n,l = 0,1,...,N-1
$$

schreiben. Die inverse Transformation oder Rücktransformation lautet analog. Dabei ist $T(k,l)$ die Transformierte der Funktion $f(m,n)$ und $g(m,n,k,l)$ der sogenannte Vorwärts-(Rückwärts-)Transformationskern.

5.4.1 Die diskrete Cosinus-Transformation

Die diskrete Fouriertransformation

$$
F(k) = \frac{1}{N} \sum_{m=0}^{N-1} f(m) e^{i2\pi \frac{km}{N}} \tag{5.85}
$$

läßt sich als Summe eines reellen Cosinus- und imaginären Sinusterms schreiben:

$$F(k) = \frac{1}{N}\left(\sum_{m=0}^{N-1} f(m)\cos(2\pi\frac{km}{N}) + i * \sum_{m=0}^{N-1} f(m)\sin(2\pi\frac{km}{N})\right). \qquad (5.86)$$

Da die Sinusfunktionen im Imaginärteil antisymmetrisch um $x = \frac{N}{2}$ sind, gilt für Funktionen f, die um $x = \frac{N}{2}$ symmetrisch sind, daß der imaginäre Teil der diskreten Fourier-transformation

$$F(k) = \frac{1}{N}i * \sum m = 0^{N-1} f(m)\sin(2\pi\frac{km}{N}) = 0$$

ist, vgl. Bild 5.31.

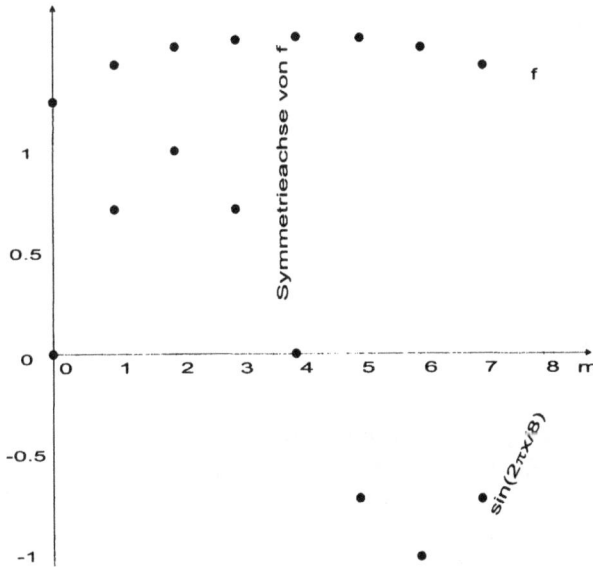

Bild 5.31: Die Funktion f ist um $x = \frac{8}{2}$ symmetrisch. Die Summanden $f(m)\sin(2\pi\frac{km}{N})$ des Imaginärteils der diskreten Fouriertransformation summieren sich zu Null.

Bei der diskreten Cosinus-Transformation wird diese Eigenschaft ausgenutzt: Die gegebene Funktion f wird zunächst an der Stelle $m = N - \frac{1}{2}$ gespiegelt, vgl. Bild 5.32. Man erhält eine um $m = N - \frac{1}{2}$ symmetrische Funktion f' mit der doppelten Anzahl von Abtastwerten. Verschiebt man nun die Basisfunktionen $e^{2i\pi\frac{k}{2N}}$, $k = 0, \dots, N-1$ jeweils um $\frac{1}{2}$ nach links, so erhält man wieder die oben beschriebenen Symmetriebedingungen zwischen f' und den Sinusfunktionen.

Bei der diskreten Cosinus-Transformation

$$F'(k) = \frac{1}{2N}\sum_{m=0}^{2N-1} f'(m)\cos(2\pi\frac{k(m+\frac{1}{2})}{2N}) \qquad (5.87)$$

von f' verschwindet daher der Imaginärteil.

Da $\cos(2\pi\frac{k(m+\frac{1}{2})}{2N}) = -\cos(2\pi\frac{(2N-k)(m+\frac{1}{2})}{2N})$ ist, gilt zudem $F'(k) = -F'(2N - k)$, $k = 1,\dots,N-1$. Desweiteren ist $F'(N) = 0$. Daher genügt es, die ersten N Koeffizienten $F'(k)$, $k = 0,\dots,N-1$ zu berechnen.

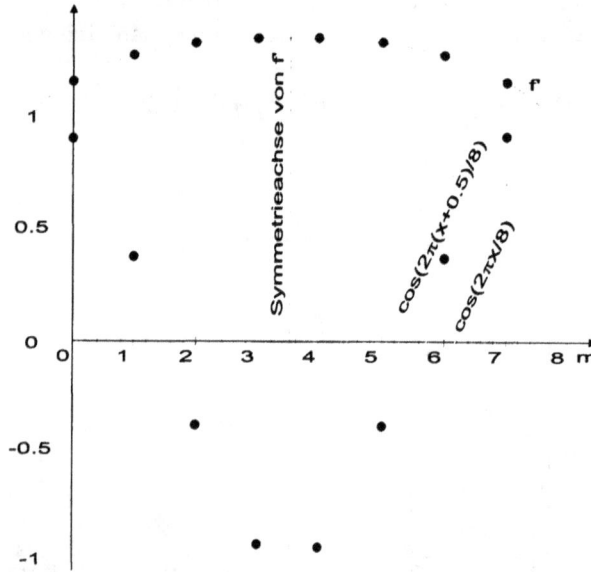

Bild 5.32: Die Funktion f' entstand durch Spiegelung von f an der Stelle $x = 4 - \frac{1}{2} = 3.5$ Zusätzlich zu den Abtastwerten $f'(0), f'(1), f'(2), f'(3)$ erhält man die Abtastwerte $f'(7) = f'(0), f'(6) = f'(1), f'(5) = f'(2), f'(4) = f'(3)$. Bei der diskreten Cosinus-Transformation werden die Basisfunktionen (Cosinus und Sinus) um $\frac{1}{2}$ nach links verschoben. Die neuen Basisfunktionen besitzen dieselbe (Anti-)Symmetrieachse wie f'. Dadurch summieren sich die Sinusterme wieder zu Null und brauchen daher nicht betrachtet zu werden.

Im zweidimensionalen Fall ergibt sich:

$$C(k,l) = \frac{2}{MN} \sum_{m=0}^{M-1}\sum_{n=0}^{N-1} f(m,n) \cos\left(\frac{\pi}{M}k\left(m+\frac{1}{2}\right)\right) \cos\left(\frac{\pi}{N}l\left(n+\frac{1}{2}\right)\right) \quad (5.88)$$

Die diskrete Cosinus-Transformation ist aufwendiger zu berechnen als die diskrete Fouriertransformation. Die periodische Fortsetzung der Funktion mit Periode N führt bei der diskreten Fouriertransformation zu Sprüngen, wenn $f(0)$ und $f(N-1)$ unterschiedlich sind. Dadurch werden bei der Transformation hohe Frequenzen eingeführt, die in der ursprünglichen Funktion nicht vorhanden gewesen sein müssen. Genau dieser Effekt wird durch die Spiegelung der Funktion an der Stelle $x = N - \frac{1}{2}$ vermieden. Die diskrete Cosinus-Transformation eignet sich aus diesem Grund besser zur Repräsentation von endlichen Stücken einer beliebigen Funktion. Sie wird daher häufig zur Bildkompression eingesetzt, indem Koeffizienten $F(k,l)$ für höhere k bzw. l auf Null gesetzt werden. Ein Beispiel dafür ist das im folgenden geschilderte *JPEG-Verfahren*.

JPEG-Verfahren

Die Aktivitäten der JPEG (*Joint Photographic Expert Group*), die von der ISO (*International Organization for Standardization*) und der CCITT (*Comité Consultatif International Télégraphique et Téléphonique*) 1984-1987 gegründet wurde, beziehen sich auf die Datenreduktion bei Einzelbildern. Ziel war es, eine Reduktion um den Faktor 10 ohne auffallende Qualitätsverluste zu erhalten, um z.B. Videokonferenzen über langsame Übertragungsmedien (Telefonleitung) zu übertragen [Pet91], [Wal91a], [CM92].

Um dies zu erreichen, werden beim *JPEG-Verfahren* unterschiedliche Algorithmen kombiniert. Zur Kodierung eines Farbbildes wird im ersten Schritt die Farbinformation vom RGB-Modell in das YUV-Modell (Luminanz und Chrominanz) umgerechnet. Diese Umrechnung geschieht nach dem CCIR-601-Schema mit folgender Gewichtung der einzelnen Farbanteile:

$$Y = 0.299R + 0.587G + 0.144B \tag{5.89}$$

$$Cb = 0.1687R - 0.3313G + 0.5B \tag{5.90}$$

$$Cr = 0.5R - 0.4187G - 0.0813B \tag{5.91}$$

mit Y=Helligkeit (Luminanz), Cb=Color blueness (Chrominanz; $\approx$ U), Cr=Color red ness (Chrominanz; $\approx$ V) und R, G, B für Rot, Grün, Blau. Diese Umrechnung alleine bedeutet noch keine Datenreduktion. Wird aber berücksichtigt, daß das menschliche Sehsystem auf Helligkeit empfindlicher reagiert als auf Farbe, so kann mit der Speicherung nur jeweils eines Farbwertes Cb und Cr für ein Feld von 2×2 Bildpunkten eine erste Datenreduktion erreicht werden. Für ein solches Feld werden dann statt 12 Werte nur noch 6, nämlich 4 für die Helligkeit und 2 für die Farbe benötigt. Es erfolgt danach noch eine Quantisierung der Werte. Diese Vorgehensweise, einige Komponenten mit einer geringeren Rate (Y:Cb:Cr ~ 4:1:1) abzutasten, wird auch als *Subsampling* bezeichnet.

Das so umgerechnete Bild wird beim JPEG-Verfahren in Quadrate der Größe 8×8 aufgeteilt. Für jede Komponente Y, Cb und Cr wird eine diskrete Cosinus-Transformation (DCT) nach folgender Formel berechnet:

$$C(k,l) = \frac{1}{4}C(k)C(l)\left[\sum_{m=0}^{7}\sum_{n=0}^{7} f(m,n)\cos\frac{(2m+1)k\pi}{16}\cos\frac{(2n+1)l\pi}{16}\right] \tag{5.92}$$

mit

$$C(k), C(l) = \begin{cases} 1/\sqrt{2}, & k,l = 0 \\ 1, & \text{sonst} \end{cases} \tag{5.93}$$

Durch diese DCT wird das 8×8-Eingangssignal in 64 orthogonale Basissignale zerlegt. Jedes Basissignal enthält eine der 64 Frequenzen aus dem Spektrum des Eingangssignals. Die Ausgabe der DCT sind die 64 Amplitudenwerte dieser Frequenzen (vgl. Bild 5.33).

Die höheren Frequenzen haben in der Regel nur eine geringe Amplitude und tragen daher kaum zum Gesamtaussehen des Originalbildes bei. Wird noch eine Quantisierung der Amplitudenwerte durchgeführt, so sind die meisten Werte gleich Null. Diese Quantisierung bestimmt unter anderem den Kompressionsgrad.

Der Amplitudenwert für $C(0,0)$ wird als DC-Koeffizient (*Direct Current*; "Gleichstromanteil") bezeichnet und ist der Mittelwert über alle 64 Eingangswerte. Die restlichen Amplitudenwerte werden als AC-Koeffizienten (*Alternative Current*; "Wechselstromanteil") bezeichnet. $C(1,0)$ gibt z.B. die Amplitude der niedrigsten Frequenz in horizontaler Richtung an, $C(7,7)$ enthält den Amplitudenwert der höchsten Frequenz in beiden Richtungen. Die meisten Amplitudenwerte sind Null oder fast Null, so daß es ausreicht, nur den DC-Wert und dessen umgebende AC-Werte für die weiteren Berechnungen zu berücksichtigen.

Wegen der starken Korrelation benachbarter 8×8-Blöcke wird nur für den ersten Block der DC-Anteil und bei nachfolgenden Blöcken nur der Unterschied zum vorherigen übertragen. Der DC-Wert bzw. die Unterschiede werden mit dem Huffman-Kode komprimiert. Eine ausführliche Darstellung dieser Kompressionsverfahren findet sich z.B. in [Ste93]. Die AC-Komponenten werden lauflängenkodiert. Dazu werden zwei Zeichen verwendet. Das erste Zeichen besteht aus 8 Bits. Die oberen 4 Bits sind als Kennzeichnung für eine Lauflängenkodierung Null, die unteren 4 Bits geben die Wiederholungen des nachfolgenden Amplitudenwertes an. Zur besseren Auflösung werden für den Amplitudenwert (zweites Zeichen) bis zu 12 Bits verwendet.

Der JPEG-Standard definiert die Reduktion von Bildern mit einer Auflösung von bis zu $65\,536 \times 65\,536$-Bildpunkten. Alle Parameter über die Quantisierung, verwendete Auflösung usw. werden im JPEG-Header abgelegt.

Aufgrund von Untersuchungen an Testbildern kann man folgende Aussagen über die Qualität und den visuellen Eindruck von reduzierten Bildern machen:

0.25 - 0.50 Bits/Pixel	annehmbare Qualität
0.50 - 0.75 Bits/Pixel	gute Qualität; oft ausreichend
0.75 - 1.50 Bits/Pixel	sehr gute Qualität; für die meisten Anwendungen ausreichend
1.50 - 2.00 Bits/Pixel	ausgezeichnete Qualität; normalerweise nicht vom Original unterscheidbar

Die Dekodierung eines nach dem JPEG-Verfahren kodierten Bildes geschieht analog mit der inversen diskreten Cosinus-Transformation.

$$f(m,n) = \frac{1}{4} \left[\sum_{k=0}^{7} \sum_{l=0}^{7} C(k)C(l)C(k,l) \cos \frac{(2m+1)k\pi}{16} \cos \frac{(2n+1)l\pi}{16} \right] \qquad (5.94)$$

mit

$$C(k), C(l) = \left\{ \begin{array}{ll} 1/\sqrt{2}, & k,l = 0 \\ 1, & \text{sonst} \end{array} \right. . \qquad (5.95)$$

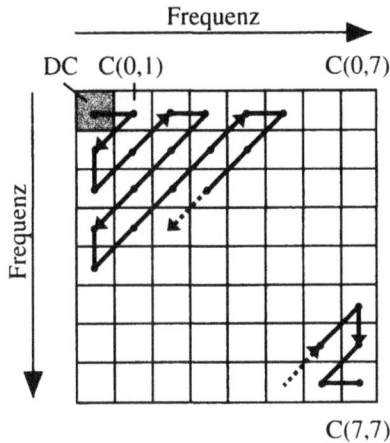

Bild 5.33: *Ergebnis der DCT eines 8x8 Bildbereiches. Dargestellt sind die Amplituden der Frequenzen. Die DC-Komponente enthält den Mittelwert über alle 64 Meßwerte. Die AC-Komponenten werden in einem Zickzackmuster aus dem 8×8-Feld ausgelesen. Die Amplitudenwerte sind dadurch nach der zugehörigen Frequenz sortiert (tiefe Frequenzen zuerst). Aufeinanderfolgende Werte sind fast gleich, was eine bessere Lauflängenkodierung ermöglicht.*

5.4.2 Die Walsh-Transformation

Die Walsh- und die Hadamard-Transformation zerlegen die Originalfunktion nicht in Sinus- und Cosinusanteile, sondern nähern diese durch Rechteckfunktionen an. Ihre Basisvektorkomponenten nehmen nur die Werte -1, 1 an. Daher sind sie gegenüber der Fourier-Transformation wesentlich schneller zu berechnen.

Die endliche *Walsh-Transformation* ordnet dem untersuchten Signal die Amplituden der einzelnen Walsh-Schwingungen zu, die dieses Signal enthält. Für die diskrete Walsh--Transformation und die endliche Walsh-Transformation gilt das gleiche wie für die entsprechenden Fourier-Transformationen: Im diskreten Fall wird ein endlicher, periodischer Prozeß gut approximiert.

Die zweidimensionale Walsh-Transformation ist mit $M = 2^p$ und $N = 2^q$ definiert als

$$W(k,l) = \frac{1}{MN} \sum_{m=0}^{M-1} \sum_{n=0}^{N-1} f(m,n) \prod_{i=0}^{p-1}(-1)^{b_i(m)b_{p-1-i}(k)} \prod_{i=0}^{q-1}(-1)^{b_i(n)b_{q-1-i}(l)}.$$

Dabei ist $b_r(s)$ das r-te Bit der binären Zahlendarstellung von s. Dadurch enthält der Vorwärtstransformationskern nur die Werte $+1$ und -1. In der Matrixschreibweise gibt man dann häufig nur noch das Vorzeichen an.

Die Formel für die Rückwärtstransformation sieht dann entsprechend aus.

Die Güte der Approximation durch Walsh-Funktionen reicht oftmals für bestimmte
Zwecke in der Bildverarbeitung aus (z.B. Bildkompression). In diesen Fällen bietet
sich die Walsh-Transformation an, da sie gegenüber der Fourier-Transformation leichter
zu handhaben und weitaus weniger aufwendig und damit schneller zu berechnen ist.

5.4.3 Die Hadamard-Transformation

Die *Hadamard-Transformation* ist der Walsh-Transformation sehr ähnlich. Auch ihr
Transformationskern besteht nur aus den Werten $+1$ und -1. Sie ist definiert als

$$H(k,l) = \frac{1}{MN} \sum_{m=0}^{M-1} \sum_{n=0}^{N-1} f(m,n)\,(-1)^{\sum_{i=0}^{p-1} b_i(m)b_i(k)} (-1)^{\sum_{i=0}^{q-1} b_i(n)b_i(l)}. \qquad (5.96)$$

Der große Vorteil der Hadamard-Transformation besteht darin, daß bei quadratischen
Ausgangsfunktionen mit $N = M$ der Transformationskern rekursiv nach der Formel

$$H_2 = \begin{bmatrix} 1 & 1 \\ 1 & -1 \end{bmatrix} \qquad (5.97)$$

$$H_{2N} = \begin{bmatrix} H_N & H_N \\ H_N & -H_N \end{bmatrix} \qquad (5.98)$$

berechnet werden kann.

5.4.4 Die Hauptachsen-Transformation

Die *Hauptachsen-Transformation* (auch Karhunen-Loeve-, Hotelling- oder Eigenvektor-
Transformation genannt) wird in der Hauptsache für die Bildanalyse, Datenkompression
und Bilddrehungen (standardisierte Darstellung) verwendet. Im Gegensatz zu den oben
angeführten Transformationen basiert die Hauptachsen-Transformation auf den statistischen Eigenschaften eines stochastischen Signalprozesses (Merkmale von Bildern oder
das Bildsignal=Bild selbst). Karhunen und Loeve entwickelten diese Technik ursprünglich für die Transformation von kontinuierlichen Signalen in einen Satz unkorrelierter
Koeffizienten. Hotelling beschäftigte sich speziell mit der Transformation im Diskreten.

Als Beispiel für die Ausgangsdaten stellen wir uns z.B. NM-Bilder vor, die über einen
Kommunikationskanal Q-mal übertragen werden. Da die Aufnahme der Bilder (z.B.
Satellitenaufnahme) und die Übertragung der Daten Gegenstand physikalischer Prozesse
sind, unterliegen sie Zufallsprozessen und damit Störungen (atmosphärische Störungen,
elektrische Störungen etc.). Damit repräsentieren die empfangenen Bilder $\{f_1(m,n),$
$f_2(m,n), ..., f_Q(m,n)\}$ ein statistisches Ensemble.

Zur Berechnung der Hauptachsen-Transformation werden ausgehend von dem Mittelwertbild des Ensembles (vgl. Gl. 5.99) und der Kovarianzmatrix (vgl. Gl. 5.100), die zugehörigen Eigenvektoren und Eigenwerte ausgerechnet. Die Eigenvektoren repräsentieren die einzelnen Merkmale der Bildklasse. Sie werden entsprechend der Größe der korrespondierenden Eigenwerte sortiert und in einer Matrix angeordnet. Zusammen mit dem Mittelwertbild bildet diese Matrix die Hauptachsen-Transformation (vgl. Gl. 5.102).

Bei der Hauptachsen-Transformation faßt man also das Bildsignal als MN-dimensionales Zufallssignal auf. Ausgehend von einer Bildklasse (z.B. Zeitreihen- oder Mehrkanalbilder), die durch Q Bilder $f_i(m,n)$ charakterisiert ist, wird über eine Stichprobe die Kovarianzmatrix C_f abgeschätzt. Jedes Bild $f_i(m,n)$ läßt sich als Vektor $\vec{f}_i(j)$ mit $j = mN + n + 1$ (Matrix → Vektor, alle Zeilen linear hintereinander) darstellen. Für die ganzen Zahlen m, n, und j gilt: $0 \leq m \leq M - 1$, $0 \leq n \leq N - 1$, $1 \leq j \leq MN$.

Ein MN-dimensionaler Vektor $\vec{f}_i(j)$ repräsentiert als zufällige Realisierung eines Zufallsprozesses genau ein Bildsignal. Die (MN)x(MN)-dimensionale Kovarianzmatrix C_f läßt sich mit Hilfe der Stichprobe der Q Zufallsbilder und dem Signalmittelwert (Erwartungswert) $\vec{\mu}_f$

$$\vec{\mu}_f \simeq \frac{1}{Q} \sum_{i=1}^{Q} \vec{f}_i \qquad (5.99)$$

berechnen als

$$[C_f] = \frac{1}{Q} \sum_{i=1}^{Q} (\vec{f}_i - \vec{\mu}_f)(\vec{f}_i - \vec{\mu}_f)^T = \frac{1}{Q} \left[\sum_{i=1}^{Q} \vec{f}_i \vec{f}_i^T \right] - \vec{\mu}_f \vec{\mu}_f^T. \qquad (5.100)$$

Die MN Eigenwerte λ_i dieser (MN)x(MN)-dimensionalen Kovarianzmatrix werden der Größe nach geordnet ($\lambda_1 \geq \lambda_2 \geq \lambda_3 \geq ... \geq \lambda_{mn}$) und die Elemente der Eigenvektoren $\vec{e}_i$ in die Zeile i der Matrix A eingetragen.

$$[A] = \begin{pmatrix} e_{1,1} & e_{1,2} & ... & e_{1,MN} \\ e_{2,1} & e_{2,2} & ... & e_{2,MN} \\ . & & ... & . \\ e_{MN,1} & e_{MN,2} & ... & e_{MN,MN} \end{pmatrix}. \qquad (5.101)$$

Dabei ist $e_{i,j}$ das j-te Element des i-ten Eigenvektors. Die Hauptachsen-Transformation eines Bildvektors $\vec{f}$ lautet:

$$\vec{g} = A(\vec{f} - \vec{\mu}_f). \qquad (5.102)$$

Dabei erhält man aus dem mittelwertfreien Bildvektor $\vec{f} - \vec{\mu}_f$ durch Multiplikation mit A einen neuen Bildvektor $\vec{g}$. Die Koeffizienten von g besagen, in welchem Maße die einzelnen Basisvektoren gewichtet werden und damit, welche Wichtigkeit das betreffende Merkmal für das Zustandekommen des Bildsignals hat.

Man kann dann zeigen, daß der Erwartungswert von $\vec{g}$ gleich Null ist, daß die Kovarianzmatrix C_g eine Diagonalmatrix ist, die Elemente von $\vec{g}$ unkorreliert sind und man $\vec{f}$ aus $\vec{g}$ zurückgewinnen kann:

$$\vec{f} = A^T \vec{g} + \vec{\mu}_f. \tag{5.103}$$

Die Eigenvektoren bilden ein System von orthogonalen Basisvektoren, das sich dadurch auszeichnet, daß die Basisvektoren in Richtung der größten Signalvarianzen zeigen. Die Größe der Koeffizienten der transformierten Bildvektoren ($-$Gewichtungsfaktoren für die Basisvektoren, vgl. Gl. 5.102) ergeben ein Maß für das Vorkommen und die Wichtigkeit des korrespondierenden Merkmals im betreffenden Bild. Zum Zwecke der Datenreduktion (Redundanzreduktion) können unwichtige Merkmale $-$ erkennbar am kleinen korrespondierenden Faktor $-$ weggelassen werden. Die Hauptachsen-Transformation gewährleistet dabei, daß die kompakte Repräsentation das Ursprungssignal im Sinne der kleinsten Fehlerquadrate annähert.

Beschränkt man sich bei Bildern, die demselben stochastischen Prozeß entstammen, auf die ersten P Elemente von $\vec{g}$ (die Eigenvektoren$-$Merkmale wurden ja der Größe der Eigenvektoren nach geordnet), so kann $\vec{f}$ durch $\vec{g_P}$ im Sinne des minimalen mittleren Fehlerquadrates optimal angenähert werden. Aufgrund dieser Eigenschaft eignet sich die Hauptachsen-Transformation besonders gut zur Datenreduktion (Redundanzreduktion).

Die Eigenschaft der Hauptachsen-Transformation, Signale in einen Raum mit orthogonalen Eigenvektoren als Basisvektoren abzubilden, wobei diese jeweils in Richtung der größten Signalvarianz zeigen, läßt sich vorteilhaft für eine standardisierte Darstellung von Objekten in Bildern ausnutzen (z.B. Positionsnormierung). Aufgrund dieser Normierungseigenschaft eignet sich die Hotelling-Transformation auch für die Bildanalyse.

5.4.5 Weitere Bildtransformationen

Neben den hier genannten Transformationen finden noch andere wie die Haar- [And79], Slant- [PCW74], SVD-(singular-value-decomposition) [Hua75] Transformation etc. in der Bildverarbeitung Verwendung. Sie verwenden fast alle das gleiche Prinzip und unterscheiden sich nur durch unterschiedliche Transformationskerne.

5.5 Bildverbesserung

Bildverbesserungsverfahren haben das Ziel, Bildsignale so aufzubereiten, daß sie die relevanten Informationen besser darstellen, d.h. Bildinformationen, die bei einer speziellen

Anwendung redundant oder sogar störend sind, zu unterdrücken und dafür wichtige Bild-inhalte deutlicher hervorzuheben. Je nach Art der Weiterverarbeitung sollen die Bilder dadurch für den menschlichen Betrachter leichter interpretierbar werden oder es sollen die Erfolgsaussichten nachfolgender Bildverarbeitungsschritte gesteigert werden. Der diesen Bildverbesserungsverfahren zugrunde liegende Qualitätsbegriff ist daher subjektiv und von der Anwendung abhängig.

Die Verfahren kann man grob in solche unterteilen, die im Orts- oder Frequenzbereich arbeiten (vgl. Kap. 5.3), in lokale und globale, in signalunabhängige und signalabhängi-ge, sowie in lineare und nichtlineare Methoden. Die wichtigsten Verfahren sollen im folgenden beispielhaft vorgestellt werden.

5.5.1 Grauwertmanipulation

Im folgenden Abschnitt werden Verfahren behandelt, die die Häufigkeitsverteilung der Grauwerte g in einem Bild ändern. Anwendungsbeispiele sind Bildsignale, die mit Kame-ras, Scanner o.ä. gewonnen wurden und dabei, bedingt durch ungünstige Beleuchtungs-verhältnisse (Unter- oder Überbelichtung), oftmals nicht den gesamten zur Verfügung stehenden Grauwert-/Farbbereich ausnutzen. Solche Bilder wirken dann zu hell, zu dun-kel oder zu kontrastarm.

Gesucht wird daher eine Transformationsfunktion

$$g' = T(g), \quad G_{min} \leq g \leq G_{max}, \tag{5.104}$$

die jedem Pixel mit einem Grauwert g einen neuen Grauwert g' zuordnet. Man hofft, damit die im Bild steckende Information für den Benutzer besser sichtbar machen zu können.

Dabei sollte die Transformationsfunktion in Gleichung 5.104 folgende Eigenschaften er-füllen:

1. $T(g)$ ist eindeutig (bijektiv) und monoton innerhalb des Intervalls $[G_{min}, G_{max}]$

2. $G_{min} \leq T(g) \leq G_{max}$ für $G_{min} \leq g \leq G_{max}$

Die Bedingung 1) garantiert, daß der Verlauf von schwarz nach weiß erhalten bleibt, während 2) die Überschreitung des Grauwertintervalls verhindert. Abbildung 5.34 zeigt eine Grauwerttransformationsfunktion, die die Bedingungen 1) und 2) erfüllt.

Die inverse Funktion

$$g = T^{-1}(g'), \quad G_{min} \leq g' \leq G_{max} \tag{5.105}$$

erfüllt ebenfalls die Bedingungen 1) und 2).

Im folgenden werden einige einfache Transformationsfunktionen und ihre Anwendungsbereiche dargestellt.

Zu helle oder zu dunkle Bilder können durch konstante Verschiebung aller Grauwerte an den richtigen Bereich angepaßt werden:

$$f'(x, y) = f(x, y) + c_1 \qquad (5.106)$$

$$
\begin{aligned}
\text{mit } f(x, y) &= \text{Original-Grauwert an der Stelle } (x, y), \\
f'(x, y) &= \text{Neuer Grauwert an der Stelle } (x, y), \\
c_1 &= \text{Verschiebungskonstante.}
\end{aligned}
$$

Bei dieser Grauwertverschiebung muß darauf geachtet werden, daß der neue Grauwert nicht außerhalb des darstellbaren Bereiches liegt, da sonst Information verloren geht.

Ebenso kann der Grauwert mit einem konstanten Faktor ($c_2 > 0$ in Gleichung 5.107) multipliziert werden, um den kompletten Bereich auszunutzen oder um den Dynamikbereich eines Bildes zu komprimieren. Eine Kompression ist notwendig, wenn zur Darstellung eines Bildes oder zur weiteren Verarbeitung weniger Graustufen zur Verfügung stehen, als das Eingangsbild besitzt (z.B. Eingangsbild 16 Bit $\rightarrow$ Ausgangsbild 8 Bit). Der Skalierungsfaktor kann also größer 1 sein (z.B. bei dunklen Bildern, Bilder wirken kontrastreicher) oder kleiner 1 (Bilder wirken kontrastärmer). Dieses Verfahren kann auch mit der Grauwertverschiebung kombiniert werden:

$$f'(x, y) = c_2 \, f(x, y) + c_1. \qquad (5.107)$$

Die Transformation eines Bildes auf den komplett zur Verfügung stehenden Grauwert-/Farbbereich kann somit nach der Formel

$$f'(x, y) = (f(x, y) - f_{min}) \frac{\hat{f}_{max} - \hat{f}_{min}}{f_{max} - f_{min}} \qquad (5.108)$$

$$
\begin{aligned}
\text{mit } \hat{f}_{max}, \hat{f}_{min} &= \text{Max. und min. zur Verfügung stehender Grauwert,} \\
f_{max}, f_{min} &= \text{Max. und min. im Bild vorkommender Grauwert}
\end{aligned}
$$

automatisch geschehen. Es handelt sich dabei immer noch um eine lineare Transformation. Denkbar ist auch eine nichtlineare Gewichtung (z.B. logarithmisch, vergleiche auch γ-Korrektur) oder eine stückweise lineare Gewichtung, um bestimmte Bereiche stärker zu beeinflussen. Stückweise lineare Transformationen werden z.B. verwendet, um den Kontrast in interessierenden Grauwertbereichen zu erhöhen. In Bild 5.34 erkennt man den

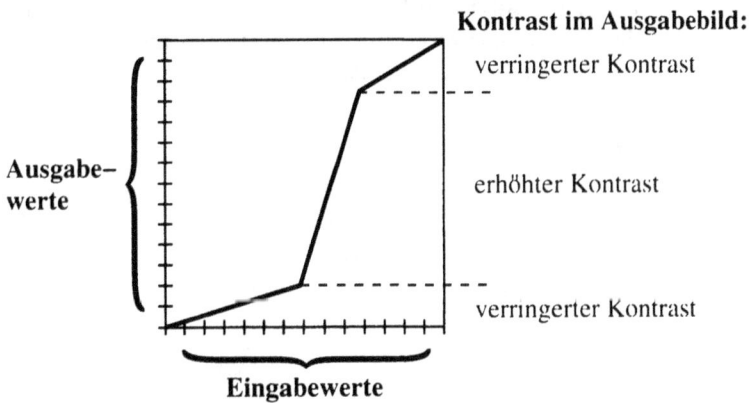

Bild 5.34: Alle Grauwerte des linken Bildes wurden entsprechend der dargestellten Kennlinie transformiert. Man erkennt den höheren Kontrast im mittleren Grauwertbereich
und den verringerten Kontrast im Bereich niedriger und hoher Grauwerte.

erhöhten Kontrast im mittleren und den verringerten Kontrast im unteren und oberen
Grauwertbereich.

Die stückweise linearen und die nichtlinearen Skalierungen bringen es aufgrund der endlichen Anzahl an Quantisierungsstufen (Grauwerten) häufig mit sich, daß verschiedene
Grauwerte des Originalbildes auf denselben Grauwert im Ausgabebild abgebildet werden
(vgl. auch Kap. 5.3.10). Der damit verbundene Informationsverlust kann jedoch auch
erwünscht sein, um nicht benötigte Bildinformation „auszublenden".

Bei allen diesen Transformationen muß darauf geachtet werden, daß entweder alle neuen
Grauwerte im darstellbaren Bereich liegen oder daß ein entsprechendes Clipping der
Werte bei Über- oder Unterschreitung des gültigen Bereichs durchgeführt wird.

Im folgenden sind einige gebräuchliche Funktionen zur nichtlinearen Grauwertskalierung angegeben:

$$f'(x,y) = c_1 f^2(x,y) \tag{5.109}$$

$$f'(x,y) = c_2 \sqrt{f(x,y)} \tag{5.110}$$

$$f'(x,y) = ln(c_1 f(x,y) + c_2) \tag{5.111}$$

$$f'(x,y) = e^{f(x,y)+c_1} + c_2 \tag{5.112}$$

In der Praxis vermeidet man die pixelweise Berechnung der Skalierung (n^2 Berechnungen für ein nxn-Bild) durch die Verwendung sogenannter *Look-Up-Tabellen* (LUT). Diese Tabellen besitzen für jeden möglichen Wert des Eingabebildes einen Eintrag, der den gewünschten Zielwert entsprechend der Transformationsgleichung enthält. Verwendet man einen Eingangsgrauwert als Index für die LUT, so erhält man den gewünschten Zielwert als Inhalt dieser indizierten LUT-Zelle. Die Grauwertmanipulation mit Hilfe der Look-Up-Tabellen besitzt den Vorteil, daß die Transformationsgleichung nur einmal für jeden Tabelleneintrag ausgewertet werden muß und nicht mehr für jeden Bildpunkt. Dabei lassen sich beliebige Transformationsfunktionen realisieren.

5.5.2   Histogrammanipulation

Unter dem *Histogramm* $h(g)$ eines Bildes versteht man die Häufigkeitsverteilung der Grauwerte des betreffenden Bildes (bzw. eines Teils F). Mit Hilfe des Histogramms läßt sich bereits viel über die globale Charakteristik eines Bildes aussagen (vgl. Bild 5.35).

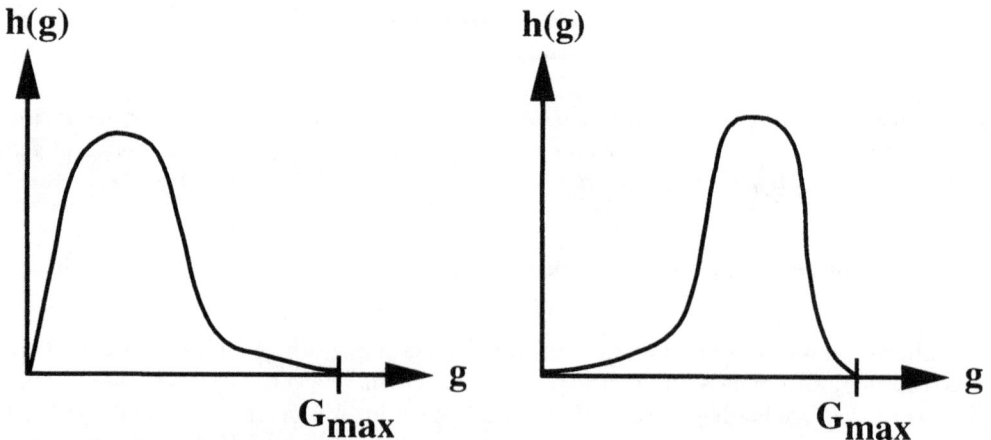

Bild 5.35: Histogramm eines a) dunklen und b) hellen Bildes

Bei digitalen Bildern ist ein Histogramm eine *diskrete* Funktion der Grauwerte g (z.B. $g \in [0, 255]$):

$$h_F(g) \;=\; \frac{1}{n} |M_F(g)| \tag{5.113}$$

mit $M_F(g)$ = $\{(x,y) \in F | f(x,y) = g\}$,

(x,y) = Pixel (die Pixel werden nur gezählt),

$|M_F(g)|$ = Anzahl der Elemente der Menge $M_F(g)$,

F = Flächenstück des Bildes, über das das Histogramm bestimmt wird,

n = Anzahl der Pixel von F,

$f(x,y)$ = Intensitätsfunktion des Bildes.

In Worten: $h_F(g)$ ist die Anzahl derjenigen Pixel innerhalb der auszuwertenden Region F, deren Intensitätswert gleich g ist, dividiert durch die Gesamtzahl der Pixel in F. Die Funktion $h_F(g)$ beschreibt also die relative Häufigkeit eines Grauwertes g in der Region F des untersuchten Bildes.

Die *relative Häufigkeit* $h_F(g)$ entspricht im kontinuierlichen Fall der *Wahrscheinlichkeitsdichtefunktion* $p(g)$.

Die *kumulative* oder auch *Summenhäufigkeitsfunktion* $H(G)$ (engl. cummulative distribution function CDF) ist im diskreten Fall definiert durch

$$H_F(G) = \sum_{g=G_{min}}^{G} h_F(g) \tag{5.114}$$

bzw. im kontinuierlichen Fall durch

$$H_F(G) = \int_{G_{min}}^{G} p(w)\, dw, \tag{5.115}$$

wobei G_{min} der kleinste in F vorkommende Grauwert (meistens $G_{min} = 0$) ist. (In Gleichung 5.115 ist w lediglich eine Integrationsvariable, die vom kleinsten Grauwert G_{min} bis zum Grauwert G läuft.)

Diese Funktion beschreibt die Häufigkeit der Punkte mit einem Grauwert kleiner oder gleich G.

Histogramme sind die grundlegende Datenstruktur der statistischen Bildanalyse. Sie können graphisch am besten als Balkendiagramme dargestellt werden, mit dem Grauwert als horizontale Achse und der Häufigkeit als Balkenhöhe (vgl. Bild 5.36). Mit Hilfe des Histogramms läßt sich die Bestimmung der Kennlinie zur Grauwertmanipulation automatisieren, sofern sich ein Zielkriterium für die zu erreichende Histogrammform aufstellen läßt. In diesem Zusammenhang spricht man dann auch von *Histogrammanipulationen*. Ein derartiges Verfahren wird im nächsten Abschnitt vorgestellt.

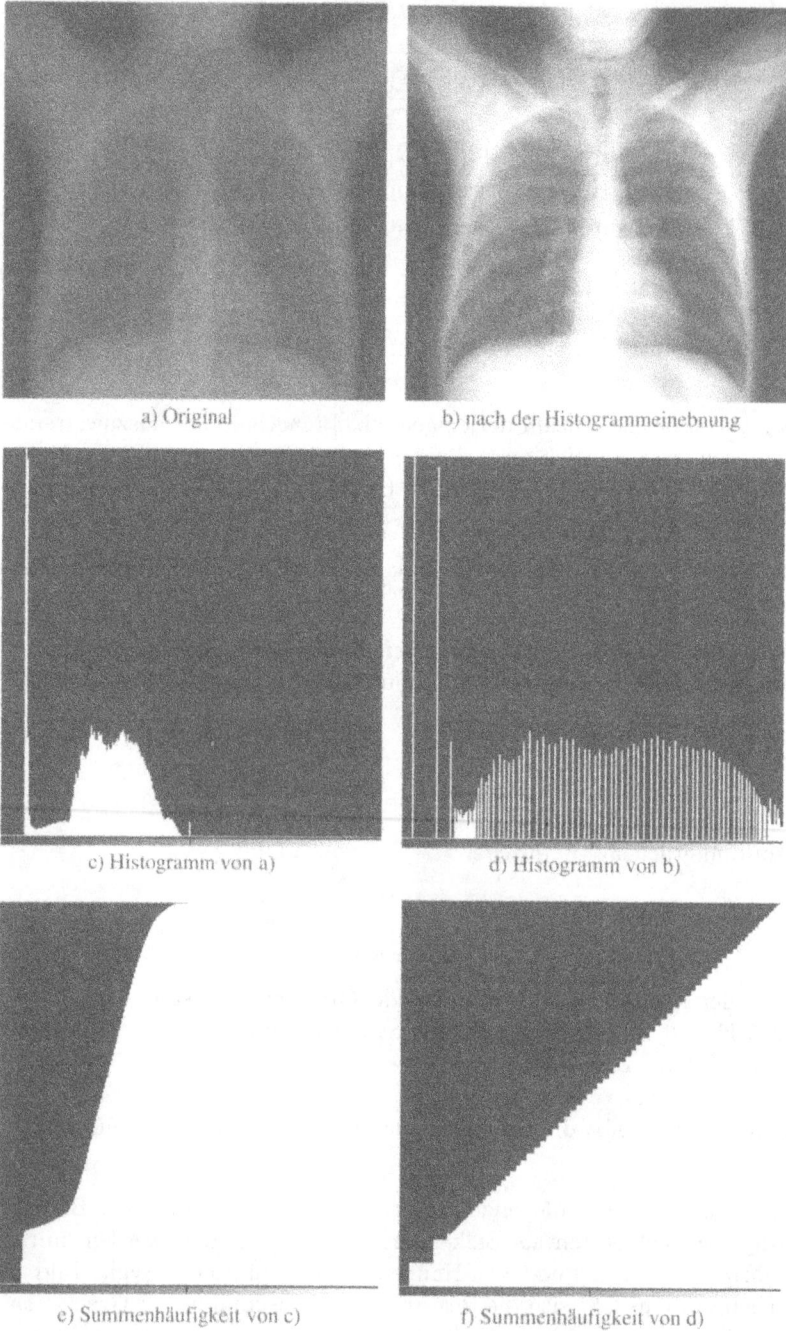

a) Original
b) nach der Histogrammeinebnung
c) Histogramm von a)
d) Histogramm von b)
e) Summenhäufigkeit von c)
f) Summenhäufigkeit von d)

Bild 5.36: Histogramm, Summenhäufigkeit und Histogrammeinebnung.

Sind die Wahrscheinlichkeitsdichte $p(g)$ des Ausgangsbildes und die Grauwerttransformationsfunktion $T(g)$ bekannt und erfüllt $T^{-1}(g')$ ferner die oben genannte Bedingung 1), dann gilt nach elementaren Sätzen der Wahrscheinlichkeitstheorie für die Wahrscheinlichkeitsdichte $p'(g')$ des transformierten Bildes:

$$p'(g') = \left[p(g) \frac{dg}{dg'} \right]_{g=T^{-1}(g')} \tag{5.116}$$

Im folgenden wird gezeigt, wie die Charakteristik eines Bildes verändert werden kann durch Beeinflussung der Wahrscheinlichkeitsfunktion mittels der Transformationsfunktion $T(g)$. Neben der Verwendung bei der Bestimmung von Transformationskennlinien können Histogramme auch zur Bestimmung eines günstigen Schwellwerts bei der Segmentierung dienen (vgl. Kap. 6.3).

Histogrammeinebnung

Ein häufig verwendetes, globales Kriterium der Histogrammanipulation ist die Forderung, daß die Intensitätswerte des transformierten Bildes möglichst gleichmäßig über den gesamten zur Verfügung stehenden Grauwertbereich verteilt sind. Diese Forderung ist gleichbedeutend mit dem Ziel der Linearisierung der Summenhäufigkeit (vgl. Bilder 5.36 (e) und (f)).

Betrachten wir dazu die mit Hilfe der oben beschriebenen Summenhäufigkeitsfunktion (CDF) definierte Transformationsfunktion $T(g)$:

$$g' = T(g) = G_{min} + H_F(g)(G_{max} - G_{min}). \tag{5.117}$$

T erfüllt die obigen Bedingungen 1) und 2), da T monoton steigt und beschränkt ist. Damit gilt auch:

$$\frac{dg'}{dg} = p(g)(G_{max} - G_{min}) \quad \text{bzw.} \quad \frac{dg}{dg'} = \frac{1}{p(g)(G_{max} - G_{min})} \tag{5.118}$$

Eingesetzt in Gleichung 5.116 ergibt sich

$$
\begin{aligned}
p'(g') &= \left[p(g) \frac{1}{p(g)(G_{max} - G_{min})} \right]_{g=T^{-1}(g')} \\
&= \left[\frac{1}{G_{max} - G_{min}} \right]_{g=T^{-1}(g')} \\
&= \frac{1}{G_{max} - G_{min}}, \quad G_{min} \leq g' \leq G_{max}.
\end{aligned}
\tag{5.119}
$$

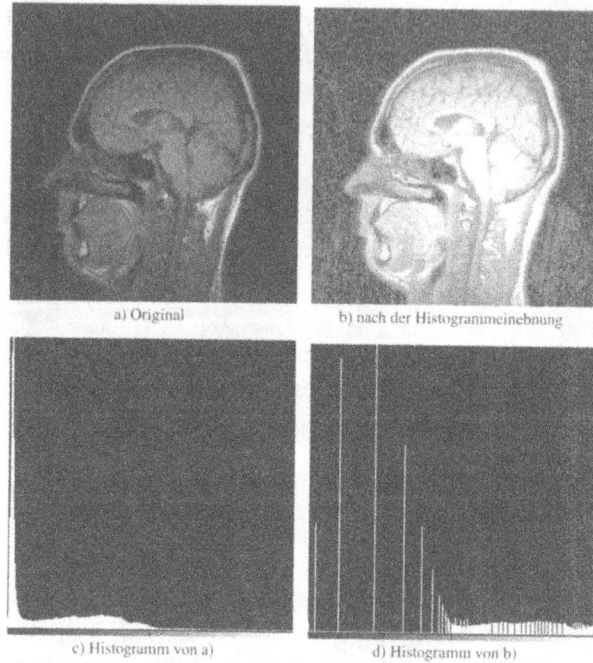

Bild 5.37: Histogrammeinebnung bei einem dafür ungeeigneten Bild. Der hohe Anteil des schwarzen Hintergrundes dominiert die Verteilung der Grauwerte.

Das entspricht einer gleichmäßigen Häufigkeitsverteilung im gesamten Definitionsintervall $[G_{max}, G_{min}]$ der transformierten Grauwerte g'. Anzumerken ist, daß die Gleichung 5.119 unabhängig von der inversen Transformation $T^{-1}(g')$ ist. Dieser Sachverhalt ist insofern wichtig, als $T^{-1}(g')$ häufig nur schwierig analytisch bestimmt werden kann.

Im diskreten Fall, wie er in der digitalen Bildverarbeitung üblich ist, wird die diskrete Transformation $g' = T(g)$ in Form einer Look-Up-Tabelle gemäß

$$g' = T(g) = G_{min} + H_F(g)(G_{max} - G_{min}) \tag{5.120}$$

abgespeichert.

Nach |O'G88| ergibt sich eine bessere Berücksichtigung der Randgrauwerte mit folgender modifizierter kumulativer Verteilungsfunktion

$$H_F(G) = \frac{1}{n} \sum_{g=G_{min}}^{G} |M_F(g)| - 0.5[|M_F(G)| + |M_F(G_{min})|], \tag{5.121}$$

wobei

$$n = \sum_{g=G_{min}}^{G_{max}} |M_F(g)| - 0.5[|M_F(G_{max})| + |M_F(G_{min})|] \tag{5.122}$$

eine ebenfalls modifizierte Anzahl von Pixel der berücksichtigten Fläche F und $M_F(G_{min})$ bzw. $M_F(G_{max})$ die Häufigkeiten des kleinsten bzw. größten Grauwertes sind.

Statt zu fordern, daß in einem jeweils konstanten Grauwertintervall etwa gleich viele Bildpunkte enthalten sein sollen, kann man dieses Kriterium noch schärfer formulieren, indem man vorgibt, daß alle Grauwerte gleich häufig vorkommen müssen. Dies kann jedoch bei der Transformation zu Problemen führen, da die neuen Grauwerte nicht nur von dem alten Wert, sondern auch von der Anzahl in der gerade betrachteten Klasse abhängen. Aus diesem Grund wird die Histogrammeinebnung zumeist nach dem oben angegebenen Verfahren durchgeführt.

Im allgemeinen führt die Histogrammeinebnung zu einer Kontrastverstärkung, da der gesamte Grauwertbereich ausgenutzt wird. Kommt allerdings ein einzelner Grauwert oder ein kleiner Grauwertbereich überdurchschnittlich häufig im Ausgangsbild vor, so führt die Anwendung dieses Verfahrens zu unbefriedigenden Ergebnissen, da dann im wesentlichen nur die Grauwerte aus diesem dominierenden Bereich verteilt werden. Dieses Phänomen ist in Bild 5.37 sehr deutlich zu erkennen. Das Originalbild ist in diesem Fall sehr stark vom dunklen Hintergrund geprägt.

War bei den bisher vorgestellten Histogrammanipulationen die Transformationsfunktion schon vorgegeben, so ist es auch denkbar, diese aus zwei Bildern zu berechnen. Sinn und Zweck einer solchen Grauwertänderung könnte z.B. die möglichst gleiche Darstellung einer Szene sein, die bei unterschiedlichen Beleuchtungsverhältnissen aufgenommen wurde.

Adaptive Histogrammeinebnung

Damit sich das dominante Vorkommen eines Grauwertbereichs (z.B. der großflächige Hintergrund wie in Bild 5.37) nicht auf das gesamte Bild auswirkt, wird bei der *adaptiven Histogrammeinebnung* (engl. AHE — Adaptive Histogram Equalization, z.B. in [PAA+87], [VSM88]) das Histogramm für die Berechnung der Transformationsfunktion nur innerhalb eines lokal begrenzten Fensters um den zu transformierenden Punkt bestimmt.

Pizer schlägt in [PAA+87] folgendes Verfahren zur effizienten Durchführung einer adaptiven Histogrammeinebnung vor: In jedem der oben genannten Teilbilder erfolgt im ersten Schritt eine normale Berechnung der zur Histogrammeinebnung notwendigen Transformationsfunktion. Um zwischen diesen Feldern glatte Übergänge zu erhalten, wird die endgültige Transformationsfunktion durch bilineare Interpolation der Transformationsfunktionen der direkt angrenzenden vier Felder berechnet (vgl. Bild 5.38). Die Gewichtung der Transformationskennlinien erfolgt dabei umgekehrt proportional zum Verhältnis der Abstände zwischen dem gerade betrachteten Punkt und den jeweiligen angrenzenden Feldern. Dadurch nimmt die Wirkung der pro Feld ermittelten Transformationsfunktion mit wachsendem (euklidischem) Abstand vom Mittelpunkt der Teilbilder ab, die der angrenzenden Gebiete entsprechend zu. Auf diese Weise werden gleichzeitig die Übergänge geglättet und der Einfluß der einzelnen Grauwerte - wie gewünscht - örtlich begrenzt.

Beispiel:

Gegeben sei ein Bild der Größe n x n mit k möglichen Graustufen. Das Bild sei unterteilt in Felder der Größe m x m mit $m < n$. Der neue Grauwert g' eines Bildpunktes an der Position (x, y) mit dem Grauwert g berechnet sich dann aus (vgl. Bild 5.38):

$$g'(g) = a[b\,g'_{--}(g) + (1 - b)\,g'_{+-}(g)] + [1 - a][b\,g'_{-+}(g) + (1 - b)\,g'_{++}(g)], \quad (5.123)$$

wobei gilt

$a = (y - y_-)/(y_+ - y_-)$. $b = (x - x_-)/(x_+ - x_-)$ und

x_+, x_-, y_+, y_- die (x,y)-Koordinate des Mittelpunktes der entsprechenden Felder,

$g'_{--}(g)$ der transformierte Grauwert g im Feld links oben,

$g'_{+-}(g)$ der transformierte Grauwert g im Feld rechts oben,

$g'_{-+}(g)$ der transformierte Grauwert g im Feld links unten,

$g'_{++}(g)$ der transformierte Grauwert g im Feld rechts unten.

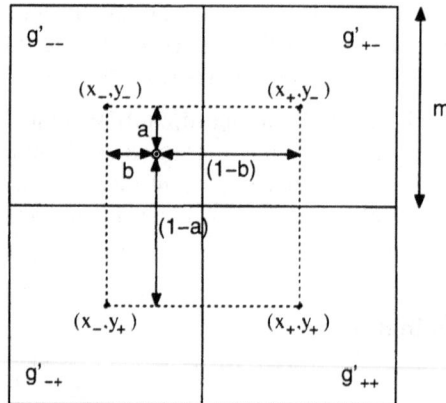

Bild 5.38: Adaptive Histogrammeinebnung. Der resultierende Grauwert wird in diesem Beispiel durch bilineare Interpolation der Transformationsfunktionen der angrenzenden Felder berechnet.

Durch diese lokale Histogrammanpassung und Glättung der Übergänge zwischen den Feldern wird lokal ein optimaler Kontrast erreicht. Häufig vorkommende Grauwerte wirken sich nicht mehr so dominierend auf das Gesamtbild aus.

Die Verfahren zur adaptiven Histogrammeinebnung besitzen gegenüber der normalen Histogrammeinebnung die Fenstergröße als zusätzlichen Parameter. Die Größe dieser Fenster sollte sich vor allem an der Größe der interessierenden Strukturen orientieren. Typische Fenstergrößen liegen im Bereich von 16x16 bis 64x64 bei Bildern des Formats 512x512. Werden die Fenster zu groß gewählt, so verliert sich der adaptive Charakter und das Ergebnis geht mit zunehmender Größe in das einer globalen Histogrammeinebnung über. Zu kleine Fenster verstärken dagegen Rauschen und kleine Grauwertänderungen überproportional, da die Grauwert-Stichprobe, die dem Histogramm zugrunde liegt, zu klein ist. Als unterste Grenze ist daher eine Fenstergröße zu sehen, die mindestens soviele Bildpunkte wie zur Verfügung stehende Graustufen enthält.

5.5.3 Gleitender Mittelwert und Medianfilter

Die Methoden der Histogrammanipulation und Grauwertmanipulation sind rein bild-
punktbezogen. Wird bei der Bildverbesserung auch die Umgebung eines Bildpunktes
dem Wert nach mitberücksichtigt (und nicht nur statistisch wie bei den Histogrammanipulationen), so spricht man von *digitalen Filtern im Ortsbereich* (vgl. Kap. 5.3.6).

Ein häufig verwendetes Verfahren dieses Typs ist der *gleitende Mittelwert*, der bereits in
Kapitel 5.3.6 angesprochen wurde. Er dient der Glättung der Grauwerte eines Bildes.
Eine Grauwertglättung kann für die Unterdrückung von Rauschen und zum Entfernen
unerwünschter, kleiner Bildelemente verwendet werden. Beim gleitenden Mittelwert
wird die Glättung dadurch erzielt, daß dem jeweils betrachteten Pixel der ungewichtete
mittlere Grauwert der Pixel innerhalb einer bestimmten Umgebung (z.B. $(2M+1)$x$(2N+1)$-Fenster) zugeordnet wird:

$$\tilde{f}(k,l) = \frac{1}{(2M+1)(2N+1)} \sum_{m=-M}^{M} \sum_{n=-N}^{N} f(k-m, l-n). \qquad (5.124)$$

Die Größe des Fensters bestimmt die Glättungswirkung des Filters (s.u.).

Diese *ortsinvariante Filterung* kann zum Beispiel für den Fall $M = N = 1$ auch als
Faltung des Bildes mit der *Filtermaske*:

$$g(m,n) = \frac{1}{9} \begin{pmatrix} 1 & 1 & 1 \\ 1 & 1 & 1 \\ 1 & 1 & 1 \end{pmatrix}$$

gemäß der allgemeinen Gleichung zur *digitalen Filterung*

$$h(k,l) = f(k,l) * g(k,l) = \sum_{m=-M}^{M} \sum_{n=-N}^{N} g(m,n) f(k-m, l-n) \qquad (5.125)$$

geschrieben werden. Der Vorgang der diskreten Faltung mit einer Filtermaske ist in Bild
5.39 verdeutlicht.

Am Bildrand sind besondere Vorkehrungen zu treffen. Eine Möglichkeit besteht darin, Gleichung 5.125 nur im Definitionsbereich des Eingabebildes auszuwerten. Dadurch
wird allerdings das Ausgabebild entsprechend kleiner (z.B. 2 Spalten/Reihen kleiner für
$M = N = 1$). Ist diese Verkleinerung unerwünscht, bleibt nur die geeignete Fortsetzung
des Eingabebildes. Möglichkeiten sind die periodische Fortsetzung, die Spiegelung am
Rand, die Duplizierung der Randzeilen/-spalten oder das Zuweisen bestimmter konstanter Werte.

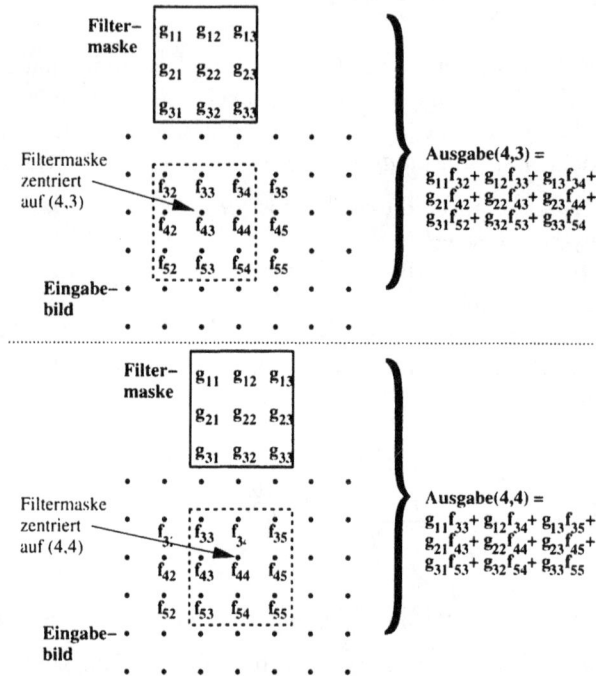

Bild 5.39: Digitale Faltung. Der Ausgabewert an einem Punkt (z.B. $(4,3)$) ergibt sich als Summe der Eingabewerte um diesen Punkt, jeweils multipliziert mit den korrespondierenden Werten der Filtermaske g, die auf den betreffenden Punkt zentriert ist. Der nächste Ausgabewert ergibt sich durch entsprechendes Verschieben der Filtermaske mit erneuter Multiplikation und Summenbildung.

Bilder, die mit diesem Mittelwert-Operator bearbeitet werden, wirken im Vergleich zum Original weicher und etwas unschärfer. Der Grauwert-Mittelwert des neuen Bildes ist gleich dem des alten Bildes, wogegen die Streuung im neuen Bild kleiner wird. Das bedeutet, daß das dem Originalbild überlagerte Rauschen durch die Filterung verringert werden kann.

Ein großer Nachteil dieser Methode zur Rauschfilterung ist die Tatsache, daß feine Details verloren gehen, wie in Bild 5.40 und 5.41 deutlich zu erkennen ist. Generell kann man sagen, daß die Glättungswirkung von *linearen Glättungsfiltern* mit der Maskengröße (d.h. mit wachsendem M und/oder N) zunimmt, bei gleichzeitig zunehmender „Verschmierung" feiner Details. Die Verbesserung verrauschter Bildsignale mittels dieser ortsinvarianten Tiefpaßoperation stellt somit nur einen Kompromiß zwischen der Unterdrückung des dem Bildsignal überlagerten Rauschens und der Erhaltung feiner Bildstrukturen dar. Unter Umständen kann es weiterhin nachteilig sein, daß im neuen Bild durch die Mittelung Grauwerte entstehen können, die im Originalbild nicht vorhanden waren.

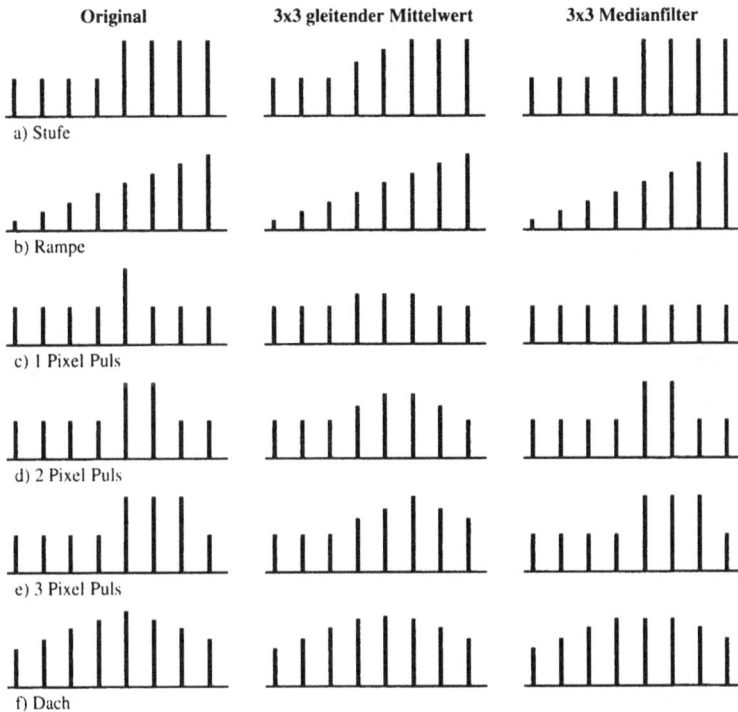

| Original | 3x3 gleitender Mittelwert | 3x3 Medianfilter |

a) Stufe

b) Rampe

c) 1 Pixel Puls

d) 2 Pixel Puls

e) 3 Pixel Puls

f) Dach

Bild 5.40: Testbeispiele für die Wirkungsweise von gleitendem Mittelwert und Medianfilter.

Wird eine Bewahrung feiner Details gewünscht, so bieten sich vor allem die nicht-linearen Glättungsfilter an. Das bekannteste Beispiel für einen derartigen Filter ist der *Median--Filter*. Der Median-Filter wurde Anfang der 70er Jahre zur nichtlinearen Glättung von Signalen vorgeschlagen (siehe z.B. [HYY79], [GW81]). Als Vorteile dieser Filterart seien genannt

- der Erhalt scharfer Kanten,

- die gute Unterdrückung von Störimpulsen,

- die Eignung bei nichtadditiven und korrelierten Störungen,

- die einfache, wenn auch unter Umständen zeitaufwendige Berechnung.

Allgemein gehört der Median-Filter zu den Rangordnungsfiltern, d.h. die Eingangsdaten w_i mit $w_i \in W$ und W-Wertebereich des Eingangssignals werden der Größe nach sortiert und der m-größte Wert w_m dieser sortierten Folge wird als Funktionswert genommen. Beim Median-Filter entspricht w_m dem Wert des mittleren Elements dieser Folge, d.h. dem Median.

Im Zusammenhang mit der Bildverarbeitung ist der Median-Filter wie folgt definiert:

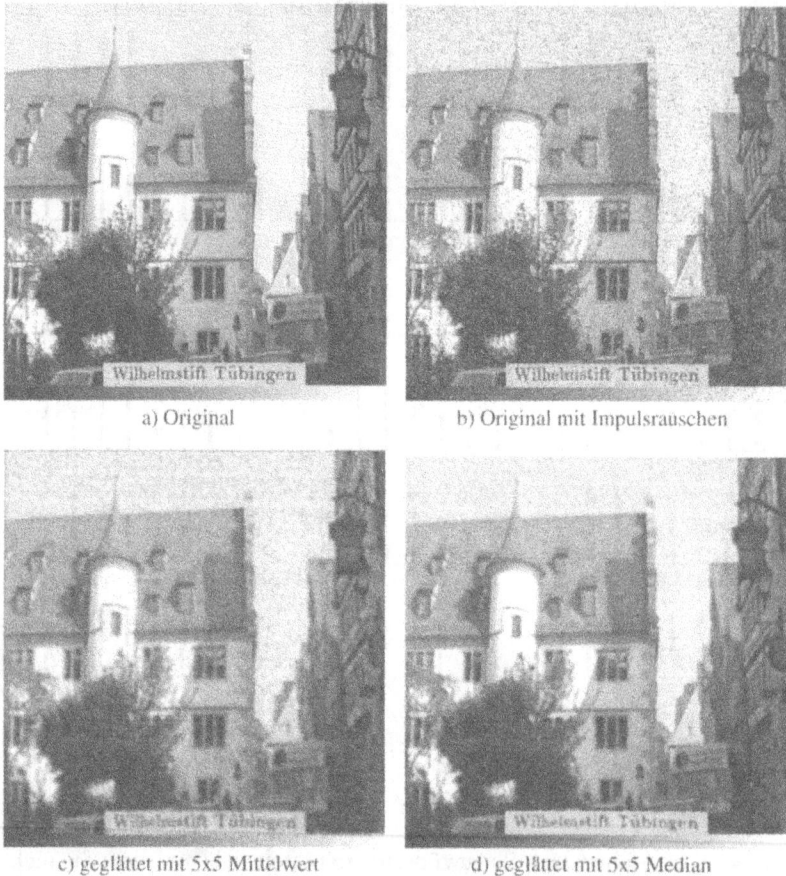

a) Original   b) Original mit Impulsrauschen

c) geglättet mit 5x5 Mittelwert   d) geglättet mit 5x5 Median

Bild 5.41: Glättung von verrauschten Bildern mit Hilfe des gleitenden Mittelwertes und des Medianfilters.

Ist $A(x,y)$ die Matrix-Darstellung eines digitalisierten Bildes, dann ist das Ergebnis des Median-Filters mit einer Fenstergröße von $(2M+1)$ x $(2N+1)$, mit $M, N = 1, 2, ...$, ein Bild $B(x,y)$. Jedes Element von $B(x,y)$ entspricht dem Median derjenigen Grauwerte des Originalbildes, die in einem Fenster der Größe $(2M+1)$ x $(2N+1)$ um den Punkt (x,y) berücksichtigt wurden. Aus Geschwindigkeitsgründen (Sortierung der Eingabewerte) werden zumeist Fenstergrößen im Bereich zwischen 3 x 3 und 7 x 7 verwendet.

Pulsartige Strukturen bis zu einer Größe von M bzw. N werden beseitigt, wie in Bild 5.40 für $M = 1$ beim 1-Pixel-Puls zu erkennen ist. Eine Anwendung dieses Filters reduziert die Varianz der Grauwerte im Bild. Dabei wird meist auch der mittlere Grauwert geändert, jedoch werden keine neuen Grauwerte erzeugt wie bei der Mittelwertbildung. Aufgrund bestimmter Filterformen (Kreuz-Form, Vektor-Form) können Strukturen in der Vorlage besser berücksichtigt und erhalten werden.

5.5.4 Tiefpaßfilter

Wie man schon bei der Fourier-Transformation gesehen hat, entsprechen Kanten und
starke Grau-/Farbwertänderungen im Bild den hochfrequenten Anteilen der Fourier--
Transformierten. Durch Multiplikation der Fourier-Transformierten eines Bildes im Ortsfrequenzbereich mit einer Übertragungsfunktion $H(u, v)$ kann man eine Filterung vornehmen (vgl. Kap. 5.3.6):

$$G(u, v) = H(u, v)F(u, v). \tag{5.126}$$

Die inverse Transformation von $G(u, v)$ liefert dann das gefilterte Bild. Für einen *idealen*
Tiefpaßfilter ist die Funktion $H_{TP}(u, v)$ definiert als

$$H_{TP}(u, v) = \left\{ \begin{array}{ll} 1, & falls\ D(u, v) \leq D_0 \\ 0, & sonst, \end{array} \right. , \tag{5.127}$$

wobei D_0 die „Grenzfrequenz" (höhere Frequenzen werden unterdrückt) und $D(u, v)$ die
Entfernung vom Ursprung ist (vgl. Bild 5.42):

$$D(u, v) = \sqrt{u^2 + v^2}. \tag{5.128}$$

Analog lautet die Übertragungsfunktion $H(u, v)$ für einen idealen Hochpaßfilter.

Der Begriff „ideal" bezieht sich lediglich darauf, daß die Frequenzen eines bestimmten Bereichs (z.B. innerhalb/außerhalb eines bestimmten Radius) ungehindert passieren können
und ansonsten vollständig unterdrückt werden. Diese Art von Filter ist allerdings nur
mit Hilfe von Computern zu realisieren, nicht aber mit elektronischen Schaltungen. Der
entscheidende Nachteil dieses Filters besteht in den starken „Über-" und „Unterschwin-
gern" der korrespondierenden Impulsantwort. Diese Fluktuationen überlagern sich dem
gesamten Filterergebnis, was unmittelbar einleuchtet, wenn man bedenkt, daß die Multiplikation mit der Übertragungsfunktion $H(u, v)$ im Ortsfrequenzraum dem Faltungsprodukt mit der Impulsantwort $h(x, y)$ im Ortsraum entspricht (vgl. Gleichung 5.56). Diese
über einen weiten Bereich verlaufenden Schwingungen sind in Bild 5.11 anhand der Paa-
re *re* ↔ *sinc* und *sinc* ↔ *re* deutlich zu erkennen. Will man diese Überschwinger
vermeiden, so verwendet man oft die Butterworth-Filter, die im folgenden noch näher
besprochen werden.

Während die oben vorgestellte Methode im Frequenzbereich arbeitet, gibt es auch die
Möglichkeit, im Ortsbereich zu filtern. Die oben besprochenen Verfahren der einfachen Mittelung über eine $n \times n$-Umgebung und die Medianfilterung stellen ebenfalls
eine Tiefpaßfilterung dar.

Da bei einem Tiefpaßfilter hohe Ortsfrequenzanteile abgeschwächt oder ganz eliminiert
werden, erscheint das gefilterte Bild im Vergleich zum Original unschärfer. Dafür können
aber Rauschen und Störungen ähnlicher Art mit Hilfe der Tiefpaßfilterung vermindert
werden. Möchte man eine Bildverschärfung, so muß eine Hochpaßfilterung durchgeführt
werden.

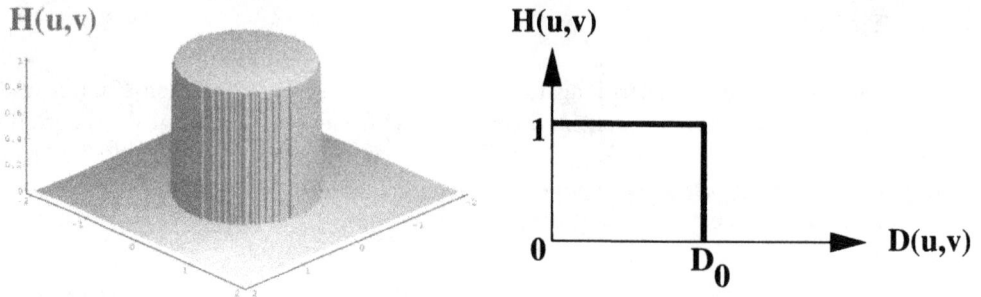

Bild 5.42: Übertragungsfunktion für einen idealen Tiefpaßfilter mit der Grenzfrequenz D_0.

5.5.5 Hochpaßfilter

Die Übertragungsfunktion für einen idealen Hochpaßfilter im Ortsfrequenzbereich ist in Bild 5.43. wiedergegeben. Durch solch eine Filterung werden Stellen mit abrupten Grauwertänderungen wie Kanten (zur Definition siehe Kap. 6.1), Rauschen u.ä. hervorgehoben. Dies führt zum Eindruck einer Verschärfung des Bildes.

$$H_{HP}(u, v) = \begin{cases} 1, & falls\ D(u, v) \geq D_0 \\ 0, & sonst \end{cases}. \qquad (5.129)$$

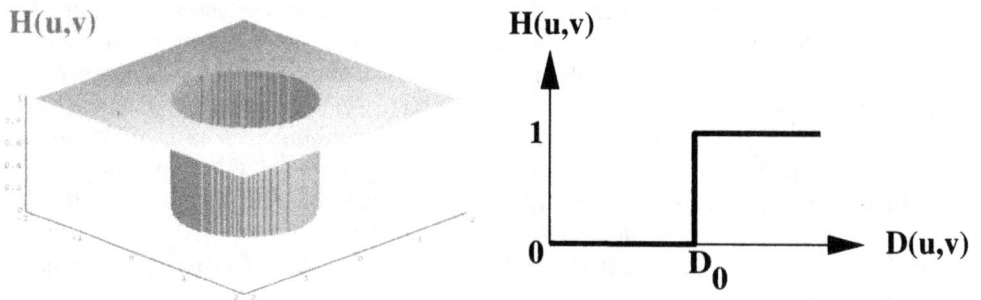

Bild 5.43: Übertragungsfunktion für einen idealen Hochpaßfilter mit der Grenzfrequenz D_0.

Die Diskontinuität der Filterfunktion H_{HP} an der Stelle D_0 führt wie beim idealen Tiefpaß zu Überschwingern der korrespondierenden Impulsantwort im Ortsraum.

Eine Bildverschärfung kann nicht nur durch Filterung im Frequenzraum erreicht werden, sondern auch durch Differenzoperatoren im Ortsraum. Ein Beispiel für ein derartiges Kantenverstärkungsverfahren ist nach [Knu87]

$$f'(x, y) = \frac{f(x, y) - \alpha \bar{f}(x, y)}{1 - \alpha} \tag{5.130}$$

mit $0 \leq \alpha < 1$ als „Verstärkungsfaktor" und

$$\bar{f}(x, y) = \frac{1}{9} \sum_{u=i-1}^{i+1} \sum_{v=j-1}^{j+1} f(u, v). \tag{5.131}$$

Mit $\alpha = 0$ bleibt das Bild unverändert. Je größer α wird, desto stärker werden die hohen Frequenzen betont.

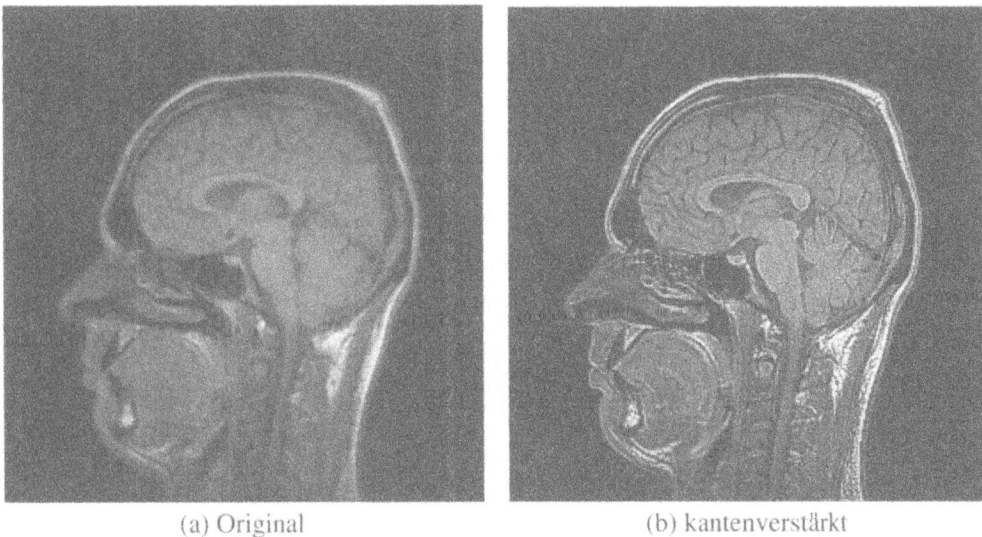

(a) Original   (b) kantenverstärkt

Bild 5.44: Bildverschärfung nach Gleichung 5.130.

5.5.6   Butterworth-Filter

Wie schon erwähnt, repräsentieren die idealen Filter die physikalischen Gegebenheiten nicht korrekt. An der Grenzfrequenz werden z.B. in realen elektronischen Schaltungen nicht alle Anteile, die darüber bzw. darunter liegen, abgeschnitten, sondern sie werden ab dieser Stelle stärker gedämpft, meist mit exponentiellem Abfall (z.B. mit Hilfe einer Gauß-Funktion). Besonders an Bedeutung gewonnen hat in diesem Zusammenhang die Übertragungsfunktion des *Butterworth-Filters* der Ordnung n:

$$H(u,v) \quad = \quad \frac{1}{1 + [\sqrt{u^2 + v^2}/D_0]^{2n}} \quad \text{Tiefpaßfilter;} \qquad (5.132)$$

$$H(u,v) \quad = \quad \frac{1}{1 + [D_0/\sqrt{u^2 + v^2}]^{2n}} \quad \text{Hochpaßfilter.} \qquad (5.133)$$

Leider ist bei dieser Art von Filter keine Grenzfrequenz definiert. Man gibt daher oft diejenige Stelle $\sqrt{u^2 + v^2}$ als Grenzfrequenz D_0 an, an der $H(u,v) = 0.5$, d.h. wo $H(u,v)$ nur noch 50% seines Maximalwertes besitzt.

5.6 Übungsaufgaben

Aufgabe 1:

Gegeben sei eine Funktion $f(x)$ mit folgenden Funktionswerten:

$$\begin{aligned}
f(0) &= 2 \\
f(1) &= 3 \\
f(2) &= 4 \\
f(3) &= 4
\end{aligned}$$

Berechnen Sie die Fourier-Transformierte $F(u)$ dieser Funktion mit Hilfe der

1. Diskreten Fourier-Transformation

2. Fast Fourier-Transformation.

Aufgabe 2:

Nennen Sie die Unterschiede und Vor-/Nachteile zwischen der

1. Median-Filterung und

2. Filterung durch Mittelwertbildung.

Gegeben seien zwei Folgen $f = \{1, 7, 7, 2, 1\}$ und $g = \{5, 7, 5, 4, 8\}$. Zeigen Sie, daß $\text{med}(f) + \text{med}(g) \neq \text{med}(f + g)$ ist, d.h. daß der Medianfilter nicht linear ist.

Aufgabe 3:

Eine *Hadamard-Matrix* $H_{J,J}$ ist eine symmetrische $J \times J$-Matrix, deren Elemente $+1$ oder -1 sind. Die Zeilen (und Spalten) sind orthogonal. Ein Beispiel für eine Hadamard--Matrix der Dimension 2 ist

$$H_{2,2} = \begin{pmatrix} 1 & 1 \\ 1 & -1 \end{pmatrix}.$$

Beweisen Sie: Ist die Matrix $H_{J,J}$ eine Hadamard-Matrix, dann ist

$$H_{2J,2J} = \begin{pmatrix} H_{J,J} & H_{J,J} \\ H_{J,J} & -H_{J,J} \end{pmatrix},$$

ebenfalls eine Hadamard-Matrix.

Aufgabe 4:

Von einem binären Bild weiß man, daß es nur horizontale, vertikale und Linien mit 45° bzw. −45° Steigung enthält. Geben Sie einen Satz von 3 × 3-Filtermasken an, mit denen man 1-Pixel große Lücken in diesen Linien entdecken kann.
Wie müssen die Masken aussehen, wenn diese Lücken damit geschlossen werden sollen?
Anmerkung: Der Hintergrund habe den Grauwert 0, die Linien den Wert 255.

Kapitel 6

Grundlagen der Mustererkennung

6.1 Kantendetektion

Versuche haben gezeigt, daß Menschen sich beim Betrachten von Objekten sehr stark auf die Grenzen zwischen mehr oder minder homogenen Regionen konzentrieren. Schon anhand weniger, einfacher Umrisse kann der Mensch die zugrunde liegende Gestalt und damit das betreffende Objekt erkennen. Aus dieser Tatsache leitet man ab, daß die Beschreibung des Übergangsbereichs zwischen den homogenen Regionen eine wichtige Strukturinformation für das menschliche Sehen auf dem Weg von der ikonischen (im Rechner: pixel-orientierten) Beschreibungsweise hin zur symbol- bzw. objektorientierten Beschreibungsweise ist.

Für viele Bildverarbeitungsaufgaben stellt die Detektion von Kanten eine erste und wichtige Stufe dar ([Lee90]: "It is hard to overemphasize its importance in computer vision."), die unter Umständen über den Erfolg oder Mißerfolg der nachfolgenden Stufen entscheidet. Anwendungsbeispiele sind die Segmentierung. Objekterkennung, Bewegungsdetektion und Stereo-Matching.

Wie „gut" diese Kanten in einer Vorlage gefunden werden, ist zum einen abhängig von der Qualität des Bildes und zum anderen von der Art der Kanten, dem verwendeten Algorithmus und den Qualitätskriterien, die für die spezifische Aufgabe erfüllt sein müssen. Je nach Kantenart eignet sich der eine Algorithmus besser als der andere. Im folgenden Abschnitt wird zuallererst der Begriff der „Kante" genauer definiert. Daran anschließend werden grundlegende Anforderungen und Schwierigkeiten bei der Kantendetektion dargestellt. Nach dieser Vorarbeit werden die wichtigsten Kantenoperatoren, ihre unterschiedlichen Eigenschaften und die bevorzugten Einsatzgebiete vorgestellt.

6.1.1 Der Begriff der „Kante", Kantenmodelle

Wie sich schon in der Einführung abgezeichnet hat, müssen im Zusammenhang mit dem Begriff *Kante* zwei Sachverhalte strikt auseinandergehalten werden:

1. Diskontinuitäten in den Struktureigenschaften der abzubildenden physikalischen Körper:

   Dabei kann es sich um abrupte Änderungen der Oberflächennormalen, der Materialeigenschaften (Farbe, Reflexionskoeffizient, Textur o.ä.) oder um die eigentlichen Objektgrenzen handeln. Um Zweideutigkeiten zu vermeiden, werden diese Unstetigkeiten im folgenden als *physikalische Diskontinuitäten* bezeichnet.

2. Diskontinuitäten im Verlauf der Intensitätswerte bzw. Grauwerte:

   Die Unstetigkeiten der Intensitätswerte müßten dementsprechend eigentlich *Intensitätskanten* genannt werden, sie werden aber im folgenden der Einfachheit halber und in Anlehnung an die Bildverarbeitungsliteratur kurz *Kanten* genannt. Beispiele für derartige Intensitätsdiskontinuitäten sind in den folgenden Kapiteln beschrieben. In den Bildern 6.1 und 6.2 sind verschiedene Funktionen $f(x)$ dargestellt mit idealen und realen Kantenprofilen. Aufgetragen sind dabei die Intensität $f(x)$ über dem Abstand x zur Kante.

Der Zusammenhang zwischen diesen beiden Sachverhalten besteht darin, daß die Grauwert-Diskontinuitäten oftmals über den Bildaufnahmeprozeß mit den physikalischen Diskontinuitäten korrespondieren. Aus dieser Tatsache ergibt sich auch die Wichtigkeit der Kantendetektion in der Bildverarbeitung.

Eine etwas genauere Definition des Begriffs „Kante" könnte im Zweidimensionalen z.B. folgendermaßen lauten:

> *Eine Kante ist eine Struktur, ein Pixel breit, im Zentrum des Grauwertgefälles zwischen zwei aneinandergrenzenden Regionen, die sich in ihren Graustufen hinreichend unterscheiden.*

Die Grenzen zwischen Objekten bzw. Regionen im Zweidimensionalen sind Linien und die entsprechenden Kanten im (diskreten) Bild sind aus Pixeln aufgebaut. Im Dreidimensionalen dagegen werden die Objekte durch Flächen begrenzt und die entsprechenden Kantenelemente sind Voxel (Volumenelemente).

Zu unterscheiden sind ferner *Kantenpunkte*, das sind einzelne Punkte, denen durch ein Kantendetektionsverfahren das Attribut „Kante" oder „potentielles Kantenelement" angeheftet wurde und *Kanten* oder *Konturen*, die aus einer Aneinanderreihung mehrerer oder vieler Kantenpunkte bestehen. Diese Begriffe lassen sich aber oft nicht sauber trennen, da sie immer auch im Zusammenhang mit den weiteren Verarbeitungsschritten gesehen werden müssen. Sie werden daher auch in der Literatur oft sehr indifferent verwendet.

Ideale Kantenmodelle

In diesem Abschnitt sind die wichtigsten idealen analytischen Kantenmodelle angeführt, mit deren Hilfe die natürlich vorkommenden Kantenprofile modelliert werden. Die Kantenmodelle werden einerseits für die Untersuchung des Verhaltens von Kantenoperatoren verwendet, andererseits kommen sie aber oft auch schon bei der Herleitung von Kantenoperatoren zum Einsatz, wie z.B. beim Canny-Operator [Can83].

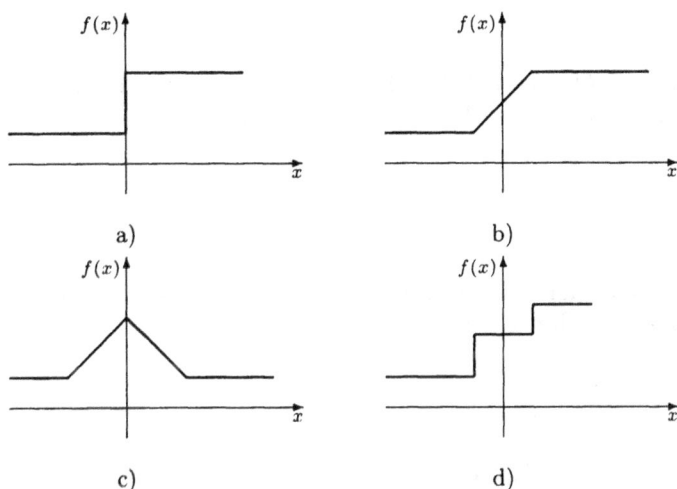

Bild 6.1: Einige ideale Kantenmodelle (zur besseren Sichtbarkeit wurden die Profile in y-Richtung verschoben): a) Stufenkante, b) Rampenkante, c) Dachkante, d) Treppenkante.

Stufenkante

Die Stufenkante (vgl. Bild 6.1.(a)) ist das mit Abstand am häufigsten verwendete Kantenmodell, weil es sich bei der Herleitung von Kantenoperatoren rechnerisch am einfachsten handhaben läßt und vor allem auch, weil die Stufenkante auf dem diskreten Raster die allgemeinste Kantenform darstellt.

Analytisch läßt sich eine Stufenkante $S(x)$, zentriert bei $x = 0$, folgendermaßen formulieren:

$$S(x) = \left\{ \begin{array}{ll} 0 & , \quad x < 0 \\ 1 & , \quad \text{sonst} \end{array} \right. . \tag{6.1}$$

Rampenkante

Auch Rampenkanten (vgl. Bild 6.1.(b)) sind relativ häufige Kantenformen. Sie werden vor allem als Modell für ausgedehnte oder verschmierte Kanten verwendet.

Eine Rampenkante $R(x)$ der Breite w, der Steigung m und ihre Ableitung $R'(x)$ läßt sich folgendermaßen fassen:

$$R(x) = \left\{ \begin{array}{ll} 0 & , \quad x < -w/2 \\ m(x + w/2) & , \quad -w/2 \leq x \leq w/2 \\ mw & , \quad x > w/2 \end{array} \right. , \tag{6.2}$$

$$R'(x) = \left\{ \begin{array}{ll} m & , \quad -w/2 \leq x \leq w/2 \\ 0 & , \quad \text{sonst} \end{array} \right. . \tag{6.3}$$

Treppenkante

Die Treppenkante $T(x)$ (vgl. Bild 6.1.(d)) zeichnet sich durch zwei gleichgerichtete Stufenkanten aus. Sie läßt sich z.B. beschreiben durch:

$$T(x) = S(x + a) + b\, S(x - a). \tag{6.4}$$

Dabei ist b das Verhältnis der Stufenhöhen der beiden Stufenkanten, die sich an den Orten $-a$ und $+a$ befinden.

Reale Kantenprofile

Im Unterschied zu den idealen analytischen Kantenmodellen sind die realen Kanten im allgemeinen von Rauschen überlagert (vgl. Bild 6.2) und treten als Kombination der idealen Kantentypen auf. Außerdem liegen die Bildfunktionen im Fall der digitalen Bildverarbeitung immer in abgetasteter, diskreter Form vor.

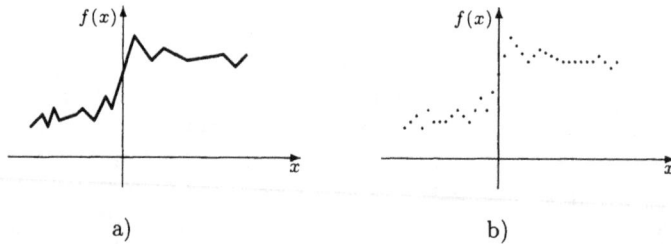

a)   b)

Bild 6.2: Reale Kantenprofile

a) überlagert von Rauschen

b) abgetastete Bildfunktion

Rechnerisch läßt sich die Lokalisation einer Kante z.B. anhand der Extrema in der ersten Ableitung und anhand der Nulldurchgänge in der zweiten Ableitung bestimmen (vgl. Bild 6.4).

6.1.2 Anforderungen und Schwierigkeiten bei der Kantendetektion

Wenn in der digitalen Bildverarbeitung eine Kantendetektion durchgeführt wird, sollte natürlich eine möglichst geringe Fehlerrate erreicht werden, d.h. tatsächliche Kantenpunkte sollen nicht zurückgewiesen werden und Punkte, die zu keiner Kante gehören, auch nicht als solche erkannt werden. Weiterhin wird verlangt, daß Kanten möglichst an ihrer wirklichen Position detektiert werden (*Lokalisation*). Um ein Verschmieren zu vermeiden, sollte auf eine Kante auch nur eine Antwort kommen. Darüber hinaus spielen numerische Kriterien wie z.B. schnelle Berechenbarkeit, Ganzzahl-Arithmetik (im Gegensatz zur Fließkomma-Arithmetik) und auch subjektive Kriterien eine wichtige Rolle bei den Anforderungen an Kantendetektoren.

Da es sich bei Kanten um hochfrequente Bildanteile handelt, sind Kantendetektoren *grundsätzlich* auch empfindlich gegenüber Rauschen. Die prinzipielle Schwierigkeit besteht in der Unterscheidung der zufälligen Signalfluktuationen (Rauschen) von gesuchten Grauwertdiskontinuitäten, die mit relevanten Kanten korrespondieren.

Um die korrekten Kanten zu ermitteln, muß daher vor der Kantendetektion eine Filterung durchgeführt werden, die eine Unterdrückung des Rauschens und eventuell unerwünschter feiner Details bewirkt. Das kann aber dazu führen, daß Kanten verschmiert und damit die Güte der Lokalisation verschlechtert wird. Die üblichen Kantendetektoren bestehen also in der Regel aus einem Glättungs- und einem Kantenverstärkungsteil (vgl. Kap. 6.1.3).

6.1.3 Kantendetektionsschema

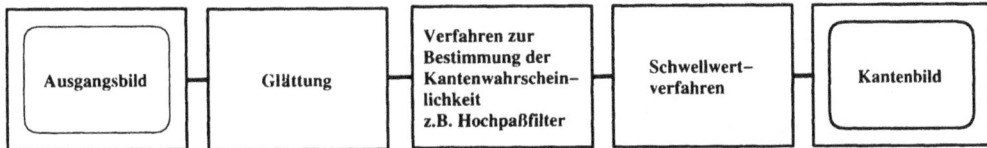

Bild 6.3: Typisches Kantendetektionsschema.

Ein Beispiel für eine typische Vorgehensweise bei der Kantendetektion – mit Hilfe paralleler Kantendetektionsverfahren (vgl. Kap. 6.1.4) – ist in Bild 6.3 wiedergegeben. Durch die Glättung werden störende Feinheiten und vor allem Rauschen im Originalbild vermindert. Dies entspricht einer Tiefpaßfilterung.

Die darauffolgende Hochpaßfilterung verstärkt Diskontinuitäten, also mögliche Kanten. Die Stärke der Antwort liefert ein Maß für die Wahrscheinlichkeit des Vorliegens einer Kante.

In der letzten Stufe folgt durch ein Schwellwertverfahren eine Binärisierung. Durch den/die gewählten Schwellwert(e) wird die endgültige Entscheidung über das Vorliegen einer Kante getroffen. Die Höhe der Schwelle richtet sich nach der Art und der „Stärke" der gesuchten Kanten.

6.1.4 Einteilung der Kantenoperatoren

Die unterschiedlichen Arten von Kantendetektoren kann man grob in parallele und sequentielle Verfahren unterteilen.

Parallele Verfahren

Bei diesen Verfahren wird lokal ein Eigenschaftsvektor bestimmt, der Angaben wie Kantenstärke, Kantenrichtung oder Maße für die Kantenform enthält. Das entscheidende Merkmal der parallelen Verfahren ist dabei, daß der Eigenschaftsvektor nur von der Bildfunktion abhängt und nicht von benachbarten Kantendetektionsergebnissen. Anhand des Eigenschaftsvektors wird dann über das Vorliegen eines Kantenpunktes entschieden. Ein Beispiel für solch einen Akzeptanztest wäre ein Schwellwertverfahren.

In diese Gruppe fallen:

- *Differenz-Operatoren*

  Dabei handelt es sich um einfache, lokale Operatoren, die eine Approximation der ersten oder zweiten Ableitung darstellen. Beispiele sind Differenz-Operatoren erster Ordnung, wie der Roberts-, der Prewitt- und der Sobel-Operator (vgl. Kap. 6.1.6) und Differenz-Operatoren zweiter Ordnung, wie die verschiedenen Formen des Laplace-Operators (vgl. Kap. 6.1.7).

- *„Optimale" Operatoren*

  Beispiele sind der Marr-Hildreth-Operator (vgl. Kap. 6.1.8), der Difference-of-Gaussian (DoG) [MH80], [Hil83], [TP86] und der Canny-Operator (vgl. Kap. 6.1.9). Diese Operatoren werden als „optimale" Operatoren bezeichnet, da ihnen eine mathematische Herleitung zugrunde liegt, die ihrerseits auf Beobachtungen und Modellvorstellungen basiert. Grundlage ist auch hier die Bildung von Ableitungen, aber im Gegensatz zu den einfachen, lokalen Operatoren handelt es sich aufgrund der großen Einzugsbereiche eher um regionale Operatoren.

- *Parametrisierte Kantenmodelle*

  Die Masken sind bei diesen Verfahren nicht starr festgelegt, sondern sie können über Parameter variiert werden. Dadurch ist eine teilweise automatische Adaption an unterschiedliche Vorlagen möglich. Eine Zusammenstellung derartiger Verfahren findet sich zum Beispiel in [Wah84].

Sequentielle Verfahren

Bei den sequentiellen Verfahren hängt das Ergebnis des Akzeptanztests von benachbarten Ergebnissen (lokal) oder sogar von weiter entfernten Ergebnissen (regional, global) ab. Diese Verfahren basieren auf a priori Wissen über die Struktur der gesuchten Kanten, wie z.B. der Form und/oder Vorwissen über die Bildfunktion.

Da die sequentiellen Verfahren aber ebenfalls auf Bestimmung der Eigenschaftsvektoren aufbauen und damit auf paralleler Kantendetektion, werden sie auch als Verfahren zur „Kantennachbearbeitung" bezeichnet.

Aufgrund der Vielfalt des möglichen einzubringenden Vorwissens und der Komplexität der Verfahren können hier nur die folgenden Verfahren exemplarisch für den Bereich der sequentiellen Kantendetektionsalgorithmen behandelt werden:

- *Non-Maxima-Suppression* (vgl. Kap. 6.1.9) und *Constraint-Thinning* (vgl. Kap. 6.1.9),

- *Hysteresis-Threshold* (vgl. Kap. 6.1.9),

- *Hough-Transformation* (vgl. Kap. 6.1.10).

6.1.5 Differentiation

Wie bereits in den vorangegangenen Kapiteln dargelegt wurde, kann die Existenz und Lage von Kanten mit Hilfe von Ableitungen bestimmt werden. Im folgenden Abschnitt sollen die mathematischen Grundlagen der Differentiation im Kontinuierlichen und der Übergang ins Diskrete dargestellt werden.

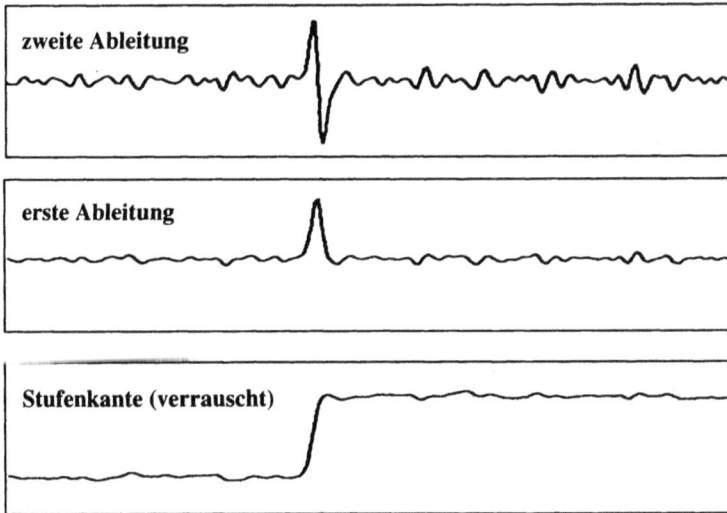

Bild 6.4: Verrauschte Stufenkante, ihre erste und zweite Ableitung.

Ableitungen erster Ordnung, Gradient

Betrachtet man zunächst eine eindimensionale, kontinuierliche und überall differenzierbare Funktion $f(x)$ wie in Bild 6.4, so besteht offensichtlich eine Möglichkeit der Beschreibung der Diskontinuitäten von $f(x)$ in der Bestimmung der Ableitungen.

Die *erste Ableitung* ist definiert als Grenzwert:

$$f'(x_0) = \frac{df(x_0)}{dx} = \lim_{x \to x_0} \frac{f(x) - f(x_0)}{x - x_0}.$$

(6.5)

Dieser Grenzwert wird auch als *Differentialquotient* bezeichnet, im Gegensatz zum *Differenzenquotienten*

$$\frac{f(x) - f(x_0)}{x - x_0}. \tag{6.6}$$

Geometrisch läßt sich die Ableitung als Steigung der Tangente an die Funktionskurve im Punkt (x_0) interpretieren, mit $\tan\alpha = f'(x_0)$, wobei α den Winkel zwischen x-Achse und Tangente beschreibt.

Im Fall von höherdimensionalen Bildfunktionen

$$f\colon \mathbb{R}^n \longrightarrow \mathbb{R}, \quad n \geq 2$$

müssen Richtungsableitungen gebildet werden.

Der Grenzwert

$$\frac{\partial f(x_1^0, x_2^0, ...)}{\partial \vec{e}} = \lim_{k \to 0} \frac{f(x_1^0 + ke_1, x_2^0 + ke_2, ...) - f(x_1^0, x_2^0, ...)}{k} \tag{6.7}$$

heißt *Richtungsableitung von f in Richtung* $\vec{e} = (e_1, e_2, ...)$ ($|\vec{e}| = 1$) *an der Stelle* $P_0 = (x_1^0, x_2^0, ...)$. Die Richtungsableitung läßt sich auch schreiben als:

$$\frac{\partial f(P_0)}{\partial \vec{e}} = \sum_{k=1}^{n} \frac{\partial f(P_0)}{\partial x_k} \cos\alpha_k. \tag{6.8}$$

Dabei bezeichnet α_k den Winkel zwischen $\vec{e}$ und der betreffenden positiven Koordinatenachse $(\vec{e_k})$. Die *partielle Ableitung von f nach* x_k *im Punkt* P_0, $\frac{\partial f(P_0)}{\partial x_k}$, ist definiert als Grenzwert:

$$\frac{\partial f(P_0)}{\partial x_k} = \lim_{x_k \to x_k^0} \frac{f(x_1^0, ..., x_{k-1}^0, x_k, x_{k+1}^0, ...) - f(x_1^0, x_2^0, ...)}{x_k - x_k^0}. \tag{6.9}$$

Die Richtungsableitung beschreibt die Steigung *in Richtung des Einheitsvektors* $\vec{e}$ am Ort P_0. Aufgrund dieser Richtungsabhängigkeit bezeichnet man die Richtungsableitung als *anisotrope Operation*. Das Maximum der Richtungsableitung wird erreicht, wenn die Ableitungsrichtung gerade in Richtung des stärksten Anstiegs der Bildfunktion $f(x_1, x_2, ...)$ zeigt.

Der Vektor

$$\nabla f(P_0) = \left(\frac{\partial f(P_0)}{\partial x_1}, \frac{\partial f(P_0)}{\partial x_2}, ... \right) \tag{6.10}$$

heißt Gradient von f an der Stelle P_0. Da bei der Bildung des Gradienten keine Richtung vor einer anderen ausgezeichnet ist, spricht man von einer isotropen Operation.

Der Gradient besitzt einige für die Kantendetektion herausragende Eigenschaften:

1. Der Betrag des Gradienten entspricht der Steigung der Funktion am Ort (P_0) in Richtung des Gradienten:

$$|\nabla f(P_0)| = \sqrt{\left(\frac{\partial f(P_0)}{\partial x_1}\right)^2 + \left(\frac{\partial f(P_0)}{\partial x_2}\right)^2 + \dots} \qquad (6.11)$$

2. Der Gradient $\nabla f(P_0)$ zeigt immer in Richtung des stärksten Anstiegs, d.h. in Richtung der größten Änderung von f am Punkt P_0.

3. Der Gradient steht senkrecht zu den Niveauflächen [1] von f.

Obwohl, wie in Bild 6.5 dargestellt ist, der Gradient im allgemeinen nicht genau senkrecht auf der Kante steht, wird häufig die Kantenrichtung durch die Richtung des Gradienten definiert.

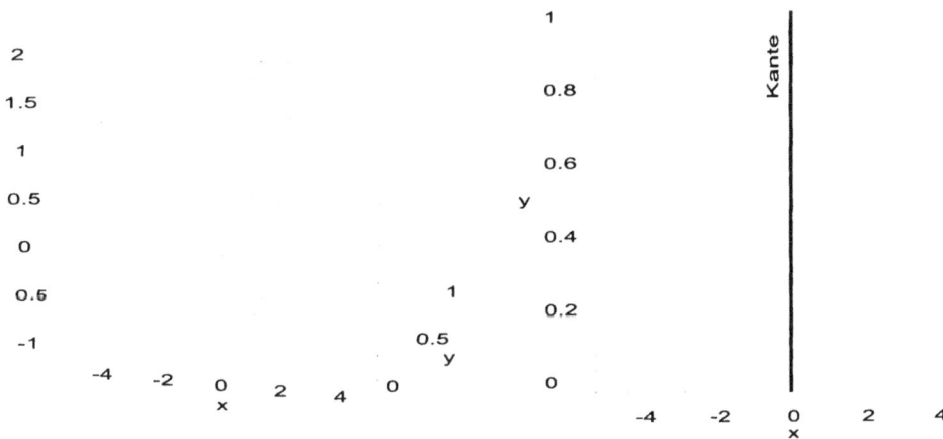

Bild 6.5: Das linke Bild zeigt eine Kante in einem Höhenfeld, das eine Stufenkante entlang der y-Achse enthält, dessen Höhenwerte aber in y-Richtung wachsen. Im rechten Bild sind Höhenlinien dieses Höhenfeldes dargestellt. Wie man erkennt, velaufen die Höhenlinien nicht exakt parallel zur Kante, sondern schneiden diese.

Höhere Ableitungen, Laplace-Operator

Die Definition der zweiten Ableitung leitet sich von der ersten Ableitung ab. So ist die *zweifache partielle Ableitung nach x_l und x_k* definiert als:

---

[1]Ist die Bildfunktion $f : \mathbb{R}^n \longrightarrow \mathbb{R}$ differenzierbar und ein $q \in \mathbb{R}$ gegeben, so heißt die Menge

$$S(q) = \{p \in \Omega \mid f(p) = q\}$$

Isofläche oder Niveaufläche von f zum Wert q. Ist f eine zweidimensionale Bildfunktion, d.h. $f : \mathbb{R}^2 \longrightarrow \mathbb{R}$, so entsprechen die Niveauflächen von f genau den Höhenlinien der Grauwerte im Bild.

$$\frac{\partial^2 f}{\partial x_l \partial x_k}(P_0) = \frac{\partial}{\partial x_l}\left(\frac{\partial f}{\partial x_k}\right)(P_0). \tag{6.12}$$

Die zweite Ableitung nach derselben Koordinate (z.B. $\frac{\partial^2 f}{\partial x_1 \partial x_1}$) beschreibt die Steigung (Änderung) der ersten Ableitung in die betreffende Richtung (hier x_1) und damit die Krümmung der Funktion f in dieser Richtung. Daher bildet sie neben konstanten Bereichen auch Bereiche mit konstanter Steigung auf Null ab.

Damit wird klar, daß für eindimensionale Bildfunktionen eine weitere Möglichkeit der Lokalisation von Diskontinuitäten in der Bestimmung der Nulldurchgänge der zweiten Ableitung besteht, wie auch in Bild 6.4 deutlich zu erkennen ist. Allerdings werden auch Wendepunkte der Funktion auf Nulldurchgänge der zweiten Ableitung abgebildet. Wendepunkte können anhand der zusätzlichen Bedingung $f''' f' \leq 0$ ausgeschlossen werden. Manchmal wird auch der Betrag der zweiten Ableitung für die Detektion von Kanten verwendet. Mit Hilfe des Betrags der zweiten Ableitung können diejenigen Orte ausfindig gemacht werden, an denen sich die Steigung der Funktion f abrupt ändert.

Für mehrdimensionale Bildfunktionen verwendet man den *Laplace-Operator* ∇^2, der auf der Bildung der zweiten Ableitungen basiert. Er ist definiert als

$$\nabla^2 f(x_1, x_2, ...) = \frac{\partial^2 f(x_1, x_2, ...)}{\partial x_1^2} + \frac{\partial^2 f(x_1, x_2, ...)}{\partial x_2^2} + ... \tag{6.13}$$

Dieser Operator liefert keine Information über die Richtung einer Diskontinuität.

6.1.6   Differenz-Operatoren erster Ordnung

In der digitalen Bildverarbeitung hat man es mit quantisierten Funktionswerten auf einem diskreten Raster zu tun. Aufgrund des diskreten Rasters (Gitterabstand = 1) ist der Grenzübergang des infinitesimalen Zusammenrückens zweier Punkte in Gleichung 6.5 nicht durchführbar. Der Differentialquotient geht in den Differenzenquotienten über, bzw. wird durch ihn approximiert (vgl. Gleichungen 6.5 und 6.6). Für diese Approximation der ersten Ableitung im Diskreten gibt es aber mehrere Möglichkeiten (nur im Falle des Grenzübergangs wären diese Möglichkeiten gleichwertig),

$$
\begin{aligned}
\frac{\partial f(x,y)}{\partial x} &\approx \frac{f(x,y) - f(x-\Delta x, y)}{\Delta x} && \text{Rückwärtsdifferenz } D_x^-; \\
&\approx \frac{f(x+\Delta x, y) - f(x,y)}{\Delta x} && \text{Vorwärtsdifferenz } D_x^+; \\
&\approx \frac{f(x+\Delta x, y) - f(x-\Delta x, y)}{2\Delta x} && \text{Symmetrische Differenz } D_x^s.
\end{aligned}
\tag{6.14}
$$

wobei $\Delta x \geq 1$ und $\Delta x \epsilon \mathbb{N}$ ist. Irreführenderweise werden diese Differenzen oftmals als „Gradienten" bezeichnet.

Die beste Approximation wird jeweils in der Mitte des betrachteten Intervalls erreicht. Das bedeutet, daß sich die Ergebnisse sowohl der Vorwärts- als auch der Rückwärtsdifferenz auf Zwischengitterplätze beziehen. Die symmetrische Differenz D_x^s dagegen erzielt die beste Approximation direkt auf dem zentralen Gitterplatz.

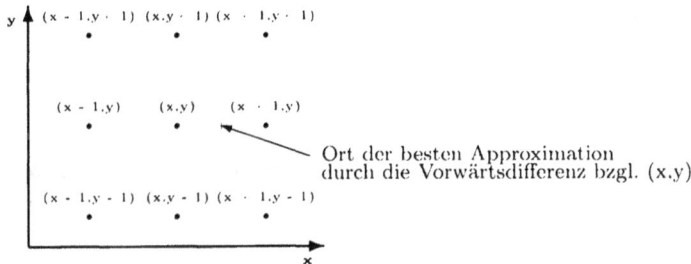

Bild 6.6: Lokale Umgebung des untersuchten Punktes (x, y).

Eine Möglichkeit der Implementierung der Differenzen D_x^-, D_x^+ und D_x^s besteht in der Formulierung als Faltungsoperatoren (vgl. Gl. 5.125). Im Falle der Vorwärts- und der Rückwärtsdifferenz wird hier der minimal mögliche Abstand 1 gewählt. Bei der symmetrischen Differenz wird der Nenner ebenfalls auf 1 gesetzt, da er nur eine Skalierung des Ergebnisses ergeben würde, was für eine nachfolgende Schwellwertstufe (vgl. Bild 6.3) ohne Bedeutung ist.

$$D_x^- \text{ und } D_x^+ \quad : \quad [-1 \ 1] \tag{6.15}$$

$$D_x^s \quad : \quad [-1 \ 0 \ 1] \tag{6.16}$$

Die entsprechenden Differenzen in y-Richtung werden durch Transponierung der Matrizen erzeugt.

In Gleichung 6.11 wurde der Betrag des Gradienten mit Hilfe der euklidischen Norm (L_2-Norm) berechnet. Dies setzt die Berechnung einer rechenintensiven Quadratwurzel-Operation pro berechnetem Ergebniswert voraus. Vor allem in den Fällen, in denen diese Operation nicht durch entsprechende Hardwareunterstützung (Floating Point Unit) schnell durchgeführt werden kann, werden oftmals die L_1- oder die L_∞-Norm verwendet [KM89]:

$$G_1 = \left| \frac{\partial f(x,y)}{\partial x} \right| + \left| \frac{\partial f(x,y)}{\partial y} \right|, \tag{6.17}$$

$$G_\infty = \max \left\{ \frac{\partial f(x,y)}{\partial x}, \frac{\partial f(x,y)}{\partial y} \right\}. \tag{6.18}$$

Für diese Normen gilt:

$$G_1 \geq G_2 \geq G_\infty. \tag{6.19}$$

Die Gleichheit gilt nur, wenn entweder $\partial f/\partial x = 0$ oder $\partial f/\partial y = 0$.

Einfache Differenz-Operatoren erster Ordnung

Wie in den vorigen Abschnitten gezeigt wurde, kann die diskrete Approximation der Ableitung als Kantenoperator verwendet werden. Zur Berechnung der Vorwärts- bzw. Rückwärts-Differenz werden 3 x 3-Masken [2] verwendet:

$$f_{out}(k,l) = \sum_{j=-1}^{1} \sum_{i=-1}^{1} D(i,j) f_{in}(k+i, l+j). \tag{6.20}$$

Diese Operation kann auch als Faltung (vgl. Gl. 5.125) mit einer Faltungsmaske

$$D'(i,j) = D(-i,-j) \tag{6.21}$$

aufgefaßt werden.

$$D_x^- = \begin{bmatrix} 0 & 0 & 0 \\ -1 & 1 & 0 \\ 0 & 0 & 0 \end{bmatrix} \qquad D_y^- = \begin{bmatrix} 0 & -1 & 0 \\ 0 & 1 & 0 \\ 0 & 0 & 0 \end{bmatrix}$$

$$D_x^+ = \begin{bmatrix} 0 & 0 & 0 \\ 0 & -1 & 1 \\ 0 & 0 & 0 \end{bmatrix} \qquad D_y^+ = \begin{bmatrix} 0 & 0 & 0 \\ 0 & -1 & 0 \\ 0 & 1 & 0 \end{bmatrix}$$

Beim *Roberts-Operator* [RK76] wird die Differenzbildung in diagonaler Richtung durchgeführt, daher wird dieser Operator auch *Roberts-Cross* genannt.

$$D_1 = \begin{bmatrix} 0 & -1 & 0 \\ 1 & 0 & 0 \\ 0 & 0 & 0 \end{bmatrix} \qquad D_2 = \begin{bmatrix} -1 & 0 & 0 \\ 0 & 1 & 0 \\ 0 & 0 & 0 \end{bmatrix}$$

a)   b)

c)   d)   e)

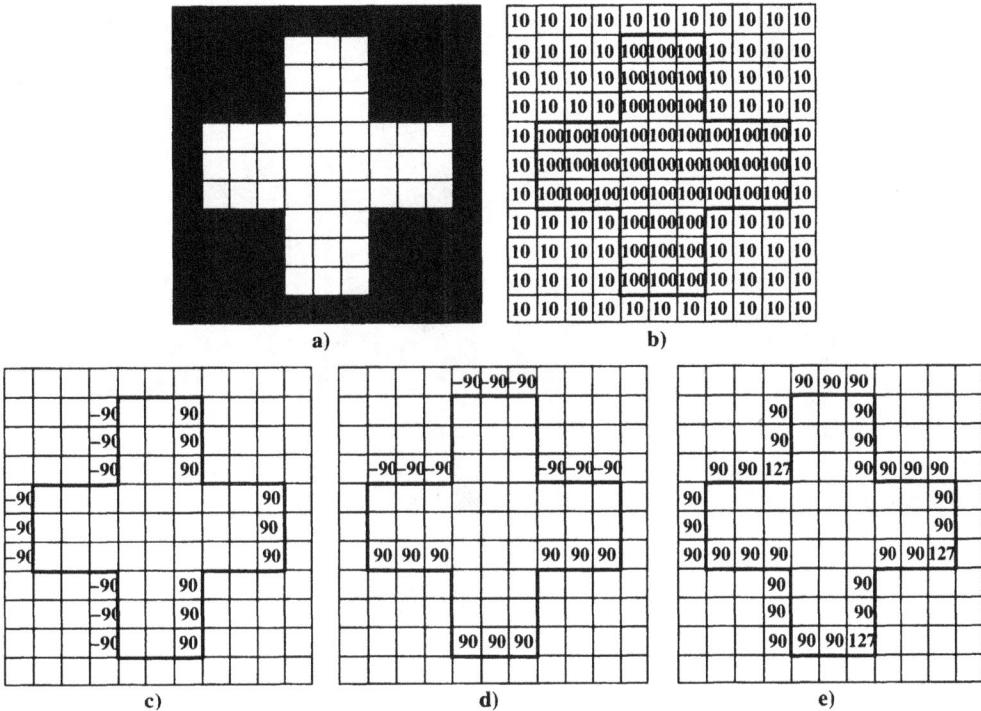

Bild 6.7: *Wirkungsweise der Faltung des Originalbildes mit den Faltungsmasken D_x^+ und D_y^+, die die Richtungsableitungen erster Ordnung in x- und y-Richtung approximieren. Zur Berechnung der Faltungsergebnisse siehe Kapitel 5.5.3 und Bild 5.39. e) zeigt den Betrag des Gradienten, gebildet aus den Richtungsableitungen D_x^+ in c) und D_y^+ in d). Im Randbereich wurden die Zeilen/Spalten des Originals dupliziert.*

Diese Operatoren sind extrem einfach zu berechnen, da jeweils nur zwei Maskenkoeffizienten ungleich Null sind. Außerdem können die Multiplikationen bei der Faltung aufgrund der Faktoren ± 1 durch Additionen bzw. Subtraktionen ersetzt werden.

Äußerst nachteilig wirkt sich aber die fehlende Tiefpaßfilterung (Glättung) auf die Rauschempfindlichkeit aus, wie im Vergleich von Bild 6.8 und 6.9 eigentlich zu sehen sein sollte, aber aufgrund der Wiedergabe als Halbtonbild (vgl. Kap. 5.2) leider kaum zu erkennen ist. Für eine anschließende Weiterverarbeitung der Kanteninformation können diese Unterschiede aber entscheidend sein.

Deshalb werden die oben dargestellten einfachen Differenz-Operatoren bei verrauschten Bildern auch größtenteils durch die nachfolgend beschriebenen Operatoren mit integrierter Glättung ersetzt.

Die Ergebnismatrizen (Ergebnisbilder nach der Faltung) sind gegenüber den Ausgangs-

---

[2]Die Formulierung als 3 x 3-Maske wurde gewählt, um die Zentrierung auf die Mitte als dem Punkt, dem das Ergebnis zugewiesen wird, zu verdeutlichen.

a) Original   b) Roberts–Operator

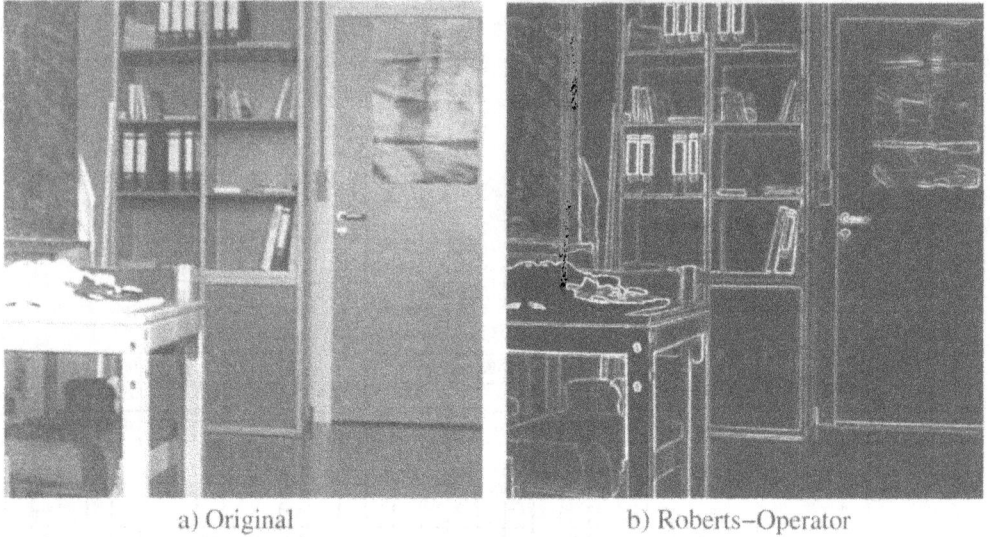

Bild 6.8: Original und Ergebnis des Roberts-Operators.

bildmatrizen jeweils um ein halbes Abtastintervall in Differenzierungsrichtung verschoben. Der *symmetrische Gradient*, als Faltungsmaske geschrieben, ergibt:

$$D_x \quad \begin{bmatrix} 0 & 0 & 0 \\ -1 & 0 & 1 \\ 0 & 0 & 0 \end{bmatrix} \qquad D_y \quad \begin{bmatrix} 0 & 1 & 0 \\ 0 & 0 & 0 \\ 0 & -1 & 0 \end{bmatrix}$$

Die Ergebniswerte liegen direkt auf Gitterplätzen. Wie Jähne in [Jä89] zeigt, beinhaltet die symmetrische Differenz eine Tiefpaßwirkung. Da jeweils nur die übernächste Zeile bzw. Spalte in die Differenzbildung miteinbezogen wird, gehen kleine Störungen benachbarter Zeilen bzw. Spalten nicht in das Ergebnis ein. Damit wird der Operator etwas unempfindlicher gegenüber Störungen in der Zone des Grauwertüberganges (vgl. Kantenmodelle in Kap. 6.1.1).

Prewitt- und Sobel-Operator

Um die Empfindlichkeit der Kantenoperatoren gegenüber Rauschen weiter zu vermindern, kann eine Mittelwertbildung über die Differenzen der Nachbarpunkte durchgeführt werden. Dadurch wird eine Glättungswirkung senkrecht zur Richtung der Differenzbildung erzielt. Erkauft wird diese geringere Rauschanfälligkeit aber mit einer etwas verbreiterten Kontur im ungestörten Fall.

Der Prewitt-Operator [BB82] beinhaltet sowohl eine Glättung durch einfache Mittelwertbildung („bewegter Mittelwert") über eine 3-Punkte-Nachbarschaft senkrecht zur Differenzierungsrichtung, als auch die Glättungswirkung der symmetrischen Differenz D^s in Richtung der Differenzbildung. Dadurch besitzt er eine deutlich bessere Rauschimmunität als z.B. der Roberts-Operator.

$$D_x \begin{bmatrix} -1 & 0 & 1 \\ -1 & 0 & 1 \\ -1 & 0 & 1 \end{bmatrix} \qquad D_y \begin{bmatrix} -1 & -1 & -1 \\ 0 & 0 & 0 \\ 1 & 1 & 1 \end{bmatrix}$$

Ein sehr häufig verwendeter Kantenfilter ist der Sobel-Operator [Pra78] (vgl. Bild 6.9). Er enthält eine Glättung quer zur Differenzierungsrichtung mit einer |1 2 1|-Binomial--Filtermaske. Die Binomial-Verteilung wird als diskrete (im 3x3-Fall sehr grobe) Approximation der Gauß-Verteilung verwendet.

$$D_x \begin{bmatrix} -1 & 0 & 1 \\ -2 & 0 & 2 \\ -1 & 0 & 1 \end{bmatrix} \qquad D_y \begin{bmatrix} -1 & -2 & -1 \\ 0 & 0 & 0 \\ 1 & 2 & 1 \end{bmatrix}$$

Die Ergebnisse des Sobel-Operators sind dem des Prewitt-Operators sehr ähnlich bis leicht schlechter [Gru91].

a) Sobel–Operator   b) Laplace–Operator

Bild 6.9: Sobel-Operator und Laplace-Operator. Beim Laplace-Operator wurden hier nur diejenigen Nulldurchgänge als Kantenelemente akzeptiert, bei denen eine Differenz von mindestens 50 zwischen den Filterergebnissen der aneinandergrenzenden Pixel bestand.

6.1.7 Differenz-Operatoren zweiter Ordnung

Wie bereits in Kapitel 6.1.5 dargestellt wurde, kann die Lokalisation von Kanten auch anhand der zweiten Ableitungen erfolgen.

Der Laplace-Operator

Die Approximation der zweiten Ableitung kann auf die Approximation der ersten Ableitung zurückgeführt werden. In diesem Fall bietet sich die Verwendung der D^+- und der D^--Differenz an, um Symmetrie bezüglich des Mittelpunkts und dem Ort der besten Approximation zu erzielen.

$$D_x^2 = D_x^- \, D_x^+ \tag{6.22}$$

Ausformuliert mit Hilfe der Gleichung 6.14 bedeutet das am Beispiel der Approximation der zweifachen partiellen Ableitung nach x:

$$
\begin{aligned}
\frac{\partial^2 f(x,y)}{\partial x^2} &= \frac{\partial}{\partial x}\left(\frac{\partial f(x,y)}{\partial x}\right) \\
&\approx \frac{\partial}{\partial x}\left(\frac{f(x+\Delta x,y)-f(x,y)}{\Delta x}\right) \\
&\approx \frac{f(x+\Delta x,y)-f(x,y)-[f(x,y)-f(x-\Delta x,y)]}{Deltax^2} \\
&= \frac{f(x+\Delta x,y)-2f(x,y)+f(x-\Delta x,y)}{\Delta x^2}.
\end{aligned}
$$
$$\tag{6.23}$$
$$\tag{6.24}$$

Mit dem kleinstmöglichen Wert $\Delta x = 1$ ergibt sich folgende Formulierung als Maske (bis auf den Skalierungsfaktor):

$$D_x^2 = [1 \; -2 \; 1] \tag{6.25}$$

Der *Laplace-Operator* ergibt sich mit Hilfe dieser Approximation und aufgrund der Linearität zu:

$$
\begin{aligned}
L &= D_x^2 + D_y^2 \\
&= \begin{bmatrix} 0 & 0 & 0 \\ 1 & -2 & 1 \\ 0 & 0 & 0 \end{bmatrix} + \begin{bmatrix} 0 & 1 & 0 \\ 0 & -2 & 0 \\ 0 & 1 & 0 \end{bmatrix} = \begin{bmatrix} 0 & 1 & 0 \\ 1 & -4 & 1 \\ 0 & 1 & 0 \end{bmatrix}
\end{aligned} \tag{6.26}
$$

Der Laplace-Operator ist anfälliger gegenüber Bildstörungen und ist ohne eine vorherige Tiefpaßfilterung, zumindest bei Bildern mit mittlerem bis niedrigem Signal-zu-Rauschverhältnis, relativ nutzlos, wie Bild 6.9 eindrücklich demonstriert. Die hohe Empfindlichkeit gegenüber Störungen wird besonders deutlich, wenn man das Verhalten der oben genannten Maske gegenüber einzelnen Punkten und Linien betrachtet. Einzelne Punkte werden viermal so stark wie eine Kante, ein Linienende dreimal und eine 1-Pixel breite Linie doppelt so stark detektiert. Diese Effekte können aber bei der Mustererkennung unter Umständen positiv ausgenutzt werden. Der Laplace-Operator liefert, angewandt auf eine beliebig geneigte Ebene, den Wert 0, obwohl die Gradienten dieser Fläche nicht notwendig den Wert 0 haben. Weiterhin liefert er keine Richtungsinformation. Durch Ausnutzung der Symmetrie und der Implementierung der Multiplikation durch Shift (= binäre Bitverschiebung) kann die Berechnung vereinfacht und beschleunigt werden.

6.1.8 Der Marr-Hildreth-Operator

Der *Marr-Hildreth-Operator* [MH80], [Hil83] ist ein Bandpaßfilter, also eine Kombination eines Tiefpaßfilters mit einem Hochpaßfilter. Dieser Filter ist eine gute Approximation der DoG-Funktion (Difference-of-Gaussians, Differenz zweier Gaußfunktionen), die zur Modellierung des menschlichen Sehens verwendet wird. Ein einfacher Hochpaßfilter detektiert zwar die für die Kanten charakteristischen hohen Frequenzen, verstärkt gleichzeitig aber das hochfrequente Rauschen. Deshalb kombiniert der Marr-Hildreth-Operator ihn mit einem Tiefpaß, der die hohen Frequenzen unterdrückt.

Der erste Schritt des Marr-Hildreth-Operators besteht in der Glättung des zu bearbeitenden Bildes durch die Gaußfunktion

$$G_\sigma(x,y) = \frac{1}{\sqrt{2\pi\sigma^2}} \left(\exp \frac{-(x^2+y^2)}{2\sigma^2} \right). \tag{6.27}$$

Man erhält

$$f_{glatt}(x,y) = G_\sigma(x,y) * f_{input}(x,y). \tag{6.28}$$

Durch die Standardabweichung σ kann die Glättung gesteuert werden.

Im zweiten Schritt wird dann mit dem klassischen Laplace-Operator eine Anhebung der hohen Frequenzen durchgeführt:

$$f_{out}(x,y) = \nabla^2 f_{glatt}(x,y). \tag{6.29}$$

Da beide Filter linear und ortsunabhängig sind, können sie in einem Filter, dem Marr-Hildreth-Operator (*LoG = Laplacian-of-Gaussian*), kombiniert werden. Es gilt:

$$f_{out}(x,y) = \nabla^2(G_\sigma(x,y) * f_{input}(x,y)) = (\nabla^2 G_\sigma(x,y)) * f_{input}(x,y) \tag{6.30}$$

Der Operator wird auch oft wegen seiner charakteristischen Form „Mexican Hat" genannt (vgl. Bild 6.10).

$$LoG = \nabla^2 G_\sigma(x,y) = -\frac{1}{\sqrt{2\pi\sigma^4}} \left(2 - \frac{(x^2+y^2)}{\sigma^2} \right) e^{-\frac{(x^2+y^2)}{2\sigma^2}}. \tag{6.31}$$

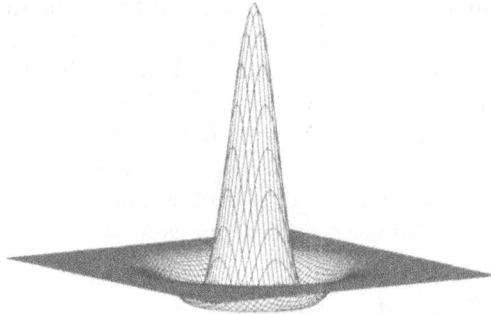

Bild 6.10: Die mit -1 multiplizierte LoG-Funktion des Marr-Hildreth-Operators („Mexican Hat").

Als Parameter wird nur die Standardabweichung benötigt. Für die Verwendung des LoG-Operators in einem digitalen Rechner muß die kontinuierliche LoG-Funktion (Gleichung 6.31) durch eine diskrete Filterfunktion approximiert werden. Dazu sind die Schritte „Abtastung" und „Clipping" der eigentlich nur im Unendlichen gegen Null konvergierenden Funktion notwendig. Als Maskengröße werden zumeist Werte im Bereich des 3- bis 4-fachen der Distanz w zwischen den Nullstellen der LoG-Funktion verwendet, mit $w = 2\sqrt{2}\,\sigma$. Es ist wichtig, daß die Funktion nicht zu früh geclippt wird, damit eine gute Approximation erreicht wird und keine steilen Kanten entstehen.

Die Kantenpunkte werden dann anhand der Nulldurchgänge des gefilterten Bildes ermittelt, d.h. die Kantenpunkte sind durch

$$f_{out} = LoG * f_{in} = 0$$

charakterisiert. Dadurch fehlt dem Operator aber auch ein aussagekräftiges Maß für die Stärke von Kanten. Andererseits werden die Kanten als geschlossene Konturen (topologische Eigenschaft) gefunden. Außerdem ist die Filtermaske im Vergleich zu der anderer Verfahren relativ groß und somit auch die Rechenzeit. Durch die Detektion der Nulldurchgänge entstehen automatisch 1-Pixel breite Kanten. Eine Skelettierung ist daher nicht mehr notwendig. Infolge der Geschlossenheit der Nulldurchgänge können in Bildern prinzipiell keine Kreuzungspunkte mit einer ungeraden Zahl sich treffender Kanten korrekt detektiert werden. Im erzeugten Kantenbild treffen sich immer nur eine gerade Anzahl an Geraden im Kreuzungspunkt (vgl. die Tischkanten in Bild 6.11). Diejenigen Konturen, die fälschlicherweise nicht mit dem Kreuzungspunkt verbunden detektiert werden, bilden andere geschlossene Konturen, die offensichtlich oftmals über weite Strecken falsch sind. Diese falsche Fortführung ist instabil, d.h. extrem rauschabhängig.

Im menschlichen Gehirn scheint der größte Teil der für ein solches Filter nötigen Hardware ebenfalls schon vorhanden zu sein. Schon Ernst Mach stellte 1865 fest, daß bei der visuellen Wahrnehmung die räumlichen Schwankungen in der Lichtintensität offenbar verstärkt werden. Diese Verstärkung vermutete er in einem neuronalen Mechanismus. Mitte dieses Jahrhunderts stellte man dann fest, daß die Netzhaut etwas ganz Ähnli-

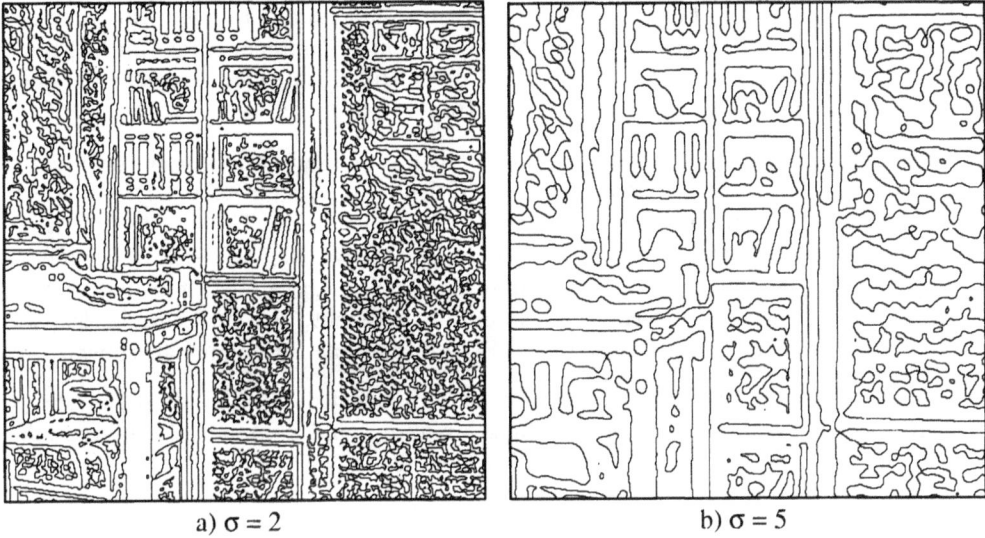

a) σ = 2   b) σ = 5

Bild 6.11: Der Marr-Hildreth-Operator: a) σ = 2: b) σ = 5).

ches leistet wie das oben beschriebene Zentrum-Umkreis-Filter (im Zentrum positiv - im Umkreis negativ. vgl. Bild 6.10).

Jede der Nervenfasern, die die Signale zum Gehirn weiterleiten. ist mit einer Gruppe von Photorezeptoren verbunden. Bei bestimmten Sehnervenzellen ist das rezeptive Feld in Zentrum und Umkreis unterteilt. Die Helligkeit im Zentrum des rezeptiven Feldes erregt die Sehnervenzelle. Helligkeit in einem umgebenden Ring hemmt deren Erregung. also genau so. wie es bei der Laplace-Ableitung einer Gauß-Funktion der Fall ist. Man sagt auch oft. das rezeptive Feld habe ein AN-Zentrum und einen AUS-Umkreis. Bei anderen Sehnervenzellen ist es genau umgekehrt. Dies ist notwendig. da Nerven keine Signale mit „negativem" Vorzeichen weiterleiten können.

6.1.9   Der Canny-Operator

Canny geht bei der Herleitung seiner „optimalen" Operatoren sehr streng mathematisch vor. Er beschreibt in [Can83] und [Can86] eine allgemeine Entwurfsprozedur für Kantenoperatoren. Grundlage sind zum einen einige Annahmen bezüglich Kantenform und Klasse der möglichen Operatorart und zum anderen die mathematisch geschlossene Formulierung von allgemeinen Leistungskriterien in Abhängigkeit von der gesuchten Operatorfunktion $g(x,y)$. Durch Anwendung von Variationsmethoden und ihrer numerischen Lösung kann so diejenige Operatorfunktion gefunden werden, die die aufgestellten Leistungskriterien am besten erfüllt. Explizit führt Canny diese Entwurfsprozedur für den Fall der Stufenkanten durch und gelangt so zu einem Ausdruck, der eine Linearkombination aus vier Exponentialfunktionen darstellt. Er zeigt, daß dieser Ausdruck durch die erste Ableitung der Gaußfunktion approximiert werden kann.

Auf Basis dieser Untersuchungen schlägt Canny das Maximum der ersten Ableitung der gaußgeglätteten Bildfunktion als Definition des gesuchten Kantenorts vor. Im folgenden werden die einzelnen Schritte beschrieben, mit deren Hilfe Kanten entsprechend der oben angegebenen Definition gesucht werden (vgl. Bild 6.14).

Während sich eine Kante in einer Dimension allein durch eine Koordinate beschreiben läßt, besitzt sie in zwei Dimensionen auch eine Orientierung (vgl. Kap. 6.1.5). Unter Orientierung versteht man dabei die Richtung der Tangente an die Kontur, die durch die einzelnen Kantenelemente beschrieben wird. Diese Orientierung läßt sich mit Hilfe des Gradienten der (hier vorher geglätteten) Bildfunktion $G_\sigma(x,y) * f_{input}(x,y)$ bestimmen, da der Gradient gerade senkrecht zur Kantenrichtung steht, also in Richtung der Normalen $\vec{n}$ zur Kantenrichtung. Im diskreten Fall gilt dies allerdings nur näherungsweise.

Zur Kantendetektion mit dem *Canny-Operator* wird zuerst die Bildfunktion $f_{input}(x,y)$ mit den partiellen Ableitungen der Gaußfunktion nach x und y gefaltet, da aufgrund der Vertauschbarkeit von Differentiation und Faltung gilt:

$$D_x(x,y) \quad := \quad \frac{\partial}{\partial x}(G_\sigma(x,y) * f_{input}(x,y)) = \frac{\partial G_\sigma(x,y)}{\partial x} * f_{input}(x,y)$$

$$D_y(x,y) \quad := \quad \frac{\partial}{\partial y}(G_\sigma(x,y) * f_{input}(x,y)) = \frac{\partial G_\sigma(x,y)}{\partial y} * f_{input}(x,y)$$

Dabei ist

$$G_\sigma(x,y) = \exp\left(\frac{-(x^2+y^2)}{2\sigma^2}\right)$$

bis auf einen Skalierungsfaktor die Gaußfunktion mit der Standardabweichung σ und $*$ der Faltungsoperator. Für die Normierung der Gaußfunktion verwendet man im allgemeinen einen Skalierungsfaktor von $\frac{1}{2\pi\sigma^2}$.

Damit berechnet sich die erste partielle Ableitung der Gaußfunktion nach x als:

$$\frac{\partial G_\sigma(x,y)}{\partial x} = \frac{-x}{\sigma^2} \exp\left(\frac{-(x^2+y^2)}{2\sigma^2}\right). \tag{6.32}$$

Für die Verwendung in einem digitalen Rechner muß die Filterfunktion zum einen geclippt werden, da die erste Ableitung der Gaußfunktion nur asymptotisch gegen Null geht und zum anderen muß sie abgetastet (diskretisiert) werden. Für die verwendete Filtergröße gibt Canny als relative Größenangabe an, daß die Filterfunktion an der Stelle geklippt werden soll, an der die Filterwerte 0.1% des größten Wertes unterschreiten.

Der Gradient $\vec{D}$ der gaußgeglätteten Bildfunktion an der Stelle (x,y) lautet:

$$\vec{D}(x,y) = D_x(x,y)\vec{e}_x + D_y(x,y)\vec{e}_y \tag{6.33}$$

Der Gradient $\vec{D}$ zeigt immer in Richtung des stärksten Anstieges (hier der gaußgeglätteten Bildfunktion). Die Richtung des Gradienten wird durch die Komponenten D_x und D_y festgelegt.

Der Betrag des Gradienten $\vec{D}$

$$D(x,y) = |\nabla(G_\sigma(x,y) * f_{input}(x,y))| = \sqrt{D_x(x,y)^2 + D_y(x,y)^2} \qquad (6.34)$$

entspricht der Größe der Änderung der gaußgeglätteten Bildfunktion am Ort (x,y) und liefert damit ein gutes Maß für die Stärke der Kante.

Die Standardabweichung der Gaußfunktion ist der einzig veränderbare Parameter der verwendeten Filterfunktion. Durch Vergrößerung der Standardabweichung wird eine größere Glättungswirkung erzielt, allerdings mit dem Nachteil einer schlechteren Lokalisation der Kanten.

Bestimmung der lokalen Maxima, Non-Maxima-Suppression-Verfahren

Das Ergebnis dieser ersten Bearbeitungsstufe ist ein geglättetes Bild, in dem an jeder Stelle der Betrag des Gradienten berechnet wurde. In vielen Kantendetektionsverfahren wird die Richtung des Gradienten nicht ausgewertet, sondern aufgrund einer globalen Schwelle, z.B. über den Betragsgradienten, Punkt für Punkt entschieden, ob an dieser Stelle eine Kante vorliegt oder nicht. Dadurch entstehen je nach Kantenform und -verlauf größere Flächen, in denen eine mögliche Kante liegt. Durch Skelettierung (vgl. Abschnitt 6.2) wird dann die Mittelachse als Ort der eigentlichen Kante festgelegt.

Beim *Non-Maxima-Suppression*-Verfahren wird die zusätzlich vorhandene Information über die Gradientenrichtung und die Gradientenstärke dergestalt ausgenutzt, daß all diejenigen Punkte auf Null gesetzt, d.h. für die weitere Bearbeitung *unterdrückt* werden, die *kein lokales Maximum* in Richtung des Gradienten darstellen. Daher auch die Bezeichnung Non-Maxima-Suppression. Dazu wird der Gradientenwert am jeweils betrachteten Ort mit zwei angrenzenden Gradientenwerten verglichen, die in Gradientenrichtung, aber auf verschiedenen Seiten des zentralen untersuchten Punktes liegen (vgl. Abb. 6.53).

Das Problem besteht nun darin, daß die Bildfunktion und das Filterergebnis nur auf einem diskreten Gitter (z.B. 3x3-Matrix = 8-Punkte-Umgebung) vorliegen und daß die Gradientenrichtung im allgemeinen nicht genau in Richtung eines Gitterpunktes zeigt. Als Lösungsmöglichkeit bietet sich die Auswahl von zwei Punkten aus der 8-Punkte--Umgebung an, die der Gradientenrichtung am nächsten liegen [Kor88](nearest neighbor), oder die näherungsweise Ermittlung der zwei gesuchten Gradientenwerte durch lineare Interpolation [Can83]. Mit Hilfe des folgenden Beispiels soll die Funktionsweise des Interpolationsverfahrens erläutert werden:

Entsprechend dem Beispiel in Bild 6.12 berechnen sich die beiden interpolierten Gradienten D_1 und D_2 zu:

$$D_1 = \frac{n_x}{n_y}D(x+1,y-1) + \frac{n_y - n_x}{n_y}D(x,y-1) \qquad (6.35)$$

$$D_2 = \frac{n_x}{n_y}D(x-1,y+1) + \frac{n_y - n_x}{n_y}D(x,y+1) \qquad (6.36)$$

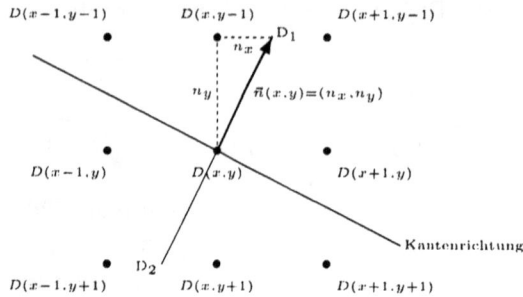

Abb. 6.12: Suche nach dem lokalen Maximum in Gradientenrichtung.

Analog ergeben sich die interpolierten Werte D_1 und D_2 für die sieben anderen möglichen Richtungen (Oktanten). Die Auswahl der korrekten Richtung erfolgt durch Fallunterscheidung an jedem Punkte anhand der Normalenrichtung.

Ein Maximum liegt dann vor, wenn $(D(x,y) \geq D_1) \cap (D(x,y) > D_2)$ ($\cap$ — logisches UND) [MD86]. Dieses Vorgehen bedeutet, daß die Kantenpunkte im Gebiet der höheren Intensität gewählt werden.

Im Bereich von Kreuzungen kommt es bei diesem Verfahren vielfach zu Fehlern. Die Fehler bestehen darin, daß die Verbindung einiger der Kanten, die sich eigentlich im Kreuzungspunkt schneiden sollten, zu eben diesem unterbrochen wird. In Bild 6.13 sind derartige Unterbrechungen deutlich zu erkennen. Ursache dieser Fehler ist die Verletzung der (in der Praxis nicht haltbaren) Grundannahme, daß sich jeweils nur *eine* Kante im örtlichen Einzugsbereich des Kantenoperators befindet. Dominiert außerdem noch eine der Kanten, so wirkt sich dies über den Einzugsbereich auf die Kantenoperatorergebnisse an den Orten der anderen Kanten aus. Dadurch können die schwächeren Kanten in dem durch die starke Kante dominierten Bereich nicht mehr mit Hilfe eines Non-Maxima-Suppression-Verfahrens ermittelt werden. Im weiter unten folgenden Abschnitt „Verbesserung durch das Constraint-Thinning" wird ein Verfahren zum Schließen dieser Lücken vorgestellt.

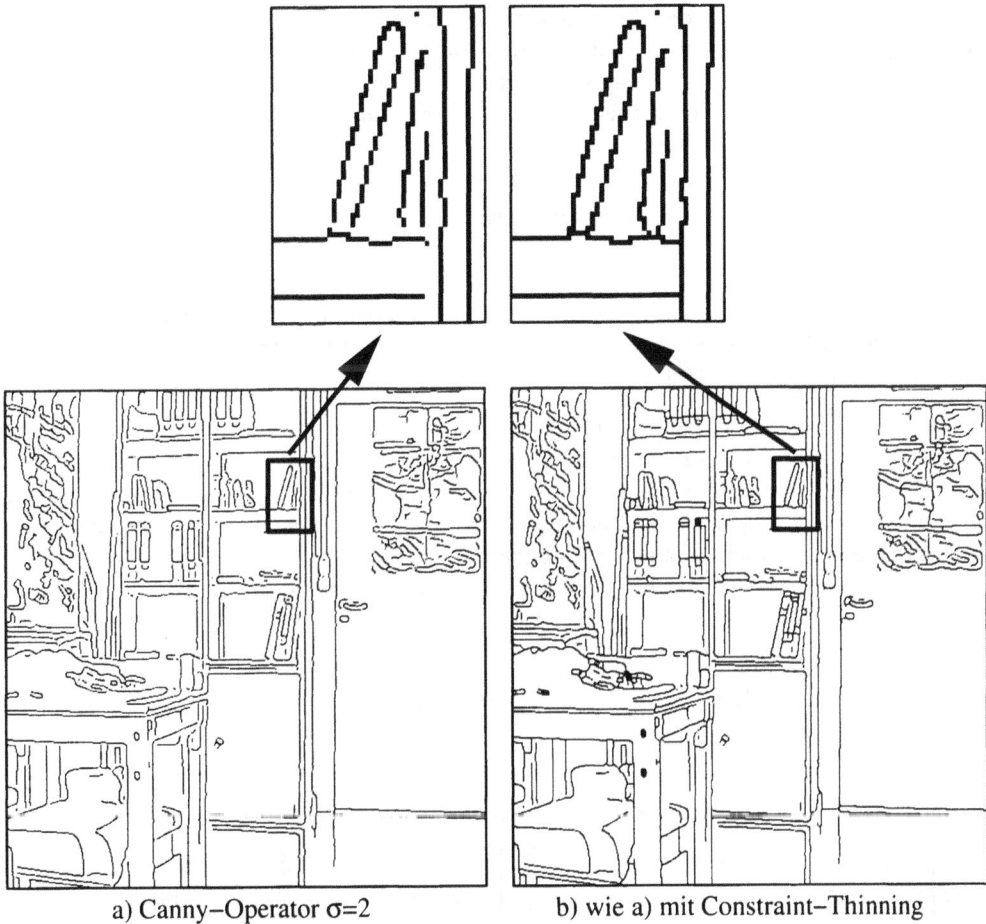

a) Canny–Operator σ=2   b) wie a) mit Constraint–Thinning

Bild 6.13: Canny-Operator mit σ = 2.
In a) ist das Ergebnis des normalen Canny-Operators dargestellt. Man erkennt die
Lücken an Kreuzungsstellen. In b) wurde das Ergebnis von a) mit dem Constraint--
Thinning Verfahren nachbearbeitet.

Hysteresis-Threshold

Aus der bisher berechneten Menge von möglichen Kantenpunkten muß durch ein geeignetes Schwellwertverfahren entschieden werden, ob es sich bei einem Punkt aufgrund seines
Gradientenwertes um einen Kantenpunkt handelt oder nicht. Bei dem *Hysteresis-Thres-*
hold Verfahren wird nicht ein einzelner Schwellwert, sondern ein Intervall verwendet
[Can83].
Punkte, an denen der Gradientenbetrag den hohen Schwellwert TH_{high} überschreitet,
werden verwendet, um neue Konturen zu beginnen, während Punkte mit Gradientenbe-
trägen über dem niedrigeren Schwellwert TH_{low} der Fortsetzung dienen. TH_{low} ist die

untere Grenze, unterhalb derer die Grauwertdiskontinuitäten entweder dem Rauschen im Bild oder unwichtigen, weil zu schwachen, Details zugeschrieben werden. So wird eine Unterbrechung der Konturen aufgrund leichter Schwankungen der Gradientenbeträge vermieden. Als übliches Verhältnis zwischen höherem und niedrigerem Schwellwert gibt Canny ein Verhältnis von 2 bis 3 an.

Verbesserung durch das Constraint-Thinning

In diesem Abschnitt wird ein Verfahren [Gru91] vorgestellt, mit dessen Hilfe Lücken geschlossen werden können, die bei der Unterdrückung der Nicht-Maxima vor allem an Kreuzungspunkten entstehen.

Das Verfahren basiert auf folgenden Annahmen: Die Lokalisation der Kanten bzw. Konturen erfolgt anhand nur *einer* Ortsangabe, d.h. die Kanten im Kantenbild sind 1-Pixel breit. Die Lokalisierung der Kante erfolgt am Ort der stärksten Grauwertdiskontinuität, also am Ort des lokal größten Gradientenbetrags als natürliche Ortsangabe. Falls der Ort des Maximums nicht korrekt feststellbar ist, so wird die Mittelachse desjenigen Bereichs als Konturverlauf gewählt, der durch Überschreiten eines (hohen) Schwellwertes beschrieben wird.

Das Constraint-Thinning Verfahren ordnet sich folgendermaßen in einen üblichen Kantendetektionsprozeß (hier z.B. Canny-Operator) ein:

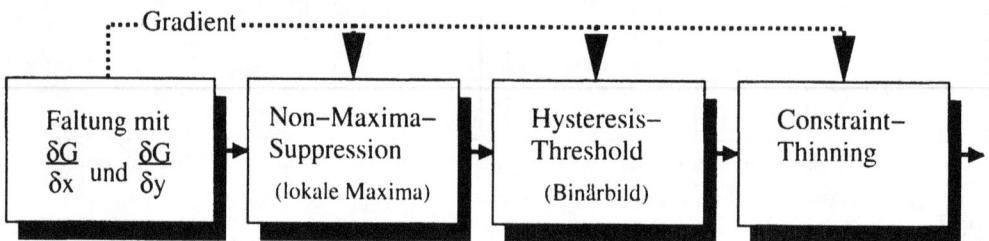

Bild 6.14: Verfahrensschema des Canny-Operators mit Einordnung des Constraint-Thinning Verfahrens.

Mit Hilfe eines zusätzlichen einfachen Schwellwertverfahrens wird ein Binärbild des Gradientenbildes erstellt. Anschließend wird dieses Binärbild skelettiert, allerdings unter der Zwangsbedingung, daß die in der ersten und zweiten Stufe markierten Maxima nicht gelöscht werden dürfen. Daher auch die Bezeichnung *Constraint-Thinning*. In [Gru91] wird z.B. eine abgewandelte Form des Skelettierungs-Verfahrens von Zhang Suen [ZS84] verwendet (vgl. Kap. 6.2.1).

Auf diese Weise erhält man zum einen die lokalen Maxima als Ortsbeschreibung von Kanten, zum anderen die Mittelachsenkonturen an Orten, an denen vorher keine lokalen Maxima gefunden wurden. Im Idealfall schließen diese zusätzlichen Konturen die Lücken, die beim Non-Maxima-Suppression-Verfahren entstanden sind (vgl. Bild 6.13).

6.1.10   Die Hough-Transformation

Bei der *Hough-Transformation* handelt es sich um ein Verfahren zur Bestimmung der Beziehung zwischen Punkten in einem Bild. Es wird die Frage untersucht, ob die untersuchten Punkte auf Kurven mit einer bestimmten a priori bekannten Form liegen. Dieses Verfahren eignet sich gut für Fälle, in denen lediglich diese Form als Parametergleichung angegeben werden kann, jedoch wenig über die Lokalisation der einzelnen - entsprechend geformten - Objekte bekannt ist. Ein wesentliches Merkmal der Hough-Transformation ist ihre Robustheit gegenüber Rauschen und Unterbrechungen in den Kurven. Ausgangspunkt ist jeweils die Parameterdarstellung der zu untersuchenden Form,

$$f(P, X) = 0, \tag{6.37}$$

welche die Beziehung der Punkte der Kurve K_X im *Bildraum* (Ortsraum) $X = (x, y)$ und der Formparameter $P = (p_1, ..., p_n)$ bestimmt.

Geschichtlich geht dieses Verfahren auf ein U.S. Patent aus dem Jahre 1962 zurück [Hou62], in dem Hough die nach ihm benannte Hough-Transformation als ein robustes Verfahren zur Geradenerkennung vorstellt. Ballard [Bal81], [BB82] erweiterte die Hough-Transformation zur Erkennung von Kreisen, Ellipsen usw. Die Hough-Transformation kann damit sowohl für die Kantennachbearbeitung, als auch für die Merkmalsextraktion und zur Mustererkennung verwendet werden.

Zur Erläuterung des Verfahrens kehren wir zum einfachsten Fall, der Geradendetektion, zurück. Der Grundgedanke des Verfahrens besteht darin, das Problem - kollineare Punkte im Originalbild zu finden - in den *Parameterraum (Houghraum)* zu verlegen und dort nach korrespondierenden Parameterkurven zu suchen, die sich schneiden. Die für die Hough-Transformation verwendeten Bilder müssen binärisiert vorliegen (z.B. nach einer Kantendetektion). Die Vorgehensweise ist nun folgende: Jedem Punkt, d.h. jedem gesetzten Pixel des Originalbildes, ist das Büschel von Geraden, die durch diesen Punkt laufen, zuzuordnen. Jede Gerade im Ortsraum ist durch zwei Parameter zu spezifizieren (z.B. Anstieg und Ordinatenabschnitt). Den Parameterpaaren aller Geraden des Büschels entspricht eine Kurve im Parameterraum (im Fall der Parametrisierung durch Anstieg und Ordinatenabschnitt handelt es sich bei dieser Kurve ebenfalls um eine Gerade).

Jedem Punkt des Originalbildes entspricht also eine Kurve im Hough- oder Parameterraum. Umgekehrt entspricht jedem Punkt des Hough-Raumes genau eine Gerade im Originalraum. Im Fall der Parametrisierung durch Anstieg a und Ordinatenabschnitt b wird so einem Punkt (x', y') im Originalbild die Gerade $b = -x'a + y'$ im Hough-Raum und umgekehrt einem Parameterpunkt (a', b') im Hough-Raum die Gerade $y = a'x + b'$ im Bildraum zugeordnet (vgl. Bild 6.15). Aus diesem Grund wird die Hough-Transformation auch als *Point-to-Curve-Transformation* oder *Line-to-Point-Transformation* bezeichnet.

Ein anderer, zweiter Punkt (x'', y'') korrespondiert im a-b Raum ebenfalls mit einer (anderen) Geraden. Diese zweite Gerade schneidet die erste Gerade in genau einem

Punkt (a', b') (vgl. Bild 6.15), es sei denn die beiden Punkte (x', y') und (x'', y'') sind identisch. Dieses Wertepaar (a', b') bestimmt genau eine Gerade im Ortsraum mit der Steigung a' und dem y-Achsenabschnitt b' und der besonderen Eigenschaft, daß die beiden Punkte (x', y') und (x'', y'') auf dieser Geraden liegen. Auch alle weiteren Punkte auf der Geraden durch diese beiden Punkte (im Bildraum) korrespondieren mit Geraden im Parameterraum, die durch den Punkt (a', b') gehen.

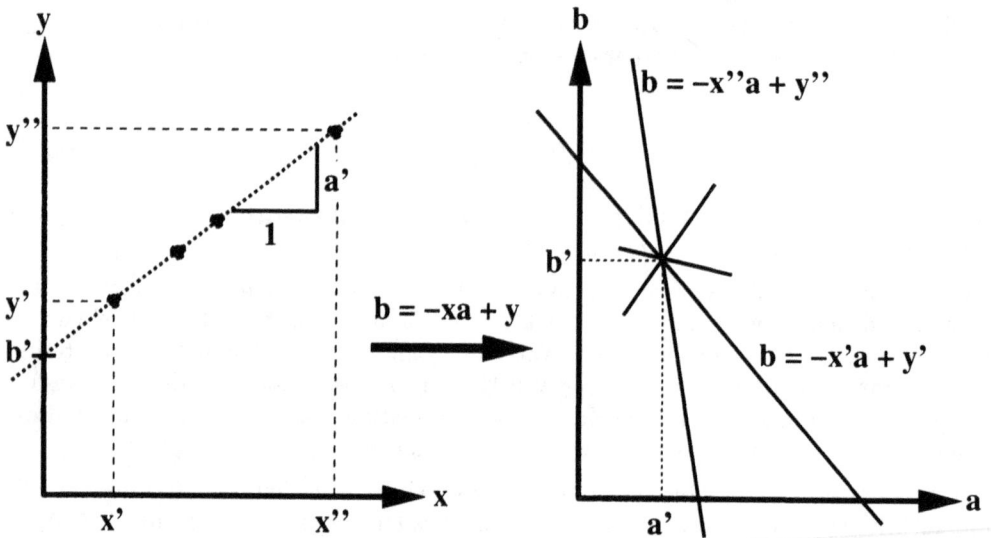

Bild 6.15: Die Hough-Transformation.

Auf diese Weise läßt sich die Frage, ob eine Anzahl von Punkten im Bildraum auf einer Geraden liegen, auf das Problem transformieren, Schnittpunkte im Parameter- bzw. Hough-Raum zu finden.

Der Parameterraum wird nun quantisiert (Kachelung), wobei jeder Parameterkachel ein Zähler zugeordnet wird. Das entstehende zweidimensionale Feld von Zählern heißt üblicherweise *Akkumulator*. Jeder Zähler ist eine *Zelle* des Akkumulators. Ein gesetztes Pixel (x, y) im Originalbild hinterläßt nun sozusagen eine Spur im Hough-Raum, wenn die Akkuzellen entlang der Geraden $b = b(a) = -xa + y$ inkrementiert werden. Auf diese Weise wird jede Gerade des Geradenbüschels durch den Punkt (x, y) in den ihren Geraden-Parametern zugeordneten Akkuzellen gezählt. So führen etwa n Punkte auf der Strecke von (x_0, y_0) nach (x_1, y_1) im Originalbild idealerweise zu einem lokalen Extremwert der Höhe n in der Akkuzelle (a, b) mit $a = \frac{y_1 - y_0}{x_1 - x_0}$ und $b = \frac{y_0 x_1 - y_1 x_0}{x_1 - x_0}$. Dieser lokale Extremwert oder das entstehende Cluster in den Akkuzellen kann detektiert und damit die Gerade $y = ax + b$ erkannt werden. Dadurch wird das Schnittproblem seinerseits in das Problem der Extremwertsuche transformiert.

6.2 Skelettierungsalgorithmen

Die *Skelettierung* von Objektkonturen und Flächen bei Binärbildern ist ein wichtiger Schritt zur Merkmalsextraktion und bei der Mustererkennung. Unter dem *Skelett* eines Objektes wird in der Regel die Repräsentation der Figur durch ihre Mittelachsen verstanden. Man spricht daher oft auch von *Medialachsen-* oder Mittelachsentransformationen.

Die Berechnung solch eines Skeletts geschieht theoretisch dadurch, daß der Abstand eines Punktes innerhalb einer Figur zu allen Randpunkten berechnet wird. Diese Abstandsberechnung wird für alle inneren Punkte durchgeführt. Mit Hilfe dieses Abstands lassen sich die jeweils nächsten Randpunkte bestimmen. Punkte, die mehrere nächste Randpunkte in gleichem Abstand besitzen, bilden die Mittelachse (Skelett) des Objekts. Das bedeutet, daß Skelettpunkte Mittelpunkte von Kreisen sind, die den Rand der Figur in mindestens zwei Punkten berühren, ansonsten aber vollständig innerhalb der Figur verlaufen.

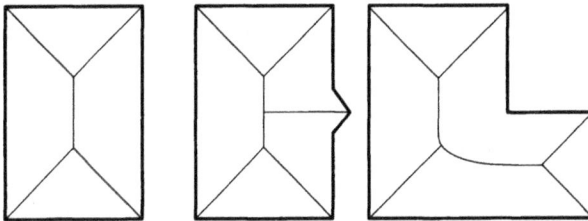

Bild 6.16: Das Skelett dreier einfacher Figuren entsprechend obiger Definition.

Leider ist diese anschauliche Definition nur sehr schwer programmtechnisch umzusetzen. Die Berechnungen nehmen enorme Zeiten in Anspruch. Daher gibt es verschiedene Ansätze, das Skelett über eine Art „Erosionsvorschriften" zu erzeugen. Die einzelnen Verfahren besitzen verschiedene Vor- und Nachteile hinsichtlich Störungen, Verkürzungen von Strecken und Genauigkeit.

Im allgemeinen wird zur Beschleunigung der Rechenzeit und zur leichteren Handhabung des Verfahrens lokal entschieden, ob ein Punkt zum Skelett gehören könnte oder nicht. Man benutzt dazu häufig ein 3x3-Fenster und ändert den mittleren Bildpunkt in Abhängigkeit seiner 8 Nachbarn. In solchen Fällen spricht man von einer 8er-Nachbarschaft. Es sind auch Algorithmen zur Skelettierung bekannt, die nur mit 4er-Nachbarschaften arbeiten.

Der einfachste Ansatz zur Skeletterzeugung ist die Definition einer Anzahl von 3x3-Masken, die angeben, unter welchen Nachbarschaftsbeziehungen ein mittleres Pixel gelöscht werden kann. Beispiele:

0	0	*		0	0	0		0	*	*
0	1	1		*	1	*		0	1	1
*	1	*		1	1	*		0	*	1

1=Randpixel, 0=Hintergrundpixel, *=Pixelwert ist ohne Bedeutung

Ein großer Vorteil dieser 3x3-Masken ist die leichte Implementierbarkeit in Software und auch in Hardware mittels UND-, ODER-Gattern und Invertern.

6.2.1 Der Zhang/Suen-Algorithmus

Da die oben genannte Vorgehensweise jedoch sehr unübersichtlich und die Anzahl der Vergleiche relativ hoch ist, versucht man, diese Vorschriften in wenigen Formeln zusammenzufassen. Einer der bekanntesten Algorithmen auf diesem Gebiet ist das Verfahren von Zhang/Suen [ZS84]. Die Vorgehensweise ist dabei wie folgt:

- Zuerst baut man eine 3x3-Maske auf und kennzeichnet die einzelnen Nachbarn wie folgt:

P_9	P_2	P_3
P_8	P_1	P_4
P_7	P_6	P_5

(oft wird auch P, P_0, ..., P_7 verwendet)

- Danach definiert man verschiedene Nachbarschaftsbeziehungen, bei denen der Mittelpunkt P_1 für ein Skelett keine Rolle spielt.

- Im dritten Schritt werden diese Nachbarschaftsbeziehungen auf das ganze Bild angewandt, in der Regel abwechselnd von links oben nach rechts unten und umgekehrt, um eine Verschiebung des Skeletts durch die lokalen Operationen in eine Richtung zu verhindern.

- Oftmals wird noch eine weitere Skelettierungsvorschrift abwechselnd zu der im dritten Schritt verwendeten benutzt. Dadurch sollen Fehler vermindert werden, die durch die Lokalität der Operationen entstehen.

Der Algorithmus lautet dann wie folgt [Pav82]:

(a) $2 \leq N(P_1) \leq 6$,

(b) $S(P_1) = 1$,

(c) $P_2 \cdot P_4 \cdot P_6 = 0$,

(d) $P_4 \cdot P_6 \cdot P_8 = 0$,

wobei $N(P_1)$ die Anzahl der von Null verschiedenen Nachbarn von P_1 ist (hier wird 0=Hintergrundfarbe und 1=Kantenfarbe verwendet) und $S(P_1)$ die Anzahl der 0-1-Übergänge in der geordneten Reihenfolge der P_i ($i = 2, 3, ..., 9, 2$). Bei der Abarbeitung in umgekehrter Richtung (rechts unten nach links oben) bleiben die Bedingungen (a) und (b) bestehen. Nur (c) und (d) werden ersetzt durch

(c') $P_2 \cdot P_4 \cdot P_8 = 0$,

(d') $P_2 \cdot P_6 \cdot P_8 = 0$.

Die Abarbeitung eines Bildes erfolgt iterativ:

1. Alle Punkte des Bildes, die die Bedingungen (a) bis (d) bzw. (a). (b), (c'), (d') erfüllen, werden als zu löschend markiert.

2. Nach jedem vollständigen Durchlauf werden alle markierten Punkte wirklich gelöscht.

3. wie 1., aber in umgekehrter Richtung.

4. wie 2.

5. Wird bei beiden Durchläufen kein Punkt gelöscht, so ist ein stationärer Zustand erreicht - das Skelett wurde somit ermittelt. Ansonsten wird der Zyklus bei 1. wieder aufgenommen.

Bild 6.17 zeigt die Wirkungsweise des Algorithmus an einem Bildbeispiel. Der größte Nachteil dieses Verfahrens und auch vieler seiner Abwandlungen (z.B. [Pav82], [LW85], [O'G90]) besteht in der Verkürzung von Strecken und der großen Empfindlichkeit gegenüber Störungen. Abhilfe können Verfahren schaffen, die nicht auf 1-Pixel Stärke reduzieren, sondern noch die Strukturen auf 2-3 Pixel Breite belassen. Bei diesen Verfahren können punktuelle Störungen leichter geglättet werden, da nicht so viele Fälle untersucht werden müssen. Anschließend können die geglätteten und verdünnten Strukturen mit genaueren Verfahren auf 1-Pixel Breite reduziert werden (hierarchisches Vorgehen).

a) Original nach Kantendetektion   b) wie a), aber skelettiert

Bild 6.17: Wirkungsweise des Skelettierungsverfahrens von Zhang/Suen.

6.2.2   Das Verfahren von Ji

Im Gegensatz zu dem direkten Vergleich mit 3x3-Masken wird bei dem Verfahren von Ji [Ji89] zuerst das Bild abgetastet und alle Randpunkte in einem Puffer zwischenge-speichert. Randpunkte sind solche Objektpunkte, die in der direkten Nachbarschaft einen oder mehrere Hintergrundpunkte haben (3x3-Maske). Im folgenden werden dann mit Hilfe von 3x3-Masken nur noch diese Randpunkte daraufhin untersucht, ob es sich um Skelettpunkte handelt. Die gefundenen Skelettpunkte werden in einem Ergebnisbild abgelegt. Diejenigen Randpunkte, die nicht Skelettpunkte sind, werden gelöscht und ihre Umgebung wird daraufhin getestet, ob neue Konturpunkte entstanden sind; diese werden dann ggf. in den Puffer eingetragen. Dieser Zyklus der Randpunktsuche und Skelettpunktuntersuchung wird bis zu einem stationären Zustand fortgesetzt.

6.3   Bildsegmentierung

Das Ziel der *Bildsegmentierung* ist die Unterteilung des Bildes in Teilbereiche unter-schiedlicher Bedeutung. Als Beispiele seien hier die Trennung von Text, Graphik und Hintergrund zur Dokumentenanalyse und die Separierung von Organen, Zellen, Chromo-somen etc. bei der biomedizinischen Bildverarbeitung genannt. Durch die Unterteilung des Bildes in Punkte, Linien und Flächen erfolgt eine erste, wenn auch noch grobe Bedeutungszuweisung. Eine „höherwertige" Bedeutungszuweisung erfolgt erst in nachfol-genden Mustererkennungs- oder Klassifikationsschritten. Erst in diesen Schritten wird den einzelnen Teilbereichen eine symbolische Bedeutung zugeordnet, wie z.B. „rotes Blut-körperchen" im Präparat, „ein bestimmter Buchstabe" im Text oder ein „Auto" in einer Straßenszene.

Die Unterteilung des Bildes in homogene Abschnitte kann grundsätzlich entweder an-hand der Homogenität innerhalb der Region oder anhand der Inhomogenität am Rand erfolgen. Aber auch andere Kriterien wie „Lage im Bild" oder „Veränderung zum vorher-gehenden Bild" bei der Bewegtbildanalyse sind denkbar.

6.3.1   Schwellwertbildung zur Bildsegmentierung

Eine der einfachsten und am häufigsten eingesetzten Methoden zur Bildsegmentierung ist die Anwendung eines Schwellwertverfahrens, um aus dem Grauwertbild ein Binärbild oder ein Bild mit reduzierten Graustufen (Quantisierung) zu erzeugen. Diese Verfah-ren basieren auf der Annahme, daß die zu einem Objekt gehörenden Bildpunkte in ei-nem bestimmten Grauwertbereich liegen, wobei sich der Grauwertbereich nicht mit dem Grauwertbereich anderer Objekte überschneidet. Typische Beispiele hierfür sind Doku-mente/Texte und Strichzeichnungen. In vielen Fällen ist die Annahme der disjunkten Grauwertbereiche aber nicht vollständig erfüllt, sondern es kommt zu Überlappungen der Grauwertbereiche (vgl. Bild 6.18). Darauf wird im folgenden noch genauer eingegangen.

Bei der praktischen Durchführung des Verfahrens wird das ganze Bild abgetastet. In Abhängigkeit von einer Schwelle s wird dann jeder Bildpunkt entweder dem Objekt zugeordnet (z.B. Grauwert $> s$) oder dem „Hintergrund" (entsprechend Grauwert $\leq s$). Um eine zu starke Verästelung der Regionen zu vermeiden, ist eine vorherige Glättung durch Tiefpaßfilterung (Mittelwert, Medianfilter, vgl. Kap. 5.5) zu empfehlen. Dabei geht jedoch Bildinformation verloren.

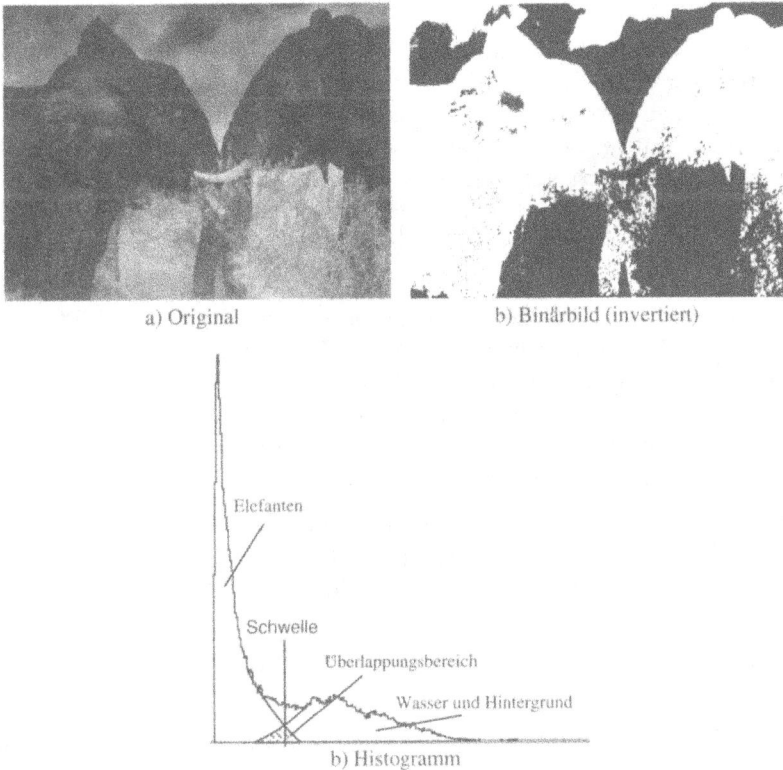

a) Original   b) Binärbild (invertiert)

b) Histogramm

Bild 6.18: Schwellwertverfahren zur Segmentierung. Die Schwelle wurde anhand des Histogramms bestimmt. Neben dem Gesamthistogramm wurde auch der Überlappungsbereich dargestellt, zu dem sowohl das Histogramm der Elefanten, als auch das Histogramm des Hintergrundes einen Beitrag leisten. Man erkennt deutlich das bimodale Verhalten (2 Maxima) des Histogramms.

Die geeignete Höhe der Schwelle s ist natürlich bildabhängig. Häufig ist die Schwelle a priori bekannt oder sie braucht nur sehr grob angegeben werden, wie z.B. bei der Unterscheidung von schwarzen Buchstaben vom weißen Hintergrund. Sie kann aber auch anhand des globalen Intensitätshistogramms oder mit Hilfe geeigneter Intensitätsprofile abgeschätzt werden. Zeigt das Histogramm des Bildes ein ausgeprägtes bimodales Verhalten (2 Maxima), so kann das Minimum zwischen den beiden Maxima als Schwellwert verwendet werden. In Bild 6.18 ist ein Beispiel für ein solches bimodales Histogramm dargestellt. Im Histogramm ist angedeutet, wie sich das globale Histogramm aus den einzelnen Histogrammen der Teilbereiche „Elefanten" und „Wasser und Hintergrund" zusammensetzt. Man erkennt deutlich den Überlappungsbereich der beiden Teilhistogramme. Die Fläche des Überlappungsbereiches ist ein Maß dafür, wieviele Bildpunkte falsch zugeordnet werden. Diese Falschzuordnung kommt zum einen dadurch zustande, daß Bildpunkte zurückgewiesen werden, die eigentlich zum Objekt gehören, und zum anderen dadurch, daß Bildpunkte, die zum Hintergrund gehören, fälschlicherweise mit einbezogen werden.

In diesen Fällen können unter Umständen Techniken mit dynamischem Schwellwert verwendet werden. Der Schwellwert s wird dabei für jeden Bildpunkt, in Abhängigkeit von seiner Umgebung, neu berechnet. Geht man davon aus, daß Hintergrund und Objekt in einem m x n-Ausschnitt etwa gleich häufig auftreten, so kann man den Mittelwert dieses Ausschnittes als Schwellwert verwenden. Trifft diese Annahme nicht zu, ist es möglich, durch Bimodalitätsprüfung des Histogramms der Umgebung einen geeigneten Schwellwert zu finden. Diese Vorgehensweise ähnelt der adaptiven Histogrammeinebnung (vgl. Kap. 5.5.2).

Kennt man die relative Größe der zusammengehörigen Objekte im Bild, so kann der Schwellwert s danach bestimmt werden, daß dem Flächenanteil entsprechend viele Bildpunkte dem Objekt zugeordnet werden können. Analoges gilt für den Hintergrund. Dazu werden, ausgehend von einem sicher zuzuordnenden Grauwert (Objekt oder Hintergrund), so viele Bildpunkte mit angrenzenden Grauwerten zum betreffenden Teilgebiet hinzugenommen, bis der entsprechende Anteil erreicht ist.

Sind im Histogramm mehr als zwei eindeutige Maxima zu erkennen, so können auch mehrere Schwellwerte zur Segmentierung verwendet werden, was dann im Wesentlichen einer Quantisierung mit wenigen Stufen entspricht.

6.3.2   Segmentierung mit Hilfe der Kantendetektion

Mit Hilfe von Kantendetektionsverfahren können die Umrandungen von interessanten Objekten ermittelt und alle von Kanten umschlossenen Gebiete entsprechend gekennzeichnet werden.

Problematisch wird dies nur bei gestörten Kanten oder wenn die Umrandung nicht ganz geschlossen ist. Hier sind ggf. verschiedene Heuristiken miteinzubeziehen. Auch durch Nachbearbeitung (z.B. mit Konturverfolgung und Kantenelimination) kann noch eine vollständige Segmentierung erreicht werden.

Die komplett umrandeten Gebiete müssen zum Schluß noch mit Hilfe von Füllalgorithmen genau bestimmt werden [FvDFH90]. Durch entsprechende Größenwahl der Füllelemente können auch in dieser Stufe noch kleinere Lücken geschlossen werden.

6.3.3   Segmentierung durch Gebietswachstum

Wie die Bezeichnung *Gebietswachstum* schon andeutet, besteht das Grundprinzip dieser Art von Verfahren darin, Punkte oder kleine Teilgebiete entsprechend geeigneter Gemeinsamkeitskriterien zu größeren Gebieten zusammenzufassen.

1	1	7	6	7
1	2	5	5	6
2	[1]	6	[7]	6
3	3	7	6	7
3	3	5	5	6

a)

a	a	b	b	b
a	a	b	b	b
a	[a]	b	[b]	b
a	a	b	b	b
a	a	b	b	b

b)

a	a	b	b	b
a	a	a	a	b
a	[a]	b	b	b
a	a	b	b	b
a	a	a	a	b

c)

a	a	b	b	b
a	a	b	b	b
a	a	b	[b]	b
b	b	b	b	b
b	b	b	b	b

d)

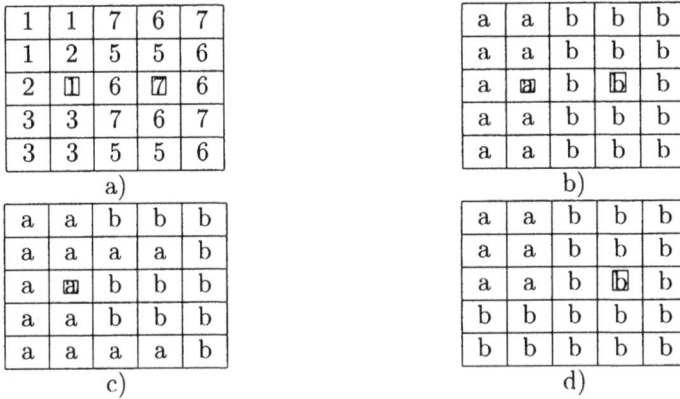

Bild 6.19: Beispiel eines Gebietswachstumsverfahrens, das von vorgegebenen Saatpunkten ausgeht.

a) Originalbild.

b) Ergebnis der Segmentierung bei einem Schwellwert von 3 als maximale Differenz zum Grauwert des Saatpunktes. Das Ergebnis ist unabhängig von der der Reihenfolge, in der die Saatpunkte verwendet werden.

c) Ergebnis der Segmentierung bei einem Schwellwert von 4 und Start beim Saatpunkt [a].

d) Entsprechend (c), aber mit Start bei Saatpunkt [b] .

Das einfachste derartige Verfahren besteht darin, daß, ausgehend von sogenannten *Saatpunkten*, Nachbarpunkte mit ähnlichen Eigenschaften (z.B. Grauwert, Farbe, Textur) zu einem Gebiet zusammengefaßt werden. Bild 6.19 illustriert dieses Verfahren. In Bild 6.19(a) sind die Grauwerte des Ausgangsbildes wiedergegeben. Die Punkte [1] und [7] seien als Saatpunkte vorgegeben. In Bild 6.19(b) wurde von diesen Saatpunkten aus ein Gebietswachstumsverfahren gestartet, das all diejenigen Punkte zum Gebiet um den entsprechenden Saatpunkt hinzufügt, deren Grauwerte um weniger als 4 (also Differenz ≤ 3) vom Grauwert des Saatpunktes abweichen. Hier ist das Ergebnis unabhängig von der Reihenfolge der Saatpunkte. In Bild 6.19(c) und (d) wurde dagegen eine größere Schwelle gewählt (Differenz ≤ 4). In diesem Fall ist das Ergebnis abhängig von der Reihenfolge, in der die Saatpunkte berücksichtigt werden.

Dieses einfache Beispiel zeigt zwei grundlegende Schwierigkeiten bei der Verwendung von Gebietswachstumsverfahren. Das erste Problem besteht in der geeigneten Auswahl der Saatpunkte. Hier kann wieder die Untersuchung des Histogramms und/oder die Einbringung von Vorwissen einen wesentlichen Schritt weiterhelfen. Für die Segmentierung von Bild 6.18 könnten als Saatpunkte z.B. Punkte mit solchen Grauwerten gewählt werden, die den Maxima des Histogramms entsprechen.

Das zweite Problem besteht in der geeigneten Auswahl der Zugehörigkeitskriterien. Hier können neben den oben genannten lokalen Kriterien wie Grauwert, Farbe und Textur auch regionale Aspekte wie Größe und Form des bereits zusammengefaßten Gebiets Verwendung finden.

6.4　Übungsaufgaben

Aufgabe 1:

Beschreiben Sie den Skelettierungsalgorithmus von Zang/Suen und finden Sie für die folgenden Figuren I - IV das Ergebnis des Durchlaufs des Skelettierungsalgorithmus.

$$
I: \begin{array}{ccc} 1 & 1 & 0 \\ 1 & p & 0 \\ 1 & 1 & 0 \end{array} ; \quad
II: \begin{array}{ccc} 0 & 0 & 0 \\ 1 & p & 0 \\ 0 & 0 & 0 \end{array} ; \quad
III: \begin{array}{ccc} 0 & 1 & 0 \\ 1 & p & 1 \\ 0 & 1 & 0 \end{array} ; \quad
IV: \begin{array}{ccc} 1 & 1 & 0 \\ 0 & p & 0 \\ 0 & 0 & 0 \end{array} .
$$

Kapitel 7

Volumendarstellungen

Skalare Funktionen in einem dreidimensionalen Volumen treten in vielen wissenschaftlichen Anwendungen auf. Neben den typischen medizinischen Datensätzen, die bei CT(Computer Tomographie)-, MR(Magnet Resonanz)- und PET(Positronen Emissions Tomographie)-Aufnahmen auftreten, ergeben sich solche Datensätze bei einer Vielzahl von numerischen Simulationen, so z.B. bei Finite-Elemente-Berechnungen und bei der Simulation von Strömungen in Gasen und Flüssigkeiten.

Diese skalaren Volumenfunktionen können nun auf die unterschiedlichste Art und Weise dargestellt werden. Die zugehörigen Verfahren können dabei prinzipiell in zwei Klassen eingeteilt werden, nämlich in die direkten Volumendarstellungen und die Flächendarstellungen.

Bei den Flächendarstellungen handelt es sich dabei um Verfahren, die (meist ebene) Flächenprimitive aus dem Volumendatensatz erzeugen. Hierunter fallen sowohl die Erzeugung ebener und gekrümmter Schnitte durch das Volumen als auch die Erzeugung von Isoflächen. Als direkte Volumendarstellung bezeichnet man dabei alle Techniken, die die Daten des skalaren Feldes direkt, d.h. ohne die Erzeugung von Zwischendaten wie polygonale Flächen, auf den Bildschirm projizieren.

In vielen Anwendungen sind nun die Daten in diskreter Form gegeben. Die Daten können dabei entweder auf sehr regelmäßigen Strukturen, wie zum Beispiel bei regulären Gittern mit identischen Gitterzellen, als auch auf unstrukturierten Gittern, wie dies bei vielen Finite-Element-Berechnungen der Fall ist, beschrieben werden (vgl. Bild 7.1). Selbst gestreute Daten sind möglich, d.h. die Daten liegen auf Raumpunkten ohne Nachbarschaftsinformation. Sie erscheinen bei einer Vielzahl von geologischen und meteorologischen Größen, aber auch bei Partikelsimulationen. Betrachtet man die Datenpunkte regulärer Gitter als ausgedehnte Teilvolumina, deren Mittelpunkte mit den Gitterpunkten übereinstimmen, so spricht man von einem *Voxelmodell*. Die Teilvolumina werden in Analogie zu Pixeln als *Voxel* bezeichnet. Innerhalb der Voxel werden die Skalarwerte als konstant angenommen.

In all diesen Fällen ist sowohl für die direkte Darstellung als auch für die Flächendarstellungen eine Interpolation der diskreten Daten notwendig. Interpolieren die diskreten

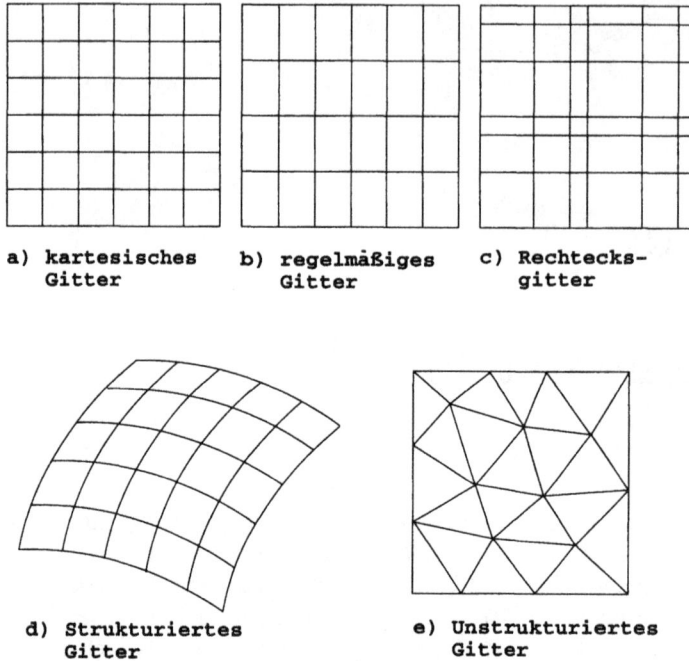

a) kartesisches   b) regelmäßiges   c) Rechtecks-
   Gitter   Gitter   gitter

d) Strukturiertes   e) Unstrukturiertes
   Gitter   Gitter

Bild 7.1: Verschiedene Gitterstrukturen bei Volumendatensätzen. Zur besseren Visualisierung hier für den 2D-Fall dargestellt.

Daten wie im Fall von Finite-Element-Berechnungen bekannte Funktionen, so ist die Interpolation durch diese Funktionen bereits gegeben. In den anderen Fällen wird für die Visualisierung ein einfach zu berechnendes Interpolationsverfahren gewählt. Typische Beispiele sind dabei die trilineare Interpolation bei Gittern, bestehend aus Tetraedern oder Würfeln. Neben diesen Methoden werden in der Literatur eine Vielzahl anderer Interpolationsverfahren beschrieben (vgl. [NT94]). Diese Interpolation kann als Rekonstruktion bzw. Approximation einer kontinuierlichen Volumenfunktion

$$f : \Omega \subset \mathbb{R}^3 \to \mathbb{R}$$

verstanden werden (vgl. [Rau96]).

Im folgenden werden wir nun die Visualisierungsmethoden für diese Klasse von Funktionen genauer beschreiben.

7.1 Direkte Volumendarstellung

Für die direkte Volumendarstellung skalarwertiger Funktionen werden Eigenschaften benötigt, die festlegen, in welcher Form im Innern des Volumens einfallendes Licht reflektiert, gestreut, absorbiert oder emittiert wird.

Analog zur Darstellung von Flächen ist dies notwendig, da auch bei Flächen erst durch die Festlegung von Materialeigenschaften in Kombination mit geeigneten Beleuchtungsmodellen im projizierten Bild ein dreidimensionaler Eindruck erzeugt wird. Erst die rekonstruierte, d.h. die durch Interpolation erzeugte Volumenfunktion ist in der Lage, die Änderungen der zugeordneten optischen Eigenschaften hinreichend genau auch innerhalb der Volumenzellen zu beschreiben. Es ist meist möglich, die optischen Eigenschaften nur auf den Gitterpunkten zu berechnen und dann diese Eigenschaften selbst zu interpolieren. Um nun eine direkte Darstellung eines skalaren Volumens zu erhalten, muß nun im Prinzip entlang eines jeden Sehstrahls das einfallende Licht entsprechend der optischen Eigenschaften des Materials aufintegriert werden. Dies bedeutet nicht, daß algorithmisch tatsächlich ein Strahl für jedes Pixel ausgesandt werden muß, wie dies bei dem sogenannten Raycasting-Verfahren der Fall ist, sondern vielmehr, daß das korrekte Integrationsergebnis in jedem Pixel erscheint.

In diesem Kapitel werden wir diese unterschiedlichen Algorithmen vorstellen. Bei dem schon angesprochenen Raycasting-Verfahren handelt es sich um einen sogenannten backward-mapping Algorithmus, der vom Bildraum ausgehend, Strahlen rückwärts in die Szene schickt. Man spricht auch von einem bildraum-orientierten Algorithmus, da er die Pixel des Bildraums nacheinander abarbeitet. Im Gegensatz hierzu projiziert das von Shirley und Tuchman [ST90] vorgestellte Verfahren Tetraeder auf den Bildschirm und führt einen Teil der Integration im Bildraum aus. Ähnlich wird bei der von Westover [Wes90] vorgestellten Splatting-Technik verfahren, wobei hier die Rekonstruktionskerne in den Bildraum projiziert werden.

Neben den Integrationsverfahren werden in der Literatur aber auch Verfahren beschrieben, die nur den maximalen Wert entlang eines Strahls darstellen und auf eine Integration gänzlich verzichten.

Bevor wir uns nun den einzelnen Algorithmen zuwenden, wollen wir zunächst klären, welche optischen Modelle zugrundegelegt werden können und welches Integral entlang des Sehstrahls damit festgelegt wird.

7.1.1 Optische Modelle

Die Wechselwirkung zwischen Licht und Medium, oder allgemeiner zwischen Partikeln und Medium, kann mit Hilfe von Absorption, Emission und Streuung beschrieben werden. Die allgemeinste Formulierung wird in der Transporttheorie beschrieben. Die Grundgleichung der stationären Transporttheorie ist die lineare Boltzmanngleichung, die den Zuwachs oder Abnahme der Intensität der Partikel im Volumen beschreibt. Wir wollen in diesem Rahmen nicht auf diese allgemeine Formulierung eingehen, sondern uns nur mit einer Reihe von Spezialfällen beschäftigen und verweisen den interessierten Leser auf die Arbeiten von H. Krüger [Krü91]. Im folgenden beschränken wir uns auf die 1-dimensionale Formulierung. Darüberhinaus verzichten wir auf die Berücksichtigung von Streuung, da sie zum einen das Modell verkompliziert und zum anderen den notwendigen Rechenaufwand um ein Vielfaches erhöht.

Eine einfache Gleichung kann für ein Volumen formuliert werden, wenn angenommen wird, daß Licht im Volumen emittiert wird, aber keine Absorption und Streuung statt-

findet, im Prinzip also Wechselwirkung ausgeschlossen wird. Die zugehörige Differentialgleichung für die Intensität I ist dann gegeben durch

$$\frac{dI}{ds} = q(s), \tag{7.1}$$

wobei $q(s)$ als Quellterm bezeichnet wird und s einen Parameter entlang des Sehstrahls
bezeichnet. Wird nun dieses optische Modell zur Visualisierung herangezogen, so muß
zunächst die skalare Volumenfunktion und der Quellterm q miteinander in Verbindung
gebracht werden. Verwendung finden dabei Abbildungen der Form

$$q = const \cdot f \quad \text{bzw.} \tag{7.2}$$

$$q = F(f), \tag{7.3}$$

als auch Festlegungen des Quellterms, die eine Beleuchtung berücksichtigen, siehe unten.
Dabei bezeichnet f wieder die Volumenfunktion. Als Lösung der Differentialgleichung
ergibt sich

$$I(s) = I_{s_0} + \int_{s_0}^{s} q(t)dt, \tag{7.4}$$

wobei I_{s_0} den Anfangswert im Punkt s_0 darstellt. Die Lösung beschreibt hierbei die
Intensität, die aus der Richtung $-\infty$ im Punkt s ankommt und I_{s_0} stellt meist eine
Hintergrundintensität dar.

Ein weiteres einfaches Modell besteht in der Annahme, daß nur Absorption innerhalb
des Volumens stattfindet. Als Differentialgleichung ergibt sich

$$\frac{dI}{ds} = -\tau(s)I(s), \tag{7.5}$$

wobei $\tau(s)$ als *Extinktionskoeffizient* bezeichnet wird und die Abnahme der Intensität im
Volumen beschreibt. In der Graphikliteratur wird dieser Koeffizient häufig als *Opazität*
bezeichnet. Er ist ein Maß für die Undurchlässigkeit des Mediums. Als Lösung der
Differentialgleichung erhalten wir

$$I(s) = I_{s_0} \exp\left(-\int_{s_0}^{s} \tau(t)dt\right), \tag{7.6}$$

wobei I_{s_0} wiederum den Anfangswert in s_0 bezeichnet. Der dabei auftretende Term

$$T_{s_0}(s) = \exp\left(-\int_{s_0}^{s} \tau(t)dt\right) \tag{7.7}$$

stellt dabei die Transparenz des Volumens zwischen den Punkten s und s_0 dar.

Als letztes Modell wollen wir die Kombination der beiden beschriebenen Gleichungen betrachten. Als Differentialgleichung ergibt sich

$$\frac{dI}{ds} = q(s) - \tau(s)I(s). \tag{7.8}$$

Nach wie vor wird ein Verlust oder eine Zunahme der Intensität durch Streuung nicht berücksichtigt. Als Lösung erhalten wir

$$I(s) = I_{s_0} \exp\left(-\int_{s_0}^{s} \tau(\xi)d\xi\right) + \int_{s_0}^{s} \exp\left(-\int_{\eta}^{s} \tau(\xi)d\xi\right) q(\eta)d\eta. \tag{7.9}$$

Ziel einer Klasse von graphischen Algorithmen ist nun die Berechnung der vogegebenen Integrale. Bevor dies jedoch erfolgen kann, müssen zunächst die Werte für die Quellterme bzw für die Opazitäten mittels der skalaren Werte und einer geeigneten Beleuchtung festgelegt werden. Dadurch erhält man eine Abbildung der Volumendaten auf Farbwerte und Opazitäten.

7.1.2 Zuordnung von Farbe und Opazität

Einfache Zuordnungen der Opazität und der Farbe wurden bereits angesprochen. Wird die Opazität im ganzen Volumen gleich Null gesetzt, erhält man das Modell ohne Absorption. Die Opazität berücksichtigt aber meist die ursprüngliche Volumenfunktion. Bei CT-Aufnahmen erscheinen hellere Bereiche, d.h. größere skalare Werte, in Gebieten mit größeren Extinktionskoeffizienten, so daß eine monotone Zuordnung zwischen dem skalaren Wert und der Opazität sinnvoll ist. Um jedoch ganze Wertebereiche der Volumenfunktion ausblenden zu können, werden meist Transferfunktionen verwendet. Diese Funktionen

$$g\colon \mathbb{R} \longrightarrow [0,1]$$

ordnen jedem skalaren Wert einen Extinktionskoeffizienten (Opazitätswert) zwischen 0 und 1 zu. Hierbei können auch Bereiche als völlig undurchlässig definiert werden und somit direkt Isoflächen dargestellt werden.

Für die Festlegung der Farbe kann nun im Prinzip gleich verfahren werden. Durch eine Transferfunktion wird jedem skalaren Wert eine Farbe, z.B. im RGB-Farbmodell, zugeordnet. Die Integration erfolgt dann unabhängig in jeder Farbkomponente. Ein Nachteil dieser Zuweisung liegt in der Tatsache, daß ein Beleuchtungsmodell zur Festlegung der Farbwerte nicht berücksichtigt wird und somit nur ein geringer Tiefeneindruck erzeugt wird. Insbesondere werden die eventuell im Volumen vorhandenen Übergänge zwischen unterschiedlichen Strukturen, wie z.B. unterschiedliche Gewebestrukturen bei

CT-Aufnahmen, nicht sichtbar und eine Isofläche erhält überall dieselbe Intensität bzw. Farbe.

Um diese Nachteile zu überwinden, wurden spezielle Beleuchtungsmodelle für Volumendaten eingeführt. Um diese Modelle zu veranschaulichen, betrachen wir zunächst nur eine Isofläche in einem gegebenen Volumen.

Ist eine differenzierbare Volumenfunktion $f\colon \Omega \subset \mathbb{R}^3 \longrightarrow \mathbb{R}$ und ein $q \in \mathbb{R}$ gegeben, so heißt die Menge

$$S(q) = \{p \in \Omega \mid f(p) = q\}$$

Isofläche von f zum Wert q. Falls q kein Extremwert von f ist, so ist $S(q)$ eine in den $\mathbb{R}^3$ eingebettete 2-Mannigfaltigkeit. Diese 2-Mannigfaltigkeit wird möglicherweise durch den Definitionsbereich Ω beschnitten. In diesem Fall besitzt die Zweimannigfaltigkeit einen eindimensionalen Rand, der im Rand von Ω enthalten ist.

Mit

$$\nabla f = \left(\frac{\partial f}{\partial x}, \frac{\partial f}{\partial y}, \frac{\partial f}{\partial z} \right) \tag{7.10}$$

bezeichnen wir den Gradienten von f. Der Gradient $\nabla f(x_0)$ ist ein Vektor, der senkrecht auf der Tangentialfläche im Punkt $f(x_0)$ an die Isofläche $S(q)$ steht. Durch ∇f sind somit die Normalenrichtungen auf Isoflächen gegeben und erlauben eine Auswertung eines lokalen Beleuchtungsmodells, z.B. eines Phong-Modells (vgl. Band I, Kap 6.5.2.). Bei der Auswertung kann zusätzlich die Norm des Gradienten mit berücksichtigt werden, so daß insbesondere die Übergänge hervorgehoben werden können.

Nach der Behandlung der optischen Modelle und der Transferfunktionen können wir uns nun den speziellen graphischen Algorithmen zuwenden.

7.1.3   Raycasting

Raycasting ist ein bildraum-orientiertes Verfahren analog zu dem bereits behandelten Raytracing-Verfahren (vgl. [Lev88]). Im Gegensatz zu diesem werden beim Raycasting meist nur Primärstrahlen, d.h. Sehstrahlen für jedes Pixel ausgesandt. Für jeden Strahl wird der Schnitt mit der meist konvexen Oberfläche des Definitionsbereiches Ω der Volumenfunktion berechnet. Wird ein Schnittpunkt festgestellt, so wird der Schnittpunkt für den Eintritt in das Volumen und den Austritt aus dem Volumen bestimmt. Damit kann der Strahl in das lokale Koordinatensytem des Volumens transformiert werden. Anschließend wird der Strahl innerhalb des Volumens verfolgt und die Farb- und Opazitätswerte an einer Vielzahl von Abtast-Punkten auf dem Strahl bestimmt. Dadurch erhält man einen Vektor von geordneten Abtastwerten $(c(s_i), a(s_i))$ für die Farbwerte, die dem Quellterm entsprechen, und die Opazitätswerte, die den Extinktionskoeffizienten repräsentieren. Da die Abtastwerte auf dem Strahl liegen und darum im Normalfall nicht exakt mit den diskreten Gitterpunkten übereinstimmen, werden die Zwischenwerte durch die bereits angesprochene Interpolation berechnet. Abbildung 7.2 illustriert das Verfahren.

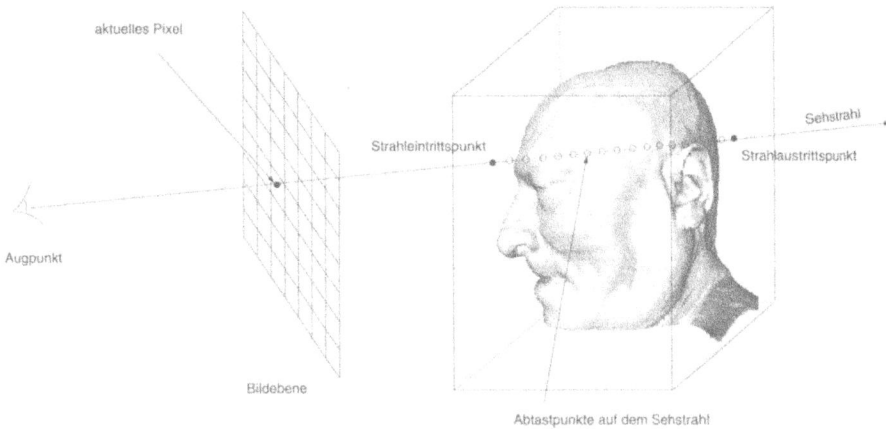

Bild 7.2: Prinzip des Raycasting.

Heuristische Raycastingverfahren

Die heuristischen Raycastingverfahren versuchen beim Durchqueren des Volumendatensatzes entlang dem Sehstrahl Oberflächen zu detektieren und diese dann entsprechend zu visualisieren.

Schattierungsproblem (Shading)

Bei allen Beleuchtungsverfahren von Oberflächen werden die Normalen benötigt. In diesem Abschnitt gehen wir davon aus, daß alle Gitterzellen Würfel sind. Pro Blickpunkt sind maximal drei Flächen eines Würfels sichtbar. Verwendet man ausschließlich parallel einfallendes Licht und eine Parallelprojektion, so müssen maximal 3 Oberflächenorientierungen berücksichtigt werden. Werden nur diese 3 Normalenrichtungen verwendet, so sieht man im resultierenden Bild deutliche Voxelstrukturen. Aus diesem Grund wird versucht, die Normalenrichtungen der tatsächlichen Oberfläche zu schätzen. Es lassen sich zwei Gruppen von Verfahren unterscheiden: *bildraumorientierte* Verfahren und *objektraumorientierte* Verfahren.

Die sogenannte *Tiefenpuffer-Gradientenschattierung* gehört zu den bildraumorientierten Verfahren. Für jedes Pixel im Bildraum wird ein Normalenvektor auf der Objektoberfläche geschätzt und ein lokales Beleuchtungsmodell ausgewertet. Für die Schätzung wird in jedem Pixel (x, y) ein Tiefenwert $z(x, y)$ benötigt, vgl. Abb. 7.3. Ist eine Oberfläche im Volumen bekannt, so kann dieser mit Hilfe eines Z-Buffers ermittelt werden. Die lokalen Werte um den zu berechnenden Punkt werden jetzt als Stützstellen zweier stetiger Funktionen betrachtet und in x- bzw. y- Richtung differenziert, was zu den Tangentenvektoren $T_{\mathbf{x}}(x, y)$ und $T_{\mathbf{y}}(x, y)$ führt:

$$T_{\mathbf{x}}(x, y) = \left(1, 0, \frac{\partial z(x, y)}{\partial x}\right) \text{ und } T_{\mathbf{y}}(x, y) = \left(0, 1, \frac{\partial z(x, y)}{\partial y}\right). \qquad (7.11)$$

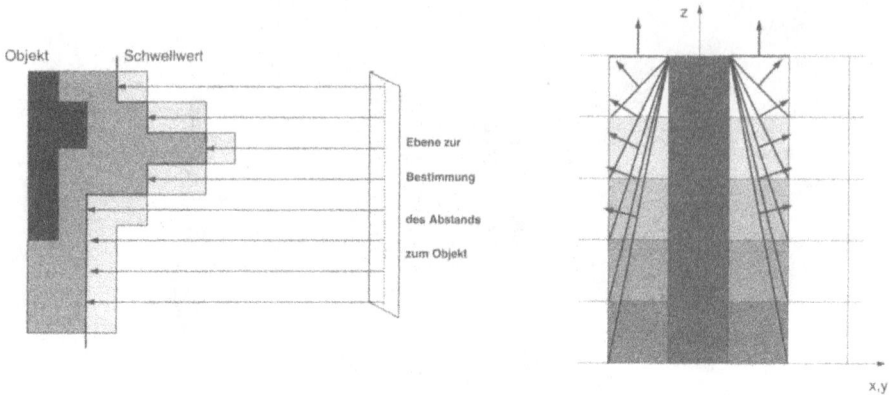

Bild 7.3: Links die Bestimmung der Tiefenwerte (Z-Buffer). Rechts vom Tiefenwert abhängige Normalen. Ist der Winkel zwischen Normalenvektor und Blickrichtung betragsmäßig kleiner oder gleich $\frac{\Pi}{4}$, so gibt es für die Ableitungen in x- und y-Richtung jeweils nur 3 Werte.

Den Normalenvektor $n(x,y)$ erhält man jetzt durch die Bildung des Kreuzproduktes der beiden Tangentenvektoren:

$$n(x,y) = T_{\mathbf{x}}(x,y) \times T_{\mathbf{y}}(x,y) = \left(\frac{\partial z(x,y)}{\partial x}, \frac{\partial z(x,y)}{\partial y}, 1 \right). \qquad (7.12)$$

Die partiellen Ableitungen $\frac{\partial z(x,y)}{\partial x}$ und $\frac{\partial z(x,y)}{\partial y}$ lassen sich durch einfache Differenzbildungen der direkten Nachbarn in den entsprechenden Richtungen annähern.

Die Tiefenpuffer-Gradientenschattierung ist leicht zu implementieren und sehr schnell. Nachteil des Verfahrens ist die geringe Auflösung der Normalenvektoren, falls die Fläche nahezu senkrecht auf der Blickrichtung steht. Ist der Winkel zwischen Normalenvektor und Blickrichtung betragsmäßig kleiner oder gleich $\frac{\Pi}{4}$, so gibt es für die Ableitungen in x- und y-Richtung jeweils nur 3 Werte, vgl. Abb. 7.3. Bei größeren Winkeln wächst die Auflösung. Ein Ergebnis der Tiefenpuffer-Gradientenschattierung ist in Abb. 7.4 dargestellt.

Bei der *Grauwert-Gradientenschattierung* (gray-level gradient shading) oder (density gradient shading), wird der Gradient der lokalen Grauwerte zur Berechnung der Normale $n(x,y,z) = \nabla f(x,y,z)$ der zu visualisierenden Oberfläche verwendet.

Der Gradient $\nabla f(x,y,z)$ wird wie bei den zweidimensionalen Kantendetektoren aus den Werten der Nachbarvoxel berechnet. Wird ein symmetrischer Gradient verwendet so ergibt sich:

$$\nabla f(x_i, y_i, z_i) = \frac{1}{2}(f(x_{i+1}, y_i, z_i) - f(x_{i-1}, y_i, z_i), f(x_i, y_{i+1}, z_i)$$
$$-f(x_i, y_{i-1}, z_i), f(x_i, y_i, z_{i+1}) - f(x_i, y_i, z_{i-1})). \qquad (7.13)$$

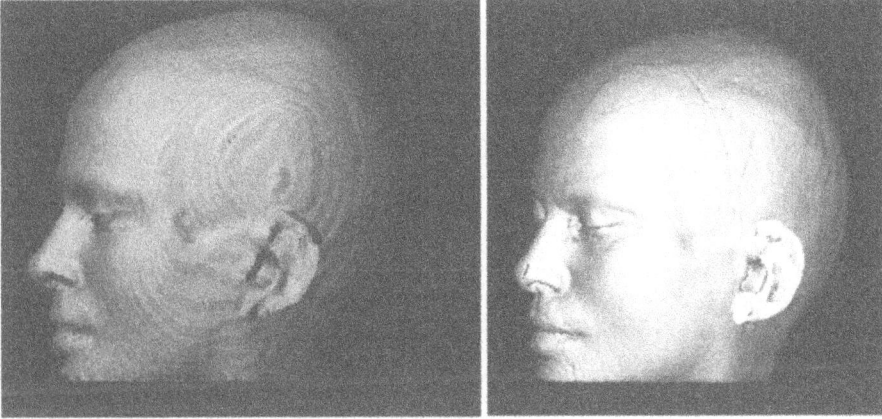

Bild 7.4: Links das Ergebnis einer Z-Buffergradientenschattierung. Die geringe Auflösung der Normalen im Bereich kleiner Winkel zwischen Normale und Beobachtungsrichtung führt zu Artefakten. Rechts das Ergebnis einer Grauwertgradientenschattierung.

Wie im 2D-Fall kann die Vorwärts- bzw. Rückwärts-Differenz in einen 3D-Differenzoperator übersetzt werden. Verwendet man die symmetrische Differenz, so ergibt sich die Maske des Differenzoperators für die Ableitung nach x, d.h. für die Komponenten in i-Richtung gemäß

$$a_{-1jk} = \begin{bmatrix} 0 & 0 & 0 \\ 0 & -1 & 0 \\ 0 & 0 & 0 \end{bmatrix} \qquad a_{0jk} = \begin{bmatrix} 0 & 0 & 0 \\ 0 & 0 & 0 \\ 0 & 0 & 0 \end{bmatrix} \qquad a_{1jk} = \begin{bmatrix} 0 & 0 & 0 \\ 0 & 1 & 0 \\ 0 & 0 & 0 \end{bmatrix}.$$

Für die anderen symmetrischen Differenzen ergeben sich die entsprechenden Differenzenoperatoren. Wie im zweidimensionalen Fall werden in der Literatur auch für den dreidimensionalen Fall eine Reihe weiterer Gradientenoperatoren vorgeschlagen, vgl. z.B. [ZH81].

Tiefenschattierung

Bei der Tiefenschattierung (depth shading) wird der Strahlverlauf beim Erreichen eines vorgegebenen Schwellwertes abgebrochen und die bis dahin auf dem Strahl zurückgelegte Entfernung zurückgegeben. Diese Entfernung wird in Farbe, meist als hell-dunkel codiert. Die Tiefenschattierung ist eine recht einfache und schnelle Methode. Die Ergebnisse sind leicht zu interpretieren. Leider ist der Bildeindruck nicht gut. Das Bild wirkt konturlos. Der räumliche Bildeindruck verbessert sich deutlich, wenn eine Gradientenschattierung des Tiefenbildes vorgenommen wird.

Gradientenschattierung

Die Gradientenschattierung kann auch direkt ausgeführt werden. Dazu wird an der Stelle des Strahls, an der der Schwellwert erreicht wurde, der Gradient berechnet. Dieser geht dann in eine lokale Beleuchtungsrechnung ein. Die mit diesem Verfahren erzeugten Bildern sind mit denen vergleichbar, die man erhält, wenn zunächst die Oberfläche rekonstruiert wird und diese dann visualisiert wird.

Maximumsprojektion

Eine weitere Visualisierungsmethode stellt die Maximumsprojektion dar [THB$^+$90]. Bei dieser Methode wird der größte, auf dem Strahl gefundene Wert zurückgegeben:

$$I = max(x_1, x_2, \dots, x_n), \tag{7.14}$$

wobei $x_1, ldots, x_n$ die skalaren Werte an den Abtastpunkten entlang dem Sehstrahl sind. Diese Methode ist besonders dort anwendbar, wo relativ wenige, dafür aber sehr helle Regionen von Interesse vorliegen. Dies ist beispielsweise bei NMR-Gefäßaufnahmen der Fall. Die fließende Materie in den Gefäßen wird dabei am hellsten dargestellt. Statt des Maximums der Datenwerte kann auch das Maximum der Beträge der Gradienten auf dem Strahl zurückgegeben werden

$$I = max(|\nabla f(x_1)|, |\nabla f(x_2)|, \dots, |\nabla f(x_n)|). \tag{7.15}$$

Ein Beispiel einer Maximumsprojektion ist in Abb. 7.5 dargestellt.

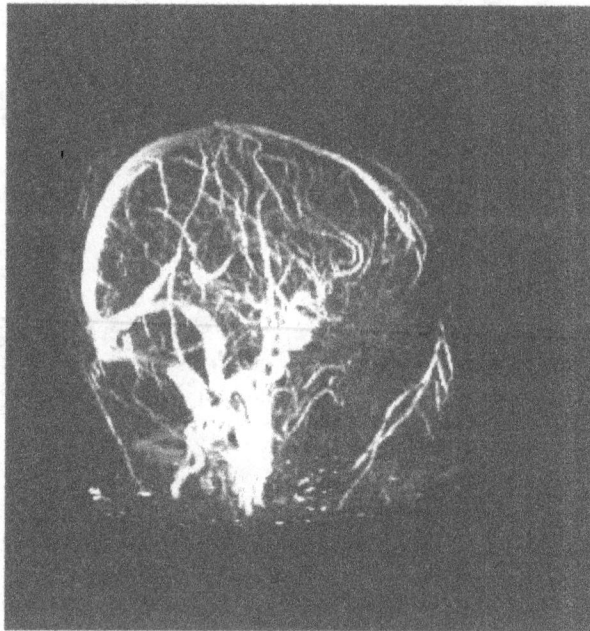

Bild 7.5: Maximumsprojektion von NMR-Aufnahmen des Kopfes. Die Blutgefäße werden gut sichtbar.

Integrationsverfahren

Sind ausreichend viele Werte entlang des Strahls bestimmt worden, so kann eine numerische Integration durchgeführt werden. Der Einfachheit halber nehmen wir nun an, daß

n äquidistante Abtastpunkte (s_i) im Abstand Δ bestimmt werden. Mit s_{entry} und s_{exit} bezeichnen wir die Parameter der Schnittpunkte für den Eintritt und den Austritt des Strahls im Volumens. Mit Gleichung (7.9) erhalten wir somit

$$C_{pixel} = C(s) \ = \ C_{background} \exp\left(-\int_{s_{exit}}^{s_{entry}} \tau(\xi)d\xi\right)$$
$$+ \int_{s_{exit}}^{s_{entry}} \exp\left(-\int_{\eta}^{s_{entry}} \tau(\xi)d\xi\right) c(\eta)d\eta, \qquad (7.16)$$

wobei die Intensität durch die Farbwerte c ersetzt wurde.

Für $c_i = c(s_i)$ und $a_i = \tau(s_i)$ zu der Zerlegung $(s_{exit} = s_1, \ldots, s_n = s_{entry})$ des Intervalls $[s_{exit}, s_{entry}]$ erhalten wir eine Näherungslösung der Gleichung durch

$$C_{pixel} = C_{background} \exp\left(-\sum_{i=1}^{n} a_i \Delta\right) + \sum_{i=1}^{n} \exp\left(-\sum_{j=i+1}^{n} a_j \Delta\right) c_i \Delta. \qquad (7.17)$$

Da

$$\exp\left(-\sum_{j=i}^{n} a_j \Delta\right) = \prod_{j=i}^{n} \exp(-a_j \Delta) \approx \prod_{j=i}^{n} (1 - a_j \Delta) \qquad (7.18)$$

für kleine Werte von $a_j \Delta$, erhalten wir eine Näherung durch

$$C_{pixel} = C_{background} \prod_{j=i}^{n} (1 - a_j \Delta) + \sum_{i=1}^{n} \prod_{j=i}^{n} (1 - a_j \Delta) c_i \Delta. \qquad (7.19)$$

Mit $A_i = a_i \Delta$ und $C_i = c_i \Delta$ können wir nun den sogenannten back-to-front-Algorithmus formulieren, wie er beispielsweise in [DCH88] beschrieben wird.

$C = C_{background}$
$for(i = 1; i <= n; i + +)$
$C = C(1 - A_i) + C_i$

Die Integration kann aber auch in der Richtung des Sehstrahls ausgeführt werden. Dies liefert den bekannten front-to-back-Algorithmus:

$C = 0$
$A = 0$
$for(i = n; i >= 1; i - -)$
$\{$
$C = C + (1 - A)C_i$
$A = A + A_i(1 - A)$
$\}$
$C = C + (1 - A)C_{background}$

Der Vorteil des front-to-back-Algorithmus liegt darin, daß während der Integration geprüft werden kann, ob die Gesamtopazität A schon in der Nähe 1 liegt und damit die
Summation abgebrochen werden kann.

Eine andere Form der Beschleunigung liegt in der Berücksichtigung von Kohärenzen
(Nachbarschaftsbeziehungen) innerhalb des Volumens. Sind z.B. Bereiche innerhalb des
Volumens vorhanden, in denen die Volumenfunktion gleich Null oder zumindest nähe-
rungsweise konstant ist, so ist dort die aufwendige Bestimmung der Werte für Farbe und
Opazität nicht notwendig. Strukturen wie Octrees können dabei die Traversierung und
die Integration erheblich beschleunigen.

7.1.4   Projektion von Tetraedern

Um die Kohärenz der skalaren Volumendaten besser ausnutzen zu können, wurden *Pro-
jektionsmethoden* für die direkte Volumendarstellung entwickelt. Es handelt sich dabei
um sogenannte forward-mapping-Algorithmen, die ganze Bereiche des Volumens auf den
Bildschirm projizieren und die Integration zumindest teilweise im Bildraum durchführen.
Durch die Projektion größerer Datenbereiche wird eine Scan-Konvertierung notwendig,
bei der aber meist vorhandene Graphik-Hardware genutzt werden kann.

Der von Shirley und Tuchmann [ST90] vorgestellte Algorithmus der Projektion von Tetraedern (projected tetrahedra, PT) arbeitet auf beliebigen Tetraeder-Netzen. Da reguläre Gitter leicht in Tetraeder zerlegt werden können und numerische Verfahren wie
FE-Methoden oftmals auf unstrukturierten Tetraeder-Netzen formuliert werden, kann
mit diesem Algorithmus eine Vielzahl von Daten direkt aus der gegebenen Datenstruktur heraus implementiert werden. Bild 7.6 zeigt eine Zerlegung eines Würfels in Tetraeder. Ein weiterer Vorteil des Verfahrens liegt nun darin, daß auf eine rechenaufwendige
Traversierung eines Strahls durch ein unstrukturiertes Gitter verzichtet werden kann.

Der Algorithmus verläuft in folgenden Schritten:

1. Zerlegung des Volumens in Tetraeder.

2. Klassifikation der Tetraeder entsprechend ihrem Bild unter der momentanen Projektion.

3. Zerlegung der Projektion in Dreiecke.

4. Bestimmung der Farbe und Opazität für jeden Eckpunkt der ermittelten Dreiecke.

5. Füllen und Durchführung einer Scan-Konvertierung für jedes Dreieck.

Um eine gültige Triangulierung zu erhalten ist bei der Zerlegung des Volumens in Tetraeder darauf zu achten, daß der Schnitt zwischen Tetraedern entweder

- leer,

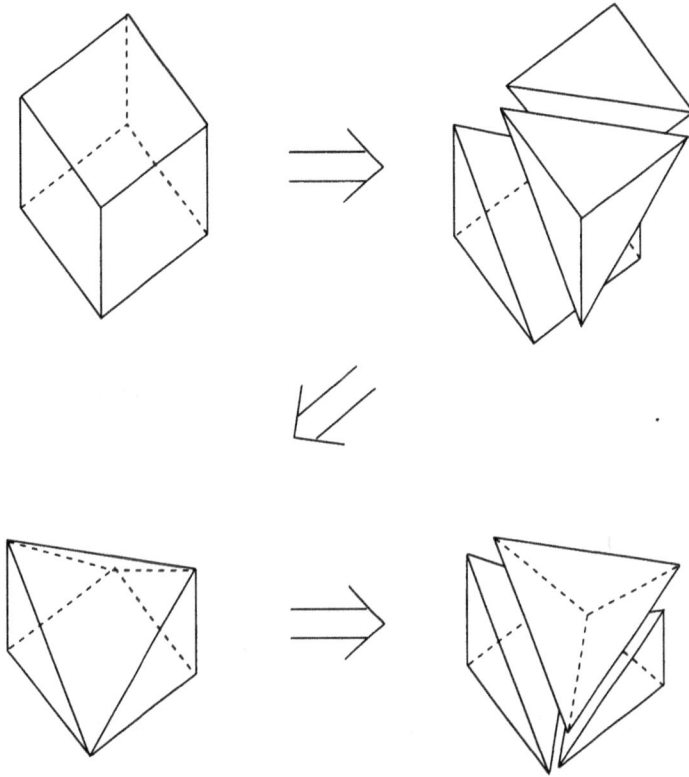

Bild 7.6: Tetraederzerlegungen eines Würfels

- ein gemeinsamer Eckpunkt,

- eine gemeinsame Kante,

- oder ein gemeinsames Dreieck

ist, vgl. Kap. 1.3.2.

Die Klassifikation der Tetraeder erfolgt entsprechend der Bild 7.7, abhängig davon, wie-viele Seitenflächen eines Tetraeders gesehen sichtbar sind. Blickrichtung ist dabei die negative Projektionsrichtung. Damit lassen sich die Tetraeder in 6 Äquivalenzklassen einteilen. Zu welcher Klasse ein Tetraeder gehört, kann mittels der Normalen der Sei-tenflächen und der Richtung zum Augpunkt entschieden werden. Die Entscheidung, welcher Fall vorliegt, kann auch durch die Verwendung der zu den Seitenflächen gehören-den Ebenengleichungen getroffen werden, indem man den Augpunkt einsetzt. Über das Vorzeichen des Ergebnisses kann dann entschieden werden, ob das Dreieck dem Betrach-ter zu oder abgewandt ist.

Nach der Klassifikation erfolgt die Projektion der Dreiecke auf die Bildebene. Dabei wird die Projektion mittels affiner Transformation, perspektivischer Transformation und

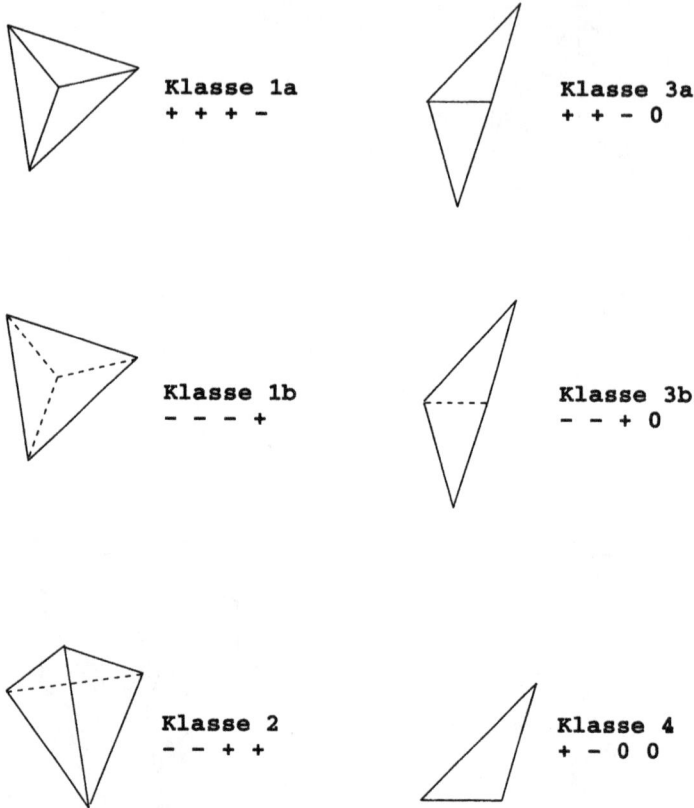

Klasse 1a
+ + + −

Klasse 3a
+ + − 0

Klasse 1b
− − − +

Klasse 3b
− − + 0

Klasse 2
− − + +

Klasse 4
+ − 0 0

Bild 7.7: Klassifikation der Tetraeder erfolgt abhängig davon, wieviele Seitenflächen des Tetraeders sichtbar sind. Die Zeichen + bzw. − geben für jede Seitenfläche des Tetraeders an, ob sie sichtbar ist oder nicht.

Parallelprojektion der Eckpunkte durchgeführt. Die Liniensegmente der projizierten Dreiecke werden anschließend im 2D auf Schnitt untersucht.

Wird ein Schnittpunkt gefunden, so werden die in die Bildebene projizierten Dreiecke des Tetraeders in neue Dreiecke zerlegt, wobei zwischen einem und vier Dreiecke entstehen, vgl. Abb. 7.7.

Nun wird angenommen, daß sich die maximale Opazität für den Tetraeder an der Stelle befindet, wo der Tetraeder die größte Ausdehnung in Richtung zum Augpunkt hat. Dieser Punkt und die dortigen optischen Eigenschaften müssen nun bestimmt werden. Im Fall 4 ist die größte Ausdehnung an der Stelle, wo 2 Eckpunkte hintereinander liegen. In den Fällen 3 und 2 erhält man den Punkt durch den Schnitt der Liniensegmente. Im Fall 1 wird der Punkt durch lineare Interpolation bestimmt. Bild 7.8 illustriert den Fall 1, wobei die Punkte P_A, P_B, P_C in perspektivischen Koordinaten gegeben sind, d.h. nach der perspektivischen Transformation. Da die x- und y-Koordinaten der projizierten Punkte P_1' und P_2' übereinstimmen, kann man eine lineare Interpolation benützen, um den Punkt P_2 zu bestimmen. Zunächst werden aus der Gleichung

$$P_1' = (1 - u - v)P_A' + uP_B' + vP_C' \tag{7.20}$$

die baryzentrischen Koordinaten $1 - u - v, u, v$ von P_1' bzgl. der Punkte P_A', P_B' und P_C' bestimmt. Mit Hilfe der baryzentrischen Koordinaten berechnet sich die z-Koordinate von P_2 dann gemäß

$$P_{2z} = (1 - u - v)P_{Az} + uB_z + vC_z. \tag{7.21}$$

Diese Interpolation kann aber nicht nur für die Bestimmung des Punktes P_2 und damit, über die Inverse der Projektion , zur Bestimmung der Dicke des Tetraeders an dieser Stelle, sondern auch für die Berechnung der optischen Eigenschaften Farbe und Opazität im Punkt P_2 verwendet werden.

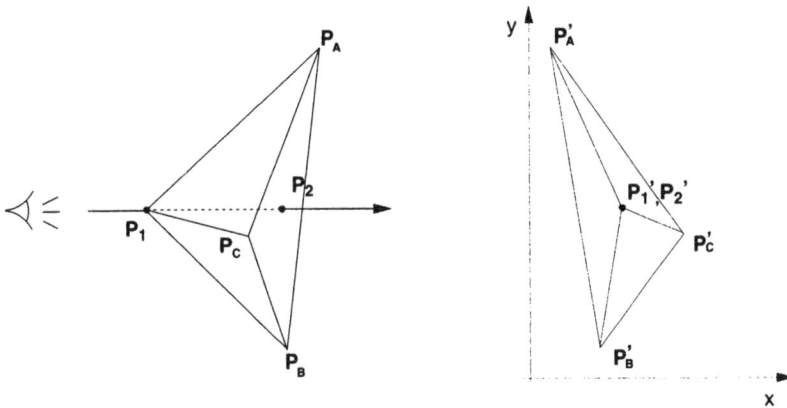

Bild 7.8: Im Fall eins wird der Punkt P_2 durch lineare Interpolation bestimmt. Dabei wird ausgenutzt, daß nach der Projektion des Tetraeders in die Bildebene die x- und y-Koordinaten der Punkte P_1 und P_2 übereinstimmen.

Um nun die Farbe und die Opazität des projizierten Tetraeders zu bestimmen, wird angenommen, daß sich diese Werte innerhalb der Dreiecke, in die der Tetraeder zerlegt wurde, näherungsweise durch lineare Interpolation bestimmen lassen. Da die Dicke des Tetraeders nur an einem Eckpunkt der Dreiecke von Null verschieden ist, muß nur an diesem Punkt die Berechnung durchgeführt werden. Für die anderen Punkte wird die Opazität gleich Null gesetzt und der Farbwert übernommen. Sind z_1 und z_2 die

Koordinaten von P_1 und P_2 auf dem Sehstrahl so erhält man mittels der Gleichung (7.9)

$$
\begin{aligned}
C(z_1) &= C_{exit} \exp\left(-\int_{z_{exit}}^{z_1} \tau(\xi)d\xi\right) + \int_{z_{exit}}^{z_1} \exp\left(-\int_{\eta}^{z_1} \tau(\xi)d\xi\right) c(\eta)d\eta \\
&= C_{exit} \exp\left(-\int_{z_{exit}}^{z_2} \tau(\xi)d\xi\right) \exp\left(-\int_{z_2}^{z_1} \tau(\xi)d\xi\right) \\
&\quad + \int_{z_{exit}}^{z_2} \exp\left(-\int_{\eta}^{z_1} \tau(\xi)d\xi\right) c(\eta)d\eta + \int_{z_2}^{z_1} \exp\left(-\int_{\eta}^{z_1} \tau(\xi)d\xi\right) c(\eta)d\eta \\
&= \exp\left(-\int_{z_{exit}}^{z_2} \tau(\xi)d\xi\right) \left(\exp\left(-\int_{z_2}^{z_1} \tau(\xi)d\xi\right) + \exp\left(-\int_{\eta}^{z_2} \tau(\xi)d\xi\right) c(\eta)d\eta\right) \\
&\quad + \int_{z_2}^{z_1} \exp\left(-\int_{\eta}^{z_1} \tau(\xi)d\xi\right) c(\eta)d\eta \\
&= \exp\left(-\int_{z_{exit}}^{z_2} \tau(\xi)d\xi\right) C(z_2) + \int_{z_2}^{z_1} \exp\left(-\int_{\eta}^{z_1} \tau(\xi)d\xi\right) c(\eta)d\eta,
\end{aligned}
$$

wobei $C(z_2)$ den Integrationswert bis zum Wert z_2 bezeichnet. Wird nun ferner angenommen, daß an der dicksten Stelle die Farb- und Opazitätswerte innerhalb des Tetraeders durch lineare Interpolation der Randwerte in P_1 und P_2 gegeben sind, erhält man eine Näherungslösung durch

$$
\begin{aligned}
C(z_1) &= C(z_2)e^{-(z_1-z_2)\frac{A_1+A_2}{2}} \\
&\quad + \frac{C_1+C_2}{2}\left(1 - e^{-(z_1-z_2)\frac{A_1+A_2}{2}}\right),
\end{aligned}
$$

was dem bereits erwähnten back-to-front Algorithmus entspricht. Hierbei werden durch A_i und C_i die Opazitätswerte in den Punkten P_i, $i = 1,2$ bezeichnet. Der Term $(1 - e^{-(z_1-z_2)\frac{A_1+A_2}{2}})$ legt somit den Opazitätswert und $(C_1+C_2)/2$ den Farbwert des Eckpunkts fest.

Die Darstellung des Gesamtvolumens geschieht dann durch die Sortierung der Tetraeder von hinten nach vorn und anschließende Projektion mit Gourand-Shading der zu den Tetraedern gehörenden Dreiecke. Jedes Pixel wird dann entsprechend der Formel

$$
C_d = \alpha_s C_s + (1 - \alpha_s)C_d \tag{7.22}
$$

berechnet, wobei mit dem Index d die bereits berechneten und mit dem Index s die neu hinzukommenden Werte bezeichnet werden.

Raycasting-Koprozessor

Eine gerätetechnische Umsetzung des Raycasting-Verfahrens wurde am Wilhelm--Schickard-Institut für Informatik, Abt. Graphisch-Interaktive Systeme, durchgeführt [Kni95b], [Kni96a], [Kni96b]. Der Koprozessor wurde für den Einsatz in herkömmlichen PCs entwickelt und besitzt daher ein PCI-Interface. Eine Photographie der Steckkarte ist in Abb. 7.9 gezeigt.

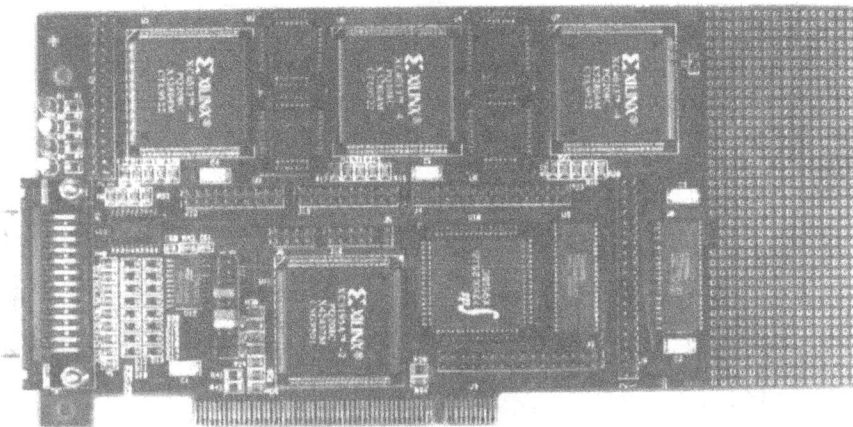

Bild 7.9: Der Raycasting-Koprozessor

Die generelle Arbeitsweise ist dabei wie folgt: der Datensatz wird in den Hauptspeicher des PCs geladen. Die CPU generiert für jedes Pixel einen Sichtstrahl entsprechend der Beobachterposition und der geometrischen Anordnung des Bildfensters. Der Sichtstrahl wird mit den sichtbaren Begrenzungsflächen des Volumendatensatzes geschnitten. Falls der Sichtstrahl den Datensatz trifft, wird noch der Vektor von einem Strahlpunkt zum nächsten berechnet. Die Koordinaten des Schnittpunktes sowie die Komponenten dieses Vektors werden in Festkomma-Format konvertiert und zum Koprozessor übertragen.

Diese Einheit generiert nacheinander alle Strahlpunkte. Für jeden Strahlpunkt wird geprüft, ob er sich bereits außerhalb der Datensatzgrenze oder hinter einer opaken Struktur befindet. In diesem Fall wird die Bearbeitung des Strahls beendet. Ansonsten wird die Speicheradresse der benötigten Datensatzelemente berechnet und ein Lesezugriff auf den Hauptspeicher durchgeführt. Nach Erhalt der Daten wird die Helligkeit des Strahlpunktes mittels tri-linearer Interpolation bestimmt und mit der bereits berechneter Strahlpunkte in wählbarer Weise verrechnet (Akkumulation, Maximalprojektion, Schwellwertsuche oder anderes). Nach Terminierung eines Strahls wird der endgültige Pixelwert in einem Register zum Auslesen durch die CPU bereitgehalten, die während dieser Zeit die Parameter für den nächsten Strahl berechnet hat.

Um den Berechnungsaufwand und den Datentransfer in Grenzen zu halten, wird der Datensatz einer intensiven, speziellen Vorbehandlung unterzogen. Als konkretes Anwendungsbeispiel sei die medizinische Diagnose genannt. Der Patientendatensatz muß zunächst segmentiert werden, d. h. die Voxel werden entsprechend ihrer Materialzugehörigkeit (Knochen, Gewebe etc.) mit zusätzlichen Nummern versehen. Im nächsten Schritt werden die Strukturen beleuchtet. Dazu wird mithilfe lokaler Differenzoperatoren der Gradient in den Gitterpunkten bestimmt, der dann als Oberflächennormale in lokale Beleuchtungsrechnungen eingeht (z. B. das Phong'sche Beleuchtungsmodell). Als Ergebnis erhält man einen Datensatz, der nur noch Grauwerte und Material-Nummern enthält. Dieser Datensatz wird anschließend dergestalt kodiert, daß der Datentransfer zwischen Hauptspeicher und Koprozessor auf ein Minimum beschränkt wird.

Dazu wird ein Kompressionsverfahren aus der 2D-Bildverarbeitung, das 1979 unter dem Namen *Block Truncation Coding* [DM79] beschrieben wurde, auf drei Dimensionen erweitert. Der Grundgedanke ist, die Grauwerte eines 12-Voxel-Blocks, wie in Abb. 7.10 skizziert, auf zwei Grauwerte zu quantisieren. Zu diesem Zweck werden die Voxel entsprechend einem Schwellwert, z. B. dem Mittelwert, in zwei Gruppen eingeteilt. Für jede Gruppe wird dann ein neuer Grauwert bestimmt.

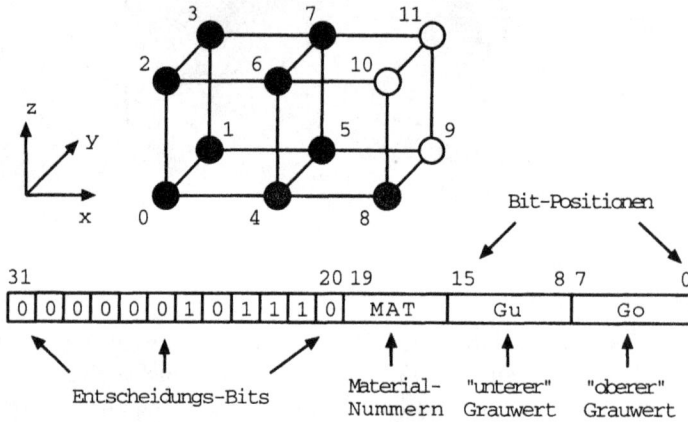

Bild 7.10: Kompression eines 12-Voxel-Blocks

Dies kann z. B. so geschehen, daß der quadratische Fehler minimiert wird, was hohen Rechenaufwand bedeutet, oder dergestalt, daß Mittelwert und Varianz erhalten bleiben. Letzteres kann in geschlossener Form angegeben werden, und ist weniger aufwendig. Als Resultat erhält man in jedem Falle zwei neue Grauwerte, die üblicherweise jeweils 8 Bits belegen, sowie 12 Entscheidungsbits, die für jedes Voxel den zugehörigen Grauwert bestimmen. Die auf 32 Bits verbleibenden 4 Bits können genutzt werden, um die in dem Voxelblock vorkommenden Materialien zu beschreiben.

Mit der Kodierung eines Voxelblocks in ein 32-bit Datenelement benötigt man also nur einen einzigen Speicherzugriff, um die 8 für die tri-lineare Interpolation benötigten Voxel zu erhalten. Um dies für den gesamten Datensatz zu gewährleisten, muß der Datensatz redundant kodiert werden, wie in Abb. 7.11 gezeigt.

Als weiteren Vorteil ergibt sich, daß die tri-lineare Interpolation selbst weitestgehend vereinfacht wird, wie in [Kni95a] gezeigt.

Obwohl eine verlustbehaftete Kodierung verwendet wird, ist die Bildqualität befriedigend. In Abbildung 7.12 wurde Haut und Gewebe halbdurchsichtig über Knochen visualisiert. Der Datensatz hat $256 \times 256 \times 216$ Voxel. Der Koprozessor ist in der Lage, in Abhängigkeit von den Visualisierungsparametern sowie dem Beobachterstandpunkt, bis zu 5 Bilder pro Sekunde zu generieren.

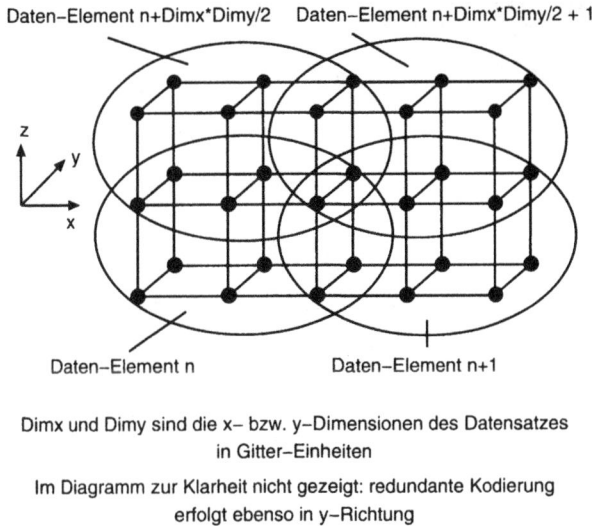

Daten–Element n+Dimx*Dimy/2   Daten–Element n+Dimx*Dimy/2 + 1

Daten–Element n   Daten–Element n+1

Dimx und Dimy sind die x– bzw. y–Dimensionen des Datensatzes
in Gitter–Einheiten

Im Diagramm zur Klarheit nicht gezeigt: redundante Kodierung
erfolgt ebenso in y–Richtung

Bild 7.11: Redundante Kompression des Datensatzes

7.1.5 Projektion von Rekonstruktions-Kernen: Splatting

Die bereits erwähnte notwendige Interpolation zwischen den diskreten Datenwerten
kann als eine Rekonstruktion der zugrundeliegenden Volumenfunktion aufgefaßt werden.
Falls die Volumenfunktion bandbegrenzt ist, d.h. die Fourier-Transformierte kompakten
Träger hat, und die Abtastrate in jeder Raumrichtung oberhalb der Nyquist-Frequenz
liegt, kann die Volumenfunktion mittels der Funktion

$$\mathrm{si}_{3D}(x, y, z) = \mathrm{si}(x)\mathrm{si}(y)\mathrm{si}(z) \tag{7.23}$$

exakt rekonstruiert werden. Da das zu einem Datensatz gehörende Raumgitter aber eine endliche Ausdehnung besitzt und somit nicht bandbegrenzt sein kann, kann demnach
mittels si_{3D} keine exakte Rekonstruktion erfolgen. Da si_{3D} zusätzlich keinen kompakten Träger hat, eignen sich für praktische Anwendungen nur Approximationen an diese
Funktion. Eindimensionale Beispiele hierfür sind in Abb. 7.13 dargestellt.

Dreidimensionale Kerne können nun auf einfache Weise aus den eindimensionalen Kernen
gewonnen werden. Ist $K_1(x)$ ein eindimensionaler Kern, so liefert z.B. das Tensorprodukt
$K_3(x, y, z) = K(x) \cdot K(y) \cdot K(z)$ einen dreidimensionalen Kern. Rotationssymmetrische
dreidimensionale Kerne, erhält man gemäß

$$K_3(x, y, z) = K(\|(x, y, z)\|) \tag{7.24}$$

aus eindimensionalen Kernen.

Die rekonstruierte Funktion erhält man durch Faltung mit einem dieser Kerne.

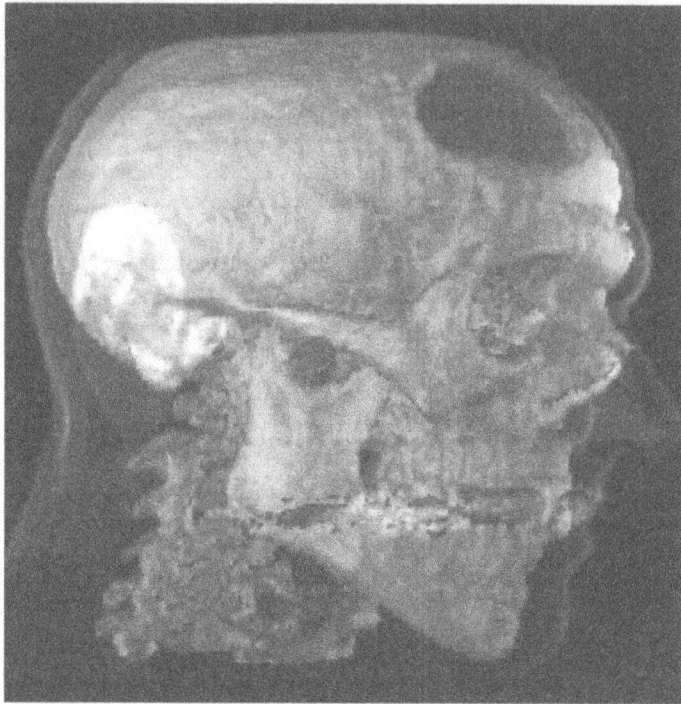

Bild 7.12: CT-Aufnahme eines Hirnpatienten

Die bereits erwähnte trilineare Interpolation auf kubischen Gittern kann nun ebenfalls als Rekonstruktion mittels der Sägezahn-Funktion (vgl. Bild 7.13) aufgefaßt werden.

Bezeichne nun K einen solchen Kern, so ergibt die Faltung mit der diskreten Funktion (f_{ijk}), gegeben durch die Werte auf dem Gitter in den Punkten (x_i, y_j, z_k), die Volumenfunktion zu

$$f(x, y, z) = \sum_{i,j,k} f_{ijk} K(x - x_i, y - y_j, z - z_k). \qquad (7.25)$$

Diese Form der Darstellung einer Volumenfunktion macht sich das von Westover [Wes90] beschriebene Splatting-Verfahren zur direkten Volumendarstellung zunutze.

Betrachten wir hierzu die einfache Integration entlang eines Sehstrahls in Abwesenheit von Absorption (vgl. Gleichung (7.4)). Der Einfachheit halber betrachten wir einen Strahl in Richtung $-z$ und nehmen an, daß sich das Volumen im Bereich $\{z < 0\}$ befindet. Wir erhalten dann für die Integration die Gleichung

$$I(x, y, 0) = I_{-\infty}(x, y) + \int_{-\infty}^{0} q(x, y, z) dz, \qquad (7.26)$$

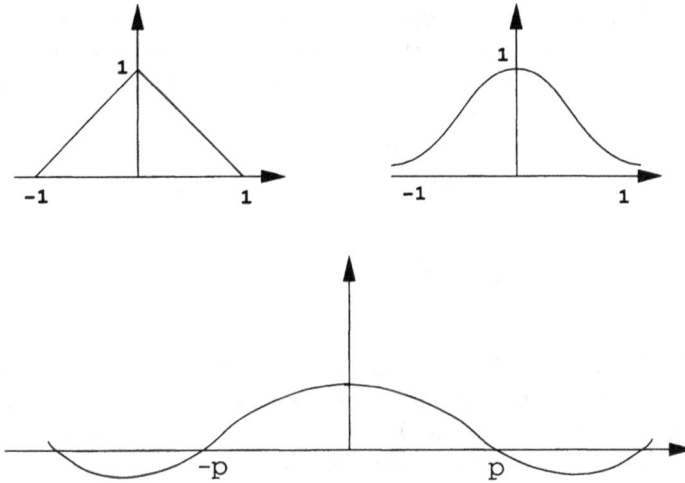

Bild 7.13: Näherungen der si-Funktion.

wobei q den durch f gebildeten Quellterm bezeichnet. Sind nun die Werte q_{ijk} auf den Gitterpunkten festgelegt, rekontruiert man die Funktion q wie die Volumenfunktion und erhält

$$I(x, y, 0) = I_{-\infty}(x, y) + \int_{-\infty}^{0} \sum_{i,j,k} q_{ijk} K(x - x_i, y - y_j, z - z_k) dz. \qquad (7.27)$$

Durch die Bezeichnung $K_{ijk}(x, y, z) = K(x - x_i, y - y_j, z - z_k)$ und die Vertauschung von Integration und Summation erhält man

$$I(x, y, 0) = I_{-\infty}(x, y) + \sum_{i,j,k} q_{ijk} \int_{-\infty}^{0} K_{ijk}(x, y, z) dz. \qquad (7.28)$$

Hierbei wird deutlich, daß nur die Kerne integriert werden müssen. Da die Kerne auf einem regelmäßigen Gitter durch Translation eines einzigen Kerns gegeben sind, muß diese Integration nur für einen Kern durchgeführt werden. Dies wird nun für alle Pixel, die der Kern in der Bildebene überdeckt, durchgeführt. Das Ergebnis dieser Integration wird als Footprint (Fußabdruck) bezeichnet und ergibt sich zu

$$\text{footprint}(x, y) = \int_{-\infty}^{\infty} K(x, y, z) dz. \qquad (7.29)$$

Von Interesse sind natürlich nur die von Null verschiedenen Werte der Footprint-Funkti-
on. Diese Werte beschreiben ein diskretes ebenes Skalarfeld und können auf verschiedene
Weise gespeichert werden. Westover verwendet eine Footprint-Tabelle in Form einer 2-di-
mensionalen Textur. Diese begrenzt den Bereich der von Null verschiedenen Werte, die
bei der gegebenen Parallelprojektion entstehen. Durch die Multiplikation der Werte mit
q_{ijk} und Translation um x_i, y_j erhalt man den Beitrag eines Gitterpunktes durch

$$q_{ijk}\text{footprint}(x - x_i, y - y_j) \tag{7.30}$$

zum Pixel (x, y).

Der Gesamtalgorithmus hat die Aufgabe, alle Gitterpunkte (x_i, y_j, z_k) abzuarbeiten,
jeden dieser Punkte zu projizieren, alle Werte des Footprints mit q_{ijk} zu multiplizieren
und anschließend in der Umgebung des Punktes (x_i, y_j) die neuen Werte zu den bereits in
der Bildebene vorhandenen Werten zu addieren. Der eigentliche Darstellungsalgorithmus
hat somit nur noch die Multiplikation, die Translation und Addition durchzuführen.

Die Generierung einer Footprint-Tabelle für jede Ansicht des Volumendatensatzes ist
aufwendig. Bei der Verwendung von rotationssymmetrischen Kernen, wie z.B. bei Verwendung des Gauß-Kerns, ist jedoch die Integration unabhängig vom Blickpunkt des
Beobachters und kann damit in einem Vorverarbeitungsschritt erfolgen. Anschließend
muß nur noch die Skalierung des Footprints in der Ebene entsprechend der affinen Transformation des Gesamtvolumens erfolgen.

Leider sind rotationssymmetrische Kerne nur bei kartesischen Gittern, d.h. Gittern mit
Würfeln als Zellen, verwendbar. Bei rechteckigen Zellen sind elliptische Kerne notwendig.
In seinem Artikel beschreibt Westover wie eine Footprint-Tabelle transformiert werden
kann, um die Footprints von elliptischen Kernen zu erhalten.

Neben der von Westover beschriebenen Footprint-Tabelle besteht auch die Möglichkeit,
die Integration des Kern durch ein planares Dreicksnetz und bilineare Interpolation zu
beschreiben. Dabei wird die Integration des Kerns nur an den Eckpunkten der Dreiecke
exakt durchgeführt und an den Eckpunkten abgelegt. Die Werte innerhalb der Dreiecke
erhält man dann durch bilineare Interpolation dieser Werte, was dem Gourand-Shading
entspricht. Die notwendigen Transformationen müssen dann nur noch für die Eckpunkte
durchgeführt werden. Somit kann für die Darstellung des Volumens auf Graphik-Hardware zur Flächendarstellung zurückgegriffen werden. Die Addition der Werte wird dann
meist durch ein α-Blending ersetzt, was dem Hinzufügen eines Absorptionsterms entspricht (vgl. [LH91], [RS95]). In Abb. 7.14 wurden die Ergebnisse einer Simulation
der Ausbildung des Ringes bei Be-Sternen mit einem Splatting-Verfahren visualisiert.
Die Simulation wurde mit Hilfe von Smoothed Particle Hydrodynamics (SPH), einer
numerischen Methode zur Simulation gasdynamischer Prozesse, berechnet.

7.2   Indirekte Volumendarstellung

Die Extraktion und Darstellung von Isokonturen und Isoflächen einer kontinuierlichen
Volumenfunktion ist eine effektive Technik zu deren Untersuchung. Auf dieselbe Art,

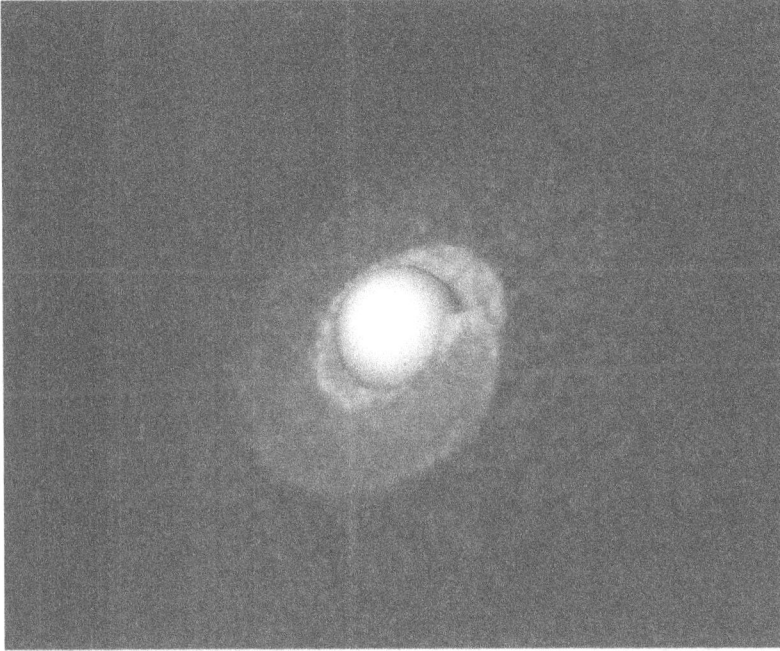

Bild 7.14: Die Ergebnisse einer Simulation der Ausbildung des Ringes bei Be-Sternen visualisiert mit einem Splatting-Verfahren.

wie Höhenlinien die Interpretation einer geographischen Karte ermöglichen, verbessern Isoflächen das Verstehen der Volumenfunktion.

Die Algorithmen zur Berechnung von Isoflächen lassen sich im wesentlichen in zwei Gruppen einteilen: Bei den konturverbindenden Verfahren wird die Isofläche aus einer Reihe von 2D-Schnitten der Volumenfunktion f erzeugt. Die 2D-Schnitte müssen entweder berechnet werden, oder liegen wie z.B. im Fall von Computer Tomographie Daten schon in dieser Form vor. Danach werden in den 2D-Schnitten Isolinien berechnet, die dann in einem weitern Schritt zu einer Oberfläche verbunden werden, vgl. Abb. 7.15.

Die anderen Verfahren gehen von einer Zerlegung des 3D-Raumes in Zellen aus und berechnen für jede einzelne Zelle eine Approximation der Isofläche. Der bekannteste Vertreter dieser Gruppe ist der von Lorensen und Cline entwickelte 'Marching Cubes' Algorithmus [LC87].

7.2.1 Konturverbinden

Die Rekonstruktion von 3D-Objekten aus 2D-Schnitten ist in vielen Anwendungen von großer Wichtigkeit. Die Hauptmotivation für dieses Problem kommt aus Anwendungen der medizinischen Bildverarbeitung, Digitalisierung von Objekten und Graphischen

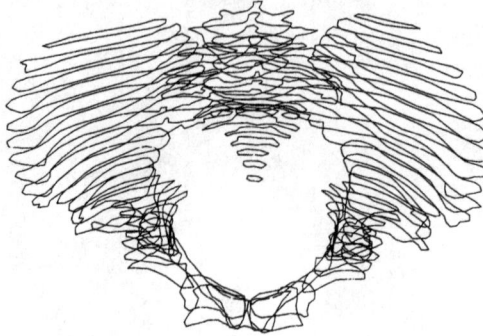

Bild 7.15: Schnitte mit Konturen eines menschlichen Beckens.

Informationssytemen (GIS). Die Daten aus CT- oder MRI-Aufnahmen, Range Sensoren oder Höhenlinien werden interpoliert um Organe, CAD-Objekte und topographische Daten zu visualisieren.

Im folgenden wird angenommen, daß für gegebenes $q \in \mathbb{R}$ die Menge $S = \{p \in \Omega \mid f(p) \leq q\}$ ein Körper im Sinn der geometrischen Modellierung ist, also ein echtes Volumen beschreibt. Insbesondere wird angenommen, daß die Oberfläche von S eine Zweimannigfaltigkeit ist, vgl. Kapitel 1 über Körper.

Gegeben sei eine endliche Menge von 2-dimensionalen Schnitten der Volumenfunktion

$$\Omega_{z_j} = \{p = (x, y) \mid (x, y, z_j) \in S\}, \ z_0 < z_1 < \ldots < z_M. \tag{7.31}$$

Ziel der Rekonstruktion ist es, aus diesen Schnitten einen Körper S so zu rekonstruieren, daß die Schnitte des rekonstruierten Körpers mit den gegebenen Schnitten übereinstimmen. Dabei sind zwei Teilprobleme zu lösen, die Rekonstruktion der Topologie und die Rekonstruktion der Geometrie.

Topologische Rekonstruktion

Bei der topologischen Rekonstruktion muß das sogenannte *Korrespondenz Problem* gelöst werden, d.h. welche Kontur wird mit welcher Kontur in der Nachbarschicht verbunden, vgl. Abb. 7.16.

Die Verbindung von Konturen aus unterschiedlichen Schichten kann formal durch einen Verbindungsgraphen dargestellt werden. Jede Kontur entspricht einem Knoten im Verbindungsgraphen. Die Kanten des Graphen beschreiben die Verbindungen zwischen den

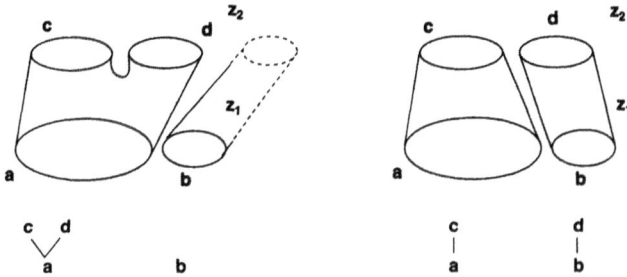

Bild 7.16: *Mögliche Verbindungen von Konturen zweier Schichten. Ohne weitere Information ist es nicht möglich, die Verbindungen, die durch das ursprüngliche Volumen gegeben sind, wiederherzustellen.*

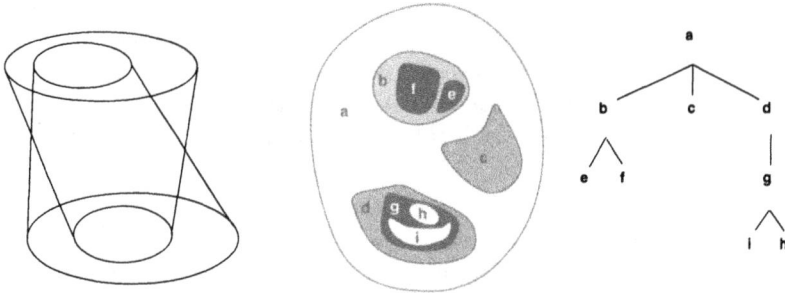

Bild 7.17: *Links eine ungültige Verbindungen von Konturen zweier Schichten. Rechts Verschachtelte Konturen einer Schicht mit Schachtelungsbaum.*

Konturen. Ein Verbindungsgraph heißt gültig, falls ein Körper existiert, dessen Schnittkonturen mit den gegebenen Konturen und dessen durch den Körper bestimmten Verbindungen mit denen des Verbindungsgraphen übereinstimmen. Wie Abb. 7.16 zeigt, gibt es mehrere gültige Verbindungen, d.h. das Korrespondenzproblem ist im allgemeinen nicht eindeutig lösbar. Eine ungültige Verbindung ist in Abb. 7.17 dargestellt. Die Schachtelung von Konturen innerhalb einer Schicht kann formal durch einen Schachtelungsbaum dargestellt werden, vgl. Abb. 7.17. Die Wurzel des Schachtelungsbaumes entspricht einer virtuellen Kontur, die alle anderen Konturen umfaßt. Jeder Knoten im Baum entspricht einer Kontur. Die Nachfolger eines Knotens entsprechen den Konturen, die in der Kontur des Knotens enthalten sind.

Die Erstellung eines gültigen Verbindungsgraphen im allgemeinen Fall ist nicht einfach und es wurden eine Reihe von Algorithmen entwickelt, um dieses Problem zu lösen. Müller und Klingert beschreiben einen Algorithmus, der mit Hilfe der Verschachtelungsbäume gültige Verbindungsgraphen berechnet [MK93]. Der Algorithmus liefert in vielen Fällen eine ganze Reihe gültiger Verbindungsgraphen, aus denen ein dem Problem am besten entsprechender ausgewählt werden muß. Dazu werden häufig auch geometrische Kriterien, wie relative Lage der Konturen in den Schichten und Ähnlichkeit verwendet.

Diese geometrischen Kriterien reichen in der Regel auch aus, um ohne spezielle Algo-

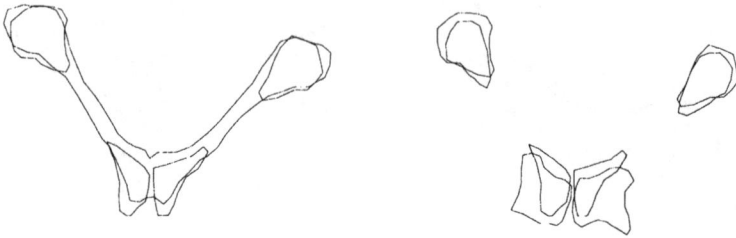

Bild 7.18: In den meisten Fällen kann das Korrespondenzproblem gelöst werden, indem Konturen aus benachbarten Schichten in eine gemeinsame Ebene projiziert werden und dann geprüft wird, ob sich die projizierten Konturen schneiden. Im linken Bild sind die in eine Ebene projizierten Konturen aus den ersten beiden Schichten des in Abb. 7.8 gezeigten Beckens dargestellt, im rechten Bild die Konturen der zweiten und dritten Schicht.

rithmen die Korrespondenz korrekt festzulegen. Ein Beispiel liefert das in Abb. 7.15 abgebildete Becken. Da in diesem Beispiel der Abstand zwischen aufeinanderfolgenden Schichten klein ist, genügt zur Ermittlung der Korrespondez der einfache Test, ob sich die auf eine gemeinsame Ebene projizierten Konturen aus benachbarten Schichten überlappen, vgl. Abb. 7.18. Überlappen sich die Konturen, so werden sie verbunden, sonst nicht.

Geometrische Rekonstruktion

Bei der geometrischen Rekonstruktion geht man davon aus, daß das Korrespondenzproblem bereits gelöst ist und die Konturen der einzelnen Schichten als geschlossene Polygone gegeben sind.

Meist wird bei der geometrischen Rekonstruktion die rekonstruierte Fläche als Dreiecksnetz dargestellt. Um die Dreiecke zu berechnen, werden Eckpunkte der Konturen in geeigneter Weise mit Geraden verbunden. Häufig lassen sich die Ergebnisse noch verbessern, wenn zusätzlich zu den vorhandenen Konturen weitere Konturen aus Zwischenschichten oder unter Umständen in einigen Fällen auch weitere Punkte, sogenannte *Steinerpunkte* zur Rekonstruktion hinzugenommen werden. In den meisten Fällen bestehen die Konturen der einzelnen Schichten jedoch aus tausenden von Punkten. Daher wird vor dem Triangulierungsschritt meist eine Punktdatenreduktion für die einzelnen Konturen durchgeführt, um die Anzahl der entstehenden Dreiecke zu reduzieren.

Konturdatenreduktion

Bei der Punktdatenreduktion muß darauf geachtet werden, daß der Approximationsfehler zwischen originaler und reduzierter Kontur kontrolliert wird. Ein gutes Maß für den

Approximationsfehler liefert der Haussdorff-Abstand zwischen ursprünglicher Kontur K_0 und reduzierter Kontur K_r:

$$d(K_0, K_r) = \max(\sup_{p \in K_0} \inf_{q \in K_r} d(p, q), \sup_{q \in K_r} \inf_{p \in K_0} d(q, p)). \qquad (7.32)$$

Der folgende Algorithmus erlaubt es dem Benutzer, den Hausdorffabstand zwischen ursprünglicher und reduzierter Kontur festzulegen. Er läßt sich wie folgt beschreiben:

- Berechne für jeden Eckpunkt p_i des Polygons der Ausgangskontur den *potentiellen* Hausdorffabstand, der sich ergeben würde, falls p_i aus dem Polygon entfernt und die Geradensegmente $p_{i-1}p_i$ bzw. p_ip_{i+1} durch das Geradensegment $p_{i-1}p_{i+1}$ ersetzt würden. Sortiere alle Punkte des Polygons in aufsteigender Reihenfolge gemäß diesem potentiellen Hausdorffabstand in einer Liste L.

- Entferne Schritt für Schritt den ersten Punkt aus der Liste L und aus dem Polygon bis der potentielle Hausdorffabstand dieses Punktes größer als der vom Benutzer vorgegebene Abstand ist, oder das reduzierte Polygon sich selbst schneidet. Schneidet sich das reduzierte Polygon selbst, wird der nächste Punkt in der Liste betrachtet. Für die beiden Nachbarpunkte des entfernten Punktes werden die potentiellen Fehler neu berechnet.

Zur Vereinfachung der Berechnungen und zur Vermeidung topologisch nicht sinnvoller Abstandberechnungen kann als Fehlerschranke auch der größte Abstand eines in K_0 zwischen p_a und p_b liegenden Punktes zur Strecke p_ap_b ermittelt werden, siehe Abbildung 7.19. Daß dies nur eine obere Schranke für den Haussdorffabstand ist, zeigt Abbildung 7.19. Eine Verallgemeinerung des Algorithmus auf drei Dimensionen findet man in [KLS96].

Triangulierungsverfahren

Der einfachste Fall liegt vor, wenn jede Schicht nur eine Kontur enthält. Dieser Fall wird im Gegensatz zu *eins-zu-vielen* und *vielen-zu-vielen* Fällen als *eins-zu-eins* Fall bezeichnet.

Der eins-zu-eins Fall

Im eins-zu-eins Fall sind zwei disjunkte geschlossene Polygone $P = (p_0, \ldots, p_m)$ und $Q = (q_0, \ldots, q_n)$ mit $p_0 = p_m$ und $q_0 = q_n$ aus benachbarten Schichten gegeben. Keppel [Kep75] verwendet zur Triangulierung dieses Falls einen *toroidalen Graphen*, der durch ein zweidimensionales Gitter dargestellt wird. Dieses Gitter enthält $n \cdot m$ Knoten n_{ij}, $i = 0, \ldots, m$, $j = 0, \ldots, n$, wobei $n_{0j} = n_{mj}$ und $n_{i0} = n_{im}$ ist. Jeder dieser Knoten repräsentiert ein Liniensegment p_iq_j zwischen Punkten aus P und aus Q. Die Kanten des toroidalen Graphen haben die Form $n_{ij}n_{ij+1}$ und $n_{ij}n_{i+1j}$. Diese repräsentieren Dreiecke der Form $q_jq_{j+1}p_i$ und $p_ip_{i+1}q_j$. Eine zylindrische Triangulierung der beiden Polygone wird als gerichteter geschlossener Pfad im Gitter dargestellt, der jede

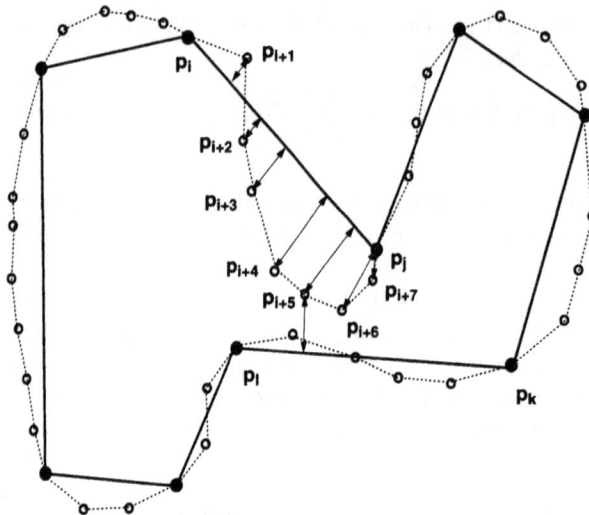

Bild 7.19: Als Fehlerschranke wird der größte Abstand eines in K_0 zwischen p_i und p_j liegenden Punktes zur Strecke $p_i p_j$ ermittelt. Man beachte, daß der Abstand von p_{i+5} zur Kante $p_l p_k$ kleiner ist, als der Abstand zur Kante $p_i p_j$, dieser Abstand also nur eine obere Schranke für den Hausdorffabstand ist.

Zeile und Spalte zumindest einmal enthält, vgl. Abb. 7.20. Umgekehrt definiert jeder solche Pfad eine zylindrische Triangulierung. In der Regel sind nur einige der möglichen zylindrischen Triangulierungen wirklich sinnvoll zur Approximation der tatsächlichen Oberfläche, vgl. Abb. 7.21. Um richtige Triangulierung auszuwählen, wurde in der Literatur die Optimierung unterschiedlicher Zielfunktionen vorgeschlagen. Zu diesem Zweck ordnen Ganapathy und Dennehy [GD82] den Kanten e und den Knoten n des Graphen Gewichte $w(e)$ bzw. $w(n)$ zu. Ist C die Menge aller Pfade zylindrischer Triangulierungen, so werden folgende typische Zielfunktionen verwendet, vgl. [MK93]:

- **Minimale Oberfläche der Triangulierung** [FKU77]
  $min_{c \in C} \sum_{e \in c} w(e)$, wobei $w(e)$ die Fläche des durch e definierten Dreiecks ist.

- **Minimum der Fläche des größten Dreiecks**
  $min_{c \in C} \max_{e \in c} w(e)$, wobei $w(e)$ die Fläche des durch e definierten Dreiecks ist.

- **Minimum der Gesamtlänge aller Kanten der Triangulierung**
  $min_{c \in C} \sum_{n \in c} w(n)$, wobei $w(n)$ Länge der durch n definierten Kante.

- **Minimum der längsten Kante der Triangulierung**
  $min_{c \in C} \max_{n \in c} w(n)$, wobei $w(n)$ Länge der durch n definierten Kante.

- **Minimum des größten Winkels** $min_{c \in C} \max_{n \in c} w(e)$, wobei $w(e)$ größter Winkel des durch e definierten Dreiecks.

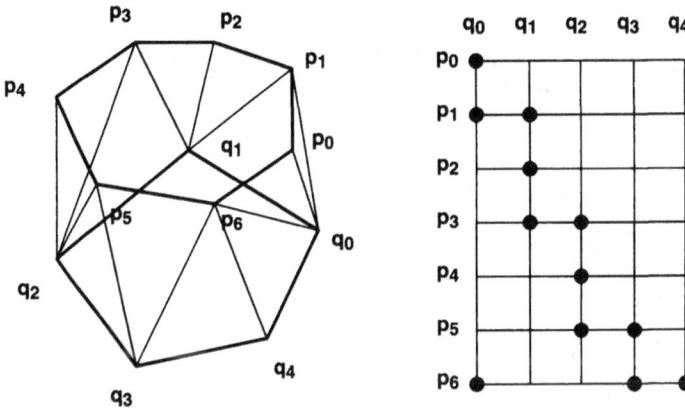

Bild 7.20: Eine zylindrische Triangulierung zweier Polygone und der zugehörige torodiale Graph.

- **Maximum des kleinsten Winkels** $max_{c \in C} \min_{n \in c} w(e)$, wobei $w(e)$ kleinster Winkel des durch e definierten Dreiecks.

Lösungen dieser Optimierungsprobleme führen auf das Problem der Bestimmung eines kürzesten Pfades zwischen gegebenen Knoten im Graphen. Fuchs, Kedem und Uselton [FKU77] beschreiben für das Kriterium der minimalen Oberfläche einen Algorithmus, um einen optimalen geschlossenen Pfad in einem $m \times n$ toroidalen Graphen in $O(mn \log m)$ Zeit zu finden.

Leider existieren nicht für alle Optimierungskriterien effiziente Algorithmen. Eine Alternative bieten sogenannte *Greedy* Ansätze. Ausgehend von einem vorgegeben Knoten n_i wird Schritt für Schritt derjenige Nachbarknoten an den Graphen angefügt, der das kleinste Gewicht hat. Ein solcher Ansatz führt nicht notwendigerweise zum absoluten Optimum. Zum Beispiel kann das Gewicht von n_{ij} zu n_{i+1j} kleiner sein als zu n_{ij+1} aber die Summe $n_{i+1j} + n_{i+1j+1}$ der Gewichte größer als die Summe $n_{ij+1} + n_{i+1j+1}$. Greedy Algorithmen vermeiden aber das Lösen des aufwendigen Optimierungsproblems und liefern in einfachen Fällen brauchbare Ergebnisse, [CS78, GD82].

Der eins-zu-zwei Fall

Christiansen und Sederberg [CS78] verwendeten zyklische Triangulierungen auch für *eins-zu-zwei* Fälle, d.h. Fälle, in denen die eine Schicht eine Kontur, die andere Schicht zwei Konturen enthält. Dazu werden die beiden Konturen in der einen Schicht durch eine Brücke minimaler Länge verbunden und damit das Problem auf den eins-zu-eins Fall reduziert. Diese Methode versagt aber, falls die Brücke zu Inkonsistenzen in der Geometrie führt, vgl. Abb. 7.22. In diesen Fällen muß manuell eingegriffen werden. Eine detailliertere Analyse und weitere Techniken des eins-zu-zwei Fall sind z.B. in [MK93] beschrieben.

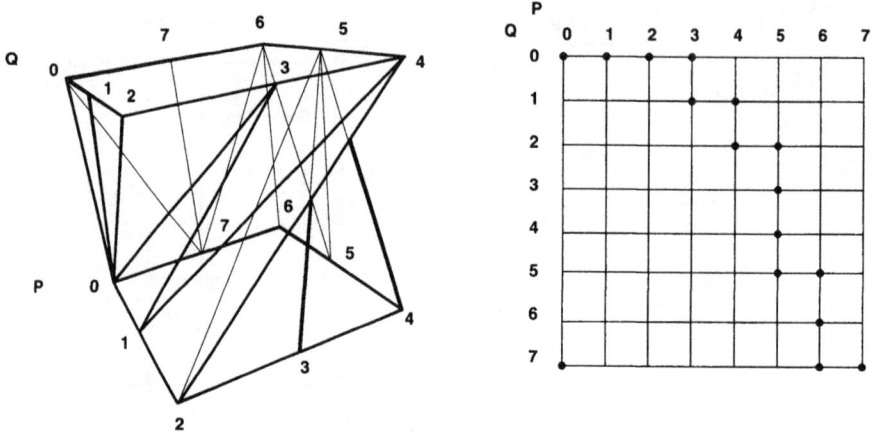

Bild 7.21: Eine zylindrische Triangulierung der Polygone P und Q. Nicht alle möglichen zylindrischen Triangulierungen sind sinnvoll. Die dargestellte Triangulierung ist selbstüberschneident. Rechts der zugehörende torodiale Graph.

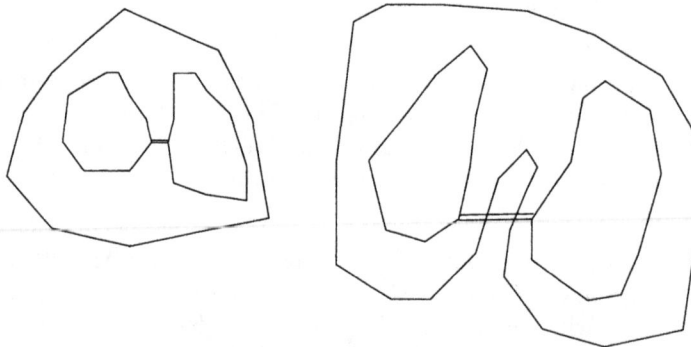

Bild 7.22: Die Einführung einer Brücke reduziert den eins-zu-zwei Fall auf einen eins-zu-eins Fall. Wie links dargestellt, kann dieses aber zu Inkonsistenzen in der Geometrie führen.

Zwischenschichten

Sind Konturen aus benachbarten Schichten sehr unterschiedlich, z.B. durch einen zu großen Abstand der Schichten, so kann das Problem durch die Einführung geeigneter Zwischenschichten vereinfacht werden. Dazu wird die Kontur aus einer Schicht zur Erzeugung von Zwischenschichten stetig in die entsprechende Kontur aus der Nachbarschicht deformiert. Dieses allgemeine Morphingproblem zwischen Konturen kann mit Methoden der Scatterd Data Interpolation gelöst werden, vgl. [HL92]. Eine interessante Methode, die auf dem gesamten Volumendatensatz arbeitet, ist die sogenannte *Abstandsfeldmethode* (distance-field-method) [Lev86, HZB92, PT92].

15	5	-5	-15	-25	-35	-45	-55	-65
65	55	45	35	25	15	5	-5	-15

15	5	-5	-15	-25	-35	-45	-55	-65
25	15	5	-5	-15	-25	-35	-45	-55
35	25	15	5	-5	-15	-25	-35	-45
45	35	25	15	5	-5	-15	-25	-35
55	45	35	25	15	5	-5	-15	-25
65	55	45	35	25	15	5	-5	-15

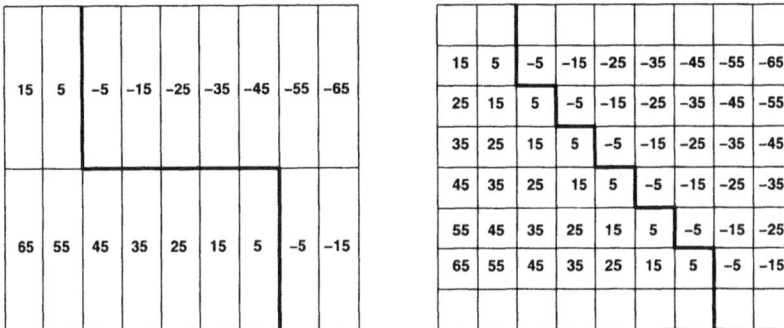

Bild 7.23: Links die Abstände vom Rand $\partial\Omega$ für einzelne Pixel in zwei eindimensionalen Schichten. Rechts zusätzlich die Abstände von 4 interpolierten Zwischenschichten. Die dicke Linie kennzeichnet den Rand $\partial\Omega$ des Objekts. Der Abstand zwischen zwei Pixeln wurde mit 10 multipliziert. Auf diese Weise wird der Abstand zwischen Zentren von Pixeln und Kanten ganzzahlig.

Gegeben sei eine endliche Menge von 2-dimensionalen Schnitten der Volumenfunktion

$$\Omega_{z_j} = \{p = (x, y) \mid (x, y, z_j) \in S\}, \; z_0 < z_1 < \ldots < z_M. \tag{7.33}$$

Für jede Schicht wird nun ein Abstandsfeld definiert:

$$D_{z_j}(x, y) = \begin{cases} -d((x, y), \partial\Omega_{z_j}), & \text{falls } (x, y) \in \Omega_{z_j} \\ d((x, y), \partial\Omega_{z_j}), & \text{sonst} \end{cases} \tag{7.34}$$

wobei $\partial\Omega_{z_j}$ der Rand von Ω_{z_j} und $d((x, y), \partial\Omega_{z_j})$ der Abstand von Punkt (x, y) zum Rand von Ω_{z_j} ist, vgl. Abb. 7.23. Interpoliert man für jeden Punkt (x, y) das Abstandsfeld aus den unterschiedlichen Schichten, so approximiert der resultierende Interpolant für jeden Punkt (x, y) den Abstand zwischen (x, y) und dem Rand $\partial\Omega_z$ einer Zwischenschicht Ω_z. Dabei kann linear zwischen den Abstandswerten der einzelnen Pixel oder aber auch mit höherer Ordnung, z.B. mit kubischen Splines interpoliert werden.

Ist eine Approximation des Abstandsfeldes bekannt, so besteht das Innere von Ω_z aus allen Punkten mit negativen Abstandswerten, der Rand $\partial\Omega_z$ aus den Punkten mit Abstandswert 0. Im diskreten Fall kann die Kontur der Zwischenschicht z.B. durch einen Marching Square Algorithmus, eine Version des weiter unten beschriebenen Marching Cubes Algorithmus für zwei Dimensionen (siehe Abschnitt 7.7.3) berechnet werden.

Bestehen die Daten der einzelnen Schichten aus Bildern, z.B. bei CT-Aufnahmen, oder sind sie sonst auf einem diskreten Gitter gegeben, so kann das Abstandsfeld mit Hilfe geeigneter Bildverarbeitungsoperatoren einfach und schnell berechnet werden, [HZB92].

Viele-zu-viele Fälle

Boisonnat [Boi88] verwendet eine 3D-Delaunay-Triangulierung zur Lösung des viele-zu-viele Falls. Eine Triangulierung einer Punktmenge P im $\mathbb{R}^3$ heißt (vgl. Kap 1.3.2)

Bild 7.24: Links dreidimensionale Delaunay-Triangulierung der ersten beiden Schichten des oben gezeigten Konturdatensatzes des Beckens. Im Bild rechts sind außerhalb liegende Tetraeder entfernt worden.

Delaunay-Triangulierung, falls kein $p \in P$ im Inneren der Umkugel eines 3-Simplex (Tetraeders) der Triangulierung liegt.

Zunächst wird die 3D-Delaunay-Triangulierung der gegebenen Konturen berechnet, vgl. Abb. 7.24. Falls die Kanten der ursprünglichen Konturen nicht als Kanten in der resultierenden Delaunay-Triangulierung enthalten sind, werden solange die Mittelpunkte dieser Kanten in die Delaunay-Triangulierung eingefügt, bis alle Kanten der ursprünglichen Kontur auch in der Triangulierung existieren. Hauptvorteil der Delaunay-Triangulierung ist, daß sie aus ausgeglichenen Tetraedern besteht. Dünne Tetraeder mit spitzen Winkeln werden vermieden. Da die Oberfläche der resultierenden 3D-Delaunay-Triangulierung mit der konvexen Hülle der Konturen im $\mathbb{R}^3$ übereinstimmt, enthält sie in der Regel auch Tetraeder, die nicht zum zu rekonstruierenden Objekt gehören, vgl. Abb. 7.24. Diese werden in einem anschließenden Schritt eliminiert. Im letzten Schritt werden dann diejenigen Dreiecke der Tetraeder ermittelt, die zur Objektoberfläche gehören.

Zur Berechnung der Delaunay-Triangulierung existieren eine ganze Reihe effizienter Algorithmen, mit denen sich die Delaunay-Triangulierung einer gegebenen Punktmenge mit n Punkten im schlechtesten Fall in $O(n^2 \log n)$ Zeit ausrechnen läßt. Effiziente Implementierungen für 3D-Delaunay-Triangulierungen sind in [Ede87, For92, GKS92] beschrieben. Der Spezialfall der Berechnung der Delaunay-Triangulierung zweier ebener Konturen läßt sich auf die Berechnung zweier zweidimensionaler Delaunay-Triangulierungen zurückführen, vgl. [Boi88]. Damit kann für diesen Spezialfall eine Gesamtlaufzeit von $O(n \log n)$ erreicht werden.

Im anschließenden Eliminationsschritt werden zunächst alle Tetraeder, die mindestens eine Kante in einer der beiden Ebenen der Polygone außerhalb der Kontur haben, entfernt, vgl. Abb. 7.25. Sind die Konturpolygone konsistent orientiert, d.h. liegt das Innere immer links oder immer rechts der Kanten, so ist dieser Schritt einfach zu lösen, vgl. Abb. 7.25: Liegt das Innere links der Kanten, so liegt eine Kante $p_i p_j$ der Triangulierung auf der Kontur, falls $p_j = p_{i-1}$ oder $p_j = p_{i+1}$ ist. Die Kante liegt außerhalb der Kontur, falls die Kanten $p_{i-1} p_i$, $p_i p_j$ und $p_i p_{i+1}$ im Gegenuhrzeigersinn aufeinander folgen. Ist n die Gesamtanzahl der Punkte im Polygon, so ist der Index dabei stets i mod n zu rechnen. Nach dem Entfernen dieser Tetraeder kann die 3D-Triangulierung noch Tetraeder enthalten, die nicht solide mit den Konturen verbunden sind, vgl. Abb.

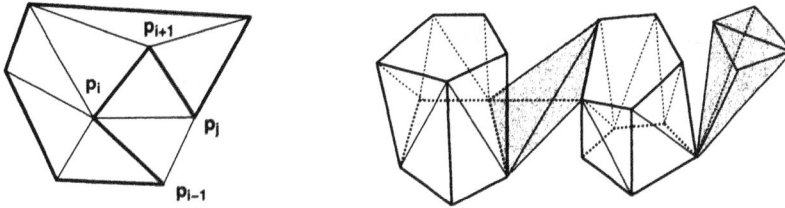

Bild 7.25: Der Eliminationsschritt: Folgen im linken Bild die Kanten $p_{i-1}p_i$, p_ip_j und p_ip_{i+1} im Gegenuhrzeigersinn aufeinander, so liegt die Kante p_ip_j außerhalb des Polygons. Nach der Entfernung aller Tetraeder, die mindestens eine Kante in einer der beiden Ebenen der Polygone außerhalb der Kontur haben kann die Triangulierung noch Tetraeder enthalten, die nicht solide mit den Konturen verbunden sind. Beispiele sind die Grau hinterlegten Tetraeder im rechten Bild.

7.25. Diese nicht solide verbundenen Tetraeder werden in einem letzten Schritt detektiert und entfernt. Dazu werden die Tetraeder in zwei Klassen eingeteilt:

K1 Drei Kanten des Tetraeders liegen in einer der beiden Schichtebenen.

K2 In jeder der beiden Schichtebenen liegt nur eine Kante des Tetraeders.

Ist t ein Tetraeder der Klasse K2 mit Kanten e_1 in E und e_2 in E_2 und gehört t zu einer Kette von Tetraedern aus Klasse K2, die über eine Seitenfläche benachbart sind und die alle die Kante e_1 gemeinsam haben, so ist t nur dann solide mit E_1 verbunden, falls die Kette an mindestens einem Ende durch einen Tetraeder der Klasse $K1$ abgeschlossen ist. Ist die Kette an keinem Ende durch einen Tetraeder der Klasse $K1$ abgeschlossen, so besitzt die ganze Kette nur Kante e_1 mit Fläche E_1 gemeinsam und die Tetraeder der Kette müssen entfernt werden. Dasselbe gilt für Tetraeder, die die Kante e_2 gemeinsam haben.

Sind alle eindimensionalen Verbindungen entfernt worden, so sind abschließend noch diejenigen Tetraeder der Klasse K1 zu entfernen, die zu einer Menge über eine Seitenfläche benachbarter Tetraeder gehören, und die alle nur mit ein und demselben Punkt mit einer der beiden Ebenen E_1 oder E_2 verbunden sind.

Bei diesem Verfahren wird implizit auch die Rekonstruktion der Topologie durchgeführt. Boissonat selbst erwähnt Beispiele, in denen das Verfahren nicht funktioniert. Das erste sind zwei überlappende Konturen, deren Geometrie aber sehr verschieden ist. Das zweite Beispiel besteht aus zwei ähnlichen Konturen, von denen eine aber eine innere Kontur enthält. Das dritte Beispiel ist eine Verzweigung mit nichtüberlappenden Konturen.

Zwei neuere, vielversprechende Ansätze zur Lösung des viele-zu viele Problems finden sich in [BS96] und [OPC96]. Beide Ansätze benutzen das Überlappungskriterium zur topologischen Rekonstruktion. Nachdem die Konturen in zwei Schichten konsistent orientiert sind, versuchen Barequet und Sharir [BS96] für möglichst viele Punkte auf überlappenden Konturen durch ein Matchingverfahren korrespondierende Punkte auf Konturen

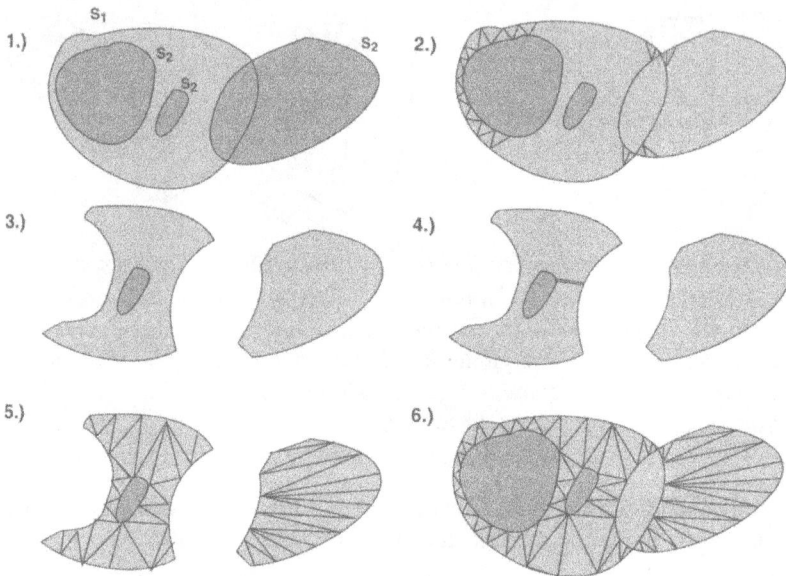

Bild 7.26: Der Algorithmus von Barequet und Sharir. 1.) Ausgangskonturen, 2.) Triangulierung korrespondierender Punkte nach Matching, 3.) Verbleibende Konturen werden zu Polygonen zusammengefaßt, 4.) Vereinfachung der verbleibenden Konturen, 5.) Triangulierung der verbleibenden Konturen, 6.) Resultierende Triangulierung.

benachbarter Schichten zu finden. Um die Fehler des Matchingverfahrens möglichst gering zu halten, werden auf den einzelnen Konturen noch zusätzliche Punkte eingefügt, die aber nach dem Matching wieder entfernt werden können. Anschließend an das Matching werden zunächst diejenigen Teile der Konturen durch Dreiecke verbunden, für die durch das Matching eine Korrespondenz ermittelt werden konnte. Die verbleibenden Konturen, für deren Punkte keine Korrespondenzen gefunden wurden, werden zu geschlossenen Polygonen zusammengefaßt. Nun wird davon ausgegangen, daß sich die Projektionen dieser Polygone auf eine zu den Schichten parallele Ebene nicht schneidet. Diese Annahme ist zwar nicht immer richtig, Ausnahmen treten aber nur in sehr seltenen Fällen auf, die in der Praxis so kaum vorkommen. Unter dieser Annahme lassen sich diese Polygone jedoch einfach triangulieren. In einer weiteren Veröffentlichung wird gezeigt, wie die Qualität der resultierenden Triangulierung durch die Verwendung von geeigneten Optimierungskriterien verbessert werden kann und welche Optimierungskriterien besonders geeignet sind [BST96]. Die einzelnen Stufen des Algorithmus sind in Abb. 7.26 dargestellt.

Oliva, Perrin und Coquillart [OPC96] projizieren zunächst auch die Konturen benachbarter Schichten in eine Ebene. Jede der projizierten Konturen teilt die Ebene in ein äußeres und ein inneres Gebiet. Die mengentheoretischen Differenzen der inneren Gebiete werden als Differenzbereiche bezeichnet, die in einem zweiten Schritt berechnet werden. Für die Differenzbereiche können dann unabhängig voneinander gültige Triangulierungen ermittelt werden. Sind die Differenzbereiche zu kompliziert, um einfach trianguliert zu werden, so werden für die Konturen der Differenzbereiche solange Zwischenschich-

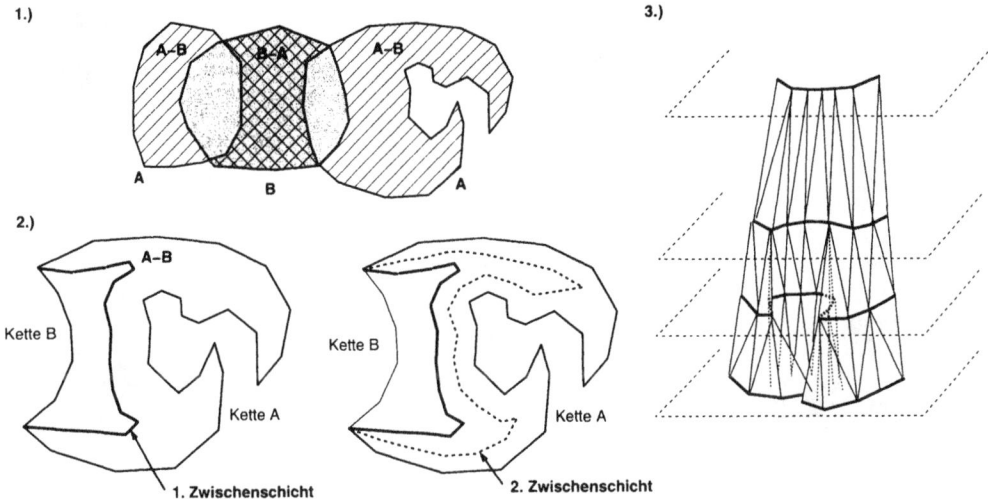

Bild 7.27: Der Algorithmus von Oliva, Perrin und Coquillart. 1.) Berechnung der Differenzbereiche 2.) Sind Differenzbereiche zu kompliziert, so werden Zwischenschichten eingeführt. 3.) Triangulierung mit Hilfe von Zwischenschichten.

ten eingeführt, bis eine Triangulierung einfach zu berechnen ist. Eine Darstellung des Algorithmus findet man in Abb. 7.27.

7.2.2 Cuberille

Der Begriff *Cuberille* wurde erstmals von Herman und Liu [HL79] zur Beschreibung eines kubischen Volumendatensatzes, bei dem das Voxelmodell zugrunde gelegt wird, eingeführt. Dabei orientierten sie sich an dem Begriff *quadrille*, der zur Beschreibung von kariertem Schreibpapier verwendet wird. Ein Cuberille-Verfahren setzt einen isotropen Datensatz voraus, der gegebenenfalls durch Interpolation aus einem anisotropen Datensatz erzeugt werden muß. Weiterhin muß der Datensatz segmentiert sein, so daß die Oberfläche des zu extrahierenden Objektes gefunden werden kann. Ursprünglich wurde ein Binärdatensatz zugrunde gelegt, wobei ein gesetztes Voxel die Objektzugehörigkeit dieses Voxels angibt. In einem solchen Datensatz müssen dann alle Oberflächenvoxel extrahiert werden. Die Oberfläche wird dann durch diejenigen Flächen der Voxel beschrieben, die ein gesetztes Voxel mit einem ungesetzten Voxel verbinden, Abb. 7.28.

Da bei diesem Verfahren eine große Anzahl an Oberflächenprimitiven erzeugt und die Oberfläche nur sehr grob approximiert wird, findet das Verfahren in seiner ursprünglichen Form kaum noch Anwendung. Allerdings basieren einige volumenorientierte Visualisierungsverfahren auf der Cuberille-Technik. Dies sind alles Verfahren, die explizit oder implizit einen segmentierten Datensatz verwenden und eine direkte Strahlverfolgung oder Projektion durchführen.

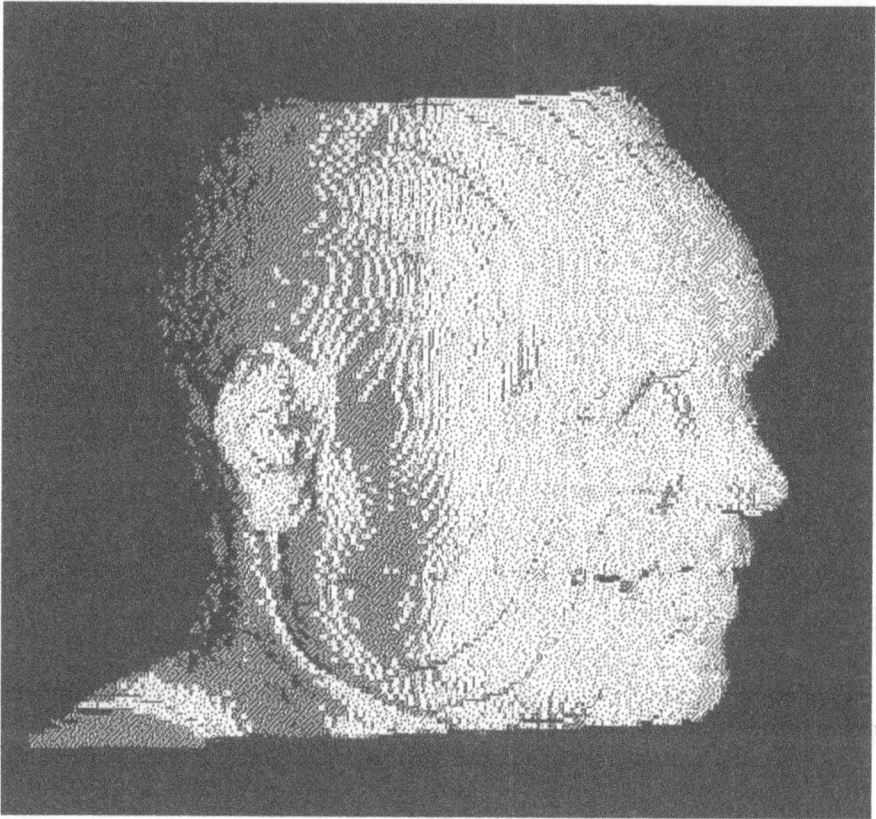

Bild 7.28: Darstellung eines Kopfes mit Hilfe der Cuberille-Methode.

7.2.3   Marching Cubes (MC) und Marching Tetraeder (MT)

Beim Marching Cube Verfahren [LC87] geht man davon aus, daß Abtastwerte $f(x_i, y_i, z_i))$, $i = 1 \ldots n$ der Volumenfunktion f auf einem strukturierten Gitter gegeben sind. Die Nachbarschaften auf diesem Gitter sind durch ein dreidimensionales Array beschrieben, vgl. Abb. 7.29. Die gesuchte Isofläche $f = c$ wird mit Hilfe der Abtastwerte auf dem Gitter berechnet. Dazu werden die Abtastwerte in den Eckpunkten einer Gitterzelle als außen und innen klassifiziert, je nachdem, ob sie kleiner oder gleich dem Isowert c oder größer als dieser sind. Liefert diese Klassifikation der Eckpunkte einer Gitterzelle unterschiedliche Ergebnisse, so schneidet die Isofläche die Kanten der Gitterzelle, vgl. Abb. 7.31. Dabei wird angenommen, daß die Oberfläche jede Kante nur einmal schneidet, andere Fälle führen zu Artefakten. In den Zellen wird die Isofläche linear durch Dreiecke approximiert.

Der Algorithmus sieht wie folgt aus vgl. [LC87]:

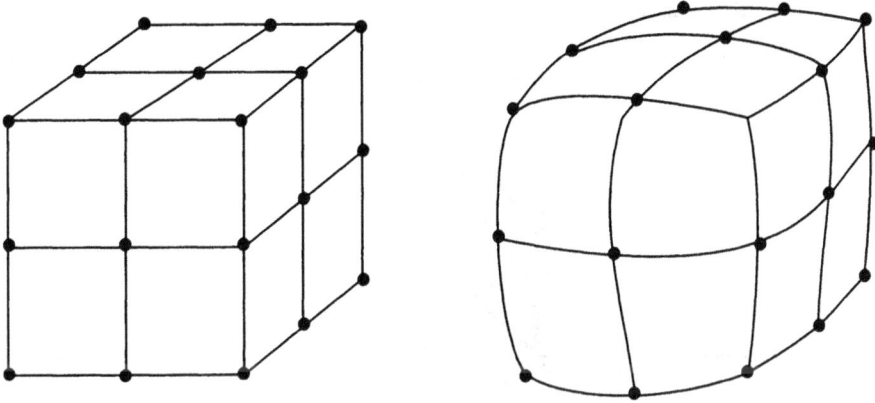

Bild 7.29: Beim Marching Cubes Algorithmus wird die Volumenfunktion auf einem strukturierten Gitter abgetastet. Wie auf der rechten Seite dargestellt, ist dabei die Geometrie der Gitterzellen nicht entscheidend.

1. Lade vier Schichten des Gitters in den Speicher. [1].

2. Betrachte eine Gitterzelle, die je vier Ecken in den mittleren beiden Schichten enthält, vgl. Abb. 7.30).

3. Klassifiziere anhand des Werts der Volumenfunktion die Eckpunkte der Gitterzelle in innere, d.h. im oder auf der durch die Volumenfunktion implizit definierten Objekt liegend, und äußere, vgl. Abb. 7.31.

4. Bestimme anhand der Klassifikation die zur Approximation der Isofläche notwendigen Dreiecke.

5. Ermittle die genaue Position der Dreieckseckpunkte auf den geschnittenen Kanten durch lineare Interpolation, vgl. Abb. 7.32:

$$v_s = (1 - \lambda) * v_i + \lambda * v_j, \ 0 \le \lambda \le 1, \tag{7.35}$$

$$\lambda = \frac{c - f(v_i)}{f(v_j) - f(v_i)} \tag{7.36}$$

6. Ermittle die Normalen an den Eckpunkten der Dreiecke aus den Originaldaten. Dazu wird mittels

$$\begin{aligned}
\nabla f_x(i,j,k) &= f(i+1,j,k) - f(i-1,j,k) \\
\nabla f_y(i,j,k) &= f(i,j+1,k) - f(i,j-1,k) \\
\nabla f_z(i,j,k) &= f(i,j,k+1) - f(i,j,k-1) \\
\vec{n} &= \frac{\nabla f}{|\nabla f|}
\end{aligned}$$

---

[1]Dies ist ein Optimierungsschritt, da man lediglich die Daten dieser vier Schichten benötigt, um die Funktionswerte und die Normalen an den Würfelecken der mittleren zwei Schichten zu erhalten. Man muß den Funktionswert f an den Gitterpunkten der Schichten nur einmal auswerten.

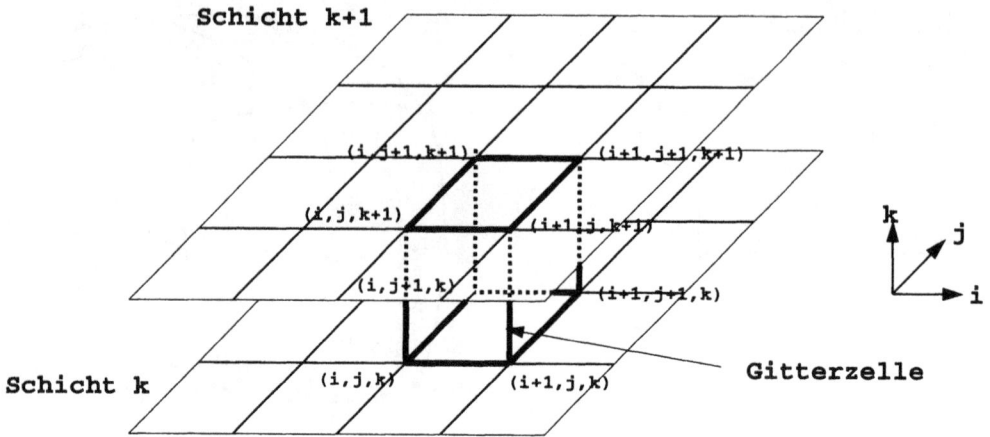

Bild 7.30: Eine Gitterzelle im Marching Cubes Algorithmus.

die Normale an den Würfeleckpunkten ermittelt. Die Normale am Dreieckseck-punkt wird dann durch lineare Interpolation bestimmt, vgl. Abb. 7.32.

7. Der nächste Würfel im Gitter wird behandelt, bis das ganze Volumen abgearbeitet wurde.

Die Bestimmung der Dreiecke in Schritt 5. hängt nur von der Klassifikation der Eck-punkte des Würfels und nicht von der exakten Lage des Schnittpunktes auf der Kante ab. Um die Bestimmung der Dreiecke in den Gitterzellen zu beschleunigen, wird für je-de mögliche Klassifikation der Eckpunkte eine Triangulierung vorberechnet und in einer Tabelle gespeichert. Während der Oberflächengenerierung wird dann auf diese Tabelle zugegriffen. Da jeder der acht Eckpunkte entweder mit innen oder außen (0 oder 1) klassifiziert wird, gibt es insgesamt $2^8 = 256$ unterschiedliche Klassifikationen einer Git-terzelle. Die unterschiedlichen Fälle der Klassifikation lassen sich einfach indizieren, vgl. Abb. 7.31

Für jeden Fall in der Tabelle umfaßt der Eintrag einen Verweis auf die geschnittenen Kanten sowie die Vorschrift zur Verbindung der Kantenschnittpunkte zu Dreiecken, vgl. Abb. 7.32.

Triangulierungen für die 256 Fälle

Nutzt man die drei Symmetrien *Rotation* S_{rot}, *Spiegelung an einer Ebene* S_{sp} und *Kom-plementbildung* S_{komp} so kann man die 256 Fälle auf 14 Äquivalenzklassen abbilden, wie sie in Abbildung 7.33 dargestellt sind. Komplementbildung bedeutet dabei, markierte und unmarkierte Punkte zu vertauschen und führt dazu, daß in den 14 Äquivalenzklas-sen nur Fälle mit höchstens 4 gesetzten Eckpunkten behandelt werden müssen. Kennt man für jeden Vertreter dieser 14 Äquivalenzklassen Triangulierungen, so können auch für die anderen Fälle Triangulierungen der jeweiligen Äquivalenzklasse einfach durch die entsprechenden Rotationen, Spiegelungen an einer Ebene und Komplementbildung berechnet werden.

v_8 e_7 v_7

e_8 e_6

v_5 e_5 v_6

e_{11} e_{12}

e_9 e_{10}

v_4 e_3 v_3

z y e_4 e_2

v_1 e_1 v_2

x

○ Innen   f(p_ijk)£c

● Au en   f(p_ijk)>c

index = | v_8 | v_7 | v_6 | v_5 | v_4 | v_3 | v_2 | v_1 |

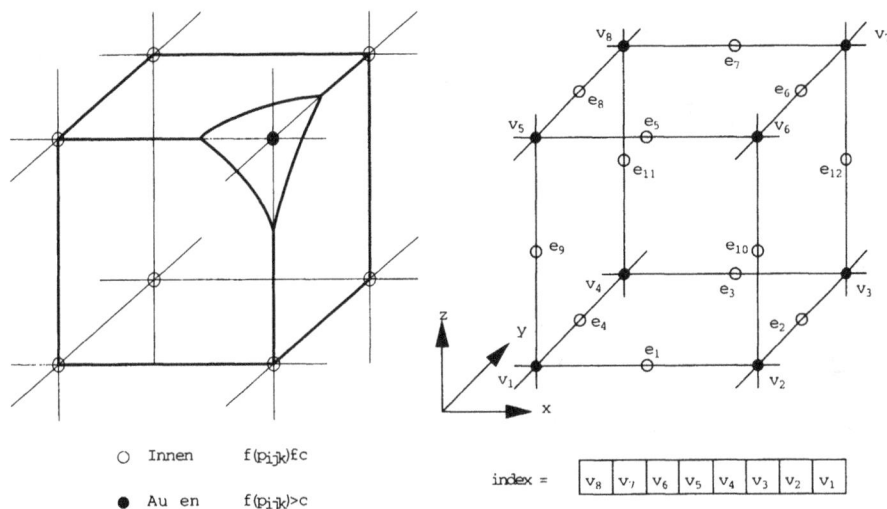

Bild 7.31: *Links die Klassifikation der Eckpunkte einer Gitterzelle. Rechts die Numerierung der Ecken v_i und Kanten e_j eines Würfels. Unten die Bits des Index zur Bestimmung der Fallnummer. Ein Bit wird auf eins gesetzt, sofern die entsprechende Würfelecke v_i markiert ist.*

Probleme bei der Berechnung von Triangulierungen: Mehrdeutigkeiten

Liegen auf einer Würfelseite markierte und unmarkierte Eckpunkte diagonal, so ist nicht klar, ob man die markierten Ecken trennt oder sie miteinander verbinden soll, vgl. Abb. 7.34. Werden aneinandergrenzende Würfel auf ihrer gemeinsamen Seite einmal verbindend und einmal trennend trianguliert, so entstehen Löcher in der Triangulierung der Oberfläche, vgl. Abb. 7.34.

Marching Tetraeder

Eine Möglichkeit, Mehrdeutigkeiten aufzulösen, ist die Zerlegung der Würfelzellen in Tetraeder, vgl. Abb. 7.6. In einem Tetraeder können markierte und unmarkierte Eckpunkte stets durch eine einzige Ebene getrennt werden. Somit sind eindeutige Polygonalisierungen eines Tetraeders stets möglich. Ohne weitere Funktionswerte abtasten zu müssen, läßt sich ein Würfel in fünf [HW90, PT90] oder in sechs [NB93] Tetraeder zerlegen. Dabei werden zusätzliche Kanten sowohl im Innern als auch auf den Seiten des umgebenden Würfels eingeführt. Diese Diagonalen auf der Oberfläche der Würfel müssen für aneinandergrenzende Würfel konsistent gewählt werden, die Wahl ist aber willkürlich. Tetraederzellen werden daher oft anstelle von Würfeln als Zellen der Volumenzerlegung verwendet [NB93, HW90, PT90]. Man spricht in diesem Fall von *Marching tetrahedra*. Die Klassifikation der möglichen Fälle, wie die gesuchte Isofläche einen Tetraeder schneiden kann, wird analog zum MC Algorithmus ermittelt. Es ergibt sich die in Abbildung 7.35 dargestellte Tabelle. Der Vorteil dieser Methode ist ihre Einfachheit. Ein Nachteil ist, daß durch die Einführung weiterer Kanten im Innern der Würfel etwa doppelt soviele Dreiecke entstehen wie beim Marching Cube [NB93].

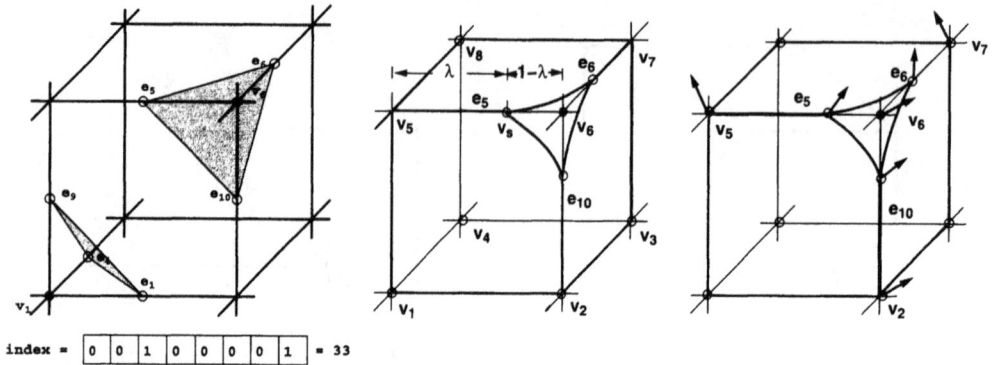

index = | 0 | 0 | 1 | 0 | 0 | 0 | 0 | 1 | = 33

Bild 7.32: Ganz links der Eintrag in der Tabelle für den Index 33 umfaßt einen Verweis auf die geschnittenen Kanten e_1, e_4, e_5, e_6, e_9 und e_{10} sowie die Vorschrift zur Verbindung dieser Schnitte zu den Dreiecken (e_1, e_9, e_4) und (e_5, e_{10}, e_6). Die beiden rechten Bilder zeigen die lineare Interpolation im MC Algorithmus. In der Mitte sind der Schnittpunkt der gesuchten Oberfläche mit einer Würfelkante und rechts die Interpolation der Normalen an einem Schnittpunkt aus den Normalen an den Ecken des Würfels.

Trennende und verbindende Triangulierungen

Eine weitere Möglichkeit, Mehrdeutigkeiten aufzulösen, besteht darin, zweideutige Seiten zwischen benachbarten Würfeln, in beiden Würfeln gleich zu behandeln, also entweder in beiden trennend oder in beiden verbindend zu triangulieren. Die einfachste Form dieser Methode besteht darin, die Mehrdeutigkeiten immer gleich aufzulösen: Entweder werden die markierten Eckpunkte immer getrennt, oder aber sie werden immer verbunden. Hat man eine Implementierung, die sowohl trennende als auch verbindende Triangulierungen zu Verfügung stellt, so kann man einen Zufallsgenerator verwenden, um bei mehrdeutigen Würfelseiten zwischen trennend oder verbindend zu wählen.

Neben diesen beiden Methoden zur Auflösung von Mehrdeutigkeiten werden in der Literatur eine ganze Reihe heuristischer Methoden beschrieben, die versuchen, aus den Eingabedaten die korrekte Topologie abzuleiten, [WG92, NB93, NH91]. Der Hauptnachteil all dieser Verfahren ist ihre komplizierte Implementierung. Es ist nicht klar, ob sich der zusätzliche Aufwand dieser heuristischen Verfahren überhaupt lohnt, da die Auflösung im Marching Cubes Algorithmus durch die Würfelgröße beschränkt ist. Fehler, die durch die Annahme entstehen, daß Würfelkanten nur einmal geschnitten werden sind von der gleichen Größenordnung und können auch durch Heuristiken nicht beseitigt werden.

Single-entry Tabelle zur Triangulierung auf kubischer Grundzelle

Im folgenden wird die Tabellierung für eine immer trennende Triangulierung angegeben: die markierten Punkte werden immer getrennt trianguliert. Diese Strategie kann durch den Übergang $f \to -f, c \to -c$ zu der Methode umfunktioniert werden, bei der die

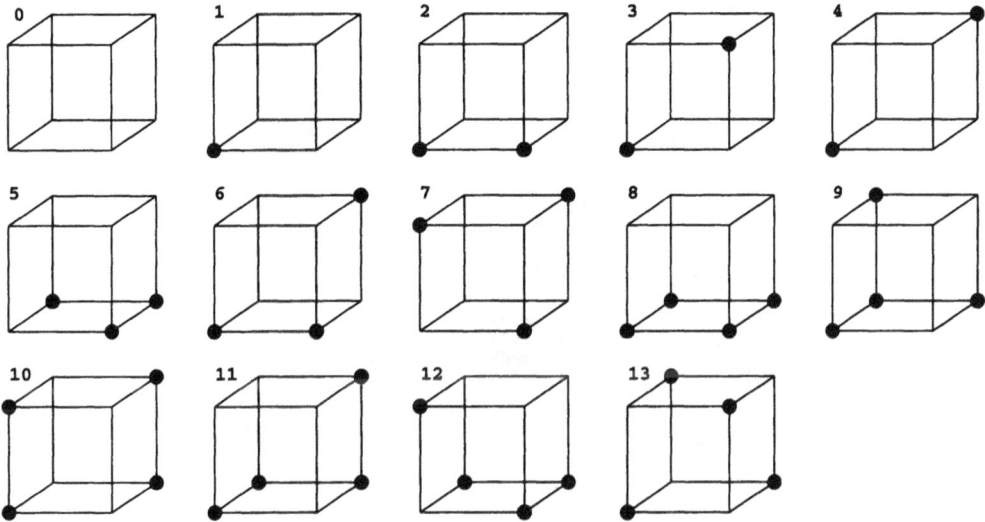

Bild 7.33: Die 256 Fälle des Marching Cubes Algorithmus lassen sich durch Rotation, Spiegelung an einer Ebene und Komplementbildung aus 14 Äquivalenzklassen abbilden.

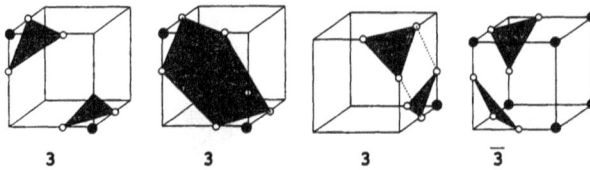

Bild 7.34: Mehrdeutige Würfelkonstellation. Liegen auf einer Würfelseite markierte und nichtmarkierte Eckpunkte auf der Diagonalen, so ist nicht klar, ob man die markierten Ecken trennt oder verbindet. Wird in einem Würfel trennend, im anderen verbindend trianguliert, so ensteht zwischen den gestrichelten Linien ein Loch in der Triangulierung der Oberfläche.

markierten Punkte immer verbindend trianguliert werden. Algorithmische Verfahren zur Erzeugung der Polygone der Oberfläche finden sich in [WMW86] und [Wal91b].

Abbildung 7.36 zeigt die Triangulierungen der Äquivalenzklassen ohne mehrdeutige Würfelseiten. In Abbildung 7.37 sind alle Äquivalenzklassen mit einer mehrdeutigen Seite dargestellt. Im Falle von Mehrdeutigkeiten sind die Eigenschaften, verbindend (v) bzw. trennend (t) zu sein, nicht invariant unter der Komplementbildung. Es gilt

$$v = S_{komp}(t); t = S_{komp}(v) \qquad (7.37)$$

Daher müssen die Äquivalenzklassen 3,6,7 und ihre Komplemente unterschiedlich trianguliert werden, um stets trennende Seiten zu erhalten. Für die Äquivalenzklassen 10,12,13 mit jeweils vier markierten Eckpunkten ist die Komplementbildung mit Rotationen äquivalent, so daß keine weitere Triangulierung benötigt wird.

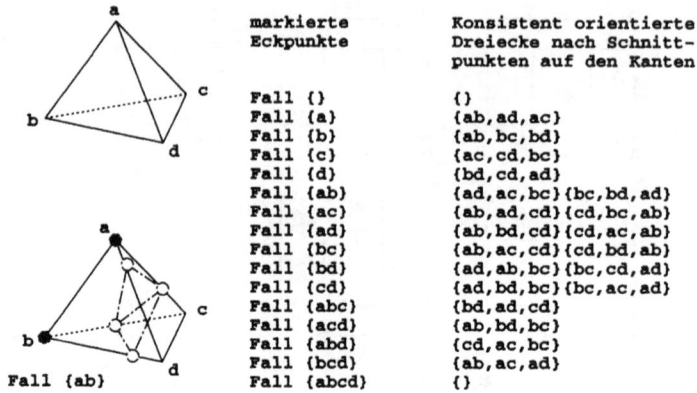

markierte Eckpunkte	Konsistent orientierte Dreiecke nach Schnitt- punkten auf den Kanten
Fall {}	{}
Fall {a}	{ab,ad,ac}
Fall {b}	{ab,bc,bd}
Fall {c}	{ac,cd,bc}
Fall {d}	{bd,cd,ad}
Fall {ab}	{ad,ac,bc}{bc,bd,ad}
Fall {ac}	{ab,ad,cd}{cd,bc,ab}
Fall {ad}	{ab,bd,cd}{cd,ac,ab}
Fall {bc}	{ab,ac,cd}{cd,bd,ab}
Fall {bd}	{ad,ab,bc}{bc,cd,ad}
Fall {cd}	{ad,bd,bc}{bc,ac,ad}
Fall {abc}	{bd,ad,cd}
Fall {acd}	{ab,bd,bc}
Fall {abd}	{cd,ac,bc}
Fall {bcd}	{ab,ac,ad}
Fall {abcd}	{}

Fall {ab}

Bild 7.35: Die Triangulierung der $2^4 = 16$ markiert-unmarkiert-Fälle eines Tetraeders.

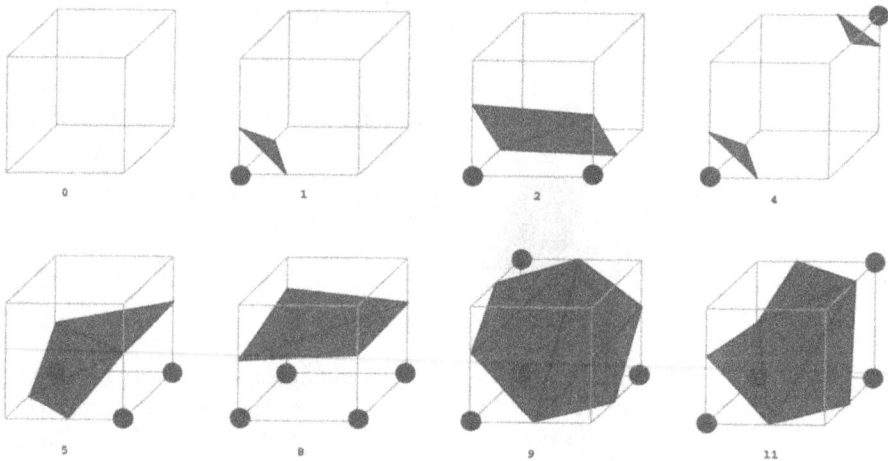

Bild 7.36: Triangulierung der Äqivalenzklassen ohne mehrdeutige Würfelseiten

Ein Ergebnis einer Oberflächenextraktion mit Hilfe des Marching-Cubes Algorithmus ist in Abb. 7.38 dargestellt.

Datenreduktion durch Grid-Snapping (Punkte Zusammenziehen)

In Fällen, in denen die Oberfläche den Würfel nahe einem Würfeleckpunkt schneidet, entstehen kleine Dreiecke. Liegt der Schnitt nahe entlang einer Würfelkante, so entstehen sehr spitze Dreiecke, (siehe Abbildung 7.39). Solche Dreiecke reduzieren einerseits die Güte einer Triangulierung der Oberfläche und erhöhen andererseits die Zahl der Dreiecke. Abbildung 7.40 zeigt eine mit dem MC generierte Kugel. Deutlich zu erkennen sind Strukturen aus kleinen Dreiecken, die wie Höhenlinien erscheinen. Diese Strukturen sind

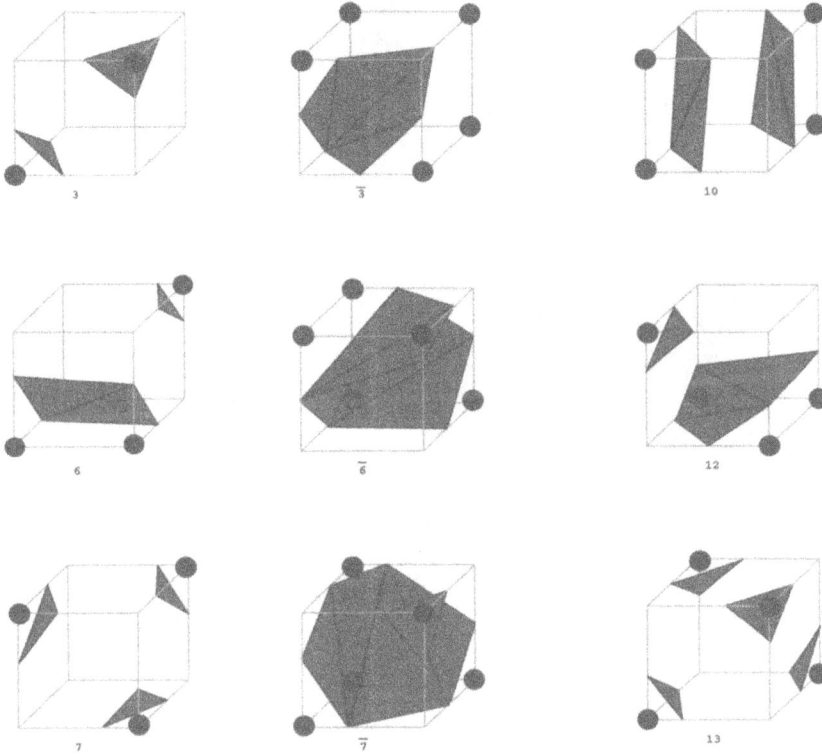

Bild 7.37: Stets trennende Triangulierung der Äqivalenzklassen mit mehrdeutigen Würfelseiten. Links die Fälle, in denen Komplementbildung trennende in verbindende Seiten umwandelt. Damit alle zweideutigen Seiten trennend trianguliert werden, müssen für die Komplemente die Triangulierungen $\bar{3}, \bar{6}$ und $\bar{7}$ ergänzt werden. Rechts die Fälle, in denen Komplementbildung mit einer Rotation übereinstimmt.

besonders ausgeprägt, wenn der Betrachter senkrecht zu einer der sechs Würfelseiten der Zellzerlegung blickt.

Beim sogenannten Grid-Snapping [MW92, KuBG95] werden die Abstände der Schnittpunkte der Oberfläche mit den Würfelkanten zu den Würfeleckpunkten ermittelt. Unterschreitet ein solcher Abstand eine vorgegebene Schwelle d_{snap}, so wird der Schnittpunkt auf den nächsten Würfeleckpunkt gezogen. Fallen mehrere Schnittpunkte eines Dreiecks im gleichen Eckpunkt zusammen, so degeneriert es und wird nach dem Ende des MC Algorithmus aus der Triangulierung der Oberfläche gestrichen. Meist werden noch die Würfeleckpunkte, in denen mehrere Punkte zusammenfallen, in den Schwerpunkt der auf sie gezogenen Schnittpunkte verschoben, um eine bessere Approximation zu erhalten. Der große Vorteil dieser Reduktionstechnik im Vergleich mit anderen Reduktionsverfahren [SZL92, KLS96] ist ihre große Geschwindigkeit. Leider lassen sich so nur geringe Reduktionsraten erzielen.

Die in Abb. 7.40 dargestellte, mittels eines Marching Cubes Algorithmus erzeugte Kugel

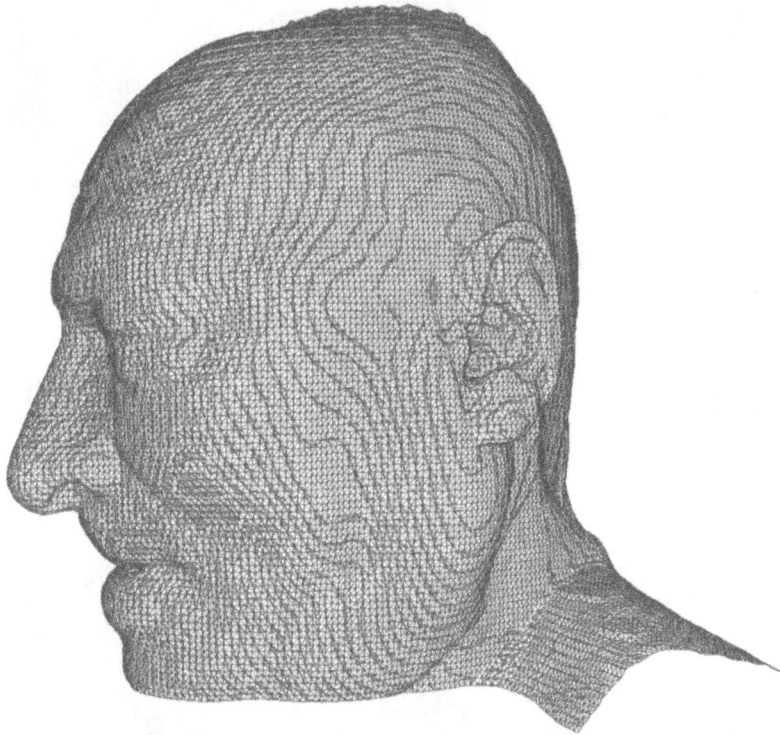

Bild 7.38: Zur Extraktion der Hautoberfläche aus einem CT-Datensatz wurde der Marching-Cubes Algorithmus verwendet.

Grid-Snapping Parameter	0	0.1	0.2	0.3	0.4	0.46	0.495
Zahl der Ecken	1446	1398	1254	1182	1074	830	830
Reduktionsrate in %	0	3,3	13,3	18,3	25,7	42,6	42,6

Tabelle 7.1: Reduktion durch Grid-napping mit unterschiedlichen Grid-Snapping Parametern.

enthält 1446 Ecken und 2888 Dreiecke. Abhängig von einer Schwelle zwischen 0.1 Pixelausdehnung und 0.495 Pixelausdehnung ergeben sich die in Tabelle 7.1 dargestellten Ergebnisse und Reduktionsraten.

Da die mittels Grid-Snapping erzielten Datenreduktionsraten für viele Anwendungen immer noch zu gering sind, werden spezielle Netzdatenreduktionsverfahren eingesetzt. In jüngster Zeit wurden eine ganze Reihe von Verfahren entwickelt, ihre Darstellung würde jedoch den Rahmen dieses Kapitels sprengen. Beiträge zu diesem Thema finden sich z.B. in [SZL92, Tur92, Kle94, Kle95, KLS96, Ke95b, KH96b, KHK96, Hop96]. Die Zusammenfassung von approximierenden Netzen eines Objektes mit unterschiedlichen Approximationsgüten (Levels-Of-Detail) in ein Modell und dazu notwendige Datenstrukturen

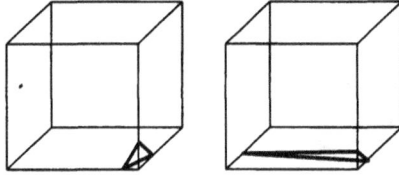

Bild 7.39: Schneidet die Oberfläche den Würfel nahe an einer Würfelecke, so entsteht ein kleines Dreieck, schneidet sie nahe entlang einer Würfelkante, so entsteht ein langes, spitzes Dreieck.

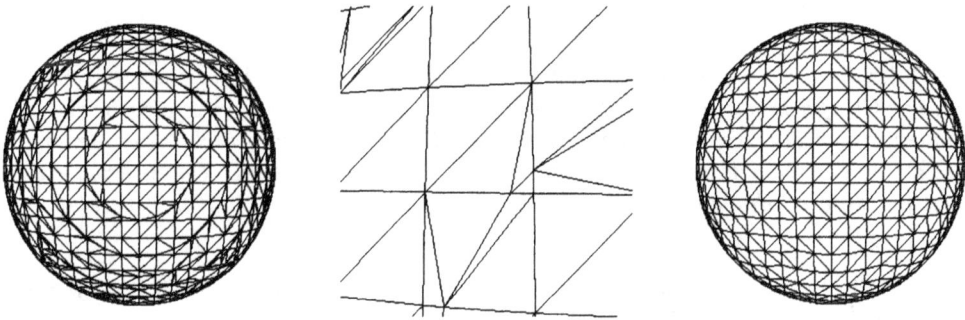

Bild 7.40: Links Kugel mit höhenlinienartigem Artefakt. Mitte: herangezoomt. Rechts: Nach starkem Grid-Snapping (0.47 Würfellängen bei einer Bounding box von 10x10x10).

werden in [Pup96, KH96a, XV96] beschrieben.

Der Treppenstufenartefakt

Bei der Erzeugung von Oberflächenmodellen mit Hilfe des MC Algorithmus tritt ein Artefakt auf, der zu treppenartigen Strukturen in der erzeugten Oberfläche führt. Dieser *Treppenstufenartefakt* ist in Abbildung 7.41 dargestellt. Der Artefakt tritt auf, wenn der gefüllte Bereich einer Kontur weiter als etwa ein Voxel gegen eine Kontur in der Nachbarschicht verschoben ist. Da der MC nur Dreiecke in etwa der Größe eines Würfels erzeugen kann und zudem die Triangulierungsinformation lokal gewinnt, kann er nicht über mehrere Würfellängen die Konturen interpolierend verbinden. Ein zweidimensionales Analogon ist in Abbildung 7.41 rechts oben zu sehen. Stehen während des Algorithmus noch die Orginaldaten der Volumenfunktion in den Eckpunkten der Gitterzellen zur Verfügung, so kann zwischen den Konturen besser interpoliert werden. Dies ist in Abb. 7.41 rechts unten dargestellt.

7.2.4 Dividing Cubes

Die Größe der beim Marching Cubes Algorithmus entstehenden Dreiecke ist nach der Projektion in den Bildraum häufig kleiner als ein Pixel. Der *Dividing Cubes* Algorithmus [CLL+88] trägt dieser Beobachtung Rechnung. Wie beim Marching Cube werden

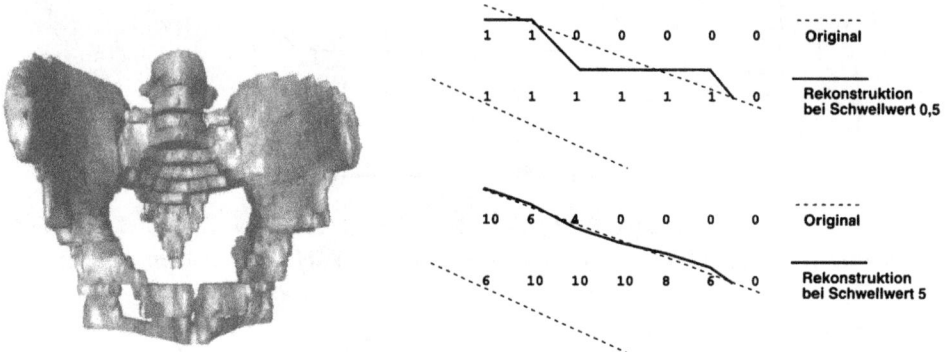

Bild 7.41: Links: Bei großen Abständen der Konturen ergibt sich bei einer Rekonstruktion der Oberfläche mittels des MC Algorithmus der Treppenstufenartefakt. Rechts: Zustandekommen des Treppenstufenartefakts im 2D. Oben: Zwei Schichten, in denen die Objekte gegeneinander verschoben sind und die Daten binär sind. Unten erlauben die nicht nur binären Eingangsdaten eine genauere Rekonstruktion des Konturverlaufs.

zunächst die Eckpunkte jede Würfelzelle klassifiziert. Zeigt die Klassifikation für eine Zelle, daß sie von der Oberfläche geschnitten wird, so wird sie in den Bildraum projiziert und geprüft, ob sie im Bildraum größer als ein Pixel ist. Ist sie größer als ein Pixel, so wird sie in acht Unterzellen unterteilt, im anderen Fall wird sie als *Flächenpunkt* schattiert. Flächenpunkte beinhalten einen Farbwert, einen Punkt im Objektraum und einen Gradienten. Der Algorithmus berechnet alse keine echten Flächen. Die Flächenpunkte selbst werden mit Hilfe eines Hiddenline-Verfahrens wie dem Painter-Algorithmus oder dem z-Buffer schattiert.

Da bei diesem Verfahren nur Flächenpunkte visualisiert werden, ist das Verfahren sehr schnell.

Kapitel 8

Lösungen zu den Übungsaufgaben

8.1 Lösungen zu Kapitel 1

Lösung 1:

Sei a die Anzahl der Kanten pro Fläche und b die Anzahl von Kanten pro Knoten, v bezeichne die Anzahl von Knoten, e die Anzahl von Kanten und f die Anzahl von Flächen des Polyeders.

Dann gilt:

$$
\begin{aligned}
af &= 2e \quad \text{(jede Kante gehört zu zwei Facetten)} \\
bv &= 2e \quad \text{(jede Kante gehört zu zwei Knoten)} \\
v - e + f &= 2 \quad \text{(Euler-Formel)}
\end{aligned}
$$

Einsetzen liefert:

$$
\begin{aligned}
\frac{2e}{b} - e + \frac{2e}{a} &= 2 \\
\Leftrightarrow \quad \frac{1}{a} + \frac{1}{b} - \frac{1}{2} &= \frac{1}{e}
\end{aligned}
$$

1. $a, b > 2$, da keine Fläche mit zwei Knoten und zwei Kanten existiert.

2. $a, b < 6$, da sonst $\frac{1}{e} < 0$.

Als ganzzahlige Lösungen findet man:

1. $a = b = 3$ Tetraeder

2. $a = 4,\ b = 3$ Quader

3. $a = 3,\ b = 4$ Oktaeder

4. $a = 3,\ b = 5$ Ikosaeder

5. $a = 5,\ b = 3$ Dodekaeder

Lösung 2:

a) Durch Abzählen erhält man:

$$v = 20,\ e = 30,\ f = 12,\ r = 2;$$

Sowohl das Geschlecht g, als auch die Anzahl der Schalen s sind gleich Eins. Damit gilt die verallgemeinerte Euler-Poincaré-Formel:

$$v - e + f - r - 2(s - g) = 20 - 30 + 12 - 2 - 2(1 - 1) = 0.$$

In dem diskreten sechsdimensionalen Raum, dessen Basisvektoren die Variablen v, e, f, g, r, s zugeordnet sind, besitzt der Körper die Darstellung

$$K = (20, 30, 12, 1, 2, 1).$$

b) Mittels der Matrix

$$E = \begin{pmatrix} 1 & 1 & 0 & 0 & 0 \\ 0 & 1 & 1 & 0 & 0 \\ 1 & 0 & 1 & 0 & 0 \\ 0 & -1 & 0 & 0 & 1 \\ 0 & 0 & -1 & 1 & 1 \end{pmatrix}$$

werden die Vektoren $v = (1,0,0,0,0)$, $e = (0,1,0,0,0)$, $f = (0,0,1,0,0)$, $g = (0,0,0,1,0)$ und $r = (0,0,0,0,1)$ in die Vektoren $mev = (1,1,0,0,0)$, $mef = (0,1,1,0,0)$, $mvfs = (1,0,1,0,0)$, $kemr = (0,-1,0,0,1)$ und $kfmrh = (0,0,-1,1,1)$ umgerechnet.

Mittels der Inversen dieser Matrix wird der Vektor $K' = (20, 30, 12, 1, 2)$ in die Basis der Euleroperatoren umgerechnet:

$$K'E^{-1} = (20, 30, 12, 1, 2) \cdot \frac{1}{2} \begin{pmatrix} 1 & -1 & 1 & 0 & 0 \\ 1 & 1 & -1 & 0 & 0 \\ -1 & 1 & 1 & 0 & 0 \\ -2 & 0 & 2 & -2 & 2 \\ 1 & 1 & -1 & 2 & 0 \end{pmatrix}$$

$$= (19, 12, 1, 1, 1),$$

d.h. der Körper kann mit Hilfe von 19 Operatoren mev, 12 Operatoren mef, 1 Operator $mvfs$, 1 Operator $kemr$ und 1 Operator $kfmrh$ konstruiert werden.

c)   1. Konstruktion des Klotzes

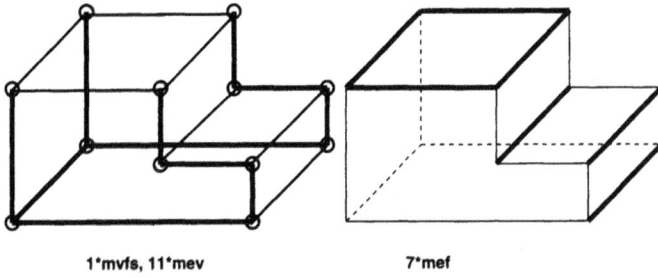

1*mvfs, 11*mev   7*mef

Bild 8.1: Konstruktion des Klotzes.

$$1 \cdot mvfs, \ 11 \cdot mev, \ 7 \cdot mef$$

2. Konstruktion der Bohrung

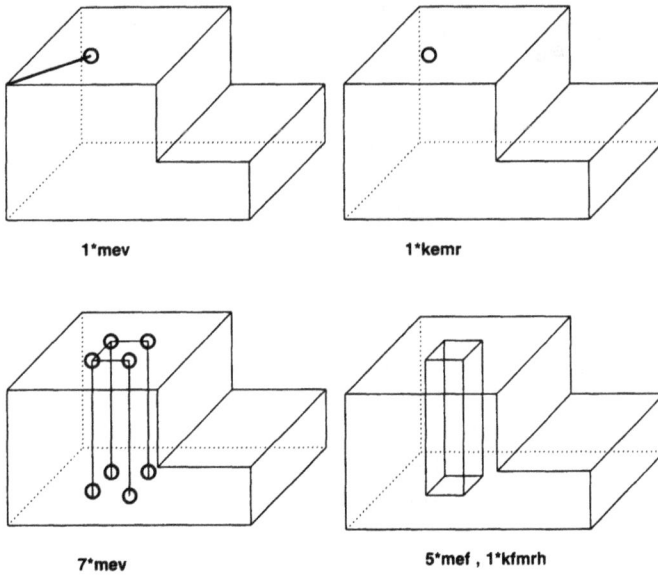

1*mev   1*kemr

7*mev   5*mef , 1*kfmrh

Bild 8.2: Konstruktion der Bohrung.

$$1 \cdot mev, \ 1 \cdot kemr, \ 7 \cdot mev, \ 5 \cdot mef, \ 1 \cdot kfmrh$$

Lösung 3:

a)

$$
\begin{aligned}
f_1 &: \quad v_1\, v_2\, v_3\, v_4 \\
f_2 &: \quad v_5\, v_6\, v_2\, v_1 \\
f_3 &: \quad v_2\, v_6\, v_7\, v_3 \\
f_4 &: \quad v_3\, v_7\, v_8\, v_4 \\
f_5 &: \quad v_8\, v_5\, v_1\, v_4 \\
f_6 &: \quad v_6\, v_5\, v_8\, v_7
\end{aligned}
$$

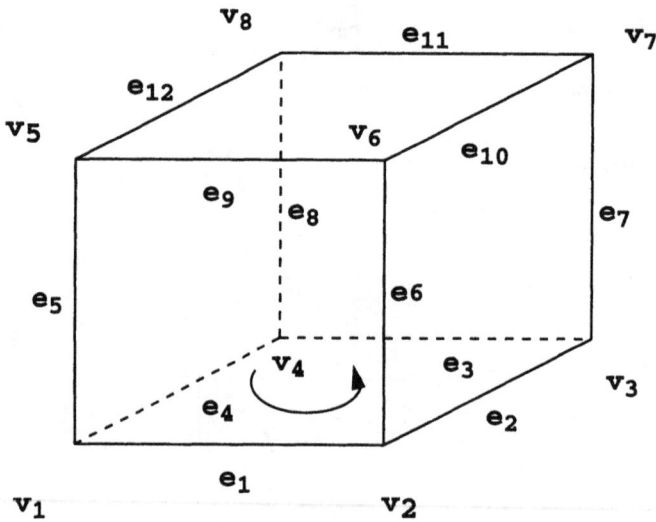

b) Für alle Flächen in der Flächenliste
   {
   Hilfs_sign = sign
   if (Hilfs_sign == +)
   {
   Addiere vstart(StartKante) zu Knoten(akt. Flaeche)
   (d.h. vstart wird in die Knotenliste der aktuellen
   Fläche einsortiert.)
   Hilfs_v = vend(StartKante)
   Hilfs_Kante = ncw(StartKante)
   }
   else
   {
   Addiere vend(StartKante) zu Knoten(akt. Flaeche)
   Hilfs_v = vstart(StartKante)
   Hilfs_Kante = nccw(StartKante)
   }

Solange Hilfs_Kante $\neq$ StartKante
{
    if ((Hilfs_sign == +) und (Hilfs_v $\neq$ vstart(Hilfs_Kante)))
        Hilfs_sign = -
    if ((Hilfs_sign == -) und (Hilfs_v $\neq$ vend(Hilfs_Kante)))
        Hilfs_sign = +

    if (Hilfs_sign == +)
    {
        Addiere vstart(Hilfs_Kante) zu Knoten(akt. Fläche)
        Hilfs_v = vend(Hilfs_Kante)
        Hilfs_Kante = ncw(Hilfs_Kante)
    }
    else
    {
        Addiere vend(Hilfs_Kante) zu Knoten(akt. Fläche)
        Hilfs_v = vstart(Hilfs_Kante)
        Hilfs_Kante = nccw(StartKante)
    }
    }
}

Lösung 4:

a) Tiefe = 1
   Mittelpunktx = $\frac{l}{2}$
   Mittelpunkty = $\frac{l}{2}$

   Solange kein Blatt
   {
      Tiefe = Tiefe + 1
      if (x $\leq$ Mittelpunktx)
      {
         Mittelpunktx = Mittelpunktx - $\frac{1}{2^{Tiefe}} \cdot l$
         if (y $\leq$ Mittelpunkty)
         {
            Kind(0)
            Mittelpunkty = Mittelpunkty - $\frac{1}{2^{Tiefe}} \cdot l$
         }
         else
         {
            Kind(2)

$$\text{Mittelpunkty} = \text{Mittelpunkty} + \tfrac{1}{2^{Tiefe}} \cdot l$$
```
            }
        }
        else
        {
```
$$\text{Mittelpunktx} = \text{Mittelpunktx} + \tfrac{1}{2^{Tiefe}} \cdot l$$
```
            if (y ≤ Mittelpunkty)
            {
                Kind(1)
```
$$\text{Mittelpunkty} = \text{Mittelpunkty} - \tfrac{1}{2^{Tiefe}} \cdot l$$
```
            }
            else
            {
                Kind(3)
```
$$\text{Mittelpunkty} = \text{Mittelpunkty} + \tfrac{1}{2^{Tiefe}} \cdot l$$
```
            }
        }
    }
```

b) Um den Nachbarn in Richtung N zu finden, verwenden wir folgenden Algorithmus: Knoten, deren Nummer im Vaterknoten 0 oder 1 ist, besitzen als nördliche Nachbarn die Geschwisterknoten mit Nummer 2 bzw. 3 im Vaterknoten.

Für Knoten, deren Nummer im Vaterknoten 2 oder 3 ist, gehen wir im Quadtree solange in Richtung der Wurzel, bis ein Vaterknoten Nummer 0 oder 1 besitzt. Dann gehen wir in Richtung des an der x-Achse gespiegelten Herkunftspfades ebensooft nach unten, wie wir nach oben gegangen sind oder bis wir ein Blatt erreicht haben (vgl. Bild 8.3).

Falls im Herkunftspfad kein Knoten mit Nummer 0 oder 1 erreicht wird, gibt es keinen Nachbarn in N-Richtung. Dasselbe gilt für den Fall, daß beim Durchlaufen eines Baumes in umgekehrter Richtung ein Knoten zwar Kinder besitzt, aber nicht in die mit dem Herkunftspfad korrespondierenden Richtung.

```
if (Wurzel())          // kein Nachbar
    return
else
{
    Solange Pfad[Pfadlänge] ≠ 0 und Pfad[Pfadlänge] ≠ 1
    und nicht Wurzel()        // nach oben gehen
    {
        Pfadlänge = Pfadlänge + 1
        Pfad[Pfadlänge] = Nummer()
        Vater()
    }
```

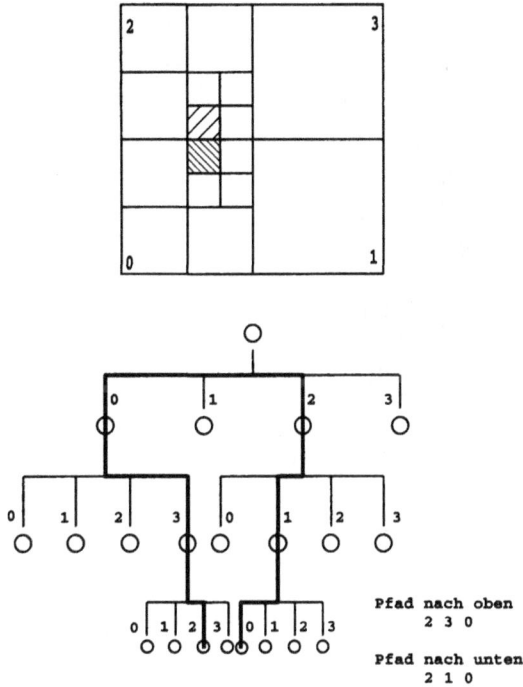

Bild 8.3: Graphische Darstellung des Algorithmus.

if (Wurzel() ≠ 0 und Pfad[Pfadlänge] ≠ 0 und Pfad[Pfadlänge] ≠ 1)
    kein Nachbar
else
{
    Solange Pfadlänge ≠ 0 und nicht Blatt()
    {
        if Pfad[Pfadlänge] ==
        {
            0 : Kind(2)   (falls nicht vorhanden: kein Nachbar)
            1 : Kind(3)   (falls nicht vorhanden: kein Nachbar)
            2 : Kind(0)   (falls nicht vorhanden: kein Nachbar)
            3 : Kind(1)   (falls nicht vorhanden: kein Nachbar)
            Pfadlänge = Pfadlänge - 1
        }
    }
}

Lösung 5:

a) Für die Gleichungen der Geraden ergibt sich:

	Gleichung			Normale
a	$-y-2$	$=$	0	$(0,-1)$
b	$x-1$	$=$	0	$(1,0)$
c	$-y+1$	$=$	0	$(0,-1)$
d	$x-2$	$=$	0	$(1,0)$
e	$y-1$	$=$	0	$(0,1)$
f	$y-2$	$=$	0	$(0,1)$
g	$-x-1$	$=$	0	$(-1,0)$

Als BSP-Baum erhalten wir:

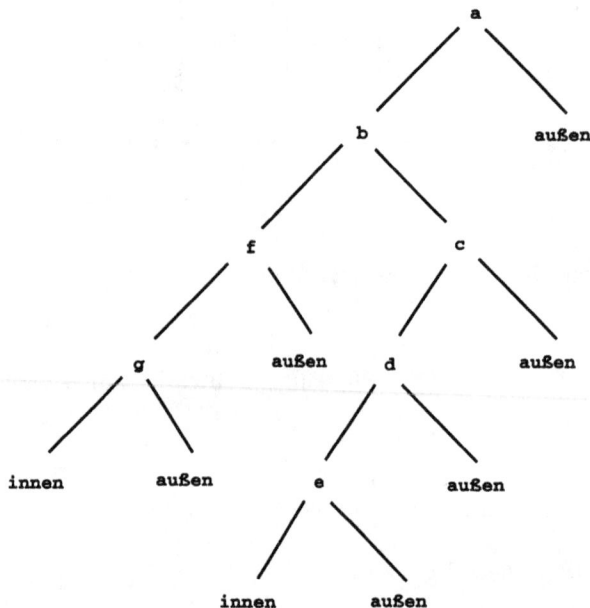

Bild 8.4: BSP-Baum.

b) Eine Rotation um den Winkel α gegen den Uhrzeigersinn wird durch die homogene Matrix

$$R(\alpha) = \begin{pmatrix} \cos\alpha & \sin\alpha & 0 \\ -\sin\alpha & \cos\alpha & 0 \\ 0 & 0 & 1 \end{pmatrix}$$

beschrieben. Da sich transponierte Normalen mit der inversen Matrix transformieren (vgl. GDV I, Kapitel 3.3.3) und diese im Fall der Rotation mit der transponierten Matrix übereinstimmt, ergibt sich:

$$a' : (x, y, 1) \begin{pmatrix} \cos\alpha & -\sin\alpha & 0 \\ \sin\alpha & \cos\alpha & 0 \\ 0 & 0 & 1 \end{pmatrix} \begin{pmatrix} 0 \\ -1 \\ -2 \end{pmatrix} = x\sin\alpha - y\cos\alpha - 2 = 0$$

$$b' : (x, y, 1) \begin{pmatrix} \cos\alpha & -\sin\alpha & 0 \\ \sin\alpha & \cos\alpha & 0 \\ 0 & 0 & 1 \end{pmatrix} \begin{pmatrix} 1 \\ 0 \\ -1 \end{pmatrix} = x\cos\alpha + y\sin\alpha - 1 = 0$$

$$c' : (x, y, 1) \begin{pmatrix} \cos\alpha & -\sin\alpha & 0 \\ \sin\alpha & \cos\alpha & 0 \\ 0 & 0 & 1 \end{pmatrix} \begin{pmatrix} 0 \\ -1 \\ 1 \end{pmatrix} = x\sin\alpha - y\cos\alpha + 1 = 0$$

$$d' : (x, y, 1) \begin{pmatrix} \cos\alpha & -\sin\alpha & 0 \\ \sin\alpha & \cos\alpha & 0 \\ 0 & 0 & 1 \end{pmatrix} \begin{pmatrix} 1 \\ 0 \\ -2 \end{pmatrix} = x\cos\alpha + y\sin\alpha - 2 = 0$$

$$e' : (x, y, 1) \begin{pmatrix} \cos\alpha & -\sin\alpha & 0 \\ \sin\alpha & \cos\alpha & 0 \\ 0 & 0 & 1 \end{pmatrix} \begin{pmatrix} 0 \\ 1 \\ -1 \end{pmatrix} = -x\sin\alpha + y\cos\alpha - 1 = 0$$

$$f' : (x, y, 1) \begin{pmatrix} \cos\alpha & -\sin\alpha & 0 \\ \sin\alpha & \cos\alpha & 0 \\ 0 & 0 & 1 \end{pmatrix} \begin{pmatrix} 0 \\ 1 \\ -2 \end{pmatrix} = -x\sin\alpha + y\cos\alpha - 2 = 0$$

$$g' : (x, y, 1) \begin{pmatrix} \cos\alpha & -\sin\alpha & 0 \\ \sin\alpha & \cos\alpha & 0 \\ 0 & 0 & 1 \end{pmatrix} \begin{pmatrix} -1 \\ 0 \\ -1 \end{pmatrix} = -x\cos\alpha + y\sin\alpha - 1 = 0$$

Eine Translation um den Vektor (t_x, t_y) wird durch die homogene Matrix

$$T = \begin{pmatrix} 1 & 0 & 0 \\ 0 & 1 & 0 \\ t_x & t_y & 1 \end{pmatrix}$$

beschrieben. Die Inverse ist:

$$T^{-1} = \begin{pmatrix} 1 & 0 & 0 \\ 0 & 1 & 0 \\ -t_x & -t_y & 1 \end{pmatrix}$$

Daraus ergibt sich:

$$a' : (x, y, 1) \begin{pmatrix} 1 & 0 & 0 \\ 0 & 1 & 0 \\ -t_x & -t_y & 1 \end{pmatrix} \begin{pmatrix} 0 \\ -1 \\ -2 \end{pmatrix} = -y + t_y - 2 = 0$$

$$b' : (x, y, 1) \begin{pmatrix} 1 & 0 & 0 \\ 0 & 1 & 0 \\ -t_x & -t_y & 1 \end{pmatrix} \begin{pmatrix} 1 \\ 0 \\ 1 \end{pmatrix} = x - t_x - 1 = 0$$

$$c' : (x, y, 1) \begin{pmatrix} 1 & 0 & 0 \\ 0 & 1 & 0 \\ -t_x & -t_y & 1 \end{pmatrix} \begin{pmatrix} 0 \\ -1 \\ 1 \end{pmatrix} = -y + t_y + 1 = 0$$

$$d' : (x, y, 1) \begin{pmatrix} 1 & 0 & 0 \\ 0 & 1 & 0 \\ -t_x & -t_y & 1 \end{pmatrix} \begin{pmatrix} 1 \\ 0 \\ -2 \end{pmatrix} = x - t_x - 2 = 0$$

$$e' : (x, y, 1) \begin{pmatrix} 1 & 0 & 0 \\ 0 & 1 & 0 \\ -t_x & -t_y & 1 \end{pmatrix} \begin{pmatrix} 0 \\ 1 \\ -1 \end{pmatrix} = y - t_y - 1 = 0$$

$$f' : (x, y, 1) \begin{pmatrix} 1 & 0 & 0 \\ 0 & 1 & 0 \\ -t_x & -t_y & 1 \end{pmatrix} \begin{pmatrix} 0 \\ 1 \\ -2 \end{pmatrix} = y - t_y - 2 = 0$$

$$g' : (x, y, 1) \begin{pmatrix} 1 & 0 & 0 \\ 0 & 1 & 0 \\ -t_x & -t_y & 1 \end{pmatrix} \begin{pmatrix} -1 \\ 0 \\ -1 \end{pmatrix} = -x + t_x - 1 = 0$$

Die Struktur des BSP-Baumes ändert sich durch die Transformationen nicht.

8.2   Lösungen zu Kapitel 2

Lösung 1:

a) Aus der Konstruktionsvorschrift für die Drachenkurve lesen wir ab (vgl. Bild 8.5):
   $N = 2$ (Jedes Teilsegment wird durch 2 Teilsegmente ersetzt)
   $r = \frac{1}{2}\sqrt{2}$ (Jedes Teilsegment wird mit dem Faktor $\frac{1}{2}\sqrt{2}$ skaliert)
   Daraus folgt :
   $D = \frac{\lg N}{\lg \frac{1}{r}} = \frac{\lg 2}{\lg \sqrt{2}} = 2$, d.h. die Drachenkurve ist eine raumfüllende Kurve.

Bild 8.5: Konstruktionsvorschrift für die Drachenkurve. Die gestrichelten Linien wurden durch durchgezogene Linien ersetzt.

b) Aus der Konstruktionsvorschrift für das Sierpinski-Dreieck lesen wir ab (vgl. Bild 8.6): N=3 (Jedes Teilsegment wird durch 3 Teilsegmente ersetzt)
   r=$\frac{1}{2}$ (Jedes Teildreieck wird mit dem Faktor $\frac{1}{2}$ skaliert)
   Daraus folgt :
   $D = \frac{\lg N}{\lg \frac{1}{r}} = \frac{\lg 3}{\lg 2} \approx 1.5840$.

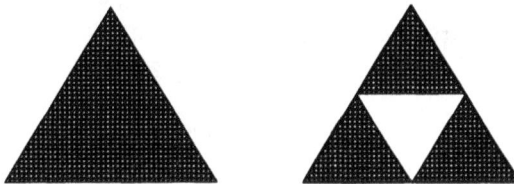

Bild 8.6: Konstruktionsvorschrift für das Sierpinski-Dreieck.

Lösung 2:

a) Aus $|z^3| = |z^3 + c - c| \leq |z^3 + c| + |c|$ und $|z^3| = |z|^3$ folgt unter Verwendung von $|z| > |c|$ $|Q_c(z)| = |z^3 + c| \geq |z|^3 - |c| > |z|^3 - |z| = (|z|^2 - 1)|z|$. Da $|z| > 2$, folgt daraus $|Q_c(z)| > (|z|^2 - 1)|z| > (4 - 1)|z| = 3|z|$. Daraus erhalten wir $|Q_c^n(z)| > 3|Q_c^{n-1}(z)| > 3^n Q_c(z) \Rightarrow |Q_c^n(z)| \to \infty$ für $n \to \infty$.

b) Sei $z = (x, y)$. Dann ist $z^3 = (x^3 - 3xy^2, 3x^2y - y^3)$. Nehmen wir diese Funktion zur Hilfe, so erhalten wir folgende Funktion, um Levelsets für die ausgefüllte Julia--Menge zu berechnen (vgl. Algorithmus 2.6.2):

```
//////////////////////////////////////////////////////////////////////
// function:    l s e t 3
// description: Test for levelset for  f(z)= z^3-c :
//              returns number of iterations.
//////////////////////////////////////////////////////////////////////
int Julia::lset3(float x, float y)
{
    float x_2 = x * x,
          y_2 = y * y,           // squares of x and y
          boundary = 4.0,
          dummy;
    int iter = 0;                // counter

    while (iter < maxit && x_2 + y_2 < boundary) {
        ++iter;
        dummy = x_2 * x - 3 * x * y_2   + c_r;     // x = xxx - 3xyy
        y     = 3 * x_2 * y + - y_2 * y + c_i;     // y = 3xxy - yyy
        x     = dummy;
        x_2   = x * x;
        y_2   = y * y;
    }
    return iter;
}
```

Lösung 3:

a) Wir zeigen, daß der Orbit des kritischen Punktes unter $Q_{\bar{c}}$ genau der komplexkonjugierte Orbit des kritischen Punktes unter Q_c ist:

$$Q_{\bar{c}}(\bar{z}) = (\bar{z})^2 + \bar{c} = \bar{z}\bar{z} + \bar{c} = \overline{z^2} + \bar{c} = \overline{z^2 + c} = \overline{Q_c(z)}$$

b) Da sich die Iteration selbst nicht ändert, brauchen wir in dem im Text gegebenen Code nur an dem Konstruktor 'Mandelbrot::Levelset(GrDev *dev)' Änderungen vorzunehmen. Zusätzlich nehmen wir an, daß der Fensterausschnitt symmetrisch zur x-Achse gewählt wurde.

```
//////////////////////////////////////////////////////////////////////
// function:    L e v e l s e t
// description: Calculates and draws Mandelbrot. Scans the window
//              and draws colored points if not in Mandelbrot area.
//              The color is set by the number of iterations.
//////////////////////////////////////////////////////////////////////
void Mandelbrot::Levelset(GrDev *dev)
{
    int w = dev->queryWindowWidth(),       // window dimensions
        h = dev->queryWindowHeight(),
```

```
        col,                            // no of iterations
        maxcol = dev->queryMaxColor();  // maximum color index
    float xd = areaw / w,               // step size
          yd = areah / h;

  for (int i = 0; i < w, !kbhit(); ++i)     // scan window
    for (int j = 0; j <= h/2; ++j) {
        col = lset(areax + xd *i, areay + yd * j) % maxcol;
        if (col > 0)
        {
            dev->drawPoint(P2D(i, j), col);
            dev->drawPoint(P2D(i, height-1-j), col);
        }
    }
}
```

c) Die Menge M' ist folgendermaßen charakterisiert:

(1) Es existiert $z_0 \in C$ mit $Q_c(z_0) = z_0$ (endl. Fixpunkt)

(2) $|Q'_c(z_0)| < 1$ (der Fixpunkt ist attraktiv).

Die Bedingungen (1) und (2) sind äquivalent zu

(1') $z_0^2 + c = z_0 \Leftrightarrow c = z_0(1 - z_0)$

(2') $|2z_0| < 1 \Leftrightarrow |z| < \frac{1}{2}$

Nun betrachten wir die in Bild 8.7 Menge

$$M' = \{c \in C | c = z_0(1 - z_0), |z_0| < \frac{1}{2}\}.$$

Nach Definition von M' besitzt Q_c für alle $c \in M'$ einen endlichen attraktiven Fixpunkt z_0. Nach dem Satz in Abschnitt 4.2.4 muß in dessen Attraktionsgebiet ein kritischer Punkt von Q_c liegen, dies kann aber nur der kritische Punkt 0 sein. Daher gilt $\lim_{k \to \infty} Q^k(0) = z_0$, d.h. für alle $c \in M'$ ist die Folge $0, Q_c(0), Q_c^2(0), \ldots$ beschränkt. Punkte der Mandelbrot-Menge sind aber durch diese Eigenschaft charakterisiert. Also ist $M' \subset M$.

Für Werte $c \in M' \subset M$ braucht also nicht getestet werden, ob sie unter Iteration gegen ∞ konvergieren, was die Berechnung eines Bildes der Mandelbrot-Menge beschleunigt.

Lösung 4:

a) Die zu R gehörende Dichtefunktion ist durch

$$r(x) = \begin{cases} 1 & , \quad x \in [0,1] \\ 0 & , \quad \text{sonst} \end{cases}$$

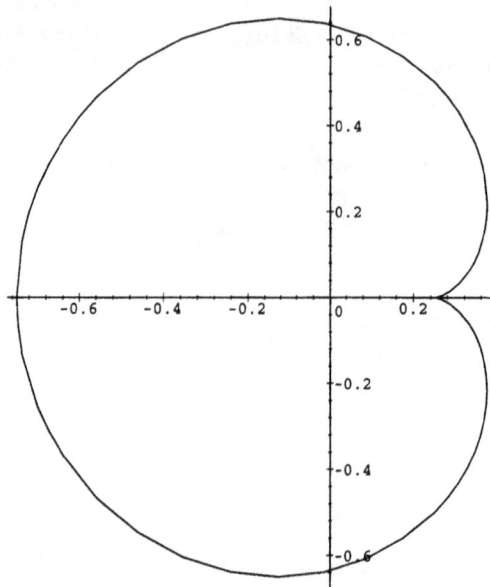

Bild 8.7: Die Menge $M' = \{c \in C | c = z_0(1 - z_0), |z_0| < \frac{1}{2}\}$.

gegeben. Der Erwartungswert von R berechnet sich gemäß der Formel

$$\mu = E(R) = \int\limits_{-\infty}^{\infty} x\, r(x)dx = \int\limits_{0}^{1} x\, dx = \frac{1}{2}$$

Die Varianz von R erhalten wir aus der Formel

$$\sigma = var(R) = E((R - E(R))^2) = E(R^2) - E(R)^2$$

$E(R^2)$ berechnet sich gemäß

$$E(R^2) = \int\limits_{-\infty}^{\infty} x^2 r(x)dx = \int\limits_{0}^{1} x^2 dx = \frac{1}{3}$$

Daraus folgt:

$$var(R) = \frac{1}{3} - \left(\frac{1}{2}\right)^2 = \frac{1}{12}$$

b) Zunächst berechnen wir den Erwartungswert und die Varianz der Zufallsvariablen F:

$$\mu = E(F) = \int_{-\infty}^{\infty} x\, f(x)\, dx = \int_{0}^{1} x^2 dx = \frac{1}{3}$$

$$E(F^2) = \int_{-\infty}^{\infty} x^2 f(x)\, dx = \int_{0}^{1} x^3 dx = \frac{1}{4}$$

Daraus folgt:

$$var(F) = E(F^2) - (E(F))^2 = \frac{1}{4} - \frac{1}{9} = \frac{5}{36}$$

Nach dem Zentralen Grenzwertsatz konvergiert die Folge

$$S'_n = \frac{\sum_{i=1}^{n} F_i - n\frac{1}{3}}{\sqrt{\frac{5}{36}}\sqrt{n}} = \frac{6}{\sqrt{5n}} \sum_{i=1}^{n} F_i - 2\frac{\sqrt{n}}{\sqrt{5}}$$

gegen eine $N(0,1)$-verteilte Zufallsvariable.

Lösung 5:

a) Die ersten drei Stufen der Berechnung einer Brownschen Bewegung sind in Bild 8.8 dargestellt. d_i wird als Gaußsche Zufallsvariable D_i mit Mittelwert 0 und Varianz $\frac{1}{2^{i+1}}\sigma^2$ berechnet.

b) $x(\frac{k-1}{2^{n-1}} + \frac{1}{2^n}) = \frac{1}{2}(x(\frac{k}{2^{n-1}} + x(\frac{k-1}{2^{n-1}}))) + d_n$, wobei d_n mittels einer Zufallsvariable D_n mit Mittelwert 0 und Varianz $\frac{1}{2^{n+1}}\sigma^2$ berechnet wird.

c) Durch einfaches Umformen erhalten wir aus

$$x(\frac{k-1}{2^{n-1}} + \frac{1}{2^n}) = \frac{1}{2}(x(\frac{k}{2^{n-1}}) + x(\frac{k-1}{2^{n-1}})) + d_n$$

$$x(\frac{k-1}{2^{n-1}} + \frac{1}{2^n}) - x(\frac{k-1}{2^{n-1}}) = \frac{1}{2}(x(\frac{k}{2^{n-1}}) - x(\frac{k-1}{2^{n-1}})) + d_n$$

Damit erhalten wir

$$var\left(X\left(\frac{k-1}{2^{n-1}}+\frac{1}{2^n}\right)-X\left(\frac{k-1}{2^{n-1}}\right)\right)$$

$$=\ var\left(\frac{1}{2}\left(X\left(\frac{k}{2^{n-1}}\right)-X\left(\frac{k-1}{2^{n-1}}\right)\right)+D_n\right)$$

$$=\ \frac{1}{4}\underbrace{var\left(X\left(\frac{k}{2^{n-1}}\right)-X\left(\frac{k-1}{2^{n-1}}\right)\right)}_{\frac{1}{2^{n-1}}\sigma^2}+\underbrace{var D_n}_{\frac{1}{2^{n+1}}\sigma^2}$$

$$=\ \frac{1}{2^{n+1}}\sigma^2+\frac{1}{2^{n+1}}\sigma^2=\frac{1}{2^n}\sigma^2.$$

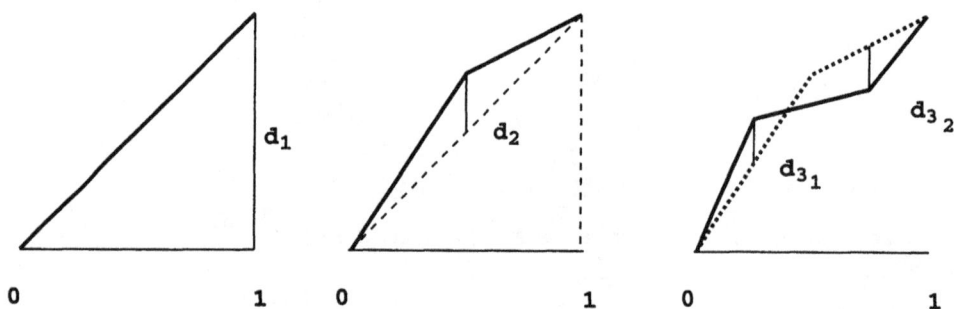

Bild 8.8: Die ersten drei Stufen der Berechnung einer Brownschen Bewegung.

Lösung 6:

a) Die gesuchte Fraktal ist in Bild 8.9 dargestellt.

b) Eine Erweiterung der Struktur auf 3D läßt sich einfach durch einen IFS-Code mit entsprechenden affinen Transformationen im 3D beschreiben. Für die Wahrscheinlichkeiten p_i, $i=1,\ldots,20$, kann eine Gleichverteilung mit $p_i=1/20$ angenommen werden.

Die affinen Tranformationen setzen sich alle aus denselben linearen Anteilen $(x,y,z)\leftarrow(1/3x,1/3y,1/3z)$ und Transformation T_i, $i=1,\ldots,20$ zusammen. Die Transformationen T_i sind gegeben durch die zugehörigen Vektoren v_i:

$$
\begin{array}{lll}
v_1 = (0,0,0) & v_2 = (0,1/3,0) & v_3 = (0,2/3,0) \\
v_4 = (1/3,0,0) & v_5 = (1/3,2/3,0) & v_6 = (2/3,0,0) \\
v_7 = (2/3,1/3,0) & v_8 = (2/3,2/3,0) & v_9 = (0,0,1/3) \\
v_{10} = (0,2/3,1/3) & v_{11} = (2/3,0,1/3) & v_{12} = (2/3,2/3,1/3) \\
v_{13} = (0,0,2/3) & v_{14} = (0,1/3,2/3) & v_{15} = (0,2/3,2/3) \\
v_{16} = (1/3,0,2/3) & v_{17} = (1/3,2/3,2/3) & v_{18} = (2/3,0,2/3) \\
v_{19} = (2/3,1/3,2/3) & v_{20} = (2/3,2/3,2/3) &
\end{array}
$$

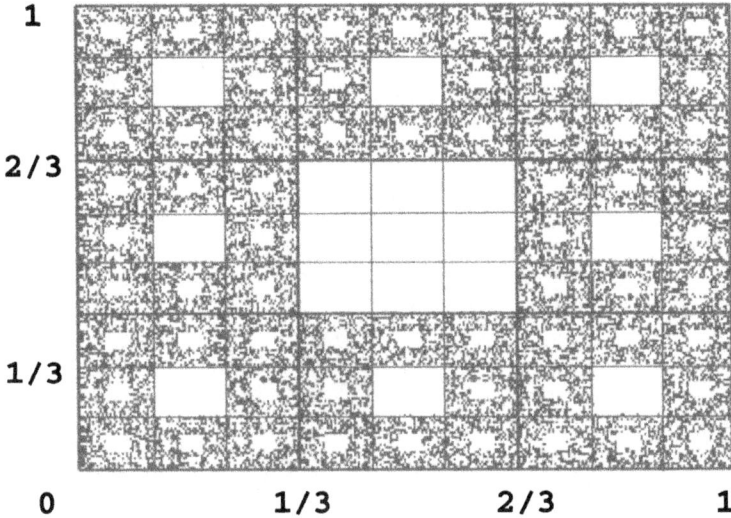

Bild 8.9: Das durch den IFS-Code beschriebene Fraktal.

Lösung 7:

a) $n=0 : F - F - F - F$

$n=1 : \underbrace{FF - F - F - F - F - F + F} - \underbrace{FF - F - F - F - F - F + F}$
$- \underbrace{FF - F - F - F - F - F + F} - \underbrace{FF - F - F - F - F - F + F}$

b) $n=0 : F - F - F - F$

$n=1 : F-F+F-F-F-F-F+F-F-F-F-F+F-F-F-F-F+F-F-F-F$

c) $n=0 : Fr$

$n=1 : Fl - Fr - Fl$

$n=2 : Fr - Fl + Fr - Fl - Fr - Fl - Fr - Fl + Fr$

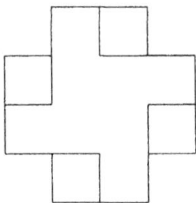

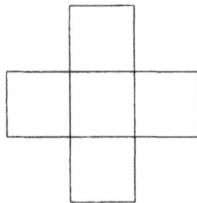

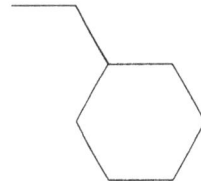

Bild 8.10: Figur zu Tei-laufgabe a).

Bild 8.11: Figur zu Tei-laufgabe b).

Bild 8.12: Figur zu Tei-laufgabe c).

Zur Motivation: Nach 6 Iterationen erhält man das in Bild 8.13 dargestellte Ergebnis:

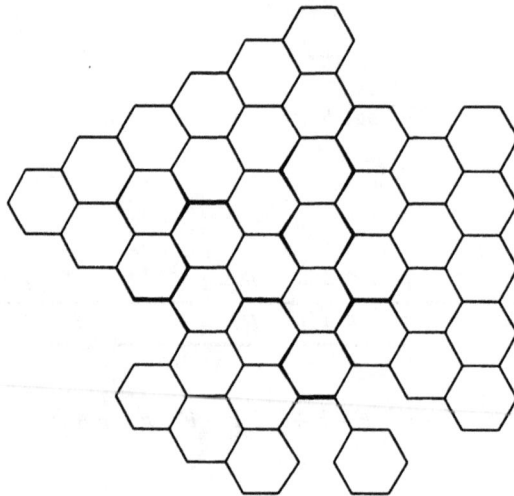

Bild 8.13: Ergebnis nach 6 Iterationen der Regeln aus Aufgabenteil 7 c).

8.3   Lösungen zu Kapitel 3

Lösung 1:

Den Raytracing-Algorithmus kann man wie folgt in Pseudo-Pascal formulieren:

```
FOR jedes Pixel der virtuellen Bildebene DO
  PixelFarbe:=VerfolgeStrahl(Augpunkt,PixelMittelpunkt - Augpunkt,1);
```

wobei

```
FUNCTION VerfolgeStrahl(Ursprung,Richtung,
                        RekursionsTiefe) : StrahlFarbe;
BEGIN
  <Berechne Schnittpunkt von Strahl( Ursprung, Richtung )
   mit naechstliegendem Objekt>;

  IF Schnittpunkt existiert nicht THEN
    return HintergrundFarbe;
  ELSE
    LokaleFarbe:=<Verfolge alle Schattenstrahlen und
                  berechne lokales Beleuchtungsmodell>;

    IF RekursionsTiefe = MaxTiefe THEN
      return LokaleFarbe;

    IF geschnittenes Objekt ist spiegelnd THEN
      SpiegelFarbe:=VerfolgeStrahl(Schnittpunkt,
                                   SpiegelRichtung,
    RekursionsTiefe + 1);

    IF geschnittenes Objekt ist durchsichtig THEN
      TransmissFarbe:=VerfolgeStrahl(Schnittpunkt,
                                     GebrocheneRichtung,
                                     RekursionsTiefe + 1);

    return Beleuchtungsmodell(LokaleFarbe,SpiegelFarbe,
                              TransmissFarbe);
  END IF
END
```

Lösung 2:

In Anlehnung an [GLA95] könnte die Lösung wie folgt aussehen:

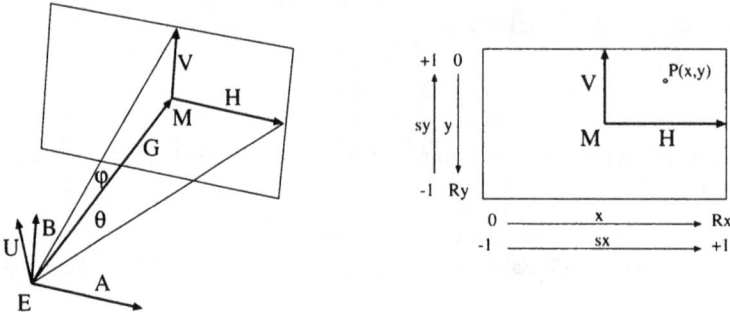

Bild 8.14:

Für die interne Darstellung der Kamera benötigen wir die aufspannenden Vektoren **V** und **H**. Wie aus dem Bild leicht abzulesen ist, können diese wie folgt aus den gegebenen Kameraparametern berechnet werden:

$$\mathbf{G} = \mathbf{M} - \mathbf{E}, \quad \mathbf{A} = \frac{\mathbf{G} \times \mathbf{U}}{||\mathbf{G} \times \mathbf{U}||}, \quad \mathbf{B} = \frac{\mathbf{A} \times \mathbf{G}}{||\mathbf{A} \times \mathbf{G}||}$$

und damit

$$\mathbf{H} = \mathbf{A} \cdot ||\mathbf{G}|| \cdot \tan\theta, \quad \mathbf{V} = \mathbf{B} \cdot ||\mathbf{G}|| \cdot \tan\varphi.$$

Beachten Sie, daß die Vektoren **U**, **B**, **G** und **V** in einer Ebene liegen. Diese Ebene wird eindeutig durch die Kameraparameter **E**, **M** und **U** definiert.

Als nächstes wollen wir den Punkt $\mathbf{P}(x,y)$ in der Bildebene (**M**,**H**,**V**) berechnen, der durch seine Koordinaten (x,y) und die Kameraparameter eindeutig definiert ist. Wenn wir von der Annahme ausgehen, daß der Ursprung $(0,0)$ in der linken oberen Bildschirmecke liegt, dann lautet die Lösung:

$$\mathbf{P} = \mathbf{M} + s_x\mathbf{H} + s_y\mathbf{V} \quad \text{mit} \quad s_x = 2\frac{x}{R_x} - 1, \quad s_y = 1 - 2\frac{y}{R_y}$$

Der Strahl verläuft somit vom Augpunkt **E** durch den Punkt $\mathbf{P}(x,y)$. Seine normalisierte Richtung ist also

$$\mathbf{D} = \frac{\mathbf{P} - \mathbf{E}}{||\mathbf{P} - \mathbf{E}||}.$$

Lösung 3:

a) Ein Punkt $\mathbf{x} = \mathbf{o} + s\mathbf{d}$ mit $s \geq 0$ ist genau dann Schnittpunkt des Strahls D mit der Kugel K, wenn die Gleichung

$$(\mathbf{o} + s\mathbf{d} - \mathbf{c})(\mathbf{o} + s\mathbf{d} - \mathbf{c}) = r^2$$

erfüllt ist. Durch Umformung erhält man

$$s^2(\mathbf{dd}) + 2s(\mathbf{o} - \mathbf{c})\mathbf{d} + (\mathbf{o} - \mathbf{c})(\mathbf{o} - \mathbf{c}) - r^2 = 0.$$

Wegen $\mathbf{dd} = 1$ ergibt sich

$$s_1 = -(\mathbf{o} - \mathbf{c})\mathbf{d} - \sqrt{Discr}$$

bzw.

$$s_2 = -(\mathbf{o} - \mathbf{c})\mathbf{d} + \sqrt{Discr}$$

mit $Discr := ((\mathbf{o} - \mathbf{c})\mathbf{d})^2 - (\mathbf{o} - \mathbf{c})(\mathbf{o} - \mathbf{c}) + r^2$.

Ein Schnittpunkt des Strahls D mit der Kugel existiert also genau dann, wenn $Discr \geq 0$ und $s_2 \geq 0$ ist. Der erste Schnittpunkt S ist dann gegeben durch

$$S := \left\{ \begin{array}{ll} \mathbf{o} + s_1\mathbf{d}, & falls \quad s_1 \geq 0. \\ \mathbf{o} + s_2\mathbf{d}, & falls \quad s_1 < 0. \end{array} \right\}$$

b) Wir zerlegen den Vektor $\mathbf{d}$ in zwei Komponenten $\mathbf{d} = \mathbf{d_p} + \mathbf{d_s}$, so daß $\mathbf{d_p}$ parallel und $\mathbf{d_s}$ senkrecht zur Normalen $\mathbf{n}$ ist. (vgl. Skizze)

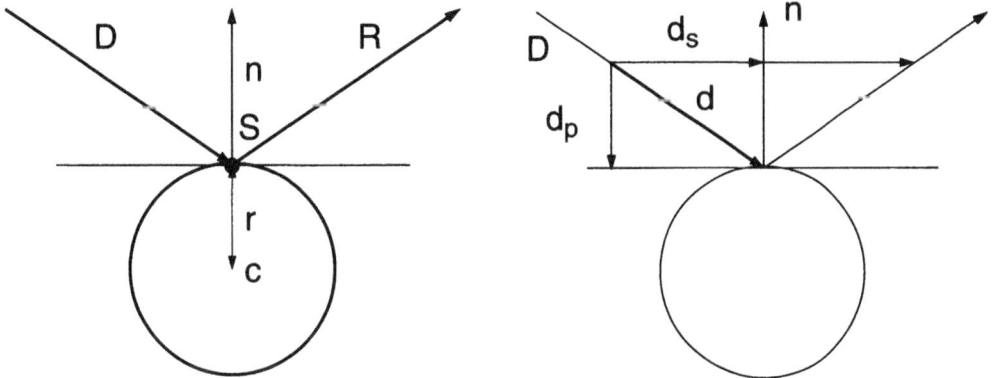

Die Richtung des reflektierten Strahls ist dann gegeben durch

$$\mathbf{d}_{refl} = \mathbf{d} - 2\mathbf{d_p}.$$

mit

$$\mathbf{d_p} = (\mathbf{dn})\mathbf{n}.$$

Lösung 4:

a) Ein Punkt $\mathbf{x}$ liegt in der Ebene E, falls $\mathbf{nx} + a = 0$.

Ein Punkt $\mathbf{x}$ liegt auf dem Strahl R, falls $\mathbf{x} = \mathbf{o} + s\mathbf{d}$.

Also liegt der Schnittpunkt $\mathbf{x}$ im Abstand s vom Ursprung $\mathbf{o}$ des Strahls, falls

$$\mathbf{n}(\mathbf{o} + s\mathbf{d}) + a = 0 \qquad \Longrightarrow \qquad s = -\frac{\mathbf{no} + a}{\mathbf{nd}}.$$

s ist nicht definiert, falls $\mathbf{nd} = 0$. Dies ist genau dann der Fall, wenn der Strahl R parallel zur Ebenen E verläuft, d.h., ein Schnittpunkt $\mathbf{x}$ existiert nicht.

Beachten Sie, daß $s < 0$ werden kann, nämlich genau dann, wenn der Schnittpunkt in entgegengesetzter Strahlrichtung liegt. Beim Raytracing sind wir jedoch nur an Schnittpunkten in positiver Strahlrichtung ($s > 0$) interessiert.

b)   1. Translation des Augpunktes o in den Ursprung:

$$\text{Translationsmatrix } T = \begin{pmatrix} 1 & 0 & 0 & 0 \\ 0 & 1 & 0 & 0 \\ 0 & 0 & 1 & 0 \\ -T_x & -T_y & -T_z & 1 \end{pmatrix}.$$

2. Rotation der Strahlrichtung auf die z-Achse:

$$\text{Rotationsmatrix } R = \begin{pmatrix} e'_{xx} & e'_{xy} & e'_{xz} & 0 \\ e'_{yx} & e'_{yy} & e'_{yz} & 0 \\ e'_{zx} & e'_{zy} & e'_{zz} & 0 \\ 0 & 0 & 0 & 1 \end{pmatrix},$$

mit

$$e'_z := d$$
$$e'_x := \frac{e_y \times d}{\|e_y \times d\|}, \, e_y \neq \alpha d$$
$$e'_y := d \times e'_x.$$

Dabei bezeichnen e_x, e_y und e_z die Einheitsvektoren in x-, y- bzw. z-Richtung und e'_x, e'_y und e'_z die Bilder dieser Einheitsvektoren unter R^{-1}.

Falls $e_y = \alpha d$, so wählen Sie:

$$e'_x := e_x$$
$$e'_z := d$$
$$e'_y := d \times e_x = -e_z.$$

3. Projektion in die x/y-Ebene:

$$\text{Projektionsmatrix } P = \begin{pmatrix} 1 & 0 & 0 & 0 \\ 0 & 1 & 0 & 0 \\ 0 & 0 & 0 & 0 \\ 0 & 0 & 0 & 1 \end{pmatrix}.$$

4. Mittels der Matrix $T \cdot R \cdot P$ werden die Eckpunkte des Polygons in die x/y-Ebene transformiert. Aufgrund der so gewählten Transformation wird der Schnittpunkt des Strahls mit der durch das Polygon definierten Ebene auf den Ursprung abgebildet.

5. Nun wird festgestellt, ob der Ursprung innerhalb des transformierten Polygons liegt. Dazu werden alle Polygonkanten auf Schnitt mit der positiven x-Achse getestet (vgl. GDV I, Kapitel 5.3.3 Punktklassifizierung). Ist die Anzahl der Schnittpunkte gerade, so liegt der Schnittpunkt im Polygon, sonst außerhalb.

6. Liegt der Schnittpunkt innerhalb des Polygons, so wird der Schnittpunkt des Strahls mit der durch das Polygon definierten Ebene bestimmt:
Dazu wird die Hessesche Normalform der Ebene bestimmt und dann Aufgabenteil a) verwendet. Die Normale wird mit Hilfe von Newell bestimmt (vgl. GDV II, Kapitel 1.3.9, Formel 1.7, Algorithmen für Boundary-Modelle).

$$n = \frac{\sum_{i=1}^{n}(p_i - p_{i+1}) \times (p_i + p_{i+1})}{\left\| \sum_{i=1}^{n}(p_i - p_{i+1}) \times (p_i + p_{i+1}) \right\|},$$

wobei $p_{n+1} = p_1$ ist.

Der Abstand a der Ebene zum Ursprung berechnet sich dann durch Einsetzen eines Punktes in die Ebenengleichung

$$\begin{aligned} np_1 + a &= 0 \\ \Leftrightarrow \qquad a &= -np_1. \end{aligned}$$

Daraus erhalten wir die Ebenengleichung: $np + a = 0$.

c) Die Lösungsidee lautet wie folgt: man berechne zunächst den Schnittpunkt des Strahls mit der Dreiecksebene und prüfe dann, ob dieser Schnittpunkt innerhalb des Dreiecks liegt.

Diese Idee läßt sich wie folgt realisieren:

1.) Schnittpunkt des Strahls mit einer Dreiecksebene

Diese Problem haben wir bereits in Teilaufgabe a) gelöst. Der Normalenvektor n und a werden wie in Teil b) allgemein gezeigt berechnet.

2.) Liegt der Schnittpunkt im Dreieck?

Wir wollen dieses Problem durch Ausnutzung des folgenden Hauptsatzes der affinen Geometrie lösen:

Eine Ebene E sei durch die drei nichtkollinearen Punkte $\mathbf{a}, \mathbf{b}, \mathbf{c} \in \mathbf{R}^3$ definiert. Dann existieren für jeden Punkt $\mathbf{x} \in E$ *baryzentrische Koordinaten* (α, β, γ), so daß gilt:

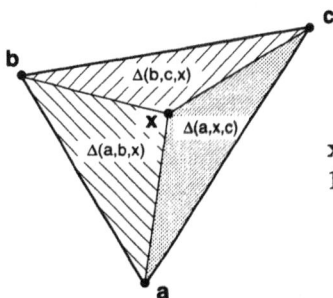

$$\begin{aligned} \mathbf{x} &= \alpha\mathbf{a} + \beta\mathbf{b} + \gamma\mathbf{c} \\ 1 &= \alpha + \beta + \gamma \end{aligned}$$

Liegt $\mathbf{x}$ innerhalb des Dreiecks $(\mathbf{a}, \mathbf{b}, \mathbf{c})$, so gilt stets: $0 \leq \alpha \leq 1$, $0 \leq \beta \leq 1$ und $0 \leq \gamma \leq 1$.

Liegt $\mathbf{x}$ außerhalb des Dreiecks $(\mathbf{a}, \mathbf{b}, \mathbf{c})$, so ist mindestens einer der baryzentrischen Koordinaten α, β, γ kleiner als Null.

Die konkrete Berechnung der baryzentrischen Koordinaten geschieht über Flächen-verhältnisse:

$$\alpha = \frac{\Delta(\mathbf{b}, \mathbf{c}, \mathbf{x})}{\Delta(\mathbf{a}, \mathbf{b}, \mathbf{c})}, \qquad \beta = \frac{\Delta(\mathbf{a}, \mathbf{x}, \mathbf{c})}{\Delta(\mathbf{a}, \mathbf{b}, \mathbf{c})}, \qquad \gamma = \frac{\Delta(\mathbf{a}, \mathbf{b}, \mathbf{x})}{\Delta(\mathbf{a}, \mathbf{b}, \mathbf{c})} = 1 - \alpha - \beta$$

Liegen drei Punkte $\mathbf{a}$, $\mathbf{b}$, $\mathbf{c}$ in der (x,y)-Ebene, so berechnet man $\Delta(\mathbf{a}, \mathbf{b}, \mathbf{c})$ durch

$$\Delta(\mathbf{a}, \mathbf{b}, \mathbf{c}) = (\mathbf{b}_x - \mathbf{a}_x) \cdot (\mathbf{c}_y - \mathbf{a}_y) - (\mathbf{b}_y - \mathbf{a}_y) \cdot (\mathbf{c}_x - \mathbf{a}_x).$$

Dies entspricht genau dem doppelten Flächeninhalt des Dreiecks $(\mathbf{a}, \mathbf{b}, \mathbf{c})$.

Zur Lösung unseres Problems brauchen wir also nur noch die baryzentrischen Ko-ordinaten des Schnittpunktes $\mathbf{x}$ bezüglich des Dreiecks $(\mathbf{p}_1, \mathbf{p}_2, \mathbf{p}_3)$ berechnen und feststellen, ob $0 \leq \alpha \leq 1$ und $0 \leq \beta \leq 1$ gilt. Die Bedingung $0 \leq \gamma \leq 1$ gilt dann automatisch.

Um Rechenzeit zu sparen, reduzieren wir das 3D-Problem jedoch zunächst ein-mal auf ein 2D-Problem, indem wir das Dreieck auf eine der Hauptebenen (xy, xz oder yz) projizieren. Dies erfolgt durch Nullsetzen derjenigen x-, y- oder z-Komponenten in den Punkten $\mathbf{p}_1$, $\mathbf{p}_2$, $\mathbf{p}_3$ und $\mathbf{x}$, bei denen der Normalenvek-tor der Dreiecksebene ein Maximum hat.

8.4   Lösungen zu Kapitel 4

Lösung 1:

a) Beim Mip-Mapping mit bilinearer Interpolation hängt die Größe der Filtermaske vom Abtastort ab (wenn der Abtastpunkt genau auf ein Texel fällt, so ist nur dieses am Ergebnis beteiligt, wenn es zwischen vier Texel fällt, so ist das Gebiet, das zum Ergebniswert beiträgt, viermal so groß). Die Folge ist Unschärfe im Bild.

b) Bei trilinearer Interpolation werden zwei Bilder gemischt, von denen eines zu stark gefiltert wurde (und dadurch unscharf ist), das andere zu wenig (also noch Aliasing aufweist).

c) Ist die betrachtete Fläche nicht parallel zur Bildebene ausgerichtet, so stellt die Projektion eines Pixels kein Quadrat, sondern ein Viereck mit ungleichen Seiten bzw. Diagonalen dar. Wird dieses Viereck beim Mip-Mapping durch ein Quadrat ersetzt, so wird in der Richtung der kürzeren Seite oder Diagonale zu stark gefiltert. Details gehen verloren, das Bild wird in dieser Richtung unscharf.

Lösung 2:

Lösung 1 beschreibt die Bildfehler, die bei Mip-Mapping auftreten. Die Filterung durch SAT stellt dagegen eine echte Boxfilterung dar, bei der im Gegensatz zum Mip-Mapping

- Größe,

- Seitenverhältnis und

- der genaue Ort,

der allerdings auf achsenparallele Rechtecke beschränkten Box frei wählbar sind. Mit SAT erzielt man daher bessere Ergebnisse; die Bilder sind schärfer als mit Mip-Mapping erzeugte Bilder. Dies gilt allerdings nicht für kleine oder sehr kleine Filtermasken. Insbesondere dann, wenn die Projektion des Pixels kleiner als ein Texel ist, tritt die diskrete Struktur der Textur bei der SAT besonders stark in Erscheinung; die Mip-Map erzielt durch die lineare Interpolation hier bessere Ergebnisse.

Lösung 3:

Jeweils vier Einträge werden gemittelt, auf ganze Zahlen gerundet und in die nächste Stufe der Mip-Map eingetragen. Für die Beispieltextur ergibt sich Bild 8.15.

Die zu verwendende Auflösungsstufe ergibt sich aus der längeren Seite des Footprints: $d = \log_2(4) = 2$. Die Koordinaten des Pixelmittelpunkts sind (3,3.5). In Stufe zwei entspricht dies (0.375,0.5), wie man der Zeichnung entnehmen kann. Für Stufe l einer $n \times n$-Textur erhält man die auf 1 normierten Koordinaten (Die Gleichungen gelten sinngemäß auch für v):

Mip-Map Stufe 0

Mip-Map Stufe 1

Mip-Map Stufe 2

Mip-Map Stufe 3

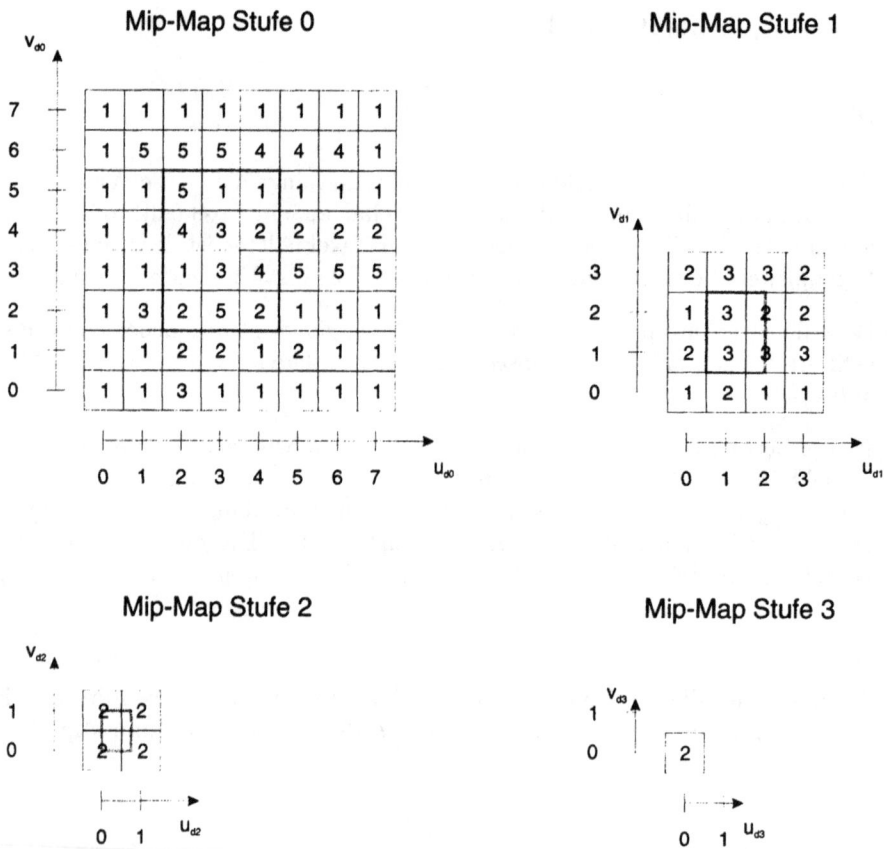

Bild 8.15: Mip-Map für die gegebene Beispieltextur.

$$u = \frac{u_{d_l} + 0.5}{\frac{n}{2^l}}. \tag{8.1}$$

Daraus errechnen sich die Koordinaten auf der Stufe l':

$$u_{d_{l'}} = u\frac{n}{2^{l'}} - 0.5. \tag{8.2}$$

Die bilineare Interpolation erübrigt sich, da alle vier beteiligten Werte (durch Mittelung und Rundung) gleich sind. Als Resultat erhält man einen Helligkeitswert von 2.

Lösung 4:

Zunächst rechnet man die Endpunkte A' und B' der perspekivisch transformierten Strecke aus. Dabei gilt: $x' = x\frac{z_0}{z+z_0}$ und $z' = z\frac{z_0}{z+z_0}$. Man erhält dann: $x'_A = -4$, $z'_A = 6$, $x'_B = 4$, $z'_B = 8$.

In den angegebenen Ansatz $u(x') = \frac{ax'+b}{cx'+d} = \frac{u'(x)}{q'(x)}$ werden die Werte aus der Zeichnung eingesetzt: $x'_A = -4$, $x'_B = 4$, $u_A = 0$, $u_B = 1.00$. Wir wissen, daß nach (4.43) $q' \sim z_0 - z'$ ist. Es kann daher $q' = z_0 - z'$ gesetzt werden. Also wird $q'_A = 10 - 6 = 4$ und $q'_B = 10 - 8 = 2$ und damit $u'_A = u_A q'_A = 0$ und $u'_B = u_B q'_B = 2.00$. Für die gesuchten Parameter erhält man nach einfacher Rechnung $a = 0.25$, $b = 1.00$, $c = -0.25$, $d = 3$ und damit

$$u(x') = \frac{0.25x' + 1.00}{-0.25x' + 3}$$

Lösung 5:

3D-Texturen müssen wie 2D-Texturen auch gefiltert werden. Allerdings dürfen die oberhalb und unterhalb der texturierten Körperoberfläche liegenden 3D-Texel nicht in die Filterung einbezogen werden.

8.5   Lösungen zu Kapitel 5

Lösung 1:

Die Berechnung mittels der diskreten Fourier-Transformation liefert folgendes Ergebnis:

$$F(k) \;=\; \frac{1}{N} \sum_{m=0}^{N-1} f(m) e^{-2i\pi m \frac{k}{N}}$$

$$F(0) \;=\; \frac{1}{4} \sum_{m=0}^{3} f(m)$$

$$\;=\; 3.25$$

$$F(1) \;=\; \frac{1}{4} \sum_{m=0}^{3} f(m) e^{-\frac{1}{2} i\pi m}$$

$$\;=\; \frac{1}{4} \left(2e^{0} + 3e^{-\frac{1}{2} i\pi} + 4e^{-i\pi} + 4e^{-\frac{3}{2} i\pi} \right)$$

$$\;=\; -0.5 + i * 0.25$$

$$F(2) \;=\; \frac{1}{4} \sum_{m=0}^{3} f(m) e^{-i\pi m}$$

$$\;=\; \frac{1}{4} \left(2e^{0} + 3e^{-i\pi} + 4e^{-2i\pi} + 4e^{-3i\pi} \right)$$

$$\;=\; -0.25$$

$$F(3) \;=\; \frac{1}{4} \sum_{m=0}^{3} f(m) e^{-i\pi m \frac{3}{2}}$$

$$\;=\; \frac{1}{4} \left(2e^{0} + 3e^{-i\pi \frac{3}{2}} + 4e^{-3i\pi} + 4e^{-i\pi \frac{9}{2}} \right)$$

$$\;=\; -0.5 - i * 0.25.$$

Der Ansatz der FFT (vgl. Gl. 5.83 in Kap. 5.3.11) führt zu folgendem Ergebnis:

Wir berechnen F(1):

$$F(1) = \frac{1}{2}\left(F_g(1) + F_u(1)W_4^1\right)$$

$$F_g(1) = \frac{1}{M}\sum_{m=0}^{M-1} f(2m)W_M^m$$

$$= \frac{1}{2}\left(f(0)W_2^0 + f(2)W_2^1\right)$$

$$F_u(1) = \frac{1}{M}\sum_{m=0}^{M-1} f(2m+1)W_M^m$$

$$= \frac{1}{2}\left(f(1)W_2^0 + f(3)W_2^1\right)$$

Außerdem gilt

$$W_N^k = e^{-\frac{i2\pi}{N}k}.$$

Nach Gl. 5.83 erhält man dann

$$W_{2M}^{M+1} = -W_{2M}^1.$$

Es gilt außerdem

$$W_2^1 = -W_2^0 = -1.$$

Nach Gl. 5.81 erhält man dann

$$F(0) = \frac{1}{4}\left(f(0) + f(2) + (f(1) + f(3))W_4^0\right)$$
$$= 3.25$$

$$F(1) = \frac{1}{4}\left(f(0) - f(2) + (f(1) - f(3))W_4^1\right)$$
$$= -0.5 + i*0.25$$

$$F(2) = \frac{1}{4}\left(f(0) + f(2) - (f(1) + f(3))W_4^0\right), da\ W_4^2 = -W_4^0$$
$$= -0.25$$

$$F(3) = \frac{1}{4}\left(f(0) - f(2) - (f(1) - f(3))W_4^1\right), da\ W_4^3 = -W_4^1$$
$$= -0.5 - i*0.25.$$

Lösung 2:

Median-Filter	Mittelwertfilter
+ keine neuen Grauwerte	− erzeugt neue Grauwerte
+ Kanten bleiben erhalten	− Kanten verwischen („unscharf")
− feine Strukturen gehen verloren	− feine Strukturen gehen verloren
− hohe Rechenzeit	+ kurze Rechenzeit
+ Störimpulse gut unterdrückt	− Störimpulse werden verteilt
− erzeugt treppenförmige Struktur	
− Bildverschiebung um 1 Pixel	− optisch schlechter
+ Einfluß durch Matrixform möglich	+ Einfluß durch Matrixform möglich

$$f = \{1, 7, 7, 2, 1\} \quad , \quad g = \{5, 7, 5, 4, 8\}$$
$$\Rightarrow \quad \text{med}(f) = 2 \quad , \quad \text{med}(g) = 5$$
$$\text{jedoch:}$$
$$f + g \;=\; \{6, 14, 12, 6, 9\}$$
$$\Rightarrow \text{med}(f + g) = 9 \;\neq\; \text{med}(f) + \text{med}(g) = 7.$$

Lösung 3:

Die Matrix $H_{2J,2J}$ ist offensichtlich symmetrisch und besteht aus den Elementen $+1$ und -1. Bleibt zu zeigen, daß die Zeilen und Spalten von $H_{2J,2J}$ orthogonal sind.
Sei r_j die j-te Zeile der Matrix $H_{J,J}$. Die Zeilen von $H_{2J,2J}$ können geschrieben werden als (r_j, r_j) oder $(r_j, -r_j)$. Das Produkt der j-ten und der $j + J$-ten Zeilen von $H_{2J,2J}$ ist

$$(r_j, r_j)(r_j, -r_j) = (r_j r_j) + (r_j(-r_j)) = J - J = 0.$$

Für beliebige andere Kombinationen von Zeilen wird es

$$(r_i, \pm r_i)(r_j, \pm r_j) = (r_i r_j) \pm (r_i r_j).$$

Das Problem wurde also von Dimension $2J$ auf Dimension J reduziert. Da die Matrix $H_{J,J}$ eine Hadamard-Matrix ist (Vorausetzung), sind die Zeilen und Spaltenvektoren von $H_{J,J}$ orthogonal. Folglich gilt:

$$(r_i r_j) = 0$$

Damit folgt:

$$(r_i r_j) \pm (r_i r_j) = 0 \pm 0 = 0.$$

Gleiches läßt sich für die Spalten von $H_{2J,2J}$ zeigen. Folglich ist $H_{2J,2J}$ eine Hadamard--Matrix.

8.6 Lösungen zu Kapitel 6

Lösung 1:

Skelettierungsalgorithmus von Zang/Suen:

Der Punkt p_1 wird zum Löschen freigegeben, wenn folgende Bedingungen erfüllt sind:

1. Beim ersten Durchlauf:
   - (a) $2 \leq N(p_1) \leq 6$
   - (b) $S(p_1) = 1$
   - (c) $p_2 \cdot p_4 \cdot p_6 = 0$
   - (d) $p_4 \cdot p_6 \cdot p_8 = 0$

2. Bei jedem weiteren Durchlauf (bis kein weiterer zu löschender Punkt mehr gefunden wird):
   - (a) $2 \leq N(p_1) \leq 6$
   - (b) $S(p_1) = 1$
   - (c) $p_2 \cdot p_4 \cdot p_8 = 0$
   - (d) $p_2 \cdot p_6 \cdot p_8 = 0$

Die Lage der Punkte p_i ist folgendermaßen kodiert:
$$\begin{matrix} p_9 & p_2 & p_3 \\ p_8 & p_1 & p_4 \\ p_7 & p_6 & p_5 \end{matrix}$$
$N(p_1)$ ist die Zahl der Nachbarpixel von $p_1 \neq 0$. $S(p_1)$ beschreibt die Anzahl der 0-1-Übergänge (Binärbild).

Damit folgt für die Figuren:

I: a) +, b) +, c) +, d) −.
Pixel bleibt.

II: a) − , b) +, c) +, d) +.
Pixel bleibt.

III: a) +, b) −, c) −, d) −.
Pixel bleibt.

IV: a) +, b) +, c) +, d) +.
Pixel wird gelöscht.

Literaturverzeichnis

[AM92]   P.K. Agarwal und J. Matoušek. On Range Searching with Semialgebraic Sets. In *Proc. 17th Internat. Sympos. Math. Found. Comp. Science*, Seiten 1–13. Springer Verlag, 1992. Vol. 629 of Lecture Notes in Computer Science.

[AMHS89]   T. Akimoto, K. Mase, A. Hashimoto und Y. Suenaga. Pixel Selected Ray Tracing. In W. Hansmann, F.R.A. Hopgood und W. Straßer, Hrsg., *EUROGRAPHICS'89*, Seiten 39–50. Elsevier Science Publishers B.V. (North-Holland), 1989.

[And79]   H.C. Andrews. *Computer Techniques in Image Processing*. Academic-Press, New York, 1979.

[APB87]   Bruno Arnaldi, Thierry Priol und Kadi Bouatouch. A New Space Subdivision Method for Ray Tracing CSG Modelled Scenes. *The Visual Computer*, 3·98–108, 1987.

[AW87]   John Amanatides und Andrew Woo. A fast voxel traversal algorithm for ray tracing. In G. Marechal, Hrsg., *Eurographics '87*, Seiten 3–10. North-Holland, August 1987.

[Bal81]   D. H. Ballard. Generalizing the Hough Transform to Detect Arbitrary Shapes. *Pattern Recognition*, 13(2):111–122, 1981.

[Bar88]   M. Barnsley. *Fractals Everywhere*. Academic Press, 1988, 1988.

[BB82]   Dana H. Ballard und Christopher M. Brown. *Computer Vision*. Prentice-Hall Inc., Englewood Cliffs, NJ 07632, 1982.

[BH93]   Michael Barnsley und Lyman Hurd. *Fractal Image Compression*. A K Peters, 1993. ISBN 1-56881-000-8.

[Bli78]   James F. Blinn. Simulation of Wrinkled Surfaces. *Computer Graphics*, Seiten 286–292, 1978.

[Bli89]   James F. Blinn. Return of the Jaggy. *IEEE Computer Graphics & Applications*, Seiten 82–89, März 1989.

[BN76]   James F. Blinn und Martin E. Newell. Texture and Reflection in Computer
          Generated Images. *Communications of the ACM*, 19(10):542–547, October
          1976.

[Boi88]   J. D. Boissonnat. Shape Reconstruction from Planar Cross Sections. *Com-
          puter Vision, Graphics and Image Processing*, 44, 1988.

[Bri89]   E.O. Brigham. *FFT - Schnelle Fourier-Transformation*. 4. Oldenbourg,
          1989.

[Bro90]   W.F. Bronsvoort. *Direct display algorithms for solid modeling*. Delft Uni-
          versity Press, doctoral theses. Auflage, 1990.

[BS86]   Eric A. Bier und Kenneth R. Sloan, Jr. Two-Part Texture Mappings. *IEEE
          Computer Graphics & Applications*, Seiten 40–53, September 1986.

[BS96]   G. Barequet und M. Sharir. Piecewise-Linear Interpolation between
          Polygonal Slices. *Computer Vision and Image Understanding: CVIU*,
          63(2):251–272, March 1996.

[BST96]   G. Barequet, M. Sharir und Ayellet Tal. History Consideration in Recon-
          structing Polyhedral Surfaces from Parallel Slices. In R. Yagel, Hrsg., *Vi-
          sualization 96*. ACM, November 1996.

[Can83]   J.F. Canny. Finding Edges And Lines In Images. Technical Report 720,
          MIT Artificial Intelligence Laboratory, Mai 1983.

[Can86]   John Francis Canny. A Computational Approach to Edge Detection.
          IEEE Transactions on Pattern Analysis and Machine Intelligence, PA-
          MI-8(6):679–698, November 1986.

[Cat75]   Edwin Catmull. Computer Display of Curved Surfaces. *Proc. IEEE Conf.
          on Computer Graphics, Pattern Recognition and Data Structures*, Seiten
          309–315, May 1975.

[Cat79]   E. Catmull. A tutorial on compensation tables. In *Computer Graphics
          (SIGGRAPH '79 Proceedings)*, Jgg. 13, Seiten 1–7, August 1979.

[CCWG88] M.F. Cohen, Shenchang Chen, J.R. Wallace und D.P. Greenberg. A Pro-
          gressive Refinement Approach to Fast Radiosity Image Generation. *ACM
          Computer Graphics*, 22(4):75–84, 1988.

[CG85]   M.F. Cohen und D. P. Greenberg. The Hemi-Cube: A Radiosity Solution
          for Complex Environments. *ACM Computer Graphics*, 19(3):31–40, July
          1985.

[CLL+88] Harvey E. Cline, William E. Lorensen, Sigwalt Ludke, Carl R. Crawford
          und Bruce C. Teeter. Two algorithms for the reconstruction of surfaces
          from tomograms. *Medical Physics*, 15(3):320–327, Juni 1988.

[CM87]   Fergus W. Campbell und Lamberto Maffei. Kontrast und Raumfrequenz. In
           Manfred Ritter, Hrsg., *Wahrnehmung und visuelles System*, Seiten 132–139.
           Spektrum der Wissenschaft, 1987.

[CM92]   C. Cavigioli und G. Moosburger. Weniger ist oft mehr. *Elektronik*, 24:32–43,
           1992.

[Coo86]   R.L. Cook. Stochastic sampling in computer graphics. *ACM Trans. Gra-
           phics*, 5(1):51–72, Januar 1986.

[Cro84]   Franklin C. Crow. Summed-Area Tables for Texture Mapping. *Computer
           Graphics*, 18(3):207–212, 1984.

[CS78]   H. N. Christiansen und T. W. Sederberg. Conversion of complex contour
           line definitions into polygonal element mosaics. In *Computer Graphics (SIG-
           GRAPH '78 Proceedings)*, Jgg. 12, Seiten 187–192, August 1978.

[CW93]   Michael F. Cohen und John R. Wallace. *Radiosity and realistic image syn-
           thesis* . Academic Pr., Boston u.a., 1993.

[dBHO+91] M. de Berg, D. Halperin, M. Overmars, J. Snoeyink und M. van Kreveld.
           Efficient ray shooting and hidden surface removal. In *Proc. 7th Annu. ACM
           Sympos. Comput. Geom.*, Seiten 21–30, 1991.

[DCH88]   Robert A. Drebin, Loren Carpenter und Pat Hanrahan. Volume Rende-
           ring. In John Dill, Hrsg., *Computer Graphics (SIGGRAPH '88 Proceedings)*,
           Jgg. 22, Seiten 65–74, August 1988.

[Dev89]   R.L. Devaney. *An Introduction to Chaotic Dynamical Systems* Addi-
           son-Wesley Publishing Company, Inc., 2. Auflage, 1989.

[Dev90]   R.L. Devaney. *Chaos, Fractals and Dynamics, Computer Experiments in
           Mathematics*. Addison-Wesley Publishing Company, Inc., 1990.

[DG95]   M. Demirer und R.L. Grimsdale. Approximation Techniques for High Per-
           formance Texture Mapping. In W Straßer, Hrsg., *Proceedings of the 10th
           Eurographics Workshop on Graphics Hardware*, Seiten 25–32. Eurographics,
           August 1995.

[DH73]   Richard O. Duda und Peter E. Hart. *Pattern classification and scene ana-
           lysis* . Wiley, New York u.a., 1973.

[DM79]   E. J. Delp und O. R. Mitchell. Image Compression Using Block Truncation
           Coding. In *IEEE Transactions on Communications, Vol. Com-27, No. 9*,
           September 1979.

[EaS87]   J. Encarnação und W. Straßer. *Computer Graphics*, Jgg. 3 of *Datenverar-
           beitung*. R. Oldenburg Verlag, 1987.

[Ede87]   H. Edelsbrunner. *Algorithms in Combinatorial Geometry*. Springer-Verlag,
           New York, 1987.

[EMP+94]   D.S. Ebert, F. K. Musgrave, D. Peachey, K. Perlin und S. Worley. *Texturing and Modeling, A procedural approach.* AP Professional, 1994.

[ES94]   Herbert Edelsbrunner und Nimish R. Shah. Triangulating Topological Spaces. In *Proceedings of the Tenth Annual Symposium on Computational Geometry*, Seiten 285–292, Stony Brook, New York, Juni 1994. ACM.

[FKU77]   H. Fuchs, Z.M. Kedem und S.P. Uselton. Optimal Surface Reconstruction from Planar Contours. *CACM*, 20(10):693–702, oct 1977.

[For92]   Steven Fortune. Voronoi diagrams and Delaunay triangulations. In D. Du und F. Hwang, Hrsg., *Computing in Euclidean Geometry*, Seiten 193–233. World Scientific Publishers, 1992.

[FvDFH90] J.D. Foley, A. van Dam, S.T. Feiner und J.F. Hughes. *Computer Graphics - Principles and Practice.* Addison Wesley, 1990.

[Gar82]   I. Gargantini. Linear Octrees for Fast Processing of Three-Dimensional Objects. *Computer Graphics and Image Processing*, 20(4):365–374, December 1982.

[Gar85]   Geoffrey Y. Gardner. Visual Simulation of Clouds. *Computer Graphics*, 19(3):297–303, 1985.

[GD82]   S. Ganapathy und T. G. Dennehy. A new general triangulation method for planar contours. In *Computer Graphics (SIGGRAPH '82 Proceedings)*, Jgg. 16, Seiten 69–75, Juli 1982.

[GD95]   D. Ghazanfarpour und J.M. Dischler. Spectral Analysis for Automatic 3-D Texture Generation. *Computers & Graphics*, 19(3):413–422, 1995.

[GH86]   Ned Greene und Paul S. Heckbert. Creating Raster Omnimax Images from Multiple Perspective Views Using the Elliptical Weighted Average Filter. *IEEE Computer Graphics & Applications*, Seiten 21–27, June 1986.

[GKK+93]   G. Greiner, R. Klein, A. Kolb, R.Pfeifle, H.-P. Seidel und Ph. Slusallek. Curves and Surfaces in an Object-Oriented Framework. In G. Farin, H. Hagen und H. Noltemeier, Hrsg., *Geometric Modelling.* 1993.

[GKP+95]   G. Greiner, A. Kolb, R. Pfeifle, H.-P. Seidel, Ph. Slusallek, M. Encarnação und R. Klein. A platform for visualizing curves and surfaces. *Computer-Aided Design*, 27(7):559–566, July 1995.

[GKS92]   L.J. Guibas, D.E. Knuth und M. Sharir. Randomized Incremental Construction of Delaunay and Voronoi diagrams. *Algorithmica*, 7:381–413, 1992.

[Gla95]   Andrew S. Glassner. *Principles of Digital Image Synthesis.* Morgan Kaufmann, San Francisco, CA, 1995.

[Gre86]   Ned Greene. Environment Mapping and Other Applications of World Pro-
            jections. *IEEE Computer Graphics & Applications*, Seiten 21–29, November
            1986.

[Grö96]   Alwin Gröne. *Entwurf eines objektorientierten Visualisierungssystems auf
            der Basis von Raytracing*. Dissertation, University of Tübingen, 1996.

[Gru91]   Thomas Grunert. Untersuchung, Klassifizierung und Bewertung von
            Kantendetektoren zur Segmentierung, im besonderen Kontext von
            NMR-Bildern. Diplomarbeit, Universität Tübingen, Auf der Morgenstel-
            le 10, C9, May 1991. WSI/GRIS.

[GTGB84]   C. M. Goral, K. E. Torrance, D. P. Greenberg und B. Battaile. Modeling
            the Interaction of Light between Diffuse Surfaces. *ACM Computer Graphics*,
            18(3):213–222, Juli 1984.

[GW81]   Neal C. J.R. Gallagher und Gary L. Wise. A Theoretical Analysis of the
            Properties of Median Filters. *IEEE Transactions on Acoustics, Speech, and
            Signal Processing*, ASSP-29(6):466–471, December 1981.

[GW92]   R.C. Gonzales und R.E. Woods. *Digital image processing*. Addison-Wesley
            Publishing Company. Inc., Reading, Massachusetts, 1992.

[Hai89]   Eric Haines. Essential Ray Tracing Algorithms. In Andrew S. Glassner,
            Hrsg., *An Introduction to Ray Tracing*, Kapitel 2, Seiten 33–77. Academic
            Press, 1989.

[Han89]   Pat Hanrahan. A Survey of Ray-Surface Intersection Algorithms. In An-
            drew S. Glassner, Hrsg., *An Introduction to Ray Tracing*, Kapitel 3, Seiten
            79–119. Academic Press, 1989.

[HB95]   David J. Heeger und James R. Bergen. Pyramid-Based Texture Analy-
            sis/Synthesis. *Computer Graphics (Siggraph '95 Proceedings)*, 29(3):??–??,
            1995.

[Hec86]   Paul S. Heckbert. Survey of Texture Mapping. *IEEE Computer Graphics
            & Applications*, Seiten 56–67, November 1986.

[Hec90]   Paul S. Heckbert. Adaptive Radiosity Textures for Bidirectional Ray Tra-
            cing. In Forest Baskett, Hrsg., *Computer Graphics (SIGGRAPH '90 Pro-
            ceedings)*, Jgg. 24, Seiten 145–154, August 1990.

[Hen79]   M. Henle. *A Combinatorial Introduction to Topology*. W. H. Freeman and
            Company San Francisco, 1979.

[HG83]   Roy A. Hall und Donald P. Greenberg. A Testbed for Realistic Image Syn-
            thesis. *IEEE Computer Graphics & Applications*, Seiten 10–20, November
            1983.

[HG86]   Eric A. Haines und Donald P. Greenberg. The Light Buffer: A Sha-
          dow-Testing Accelerator. *IEEE Computer Graphics & Applications*, Seiten
          6–16, September 1986.

[Hil83]   E.C. Hildreth. The Detection of Intensity Changes by Computers and Bio-
          logical Vision Systems. *Computer Vision, Graphics, and Image Processing*,
          22:1–27, 1983.

[HL79]   G.T. Herman und H.K. Liu. Three Dimensional Display of Human Organs
          from Computed Tomograms. *Computer Graphics and Image Processing*,
          9(1):1–21, 1979.

[HL92]   Hoschek und Lasser. *Grundlagen der geometrischen Datenverarbeitung*.
          Teubner Stuttgart, 1992.

[Hof89]   C.M. Hoffmann. *Geometric and Solid Modeling: An Introduction*. Morgan
          Kaufmann Publishers, Inc., 1989.

[Hop96]   H. Hoppe. Progressive Meshes. In *Computer Graphics Proceedings, An-
          nual Conference Series, 1996 (ACM SIGGRAPH '96 Proceedings)*, Seiten
          99–108, 1996.

[Hou62]   P.V.C. Hough. Methods and Means for Recognizing Complex Patterns. U.S.
          Patent 3069654, 1962.

[HS67]   Hoyt C. Hottel und Adel F. Sarofim. *Radiative Transfer*. McGraw Hill,
          1967.

[Hua65]   T.S. Huang. PCM Picture Transmission. *IEEE Spectrum*, 2(12):57–63,
          1965.

[Hua75]   T.S. Huang. Image Restoration by Singular Value Decomposition. *Appl.
          Opt.*, 14(9):2213–2216, 1975.

[HW90]   Mark Hall und Joe Warren. Adaptive Polygonalization of Implicitly De-
          fined Surfaces. *IEEE Computer Graphics and Applications*, 10(6):33–42,
          November 1990.

[HYY79]   Thomas S. Huang, Goerge J. Yang und Tang Gregory Y. A Fast
          Two-Dimensional Median Filtering Algorithm. *IEEE Transactions on Acou-
          stics, Speech, and Signal Processing*, ASSP-27(1):460–465, February 1979.

[HZB92]   Gabor T. Herman, Jingsheng Zheng und Carolyn A. Bucholtz. Shape-based
          interpolation. *IEEE Computer Graphics and Applications*, 12(3):69–79, Mai
          1992.

[IRS80]   I.C.Braid, R.C.Hillyard und I>A. Stroud. Stepwise construction of polyhe-
          dra in geometric modeling. *K.W. Brodlie, editor, Mathematical Methods in
          Computer Graphics and Design, Academic Press, London*, Seiten 123–141,
          1980.

[Jä89]   Bernd Jähne. *Digitale Bildverarbeitung*. Springer-Verlag, 1989.

[Jai74]   A.K Jain. A Fast Karhunen-Loeve Transform for Finite Discrete Images. In *Proc. National Electronic Conference, Chicago, IL.*, Seiten 323–328, Oktober 1974.

[Ji89]   Yu Ji. Ein neues Verfahren zur Verdünnung von Binärbildern. In *Mustererkennung 1989*, Seiten 72–76. GI, Springer-Verlag, October 1989.

[Kaj86]   J. T. Kajiya. The Rendering Equation. *ACM Computer Graphics*, 20(4):143–150, August 1986.

[Ke95a]   R. Klein und W. Straßer. Mesh generation from boundary models. In C. Hoffmann und J. Rossignac, Hrsg., *Third Symposium on Solid Modeling and Applications*, Seiten 431–440. ACM Press, May 1995.

[Ke95b]   R. Klein und W. Straßer. Mesh generation from boundary models. In C. Hoffmann und J. Rossignac, Hrsg., *Third Symposium on Solid Modeling and Applications*, Seiten 431–440. ACM Press, Mai 1995.

[KE96a]   R. Klein und L. Miguel Encarnação. An interactive computer graphics theory and programming course for distance education on the Web. Technical Report WSI-1996-27, WSI/GRIS, 1996.

[KE96b]   Reinhard Klein und L. Miguel Encarnação. An interactive computer graphics theory and programming course for distance education on the Web. 8th Int. PEG Conf.'97, Sozopol, Bulgaria, May/June 1996.

[KE96c]   Reinhard Klein und L. Miguel Encarnação. A Web-based framework for the complete integration of teaching concepts and media in computer graphics education. Submitted to the 1997 Wolrd Conf. on Educational Multimedia and Hypermedia (ED-MEDIA), Calgary, USA, Sep 1996.

[Kep75]   E. Keppel. Approximating Complex Surfaces by Triangulation of Contour Lines. *IBM J. Research and Development*, 19:2/11, 1975.

[KH96a]   R. Klein und T. Hüttner. Generation of Multiresolution Models from CAD - Data. In W. Strasser, R. Klein und R. Rau, Hrsg., *Theory and Practice of Geometric Modeling 96, (Blaubeuren II)*. Springer, Oktober 1996.

[KH96b]   R. Klein und T. Hüttner. Simple camera dependent approximation of terrain surfaces for fast visualization and animation. In R. Yagel, Hrsg., *Visualization 96*. ACM, November 1996.

[KHK96]   R. Klein, T. Hüttner und J. Krämer. Viewing parameter dependent approximation of NURBS-models for fast visualization and animation using a discrete multiresolution representation. In *HERBSTTAGUNG '96 3D Bildanalyse und -synthese*. November 1996.

[KK86]   Timothy L. Kay und James T. Kajiya. Ray Tracing Complex Scenes. In Da-
           vid C. Evans und Russell J. Athay, Hrsg., *Computer Graphics (SIGGRAPH
           '86 Proceedings)*, Jgg. 20, Seiten 269–278, August 1986.

[Kle94]   Reinhard Klein. Linear Approximation of Trimmed Surfaces. In R.R. Mar-
           tin, Hrsg., *The Mathematics Of Surfaces VI*, 1994.

[Kle95]   R. Klein. *Netzgenerierung impliziter und parametrisierter Flächen in einem
           objektorientierten System.* Dissertation, WSI/GRIS, 1995.

[KLS96]   R. Klein, G. Liebich und W Straßer. Mesh Reduction with Error Control.
           In R. Yagel, Hrsg., *Visualization 96.* ACM, November 1996.

[KM89]   L. J. Kitchen und J. A. Malin. The Effect of Spatial Discretization on
           the Magnitude and Direction Response of Simple Differential Edge Opera-
           tors on a Step Edge. *Computer Vision, Graphics, and Image Processing*,
           (47):243–258, 1989.

[Kni95a]   G. Knittel. High-Speed Volume Rendering Using Redundant Block Com-
           pression. In *Proceedings of the IEEE Visualization '95 Conference, Atlanta,
           GA.* IEEE CS Press, Oct. 30 - Nov. 3 1995.

[Kni95b]   G. Knittel. A PCI–based Volume Rendering Accelerator. In *Proceedings
           of the 10. Eurographics Hardware Workshop '95, Maastricht, NL*, Seiten
           73–82, Aug. 28 - 29 1995.

[Kni96a]   G. Knittel. A PCI–compatible FPGA–Coprocessor for 2D/3D Image Pro-
           cessing. In *Proceedings of the IEEE Symposium on FPGAs for Custom
           Computing Machines (FCCM '96), Napa, CA*, Seiten 136 – 145, April 17 -
           19 1996.

[Kni96b]   G. Knittel. A Reconfigurable Processing System for DSP–Applications.
           In *Proceedings of the IEEE Midwest Symposium on Circuits and Systems,
           Ames, IO*, August 18-21 1996.

[Knu87]   Donald E. Knuth. Digitale Halftones by Dot Diffusion. *ACM Transactions
           on Graphics*, 6(4):245–273, October 1987.

[Kor88]   A. F. Korn. Toward a Symbolic Representation of Intensity Changes in
           Images. *IEEE Transactions on Pattern Analysis and Machine Intelligence*,
           10:610–625, 1988.

[Krü91]   Wolfgang Krüger. The Application of Transport Theory to Visualization of
           3D Scalar Data Fields. *Computer in Physics*, July/August 1991.

[KSH95]   R. Klein, R. Sonntag und T. Hüttner. Reduktion von Dreiecksnetzen in
           Radiosity-Szenen für Virtaul Reality Anwendungen. In D.W. Fellner, Hrsg.,
           GI Workshop, Modeling - Virtual Worlds - Distributed Graphics. Infix, Sankt
           Augustin, November 1995.

[KuBG95]   Erwin Keeve und Sabine Girod und Bernd Girod. Interaktive Operations-
           planung - Ein physikalisches Modell zur Simulation von Weichgewebever-
           formungen bei craniofacialen Korrekturoperationen. In Bernhard Arnolds,
           Heinrich Müller, Dietmar Saupe und Thomas Tolxdorff, Hrsg., *Tagungband
           zum 3. Workshop Digitale Bilderverarbeitung in der Medizin.* Universität
           Freiburg, März 1995.

[LC87]   William E. Lorensen und Harvey E. Cline. Marching Cubes: A High Re-
           solution 3D Surface Construction Algorithm. In Maureen C. Stone, Hrsg.,
           Computer Graphics (SIGGRAPH '87 Proceedings), Jgg. 21, Seiten 163–169,
           Juli 1987.

[Lee90]   D. Lee. Coping with Discontinuities in Computer Vision: Their Detection,
           Classification, and Measurement. *IEEE Transactions on Pattern Analysis
           and Machine Intelligence*, 12(4):321–344, 1990.

[Lev86]   D. Levin. Multidimensional Reconstruction by Set-valued Approximation.
           IMA J. Numerical Analysis, 6:173–184, 1986.

[Lev88]   Marc Levoy. Display of Surfaces From Volume Data. *IEEE Computer
           Graphics and Applications*, 8(3):29–37, Mai 1988.

[LH91]   David Laur und Pat Hanrahan. Hierarchical splatting: A progressive refi-
           nement algorithm for volume rendering. In Thomas W. Sederberg, Hrsg.,
           Computer Graphics (SIGGRAPH '91 Proceedings), Jgg. 25, Seiten 285–288,
           Juli 1991.

[LK84]   S.L. Lien und J.T. Kajya. A Symbolic Method for Calculating the Integral
           Properties of Arbitrary Nonconvex Polyhedra. *IEEE Computer Graphics
           and Applications*, Seiten 35–42, October 1984.

[LTH86]   D.H. Laidlaw, W.B. Trumbore und J.F. Hughes. Constructive Solid Geo-
           metry for Polyhedral Objects. *ACM Computer Graphics, SIGGRAPH 86*,
           Seiten 161–170, 1986.

[LVG88]   J. Levy-Vehel und A. Gagalowicz. Fractal Approximation of 2D-Object.
           Eurographics'88, Seiten 297–311, 1988.

[LW85]   H.E. Lü und P.S.P. Wang. An Improved Fast Parallel Thinning Algorithm
           for Digital Patterns. In *IEEE, computer vision and pattern recognition*,
           Seiten 364–367. IEEE, Computer Society Press/North-Holland, June 1985.

[M88]   M. Mäntylä. *Solid Modeling.* Computer Science Press, Inc., 1988.

[Man82]   B. B. Mandelbrot. *The Fractal Geometry of Nature.* W. H. Freeman and
           Co., New York, 1982.

[Man88]   M. Mantyla. *An Introduction to Solid Modeling.* Computer Science Press,
           Rockville, Md, 1988.

[MD86]   Olivier Monga und Rachid Deriche. A new three dimensional boundary de-
            tection. In *8. International Pattern Recognition Conference*, Seiten 739–740.
            IEEE, 1986. Paris, 27.-31.10.

[Mea82]   D. Meagher. Geometric modeling using octree encoding. *Computer Graphics
            and Image Processing*, 19:129–147, 1982.

[MH80]   D. Marr und E. Hildreth. Theory of edge detection. In *Proceedings of Royal
            Society of London*, Seiten 187–217, Great Britain, 1980. The Royal Society.
            Volume 207.

[MK93]   H. Müller und A. Klingert. Surface interpolation from cross section. In
            H. Hagen, H. Müller und G.M. Nielson, Hrsg., *Focus on Scientific Visuali-
            zation*, Seiten 139–189. Springer, 1993.

[Mor66]   Morton. A Computer Oriented Geodetic Data Base and a New Technique
            in File Sequencing. Technical report, IBM Ltd., Ottawa, Canada, 1966.

[MRC+86]   G. W. Meyer, H. E. Rushmeier, M. F. Cohen, D. P. Greenberg und K. E.
            Torrance. An Experimental Evaluation of Computer Graphics Imagery.
            ACM Transactions on Graphics, 5(1):30–50, Januar 1986.

[Mun91]   J.R. Munkres. *Analysis on Manifolds*. Addison-Wesley Publishing Compa-
            ny, 1991.

[MW92]   Doug Moore und Koe Warren. Compact Isocontours from Sampled Data.
            In Paul Heckbert, Hrsg., *Graphics Gems III*, Seiten 23–28. Academic Press,
            Boston, 1992.

[NB93]   Paul Ning und Jules Bloomenthal. An Evaluation of Implicit Surface Tilers.
            IEEE Computer Graphics and Applications, 13(6):33–41, 1993.

[NB94]   X. Ni und M.S. Bloor. Performance Evaluation of Boundary Data Structu-
            res. *IEEE Computer Graphics and Applications*, Seiten 66–77, November
            1994.

[NF91]   C. Narayanaswami und W. R. Franklin. Determination of mass properties
            of polygonal CSG objects in parallel. *Internat. J. Comput. Geom. Appl.*,
            1(4):381–403, 1991.

[NH91]   Gregory M. Nielson und Bernd Hamann. The Asymptotic Decider: Remo-
            ving the Ambiguity in Marching Cubes. In *Visualization '91*, Seiten 83–91,
            1991.

[NT94]   G. Nielson und J. Tvedt. Comparing methods of interpolation for scattered
            volumetric data. In D. Rogers und R. Earnshaw, Hrsg., *State of the Art in
            Computer Graphics–Aspects of Visualization*, Seiten 67–86. 1994.

[Nus28]   W. Nusselt. Grapische Bestimmung des Winkelverhältnisses bei der Wärme-
            strahlung. *Zeitschrift des Vereines Deutscher Ingenieure*, 72(20):673, 1928.
            historical interest.

[O'G88]   Lawrence O'Gorman. A Note on Histogram Equalization for Optimal inten-
            sity Range Utilization. *Computer Vision, Graphics and Image Processing*,
            41:229–232, 1988.

[O'G90]   Lawrence O'Gorman. k x k Thinning. *Computer Vision, Graphics and
            Image Processing*, 51:195–215, 1990.

[OPC96]   J.-M. Oliva, M. Perrin und S. Coquillart. 3D Reconstruction of Complex
            Polyhedral Shapes from Contours using a Simplified Generalized Voronoi
            Diagram. In *Computer Graphics Formum (Eurographics '96 Proceedings)*,
            Jgg. 15, Seiten C397–C408, August 1996.

[Opp86]   P.E. Oppenheimer. Real Time design and Animation of Fractal Plants and
            Trees. *Computer Graphics*, 20(4):55–64, 1986.

[PAA⁺87]   Stephen M. Pizer, E. Philip Amburn, John D. Austin, Robert Cromartie,
            Ari Geselowitz, Trey Greer, Bart ter Haar Romeny, John B. Zimmerman
            und Karel Zuiderveld. Adaptive Histogram Equalization and Its Variations.
            Computer Vision, Graphics, and Image Processing, Seiten 355–368, 1987.

[Pae86]   Alan W. Paeth. A fast algorithm for general raster rotation. In M. Green,
            Hrsg., *Proceedings of Graphics Interface '86*, Seiten 77–81, Mai 1986.

[Pav82]   Theo Pavlidis. *Algorithms for Graphics and Image Processing*. Sprin-
            ger-Verlag, 1982.

[PCW74]   K.W. Pratt, W.H. Chen und L.R. Welch. Slant Transform Image Coding.
            IEEE Trans. Commun., 22(8):1075–1093, 1974.

[Pea85]   Darwyn R. Peachey. Solid Texturing of Complex Surfaces. *Computer Gra-
            phics (Siggraph '85 Proceedings)*, 19(3):279–286, 1985.

[Per85]   Ken Perlin. An Image Synthesizer. *Computer Graphics (Siggraph '85 Pro-
            ceedings)*, 19(3):287–296, 1985.

[Pet91]   W. Petersen. Videokompression konkret. *PC+Technik*, Seiten 34–37, März
            1991.

[PH89]   P. Prusinkiewicz und J. Hanan. *Lindenmayer Systems, Fractals, and Plants*.
            Lecture Notes in Biomathematics. Springer Verlag, 1989.

[PJ91]   Andrew Pearce und David Jevans. Exploiting Shadow Coherence in Ray
            Tracing. *Proceedings Graphics Interface '91*, Seiten 109–116, June 1991.

[PJS92]   H.-O. Peitgen, H. Jürgens und D. Saupe. *Chaos and Fractals, New Frontiers
            of Science*. Springer-Verlag, 1992.

[PR86]   H.-O. Peitgen und P. H. Richter. *The Beauty of Fractals*. Springer Verlag,
            1986.

[Pra78]   William K. Pratt. *Digital Image Processing*. John Wiley & Sons, 1978.

[PS85]   F. P. Preparata und M. I. Shamos. *Computational Geometry: an Introduction*. Springer-Verlag, New York, NY, 1985.

[PS88]   H.-O. Peitgen und D. Saupe. *The Science of Fractal Images*. Springer Verlag, 1988.

[PT90]   Bradley A. Payne und Arthur W. Toga. Surface Mapping Brain Function on 3D Models. *IEEE Computer Graphics and Applications*, 10(5):33–41, September 1990.

[PT92]   Bradley A. Payne und Arthur W. Toga. Distance field manipulation of surface models. *IEEE Computer Graphics and Applications*, 12(1):65–71, Januar 1992.

[Pup96]   E. Puppo. Variable reolution of terrain surfaces. In *Proceedings Eight Canadian Conference on Computational Geometry*, August 1996.

[Pur86]   Werner Purgathofer. A Statistical Method for Adaptive Stochastic Sampling. In A. A. G. Requicha, Hrsg., *Eurographics '86*, Seiten 145–152. North-Holland, August 1986.

[Rau96]   R. Rau. Visualization of Scientific Data in an Object-Oriented Framework. Technical Report WSI-1996-3, WSI/GRIS, 1996.

[RB85]   W.T. Reeves und R. Blau. Approximate and Probabilistic Algorithms for Shading and Rendering Structured Particle Systems. *Computer Graphics*, 19(3):313–322, 1985.

[Req80]   A. A. G. Requicha. Representations for Rigid Solids: Theory, Methods, and Systems. *ACM Computing Surveys*, (12):437–464, December 1980.

[RK76]   Azriel Rosenfeld und Avinash C. Kak. *Digital Picture Processing*. Computer Science and Applied Mathematics. Academic Press, 1976.

[Roj91]   R. Rojas. A Tutorial On Efficient Computer Graphic Representations Of The Mandelbrot Set. *Comput. & Graphics*, 15(1):91–100, 1991.

[RS95]   R. Rau und W. Straßer. Direct volume rendering of irregular samples. In R. Scateni, Hrsg., *Visualization in Scientific Computing '95*, Seiten 72–80. Springer, 1995.

[RV85]   A.A.G. Requicha und H.B. Voelcker. Boolean Operations in Solid Modeling: Boundary Evaluation and Merging Algorithms. *Proc. IEEE*, 73(1):30–44, 1985.

[Sam84]   H. Samet. The Quadtree and Related Hierarchical Data Structures. *ACM Computing Surveys*, 16(2):187–260, June 1984.

[Sam90a]   H. Samet. *Applications of Spatial Data Structures: Computer Graphics, Image Processing and GIS*. Addison Wesley, 1990.

[Sam90b] H. Samet. *Design and Analysis of Spatial Data Structures*. Addison Wesley, 1990.

[SH81] Robert Siegel und John R. Howell. *Thermal Radiation Heat Transfer*. Hemisphere Publishing Corp., Washington, DC, 1981.

[SKS96] Andreas Schilling, Günter Knittel und Wolfgang Straßer. Texram: A Smart Memory for Texturing. *IEEE Computer Graphics & Applications*, 16(3):32–41, Mai 1996.

[Spa63] E. M. Sparrow. A New and Simpler Formulation for Radiative Angle Factors. *Transactions of the ASME Journal of Heat Transfer*, 85(2):81–88, 1963.

[Spa90] J.N. Spackman. *Scene Decompositions for Accelerated Ray Tracing*. Dissertation, School of Mathematical Sciences, University of Bath, England, February 1990. Bath Computer Science, Technical Report 90-33.

[SSS74] I.E. Sutherland, R.F. Sproull und R. A. Schumaker. A characterization of ten hidden surface algorithms. *ACM Computing Surveys*, 6(1):1–55, 1974.

[ST90] Peter Shirley und Allan Tuchman. A Polygonal Approximation to Direct Scalar Volume Rendering. In *Computer Graphics (San Diego Workshop on Volume Visualization)*, Jgg. 24, Seiten 63–70, November 1990.

[Ste93] R. Steinbrecher. *Bildverarbeitung in der Praxis*. Oldenbourg, 1993.

[Stu81] P. Stucki. Image Processing for Documentation. Technical report, IBM Zurich Research Laboratory, 8803 Rueschlikon, September 1981.

[SW91] John Spackman und Philip Willis. The SMART Navigation of a Ray Through an Oct-tree. *Computers & Graphics*, 15(2):185–194, 1991.

[SZL92] William J. Schroeder, Jonathan A. Zarge und William E. Lorensen. Decimation of triangle meshes. In Edwin E. Catmull, Hrsg., *Computer Graphics (SIGGRAPH '92 Proceedings)*, Jgg. 26, Seiten 65–70, Juli 1992.

[THB⁺90] Ulf Tiede, Kark Heinz Hoehne, Michael Bomans, Andreas Pommert, Martin Riemer und Gunnar Wiebecke. Investigation of Medical 3D-Rendering Algorithms. *IEEE Computer Graphics and Applications*, 10(2):41–53, März 1990.

[TKKW86] A. Tanaka, M. Kameyama, S. Kazama und O. Watanabe. A Rotation Method for Raster Image Using Skew Transformation. In *Proc IEEE Conf on Computer Vision and Pattern Recognition*, Seiten 272–277. June 1986.

[TP86] Vincent Torre und Tomaso A. Poggio. On Edge Detection. *IEEE Transactions on Pattern Analysis and Machine Intelligence*, PAMI-8(2):147–163, March 1986.

[Tur92]   Greg Turk. Re-tiling polygonal surfaces. In Edwin E. Catmull, Hrsg., *Computer Graphics (SIGGRAPH '92 Proceedings)*, Jgg. 26, Seiten 55–64, Juli 1992.

[Ups90]   Steve Upstill. *The RenderMan Companion, A Programmer's Guide to Realistic Computer Graphics.* Addison-Wesley, 1990.

[VEJA89]   X.G. Viennot, G. Eyrolles, N. Janey und D. Arques. Combinatorial Analysis of Ramifeid Patterns aund Computer Imagery of Trees. *ACM SIGGRAPH 89*, Seiten 31–40, 1989.

[VSM88]   Albert M. Vossepoel, Berend C. Stoel und A. Peter Meershoek. Adaptive Histogram Equalization Using Variable Regions. In *9th International Conference on Pattern Recognition*, Seiten 351–353. IEEE, November 1988.

[Wah84]   Friedrich M. Wahl. *Digitale Bildsignalverarbeitung.* Nachrichtentechnik 13. Springer-Verlag, 1984.

[Wal91a]   G.K. Wallace. The JPEG Still Picture Compression Standard. *Communications of the ACM*, 34(4):31–44, 1991.

[Wal91b]   Ake Wallin. Constructing isosurfaces from CT data. *IEEE Computer Graphics and Applications*, 11(6):28–33, November 1991.

[WCG87]   J. R. Wallace, M. F. Cohen und D. P. Greenberg. A Two–Pass Solution to the Rendering Equation: a synthesis of ray tracing and radiosity method. *ACM Computer Graphics*, 21(4):311–320, Juli 1987.

[WEH89]   J. Wallace, K. Elmquist und E. Haines. A Ray Tracing Algorithm for Progressive Radiosity. *ACM Computer Graphics*, 23(3):315–324, July 1989.

[Wei85]   K. Weiler. Edge-Based Data Structures for Solid Modeling in Curved-Surface Environments. *Computer Graphics & Applications*, 5(1):21–40, January 1985.

[Wei86]   Kevin J. Weiler. *Topological structures for geometric modeling.* Ph.d. thesis, Rensselaer Polytechnic Institute, August 1986.

[Wei88]   K. Weiler. The Radial Edge Structure: A Topolocial Representation for Nonmanifold Geometric Modeling. In M.J. Wozny, H. McLaughlin und J. Encarnaç ao, Hrsg., *Geometric Modeling for CAD Applications, IFIP WG5.2 Working Conference, Rensselaerville, NY, 12-14 May 1986*, Seiten 3–36. North-Holland, 1988.

[Wes90]   Lee Westover. Footprint Evaluation for Volume Rendering. In Forest Baskett, Hrsg., *Computer Graphics (SIGGRAPH '90 Proceedings)*, Jgg. 24, Seiten 367–376, August 1990.

[WG92]   Jane Wilhelms und Allen Van Gelder. Octrees for Faster Isosurface Generation. *ACM Transactions on Graphics*, 11(3):201–227, Juli 1992.

[WHG84]   Hank Weghorst, Gary Hooper und Donald P. Greenberg. Improved Com-
          putational Methods for Ray Tracing. *ACM Transactions on Graphics*,
          3(1):52–69, Januar 1984.

[Whi79]   T. Whitted. An improved illumination model for shaded display. In *Compu-
          ter Graphics (Special SIGGRAPH '79 Issue)*, Jgg. 13, Seiten 1–14, August
          1979.

[Wil83]   Lance Williams. Pyramidal Parametrics. *Computer Graphics*, 17(3):1–11,
          1983.

[WMW86]   Geoff Wyvill, Craig McPheeters und Brian Wyvill. Soft Objects. In Tsiya-
          su L. Kunii, Hrsg., *Advanced Computer Graphics (Proceedings of Computer
          Graphics Tokyo '86)*, Seiten 113–128. Springer-Verlag, 1986.

[Wol90]   George Wolberg. *Digital Image Warping*. IEEE Computer Society Press,
          1990.

[XV96]   J. C. Xia und A. Varshney. Dynamic View-Dependent Simplification for
          Polygonal Models. In Holly Rushmeier, Hrsg., *Computer Graphics (SIG-
          GRAPH '96 Proceedings)*, Jgg. 30(4), August 1996.

[ZH81]   Steven W. Zucker und Robert A. Hummel. A Three-Dimensional Edge Ope-
          rator. *IEEE Transactions on Pattern Analysis and Machine Intelligence*,
          PAMI-3(3):324–331, May 1981.

[ZS84]   T.Y. Zhang und C.Y. Suen. A Fast Parallel Algorithm for Thinning Digital
          Patterns. *Communications of the ACM*, 27(3):236–239, March 1984.

Stichwortverzeichnis